NORM UND STRUKTUR

STUDIEN ZUM SOZIALEN WANDEL
IN MITTELALTER UND FRÜHER NEUZEIT

IN VERBINDUNG MIT

GERD ALTHOFF, HEINZ DUCHHARDT,
PETER LANDAU †, GERD SCHWERHOFF

HERAUSGEGEBEN VON
GERT MELVILLE

Band 37/6

Die Teilnehmer der Tagung in Kloster Steinfeld 2017

DER EINFLUSS DER KANONISTIK AUF DIE EUROPÄISCHE RECHTSKULTUR

Bd. 6: Völkerrecht

herausgegeben von

ORAZIO CONDORELLI
FRANCK ROUMY
MATHIAS SCHMOECKEL

BÖHLAU VERLAG WIEN KÖLN WEIMAR

Gedruckt mit freundlicher Unterstützung
der Universität Paris II Panthéon-Assas

Bibliografische Information der Deutschen Nationalbibliothek:
Die Deutsche Nationalbibliothek verzeichnet diese Publikation in der
Deutschen Nationalbibliografie; detaillierte bibliografische Daten sind
im Internet über http://dnb.d-nb.de abrufbar.

Umschlagabbildung:
Zeichnung von Hans-Georg Hermann: Kloster Steinfeld 2017

Einbandgestaltung: Michael Haderer, Wien
Druck und Bindung: Hubert & Co. BuchPartner, Göttingen
Gedruckt auf chlor- und säurefreiem Papier
Printed in the EU

Vandenhoeck & Ruprecht Verlage | www.vandenhoeck-ruprecht-verlage.com

ISBN 978-3-412-51890-5

Vorwort

Mit der Tagung zum Einfluss des kanonischen Rechts auf die europäische Rechtskultur im Bereich des Völkerrechts findet eine Untersuchungsreihe ihr Ende, die im April 2008 mit drei trinationalen Tagungen in der Villa Vigoni ihren Anfang nahm. Nach den Untersuchungsgegenständen Privat-, Straf- und öffentliches Recht galt das Interesse dem Prozess- und Wirtschaftsrecht. Am 4. bis 7. April 2018 versammelte sich die Gruppe wieder, dieses Mal im idyllischen Kloster Steinfeld in der Eifel, um den Einfluss der Kanonistik auf die Beziehungen zwischen den Völkern zu untersuchen. Diese Tagung wurde möglich durch die Unterstützung der Mathews, durch das Institut d'Histoire de Droit (Paris II) und das Bonner Institut für Deutsche und Rheinische Rechtsgeschichte sowie die Fakultät für Rechts- und Staatswissenschaften, Bonn.

Vorab zu klären ist dabei der Begriff des Völkerrechts. Handelt es sich um das Recht zwischen den Völkern, das internationale öffentliche Recht oder nur eine Rechtsmatercuie jenseits des staatlichen Rechts? In der historischen Perspektive wird man von Isidor von Sevilla ausgehen können, der mit seiner berühmten Definition die Grundlage der Kanonistik bildete[1]:

> Ius gentium est sedium occupatio, aedificatio, munitio, bella, captivitates, servitutes, postliminia, foedera pacis, indutiae, legatorum non violandorum religio, conubia inter alienigena prohibita. Et inde ius gentium, quia eo iure omnes fere gentes utuntur.
>
> *Das „Recht der Völker" behandelt die Besetzung, den Bau von Wehranlagen, Waffen, Kriege, Gefangene, Sklaverei, das Heimkehrrecht, Friedensverträge, Waffenstillstand, die Unverletzbarkeit von Gesandten, die Heiratsverbote zwischen verschiedenen Stämmen. Daher heißt es „Recht der Völker", weil es fast alle Völker nutzen.*

Isidor legte dabei sicherlich nicht das Recht der „Peregrinen" des klassischen römischen Rechts zugrunde[2]. Er bezog sich wohl eher auf Cicero, so wie er dies oft tat. Für Cicero beruhte das *ius gentium* damit auf dem Konsens der Menschen.

---

1 Isidoro de Sevilla, Ethymologiae/ Etimologías, ed.J. Oroz Reta/ M.-A. Marcos Casquero, Madrid 2004, V.6, 502.

2 Max Kaser, Das römische Privatrecht. Erster Abschnitt: Das altrömische, das vorklassische und klassische Recht, (Rechtsgeschichte des Altertums im Rahmen des Handbuchs der Altertumswissenschaft, X. 3. Teil 3. Band. 1. Abschnitt), 2. Aufl. München 1971, Band 1, 202.

Weil Cicero durch die Stoa geprägt war, ging er von den Pflichten der Menschen in Natur und Gesellschaft aus[3]. Dadurch stand das *ius gentium* im Rang neben dem Naturrecht und galt unabhängig vom *ius civile*, das nur in den einzelnen Staaten galt.

Isidor konnte daran mit seinen christlich begründeten Vorstellungen menschlicher Pflichten anknüpfen. Sein *ius gentium* wurde dadurch eine Sammlung von Regeln, die aus der Natur des Menschen folgten und nicht durch einen Gesetzgeber geschaffen werden mussten. So konnte Isidor Rechte bestimmen, die gleichermaßen zwischen Römern, Germanen, Byzantinern und anderen Geltung finden sollten.

Doch Isidors zitierte Definition erweist sich als problematisch, weil die historischen Begriffe kaum bekannt sind, noch durch moderne Begriffe wiedergegeben werden können. So gab und gibt es hier mißbräuchliche Inanspruchnahmen. Carl Schmitt nutzte Teile davon, um wie so oft damit historische Scheinargumente für seine politischen Forderungen zu bilden, insbesondere zu den *postliminia*[4]; mangels besserer Kenntnis konnte ihm kaum jemand etwas kritisch entgegenhalten. Umso wichtiger ist es, hier Forschungsarbeit zu leisten. Die Liste der kaum bekannten Begriffe zum *ius gentium* indiziert, wie viel historische Aufklärungsarbeit hier noch zu leisten ist. Gleichzeitig zeigt diese Liste bei Isidor, wie reichhaltig die Materie bereits zu seiner Zeit war.

Im Kern ging es Isidor im *ius gentium* um den Versuch, zwischen den Völkern Rechtsregeln für Krieg und Frieden zu etablieren. Hier könnte man durchaus mit Carl Schmitt von der „Hegung des Krieges"[5] beziehungsweise des Völkerrechts reden. Dies soll veranschaulichen, dass mit Hilfe von basalen Rechtsregeln der Versuch unternommen wurde, eine Verständigung und eine Begrenzung der Gewalt und Unsicherheit zu erreichen. Die Begrenzung des Krieges machte diesen dabei sicherlich stets gleichzeitig auch führbarer. Sicherlich handelte es sich damals noch nicht um Völkerrecht in dem Sinne, wie es Melanchthon 1535 erstmals und die spanische Schule ab der Mitte des 16. Jahrhunderts definierte, nämlich als das Recht zwischen souveränen Staaten[6]. Insofern bleibt

---

3 Gordon E. Sherman, Jus Gentium and International Law. The American Journal of International Law 12 nr.1 (1918), 56-63.

4 Carl Schmitt, Der Nomos der Erde im Völkerrecht des Ius Publicum Europaeum, Köln 1950, 27, 178.

5 Schmitt, Der Nomos (n.2), 25, 43.

6 Mathias Schmoeckel, Ius belli ac pacis protestantium. Die Reformation als Grundlage des modernen Völkerrechts, https://papers.ssrn.com/sol3/papers.cfm?abstract_id=2639024

charakteristisch unklar, auf wen sich genau das mittelalterliche *jus gentium* bezog. Man konnte sich jedenfalls darauf beziehen, um Recht vor dem Zugriff einzelner Gesetzgeber zu sichern oder um die Souveränität des Fürsten avant la lettre zu stärken.

Wiederum versucht der Band, Ausflüge in einzelne Details und Sonderfragen des kanonischen Rechts mit größeren Übersichten zu verbinden, die das mittelalterliche „Völkerrecht" mit den anderen Rechtsmaterien und den anderen Zeiten verbindet. Die multiperspektiven Sondierungen sollen dabei helfen, Forschern den Anschluss aus verschiedenen Perspektiven zu ermöglichen. Gleichzeitig zeigen Sie wiederum, wie unterschiedlich im Bereich der Kanonistik gearbeitet werden kann. Daher sei kurz ein Überblick über die verschiedenen Beiträge gegeben[7].

Zum Völkerrecht gehört vor allem die Möglichkeit internationaler Verträge. Franck Roumy (Paris II) behandelt daher „Die kanonistischen Ursprünge der clausula rebus sic stantibus", während Orazio Condorelli (Catania) dagegen den Grundsatz „Pacta sunt servanda" und die Friedensverträge in der Kanonistik des 12. bis 14. Jahrhundert darstellt. Hier entstanden offenbar Grundlagen des europäischen Rechs. Dabei zeigt sich so klar wie selten sowohl die Färbung dieser Maximen durch die Kanonistik als auch ihre gegenseitige juristisch-dogmatische Abhängigkeit.

Gegen die inzwischen auch von angesehenen Mediävisten behauptete Kriegslüsternheit der Kirche ging Mathias Schmoeckel (Bonn) mit einer Untersuchung zur Entstehung des ersten Kreuzzugs vor. Der Aufruf von Urban II. zur Befreiung des Heiligen Landes begründete sicherlich eine Lehre vom „Heiligen Krieg". Grundlage bildete dabei auch die Reconquista Spaniens, die Entwicklung der Ablaß-Lehre sowie Ordnungs-Vorstellungen für die verschiedenen Stände in einem christlichen Reich. Doch die Kanonisten bremsten diese Lehre und erreichten im Ergebnis, dass diese Lehre nicht im allgemeinen Recht und später im Völkerrecht übernommen wurde.

Nicholas Laurent-Bonne (Clermont-Auvergne) untersuchte kirchliche Verbote des Handels mit muslimischen Staaten. Dabei konzentrierte er sich auf die Gesetzgebung der Päpste bis Gregor IX. zu diesem Handelsembargo mit

---

[vom 3.8.2015]; auch in: M. Germann/ W. Decock (Hg.), Das Gewissen in den Rechtslehren der protestantischen und katholischen Reformationen = The Conscience in the Legal Teachings of the Protestant and Catholic Reformations (Leucorea-Studien zur Geschichte der Reformation und der Lutherischen Orthodoxie 31), Leipzig 2017, 226 269.

7 Den Tagungsverlauf dokumentierte bereits Malte Becker, ZRG KA 2019, S.425-429.

muslimischen Territorien. Unter dem Titel "L'embargo commercial contre les musulmans, du IIIe concile de Latran au pontificat de Grégoire XI" untersuchte er über einen langen Zeitraum hinweg die päpstliche Gesetzgebung, durch die Christen der Handel mit muslimischen Häfen und Staaten untersagt wurde. Rosalba Sorice (Catania) illustrierte anhand eines Gutachtens des Paolo di Castro den Fall einer Auseinandersetzung zwischen Pistoia bzw. Florenz und Bologna sowie die Handhabung des *bannum*, aufgrund dessen die Bewohner offenbar sanktionslos verletzt oder getötet werden durften.

Zum „ius in bello" des kanonischen Rechts bezog David von Mayenburg (Frankfurt a.M.) eine kritische Position, indem er zwar ausgehend von Mt 5.39 Regeln zur Mäßigung des Kriegs seit altersher fand, doch kaum praktische Konsequenzen hierzu ausmachen konnte. Doch schon Cicero meinte, dass im Krieg die Gesetze schweigen würden ("Silent leges inter arma."). Das „ius in bello" scheint damit a priori keine besonders durchsetzungskräftige Materie zu sein.

Giovanni Chiodi (Milano-Bicocca) behandelte Rechtsfragen des Asyls und stellte dem das Konzept der *cittadinanza* dieser Zeit gegenüber. Diese Rechtsfragen verfolgte er von der klassischen Kanonistik bis zur französischen Theorie und Praxis des 16. Jahrhunderts. Andrea Padovani (Bologna) behandelte die Rechtsstellung der später als Zigeuner bezeichneten Völker, die Bologna im Sommer 1422 erreichten. Dabei beriefen sie sich sogleich auf ein offensichtlich gefälschtes Privileg des Kaisers Sigismund, später auch des Papstes, um umfangreiche Privilegien einzufordern. So sollte ihnen auf sieben Jahre Diebstähle erlaubt sein. Bologna empfing die Zigeuner mit einer liberalen Praxis und verhängte kein Mal eine Todesstrafe.

Hans-Georg Hermanns (München) Darstellung des „transitus innoxius vor Grotius" stellte das Recht zu einem friedlichen Durchzug vor, dessen Verweigerung zu einem bellum iustum führen konnte. Dieses Recht geht auf zwei Bibelstellen zurück (Num 10, 14-21 und 21, 21-23). So verlangte Kaiser Friedrich I. auf seinem Kreuzzug von Byzanz die Durchreise ins Heilige Land. Bibel und kanonisches Recht wurden hier genutzt, um zwischen den Reichen Regeln zu etablieren. Dies führte zur Lehre von Hugo Grotius, der noch seine christlichen Grundlagen kannte und zitierte, während die späteren Autoren darauf nicht mehr eingingen. Leider konnte dieser Beitrag von Hans-Georg Hermann nicht gedruckt werden.

Florence Demoulin-Auzary (Paris-Sud) untersuchte die Ursprünge „Ius humanitatis", worunter Laktanz einen Kanon unverlierbarer Rechte jeder Person verstand. Dazu gehörten etwa der Schutz der körperlichen Integrität oder das Verbot der Sklaverei. Diese Ideen tauchen vom 9. Jahrhundert an immer wieder bis zu Grotius auf, der von *officia humanitatis* handelte.

Olivier Descamps (Paris II) stellte die Päpste als Vermittler bzw. Schiedsrichter völkerrechtlicher Konflikte dar. Dabei ging er von Bonifaz VIII. und seiner Vermittlung zwischen England und Frankreich 1298 aus. Der Papst nahm hier eine Doppelrolle ein zwischen dem religiösen Oberhaupt der Christen, den die Könige nicht involvieren wollten, und der respektierten Privatperson, die tatsächlich den Konflikt lösen sollte. Auch im Referat von Wolfgang Forster (Tübingen) zu den Verhandlungen über den Vertrag von Tordesillas (1494)" zeigt sich, dass der Papst hier nur als Privatperson auftrat. Der Vertrag, der die "Aufteilung der Welt durch den Papst" vorsah und eine kartografische Revolution darstellte, wurde gerade nicht durch die päpstliche Autorität begründet. Leider war es Wolfgang Forster nicht möglich, seinen Beitrag zum Papst als Schiedsrichter fertig zu stellen.

Richard H. Helmholz (Chicago) stellte die Rezeption des kanonischen Rechts im englischen internationalen Recht 1450–1750 dar. Gegen die alte These, dass das kanonische Recht in England insoweit kaum Einfluss ausgeübt habe, konnte er zeigen, dass die Autoren das kanonische Recht detailliert kannten, selbst wenn sie es nicht ausdrücklich zitierten.

Schließlich stellte Gigliola di Renzo Villata (Milano) die kanonistischen Quellen der völkerrechtlichen Literatur der Frühen Neuzeit vor. Cyrille Dounot (Clermont-Auvergne) schloss sich daran an, indem auf die Autoren Honorat Bovet (1350–1410), den Engländer Richard Zouche (1590–1661) und Francisco de Vitoria (1483–1546) einging und nach dem Recht zum Kampf gegen die Ungläubigen fragte. Gerade bei Vitoria wurde das kanonische Recht wieder ausgiebig zitiert.

Für die Organisation der Tagung und die Realisierung des Bandes danken wir ganz herzlich den Mitarbeitern des Instituts für Deutsche und Rheinische Rechtsgeschichte in Bonn. V.a. Malte Becker verdanken wir den vorzüglichen Ablauf der Tagung. An der Fertigstellung des Bandes arbeiteten besonders Julius Schwafferts, Tim Vieten, Sebastian Fuchs und Philip Schopen.

So lohnend sich die verschiedenen Sondierungen in den Bänden des „Einflusses des kanonischen Rechts auf die moderne Rechtskultur“ erwiesen, so lange man hier auch ohne erkennbares Ende solche Arbeiten fortsetzen könnte, so wichtig ist es jetzt jedoch auch, die Ergebnisse zusammenzutragen, um sie anderen

Forschern weiter zugänglich zu machen. Aus historischer und dogmatischer Sicht wird man also neue Fragestellungen auswählen, um den nächsten Schritt in der Erkundung der mittelalterlichen Kanonistik voranzutreiben. Die neue Reihe trinationaler Konferenzen in der Villa Vigoni seit November 2018 schafft dafür einen neuen Ansatz.

Peter Landau, von dem die Anregung zu dieser Reihe ausging und der bis zu diesem Band stets mitgewirkt hat, kann diesen Band nun leider nicht mehr sehen. Herausgeber und Autoren widmen ihm daher diesen Band in Dankbarkeit für all das, was wir von ihm lernen durften. Peter Landau war so freundlich, die Einladung der drei Herausgeber zur Teilnahme an der Tagung mit einem kurzen Beitrag zu würdigen, den wir hier gerne als Einleitung des Bandes veröffentlichen. Dies soll die wissenschaftliche und menschliche Verbundenheit dokumentieren, die der Meister mit den Teilnehmern an unserem wissenschaftlichen Projekt pflegte.

Bonn, Catania, Paris im Juni 2020

Avant Propos

Le présent colloque relatif à l'influence du droit canonique sur la culture juridique européenne en matière de droit international vient clore une série de recherches entreprises, à partir d'avril 2008, à l'occasion de trois rencontres à la Villa Vigoni. Successivement consacrées au droit privé, au droit public et au droit pénal, elles ont été complétées par deux autres, dédiées au droit du procès et au droit économique. Du 4 au 7 avril 2018, le même groupe de travail, réuni au monastère de Steinfeld, dans l'Eifel, a tenté cette fois-ci de mesurer l'influence de la canonistique sur le développement d'un droit des gens. L'événement a été rendu possible par le soutien de la Mathews, de l'Institut d'histoire du droit (Paris II) et de l'*Institut für Deutsche und Rheinische Rechtsgeschichte* (Bonn).

À cet égard, il convient préalablement de clarifier le concept de droit international utilisé. S'agit-il du droit des gens, du droit international public ou seulement d'un champ juridique dépassant le droit étatique? Dans une perspective historique, il est possible de revenir à Isidore de Séville, dont la célèbre définition a constitué un fondement de la science canonique[1]:

> Ius gentium est sedium occupatio, aedificatio, munitio, bella, captivitates, servitutes, postliminia, foedera pacis, indutiae, legatorum non violandorum religio, conubia inter alienigena prohibita. Et inde ius gentium, quia eo iure omne fere gentes utuntur.
>
> *Le "droit des gens" traite de l'occupation, de l'édification, de l'armement, des guerres, des emprisonnements, des esclavages, du droit de retour, des traités de paix, des armistices, de l'inviolabilité des ambassadeurs, des unions interdites entre étrangers. Et on l'appelle droit des gens, car c'est le droit utilisé par tous les peuples.*

Isidore ne s'appuyait certainement pas ici sur le statut des pérégrins en droit romain classique[2], mais se fondait plus vraisemblablement, comme souvent, sur la doctrine de Cicéron. Pour ce dernier, le *jus gentium* était le droit fondé sur le consentement des Hommes. Parce qu'il appartenait à l'école stoicïenne, Cicéron envisageait les obligations de l'Homme dans la nature et la société. Une contrainte

---

1 ISIDORUS HISPALENSIS, Ethymologiae, V, 6 (ed. J. OROZ RETA / M.-A. MARCOS CASQUERO, Madrid 2004, p. 502).

2 Max KASER, Das römische Privatrecht, t. I, Das altrömische, das vorklassische und klassische Recht (Handbuch der Altertumswissenschaft, X/3/3/1), 2e éd., München 1971, p. 202.

éthique de l'individu vis-à-vis de l'ordre social était ainsi établie[3]. Il s'en suivait que le *jus gentium* prenait rang à côté du droit naturel et s'appliquait indépendament du *jus civile* en vigueur dans les différents États.

Isidore pouvait relier ces devoirs humains avec sa conception de la foi chrétienne. Le *jus gentium* formait de la sorte un ensemble de règles tirées de la nature de l'Homme, sans référence à un législateur. Ainsi Isidore parvenait-il à définir des droits élémentaires également susceptibles de trouver application entre Romains, Germains, Byzantins et autres.

Mais la définition du *jus gentium* par Isidore reste problématique, car les notions évoquées, mal connues, sont difficiles à rendre avec clarté. Comme souvent, Carl Schmitt en a utilisé certaines pour soutenir ses prétentions politiques par de pseudo-arguments historiques – comme, par exemple le *postliminium*[4] –, auxquels il était difficile d'opposer des éléments critiques, faute de meilleures connaissances. Une véritable enquête scientifique apparaît d'autant plus nécessaire. La liste des concepts peu communs précédemment énumérés révèle encore combien un éclairage historique s'avère indispensable et souligne simultanément la richesse de la matière.

Le *jus gentium* d'Isidore revenait à établir entre les peuples des règles juridiques régissant la guerre et la paix. On pourrait sans doute parler avec Carl Schmitt de "traitement de la guerre" (*Hegung des Krieges*)[5] voire de droit international. L'expression entendait caractériser la tentative visant à ériger, au moyen de normes élémentaires, une appréhension et une régulation de la violence et de l'insécurité. Cette limitation de la guerre rendait en effet toujours ces dernières simultanément gérables. Mais il ne s'agissait pas encore du droit international au sens où Melanchthon, pour la première fois en 1535, puis l'école de Salamanque, à partir du milieu du XVIe siècle, allaient le définir comme le droit gouvernant les relations entre États souverains[6]. À cet égard, la notion médiévale de *jus gentium* demeure particulièrement floue. Il était en tout cas possible de s'y référer pour

---

3 Gordon E. SHERMAN, Jus Gentium and International Law, dans: The American Journal of International Law 12/1 (1918), p. 56-63.

4 Carl SCHMITT, Der Nomos der Erde im Völkerrecht des Ius Publicum Europaeum, Köln 1950, 27, p. 178.

5 SCHMITT, Der Nomos (cf. n. 2), 25, p. 43.

6 Mathias SCHMOECKEL, Ius belli ac pacis protestantium. Die Reformation als Grundlage des modernen Völkerrechts, dans: M. GERMANN / W. DECOCK (éd.), Das Gewissen in den Rechtslehren der protestantischen und katholischen Reformationen = The Conscience in the Legal Teachings of the Protestant and Catholic Reformations (Leucorea-Studien zur Geschichte der Reformation und der Lutherischen Orthodoxie 31), Leipzig 2017, p. 226-269.

désigner le droit dépassant la compétence des législateurs particuliers ou de l'utiliser pour renforcer une souveraineté des princes avant la lettre.

Le présent volume joint à des enquêtes détaillées sur diverses questions particulières de droit canonique de plus amples exposés liant le "droit international" médiéval à d'autres champs juridiques et des périodes différentes. Ces investigations variées ont vocation à permettre aux chercheurs de croiser les perspectives. Elles mettent également en exergue la multiplicité des approches possibles en histoire du droit canonique. Il convient de donner ici un bref aperçu des différentes contributions réunies[7].

Le droit international repose d'abord sur la possibilité de conclure des conventions entre les nations. Franck Roumy (Paris II) a ainsi analysé les origines canoniques de la *clausula rebus sic stantibus*, tandis qu'Orazio Condorelli (Catania) présentait la place du principe *Pacta sunt servanda* et des traités de paix, dans la doctrine canonique du XIIe au XIVe siècle. Ces théories ont formé sans équivoque des fondements du droit européen. Le rôle de la doctrine canonique dans l'émergence de ces maximes et leur interdépendance juridico-dogmatique est rarement apparue aussi clairement.

À l'encontre de la belligérance de l'Église revendiquée aujourd'hui par d'éminents médiévistes, Mathias Schmoeckel (Bonn) s'est penché sur l'origine de la première croisade. L'appel d'Urbain II à délivrer la Terre sainte a sans aucun doute établi une doctrine de la "guerre juste". Ainsi a été posé le fondement de la *Reconquista* de l'Espagne, de la théorie des indulgences ou de la société d'ordres dans un royaume chrétien. Mais les canonistes ont mis un frein à cette théorie et finalement obtenu qu'elle ne soit reçue ni dans le *jus commune*, ni plus tard en droit international.

Nicolas Laurent-Bonne (Clermont-Auvergne) a exploré les interdictions ecclésiastiques de commercer avec les États musulmans. Centrée sur la législation pontificale établissant des embargos commerciaux jusqu'à Grégoire IX, son enquête analyse les lettres pontificales qui interdisent les échanges avec les ports et les pays musulmans. À partir d'une consultation de Paul de Castres, Rosalba Sorice a présenté pour sa part la controverse opposant Pistoie, Florence et Bologne et l'utilisation du *bannum* permettant, le cas échéant, d'attaquer ou de tuer impunément des citoyens.

---

7 Le déroulement de la rencontre a déjà été présenté par Malte Becker, ZRG KA 2019, S. 425-429.

S'agissant du *jus in bello* du droit canonique, David von Mayenburg (Francfort-sur-le-Main) a mis au jour une position critique s'appuyant sur l'Évangile de Matthieu (5, 39), susceptible d'engendrer des règles propres à limiter la guerre, qui n'ont cependant eu que peu de conséquences pratiques. Cicéron avançait déjà que les lois devaient se taire en temps de guerre (*Silent leges inter arma*). Le *jus in bello* ne semble ainsi *a priori* pas particulièrement s'appliquer à la matière.

Giovanni Chiodi (Milano-Bicocca) a traité des questions juridiques relatives à l'asile, les comparant au concept contemporain de *cittàdinanza*, depuis le droit canonique classique jusqu'à la doctrine et la pratique françaises du XVIe siècle. Andrea Padovani (Bologne) s'est penché sur la situation juridique des Tziganes arrivés à Bologne durant l'été 1422. Ceux-ci ont aussitôt invoqué un diplôme manifestement faux de l'empereur Sigismond puis du pape, afin d'obtenir des privilèges étendus. Ainsi allaient-ils pouvoir commettre des vols durant sept ans, Bologne les recevant très libéralement, sans jamais leur infliger la peine de mort.

La présentation du *transitus innoxius* avant Grotius par Hans-Georg Hermann (München) a révélé un droit de migration pacifique, dont la négation pouvait conduire à un *bellum justum*, reposant sur deux fragments bibliques (Num., 10, 14-21 et 21, 21-23). L'empereur Frédéric Ier a ainsi demandé de passer par Byzance pour se rendre en croisade en Terre Sainte. Bible et droit canonique ont été utilisés pour établir des règles entre les empires. Celles-ci ont été incluses à la doctrine d'Hugo Grotius, qui connaissait et citait leurs fondements chrétiens, qui cessent d'être évoqués par les auteurs ultérieurs.

Hans-Georg Hermann n'a malheunusement pu rendre à temps sa contribution pour sa publication dans le présent volume.

Florence Demoulin-Auzary (Paris-Sud) a recherché les origines d'un *jus humanitatis*, dans lequel Lactance comprenait l'ensemble des droits inéliénables de chaque personne. Parmi ceux-ci figurent la protection de l'intégrité corporelle ou encore l'interdiction de l'esclavage. Un telle idée traverse le temps, du IXe siècle jusqu'à Grotius qui traite des *officia humanitatis*.

Olivier Descamps (Paris II) a présenté les papes médiateurs ou juges arbitraux des conflits internationaux. Tel fut le cas de Boniface VIII et de sa médiation entre l'Angleterre et la France, en 1298. Le pontife a assumé le double rôle de suprême gouverneur des chrétiens ne voulant pas se soumettre aux princes séculiers et de personnage privé placé dans la nécessité concrète de résoudre un conflit. Une communication de Wolfgang Forster (Tübingen) sur les négociations relatives au traité de Tordesillas (1494) a également montré le pape agissant en tant que personne privée. La convention, qui procède à un partage du Nouveau

Monde sous l'égide du pape et présente une révolution cartographique, n'est cependant pas fondée sur l'autorité pontificale. La contribution écrite de Wolfgang Forster relative au pape juge arbitral n'a malheureusement pu être jointe au présent volume.

Richard H. Helmholz (Chicago) a exposé la réception du droit canonique dans le droit international anglais entre 1450 et 1750. À l'encontre de la thèse ancienne, selon laquelle le droit canonique n'avait exercé qu'une faible influence en Angleterre, celui-ci a montré combien les auteurs insulaires le connaissent en détail, quand ils ne le citent pas expressément.

Gigliola di Renzo Villata (Milano) a enfin dressé un tableau des sources canoniques utilisées dans la littérature relative au droit international à l'aube de l'Époque moderne. Se joignant à elle, Cyrille Dounot (Clermont-Auvergne) s'est penché sur les œuvres d'Honorat Bovet (1350-1410), de l'Anglais Richard Zouche (1590-1661) et de Francisco de Vitoria (1483-1546), analysant le droit de combattre les infidèles; le droit canonique est notamment utilisé avec abondance par Vitoria.

Nous remercions très chaleureusement les collaborateurs de l'*Institut für Deutsche und Rheinische Rechtsgeschichte* pour l'organisation de la rencontre. Nous somme en particulier redevables à Malte Becker du remarquable déroulement des journées. La réalisation du volume est due à Julius Schwafferts, Tim Vieten, Sebastian Fuchs et Philip Schopen.

Les différentes investigations présentées dans les volumes consacrés à l'influence du droit canonique sur la culture juridique européenne ont été si fructueuses qu'elles eussent pu être poursuivies sans fin. Il importait que des conclusions fussent réunies, en sorte de les rendre accessibles à d'autres chercheurs. Nombre de questions historiques et dogmatiques ne manqueront pas d'être encore soulevées, permettant de franchir une prochaine étape dans l'exploration du droit canonique médiéval. La nouvelle suite de rencontres trinationales lancées à la Villa Vigoni depuis novembre 2018 ouvre à cet égard une voie prometteuse.

Peter Landau, auquel revient l'idée de cette série et qui y a constamment collaboré jusqu'au présent volume, n'aura malheureusement pu voir paraître celui-ci. Les éditeurs et les auteurs lui dédient donc ce livre, en remerciement de tout ce qu'ils ont pu apprendre de lui.

Peter Landau a voulu honorer l'invitation des trois éditeurs au colloque par un petit texte, que nous publions avec plaisir en tant qu'introduction du volume. Il est témoin du lien scientifique et humain que le maître a voulu maintenir avec les participants de notre projet scientifique.

Bonn, Catania, Paris, Juin 2020

Premessa

Il colloquio sul contributo del diritto canonico alla formazione della cultura giuridica europea in materia di diritto internazionale chiude una serie di ricerche intraprese, a partire dall'aprile 2008, nell'occasione di tre incontri tenuti presso la Villa Vigoni. Essi, rispettivamente dedicati al diritto privato, al diritto pubblico e al diritto penale, sono stati seguiti da due ulteriori riunioni concernenti il diritto processuale e il diritto dell'economia. Dal 4 al 7 aprile 2018 il medesimo gruppo di lavoro si è riunito nel monastero di Steinfeld, nella regione del'Eifel, questa volta per studiare come il diritto canonico abbia contribuito allo sviluppo delle dottrine del diritto internazionale. L'incontro è stato reso possibile dal sostegno finanziario offerto dalla *Mathews*, dall'*Institut d'histoire du droit* (Paris II), dall'*Institut für Deutsche und Rheinische Rechtsgeschichte* (Bonn).

A questo riguardo occorre preliminarmente chiarire il concetto di diritto internazionale qui considerato. Si tratta di un diritto delle relazioni tra i popoli, cioè di quello che oggi qualificheremmo come diritto internazionale pubblico, oppure di un campo giuridico che oltrepassa il diritto di specifici ordinamenti politici? In una prospettiva storica, è il caso di riproporre il pensiero di Isidoro da Siviglia, il quale ha dato una celebre definizione che ha costituito uno stabile fondamento per le riflessioni della scienza canonistica[1]:

> Ius gentium est sedium occupatio, aedificatio, munitio, bella, captivitates, servitutes, postliminia, foedera pacis, indutiae, legatorum non violandorum religio, conubia inter alienigena prohibita. Et inde ius gentium, quia eo iure omnes fere gentes utuntur.
>
> *Il diritto delle genti consiste nell'occupazione dei luoghi, nell'edificazione, nelle fortificazioni, nelle guerre, nella prigionia, nella schiavitù, nel postliminio, nelle tregue, nell'inviolabilità degli ambasciatori, nei matrimoni proibiti fra stranieri. Ed è chiamato diritto delle genti perché quasi tutti i popoli ne fanno uso.*

Qui Isidoro non faceva riferimento allo statuto dei *peregrini* del diritto romano classico[2], ma più verosimilmente si basava sulla dottrina di Cicerone, per il quale il *ius gentium* era un diritto fondato sul consenso degli uomini. Data la sua

---

1 Isidorus Hispalensis, Ethymologiae, V, 6 (ed. J. Oroz Reta / M.-A. Marcos Casquero, Madrid 2004, p. 502).

2 Max Kaser, Das römische Privatrecht. Erster Abschnitt: Das altrömische, das vorklassische und klassische Recht, (Rechtsgeschichte des Altertums im Rahmen des Handbuchs der Altertumswissenschaft, X. 3. Teil 3. Band. 1. Abschnitt), 2. Aufl. München 1971, Band 1, 202.

appartenenza alla scuola stoica, Cicerone fondava le obbligazioni umane nella natura e nelle basi etiche delle relazioni sociali[3]. Il *ius gentium* si collocava dunque a fianco del diritto naturale e si distingueva dal *ius civile* che aveva vigore presso i differenti ordinamenti giuridici dei diversi popoli. In Isidoro questa eredità era letta alla luce della fede cristiana. In tal modo il *ius gentium* formava un insieme di princìpi e regole tratto dalla natura umana, senza riferimento all'azione di un legislatore. Così Isidoro giungeva a definire principi e regole elementari ugualmente suscettibili di trovare applicazione tra popoli di stirpe romana, germanica, bizantina etc. A partire dal secolo XII, il pensiero di Isidoro, tramandato nel *Decretum* di Graziano (D.1 c.9), avrebbe alimentato le riflessioni dei giuristi accanto a un frammento di Gaio tramandato nel Digesto (D.1.1.9), nel quale il *ius gentium* era concepito come un diritto costituito dalla *naturalis ratio* e per questo comune a tutti i popoli.

La definizione isidoriana di *ius gentium*, tuttavia, rimane problematica, perché le nozioni evocate hanno un'incerta determinazione e sono difficili da rendere con chiarezza. Come era suo uso, Carl Schmitt ha evocato alcune di tali nozioni per sostenere certe teorie politiche su pseudo argomenti storici – come nel caso del *postliminium*[4] – ai quali era difficile opporre argomenti critici in mancanza di migliori conoscenze. Una seria indagine scientifica appare pertanto necessaria. La lista dei concetti enumerati nella definizione isidoriana mostra quanto sia indispensabile un esame storiografico e al contempo pone in rilievo la ricchezza della materia in questione.

Dalla definizione isidoriana di *ius gentium* scatutrivano dunque delle regole giuridiche che disciplinavano la guerra e la pace tra i popoli. Si potrebbe parlare, con Carl Schmitt, di limitazione della guerra (*Hegung des Krieges*)[5], insomma di temi inerenti al diritto internazionale. La prospettiva isidoriana mirava a promuovere una regolazione dell'uso della forza e dell'insicurezza attraverso l'identificazione di norme elementari che contenessero la guerra. Ma non si trattava ancora del diritto internazionale nel senso definito da Melantone nel 1535 e alla metà del secolo XVI dalla Scuola di Salamanca, cioè come diritto che governa le relazioni tra Stati sovrani[6]. A questo riguardo, la nozione medievale di *ius gentium* rimane

---

3 Gordon E. Sherman, Jus Gentium and International Law, in: The American Journal of International Law 12/1 (1918), p. 56-63.

4 Carl Schmitt, Der Nomos der Erde im Völkerrecht des Ius Publicum Europaeum, Köln 1950, 27, p. 178.

5 Schmitt, Der Nomos (cf. n. 4), 25, p. 43.

6 Mathias Schmoeckel, Ius belli ac pacis protestantium. Die Reformation als Grundlage des modernen Völkerrechts, in: M. Germann / W. Decock (éd.), Das Gewissen in den

incerta o sfocata: era possibile riferirsi ad essa per designare un diritto che oltrepassava la competenza dei legislatori particolari o anche utilizzarla per rinforzare la competenza dei "sovrani" *ante litteram*.

Questo volume congiunge studi specifici su diverse questioni particolari di diritto canonico con alcune più ampie esposizioni che collegano il "diritto internazionale" medievale con altri campi del diritto e con periodi diversi della storia medievale e moderna. Tali ricerche permettono ai lettori di incrociare le prospettive, e mettono altresì in rilievo la molteplicità dei possibili approcci entro la cornice storica del diritto canonico. È opportuno offrire una breve rassegna dei contributi riuniti nel volume[7].

Il diritto internazionale si basa anzi tutto sulla possibilità di stipulare convenzioni tra le nazioni. Franck Roumy (Paris II) ha così analizzato le origini canoniche della clausola *rebus sic stantibus*, mentre Orazio Condorelli (Catania) ha studiato la funzione del principio *Pacta sunt servanda* e dei trattati di pace nella dottrina canonistica dei secoli XII-XIV. Siffatte teorie appartengono indubbiamente ai fondamenti del diritto europeo. Il ruolo della dottrina canonistica nell'emersione di tali principi e massime e la loro interdipendenza giuridico-dogmatica appare molto chiaramente in questi due contributi.

Contro l'idea, sostenuta da eminenti medievisti, che la Chiesa abbia alimentato uno spirito di belligeranza, Mathias Schmoeckel (Bonn) si è soffermato nello studio della prima crociata. L'appello di Urbano II alla liberazione della Terra Santa ha senza dubbio dato fondamento allo sviluppo delle dottrine della "guerra giusta". Così furono poste le basi per la *Reconquista* della Spagna, per dottrina delle indulgenze, per la definizione dei ruoli di una società ripartita negli *ordines* dei regni cristiani. Ma i canonisti hanno messo un freno a queste motivazioni, facendo sì che esse non fossero recepite nel *ius commune* e nelle più tarde dottrine del diritto internazionale.

Nicolas Laurent-Bonne (Clermont-Auvergne) ha studiato le proibizioni ecclesiastiche di intraprendere rapporti commerciali con le nazioni musulmane. Centrata sulla legislazione pontificia che stabiliva interdizioni commerdiali fino al tempo di Gregorio IX, la sua indagine analizza le lettere papali che proibivano gli

Rechtslehren der protestantischen und katholischen Reformationen = The Conscience in the Legal Teachings of the Protestant and Catholic Reformations (Leucorea-Studien zur Geschichte der Reformation und der Lutherischen Orthodoxie 31), Leipzig 2017, p. 226-269.

7 Lo svolgimento dell'incontro è stato illustrato da Malte Becker, ZRG KA 2019, p. 425-429.

scambi con i porti e i paesi musulmani. Prendendo le mosse da un *consilium* di Paolo di Castro, Rosalba Sorice (Catania) ha presentato una controversia che oppose Pistoia, Firenze e Bologna e nasceva dalle norme statutarie che permettevano di uccidere impunemente le persone colpite dal *bannum*.

Trattando del *ius in bello* secondo il diritto canonico, David von Mayenburg (Frankfurt am Main) ha elaborato una posizione critica partendo dal passo del Vangelo di Matteo (5, 39): da questo passo scaturivano regole idonee a limitare la guerra, ma esse, a suo parere, ebbero limitate conseguenze pratiche. Già Cicerone aveva affermato l'idea che le leggi, di fatto, tacessero in tempo di guerra (*Silent leges inter arma*). Il *ius in bello* non sembra così *a priori* avere avuto ampie ricadute pratiche sulla materia.

Giovanni Chiodi (Milano-Bicocca) si è occupato delle questioni giuridiche relative alla cittadinanza in relazione ai fenomeni della mobilità, della circolazione, della migrazione, dal diritto canonico classico fino alla dottrina e alla pratica del secolo XVI. Il contributo di Andrea Padovani (Bologna) prende le mosse dal caso di una carovana di Zingari arrivati a Bologna nel 1422. Essi allegavano un diploma manifestamente falso dell'imperatore Sigismondo contenente l'asserito privilegio di poter commettere impunemente furti per i sette anni nei quali essi erano costretti a peregrinare a sconto di una passata abiura della fede cattolica. Questa storia ha offerto l'occasione per esaminare la condizione giuridica degli Zingari, che rappresenta il primo caso di apolidia in Europa.

La presentazione del tema del *transitus innoxius* prima di Grozio da parte di Hans-Georg Hermann (München) ha rivelato il riconoscimento di un diritto di migrazione pacifico, la cui negazione poteva condurre a un *bellum iustum* sulla base di due frammenti biblici (Num., 10, 14-21 e 21, 21-23). Su queste basi l'imperatore Federico I domandò di attraversare le terre di Bisanzio per compiere la crociata in Terra Santa. Bibbia e diritto canonico sono stati utilizzati per stabilire regole nei rapporti tra imperi. Ciò infine condusse alla formulazione del pensiero di Grozio, che ancora conosceva bene i fondamenti cristiani di questa materia, i quali tuttavia cessarono di essere evocati dagli autori successivi. Purtroppo Hans-Georg Hermann non ha potuto consegnare la sua relazione in tempo per la publicazione in questo volume.

Florence Demoulin-Auzary (Paris-Sud) ha studiato le origini di un *ius humanitatis*, nei quali Lattanzio ricomprendeva l'insieme dei diritti inalienabili di ciascuna persona. Tra di essi figurano la protezione dell'integrità personale nonché la proibizione della schiavitù. Siffatta idea attraversa i tempi, dal secolo IX fino a Grozio che parla di *officia humanitatis*.

Olivier Descamps (Paris II) ha presentato la figura dei papi quali mediatori o giudici arbitrali nei conflitti internazionali. Tale fu il caso di Bonifacio VIII e della sua mediazione tra Inghilterra e Francia nel 1298. Il pontefice assunse qui il duplice ruolo di supremo reggitore dei cristiani, non volendosi sottomettere ai principi secolari, e quello di autorevolissimo personaggio "privato" che, in condizione di terzietà, era posto nella necessità di risolvere un conflitto. Una comunicazione di Wolfgang Forster (Tübingen) sulle negoziazioni relative al trattato di Tordesillas (1494) ha parimenti mostrato come un pontefice agisse in una posizione di terzietà nel conflitto tra nazioni. La convenzione, che produsse una divisione del Nuovo Mondo sotto l'autorità papale e causò una rivoluzione cartografica, non si fonda comunque sull'autorità papale. Putroppo la relazione di Wolfgang Forster non è giunta in tempo per essere accolta nel volume.

Richard H. Helmholz (Chicago) ha illustrato la recezione del diritto canonico nel diritto internazionale inglese tra il 1450 e il 1750. Di fronte all'antica tesi, secondo la quale il diritto canonico avrebbe avuto una debole rilevanza in Inghilterra, il saggio dimostra come gli autori insulari lo conoscessero nel dettaglio e lo citassero espressamente.

Gigliola di Renzo Villata (Milano) ha infine presentato una illustrazione delle fonti canoniche utilizzate nella letteratura relativa al diritto internazionale all'alba dell'età moderna. Sulla stessa linea, Cyrille Dounot (Clermont-Auvergne) si è soffermato sulle opere di Honorat Bovet (1350-1410), dell'inglese Richard Zouche (1590-1661) e di Francisco de Vitoria (1483-1546), analizzando la questione se vi sia un diritto di combattere gli infedeli: il diritto canonico, in particolare, è usato in abbondanza da Vitoria.

Ringraziamo calorosamente i collaboratori dell'*Institut für Deutsche und Rheinische Rechtsgeschichte* di Bonn per l'organizzazione dell'incontro di Steinfeld. Siamo particolarmente debitori a Malte Becker per l'ottimo svolgimento di quelle giornate. La realizzazione del volume è opera di Julius Schwafferts, Tim Vieten, Sebastian Fuchs e Philip Schopen.

Le ricerche presentate nei volumi dedicati al contributo del diritto canonico alla formazione della cultura giuridica europea sono state tanto fruttuose che sarebbe stato possibile proseguirle senza fine. Era opportuno che le conclusioni fossero raccolte, come abbiamo fatto in questi sei volumi, in modo che gli studiosi possano avvantaggiarsene. Ovviamente rimangono aperte moltissime questioni storiche e dogmatiche, che offrono amplissimo spazio per una ulteriore esplorazione del diritto canonico medievale. La prosecuzione delle conferenze trinazionali di ricerca, che per iniziativa della Villa Vigoni si svolgono dal novembre 2018, ha aperto nuove promettenti prospettive.

Peter Landau – al quale risale l'idea di questa serie e che ha costantemente collaborato ai lavori del gruppo di ricerca – purtroppo non ha potuto vedere la pubblicazione di quest'ultimo volume. I curatori e gli autori dedicano a lui questo libro, in segno di ringraziamento per tutto quello che hanno potuto apprendere dal suo magistero. Peter Landau ha voluto onorare l'invito che i tre curatori gli avevano rivolto, e ha inviato un breve testo che volentieri pubblichiamo come introduzione di questo volume, a testimonianza di un legame scientifico e umano che il Maestro ha desiderato mantenere coi partecipanti al nostro progetto.

Bonn, Catania, Paris, Giugno 2020

Peter Landau (†)

Isidor von Sevilla als Quelle für das ‚Ius Gentium' bei Gratian

In der Geschichte des Völkerrechts kommt dem kanonischen Recht große Bedeutung zu. Das mittelalterliche kanonische Recht überliefert seit dem Decretum Gratiani den Begriff *ius gentium*, der von Gratian in der „Distinctio prima" seines Dekretbuchs folgendermaßen definiert wird[1]:

„Ius gentium est sedium occupatio edificatio, munitio, bella, capitivitates, servitutes, postliminia, federa pacis, induciae, legatorum non violandorum religio, conubia inter alienigenas prohibita. § 1 Hoc inde ius gentium appellatur, quia eo iure omnes fere gentes utuntur."

Der zitierte Text stammt aus den ‚Etymologiae' des Kirchenvaters Isidor von Sevilla[2] und beruht in seinem Inhalt auf dem römischen Recht. Im römischen Recht waren es Gaius und der spätklassische Jurist Ulpian, die den Begriff des *ius gentium* definierten und ihn von dem des *ius naturale* unterschieden. Einschlägige Texte von Gaius und Ulpian wurden von Justinians Digesten rezipiert.[3] Als Kriterium für die Distinktion von *ius naturale* und *ius gentium* verwendet Ulpian die Definition, das Naturrecht gelte außer für Menschen auch für Tiere, während das *ius gentium* in der Vernunft des Menschen begründet sei und deshalb der natürlichen Gerechtigkeit und Billigkeit entspreche.[4]

---

1 Decretum Gratiani, D.1, c.9: „Quid sit ius gentium."

2 Isidori Hispalensis Episcopi Etymologiarum sive Originum Libri XX, ed. W. M. Lindsay, T. I (Oxonii 1911), lib. V. VI.

3 Dig. 1.1.4 (Ulpianus libro primo institutionum): „Ius gentium est, quo gentes humanae utuntur, quod a naturali recedere facile intellegere licet, quia illud omnibus animalibus, hoc solis hominibus inter se commune sit."
Dig. 1.1.9 (Gaius libro primo institutionum): "quod vero naturalis ratio inter omnes nomine constituvit, id apud omnes peraeque custoditur vocaturque ius gentium, quasi quo iure omnes gentes utuntur."

4 Dig. 1.1.3 (Ulpianus libro primo institutionum): „Ius naturale est, quod natura omnia animalia docuit: nam ius istud non humani generis proprium, sed omnium animalium, quae in terra, quae in mari nascuntur, avium quoque commune est."
Es folgt das Zitat aus Ulpianus oben in Anm. 3.

Isidor von Sevilla vereinfachte die Definitionen der römischen Juristen, wobei er von den Texten in den Digesten wohl keine unmittelbare Kenntnis hatte.[5] Bei ihm findet man nicht mehr den Gedanken eines für Menschen und Tiere gleichermaßen geltenden *ius naturale*, so dass er das menschliche Naturrecht als *ius aequum* bezeichnen kann.[6] Andererseits werden von Isidor die Geltungsbereiche von *ius naturale* und *ius gentium* strenger als bei den Autoren des römischen Rechts voneinander getrennt und für beide Begriffe wird eine Aufzählung einzelner Institutionen gegeben. Zum *ius gentium* rechnete Isidor u.a. Schanzen (*munitio*), Kriege, Gefangenschaft einschließlich der Rechtslage nach der Rückkehr (*postliminium*), Friedensverträge und die Unverletzlichkeit von Gesandten.[7] Diese Beispiele betreffen Rechtsfragen, die heute dem Völkerrecht zugeordnet sind, so dass wir bei Isidor die wichtigste Weichenstellung entdecken, die vom *ius gentium* der Antike über das mittelalterliche kanonische Recht zum modernen Völkerrecht führt. Auch wenn man Isidors Begriff des *ius gentium* nicht einfach mit dem heutigen Völkerrechtsbegriff identifizieren kann, lässt sich immerhin festhalten, dass er eine klare Unterscheidung von Naturrecht und *ius gentium* in seinen ‚Etymologiae' entwickelt hat, was besonders von Rudolf Weigand in seinem grundlegenden Werk über die ‚Naturrechtslehre der Legisten und Dekretisten' hervorgehoben wurde.[8] Isidor von Sevilla wurde durch die

---

Ferner Dig. 1.1.10 (Ulpianus libro primo regularum): „Iustitia est constans et perpetua voluntas ius suum cuique tribuendi. Iuris praecepta sunt haec: honeste vivere, alterum non laedere, suum cuique tribuere."
Zu Ulpians Doktrin von Ius naturale und Ius gentium cf. vor allem R. Weigand, Die Naturrechtslehre der Legisten und Dekretisten von Irnerius bis Accursius und von Gratian bis Johannes Teutonicus (Münchener Theologische Studien, III. Kan. Abt., Bd. 26 (München 1967) 12-14.

5 Cf. zu dieser Frage J. Gaudemet, La doctrine des sources du droit dans le décret de Gratien, RDC 1 (1951) 5-31, besonders p. 14-31 ; auch in : J. Gaudemet, La formation du droit canonique médiéval (Variorum 1980), no. VIII.

6 Isidori Etymologiarum Libri XX (wie Anm. 1), lib. V. IV.: "Ius naturale [est] commune omnium nationum, et quod ubique instinctu naturae non constitutione aliqua habetur… Nam hoc, aut si quid huic simile est, numquam iniustum [est], sed naturale aequumque habetur."

7 Isidori Etymologiarum Libri XX (wie Anm. 1), Lib. V. VI. "Ius gentium est … munitio, bella, captivitales … postliminia, foedera pacis … legatorum non violandorum religio…".

8 Rudolf Weigand, Die Naturrechtslehre (wie Anm. 4), 128-130, u.a.: „Man könnte höchstens daran denken, dass Isidor den Ausdruck „Völkerrecht" im eigentlichen Sinn versteht, nämlich als das Recht der Völker und Staaten insgesamt (wenn also nicht ein einzelner, sondern ein Volk, ein Stamm, die Bewohner einer Stadt gemeint sind), das auch die Beziehungen der Völker untereinander regelt. In diesem Verständnis würde es sich weitgehend mit dem heutigen Völkerrecht decken. Dazu würden gut die Begriffe

Rezeption seiner Begriffsdefinitionen im Decretum Gratiani und die sich daran anschließenden mittelalterliche Kanonistik zum wichtigsten Vorläufer des Völkerrechtsdenkens in der europäischen Geistesgeschichte.

Inbesitznahme der Wohnplätze, Befestigung, Krieg, Gefangenschaft, Friedensverträge, Waffenstillstand(sverträge) und Unverletzlichkeit der Gesandten passen…".

PIÆ MEMORIÆ
MAGISTRI ET SOCII
PETRI LANDAV
HVNC LIBRVM
DEDICANT
EDITORES
ET AVCTORES

Inhalt

Franck Roumy

Les origines canoniques de la *clausula rebus sic stantibus*

La contribution du droit canonique médiéval à la formation d'un système moderne de *jus gentium* a été soulignée à plusieurs reprises par les historiens[1]. Les canonistes de l'époque classique ont en effet élaboré une série de règles et de principes adoptés plus tard par les pères fondateurs du droit international. L'histoire de la *clausula rebus sic stantibus* en est une illustration. Celle-ci a été expressément introduite en droit international par Alberico Gentili (1552-1608), au motif que les dispositions juridiques gouvernant les contrats privés étaient transposables aux conventions passées entre puissances souveraines[2]. D'après lui, la *clausula* était censée, conformément à l'opinion commune, s'appliquer à tout accord garanti par un serment[3]. Entre la fin du XVIIIE siècle et le début du XXE siècle, nombreuses ont donc été les tentatives d'appliquer cette théorie, selon laquelle un traité international pouvait toujours être remis en cause, lorsque les conditions ayant présidé à sa conclusion avaient changé[4]. En 1969, la convention de Vienne (1969) est venue limiter strictement cette possibilité. L'article 62 dispose en effet qu'un changement fondamental de circonstances non prévu, par rapport à celles existant lors de la conclusion de l'accord, ne peut être invoqué pour y mettre fin. La conjonction de deux éléments peut toutefois permettre de déroger à cette impossibilité. Une des circonstances alléguées doit d'abord avoir constitué une "base essentielle du consentement des parties à être liées par le traité". En outre, le changement doit avoir eu pour effet "de transformer

---

1 Notamment: J. MULDOON, The contribution of the medieval canon lawyers to the formation of international law, dans: Traditio 28 (1972), p. 183-96; ID., Medieval canon law and the formation of international law, dans: ZRG KA 81 (1995), p. 64-82; D. BAUER, The importance of medieval canon law and the scholastic tradition for the emergence of the early modern international order, dans: R. LESAFFER (éd.), Peace treaties and international law in european history from the Late Middle Ages to World War One, Cambridge, 2004, n° 9, p. 198-221.

2 C. RABL BLASER, Die clausula rebus sic stantibus im Völkerrecht, Zürich 2012, p. 33-34.

3 ALBERICUS GENTILIS , De jure belli, III, 14: "Etiam et adjectio jurejurando subintelligi clausula 'rebus sic stantibus', non in testamentis modo, sed et in contractibus aliquando, imo in qualibet dispositione semper, et omnium est opinio" (éd. Th. E. HOLLAND, Oxonii, 1877, p. 351-352).

4 Cf. RABL BLASER, Die clausula (cf. n. 2), p. 141-206.

radicalement la portée des obligations" restant à exécuter. Ces arguments ne peuvent cependant être reçus lorsque le traité établit une frontière. Ils sont aussi inopérants si la transformation résulte d'une violation de la convention par la partie qui l'invoque ou se trouve être la conséquence d'une obligation internationale relative à une autre partie de la convention[5]. Ainsi rigoureusement bornée, la *clausula rebus sic stantibus* n'a désormais pu être invoquée avec succès que dans des cas rarissimes dans la jurisprudence internationale[6].

Mais le principe n'en est pas moins désormais consacré par la législation internationale, comme il se trouve l'être aussi dans le droit interne de nombreux pays. Défendu par la plupart des commentateurs du *jus commune*, il avait pourtant été rejeté par les jusnaturalistes et n'avait donc pas été repris dans les codifications prussienne, française ou autrichienne réalisées au tournant des XVIIIe et XIXe siècles[7]. Sa réception, tardive, a d'abord été l'œuvre de la jurisprudence. Elle a commencé à s'opérer à la suite des bouleversements engendrés par la Première Guerre mondiale, qui avait notamment entraîné l'envol du coût du charbon. Cette situation eut pour conséquence, en France, l'arrêt du Conseil d'État *Compagnie générale d'éclairage de Bordeaux*, du 30 mars 1916, et, en Allemagne, la décision du Reichsgericht *Dampfpreisfall*, du 21 septembre 1920[8]. L'une et l'autre répondaient

5 Sur l'histoire de l'article 62: RABL BLASER, Die clausula (cf. n. 2), p. 243-258.

6 RABL BLASER, Die clausula (cf. n. 2), p. 261-269.

7 H. COING, Europäisches Privatrecht, t. I, Älteres gemeines Recht (1500 bis 1800), München 1985, p. 412-413; t. II, 19. Jahrhundert. Überblick über die Entwicklung des Privatrechts in den ehemals gemeinrechtlichen Ländern, München 1989, p. 445. L'ALR (1794), I,5 § 377, écarte même expressément la *clausula*, admettant seulement que le changement de circonstances rendant impossible à atteindre le but que s'étaient fixé les parties leur permettent de se retirer s'il n'y a pas déjà eu exécution (§ 378). La *clausula* avait en revanche été reçue dans le *Codex Maximilianeus Bavaricus Civilis* 1756 IV, 15 § 12 , qui reprenait la doctrine d'Augustin Leyser (1683-1752): cf. K. LUIG, Die Kontinuität allgemeiner Rechtsgrundsätze. Das Beispiel des *clausula rebus sic stantibus*, dans: R. ZIMMERMANN, R. KNÜTEL, J. P. MEINCKE (éd.), Rechtsgeschichte und Privatrechtsdogmatik, Heidelberg 1999, p. 175; R. MEYER-PRITZL, §§ 313-314. Störung der Geschäftsgrundlage. Kündigung von Dauerschuldverhältnissen aus wichtigem Grund, dans: M. SCHMOECKEL, J. RÜCKERT, R. ZIMMERMANN (éd.), Historisch-kritischer Kommentar zum BGB, t. II/2, Tübingen 2007, p. 1723-1724; Th. RÜFNER, Art. 6:111 Change of Circumstances, dans: N. JANSEN, R. ZIMMERMANN (éd.), Commentaries on European Contract Laws, Oxford 2018, n° 6-8.

8 Recueil des arrêts du Conseil d'État [Recueil Lebon] 86 (1916), p. 125-146; Entscheidungen des Reichsgerichts in Zivilsachen 100, p. 129 sq. (RG, 21.09.1920 – III 143/20).

à l'impossibilité d'exécuter dans les termes qui avaient présidé à leur conclusion des conventions relatives à la fourniture d'énergie[9].

Toutefois, la consécration légale de ce qu'on l'on appelle, du côté français, "la théorie de l'imprévision" et, Outre-Rhin, "la disparition des fondements de la convention" (*Wegfall der Geschäftsgrundlage*), ne s'est pas imposée naturellement et sans résistance. Ainsi, il a fallu attendre la loi de modernisation du droit des obligations de 2001 pour que le principe fût intégré au code civil allemand sous l'appellation de "perturbation des fondements de la convention" (*Störung der Geschäftsgrundlage*)[10]. En France, la Cour de cassation avait expressément écarté de la jurisprudence civile la prise en compte de l'imprévision par le célèbre arrêt *Canal de Craponne* du 6 mars 1876[11]. Cette rigueur, assouplie par la jurisprudence de la même cour à partir de 1992, a finalement été écartée par l'ordonnance du 10 février 2016 portant réforme du droit des obligations. La possibilité de révision et de résolution judiciaire des contrats pour imprévision est ouverte par le nouvel article 1195 du Code civil[12]. L'Italie est en réalité la première à avoir introduit une disposition comparable à la *clausula rebus sic stantibus* dans sa législation civile contemporaine, sous l'apparente influence de la doctrine de la "présupposition" (*Voraussetzung*) défendue par Bernhard Winscheid (1817-1892)[13]. L'article 1467

---

9 Pour le contexte: F. ROLLIN, Les contrats de l'administration et la première guerre mondiale, dans: Jus Politicum 15 (Janvier 2016) [http://juspoliticum.com/uploads/-56b089c614622-jp15_rolin.pdf, consulté le 22.VII. 2019]; LUIG, Die Kontinuität (cf. n. 7), p. 171-186, spécialement p. 183-185; MEYER-PRITZL, §§ 313-314 (cf. n. 7), p. 1720-1724.

10 Gesetz zur Modernisierung des Schuldrechts, 26.XI.2001 (Bundesgesetzblatt Jahrgang 2001, I, Nr. 61, p. 3150). BGB § 313. Un des plus grands civilistes allemands du XXe siècle, Werner Flume (1908-2009), fut aussi un ardent adversaire de la doctrine du *Wegfall der Geschäftsgrundlage*, développant ses arguments dans un ouvrage devenu célèbre: Rechtsgeschäft und Privatautonomie, Karlsruhe 1960; sur celui-ci: RÜFNER, Art.6:111 (cf. n. 7), n° 12.

11 Sur le devenir et la portée de cette décision: Y. LEQUETTE, La destinée d'un grand arrêt: le canal de Craponne, dans: B. MOORE (éd.), Les grands arrêts, Montréal 2016, p. 137-166.

12 Voir: B. FAUVARQUE-COSSON, La révision pour imprévision, une atteinte au principe de la force obligatoire des contrats?, dans: J. CARTWRIGHT, B. FAUVARQUE-COSSON, S. WHITTAKER (éd.), La réécriture du Code civil. Le droit français des contrats après la réforme de 2016, Paris 2018, p. 195-216; L. MOSCATI, La réforme du droit des contrats en France et l'imprévision, dans: E. CHEVREAU, C. MASI DORIA, J. M. RAINER (éd.), *Liber amicorum*. Mélanges en l'honneur de Jean-Pierre Coriat, Paris 2018, p. 665-677.

13 B. WINSCHEID, Die Lehre des römischen Rechts von der Voraussetzung, Düsseldorf 1850. Pour une présentation concise de sa doctrine: MEYER-PRITZL, §§ 313-314 (cf. n. 7), p. 1713-1714. Sur sa réception: Ch. REITER, Vertrag und Geschäftsgrundlage im deutschen und italienischen Recht. Eine rechtsvergleichende Untersuchung zum Wandel des Vertragsbegriffs und seinen Auswirkungen auf die Regeln über den Wegfall der Geschäftsgrundlage in der neueren Rechtsgeschichte und im modernen Recht (Studien

du code civil de 1942, toujours en vigueur, autorise en effet, dans les contrats à exécution successive, la partie dont la prestation est devenue excessivement onéreuse en raison d'événements extraordinaires et imprévisibles, à demander la résolution, l'autre contractant jouissant en pareil cas de la faculté de proposer de nouvelles conditions.

Un rapide examen de l'état du droit des différents pays d'Europe révèle que nombre d'entre eux comme l'Autriche, l'Espagne, la Grèce, la Lituanie, les Pays-Bas, le Portugal, la Suisse ou la Suède connaissent des dispositions comparables introduites par la loi ou la jurisprudence[14]. L'exemple contraire le plus emblématique est celui du droit anglais qui, en dépit des tempéraments ménagés par l'admission de la théorie restrictive de la *frustration* du contrat et la pratique des clauses de *hardship*, refuse le principe selon lequel toute convention serait susceptible d'être révisée voire résolue, lorsque les conditions de sa conclusion auraient radicalement changé, et reconnaît à l'inverse l'existence de "contrats absolus" échappant au contrôle du juge[15]. Mais s'il est vrai que les systèmes de *common law*, comme en attestent également le droit irlandais ou le droit américain, s'avèrent particulièrement réticents face à la *clausula rebus sic stantibus*, force est de constater que différents pays de droit "continental" comme la Belgique ou l'Écosse ne l'admettent pas davantage.

L'idée justifiant que l'on puisse remettre en cause un engagement, car les circonstances qui l'ont déterminé ont changé, est pourtant très ancienne. Elle est déjà formulée par Sénèque le Jeune († 65), dans des termes qui paraissent anticiper le principe moderne. "La situation doit être absolument ce qu'elle était lors de ma promesse, pour que l'on ait ma parole", proclame-t-il dans ses *Bienfaits*[16]. Et surtout:

---

zum ausländischen und internationalen Privatrecht 89), Tübingen 2002, p. 72-75, 116-117; M. STÜRMER, Der Grundsatz der Verhältnismäßigkeit im Schuldvertragsrecht. Zur Dogmatik einer privatrechtsimmanenten Begrenzung von vertraglichen Rechten und Pflichten (Jus privatum 153), Tübingen 2010, p. 269.

14 Voir la présentation de E. HONDIUS, Ch. GRIGOLEIT (éd.), Unexpected Circumstances in European Contract Law, Cambridge 2011, spécialement p. 11.

15 D. IBBETSON, Absolute liability in contract: the antecedents of *Paradine v. Jayne*, dans: F. D. ROSE (éd.), Consensus ad idem. Essays in the law of contract in honor of Guenter Treitel, London 1996, p. 3-37; l'auteur remercie son collègue et ami comparatiste Jean-Sébastien Borghetti de lui avoir communiqué cette référence.

16 SENECA, De beneficiis, IV, 35, 3: "Omnia esse debent eadem, quae fuerunt, cum promitterem, ut promittentis fidem teneas" (éd. et trad. F. PRECHAC, Sénèque, Des bienfaits [Collection des universités de France. Série latine, 36], t. I, Paris 1961, p. 135).

> Je sous-entends, dis-je, une tacite restriction: 'si je le puis, si je le dois, si les choses demeurent telles quelles'. Fais en sorte que la situation soit la même lorsque tu exiges que soit accompli ce que j'ai promis. Fais que la situation soit, quand tu me mets en demeure, telle qu'elle était au moment où j'ai donné ma parole et y manquer sera légèreté. S'il survient un fait nouveau, qu'y a-t-il de surprenant, la condition de celui qui prenait l'engagement ayant changé, que sa résolution ait changé aussi. Remets les choses dans le même état et je suis le même aussi[17].

Mais le propos du philosophe, qui visait seulement à analyser le comportement humain, n'avait aucune portée juridique. Le système contractuel romain, dont la structure originelle était formaliste, ne connaissait pas de procédé permettant aux acteurs d'une convention pourvue d'une sanction juridique de se soustraire à leurs obligations au nom d'un quelconque changement de circonstances. Le droit romain, y compris dans son état ultime, ne recèle pas trace d'une disposition s'apparentant à la *clausula rebus sic stantibus*. Au milieu du XIIIe siècle, le contenu des deux passages de Sénèque est encore évoqué dans un contexte purement moral. Thomas d'Aquin († 1274) s'y réfère pour dédouaner du péché de mensonge celui qui a consenti une promesse en pensant l'exécuter, mais qui n'agit pas, soit parce que son comportement serait manifestement illicite, soit parce que les conditions de l'affaire ont changé[18]. Quelques décennies plus tard, pourtant, à l'aube du XIVe siècle, le grand canoniste Guy de Baysio († 1313) reprend mot à mot son explication pour justifier cette fois-ci la non exécution d'un engagement juridique, lorsque la situation "des personnes, des choses ou des affaires" s'est transformée[19].

---

17 SENECA, De beneficiis, IV, 39, 4: "Subest, inquam, tacita exceptio: si potero, si debebo, si haec ita erunt. Effice, ut idem status sit, quom exigis sicut fuit, cum promitterem; destituere levitas erit. Si aliquid intervenit novi, quid miraris, cum condicio promittentis mutata sit, mutatum esse consilium? eadem mihi omnia praesta, et idem sum" (éd. et trad. PRECHAC [cf. n. 16], p. 139).

18 THOMAS DE AQUINO, Summa Theologiae, II^a II^ae Quaestio 110, articulus 3, ad quintum: "Si vero non faciat quod promisit, tunc videtur infideliter agere per hoc quod animum mutat. Potest tamen excusari ex duobus. Uno modo, si promisit id quod est manifeste illicitum, quia promittendo peccavit, mutando autem propositum bene facit. Alio modo, si sint mutatae conditiones personarum et negotiorum. Ut enim Seneca dicit, in libro de beneficiis, ad hoc quod homo teneatur facere quod promisit, requiritur quod omnia immutata permaneant, alioquin nec fuit mendax in promittendo, quia promisit quod habebat in mente, subintellectis debitis conditionibus; nec etiam est infidelis non implendo quod promisit, quia eadem conditiones non extant" (Opera omnia, t. IX, Romae 1897, p. 425).

19 GUIDO DE BAYSIO, Rosarium ad C. 22, q. 2, c. 14, *Ne quis*, V° *manserit*, n° 3: "Adde: dicas quod is qui promittit aliquid potest excusari, si sunt mutate conditiones personarum et rerum sive negotiorum, nam, secundum Senecam in libro de beneficiis, ad hoc quod homo

La raison est qu'à la différence des glossateurs du droit civil, qui s'en tenaient encore aux dispositions romaines, les canonistes avaient admis depuis près d'un siècle le principe que le droit moderne et contemporain désigne sous le nom de *clausula rebus sic stantibus*. Finalement reçu par les civilistes au XIVe siècle, il allait devenir, à la fin du Moyen Âge et à l'époque moderne, une règle établie du *jus commune*[20]. Comme l'a montré Robert Feenstra dans une contribution publiée en 1974, la théorie de l'imprévision remonte en effet au moins à Jean le Teutonique († 1245), auteur, peu avant 1220, de la glose ordinaire du Décret de Gratien[21]. Celui-ci l'affirme à propos d'un passage du commentaire d'Augustin sur les Psaumes, passé dans le Décret, dans lequel est érigée une distinction, devenue fondamentale chez les théologiens, entre les mensonges volontaire et involontaire[22]. Le décrétiste en déduit que dans tout engagement:

> Est donc toujours sous-entendue cette condition: "si la chose demeure dans le même état", comme il est dit au début de la loi *Cum quis* du titre sur le paiement du Digeste et au chapitre *Quemadmodum* du titre sur le serment du *Liber Extra*. Et il y a ici l'argument selon lequel un secours est consenti en raison de la situation nouvelle, comme il est dit au chapitre *Insinuante* du titre sur l'office de juge délégué du *Liber Extra*. Il y a encore ici l'argument selon lequel des paroles générales ne peuvent être étendues à des éléments non mentionnés ou ne pouvant être imaginés, comme il est dit plus haut aux canons *Beatus* et *Antecessor* du Décret de Gratien, à la loi *Cum Aquiliana* du titre sur les transactions du Digeste, au chapitre *Ex multiplici* du titre sur les dîmes et au chapitre *Audita* du titre sur les dépouilles du *Liber Extra*[23].

---

teneatur facere quod promisit, requiritur quod omnia impermutata permaneat" (Enarrationes super Decreto, Lugduni 1549, réimpr. Frankfurt am Main 2008, fol. 290va).

20 Pour un exposé de l'évolution d'ensemble: A. THIER, Unexpected change of circumstances: perspectives of legal history, dans: Unexpected Circumstances (cf. n. 14), p. 15-31. Sur la réception par les civilistes: M. RUMMEL, Die "clausula rebus sic stantibus". Eine dogmengeschichtliche Untersuchung unter Berücksichtigung der Zeit von der Rezeption im 14. Jahrhundert bis zum jüngeren Usus Modernus in der ersten Hälfte des 18. Jahrhunderts (Fundamenta Juridica 13), Baden-Baden 1991.

21 R. FEENSTRA, *Impossibilitas* and *Clausula rebus sic stantibus*. Some aspects of frustration of contracts in continental legal history up to Grotius, dans: A. WATSON, Daube noster. Essays in legal history for David Daube, Edinburgh, London 1974, p. 77-104.

22 C. 22, q. 2, c. 14, *Ne quis* = AUGUSTINUS, Enarrationes in psalmos, V, 7 (éd. E. DEKKERS, J. FRAIPONT [CCSL 38], Turnholti 1955, p. 22, l. 6-p. 23, l. 53; éd. M. DULEY *et alii* [Bibliothèque augustinienne 57/A], Paris 2009, p. 218).

23 JOHANNES TEUTONICUS, Glossa ordinaria ad C. 22, q. 2, c. 14, *Ne quis*, V° *furens*: "Ergo semper subintelligitur haec conditio, si res in eodem statu manserit, ut ff., De solutionibus, Cum quis, in principio [D., 46, 3, 38 pr.], Extra, De jurejurando, Quemadmodum [X, 2, 24, 25]. Et est hic argumentum quod propter novum casum novum datur auxilium, ut Extra, De officio delegati, Insinuante [X, 1, 29, 25], ff., De interrogationibus, De aetate [D., 11, 1, 11]. Item argumentum est hic quod verba generalia non extenduntur ad ea de quibus non est dictum vel cogitatum, ut supra eodem, Beatus [C. 22, q. 2, c. 5], 11, q. 3, Antecessor

L'expression de la condition (*si res in eodem statu manserit*) a été empruntée par le canoniste à un fragment des *Quaestiones* d'Africanus passé dans le Digeste, dans lequel le jurisconsulte expliquait que le bénéficiaire d'une promesse de donner passée par stipulation ne recevrait sa prestation que "s'il demeurait dans le même état", c'est-à-dire ne perdait pas son statut par l'adoption, l'exil, l'interdit par l'eau et le feu ou la réduction en esclavage[24]. Il ne s'agit donc ici que d'un emprunt de vocabulaire. L'expression s'appliquait dans le texte romain à la capacité à recevoir d'une personne et non au contexte dans lequel l'obligation était née. En revanche, la doctrine de Jean le Teutonique présente déjà les caractéristiques principales de la théorie moderne de l'imprévision. Les *verba generalia* prononcées lors d'un engagement ne peuvent être interprétées comme s'étendant à des situations impossibles à prévoir (*non dictum vel cogitatum*). Lorsque survient une circonstance nouvelle (*novus casus*), celui qui s'est engagé doit donc bénéficier d'un secours (*auxilium*) du juge: celui-ci doit interpréter la convention comme contenant une clause tacite, d'après laquelle l'obligation n'est exécutée que si l'affaire demeure en l'état dans lequel elle a été conclue.

La possibilité de remettre en cause un contrat en raison de nouvelles circonstances apparaît donc au moment même ou le principe général du consensualisme en matière contractuelle, dégagé une trentaine d'année plus tôt, est consacré par Jean le Teutonique dans la glose ordinaire du Décret de Gratien[25]. Cette simultanéité pourrait s'expliquer notamment par la conception nouvelle des canonistes du Moyen Âge central de la notion de bonne foi. Tandis

---

[C. 11, q. 3, c. 104] et ff., De transactionibus, Cum Aquiliana [D., 2, 15, 5], Extra, De decimis, Ex multiplici [X, 3, 30, 3] et Extra, De restitutione spoliatorum, Audita [X, 2, 13, 4], etc." (éd. Lugduni, 1600, col. 1258).

24 AFRICANUS, Lib. 7 quaestionum, D., 46, 3, 38 pr.: "Cum quis sibi aut Titio dari stipulatus sit, magis esse ait, ut ita demum recte Titio solvi dicendum sit, si in eodem statu maneat, quo fuit, cum stipulatio interponeretur. Ceterum sive in adoptionem sive in exilium ierit vel aqua et igni ei interdictum vel servus factus sit, non recte ei solvi dicendum. Tacite enim inesse haec conventio stipulationi videtur 'si in eadem causa maneat'".

25 JOHANNES TEUTONICUS, Glossa ordinaria ad C. 12, q. 2, c. 66, *Quicumque*, V° *promiserunt*: "Videtur quod aliquis obligatur nudis verbis, licet non intercessit stipulatio, ut Extra, De testamentis, Indicante [1 Comp., 3, 22, 13 = X, 3, 26, 4], 22, q. 5, Juramenti [C. 22, q. 5, c. 12] et infra eodem, q. 5, Quia Johannes [C. 12, q. 5, c. 3]. Quod verum est et potest dici quod competit actio ex nuda promissione, scilicet condictio ex canone illo, infra, 22, q. 5, Juramenti" (éd. [cf. n. 23], col. 1010). Le principe avait été posé dans les années 1190 par Huguccio et Bernard de Pavie: P. LANDAU, Pacta sunt servanda. Zu den kanonistische Grundlagen der Privatautonomie, dans: M. ASCHERI *et alii* (éd.) "Ins Wasser geworfen und Ozeane durchquert". Festschrift für Knut Wolfgang Nörr, Köln/ Weimar/ Wien 2003, p. 457-474, réimpr. dans: ID., Europäische Rechtsgeschichte und kanonisches Recht im Mittelalter, Badenweiler 2013, p. 761-781.

qu'à la même époque, le concept ne relève pour les civilistes que du *jus gentium*, il revêt aux yeux les canonistes une dimension religieuse[26]. Une constitution promulguée par Innocent III en 1215 au IVe concile du Latran cite ainsi un verset de Paul selon lequel "Tout ce qui ne procède pas de la foi est un péché", pour affirmer qu'en l'absence de bonne foi, aucune prescription, canonique ou civile, n'est valide[27]. La *bona fides* canonique aurait ainsi justifié de concert le respect obligatoire de la parole donnée et la possibilité d'y déroger, lorsque l'exécution constituait un abus. *Rebus sic stantibus* formerait le pendant de *Pacta sunt servanda*, étant entendu que Jean le Teutonique n'a recours à aucune de ces deux expressions, utilisées plus tardivement.

Comme l'a montré Michael Rummel, la formule *rebus sic stantibus* n'est employée en effet qu'à partir du XVe siècle en matière d'imprévision[28]. Dans une consultation relative à un pacte de renonciation à une succession, Ludovico Pontano († 1439) déclare que la promesse consentie doit être comprise comme faite *rebus ista stantibus*[29]. En 1475, enfin, le canoniste Giorgio Natta († 1495), abordant la même question dans sa répétition sur une décrétale de Boniface VIII justifiant l'exclusion d'une fille dotée de la succession paternelle incluse dans son contrat de mariage, use de l'expression consacrée par la suite[30]. Selon lui, la renonciation, même jurée, ne peut s'étendre à un droit qui ne surviendrait que dans le futur, car le serment contient cette *clausula tacita: si rebus sic stantibus*[31].

---

26 J. GORDLEY, Good faith in Contract Law in the Medieval ius commune, dans: R. ZIMMERMANN / S. WHITTAKER (éd.), Good Faith in European Contract Law, Cambridge 2000, p. 93-117, spécialement p. 94-95.

27 Conc. de Latran IV (1215), c. 41: "Quoniam omne quod non est ex fide, peccatum est [Rom., 14, 23], synodali judicio diffinimus ut nulla valeat absque bona fide prescriptio tam canonica quam civilis, cum sit generaliter omni constitutioni atque consuetudini derogandum, que absque mortali non potest observari peccato. Unde oportet ut qui praescribit in nulla temporis parte rei habeat conscientiam aliene" (éd. G. ALBERIGO, A. MELLONI, Conciliorum œcumenicorum generaliumque decreta [= COGD], t. II/1, Turnhout 2013, p. 186, l. 789-793) = X, 2, 26, 20. Sur ce thème, voir: N. VILAIN, Prescription et bonne foi, du Décret de Gratien (1140) à Jean d'André († 1348), dans: Traditio 14 (1958), p. 121-189.

28 RUMMEL, Die clausula (cf. n. 20), p. 48 et 71.

29 LUDOVICUS PONTANUS, Consilium 22, n° 3: "sic [verba] intelligi debent rebus ista stantibus ut erant tempore illo quo pactum initium fuit" (Consilia, Ludguni, 1545, fol. 5va). Sur ce juriste: Th. WOELKI, Lodovico Pontano (ca. 1409-1439). Eine Juristenkarriere an Universität, Fürstenhof, Kurie und Konzil (Education and Society in the Middle Ages and Renaissance 38), Leiden 2011.

30 VI°, 1, 18, 2, *Quamvis*.

31 GEORGIUS NATTA, Tractatus de pactis, n° 12: "renuntiatio etiam jurata non trahitur ad jus quod supervenit de futuro; habet enim juramentum tacitam clausulam rebus sic stantibus" (Tractatus universi juris, t. VI/2, Venetiis 1584, fol. 30vb). L'ouvrage est paru pour la

Avant le XVe siècle, les juristes médiévaux utilisent plutôt la locution *rebus sic se habentibus* pour désigner la nécessaire permanence d'une situation. La formule paraît avoir été appliquée pour la première fois à un cas d'imprévision par Bartole († 1356), au milieu du XIVe siècle[32]. Toutefois, ainsi que l'a mis en lumière Robert Feenstra, elle apparaît déjà dans les années 1230, sans relation encore avec la *clausula*, dans la glose ordinaire du *Digestum vetus*[33]. Le passage analysé, un fragment de Neratius, affirmait que, lorsqu'un mariage avait été illégalement conclu en raison du défaut d'âge d'un des conjoints, la dot versée pouvait être restituée, mais cette répétition était impossible "tant que les époux demeuraient dans cet état marital"[34]. Accurse l'expliquait en déclarant que, selon les dialecticiens, on aurait pu entendre que la répétition était en fait impossible aussi longtemps que vivraient les époux, car leur situation aurait fini par se régulariser. Mais, selon lui, cette interprétation extensive devait être écartée, car "nous jugeons selon le présent et les choses étant ce qu'elles sont (*rebus sic se habentibus*)", avant d'ajouter que, dans certaines hypothèses, cependant, il arrivait que l'on appréciât plutôt la situation de façon extensive[35].

Dans les éditions imprimées de la vulgate du *Corpus juris civilis*, néanmoins, cet extrait de la glose accursienne est expressément attribué à Azon. Par ailleurs, s'agissant de la naissance de la doctrine de l'imprévision elle-même, il est avéré que la glose ordinaire du Décret de Gratien est rarement novatrice. L'enquête sur

---

première fois sous le titre *Repetitio capituli Quamvis, De pactis in Sexto Decretalium* à Pavie, en 1475: E. DEZZA, Natta, Giorgio, dans: I. BIROCCHI *et alii* (éd.), Dizionario biografico dei giuristi italiani (XII-XX secolo), t. II, Bologna 2013, p. 1413.

32 RUMMEL, Die clausula (cf. n. 20), p. 24-27.

33 FEENSTRA, Impossibilitas (cf. n. 21), p. 83.

34 NERATIUS, Lib. 2 membranarum, D., 12, 4, 8: "Quod Servius in libro de dotibus scribit, si inter eas personas, quarum altera nondum iustam aetatem habeat, nuptiae factae sint, quod dotis nomine interim datum sit, repeti posse, sic intelligendum est, ut, si divortium intercesserit, priusquam utraque persona iustam aetatem habeat, sit eius pecuniae repetitio, donec autem in eodem habitu matrimonii permanent, non magis id repeti possit, quam quod sponsa sponso dotis nomine dederit, donec maneat inter eos adfinitas: quod enim ex ea causa, nondum coito matrimonio datur, cum sic detur tanquam in dotem perventurum, quamdiu pervenire potest, repetitio eius non est".

35 ACCURSIUS, Glossa ordinaria ad D., 12, 4, 8, *Quod Servius*, V° *potest*: "Si istud potest extendatur, ut dialectici dicunt, quamdiu uterque vivit, etiam misso repudio, non esset repetitio. Nam semper possibile est quod fiat hoc matrimonium. Sed certe nos non extendimus, sed secundum praesens judicamus, et rebus sic se habentibus loquimur, ut infra, De verborum obligationibus, lege Continuus, § Cum quis [D., 45, 1, 137, 6], scilicet donec alter eorum alias contraxerit. Quandoque tamen extenditur, ut 'quantum capere poterit' lego, ut infra, De legatis II, Si ita quis testamento [D., 31 [1], 51], Inst., Quibus modis testamenta infirmantur, § Posteriore [Inst., 2, 17, 2]. Azo" (éd. Lugduni, 1627, col. 1282-1283).

l'origine de la *clausula rebus sic stantibus* méritait donc d'être reprise. L'expression *rebus sic se habentibus*, on va le voir, est apparue longtemps avant la glose accursienne (I). Elle n'est effectivement jamais appliqué à la théorie de l'imprévision avant le début du XIVe siècle. Mais l'origine du principe qu'elle a fini par recouvrir plonge ses racines dans l'ancien droit canonique, antérieur au Décret de Gratien (II). Enfin, cette doctrine a été appliquée à la matière contractuelle par les canonistes une quarantaine d'années au moins avant la rédaction de l'œuvre de Jean le Teutonique (III).

I. L'origine de l'expression *rebus sic se habentibus*

D'emblée, il convient de souligner que l'usage de l'expression *sic se habentibus* est d'une extrême rareté avant le XIIe siècle. Les outils désormais à disposition des lexicographes permettent de sonder d'amples corpus de textes, réunissant l'essentiel de la littérature latine de l'Antiquité et une partie importante de celle du haut Moyen Âge[36]. Or, les résultats de l'enquête réalisée par ce moyen livrent une moisson squelettique, se réduisant à trois occurrences[37]. Les deux premières figurent dans les commentaires de Boèce († 524) sur Aristote, au début du VIe siècle. Le philosophe présente ainsi l'enchaînement des catégories en expliquant que "parce qu'il y a 'a', il est nécessaire qu'il y ait 'b', et lorsqu'il est possible qu'il y ait 'a', il sera nécessairement possible qu'il y ait 'b'. Car il en est ainsi les choses étant ce qu'elles sont (*Sit enim sic se habentibus rebus*)"[38]. Analysant par ailleurs le rapport du genre à l'espèce, Boèce observe encore que "les choses étant ce qu'elles sont" (*Sic autem rebus se habentibus*) le changement de nom induit un changement de genre et non l'introduction d'une différence[39]. La troisième

---

36 Ont été utilisés: Bibliotheca Teubneriana Latina, Classical Latin Texts, Library of Latin Texts, Electronic-Monumenta Germaniae Historica et Patrologia Latina Data-Base.

37 On peut y ajouter l'emploi d'une expression proche de la formule finalement retenue à la fin d'une des lettres de Sénèque dressant l'éloge des sages fuyant l'ambition: SENECA, Epistulae morales ad Lucilium, Ep. 94, § 74: "Tunc laudant otium lene et sui iuris, odio est fulgor et fuga a rebus adhuc stantibus quaeritur" (éd. L. D. REYNOLDS, t. II, Lib. XIV-XX, Oxford 1965, p. 381, l. 16) ["Ils font alors l'éloge d'une retraite douce et indépendante, l'éclat leur est odieux et ils cherchent à fuir *les choses telles qu'elles sont*"].

38 BOETIUS, Interpretatio Priorum Analyticorum Aristotelis, I, 14: "Primum autem dicendum quoniam si cum est a, necesse est esse b, et cum possibile est esse a, possibile erit b ex necessitate. Sit enim sic se habentibus rebus" (PL 64, col. 654D).

39 BOETIUS, Interpretatio Topicorum Aristotelis, VI, 5: "Sic autem rebus se habentibus manifestum quoniam generis, et non differentiae secundum nomen commutatio facienda" (PL 64, col. 684B).

occurrence est présente dans l'Histoire ecclésiastique tripartite de Cassiodore († ca. 580). Elle intervient pour introduire le récit de l'arrivée sur la scène politique d'un usurpateur du trône impérial, au milieu du IVe siècle: "Les affaires allant ainsi (*Sic itaque se rebus habentibus*), apparut dans certaines régions d'Espagne le tyran Magnence, qui assassina dans les Gaules l'empereur d'Occident Constant"[40]. Dans les trois cas, l'expression est donc simplement employée comme syntagme littéraire.

Rare encore au XIIe siècle, on la rencontre toujours utilisée à la même fin dans l'histoire des croisades de Guillaume de Tyr († 1186), qui narre l'arrivée en Terre Sainte du comte de Champagne Henri le Libéral († 1181), en 1179. "Nos affaires se trouvant donc dans cet état (*Rebus igitur nostris sic se habentibus*) et loin d'être réglées", note le chroniqueur, "voici que Messire Henri, comte de Troyes, [...] arriva dans la cité de Saint-Jean-d'Acre avec une nombreuse troupe de nobles"[41]. À la même époque, cependant, la formule entre dans la langue scolastique, comme en témoigne Simon de Tournai († 1201)[42]. Dans son commentaire du *credo* gallican – le Symbole *Quicumque* –, le théologien explique en effet que, bien que le Créateur, en tant qu'auteur de la nature, puisse la contourner, ainsi qu'Il l'a fait en changeant du vin en eau, "Il ne peut cependant le faire en sorte qu'en général l'eau soit du vin, le blanc soit noir, non plus que ce qui est ne soit pas, les choses étant ce qu'elles sont (*rebus sic se habentibus*), comme la blancheur et la noirceur sont des qualités contraires". En effet, qu'un objet soit blanc ou noir, il l'est par exigence de la nature, dont l'auteur n'est autre que Dieu: "Mais si c'est noir, ce n'est pas blanc, les choses étant ce qu'elles sont (*rebus sic se habentibus*)"[43].

---

40 CASSIODORUS, Historia ecclesiastica tripartita, IV, 36, 1: "Sic itaque se rebus habentibus Magnentius tyrannus circa partes emersit Hesperias, qui Constantem imperatorem Occidentalium partium facto dolo circa Gallias interemit" (éd. W. JACOB, R. HANSLIK [CSEL 71], Vindobonae 1952, p. 209, l. 1-4).

41 GUILLELMUS DE TYRO, Chronicon, XXI, 29: "Rebus igitur nostris sic se habentibus et in imo collocatis ecce dominus Henricus comes Trecensis [...] apud Acconensem civitatem cum multo nobilium comitatu applicuit" (éd. R. B. C. HUYGENS, H. E. MAYER, G. RÖSCH [CCCM 63], Turnholti 1986, p. 1003, l. 1-2; 4-5).

42 La chronologie des écrits de Simon de Tournai est complexe; on peut retenir une tranche chronologique située entre la fin des années 1160 et le début des années 1180; le commentaire du Symbole contenant l'expression date plutôt du début de la période: L. VALENTE, Logique et théologie. Les écoles parisiennes entre 1150 et 1220, Paris 2008, p. 25-27 et 34.

43 SIMON TORNACENSIS, Expositio super Simbolum, 50-51: "Licet enim tanquam auctor nature circa subjectum possit alternare naturam ut cum de aqua fecit vinum tamen id non potest ut quid generaliter cum sit aquam sit vinum, cum sit album sit nigrum nec, cum sit, non sit rebus sic se habentibus ut albedo et nigredo essent cause contrarie [Symb. I, 38-

Si l'on est loin encore d'un emploi juridique de l'expression, il n'est pas indifférent de relever que Simon de Tournai, considéré comme un des premiers maîtres de la *disputatio*, eut en son temps un certain succès et fut proche de canonistes comme Étienne de Tournai, alors abbé de Sainte-Geneviève, et Gérard Pucelle[44]. L'utilisation de la tournure dans les écoles théologiques parisiennes a donc pu, dans une certaine mesure, favoriser son adoption ultérieure par les juristes. Au début du XIIIe siècle, celle-ci a d'abord été le fait de la chancellerie pontificale. La formule apparaît dans deux lettres d'Innocent III, de mars et septembre 1208. La première est un mandement adressé à Valdemar II, roi de Danemark (1202-1241), lui enjoignant de refuser l'élection de l'évêque Valdemar de Schleswig († 1236), qui avait été irrégulièrement choisi par le chapitre, à l'archevêché de Brême-Hambourg. "Selon le conseil de nos frères", déclare le pape, "les choses étant ce qu'elles sont (*rebus sic se habentibus*), nous n'avons pas considéré que devait être admise cette postulation"[45]. La locution ne désigne donc pas encore la permanence d'une situation, mais son état actuel. Le sens est voisin dans la seconde lettre pontificale. Celle-ci répond à la requête du roi de France, formulée à la suite de l'assassinat de son allié, le roi de Germanie Philippe de Souabe, en juin 1208, de ne pas soutenir l'élection à l'Empire de son ennemi Otton de Brunswick, candidat du pape. Innocent III explique à Philippe Auguste que ce dernier, qui allait se faire couronner à Rome quelques semaines plus tard, lui a promis sous serment de cesser les hostilités: "C'est pourquoi l'on doit donc considérer, les choses étant telles qu'elles sont (*rebus taliter se habentibus*), que nous devons instaurer entre vous la paix et la concorde"[46]. La situation visée

---

40]. Si enim est album, natura exigente est. Sed quod natura est, Deo auctore est. At si esset nigrum, Deo auctore id esset. Sed si est nigrum, non est album: rebus sic se habentibus ut nunc" (éd. M. N. HÄRING, Archives d'histoire doctrinale et littéraire du Moyen Âge 49 [1974], p. 89). Sur l'origine du pseudo Symbole d'Athanase, voir en dernier lieu: V. H. DRECOLL, Das Symbolum *Quicumque* als Kompilation augustinischer Tradition, dans: Zeitschrift für antikes Christentum 11 (2007), p. 30-56.

44 M.-Th. D'ALVERNY, Alain de Lille. Textes inédits avec une introduction sur sa vie et ses œuvres (Études de philosophie médiévale 52), Paris 1965, p. 64.

45 INNOCENTIUS III, *Si Deus scientiarum*, Po. 3354 (5-15.III.1208): "… postulationem tamen ipsam de consilio fratrum nostrorum, rebus sic se habentibus, non duximus admittendam…" (éd. O. HAGENEDER / A. SOMMERLECHNER, Register, XI, 9 (10), Wien 2010, p. 14, l. 10-11). Sur cet épisode: P. B. PIXTON, The german episcopacy and the implementation of the decrees of the fourth Lateran council, 1216-1245. Watchmen on the tower (Studies in the history of christian thought 64), Leiden, New York, Köln 1995, p. 153-156.

46 INNOCENTIUS III, *Per tuas*, Po. 3499 (17.IX.1208): "Cum itaque videatur, rebus taliter se habentibus, expedire ut ad faciendum inter vos pacem et concordiam intendere debeamus"

par l'expression est l'entente promise par le futur empereur. Il s'agit par conséquent de la raison de la décision du pape et non d'une condition du maintien de la paix dans l'avenir.

À la même époque exactement, la formule entre dans la langue juridique scolastique pour être utilisée dans le même sens. Afin de tenter de retrouver la plus ancienne occurrence, trente-deux manuscrits du *Digestum vetus*, s'échelonnant de la fin du XIe siècle au début du XIIIe siècle, ont été examinés au siège de la matière où la locution est utilisée dans l'apparat d'Accurse[47]. Aucun d'entre eux ne contient de glose antérieure à Azon employant l'expression recherchée ou une autre qui serait voisine. Elle apparaît pour la première fois dans l'apparat azonien, comme l'attestent au moins neuf témoins[48], en la forme suivante:

> Si istud potest extendatur, ut dialectici dicunt, quamdiu uterque vivit, repetitio non esset, etiam misso repudio, nam semper possibile est. Sed nos non extendimus, sed secundum presens judicamus et rebus sic se habentibus loquimur, ut infra, De verborum obligationibus, lege Continuus, § Cum quis [D., 45, 1, 137, 6]. Quandoque tamen extenditur ut infra, De legatis II, Si ita quis testamento [D., 31 [1], 51], Inst., Quibus modis testamenta infirmantur, § Posteriore [Inst., 2, 17, 2]. Az[49].

(Regestum super negotio Romani Imperii, 165, éd. F. KEMPF [Miscellanea historiae pontificiae 12], Romae 1947, p. 371, l. 4-8). Sur l'affaire: J. BALDWIN, Philippe Auguste et son gouvernement. Les fondations du pouvoir royal en France au Moyen Âge, Paris 1991, p. 266-267.

47 Alençon, Bibl. mun., 173 (260), fol. 129vb; Avranches, Bibl. mun., 137, fol. 154vb, et 156, fol. 325rb; Bamberg, Staatsbibl., Jur. 11, fol. 153va; Cambridge, Gonville a. Caius Coll., 20/136, fol. 193vb; Douai, Bibl. mun., 575, fol. 144ra, et 576, fol. 131ra; Edinburgh, Nat. Lib., Advocates Library 18. 8. 1, fol. 98vb; Gent, Bibl. der Rijkuniv., 23, p. 252a; København, Det Kong. Bibl., Gl. kgl. sml 394 fol., pars I, fol. 153va; Kórnik, Bibl. Kórnika, 824, fol. 135va; Leipzig, Universitätsbibl., 873, fol. 108ra; London, Brit. Lib., Royal 11 C. III, fol. 123ra; München, Staatsbibl., Clm 20, fol. 134va; Paris, Bibl. nat., lat. 4450, fol. 127v-128 [lacune entre D., 12, 4, 6 et D., 12, 6, 26], lat. 4458 A, fol. 93va, lat. 4459, fol. 121rb, lat. 4461, fol. 130rb, lat. 4463, fol. 158va; Stockholm, Kungl. Bibl., (B 680), fol. 135vb; Torino, Bibl. univ., F.II.14, fol. 115vb; Trier, Stadtbibl., 838/1634 [non folioté]; Troyes, Bibl. mun., 174, fol. 121va; Vaticano, Bibl. apost., Borgh. 225, fol. 114rb, Pal. lat. 737, fol. 97vab, Vat. lat. 1405, fol. 104ra, Vat. lat. 1406, fol. 105, Vat. lat. 1408, fol. 143ra, Vat. lat. 2511, fol. 101va, Vat. lat. 2512, fol. 137va, Vat. lat. 2705, fol. 80vb, Wien, Öster. Nationalbibl., 2120, fol. 74vb.

48 Avranches, Bibl. mun., 156, fol. 325rb [= *A*]; Bamberg, Staatsbibl., Jur. 11, fol. 153va [= *B*]; Gent, Bibl. der Rijkuniv., 23, p. 252a [= *G*]; Paris, Bibl. nat., lat. 4459, fol. 121rb [= *P*], lat. 4463, fol. 158va [= *Pa*]; Stockholm, Kungl. Bibl., B 680, fol. 135vb [= *S*]; Vaticano, Bibl. apost., Borgh. 225, fol. 114rb [= *V*], Vat. lat. 1408, fol. 143ra [= *Va*], Vat. lat. 2512, fol. 137va [= *Vb*].

49 extendatur] extenditur *A* – extendi *Pa* | | dialectici] dialctici *AGPPaV* – dialecticis *Va* | | non… repudio] *om. Vb* | | vivit] vivet *PaSVa* | | etiam] *om. Pa* | | rebus sic] sic rebus *Vb*

(Si cela peut être étendu, comme le disent les dialecticiens, tant que l'un et l'autre vivent, il n'y a pas de répétition, même en cas de répudiation, car cela est toujours possible. Toutefois, nous, nous ne l'étendons pas, mais jugeons selon le présent et nous disons les choses étant ce qu'elles sont, comme plus bas au § Cum quis de la loi Continuus du titre sur les obligations verbales. Quelquefois, cependant, on l'étend, comme plus bas à la loi Si ita du second titre sur les legs et au § Posteriore du titre sur la réfutation des testaments des Institutes.)

Trois manuscrits transmettent de brèves gloses antérieures à Azon sur le même passage, qui expriment une idée semblable, quant à la nécessité d'interpréter strictement le texte commenté. Leurs auteurs usent parfois d'un vocabulaire ultérieurement repris dans l'apparat azonien, mais sans employer la formule *rebus sic se habentibus*[50]. Le célèbre maître bolonais paraît donc bien être le véritable introducteur de l'expression dans le langage des écoles de droit, dans les années 1210. Mais son utilisation ne vise qu'à désigner une situation présente et en aucune façon à en exprimer la nécessaire permanence dans le temps. Accurse n'allait pas l'entendre autrement et les premiers commentateurs paraissent avoir suivi cette interprétation, quand ils n'ont pas ignoré tout bonnement la locution reprise dans la glose ordinaire[51].

Bartole semble bien être le premier à avoir utilisé la formule dans un sens conditionnel en analysant le même fragment de Neratius. "Les mots 'tant que l'on peut contracter' doivent être compris 'tant que les choses sont en l'état' (*quamdiu rebus sic se habentibus*)" écrit le célèbre commentateur[52]. "Ce que la glose veut dire ici", ajoute-t-il encore, "'ou tant que le mariage peut être contracté' doit être

| | habentibus] loquentibus *Pa* | | continuus] communis *B* | | posteriore] sed et d. *P* – posteriorem *S* | | Az] Aç *V*, Dominus Azo *S*, *om. P*.

50 Alençon, Bibl. mun., 173 (260), fol. 129vb: "Istud potest presentem statum, nam respicit. Nec adeo est extensivum, sicut illud. Infra, De legatis II, Si ita quis testamento suo [D., 31 [1], 51]". Cambridge, Gonville and Caius College, 20/136, fol. 193vb: "Infra, De legatis II, Si ita quis testamento [D., 31 [1], 51]. Inst., Quibus modis testamenta infirmantur, § Posteriore [Inst., 2, 17, 2] Nota esse expectandum dum aliquid in pendenti, supra, Si certum petetur, Non omnis, in principio [D., 12, 1, 19], infra, De jure dotium, l. Si sponsalibus [D., 23, 3, 58]". Douai, Bibl. mun., 576, fol. 131ra: "Nota quod non potest extenditur secundum matrimonium possibilis [sic], ut hic et infra, De verborum obligationibus, Conventuus [D., 45, 1, 137]. Quandoque tamen extenditur, ut quantum capere poterit, lego infra, De legatis II, Si ita quis testamento [D., 31 [1], 51]".

51 Ainsi: ODOFREDUS, Lectura ad D., 12, 4, 8, *Quod servus* (In secundam Digesti veteris partem praelectiones, Lugduni 1552, fol. 32rb-va); JACOBUS DE RAVANIS, Lectura eod. loc. (Leiden, Universiteitsbibliotheek, D'Ablaing 1, fol. 199ra). Jacobus de Arena et Cynus Pistoriensis ne commentent pas le titre en question.

52 BARTOLUS, Com. ad D., 12, 4, 8, *Quod servus*, n° 2: "Nam ista verba 'Quandiu contrahi potest' debent intelligi: "quandiu rebus sic se habentibus"' (In II partem Digesti veteris, Basilae 1588, p. 131a).

entendu 'les choses étant en l'état' (*rebus sic se habentibus*), c'est-à-dire les époux se maintenant comme tels, ce qu'il faut garder à l'esprit, car, lorsque quelqu'un renonce à tout droit sur quelque chose qu'il possède ou pourrait posséder, il convient en effet de comprendre 'les choses étant en l'état' (*rebus sic se habentibus*), c'est-à-dire selon un certain droit sur la chose présente ou une perspective future"[53]. Contrairement à son affirmation, le propos du commentateur dépasse donc largement celui de l'auteur de la glose ordinaire. Selon lui, on ne peut renoncer à un droit qu'en fonction de la situation existante ou de ce que l'on croit connaître du futur.

Deux ou trois décennies plus tard, Balde († 1400) appliqua finalement la formule en matière contractuelle, en affirmant:

> Il faut noter qu'une parole peut être comprise les choses étant ce qu'elles sont (*rebus sic se habentibus*) et donc comprise d'une puissance proche, certaine et constante, car nous nous prononçons les choses étant ce qu'elles sont (*rebus sic se habentibus*); et c'est ainsi que les promesses sont comprises les choses étant ce qu'elles sont (*rebus sic se habentibus*)[54].

Cependant, si une telle idée est tardivement admise par les civilistes à partir du milieu du XIVe siècle, elle était en réalité déjà défendue depuis près de cent cinquante ans par les canonistes et reposait de surcroît sur des principes encore plus anciennement ancrés dans le droit de l'Église.

II. La justification du non-respect des engagements en droit canonique jusqu'au Décret de Gratien (1140)

L'hostilité originelle de la théologie chrétienne au serment n'a pas favorisé le développement précoce d'une législation ecclésiastique à son sujet. Aucun corps

---

53 BARTOLUS, Com. ad D., 12, 4, 8, *Quod servus*, n° 3: "Et hoc est quod glossa vult hic dicere, vel quandiu matrimonium contrahi potest, debent intelligi rebus sic se habentibus, hoc est praesentibus sponsalibus, quod tene menti, quia quando quis renunciat in aliqua re omni jure quod habet vel habere potest vel posset, oportet enim intelligi rebus sic se habentibus, hoc est ex aliquo jure, quod est de praesenti re vel spe" (éd. cit. [cf. n. 52] p. 131b). Pour une analyse approfondie des propos de Bartole: RUMMEL, Die clausula (cf. n. 20), p. 24-29.

54 BALDUS, Com. ad D., 12, 4, 8, *Quod servus*, n° 2: "Nota quod verbum potest intelligitur rebus sic se habentibus, et sic intelligitur de potentia proxima et certa et ordinata, quia rebus sic se habentibus loquimur et sic promissiones intelliguntur rebus sic se habentibus" (In secundam Digesti veteris partem commentaria, Venetiis 1599, fol. 58va).

cohérent de règles canoniques n'émerge avant la fin de l'époque carolingienne[55]. La situation a changé progressivement, lorsque l'usage du procédé s'est répandu dans le monde féodal. Les grandes collections canoniques dont le dessein était de présenter une discipline appliquable à l'ensemble de la société révèlent cette évolution avec une netteté particulière. Plusieurs d'entre elles tentent en effet de façonner un véritable droit du serment. Le *Livre sur les causes synodales*, élaboré par Réginon de Prüm († 915) au début du Xe siècle pour guider l'épiscopat rhénan dans l'exercice de sa juridiction, réunit déjà une série de vingt-trois canons sur ce thème[56]. Un peu plus d'un siècle plus tard, Burchard de Worms († 1025), dont l'œuvre allait être très largement diffusée, non seulement en Germanie et en Gaule mais aussi en Italie du Nord, lui consacre tout le livre XII de son Décret, soit vingt-neuf canons[57]. À la fin du XIe siècle, Yves de Chartres († 1115), qui a pris, comme on sait, l'œuvre de Burchard pour modèle, dédie lui aussi le douzième livre de son Décret au serment, en compilant cette fois-ci quatre-vingt huit canons, qui forment un véritable traité[58]. En moins de deux siècles, la place tenue par le serment dans les collections canoniques à vocation "générale" a ainsi été multipliée par quatre.

Chez Réginon et Burchard, les canons se répartissent en deux masses, les uns posant les conditions requises pour prêter serment, les autres traitant du parjure. Ces derniers représentent toutefois plus de la moitié des textes rassemblés et la question, qui arrivait en second lieu dans l'œuvre de Réginon, passe au premier plan chez Burchard[59]. Elle continue à représenter plus du tiers des *auctoritates* chez Yves de Chartres[60]. Les interrogations sont toujours les mêmes: comment devient-on parjure et quelles sanctions frappent ceux qui ne respectent pas leur parole. La récurrence de ces questions s'explique par l'importance quotidienne

55 La littérature sur le sujet est considérable. Voir, entre autres, les synthèses de J. GAUDEMET, Le serment dans le droit canonique médiéval, dans: R. VERDIER (éd.), Le serment, t. II, Théories et devenir, Paris 1991, p. 63-75, et de P. LANDAU, Eid. V. Historisch, dans: Theologische Realenzyklopädie, t. IX, Berlin, New York 1982, col. 382-391.

56 REGINO PRUMIENSIS, De synodalibus causis, II, 315-338 (éd. H. WASSERSCHLEBEN, Lipsiae 1840, p. 336-344).

57 BURCHARDUS WORMACIENSIS, Decretum, XII (éd. Coloniae 1548, réimpr. Aalen 1992, fol. 154ra-157rb).

58 IVO CARNOTENSIS, Decretum, XII (PL 161, col. 779-802; éd. B. BRASINGTON, M. BRETT, https://ivo-of-chartres.github.io/decretum/ivodec_12.pdf [consultation: 31.VII.2019]).

59 REGINO PRUMIENSIS, De synodalibus causis, II, 315: condamnation du parjure; II, 316-325: conditions pour prêter serment; II, 316-338: condamnation du parjure. BURCHARDUS WORMACIENSIS, Decretum, XII, 1-10: condamnation du parjure; XII, 11-13, 15-16, 18-20, 23-27: conditions pour prêter serment; XII, 14, 17, 21-22, 28-29: condamnation du parjure.

60 30 canons sur 83: IVO CARNOTENSIS, Decretum, XII, 18-30, 58-68, 71, 74, 75, 78, 79, 84.

prise par le serment, qui tend désormais à gouverner l'ensemble des rapports publics, à travers les relations féodo-vassaliques[61]. Yves reproduit d'ailleurs la célèbre lettre de Fulbert de Chartres († 1028) à Guillaume d'Aquitaine qui les codifie et qui, par son intermédiaire, allait passer dans le Décret de Gratien[62]. Il recueille aussi une série de textes relatifs à une question nouvelle qui commence alors à agiter la vie urbaine: les conjurations[63]. Sa tentative pour constituer un véritable corps de règles cohérent applicable au serment révèle que le procédé tend désormais à envahir aussi la sphère privée. On perçoit déjà le développement de la pratique du serment promissoire, dont l'utilisation visait à garantir de plus en plus d'engagements et qui allait se généraliser aux XIIe et XIIIe siècles pour assurer l'exécution des conventions et en réserver le contentieux à la juridiction ecclésiastique[64]. Les collections chartraines compilent des textes visant à justifier le recours au procédé par sa licéité et son efficacité, en s'appuyant en particulier sur Augustin[65].

---

61 Sur son utilisation politique, voir l'ouvrage classique de P. PRODI, Il sacramento del potere. Il giuramento politico nella storia costituzionale dell'Occidente (Annali dell'Istituto storico italo-germanico. Monografie 15), Bologna 1992, réimpr. (Biblioteca paperbacks 99), ibid. 2017.

62 FULBERTUS CARNOTENSIS, Ep. 51 (éd. F. BEHRENDS, The letters and poems of Fulbert of Chartres, Oxford 1976, p. 90-92). IVO CARNOTENSIS, Decretum, XII, 7; Panormia, VIII, 122; Tripartita, III, 22, 32; Decretum Gratiani, C. 22, q. 5, c. 18. Sur la transmission du texte: F. DEMOULIN-AUZARY, La contribution du droit canonique à la construction d'un droit féodal savant, dans: F. ROUMY, M. SCHMOECKEL, O. CONDORELLI (éd.), Der Einfluss der Kanonistik auf die europäische Rechtskultur, t. II, Öffentliches Recht (Norm und Struktur 37/2), Kön, Weimar, Wien 2011, p. 18-19.

63 IVO CARNOTENSIS, Decretum, XII, 85-88. Le dossier est composé des canons: *Conspirationum* (Ps.-CALIXTUS, *Plurimorum* [J³ † 162 = JK † 86], c. 8 [HINSCHIUS, Decretales, p. 138] = C. 11, q. 1, c. 22), *Quisquis* (conc. de Hohenaltheim [916], c. 24 [éd. E.-D. HEHL, MGH, Conc. 6/1, p. 31, l. 3-9] = C. 24, q. 3, c. 22), *Si qui ergo* (conc. de Chalcédoine [451], c. 18 [COGD (cf. n. 27), t. I, p. 146, l. 715-720] = C. 11, q. 1, c. 23), et *Igitur si clerici* (conc. de Chalcédoine, c. 18 *ex collectione Prisca* [éd. E. SCHWARTZ, ACO, t. II/2/2, Berolini, Lipsiae 1936, p. 38 (130), l. 8-10] = C. 11, q. 1, c. 24).

64 A. ESMEIN, Le serment promissoire en droit canonique, dans: Nouvelle revue historique de droit français et étranger 12 (1888), p. 248-277; 311-352. P. FOURNIER, Les officialités au Moyen Âge. Étude sur l'organisation, la compétence et la procédure des tribunaux ecclésiastiques ordinaires en France de 1180 à 1328, Paris 1880, p. 86 et 297.

65 IVO CARNOTENSIS, Decretum, XII, 2, Panormia, VIII, 83, Tripartita, III, 22, 2, *Omne quod* (conc. de Tolède VIII [653], c. 2 [éd. J. VIVES, Concilios visigóticos e hispano-romanos, Barcelona,Madrid 1963, p. 272] = C. 22, q. 1, c. 1); Decr., XII, 3, Pan., VIII, 84, Trip., III, 22, 3, *Non est contra* (AUGUSTINUS, Expositio ad Galatas, 9 [éd. J. DVIJAK (CSEL 84), Vindobonae 1971, p. 63, l. 11-p. 64, l. 1] = C. 22, q. 1, c. 2); Decr., XII, 4, Pan., VIII, 85, Trip., III, 22, 4, *In Novo Testamento* (AUGUSTINUS, Ep. 47 [éd. A. GOLDBACHER (CSEL 23), Pragae, Vindobonae, Lipsiae 1898, p. 131, l. 6-15] = C. 22, q. 1, c. 3), Decr., XII, 5, Pan., VIII, 86, Trip., III, 22, 5, *Tu non malum* (AUGUSTINUS, De sermo Domini in monte, I, 17,

À la même époque, cependant, apparaissent les premières justifications permettant de remettre en cause le serment. Les *Dictatus papae* confectionnés à la chancellerie romaine en mars 1075, déclarent ainsi que le pontife romain peut délier ceux qui se sont engagés envers des individus "iniques"[66]. L'importance de ce texte, consigné dans les registres pontificaux mais qui n'a pas connu de diffusion directe, a été, comme on sait, hypertrophiée par l'historiographie des XIXe et XXe siècles[67]. Mais le thème est encore repris et développé dans la lettre de Grégoire VII à Hermann de Metz († 1090), en 1081. Le pape y donne l'exemple des Francs, qui ont été déliés par son prédécesseur de leur serment à Childéric III, lorsque celui-ci a été déposé par Pépin le Bref, en 751. "La Sainte Église agit aussi souvent ainsi", ajoute Grégoire VII, "mettant fréquemment en œuvre son autorité pour délier les chevaliers du lien du serment fait à des évêques déposés de leur dignité épiscopale par l'autorité apostolique"[68]. Les différentes collections attribuées à Yves de Chartres recueillent une dizaine de canons permettant de justifier le non respect du serment, lorsque son exécution conduit à un acte illégal ou peccamineux et affirment le principe selon lequel entre deux maux, il est préférable de choisir le moindre[69].

52 [éd. A. MUTZENBECHER (CCSL 35), Turnholti 1967, p. 59, l. 1262-1265] = C. 22, q. 1, c. 6).

66 GREGORIUS VII, Dicatus pape, 27: "Quod a fidelitate iniquorum subiectos potest absolvere" (Register, II, 55a, éd. E. CASPAR, MGH, Ep. sel., 1/1, p. 208, l. 1-2).

67 H. MORDEK, Dictatus papae, dans: Lexikon des Mittelalters, t. III, München 1986, col. 778-781.

68 GREGORIUS VII, *Quod ad perferendos* (JL 5201; 15.III.1081): "Alius item Romanus pontifex regem Francorum non tam pro suis iniquitatibus quam pro eo, quod tantę potestati non erat utilis, a regno deposuit et Pipinum Carolini Magni imperatoris patrem in ejus loco substituit omnesque Francigenas a juramento fidelitatis, quam illi fecerant, absolvit. Quod etiam ex frequenti auctoritate sępe agit sancta ęcclesia, cum milites absolvit a vinculo juramenti, quod factum his episcopis, qui apostolica auctoritate a pontificali gradu deponuntur" (*Register*, II, 55a, éd. CASPAR [cf. n. 66], p. 554, l. 3-11).

69 IVO CARNOTENSIS, Decretum, XII, 9, Panormia, VIII, 90, Tripartita, III, 22, 9, *Si publicis* (conc. de Tolède VIII [653], c. 2 [éd. VIVES (cf. n. 65), p. 271] = C. 22, q. 4, c. 1); Decr., XII, 10, Pan., VIII, 91, Trip., III, 22, 10, *Est etiam* (AMBROSIUS, De officiis, I, 50, 255 [éd. I. J. DAVIDSON, Oxford 2001, p. 264-266] = C. 22, q. 4, c. 2); Decr., XII, 11, Pan., VIII, 93, Trip., III, 22, 11, *Video David* (AUGUSTINUS, Sermo 308, 2 [PL 38, col. 1408-1409] = C. 22, q. 4, c. 3-4); Decr., XII, 12, Pan., VIII, 93A, Trip., III, 22, 12, *In malis* (ISIDORUS HISPALENSIS, Synonyma, II, 58 [éd. J. ELFASSI (CCSL 111B), Turnhout 2009, p. 110, l. 612-614] = C. 22, q. 4, c. 5); Decr., XII, 13, Pan., VIII, 94, Trip., III, 22, 13, *Si aliquid* (BEDA VENERABILIS, Homilia evangelii, II, 23 [éd. D. HURST, Opera homiletica [CCSL 122], Turnholti 1955, p. 352, l. 110-p. 353, l. 131] = C. 22, q. 4, c. 6).; Decr., XII, 14, Pan., VIII, 96, Trip., II, 14, 1, *Significat sermo* (conc. de Nicée II (787), Actio IV [éd. E. LAMBERZ, ACO, Ser. sec., t. III/2, Berolini 2012, p. 383, l. 15-20, et 385, l. 27, 15-17 [altera translatio] = C. 22, q. 4, c. 18); Decr., XII, 16, Pan., VIII, 119, Trip., III, 22, 15, *Duo*

Dans leur section consacrée au serment, les recueils chartrains se caractérisent également par la compilation d'un nombre important de textes relatifs au mensonge, dont ne se préoccupaient pas, auparavant, les collections canoniques. Certains, empruntés à Augustin, visent en particulier à distinguer les fausses déclarations du mensonge proprement dit. L'un d'eux fait ainsi la part entre une parole prononcée par simple jeu et un mensonge[70]. Un autre le différencie de l'erreur: croire qu'une chose en est une autre n'est pas un péché ou, si c'en est un, il est très véniel[71]. Un troisième déclare qu'il n'en est pas de même de mentir ou de taire la vérité, soulignant aussi que, parmi les mensonges sans gravité, outre celui fait par jeu, il en existe un autre proféré pour rendre service à autrui. Car ce qui ne relève pas d'un cœur fourbe ne peut être considéré comme un mensonge. Il en va ainsi de celui qui, ayant reçu une épée et promis de la rendre à celui qui l'a prêtée, lorsqu'il la réclamera. Si ce dernier est devenu fou, il est évident qu'il ne doit pas la rendre tant qu'il n'a pas retrouvé la raison, pour qu'il ne tue personne: "il n'y a pas là de duplicité de cœur, puisque celui auquel est prêtée l'épée, lorsqu'il a promis de la rendre, n'a pas pensé qu'un fou puisse la réclamer"[72]. Il convient par ailleurs de distinguer avec soin la simple expression

---

mala (conc. de Tolède VIII (653), c. 2 [éd. VIVES (cf. n. 65), p. 273] = D. 13, c. 1); Decr., XII, 17, Trip., III, 22, 16, *Unusquisque simplicem* (AMBROSIUS, De officiis, III, 12, 76-77 [éd. I. J. DAVIDSON, Oxford 2001, p. 400] = C. 22, q. 4, c. 8).

70 IVO CARNOTENSIS, Decretum, XII, 43, *Quod ait fratribus*: "Mendacia enim a mendacibus serio aguntur, non joco" (PL 161, col. 792CD; éd. BRASINGTON, BRETT [cf. n. 58], p. 18) = AUGUSTINUS, Quaestiones in Heptateuchum, I, 145 (éd. J. FRAIPONT [CCSL 33], Turnholti 1958, p. 55, l. 1877-1878) = Tripartita, III, 22, 25 = C. 22, q. 2, c. 18.

71 IVO CARNOTENSIS, Decretum, XII, 45, *In quibus rebus*: "in his errare, id est aliud pro alio putare, non est arbitrandum esse peccatum, aut si est, minimum esse atque levissimum" (PL 161, col. 793A; éd. BRASINGTON / BRETT [cf. n. 58], p. 18) = AUGUSTINUS, Enchiridion, VII, 21 (éd. M. P. J. VAN DEN HOUT [CCSL 46], Turnholti 1969, p. 61, l. 45-47) = Panormia, VIII, 132 = C. 22, q. 2, c. 6.

72 IVO CARNOTENSIS, Decretum, XII, 46, *Ne quis arbitretur*: "Sed quoniam aliud est mentiri, aliud est verum occultare, siquidem aliud est falsum dicere, alium verum tacere. [...] Duo sunt genera mendaciorum in quibus non magna culpa est, sed tamen non sunt sine culpa: cum aut jocamur, aut pro proximo mentimur. [...] Secundum autem ideo minus est, quia retinet nonnullam benevolentiam. Illud vero, quod non habet duplex cor, nec mendacium quidem dicendum est, tanquam verbi gratia, si cui gladius conmendetur et promittat se redditurum cum ille qui conmendavit poposcerit. Si forte gladium suum repetat furens, manifestum est non esse reddendum, ne vel se occidat vel alios, donec ei sanitas restituatur. Hoc ideo non habet duplex cor, quia ille, cui commodatus est gladius, cum promittebat se redditurum poscenti, non cogitabat furentem posse repetere" (PL 161, col. 793AB; éd. BRASINGTON / BRETT [cf. n. 58], p. 18-19) = AUGUSTINUS, Enarrationes in Psalmos, V, 7 (éd. DEKKERS, FRAIPONT [cf. n. 22], p. 22, l. 25-26, 34-p. 23, l. 46, éd. DULAEY [cf. n. 22], p. 218-220) = Panormia, VIII, 130 = Tripartita, III, 22, 27 = C. 22, q. 2, c. 14.

métaphorique du mensonge[73]. Ce dernier est en réalité, "la fausse déclaration faite avec la volonté de tromper"[74]. Bien entendu, comme l'affirme Isidore de Séville, l'on doit autant que possible se garder de mentir d'aucune manière[75]. Mais il est aussi nécessaire de différencier le mensonge de la tromperie. "Personne ne doit être considéré comme mentant lorsqu'il profère le faux en le croyant vrai, car en faisant cela, il ne trompe pas mais il est trompé"[76].

Affirmer que l'engagement sincère portant sur le faux voire l'imprévisible – la survenance de la folie – n'est pas condamnable justifie implicitement que celui qui a donné sa parole peut ne pas la tenir, dès lors que la raison de sa promesse n'existe pas ou plus. Ce raisonnement a été explicitement suivi à la même époque par un autre canoniste: Anselme de Lucques († 1086). Sa vaste collection, qui a connu sous diverses formes une importante diffusion, mais dont le premier objet est de promouvoir l'organisation hiérarchique de l'Église, ne contient, dans sa version primitive, aucune section sur le serment[77]. Mais ce zélé serviteur de la Régorme grégorienne a néanmoins copié un extrait de la lettre de Grégoire VII à Hermann de Metz justifiant la remise en cause des serments faits à ceux que

---

73 Ivo Carnotensis, Decretum, XII, 47, *Nullo modo mihi*: "Nullo modo mihi videtur tropicam locutionem recte dici posse mendacium" (PL 161, col. 793C; éd. Brasington, Brett [cf. n. 58], p. 19) = Augustinus, Ep. 180, 3 (éd. A. Goldbacher [CSEL 44], Vindobonae, Lipsiae 1904, p. 698, l. 29-p. 699, l. 3, ici p. 698, l. 29-30) = Trip., III, 22, 29.

74 Ivo Carnotensis, Decretum, XII, 48, *Mendacium*: "Mendacium est falsa significatio cum voluntate fallendi" (PL 161, col. 793D; éd. Brasington, Brett [cf. n. 58], p. 19) = Augustinus, Contra mendacium, XII, 26 (éd. J. Zycha [CSEL 41], Vindobonae 1900, p. 507, l. 10) = Panormia, VIII, 125.

75 Ivo Carnotensis, Decretum, XII, 49, *Omne genus* (PL 161, col. 793D-794A; éd. Brasington, Brett [cf. n. 58], p. 19) = Isidorus Hispalensis, Synonyma, II, 53 (éd. Elfassi [cf. n. 69], p. 106, l. 558-564) = Panormia, VIII, 126 = C. 22, q. 2, c. 16.

76 Ivo Carnotensis, Decretum, XII, 51, *Nonnulli eo*: "Nemo sane mentiens judicandus est qui dicit falsum quod putat verum, quoniam quantum in ipso est non fallit ipse, sed fallitur" (PL 161, col. 794B; éd. Brasington, Brett [cf. n. 58], p. 20) = Augustinus, Enchiridion, VI, 18 (éd. M. P. J. van den Hout [CCSL 46], Turnholti 1969, p. 58, l. 13-15) = Panormia, VIII, 133, *Nemo sane* = C. 22, q. 2, c. 4, § 3.

77 Sur les différentes formes et la diffusion, voir: L. Fowler-Magerl, Clavis canonum. Selected Canon Law Collections Before 1140 (MGH, Hilfsmittel 21), Hannover 2005, p. 139-148, 169-171, 218-221. Sur l'esprit de la collection, en plus de l'ouvrage classique de K. G. Cushing, Papacy and law in the Gregorian revolution. The canonistic work of Anselm of Lucca, Oxford 1998, voir: S. A. Szuromi, Anselm of Lucca as a canonist (Adnotationes in ius canonicum 34), Frankfurt am Main 2006, p. 67-86; A. Mitrofanov, L'ecclésiologie d'Anselme de Lucques (1036-1086) au service de Grégoire VII. Genèse, contenu et impact de sa Collection canonique (Instrumenta Patristica et Mediaevalia 69), Turnhout 2015, p. 115-136.

l'autorité ecclésiastique démet de leur dignité[78]. Anselme reproduit surtout un texte rarement diffusé jusqu'alors. Extrait d'une chronique, il relate les propos de Gélase (492-496), prononcés le 13 mai 495, lors d'un concile romain réconciliant un légat apostolique de Félix III (483-492), Misène de Cumes, qui avait été excommunié dans l'affaire du schisme d'Acace, patriarche de Constantinople (471-489)[79]. Selon le pape, l'on ne devait pas considérer que l'apôtre Paul avait menti en formulant une promesse que la volonté divine lui avait ensuite empêché d'accomplir:

> En ce sens, on ne doit donc pas croire, ce qu'à Dieu ne plaise, que le bienheureux apôtre Paul a menti ou agi funestement lorsqu'il a promis de retourner en Espagne, *car il était, par la volonté divine, occupé à des causes majeures ne lui permettant pas d'accomplir ce qu'il avait promis*. En effet, quand il en allait de sa propre volonté, il a annoncé ce qu'il voulait vraiment accomplir; quant aux secrets du divin dessein, *dépassé par la volonté suprême, il a omis* tout ce qu'en tant qu'homme il ne pouvait pleinement percevoir malgré l'inspiration divine[80].

En copiant ce texte dans sa collection, Anselme de Lucques l'a résumé sous une rubrique proclamant: "Que ne soit pas réputé trompeur (*fallax*) celui qui, dépassé par la volonté suprême (*superna dispositione preventus*), omet d'accomplir ce qu'il a

---

78 ANSELMUS LUCENSIS, Collectio canonum (Recensio A), I, 80 (éd. F. THANER, Oeniponte 1915, p. 54-55). La lettre est aussi reproduite dans la collection du cardinal Deusdedit, qui ne comprend pourtant pas, elle non plus, de section sur le serment: DEUSDEDIT, Collectio canonum, III, 184 (éd. V. WOLF VON GLANWELL, Paderborn 1905, p. 489-491).

79 Sur cette affaire: Ph. BLONDEAU, Condamnation et absolution synodales. Le cas du légat pontifical Misène de Cumes (483, 495), dans: I concili della cristianità occidentale. Secoli III-V. XXX incontro di studiosi dell'antichità cristiana, Roma 3-5 maggio 2001 (Studia Ephemeridis Augustinianum 78), Roma 2002, p. 503-528.

80 Gesta de absolutione Miseni, 24-25 = Avellana, Ep. 103, 24-24 (éd. O. GÜNTHER, CSEL 35/1, p. 483, l. 9-17) = Gelasius, Ep. 30, 11 (éd. A. THIEL, p. 444) J[3] 1279 = JK I 88: "Hoc etiam tenore beatus Paulus apostolus non ideo, quod absit, fefellisse credendus est aut sibi extitisse contrarius, quoniam cum ad Spanias promisisset iturum, dispositione diuina maioribus occupatus ex causis implere non potuit quod promisit. Quantum enim ipsius uoluntatis interfuit, hoc pronunciauit quod re uera uoluisset efficere; quantum enim ad diuini secreta consilii, quae ut homo omnia non potuit licet spiritu Dei plenus agnoscere, superna praetermisit dispositione praeuentus". Anselme a bien emprunté ce texte (également transmis par le ms. Berlin, Staatsbibliothek, 79 [Phillipps 1776], fol. 70-73, qui contient des pièces relatives à la controverse monophysite), à l'*Avellana*, comme l'indiquent plusieurs variantes propres (cf. GÜNTHER, *op. cit.*, p. LXXIIII). Le Nouveau Jaffé, reproduisant une erreur des précédentes éditions des regestes pontificaux (J[3] 1348 = JK 696), considère à tort que ce fragment est formé d'annotations sur les épîtres de Paul faussement attribuées à Gélase.

promis"[81]. Cette affirmation, ainsi qu'on peut le constater, portait déjà en germe le développement futur de la théorie de l'imprévision. Selon Anselme, une promesse était susceptible d'être remise en cause si Dieu détournait son auteur de son accomplissement, autrement dit, lorsque les circonstances changeaient radicalement.

Le Décret de Gratien, élaboré par étapes durant le deuxième quart du XIIe siècle, combine les théories d'Yves de Chartres et d'Anselme de Lucques. La Concorde des canons discordants, comme on sait, sans formuler encore la doctrine du consensualisme, l'a préparée en construisant sa théorie du serment. Le parjure et le mensonge ont été dotés d'un fondement répressif commun: l'intention de tromper. Crime et péché se sont ainsi trouvés confondus, ce qui revenait à rapprocher la simple promesse du serment, dont la sanction appartenait à la juridiction ecclésiastique[82]. Dans la première version du Décret, composée probablement dans les années 1120-1130, sont déjà posées de possibles exceptions à l'obligation de respecter la parole donnée[83]. En exergue de la deuxième question de la Cause XXII, consacrée au parjure, le maître bolonais rappelle tout d'abord, en s'appuyant sur Augustin, que celui qui agit autrement qu'il a promis est considéré comme ayant juré pour tromper; il est donc coupable de parjure[84]. Aussitôt, toutefois, dans un long *dictum* placé après le canon suivant, l'affirmation est nuancée:

> Mais une chose est de jurer quelque chose de faux, une autre de jurer pour tromper. En effet, tout individu qui agit autrement qu'il a promis ne jure pas pour tromper. Car, quoique l'Apôtre ait agit autrement qu'il l'avait promis dans la première lettre aux Corinthiens, lorsqu'il a dit "je viendrai à vous", il n'a pas juré pour tromper ou promis de façon mensongère. En effet, jure pour tromper ou promet de façon mensongère celui qui a à

---

81 ANSELMUS LUCENSIS, Collectio canonum (Recensio A), XIII, 22: "Quod non imputetur fallax qui quod promisit superna dispositione preventus adimplere pretermisit" (Vaticano, Biblioteca apostolica, Vat. lat. 1363, fol. 236). Voir aussi: CUSHING, Papacy (cf. n. 77), p. 197; MITROFANOV, L'ecclésiologie (cf. n. 77), p. 314.

82 M. DAVID, Parjure et mensonge dans le Décret de Gratien, dans: Studia Gratiana, t. III, Bononiae 1955, p. 117-141.

83 Sont absents de la première version du Décret, la 1ère partie du c. 4, *Is autem—non esse*, le c. 5, la 2e partie du d. p. c. 5, *Est enim—quam falli*, les c. 6, 7, 11, 12, 15, 16, 17, 19, 20 et 21: A. WINROTH, The Making of Gratian's *Decretum* (Cambridge studies in medieval life and thought. Fourth Series 49), Cambridge 2000, p. 218.

84 C. 22, q. 2, c. 1: "*Perierat qui aliter facturus est quam promisit.* In dolo jurat qui aliter facturus est quam promittit, cum perjurium sit nequiter decipere credentem". Le canon s'inspire d'AUGUSTINUS, Enarrationes in Psalmos, XXIII, 4 (éd. DEKKERS, FRAIPONT [cf. n. 22], p. 136, l. 6-8; éd. DULAEY [cf. n. 22], p. 224), sans le reprendre textuellement.

l'esprit qu'il n'agira pas comme il a promis; en revanche, celui qui promet quelque chose de faux qu'il croit vrai ni ne jure pour tromper, ni ne promet de façon mensongère[85].

À la suite de cette explication est reproduit l'extrait d'un sermon d'Augustin posant une différence entre ceux jurant quelque chose de faux pour commettre une tromperie et ceux qui, dans la même situation, en sont victimes[86]. Lorsque quelqu'un a juré comme vrai ce qu'il ignorait être faux sans intention coupable, ni témérairement ou par négligence, mais a plutôt fait preuve d'une "grande diligence", explique Gratien dans le *dictum* qui suit, "il ne doit en aucune façon être jugé coupable de parjure". L'affirmation selon laquelle celui qui jure le faux ment ne doit pas être comprise de façon universelle, ajoute-t-il, car tout individu proférant le faux ne ment pas, de même que toute personne mentant ne proclame pas nécessairement le faux[87]. La justification en est que, comme l'affirme Augustin, nul ne doit être tenu pour menteur lorsqu'il dit le faux en le croyant vrai, car, alors, il ne trompe pas mais il est lui-même trompé[88]. Gratien reprend enfin le texte d'Augustin transmis par Yves de Chartres mettant en avant le cas du mensonge proféré pour rendre service, qui donne l'exemple du prêt de l'épée consenti par un individu ultérieurement devenu fou, envers lequel la promesse de restitution ne doit pas être tenue[89].

Cette doctrine se trouve nettement renforcée dans la deuxième version du Décret de Gratien, qui, par ses ajouts, a transformé vers 1140 ce qui avait été

---

85 C. 22, q. 2, d. p. c. 2: "Sed aliud est falsum jurare, aliud jurare in dolo. Non enim omnis, qui aliter facturus est quam promittit, in dolo jurat. Licet enim Apostolus aliter facturus esset quam Corinthiis promitteret in prima epistola, cum ait: 'Veniam ad vos' [I Cor., 16, 5], non tamen in dolo juravit, aut mendaciter promisit. Ille enim in dolo jurat, aut mendaciter promittit, in cujus mente est, non sic se esse facturum, ut promittit; ille autem, qui promittit falsum quod putat verum, nec jurat, in dolo nec mendaciter promittit".

86 C. 22, q. 2, c. 3, *Homines* = AUGUSTINUS, Sermo 180, 2 (PL 38, col. 973). Le texte semble avoir été emprunté par Gratien à la Tripartita, III, 22, 20, si l'on considère la séquence avec le canon précédent (Trip., III, 22, 17), plutôt qu'à la Panormia, VIII, 123 (le canon précédent figurant dans la Pan., VIII, 111).

87 C. 22, q. 2, d. p. c. 3: "Quia ergo mens hujus non erat rea (nesciebat esse falsum quod juravit verum), nec temere vel negligenter, sed cum magna diligentia videbatur sibi deprehensisse verum quod juravit falsum, perjurii reus nequaquam est judicandus. Item, quod dicitur, qui falsum jurat non mentitur, non universaliter hoc intelligi debet. Non enim omnis, qui falsum dicit mentitur, sicut nec omnis, qui mentitur falsum dicit".

88 C. 22, q. 2, c. 4, § 3, *Nemo* = AUGUSTINUS, Enchiridion, VI, 18; le texte a été emprunté à la Panormia, VIII, 133 (cf. n. 76).

89 C. 22, q. 2, c. 14, *Ne quis*. Le texte paraît avoir été emprunté par Gratien à la Tripartita, III, 22, 27, et non à la Panormia, VIII, 130, si l'on considère l'origine du canon précédent (c. 13 = Trip., III, 22, 26; Pan. deest), plutôt que celle du canon qui suit dans la 1ère version (c. 18 = Pan., VIII, 129 ou Trip., III, 22, 25).

conçu primitivement comme un manuel scolaire en une vaste collection, dressant le bilan du droit canonique du premier millénaire. Les auteurs de ce changement ont d'abord puisé ici leurs matériaux dans la Collection en III Livres, composée à Pistoie, peu après 1111, par un partisan de la Réforme grégorienne[90]. L'extrait d'Augustin exposant la différence entre le faux serment prêté par dol et celui prononcé par erreur est augmenté d'une importante portion préliminaire, expliquant qu'une parole n'est peccamineuse que si elle est prononcée pour tromper, car il arrive même qu'un mensonge puisse être proféré pour le profit de celui auquel il s'adresse[91]. Aussitôt après, est ajouté le propos de Gélase formulé au concile romain de 495, excusant celui qui ne peut accomplir ce qu'il a promis car il était, "par la volonté divine, occupé à des causes majeures"[92]. Les auteurs de la deuxième version du Décret résument ce canon par la rubrique: "Ne ment pas celui qui n'a pas la volonté de tromper"[93]. Le *dictum* suivant est également allongé par une explication contenant la définition augustinienne du mensonge entendu comme "fausse déclaration faite avec la volonté de tromper". Tromper relève toujours de la volonté, insistent les continuateurs du maître bolonais, tandis que se tromper tient soit de la faiblesse, soit de l'irréflexion. La première attitude est donc plus grave, tandis que la seconde peut même ne pas être un péché, ou seulement véniel, ce qui n'empêche pas que tromper ait parfois des effets moins grave que se tromper[94].

Les limites à l'incrimination du parjure posées dans le Décret de Gratien ouvraient ainsi la voie au développement de la théorie contractuelle de l'imprévision.

---

90 Sur celle-ci: FOWLER-MAGERL, Clavis canonum (cf. n. 77), p. 234-235.

91 C. 22, q. 2, c. 4, *Is autem—non esse* = AUGUSTINUS, Enchiridion, VII, 22 (éd. M. P. J. VAN DEN HOUT [CCSL 46], Turnholti 1969, p. 62, l. 72-82) = Collectio III Librorum, III, 14, 54 (éd. G. MOTTA [Monumenta Iuris Canonici B/8/2], Città del Vaticano 2008, p. 179, l. 1-9).

92 C. 22, q. 2, c. 5 = Gesta de absolutione Miseni, 24-25 = Avellana, Ep. 103, 24-24 (éd. GÜNTHER [cf. 79], p. 483, l. 9-p. 484, l. 1) = Collectio III Librorum, III, 14, 34 (éd. MOTTA [cf. n. 91], p. 171, l. 8-19).

93 C. 22, q. 2, c. 5: *Non mentitur qui animum fallendi non habet.*

94 C. 22, q. 2, d. p. c. 5: "Est enim mendacium (ut Augustinus ait) 'falsa significatio cum voluntate fallendi' [AUG., Cont. mend., XII, 26]. § 1. Sed cum fallere semper sit voluntatis, falli autem vel infirmitatis, vel temeritatis, gravius autem sit quod ex voluntate, quam quod ex temeritate vel infirmitate procedit: aliquando contingit falli vel nullum, vel minimum esse peccatum, aliquando ex ipsa rerum varia consideratione minus esse fallere quam falli".

III. La construction de la théorie de l'imprévision par les décrétistes

Jusqu'au milieu des années 1160, les commentateurs du Décret de Gratien se sont exclusivement intéressés à la question du parjure. Les premiers décrétistes, comme Paucapalea (ca. 1150), s'efforcent de résumer le substrat de la doctrine augustinienne: celui qui promet une chose fausse, mais qu'il croit vraie, ne jure pas de façon dolosive et ne formule pas de promesse mensongère[95]. En effet, celui qui parle sans savoir que ce qu'il dit est faux ne trompe pas autrui, mais se trompe lui-même, explique peu après Maître Rolland: "il ne parjure donc pas". Dans la mesure où seul le parjure est un péché mortel, l'individu ignorant la fausseté de sa déclaration ne peut donc pécher mortellement. Croyant à ce qu'il affirme, il ne ment pas, car tel que l'a défini Augustin, "le mensonge consiste à parler à l'inverse de ce que perçoit l'esprit"[96]. Pourtant, comme le relève Rufin († ca. 1191), dès lors que l'on a juré le faux, consciemment ou non, le *perjurium* est bel et bien factuellement constitué. Mais, dans le premier cas, il ne s'agit que d'une fausse promesse (*falsa juratio*), qui ne constitue pas un péché, sauf si la parole a été engagée sans discernement (*indiscrete*). Tandis que, dans la seconde hypothèse, le serment vient donner force à un mensonge (*mendacium firmatum*), ce qui est un grand crime[97]. Cette doctrine, qui tentait de concilier les canons du Décret érigeant une condamnation générale du parjure à ceux posant des exceptions, est reprise vers 1165 par Étienne de Tournai († 1203), qui, pour la conforter, ajoute les exemples de Paul, dont la promesse de se rendre en Espagne ne peut être assimilée à un mensonge, "car, lorsqu'il a promis cela, il avait l'intention de l'accomplir", et de Pierre, qui n'a pas plus menti au Christ, quand il lui a dit:

---

95 PAUCAPALEA, Summa ad C. 22, q. 2, pr.: "Qui autem promittit falsum quod putat verum, nec in dolo jurat, ut Augustinus ostendit, nec mendaciter promittit" (éd. J. F. VON SCHULTE, Giessen 1890, p. 97)

96 ROLANDUS, Summa ad C. 22, q. 2: "Verum qui nesciens falsum loquitur, non alium fallit sed fallitur: non igitur perjerat. Item omne perjurium peccatum morale est. Qui autem nesciens falsum dicit, mortaliter non peccat, nec igitur dejerat. Item qui nunquam mentitur, nunquam dejerat. Sed qui dicit falsum, quod tamen putat verum, non mentitur juxta illud Augustini: 'Mendacium est loqui contra id quod animo sentit' [C. 22, q. 2, c. 4 pr.]" (éd. F. THANER, Innsbruck 1874, réimpr. Aalen 1973, p. 82-83).

97 RUFINUS, Summa ad C. 22, q. 2, d. a. c. 1: "Sicut supra taxatum est, quattuor modis perjurium dicitur. Qui ergo falsum jurat, refert, utrum facit ignoranter vel conscienter. Si ignoranter faciat, perjurium erit, id est falsa juratio et non erit peccatum, nisi indiscrete juretur. Si tamen conscienter, erit perjurium, hoc est mendacium juramento firmatum, eritque grande crimen" (éd. H. SINGER, Paderborn 1902, réimpr. Aalen 1963, p. 393).

"Seigneur, vous ne me laverez jamais les pieds"[98]. *Perjurium* est du reste un nom vague, qui peut revêtir plusieurs sens, s'appliquant quelquefois au faux serment, involontaire ou volontaire, d'autres fois à celui qui est accusé de parjure, parfois enfin à la transgression d'un serment. Celui qui jure le faux en l'ignorant peut être considéré au sens large comme ayant parjuré, "mais c'est celui qui a sciemment juré le faux qui est à proprement parler qualifié de parjure"[99]. Toutefois, tandis que la réflexion des premiers décrétistes était exclusivement orientée vers la question du péché, une remarque d'Étienne de Tournai traduit déjà la prise en compte d'une autre sphère, strictement juridique:

> Nous commettons le péché de parjure, lorsque nous nous proposons d'aller contre ce que l'on a juré, ce qui a été juré ou s'apprête à l'être. En revanche, nous transgressons seulement le serment, quand, dans le temps imparti, alors qu'existe la possibilité de le faire, nous n'accomplissons pas ce que garantit le serment[100].

L'observation révèle clairement l'émergence de la distinction entre les deux fors, auparavant inexistante, qui s'établit progressivement durant le XIIe siècle[101].

---

98 STEPHANUS TORNACENSIS, Summa ad C. 22, q. 2 d. a. c. 1, *Quod autem*: "Qui autem nesciens falsum jurat, non mortaliter peccat, non igitur pejerat. Item qui nunquam mentitur, nunquam pejerat. Sed qui dicit falsum quod tamen putat verum, non mentitur. Item Paulus excusatur a mendacio, qui se Hyspaniam promisit iturum, nec tamen ivit, quia cum id promisit, intentionem adimplendi habuit, neque hanc ex levitate mutavit. Petrus etiam non est mentitus, cum dixit 'Domine, non lavabis mihi pedes in eternum' [cf. Joh., 13, 8]. Item pro perjurio VII annorum penitentia injungitur at pro tali juramento nulla vel levis penitentia injungenda est, quare nec perjurium esse probatur" (München, Staatsbibl., Clm 14440, fol. 85v; Vaticano, Bibl. apost., Borg. 287, fol. 80vb; Archivo di San Pietro, G. 16bis, fol. 55rb).

99 STEPHANUS TORNACENSIS, Summa ad C. 22, q. 2 d. a. c. 1, *Quod autem*: "Ad hec sciendum quod perjurium vagum nomen est et ad plura extenditur. Significat enim aliquando falsam jurationem sive scienter, sive nescienter factam, aliquando reatum perjurium, aliquando transgressionem juramenti. Qui ergo falsum jurat nesciens, largo modo dicitur pejerare. Qui vero scienter juravit falsum, hic magis proprie perjurius dicitur" (München, Staatsbibl., Clm 14440, fol. 85v; Vaticano, Bibl. apost., Borg. 287, fol. 80vb; Archivo di San Pietro, G. 16bis, fol. 55rb-va). Le ms. Paris, Bibl. nat., lat. 14609, fol. 231va, livre ici un texte très différent des autres témoins de la somme d'Étienne.

100 STEPHANUS TORNACENSIS, Summa ad C. 22, q. 2 d. a. c. 1, *Quod autem*: "Reatum vero perjurii tunc tamen contrahimus, cum contra id quod juratur vel juratum est vel jurari proponitur venire proponimus. Juramentum vero tunc solum transgredimus, quando tempore prefixo cum adimplendi facultas adsit, quod juratum servat non adimplemus" (München, Staatsbibl., Clm 14440, fol. 86; Vaticano, Bibl. apost., Borg. 287, fol. 80vb; Archivo di San Pietro, G. 16bis, fol. 55va).

101 R. ECKERT, Peine judiciaire, pénitence et salut entre droit canonique et théologie (XIIe s. – début du XIIIe s.), dans: Revue de l'histoire des religions 4 (2011), p. 483-508.

L'allusion à ce que garantit le serment témoigne aussi de la prise en compte de l'usage désormais général du serment promissoire.

Cette approche est toutefois encore loin d'être partagée par tous les canonistes. Les premiers décrétistes parisiens, pourtant épigones d'Étienne, continuent de privilégier un raisonnement théologico-canonique, qui vise avant tout à cerner le cas dans lequel, parce qu'il repose sur un mensonge, le serment constitue un péché[102]. "Le parjure, c'est abuser indignement de celui qui croit", proclament certains, "mais celui qui ignore qu'il jure le faux ne trompe pas autrui, il est trompé; il ne parjure donc pas. On ne peut commettre un péché de langue, sans péché de l'esprit. Mais l'esprit de celui qui jure le faux qu'il croit vrai ne pèche pas, non plus que sa langue"[103]. La *Summa Parisiensis*, rédigée vers 1168, envisage néanmoins la question sous un angle nouveau, celui de l'ignorance, thème alors abondament débattu, autant dans les écoles de théologie que de droit[104]. Selon l'auteur, le cas de celui qui jure sincèrement quelque chose de faux doit être envisagé différemment, selon que son ignorance est invincible, vincible ou bien crasse ou paresseuse. La première libère l'agent de son obligation, mais la deuxième exige qu'il ait diligemment recherché la vérité pour qu'il soit excusé, ce que ne peuvent faire en aucune façon les deux dernières[105]. Commentant ensuite les propos de Gélase relatifs à la promesse de Paul, duquel il rapproche, comme

---

102 Sur l'imbrication entre mensonge, parjure et faux témoignage chez les théologiens, voir: C. CASAGRANDE, S. VECCHIO, Les péchés de la langue, Paris 1991, p. 187-212.

103 Summa "Quoniam status ecclesiarum" ad C. 22, q. 2: "Perjurium est nequiter decipere credentem. Verum qui nesciens falsum jurat, non alium fallit sed fallitur, non ergo pejerat. Item ream linguam non facit, nisi rea mentis. Sed mens illius qui jurat falsum quod putat verum, non est rea, ergo nec lingua" (Paris, Bibl. nat., lat. 16538, fol. 53va); textuellement repris dans la Summa "Cum in tres partes", eod. loc. (Paris, Bibl. nat., lat. 16540, fol. 58v).

104 Cf. O. LOTTIN, La nature du péché d'ignorance. Enquête chez les théologiens du XIIe et du XIIIe siècle, dans: Revue thomiste 37 (1932), p. 634-652 et 723-738; ID., Le problème de "l'ignorantia iuris" de Gratien à saint Thomas d'Acquin, dans: Recherches de théologie ancienne et médiévale 5 (1933), p. 345-368. S. KUTTNER, Kanonistische Schuldlehre von Gratian bis auf die Dekretalen Gregors IX. systematisch auf Grund der handschriftlichen Quellen dargestellt (Studi e Testi 64), Città del Vaticano 1935, p. 133-184. F. ROUMY, L'ignorance du droit dans la doctrine civiliste des XIIe-XIIIe siècles, dans: Cahiers de recherches médiévales 7 (2000), p. 23-43; ID., Les distinctions et les sommes des glossateurs relatives à l'ignorance du droit, dans: O. CONDORELLI (éd.), "Panta rei". Studi dedicati a Manlio Bellomo, Roma 2004, t. IV, p. 467-500, et dans Rivista internazionale di diritto comune 14 (2003) [2005], p. 119-154.

105 Summa Parisiensis ad C. 22, q. 2 pr.: "Si enim putat verum esse quod jurat falsum, refert utrum ignorantia illa sit invincibilis vel vincibilis vel utrum sit crassa et supina. Si enim sit invincibilis, nullomodo tenetur. Si tamen rei veritatem diligenter exquisierit, excusari aliquatenus potest. Si crassa fuerit ignorantia vel supina, nullatenus excusatur" (éd. T. P. MCLAUGHLIN, Toronto 1952, p. 202).

Étienne de Tournai, l'injonction formulée par Pierre lors du lavement des pieds, le décrétiste livre cependant une explication porteuse d'avenir:

> On ne doit pas dire qu'ils tombent sous le coup du crime de mensonge. Non pas, comme le disent les maîtres, parce qu'ils n'auraient pas proféré de parjure, mais parce qu'ils sont considérés avoir dit de façon conditionnelle: sauf si quelque chose leur semblait plus salutaire. En effet, quoique l'un et l'autre fussent remplis de l'Esprit saint, ils ne pouvaient avoir connaissance de toutes les choses futures ou des décisions de Dieu[106].

L'auteur de la *Summa Parisiensis* cherchait clairement ici à se distancer des *magistri*, théologiens ou canonistes, qui ne raisonnaient que par rapport au parjure. À ses yeux, la promesse faite par les apôtres était censée contenir une condition implicite permettant de ne pas l'exécuter en cas de changements à venir.

Vers 1169, la discussion relative au parjure est pour la première fois explicitement portée sur le terrain du droit des contrats par l'auteur de la *Summa Coloniensis*. S'inspirant du théologien Pierre Lombard, celui-ci s'interroge sur la promesse faite à terme[107]. Mais il se distingue nettement de son modèle, en utilisant le vocabulaire contractuel romain relatif à la stipulation, pour se demander ce qu'il en est "de l'individu qui promet de donner ou de faire (*daturum facturumve*) dans un certain délai" et qui, ensuite, change d'avis[108]. La question est de savoir s'il a parjuré immédiatement ou après. On peut penser qu'il ne l'a fait à aucun des deux moments, puisque le parjure ne se conçoit que lorsqu'on jure et qu'à ce moment-là, il avait bien l'idée d'agir ainsi qu'il le promettait. Mais, comme son intention a changé ou qu'il a transgressé le délai de la promesse (*sponsio*), il devient coupable de parjure: "Cependant, on ne doit pas considérer que celui qui

---

106 Summa Parisiensis ad C. 22, q. 2, c. 5, *Beatus*: "Non dicendus est mendacii crimen incurisse. Non quia, ut dicunt magistri non quidem dixerunt perjurium, sed conditionaliter videntur dixisse nisi salubrius eis aliquid esset ostensum; licet enim uterque plenus esset Spiritu Sancto, non tamen omnium futurorum vel Dei judiciorum notitiam habebant" (éd. MCLAUGHLIN [cf. n. 105], p. 203).

107 Le passage s'inspire de PETRUS LOMBARDUS, Sententiae, III, D. 39, c. 3, 4: "Hic opponitur: Si omnis qui falsum jurat, pejerat, tunc qui alicui promittit dare sub certo termino aliquid, quod tamen non faciet, ex quo juravit, pejeravit, quia falsum juravit: non enim ita futurum erat ut juravit. Determinatio. Ad hoc dici potest quia non omnis qui jurat quod falsum est, ex quo jurat pejurus est, sicut iste de quo agimus; sed ex quo propositum mutat vel terminum transgreditur, juratio talis fit perjurium" (éd. Grottaferrata 1981, p. 220, l. 25-31). L'auteur de la somme est probablement Bertrand de Metz, alors chanoine de Saint-Gereon de Cologne: P. LANDAU, Die Kölner Kanonistik des 12. Jahrhunderts (Kölner rechtsgeschichtliche Vorträge 1), Badenweiler 2008, p. 16-18.

108 L'expression est notamment présente dans les textes romains définissant la stipulation (D., 45, 1, 83 pr.) ou prohibant la stipulation pour autrui (D., 45, 1, 5, 1; Inst., 3, 13, 3).

n'est pas menteur et n'a pas menti aurait alors parjuré parce qu'il est devenu menteur"[109]. À la même époque, les premières gloses sur le Décret, qui n'était jusqu'alors que l'objet de sommes, viennent aussi justifier l'absence de mensonge dans le serment de celui qui jure sincèrement le faux en s'appuyant sur des textes romains[110]. Ces fragments des commentaires des jurisconsultes Paul et Ulpien à l'édit du préteur, passés dans le Digeste, exceptent du parjure le justiciable qui a promis sous serment de se rendre au procès, mais se trouve empêché par une juste cause, telle que la maladie, une tempête ou le débordement d'un fleuve[111].

Dans les années suivantes, les décrétistes reprennent l'idée émise par l'auteur de la *Summa Parisiensis*, d'une condition implicite présente dans les promesses des apôtres Pierre et Paul. Cette théorie est d'abord reprise dans la *Summa Monacensis*, rédigée vers 1172-1173 par le canoniste parisien Pierre de Louveciennes[112]. Lorsque Hérode a promis de tout donner à Salomé quoiqu'elle exigeât, écrit celui-ci, l'on se demande s'il aurait pu lui refuser la tête de Jean. La réponse est que: "des mots contenus dans la formule générale des serments, certains sont toujours exceptés tacitement, comme, par exemple, la faute, la nécessité, l'utilité, la force

---

109 Summa "Elegantius in jure divino" seu Coloniensis, X, 53: "Queritur idem de eo qui daturum facturumve se aliquid sub termino promisit, quod tunc in animo habuerit, set postmodum animum mutavit, quando pejeraverit, an cum primum juravit an post? Quia post non juravit, videtur quod nec post pejeraverit et, quia cum juravit ita in animo habuerit, putari potest quod nec tunc pejeraverit. Inter hec illud verius est quod, cum propositum mutavit vel cum terminum implende sponsionis transgressus est, perjurii reatum inciderit et quod tunc juratio sua perjurium effecta est. Non tamen dicendum videtur quod tunc pejeraverit quia mendax efficitur qui nec mentitus est nec mentitur" (éd. G. FRANSEN, S. KUTTNER [Monumenta Iuris Canonici A, 1], t. III, Città del Vaticano, 1986, p. 192, l. 1-p. 193, l. 10).

110 Glossae ad Decretum Gratiani, C. 22, q. 2, c. 5, *Beatus*: "Đ., Qui satisdare cogantur, l. u. [D., 2, 8, 16]; Đ., Si quis cautionibus judicio sistendi, l. II, § Si quis in judicio" [D., 2, 11, 2, 3]" (Firenze, Bibl. Laurenziana, Plut. IV. Sin. 1, fol. 178v, Köln, Dombibl., 127, fol. 199va, Vaticano, Bibl. apost., Pal. lat. 622, fol. 153ra); *ibid.*: "ff., Qui satisdare cogantur, l. u.; ff., Si quis cautionibus judicio sistendi, l. II, § Si quis in judicio" (München, Staatsbibl., Clm 28161, fol. 173va, Paris, Bibl. nat., lat. 3888, fol. 179vb). Il s'agit de gloses de la fin des années 1160, du "premier type" identifié par S. KUTTNER, Repertorium der Kanonistik (1140-1234). Prodromus corporis glossarum I (Studi e testi 71), Città del Vaticano 1937, réimpr. Modena 1981, p. 3-4.

111 PAULUS, Lib. 6 ad Edictum, D., 2, 8, 16: "Qui iurato promisit <iudicio sisti>, non videtur peierasse, si ex concessa causa hoc deserverit". ULPIANUS, Lib. 74 ad Edictum, D., 2, 11, 1, 3: "Si quis <iudicio se sisti> promiserit et valetudine vel tempestate vel vi fluminis prohibitus se sistere non possit, exceptione adiuvatur, nec immerito".

112 Sur la datation et l'auteur: P. LANDAU, Mater Peter of Louveciennes and the origins of the Parisian school of canon law around 1170, dans: J. GOERING, S. DUSIL, A. THIER (éd.), Proceedings of the Fourteenth International Congress of Medieval Canon Law. Toronto, 5-11 August 2012 (Monumenta Iuris Canonici C/15), Città del Vaticano 2016, p. 379-394.

majeure". Car si l'on jure de faire quelque chose pour quelqu'un dans l'avenir, il faut comprendre: "si cela peut être fait sans péché". De même, le cas de nécessité est excepté "lorsque je jure de te donner dix, mais que je n'ai aucune possibilité de le faire ou si celui qui refuse de me donner est menacé de mort". Dans la première hypothèse, sans être excusé du parjure, on est dispensé de peine. Mais, dans la seconde, "on est complètement excusé si, sans faute personnelle, l'on est tombé dans cette nécessité de ne pouvoir donner"[113]. Le contenu de la condition implicite se trouve ainsi clairement exposé. La théorie de la nécessité, défendue de longue date par les canonistes, justifie l'impossibilité d'exécuter le serment[114]. L'usage à présent récurrent du procédé en matière contractuelle transparaît à travers l'exemple donné du transfert d'argent.

Les glossateurs du Décret décrivent peu après de façon plus détaillée le champ d'application de la théorie désormais reçue. "Dans tout serment doit être sous-entendue cette convention et condition parfaitement honnête qui n'a pas été ajoutée et il en va de même pour un vœu ou une promesse" écrit l'un d'eux[115]. "Cette condition tacite est présente dans la promesse et le serment", note un second, qui fournit à l'appui de son affirmation une longue série d'allégations

---

113 Summa Monacensis ad C. 22: "Minime a generali enim verborum conceptione verborum juramenta quedam excipiuntur tacite, ut puta culpa, necessitas, utilitas, major culpa quam excipitur. Nam si juraveris te facturum quicquid preceperit, ille intelligendum est 'si id precipiat quod sine peccato fieri potest'. Item necessitas excipitur, ut si mihi jurato tibi dare x, nulla sit copia dandi, aut si quis mihi dare nolenti mortem minetur. Et hic quam non excusatur a perjurio, sed relevatur a pena. In superiore autem casu prorsus excusatur, si sine culpa sua in hanc inciderit necessitatem ne dare possit" (München, Staatsbibl., Clm 16084, fol. 25rb).

114 Cf. KUTTNER, Kanonistische Schuldlehre (cf. n. 104), p. 291-298; G. COUVREUR, Les pauvres ont-ils des droits? Recherches sur le vol en cas d'extrême nécessité depuis la *Concordia* de Gratien (1140) jusqu'à Guillaume d'Auxerre († 1231) (Analecta Gregoriana 111), Romae 1962, p. 66-70; F. ROUMY, L'origine et la diffusion de l'adage canonique *Necessitas non habet legem* (VIIIe-XIIIe s.), dans: W. MULLER, M. SOMMAR (éd.), Medieval Foundations of the Western Legal Tradition. A Tribute to Kenneth Pennington, Washington 2006, p. 301-319.

115 Glossae ad C. 22, q. 2, c. 5, *Beatus*, Vis *non potuit*: "§ Argumentum quo in omni sacramento debet subintelligi omnis onesta pactio et conditio non apposita, similiter et in voto et in promissione, infra eodem, Ne quis [C. 22, q. 2, c. 14]" (Vendôme, Bibl. mun., 88, fol. 161vb); ad C. 22, q. 2, c. 14, *Ne quis*, V° *cogitabat*: "in promissionibus subintelligendas esse honestas pactiones et conditiones sicut in sacramento et in voto, argumentum supra eadem questione, Beatus [C. 22, q. 2, c. 5]" (*ibid.*, fol. 162va). Il s'agit de gloses des années 1170, du "deuxième type" selon la classification de KUTTNER, Repertorium (cf. n. 110), p. 4-6.

renvoyant à neuf fragments du Digeste et quatre canons du Décret de Gratien[116]. La première version de l'apparat *Ordinaturus magister*, composée vers 1180, propose de son côté onze renvois au Décret et un seul au Digeste[117]. Elle justifie également la doctrine établie par le fait qu'Alexandre III, dans une décrétale récemment promulguée en 1175, affirme que, dans tout rescrit apostolique, existe la clause tacite "si les faits allégués sont conformes à la vérité"[118]. À la même époque, Simon de Bisignano explique encore la possibilité de ne pas respecter un engagement par des raisons morales: "si quelqu'un a promis de faire quelque chose et qu'il a changé d'avis pour une juste raison, on ne doit même pas relever une faute légère"[119]. Mais le décrétiste érige par ailleurs la clause implicite consacrée par ses prédécesseurs au rang de règle que le droit contemporain

---

116 Glossa ad C. 22, q. 2, c. 14, *Ne quis*, V° *cogitabat*: "§ Tacitam conditionem inesse promissioni et juramento. Argumentum ad illud infra, ff., l. I, § Est autem [D. 2, 14, 1, 3 med.?] et ff., Qui satisdare cogantur, l. V [D., 2, 8, 5]; ff., Pro socio, Si convenit [*sic pro* Convenerit: D., 17, 2, 14]; ff., Qui satisdare cogantur, l. ultima [D., 2, 8, 16]; ff., Locati, Quero [D., 19, 2, 54]; ff., De actionibus et obligationibus, l., § ult. [D., 44, 7,?]; Si quis cautionibus, l. ultima [D., 2, 11, 15]; supra, XV, q. V, c. ultimo et penultimo [C. 15, q. 5, c. 2 et 1]; ff., De jure dotium, Promittento [D., 23, 3, 41]; supra, Di. XIIII, Qui autem [recte: D. 54, d. p. c. 4]; ff., [De] pactis, l. I, § Est autem [D. 2, 14, 1, 3 med.]; infra, XXXV, q. VII, § Quia ergo [C. 35, q. 9, d. p. c. 2]; infra, proxima, q. IIII, Nabugodonosor [C. 23, q. 4, c. 22]" (Vaticano, Bibl. apost., vat. lat. 2495, fol. 121ra). Il s'agit d'une glose des années 1170-1180, du "troisième type" selon la classification de KUTTNER, Repertorium (cf. n. 110), p. 7-8.

117 Apparatus "Ordinaturus Magister" (Recensio I[a]) ad C. 22, q. 2, c. 14, *Ne quis*, V[is] *promittebat se redditum*: "Argumentum quod juramentum habet in se conditio, XXVII, q. II, Cum Ergo [C. 27, q. 2, d. p. c. 2], ff., Depositi, l. I, § Si pecunia [D., 16, 3, 1, 34]. Argumentum C. II, q. VII per totum, immo et infamis de facto est, C. III, q. V, Nulli [C. 3, q. 5, c. 14]. Argumentum supra, D. XIIII, Quod ait [D. 14, c. 1]. Argumentum C. eadem, q. II, Ne quis et c. Utilem [C. 22, q. 2, c. 14 et 21]. Argumentum C. XXXIII, q. I, ad culmen [C. 33, q. 1, d. a. c. 1]. Argumentum C. XXII, q. V, Hoc <non> videtur [C. 22, q. 5, c. 8]. Argumentum C. II, q. VII, Cum pastoris [C. 2, q. 7, c. 58], nec contra se potest repellere. Ut supra XIIII, c. I [D. 14, c. 1], C. I, q. I, Quicquid [C. 1, q. 1, c. 101]; infra XXIIII, q. IIII, Ita plane [C. 23, q. 4, c. 6]; supra XIIII, q. V, Forte [C. 14, q. 5, c. 3]" (München, Staatsbibl., Clm 28175, fol. 199ra).

118 Apparatus "Ordinaturus Magister" (Recensio I[a]) ad C. 22, q. 2, c. 5, *Beatus*, V° *quia*: "Argumentum quod in promisso condicio debet intelligi, ut infra, Extra, Ex parte" (München, Staatsbibl., Clm 28175, fol. 198rb). Cf. ALEXANDER III, *Ex parte* (16.VII.1175) WH 471 = JL 14317 = 1 Comp., 1, 2, 2 = X, 1, 3, 2: "in hujusmodi literis intelligenda est haec conditio, etiamsi non apponatur: 'si preces veritate nitantur'".

119 SIMON BISINIANENSIS, Summa ad C. 22, q. 2, c. 5, V[is] *Beatus–sententia*: "Hic habes quod si aliquid facturum promisit et justa de causa mutavit consilium, non est de levitate notandus. Sapiens enim tunc mutat consilium cum aliquid prudentius meditatur, ut supra, C. XII, q. I, Certe ergo sum [C. 12, q. 1, 18]" (éd. P. V. AIMONE BRAIDA [Monumenta Iuris Canonici A/8], Città del Vaticano 2014, p. 362, l. 20-23).

qualifierait d'ordre public: "dans n'importe quel vœu, serment, promesse ou contrat doit être sous-entendue une sorte de condition légale (*licita conditio*)"[120]. Ce même qualificatif est repris peu après dans la *Summa Lipsiensis*, produit de l'école anglo-normande, probablement élaborée vers 1186 par le Parisien Rodoicus Modicipassus, qui s'inspire régulièrement de Simon et copie ici mot à mot son modèle[121]. Mais il n'est finalement pas reçu dans la deuxième version de l'apparat *Ordinaturus magister*, élaborée vers 1190, qui allait tenir lieu de glose ordinaire du Décret avant la lettre pendant une trentaine d'années. Ses auteurs préfèrent consacrer la terminologie habituellement utilisée par les décrétistes depuis presque une décennie et parler d'une "convention et condition honnête" (*honesta pactio et conditio*), toujours sous-entendue dans les serments, les vœux et les promesses[122].

Cette terminologie est adoptée simultanément dans la somme du plus grand décrétiste bolonais du moment, Huguccio († 1210), qui a sans aucun doute collaboré à l'élaboration de l'apparat *Ordinaturus*[123]. En s'efforçant d'analyser le contenu de la condition tacite, celui-ci énumère les exceptions implicites

---

120 SIMON BISINIANENSIS, Summa ad C. 22, q. 2, c. 14, *Ne quis*, V[is] *non enim cogitabat*: "Hinc collige quod in quolibet voto, juramento vel promisso seu contractu debet quelibet licita conditio subintelligi, C. 27, q. II, § II [C. 27, q. 2, d. p. c. 2], C. XXII, q. II, Beatus [C. 22, q. 2, c. 5]" (éd. AIMONE BRAIDA [cf. n. 119], p. 363, l. 61-64).

121 Summa "Omnis qui juste judicat" sive Lipsiensis ad C. 22, q. 2, c. 14, V[is] *non enim cogitabat*: "Hinc habes quod in quolibet voto juramento vel promisso debet licita condicio subintelligi, ut infra, XVII, q. II, § Set queritur [C. 27, q. 2, d. p. c. 2], supra eodem questione, Beatus [C. 22, q. 2, c. 5]" (éd. P. LANDAU, W. KOZUR, K. MIETHANER-VENT [Monumenta Iuris Canonici A/7], t. III, Città del Vaticano 2014, p. 348, l. 11-13). Pour l'attribution: P. LANDAU, Rodoicus Modicipassus – Verfasser der Summa Lipsiensis?, ZRG, KA 123 (2006), p. 140-154.

122 Apparatus "Ordinaturus Magister" (Recensio II[a]) ad C. 22, q. 2, c. 5, *Beatus*, V° *pretermissit*: "§ Argumentum quod in omni sacramento debet intelligi omnis honesta pactio et conditio non apposita similiter et in voto et in promisso. Infra eodem, Ne quis arbitretur [C. 22, q. 2, c. 14], infra XXVII, q. II, Cum ergo [C. 27, q. 2, d. p. c. 2], XI, q. III, Antecessor [C. 11, q. 3, c. 104], infra, Extra, Ex Parte [WH 471 = JL 14317 = 1 Comp., 1, 2, 2 = X, 1, 3, 2], infra, XXXII, q. ultima, c. ultimo [C. 32, q. 7, c. 28], contra, infra, XXVIII, q. V, Manifestum, Noluit [C. 33, q. 5, c. 11 et 16]" (Firenze, Bibl. Laurenziana, Plut. IV. Sin. 1, fol. 178v); ad C. 22, q. 2, c. 14, *Ne quis*, V° *cogitabat*: "§ Argumentum: in promissionibus subintelligendas esse honestas pactiones et conditiones, sicut in sacramento et in voto, argumentum supra eadem, Beatus Paulus [C. 22, q. 2, c. 5]" (*ibid.*, fol. 179rb).

123 R. WEIGAND, Huguccio und der Glossenapparat Ordinaturus Magister, dans: Archiv für katholisches Kirchrecht 154 (1985), p. 490-520; ID, The development ot the *Glossa Ordinaria* to Gratian's *Decretum*, dans: W. HARTMANN, K. PENNINGTON (éd.), The History of Medieval Canon Law in the Classical Period, 1140-1234. From Gratian to the Decretals of Pope Gregory IX, Washington 2008, p. 65-69.

contenues dans tout engagement, formulant finalement la doctrine moderne de l'imprévision:

> Il y a un argument selon lequel dans tout vœu, serment et promesse est entendue une honnête convention et condition, même si cela n'est pas ajouté, à savoir "si je peux", "si je vis", "si Dieu le veux", "sauf si Dieu laissait voir autrement" ou "sauf s'il arrivait quelque chose qui interdirait ce qui doit être accompli"[124].

La survenance d'événements interdisant la réalisation de l'engagement est conçue comme obligatoirement réservée lorsque la parole est donnée, quelle que soit la forme sous laquelle l'on s'est obligé. Analysant le canon du Décret qui relate la promesse non réalisée de l'apôtre Paul, Huguccio livre par ailleurs la justification d'une telle réserve: "il y a encore l'argument selon lequel cela n'a pas été pensé ou consenti lors de la promesse générale qui ne le comprenait pas"[125]. Selon le décrétiste, le défaut de consentement à l'événement imprévisible détruit l'effet que l'assentiment donné aurait dû produire. L'explication proposée aboutit donc exactement à ce que le droit allemand a fini par qualifier de *Wegfall* ou de *Störung der Geschäftsgrundlage*. Une telle doctrine est évidemment justifiée par la conception consensualiste du canoniste bolonais. Il n'existe à ses yeux aucune différence entre une simple promesse et un serment. La parole engagée doit toujours être tenue, quand bien même la convention qu'elle noue ne correspond à aucune de celles sanctionnées par le droit romain[126]. La contrepartie de la promotion de ce consensualisme est que la volonté ne peut s'exprimer efficacement que vis-à-vis d'éléments prévisibles par celui qui se lie.

---

124 HUGUCCIO, Summa ad C. 22, q. 2, c. 5, *Beatus*, V^is^ *voluisse efficere*: "Et est argumentum quod in omni voto et sacramento et promissione intelligitur honesta pactio et conditio et si non apponatur, scilicet 'si potero', 'si vixero', 'si Deus voluerit', 'nisi Deus aliter revelaverit' vel 'nisi aliquid contingerit propter quod non debeat adimpleri'. Argumentum infra eadem questione, Ne quis [C. 22, q. 2, c. 14] et XI, q. III, Antecessor, Quod predecessor [C. 11, q. 3, c. 104, 105] et in Extra, Ex parte [WH 471 = JL 14317 = Comp. I[a], 1, 2, 2 = X, 1, 3, 2] et Ð., titulo Qui satisdare cogantur, lege ultima [D., 2, 8, 16] et titulo Si quis cautionibus judicio sistendi, l. II, Si quis [*D.*, 2, 11, 2, 3]. Argumentum contra, XXXII, q. ultima, c. ultimo [C. 32, q. 7, c. 28]" (Vaticano, Arch. di S. Pietro, C. 114, fol. 261va).

125 HUGUCCIO, Summa ad C. 22, q. 2, c. 14, *Ne quis*, V[is] *non cogitabat*: "Argumentum supra, eadem questione, Beatus [C. 22, q. 2, c. 5] et XI, q. III, Antecessor, Quod predecessor [C. 11, q. 3, c. 104, 105] et etiam argumentum illud de quo non fuit cogitatum vel consensum generali promissione non comprehendi, argumentum, ff., De transactionibus, Cum Aquiliana [D., 2, 15, 5] et ff., De pignoribus, Obligatione [D., 20, 1, 6] et supra eodem, Cum beatus [D. 45, c. 8]" (Vaticano, Arch. di S. Pietro, C. 114, fol. 263ra).

126 LANDAU, Pacta sunt servanda (cf. n. 25), p. 462-463 (réimpr. p. 767-768).

La première raison de cette théorie est l'implication spirituelle de tout engagement qui, passé devant Dieu, devient un parjure lorsqu'il n'est pas respecté, car son auteur est alors coupable de mensonge. Mais, comme l'affirme Huguccio en liminaire de son commentaire de la Cause XXII du Décret relative au parjure, lorsqu'il s'agit d'une *falsa juratio* faite par ignorance, le péché n'est pas constitué, sauf si le serment a été prononcé "témérairement et à la légère"[127]. Il existe toutefois une autre raison, éminemment pratique. Assimiler toute promesse à un serment revient en effet à livrer potentiellement à la connaissance de la juridiction ecclésiastique l'ensemble du contentieux relatif au droit des contrats. La condition tacite défendue par les canonistes offre donc un outil raisonnable de modération aux juges ecclésiastiques, théoriquement contraints de valider automatiquement et sans considération d'équité toute obligation licite, si la preuve du consentement de celui devant livrer la prestation a été apportée.

À l'aube du XIIIe siècle, plusieurs canonistes parisiens se sont attachés à parfaire la doctrine consacrée par l'éminent maître bolonais. Vers 1202, l'apparat *Ecce vicit leo* énonce pour la première fois la formulation de la clause tacite telle qu'elle allait être ensuite consacrée dans la glose ordinaire de Jean le Teutonique: "Parce qu'est sous-entendue cette condition: s'il demeure dans la même situation (*si in eadem causa permaneat*)"[128]. L'auteur de l'apparat, Petrus Brito, fin connaisseur des textes romains qu'il cite amplement, ne renvoie cependant pas explicitement au passage

---

127 HUGUCCIO, Summa ad C. 22, q. 2, d. a. c. 1, *Quod autem*: "Ad cujus questionis solutionem notandum quod perjurium dicitur quatuor modis: si falsa juratio ignoranter facta; si falsa juratio scienter facta, id est mandatum juramento firmatum, id est actus firmandi mandatum juramento indiscretum juramentum transgressio juramenti. Primum non est peccatum, ut infra eadem questione, Beatus [C. 22, q. 2, c. 5], nisi cum temere vel indiscrete juratur, ut infra eadem questione, Homines, Is autem qui [C. 22, q. 2, c. 3 et 4]" (Vaticano, Arch. di S. Pietro, C. 114, fol. 260vb).

128 Apparatus "Ecce vicit leo" ad C. 22, q. 2, c. 14, *Ne quis*, V^is^ *non esse reddendum*: "Quia subintelligebatur ista conditio 'si in eadem causa permaneat', argumentum supra eadem questio, Beatus [C. 22, q. 2, c. 5]. Idem est de pecunia deportati, quod non tenetur depositarius eam reddere deportato, ut ff., Depositi, Bona fides [D., 16, 3, 31]" (Sankt Florian, Stiftbibl., XI 605, fol. 83ra; Vendôme, Bibl. mun., 242, fol. 71v: "ista conditio" *om.*). L'auteur tient à remercier son maître, Anne Lefebvre-Teillard, de lui avoir très aimablement transmis la transcription des gloses de cette première recension de l'apparat. Celle-ci se retrouve sous la forme suivante dans la seconde recension: "Quia subintelligebatur ista conditio 'si in eadem causa permaneat', argumentum supra eadem questio, Beatus [C. 22, q. 2, c. 5], ff., Ad legem Aquiliam, l. Qua actione, § penultimo Celsus [D., 9, 2, 7, 7]. Ibi dicitur de furioso. Idem de pecunia deportati, quod non tenetur deportarius [*sic pro: Depositarius*] eam reddere deportato, ut ff., Depositi, l. Bona fides [D., 16, 3, 31]" (Paris, Bibl. nat., NAL 1576, fol. 229rb).

du Digeste auquel il a emprunté la formule[129]. Il renforce en revanche l'idée d'imprévision avancée dans la somme d'Huguccio, en expliquant que "dans une promesse, ne sont pas compris les éléments ne venant pas à l'esprit"[130]. Dans une addition à la deuxième version de l'apparat *Jus naturale*, composée vers 1205, Laurent d'Espagne souligne de son côté que Dieu peut bien dissoudre les liens noués par les hommes et les obligations, raison pour laquelle est sous-entendue, dans le serment comme dans tout contrat, la condition "sauf si Dieu en disposait autrement"[131]. Suivant un raisonnement plus étroitement juridique, le même relève que ne peuvent être compris dans un contrat que les éléments pensables lors de sa conclusion (*de quibus est cogitatum*), même s'il en va autrement dans les contrats romains de bonne foi[132].

Cette dernière remarque aurait pu ouvrir la voie à l'admission d'engagements "absolus" comparables à ceux existant aujourd'hui en droit anglais. Mais elle est rapidement écartée par Laurent d'Espagne lui-même, dans la Glose Palatine. Les

---

129 D., 46, 3, 38 pr. (cf. n. 24). Sur l'auteur: A. LEFEBVRE-TEILLARD, Petrus Brito, auteur de l'apparat Ecce vicit leo?, dans: Tijdschrift voor Rechtsgeschiedenis 77 (2009), p. 1-21, et dans: P. ERDÖ (éd.), Proceedings of the Thirtheenth International Congress of Medieval Canon Law (Esztergom, 3-8 August 2008) (Monumenta Iuris Canonici C/14), Città del Vaticano 2010, p. 117-135.

130 Apparatus "Ecce vicit leo" ad C. 22, q. 2, c. 14, *Ne quis*, V° *cogitabat*: "Argumentum quod in promissione non veniunt ea de quibus cogitatum non est, sicut nec in transactione, ut ff., De transactionibus, Cum Aquiliana [D., 2, 15, 5]" (Sankt Florian Stiftbibl., XI 605, fol. 83ra; Vendôme, Bibl. mun., 242, fol. 71v). Dans la seconde version, est seulement ajoutée cette allégation finale: "Extra, De officio delegati, Super eo [1 Comp., 1, 21, 20 = X, 1, 29, 15]" (Paris, Bibl. nat., NAL 1576, fol. 229rb).

131 LAURENTIUS, Additio ad apparatum "Jus naturale" super C. 22, q. 2, c. 5, *Beatus*, V^is^ *divina dispositione*: "§ Que humana vincula et obligationes dissolvit, XIX, q. II, Due [C. 19, q. 2, c. 2] et ita habetur hic quod in juramento subintelligendum est 'Nisi Deus aliter disposuerit', immo et omnis conditio contractui accomodata, Extra III, De jurejurando, Quemadmodum [3 Comp., 2, 15, 11 = X, 2, 24, 25]. ff., Locati, Quero, § Inter locatorem [D., 19, 2, 54, 1]. La." (Paris, Bibl. nat., lat. 15393, fol. 176ra).

132 LAURENTIUS, Additio ad apparatum "Jus naturale" super C. 22, q. 2, c. 14, *Ne quis*, V° *cogitabat*: "§ Argumentum promissioni conditionem tacitam inesse, argumentum supra eadem questione, Beatus [C. 22, q. 2, c. 5], ff., De solutionibus, Cum quis [D., 46, 3, 38], ff., Locati, Quero, § Inter locatorem [D., 19, 2, 54, 1], ff., De transactionibus, Cum Aquiliana et l. Qui cum tutoribus, in fine [D., 2, 15, 5 et 9], ff., De pignoribus, Obligatione [D., 20, 1, 6] et est argumentum quod non inde possunt [?] venire in contractum, nisi de quibus est cogitatum, argumentum ff., Mandati, Creditor, § ultimis [D., 17, 1, 60, 4]. Tamen in contractibus bone fidei veniunt etiam ea de quibus non est cogitatum, ut C., De actione empti et venditi, l. II [C., 4, 49, 2] et ff., De contrahenda emptione, Quociens et lege sequenti [D., 18, 1, 29-30]. La." (Paris, Bibl. nat., lat. 15393, fol. 176va). Une pliure du parchemin rend incertaine la lecture de *inde possunt*. Dans les mss. Gniezno, Bibl. Cap. Metrop., 27, fol. 143vb, et Vendôme, 88, fol. 168va, la glose s'arrête à *Obligatione*; elle est absente du ms. Vaticano, Bibl. apost., Ross. lat. 595, fol. 181va.

"honnêtes conventions et conditions" sous-entendues dans les promesses sont motivées par le fait que, lorsque surgissent des situations nouvelles, chaque cas nouveau (*novus casus*) appelle une nouvelle réponse (*novum responsum*). Et si un texte romain relatif à la vente paraît inclure dans les contrats de bonne foi les hypothèses auxquelles on n'aurait pu songer, d'autres textes, concernant le mandat, le testament ou le paiement de l'indu vont en sens contraire[133].

En 1207, la théorie de la condition implicite est consacrée par l'autorité pontificale. Elle est reçue dans un rescrit adressé par Innocent III à l'archevêque de Gênes, relatif à un individu ayant promis sous serment à une femme de l'épouser. Cette dernière s'étant rendu coupable de fornication, l'homme excipait du fait que son engagement contenait la clause tacite "si celle-ci ne pèche pas contre la loi du mariage" et qu'il n'était donc plus tenu de réaliser sa promesse en l'épousant. Le pape admet cette exception, considérant que le serment renfermait la clause "si celle-ci n'allait pas contre la règle des fiançailles" et l'étend même au cas où la fiancée serait frappée d'une maladie comme la lèpre, la paralysie, la cécité ou la perte du nez, du moment que le lien matrimonial n'est pas encore noué[134]. La décrétale allait être intégrée à la *Compilatio III*ᵃ et passer finalement en 1234 dans le *Liber Extra*[135]. Avant 1215 déjà, Laurent d'Espagne rapporte ce texte à la

---

133 Glossa Palatina ad C. 22, q. 2, c. 14, *Ne quis*, V° *cogitabat*: "Argumentum: In promissionibus subintelligendas esse honestas pactiones et condiciones, sicut in sacramento et voto, argumentum supra, eadem questione, Beatus [C. 22, q. 2, c. 5] et argumentum quod ea que de novo emergunt, etc., ut ff., De interrogationibus, De etate [D., 11, 1, 11]. Et novus casus novum desiderat responsum, ff., De ventre inspiciendo, l. I [D., 25, 4, 1], Aliter tamen in contractibus bone fidei veniunt ea de quibus non est cogitandum, ut nota argumentum, De actione empti et venditi, l. II [C., 4, 49, 2]. Argumentum contra, ff., Mandati, Creditor, § ultimo <Lucius Titius> [D., 17, 1, 60, 4] <et ff., De conditionibus institutionum, Filius qui inter [D., 28, 7, 15], ff., De his que in testamento delentur, l. I [D., 28, 4, 1], ff., De condictione indebiti, Nam et maritus [D., 12, 6, 9]>" (Vaticano, Bibl. apost., Pal. lat. 658, fol. 64vb; Reg. lat. 977, fol. 182rb: < > *add.*).

134 INNOCENTIUS III, *Quemadmodum* (1.IX.1207, Po. 3168): "Ita si quis juravit se ducturum aliquam in uxorem, ipse profecto non potest ei fornicationem opponere precedentem, sed subsequentem, ei potest oponere, ut illam non ducat in conjugem, quoniam in illo juramento talis debet conditio subintelligi: si videlicet illa contra regulam desponsationis non venerit. Alioquin, si post hujusmodi juramentum publica meretrix fieret, teneretur eam ducere in uxorem, quod est prorsus absurdum. [...] Quodsi post hujusmodi juramentum mulier fieret non solum leprosa sed etiam paralitica vel oculos aut nasum ammitteret seu quicquam ei turpius eveniret, numquid vir teneretur eam ducere in uxorem? Profecto ductam non posset dimittere. Sed numquid non ductam dimittere teneretur, quamvis interdum contractum non dirimat, quod impedit contrahendum" (éd. R. MURAUER, A. SOMMERLECHNER Die Register Innocenz'III., t. X, Pontifikatsjahr 1207/1208, Wien 2007, p. 195, l. 21-p. 196, l. 1 et l. 7-12).

135 3 Comp., 2, 15, 11 = X, 2, 24, 25.

doctrine développée par les décrétistes, l'expliquant par le fait que des conditions semblables sont sous-entendues dans les matières les plus diverses[136]. En commentant cette même décrétale, aux alentours de 1217, Jean le Teutonique allait avancer pour la première fois sa propre doctrine de l'imprévision, multipliant les exemples de clauses tacites contenues dans les serments: s'il plaît au pape, s'il plait à Dieu, si la chose demeure en l'état, si ma parole est respectée, etc. Le canoniste notait à cette occasion que ces clauses tacites étaient évidemment sous-entendues dans les serments promissoires et non, bien sûr, dans les serments assertoires[137].

**
*

La *clausula rebus sic stantibus*, désignée pour la première fois sous cette appellation par le canoniste Giorgio Natta, à la fin du XVe siècle, est donc le fruit d'une construction intellectuelle dont les racines remontent à l'ancien droit canonique, antérieur au Décret de Gratien. La réflexion l'ayant engendrée résulte de la place prise par le serment dans la société médiévale, qui a conduit le droit ecclésiastique à l'admettre puis le réglementer. Dès la fin du XIe siècle, quelques canonistes commencent à considérer que les liens noués par ce moyen sont susceptibles d'être remis en cause, lorsque de nouvelles circonstances viennent rendre inacceptable ou irréalisable la promesse. En s'appuyant sur Augustin, pour qui le mensonge exige nécessairement un acte de volonté, Yves de Chartres défend l'idée qu'un serment sincère portant sur un élément faux ne peut constituer un parjure punissable. Anselme de Lucques affirme de son côté que l'auteur d'une

136 LAURENTIUS, Apparatus ad Comp. III^am^, 2, 15, 11, *Quemadmodum*, V° *subintelligi*: "§ Nam quedam conditiones intelliguntur et si non apponantur, ut infra et ff., Locati, Quero, § Inter locatorem [D., 19, 2, 54, 1] et XXII, q. II, Beatus [C. 22, q. 2, c. 5], Extra, De jurejurando, Pervenit [1 Comp., 2, 17, 9 = X, 2, 24, 2], ff., Qui satisdare cognatur, l. ultima [D., 2, 8, 16], ff., Si quis cautionibus, l. II, § Si quis in judicio [D., 2, 11, 2, 3] et infra, De religiosis domibus, c. II in fine [3 Comp., 3, 28, 2 = X, 6, 36, 6 et 5, 37, 7]" (Bamberg, Staatsbibl., Can. 19, fol. 161vb; Paris, Bibl. nat., lat. 15398, fol. 145rb).

137 JOHANNES TEUTONICUS, Apparatus ad Comp. III^am^, 2, 15, 11, *Quemadmodum*, V^is^ *subintelligenda conditio*: "Et hec vera sunt in promissoriis juramentis, set in assertoriis non intelligitur condicio, et hoc loquitur XXXII, q. ultima, Non solum [C. 32, q. 8, q. 1], C., De jure dotium, Si dotem [C., 5, 12, 24]. Set numquid omne juramentum dicemus condicionale, si omnes premisse condiciones subintelliguntur? Non, ut ff., De condicionibus et demonstrationibus, Condiciones [D., 35, 1, 99 (98)]" (éd. K. PENNINGTON [Monumenta Iuris Canonici A/3], Città del Vaticano 1981, p. 286, l. 22-26).

promesse, qu'il n'a pu réaliser parce que le dessein divin l'en a détourné, ne peut être considéré comme un menteur. Les *auctoritates* soutenant les opinions des deux canonistes sont reprises dans le Décret de Gratien. Celui-ci défend une doctrine du parjure exemptant des sanctions ceux qui l'ont commis involontairement ou ne se retrouvent avoir violé leur serment qu'*a posteriori*. Rapidement, les décrétistes ont dépassé cette théorie. Dans les années 1165, Étienne de Tournai distingue la transgression du serment du péché de parjure. Deux ou trois ans après, la *Summa Parisiensis* considère que l'on ne saurait être coupable du crime de mensonge, lorsque l'évolution des événements résultant de décisions divines a détourné l'auteur d'une promesse de sa réalisation. Vers 1169, la *Summa Coloniensis* transpose la réflexion dans le champ du droit des contrats, envisageant la promesse de donner ou de faire passer sous la forme d'une stipulation. Trois ou quatre ans plus tard, la *Summa Monacensis* affirme que certains mots sont toujours exceptés tacitement des formules générales utilisées lors des serments. Ainsi s'installe l'idée d'une *tacita conditio* présente dans tout engagement qu'il s'agisse d'un vœu, d'un serment, d'une promesse ou d'un contrat, réservant sa réalisation lorsqu'elle devient impossible. La doctrine de l'imprévision ou de la *Störung der Geschäftsgrundlage* est finalement pleinement consacrée vers 1190 par Huguccio qui déclare sans détour que la condition implicite présente dans les engagements réserve la survenance d'événements futurs qui interdirait leur réalisation. La justification donnée est que de tels faits étant impensables lors de la promesse, le consentement n'a pu véritablement s'exprimer. La *clausula rebus sic stantibus* a ainsi été consacrée par le canoniste qui fut par ailleurs le premier à promouvoir le principe *pacta sunt servanda*. Dès l'origine, les deux doctrines formaient donc bien les deux faces d'une même médaille: la simple manifestation de la volonté était susceptible de faire naître une obligation, mais celle-ci n'existait que si ladite volonté avait pu s'exprimer de manière éclairée.

Orazio Condorelli

Gli accordi di pace (*foedera pacis*) e il principio *pacta sunt servanda.*

Note di ricerca nel pensiero dei giuristi dei secoli XII-XV (con un postludio su Grozio)

1. Introduzione

È superfluo osservare come la materia dei *foedera pacis* – accordi di pace in senso largo –, del loro fondamento nei *pacta* e nella *fides*, dei vincoli e degli effetti che da essi scaturiscono per le parti che li hanno stipulati, come tale materia appartenga al nucleo dei temi fondamentali del *ius gentium*. Nel contesto che ci trova riuniti – diretto a indagare il ruolo del diritto canonico e più ampiamente del *ius commune* nella formazione dei principî del diritto internazionale –, siamo chiamati a volgere la nostra attenzione verso le radici medievali di un pensiero che nell'età moderna rifluirà e sarà raccolto, rielaborato e consolidato nelle trattazioni di coloro che sono correntemente ritenuti i padri fondatori della scienza del diritto internazionale: ne ricordo uno fra i tanti, Ugo Grozio, solo perché ho prescelto la sua opera per compiere qualche sondaggio di ricerca nella parte conclusiva di questo lavoro[1].

---

* Ricerca condotta nel quadro del Progetto di Ricerca di Rilevante Interesse Nazionale (PRIN 2017), dal titolo Precetto religioso e norma giuridica: storia e dinamica di una dialettica fondativa della civiltà giuridica occidentale (secoli IV-XVII), finanziato dal Ministero per l'Istruzione e la Ricerca Scientifica (Italia). Si tratta di una versione rielaborata e accresciuta di un testo pubblicato in: Zeitschrift der Savigny-Stiftung für Rechtsgeschichte, Kanonistische Abteilung 105 (2019), p. 55-98.

1 Mi riferisco, in particolare, ad alcuni capitoli del De iure belli ac pacis nei quali sono ampiamente sviluppati alcuni dei temi sui quali mi soffermo brevemente in queste pagine: Lib. II, caput XI, De promissis; caput XIII, de iureiurando; caput XV, De federibus ac sponsionibus; caput XVI, de interpretatione; Lib. III, caput I, Quantum in bello liceat, regulae generales ex iure naturae: ubi et de dolis et mendacio; caput XII, De fide manente bello, ubi de induciis, commeatu, captivorum redemtione; caput XIX, De fide inter hostes; caput XX, De fide publica qua bellum finitur, ubi de pacis pactione, de sorte, de certamine condicto, de arbitrio, deditione, obsidibus, pignoribus.

Sarebbe possibile intraprendere un percorso a ritroso nel tempo, perché lo stesso Grozio mette i suoi lettori, anche se non sempre esplicitamente, sulle tracce delle fonti del suo pensiero. Tuttavia ho preferito percorrere la via dall'alto verso il basso, per individuare alcune radici di principî e dottrine che vennero formandosi sin dagli albori della scienza giuridica del secolo XII, e crearono le loro ramificazioni nel corso dei secoli successivi. Tale scelta non è certo arbitraria, perché sappiamo che i giuristi del rinascimento giuridico medievale dovevano confrontarsi con il concetto e le istituzioni del *ius gentium* nel momento stesso in cui leggevano le primissime pagine dei libri che costituivano l'oggetto primario della loro *scientia.*

2. L'eredità di Isidoro: dalla *fides* al *foedus*, dal *pactum* alla *pax*. *Foedera pacis* e *iusiurandum*

In questa materia, come in molti altri snodi fondamentali della cultura giuridica europea, il pensiero di Isidoro da Siviglia costituisce un'eredità determinante quanto agli sviluppi delle dottrine giuridiche in tema di *ius gentium*. Due dei dodici canoni della *distinctio prima* del *Decretum* di Graziano – tutti, come è noto, estratti dalle *Etymologie* isidoriane – sono direttamente rilevanti per il tema in questione.

Nel passo raccolto in D.1 c.9, sotto la rubrica *Quid sit ius gentium*, Graziano ricorre a Isidoro per introdurre il concetto di *ius gentium* attraverso l'enumerazione di una serie di istituti che da esso discendono, fra i quali sono compresi, per quanto più direttamente riguarda il nostro tema, i *federa pacis* e le *induciae* (tregue):

> Ius gentium est sedium occupatio, edificatio, munitio, bella, captivitates, servitutes, postliminia, federa pacis, induciae, legatorum non violandorum religio, conubia inter alienigenas prohibita. § 1. Hoc inde ius gentium appellatur, quia eo iure omnes fere gentes utuntur[2].

---

[2] D.1 c.9. Cfr. Etymologiae, Liber 5.6, Quid sit ius gentium, 1. I passi citati sono tratti da ISIDORI HISPALENSIS Etymologiarum sive Originum libri XX, recognovit brevique adnotatione critica instruxit W.M. LINDSAY, I-II, Oxonii 1911, pagine non numerate. Il pensiero isidoriano, in particolare la sua definizione di ius gentium, ha avuto un significato determinante nello sviluppo storico delle tematiche internazionalistiche. Mi limito a segnalare alcuni contributi di autori più recenti, attraverso i quali si può risalire alla letteratura più antica: K.-H. ZIEGLER, Die römische Grundlagen des europäischen Völkerrechts, in: Ius Commune 4 (1972), p. 1-27 (5 s.); ID., The Influence of Medieval Roman Law on Peace Treaties, in: R. LESAFFER (ed.), Peace Treaties and International Law in European History. From the Late Middle Ages to World War One, Cambridge 2004, p. 147-161 (in particolare 147); A. THIER, Historische Semantiken von ius gentium und "Völkerrecht", in: T. ALTWICKER – F. CHENEVAL – O. DIGGELMANN (edd.),

Nel successivo canone (D.1 c.10) il *foederis faciendi nexus* è poi ricompreso tra gli istituti del *ius militare*[3].

Questi dati testuali condizioneranno non solo l'esegesi dei canonisti, ma anche gli sviluppi tematici connessi con il concetto di *ius gentium*. Prima di esaminare il pensiero degli interpreti del *Decretum*, mi sembra opportuno ricomporre il sistema concettuale nel quale Isidoro aveva inserito il tema dei *foedera pacis*, sottolineando che le sue *Etymologie* furono uno dei libri più letti nel Medioevo, e che gli insegnamenti del vescovo di Siviglia, a prescindere da quanto fu raccolto da Graziano, contribuirono a fissare un'amplissima serie di cognizioni e convinzioni comuni alla cultura medievale.

Il senso dell'appartenenza dei *foedera pacis* agli istituti del *ius gentium* si comprende se scindiamo l'espressione nelle sue componenti, cioè *foedus* e *pax*, e se ampliamo lo sguardo sugli ulteriori concetti ai quali le due parole rimandano, cioè *fides* e *pactum*. È agevole notare che nella prospettiva isidoriana vi è una perfetta circolarità tra i concetti di *pactum* e *pax*, *foedus* e *fides*, nel senso che i termini e le realtà da essi rappresentate si richiamano l'uno con l'altro in una relazione come di causa ed effetto.

Völkerrechtsphilosophie der Frühaufklärung (Politika 12), Tübingen 2015, p. 29-47 (in particolare 33). Sulla relazione della definizione isidoriana con le fonti romanistiche si è soffermato L. WINKEL, The Peace Treaties of Westphalia as an Instance of the Reception of Roman Law, nel citato volume: Peace Treaties and International Law in European History, p. 222-237 (in particolare 226 s.), che ricorda, fra l'altro, i lavori di A. D'ORS, En torno a la definición Isidoriana del "ius gentium", in: Derecho de gentes y organización internacional, I, Santiago de Compostela 1956, p. 11-40 e di J. DE CHURRUCA, La definición Isidoriana de ius gentium, in: Estudios de Deusto 30 (1982), p. 71-95. Cfr. anche G. VISMARA, Problemi storici e istituti giuridici della guerra altomedievale (1968), ora in ID., Scritti di storia giuridica. VII. Comunità e diritto internazionale, Milano 1989, p. 475-537 (489 s.); P. HAGGENMACHER, Grotius et la doctrine de la guerre juste (Publications de l'Institut universitaire de hautes études internationales, Genève), Paris 1983, 320-324 e R. DOMINGO, The New Global Law (ASIL Studies in International Legal Theory), Cambridge 2010, p. 9-11. Un ampio profilo intellettuale di Isidoro da Siviglia è tracciato nella monografia di J. FONTAINE, Isidore de Seville et la culture classique dans l'Espagne wisigotique, I-III, Paris 1983², che però si interessa al diritto solo per pochi cenni a p. 259.

3 D.1 c.10, Quid sit ius militare: "Ius militare est belli inferendi solempnitates, federis faciendi nexus, signo dato egressio in hostem vel commissio; item signo dato receptio; item flagitii militaris disciplina, si locus deseratur; item stipendiorum modus, dignitatum gradus, premiorum honor, ueluti cum corona vel torques donantur; item predae decisio, et pro personarum qualitatibus et laboribus iusta diuisio, ac principis porcio". Cfr. Etymologiae, Liber 5.7, Quid sit ius militare, 1-2.

Parlando degli *instrumenta legalia*, Isidoro concepisce il *pactum* come una scrittura redatta tra parti che hanno concluso un accordo di pace, ricollegando alla *pax* l'etimologia del termine *pactum*:

> Pactum dicitur inter partes ex pace conveniens scriptura, legibus ac moribus comprobata; et dictum pactum, quasi ex pace factum[4].

Nel contesto di un discorso tra i *genera bellorum*[5] Isidoro ribalta la genesi dei concetti, poiché riconduce l'origine del termine *pax* al *pactum*, accostando a quest'ultimo il vocabolo *foedus*. La *pax* è propriamente l'effetto di un *foedus*:

> Pacis vocabulum videtur a pacto sumptum. Posterius autem pax accipitur, foedus primum initur[6].

Il *foedus* – in questo contesto il *foedus pacis* – consiste nella pace stabilita tra le parti confliggenti, e la parola, secondo Isidoro, può avere una duplice origine, rimandando alla *fides* oppure ai sacerdoti *fetiales* romani:

> Foedus est pax quae fit inter dimicantes, vel a fide, vel a fetialibus, id est sacerdotibus, dictum. Per ipsos enim fiebant foedera, sicut per saeculares bella[7].

Secondaria rimane nel discorso isidoriano una ulteriore etimologia di *foedus*, riferita alla scrofa uccisa in modo orribile (*foede*) e crudele, a significare la fine auspicata per colui che fosse venuto meno alla pace convenuta:

> Alii foedera dicta putant a porca foede et crudeliter occisa, cuius mors optabatur ei qui a pace resilisset[8].

---

4 Etymologiae, Liber 5.24, De instrumentis legalibus, 18. La definizione isidoriana fu ripresa nel Liber Extra di Gregorio IX, al titolo de verborum significatione (X.5.40.11). Cfr. sotto, nota 50 e relativo testo.

5 Etymologiae, Liber 18.1, De bellis, 2: "Quattuor autem sunt genera bellorum: id est iustum, iniustum, civile, et plus quam civile. Iustum bellum est quod ex praedicto geritur de rebus repetitis aut propulsandorum hostium causa. Iniustum bellum est quod de furore, non de legitima ratione initur [...]". Sulle quattro categorie isidoriane v. Vismara, 'Problemi storici e istituti giuridici della guerra altomedievale' 502 s.; sul pensiero degli autori tardoantichi e altomedievali cfr. anche A. PADOA-SCHIOPPA, Profili del diritto internazionale nell'alto medioevo, in: Le relazioni internazionali nell'alto medioevo, Spoleto, 8-12 aprile 2010 (Atti delle Settimane 58), Spoleto 2011, p. 1-78 (10-20).

6 Etymologiae, Liber 18.1, De bellis, 11.

7 Etymologiae, Liber 18.1, De bellis, 11.

8 Etymologiae, Liber 18.1, De bellis, 11.

Entro la categoria dei *foedera* Isidoro collocava anche le tregue (*indutiae*):

> Foederis partes indutiae: et dictae indutiae quasi in dies otia[9].

La connessione tra i *foedera*, la *pax* e i *pacta* assume una significativa pregnanza teologica in un capitolo *de religione et fide* delle *Etymolgiae*. Nel descrivere le tre virtù teologali[10], Isidoro così si esprime sulla *fides*:

> Proprie autem nomen fidei inde est dictum, si omnino fiat quod dictum est aut promissum. Et inde fides vocata, ab eo quod fit illud quod inter utrosque placitum est, quasi inter Deum et hominem; hinc et foedus[11].

La *fides*, in tale contesto teologico, rappresenta l'osservanza del vincolo stretto fra due soggetti, Dio e la persona umana, in ciò risolvendosi nell'alleanza (*foedus*) tra Dio e il suo Popolo. E qui il cerchio si chiude, a significare quale alto concetto Isidoro avesse dei *foedera pacis*: la *fides* che scaturisce dagli accordi di pace è, o meglio deve essere, un riflesso della *fides* indefettibile che caratterizza l'alleanza (*foedus*) tra Dio e il suo Popolo[12]. Queste conclusioni, che scaturiscono dal

---

9 Etymologiae, Liber 18.1, De bellis, 11.

10 Etymologiae, Liber 8.2, de religione et fide, 3: "Tria sunt autem quae in religionis cultu ad colendum Deum in hominibus perquiruntur, id est fides, spes, caritas. In fide, quid credendum; in spe, quid sperandum; in caritate, quid sit amandum".

11 Etymologiae, Liber 8.2.4. S. DUSIL, Fides als normatives Konzept in Kanonessammlungen, in: Das Mittelalter 20.2 (2015), p. 251-265, offre un rapido panorama sui contesti di utilizzazione del concetto di fides nelle collezioni canoniche, con particolare riferimento al diritto matrimoniale.

12 La dimensione religiosa della *fides*, che in Isidoro è collocata nel quadro della concezione cristiana della vita, affonda le radici nel mondo antico. Un classico affresco su questo tema è offerto da D. NÖRR, Die *fides* im römischen Völkerrecht (Juristische Studiengesellschaft Karlsruhe, Schriftenreihe, Heft 191), Heidelberg 1991, che in premessa (p. 6) individua tre nuclei di rilevanza della *fides*: protezione di clienti, dipendenti e sottoposti, osservanza delle norme del *ius gentium* (si riferisce in particolare al *ius legatorum*), osservanza della parola data nei patti internazionali o nei giuramenti. A proposito di quest'ultimo aspetto l'Autore richiama due incisivi passi del *de officiis* di Cicerone che avrebbero avuto larga eco nel mondo medievale e moderno: "Fundamentum autem est iustitiae fides, id est dictorum conventorumque constantia et veritas" (1.23); "Est autem ius etiam bellicum fidesque iuris iurandi saepe cum hoste servanda" (3.107). Ricordo con gratitudine il Maestro monacense recentemente scomparso (2017), che nel 1994 mi accolse con generosità nel Leopold-Wenger-Institut dell'Università di München. Sul tema è rilevante anche lo studio di L. LOMBARDI, Dalla *fides* alla *bona fides* (Collana della Fondazione G. Castelli 28), Milano 1961, in particolare p. 104-131 sulla *fides* come promessa e p. 121-127 sul nesso *fides-foedus* nelle fonti romane. Sul tema v. anche S. PULIATTI, Incontri e scontri. Sulla disciplina giuridica dei rapporti internazionali in età tardo-antica, in: Le relazioni internazionali nell'alto

complesso dei rimandi interni alle *Etymologiae*, trovarono un'eco più o meno esplicita nel discorso dei decretisti, contribuendo alla formazione delle loro convinzioni relative ai *foedera pacis*, alla loro costituzione e ai loro effetti.

La rappresentazione isidoriana del *ius gentium*, come abbiamo visto, si risolve nell'enumerazione di una serie di istituti in esso ricompresi, e nella considerazione che questo diritto è detto delle genti perché quasi tutti i popoli ("omnes fere gentes") ne sono partecipi[13]. È una comune opinione degli interpreti del *Decretum* che così Isidoro non abbia voluto definire il *ius gentium*, ma ne abbia enumerato alcuni "effetti", cioè alcune istituzioni che da esso discendono. È sufficiente richiamare le parole di Uguccione:

> *Ius gentium est sedium occupatio*: scilicet cum supra diximus de iure naturali, nullum eorum que sequuntur est ius gentium, set est effectus eius et ab eo descendit. Unde et quodlibet tale dicitur esse de iure gentium, quia ius gentium talia instituit et secundum ipsum talia fiunt[14].

I giuristi medievali, in effetti, ricavavano la definizione del concetto di *ius gentium* da un più ampio quadro di fonti in cui le *auctoritates* isidoriane si collegavano ai testi giustinianei e con queste si completavano. Alle soglie del Digesto un frammento di Ermogeniano offriva una enumerazione delle istituzioni del *ius gentium* solo parzialmente coincidente con quella isidoriana: cominciava con le guerre (*bella*) ma, per esempio, non comprendeva i *foedera pacis*[15]. Soprattutto era

---

medioevo, Spoleto, 8-12 aprile 2010 (Atti delle Settimane 58), Spoleto 2011, p. 109-155 (150).

13 Questa limitazione espressa da Isidoro rispetto alla sua fonte materiale (Gaio, v. sotto, nota 16 e relativo testo) è spiegabile perché là dove il giureconsulto romano prendeva in considerazione le istituzioni giuridiche comuni alle civiltà mediterranee, Isidoro aveva ampliato lo sguardo verso il mondo barbarico: cfr. WINKEL, The Peace Treaties of Westphalia as an Instance of the Reception of Roman Law, p. 27; PADOA-SCHIOPPA, Profili del diritto internazionale nell'alto medioevo, p. 17. Questa probabilmente era la spiegazione che si era dato un ignoto lettore del *Decretum*, il quale poco dopo la metà del secolo XII glossava la parola *fere* con "propter scotos" (Köln, Erzbischöfliche Diözesan- und Dombibliothek, ms. 127, fol. 9va, glossa interlineare a D.1 c.9). Forse l'ignoto lettore voleva prendersi gioco di qualche scozzese a lui noto, o forse voleva semplicemente sottolineare scherzosamente che nella storia dell'umanità la luce della *naturalis ratio* brilla presso le diverse *gentes* del mondo ora in modo più intenso ora in modo più fioco.

14 O. PREROVSKÝ (ed.), adlaborante Istituto Storico della Facoltà di Diritto Canonico della Pontificia Università Salesiana, HUGUCCIO PISANUS, Summa Decretorum. Tom. I. Distinctiones I-XX (Monumenta Iuris Canonici, Series A: Corpus Glossatorum, 6), Città del Vaticano 2006, p. 47, ad D.1 c.9.

15 D.1.1.5, Hermogenianus libro primo iuris epitomarum: "Ex hoc iure gentium introducta bella, discretae gentes, regna condita, dominia distincta, agris termini positi, aedificia

stato determinante l'apporto concettuale di Gaio, che aveva ravvisato l'origine del *ius gentium* in ciò che la "ragione naturale" detta presso tutti gli uomini e tutti i popoli:

> quod vero naturalis ratio inter omnes homines constituit, id apud omnes peraeque custoditur vocaturque ius gentium, quasi quo iure omnes gentes utuntur[16].

Dall'individuazione della *naturalis ratio*[17] quale fonte del *ius gentium* scaturiva la problematica relazione col *ius naturale*, la cui interpretazione impegnò generazioni di giuristi alla ricerca dei non limpidi confini tra le due *species iuris*[18]. Non è mio compito entrare nei dettagli: sia sufficiente ricordare che Tommaso d'Aquino avrebbe proposto un coerente inquadramento teorico nel quale le norme del *ius gentium* sono dette derivare dalla legge naturale come *conclusiones ex principiis*[19].

---

collocata, commercium, emptiones venditiones, locationes conductiones, obligationes institutae: exceptis quibusdam quae iure civili introductae sunt".

16 D.1.1.9, Gaius libro primo institutionum; la definizione è testualmente ripetuta in Institutiones 1.2, de iure naturali gentium et civili, con l'aggiunta di "populos" prima di "peraeque".

17 Sul concetto di *naturalis ratio* nell'antichità greco-romana e in particolare nelle fonti giuridiche v. P. STEIN, The Development of the Notion of Naturalis Ratio, in: A. WATSON (ed.), Daube Noster. Essays in Legal History for David Daube, Edimburgh – London 1974, p. 305-315, il quale ha mostrato che l'espressione oscilla tra un significato oggettivo (la natura delle cose, i fatti della vita), e uno soggettivo (ragione comune al genere umano, "senso comune").

18 Sul tema v. E. CORTESE, La norma giuridica. Spunti teorici nel diritto comune classico, I-II (Ius Nostrum 6.1-2), Milano 1962-1964, I p. 71-90, che alle p. 72 s. incisivamente nota che la derivazione del *ius gentium* dalla *naturalis ratio* "rischiava di dissolvere la distinzione fra le categorie del *ius gentium* e del *ius naturale*: ed è possibile che proprio al passo gaiano la scienza medievale vada debitrice delle sue incertezze, figlie, d'altronde, di quelle ch'ebbe anche l'epoca romana"; cfr anche THIER, Historische Semantiken von ius gentium, p. 31-38. Sul tema sono fondamentali le ricerche di R. WEIGAND, Die Naturrechtslehre der Legisten und Dekretisten von Irnerius bis Accursius und von Gratian bis Johannes Teutonicus (Münchener Theologische Studien III. Kanonistische Abteilung 26), München 1967.

19 TOMMASO D'AQUINO, Summa theologiae, I^{a}-IIae q. 95 a. 4 co.: "Nam ad ius gentium pertinent ea quae derivantur ex lege naturae sicut conclusiones ex principiis, ut iustae emptiones, venditiones, et alia huiusmodi, sine quibus homines ad invicem convivere non possent; quod est de lege naturae, quia homo est naturaliter animal sociale [...]". Le citazioni dalla Summa theologiae sono tratte dal sito www.corpusthomisticum.org: Textum Leoninum Romae 1895 editum ac automato translatum a ROBERTO BUSA SJ in taenias magneticas denuo recognovit ENRIQUE ALARCÓN atque instruxit. Sulla recezione della dottrina di Tommaso nel pensiero canonistico, con particolare riferimento al concetto di *ius gentium*, rinvio al mio studio su La dottrina delle fonti del diritto nel Commentario del Panormitano sulla Distinctio prima del Decretum, in: Zeitschrift der Savigny-Stiftung für Rechtsgeschichte, Kanonistische Abteilung 91 (2005), p. 299-354 (in particolare 318).

Il mancato approfondimento teorico di Isidoro da Siviglia, tuttavia, può essere letto come espressione di un "realismo" giuridico che, prima ancora che guardare alla definizione concettuale di cosa sia il diritto, guarda alle sue oggettive manifestazioni nelle *res iustae*. Non è inutile ricordare qui che di diritto come *obiectum iustitiae* e *ipsa res iusta* avrebbe parlato Tommaso d'Aquino prendendo le mosse proprio da una definizione di Isidoro che più avanti riferirò[20]. Mi sembra, in sostanza, che i canonisti medievali si siano resi conto che il passo di Isidoro non conteneva una mera enumerazione di puri e semplici fatti della vita – come la guerra, la schiavitù, i patti di pace, l'immunità dei legati, etc. –, ma enunciava fatti che nella rappresentazione del vescovo di Siviglia erano dotati di una intrinseca dimensione di giustizia che ne definiva i caratteri. D'altro canto era stato lo stesso Isidoro ad affermare, in un altro passo riportato da Graziano (D.1 c.2), che

> ius autem est dictum, quia iustum est[21].

Questa prospettiva emerge con evidenza dalle laconiche glosse ricorrentemente apposte alla parola *bella*. L'aggettivo *iusta* rende esplicita l'ottica degli interpreti[22]. La guerra che Isidoro aveva indicato quale istituto del *ius gentium* è solo la "guerra giusta", cioè quella condotta per respingere la violenza ingiustamente subita[23]. In

---

20 TOMMASO D'AQUINO, Summa theologiae, IIª-IIae q. 57 a. 1 arg. 1: "Ad primum sic proceditur. Videtur quod ius non sit obiectum iustitiae [...]"; IIª-IIae q. 57 a. 1 s. c.: "Sed contra est quod Isidorus dicit, in eodem, quod ius dictum est quia est iustum. Sed iustum est obiectum iustitiae [...]"; IIª-IIae q. 57 a. 1 ad 1: "Ad primum ergo dicendum quod consuetum est quod nomina a sui prima impositione detorqueantur ad alia significanda [...]. Ita etiam hoc nomen ius primo impositum est ad significandum ipsam rem iustam; postmodum autem derivatum est ad artem qua cognoscitur quid sit iustum; et ulterius ad significandum locum in quo ius redditur, sicut dicitur aliquis comparere in iure; et ulterius dicitur etiam ius quod redditur ab eo ad cuius officium pertinet iustitiam facere, licet etiam id quod decernit sit iniquum". Per uno studio del pensiero di Tommaso d'Aquino nella prospettiva del realismo giuridico v. J.-P. SCHOUPPE, Le réalisme juridique, Bruxelles 1987, 20-57. Sulle relazioni tra Isidoro e Tommaso d'Aquino mi sono soffermato in altro contesto di indagini: O. CONDORELLI, Il contributo della prospettiva realistica alla scienza giuridica contemporanea. A proposito del "Corso fondamentale sul diritto della Chiesa" di Carlos José Errázuriz M., in: Ius Ecclesiae 30.2 (2018), p. 675-692.

21 Etymologiae, Lib. V, 3, 1: "Ius autem dictum, quia iustum [est]".

22 Un esempio fra i tanti è la glossa interlineare a D.1 c.9, v. *bella* che si legge nel ms. Köln, Erzbischöfliche Diözesan- und Dombibliothek, 127, fol. 9va: "iusta". Ugualmente in UGUCCIONE, Summa in D.1 c.9, v. *bella*: "iusta" (ed. cit., p. 48).

23 Come per esempio afferma il Maestro ONORIO. R. WEIGAND – P. LANDAU – W. KOZUR adlaborantibus S. HAERING – K. MIETHANER-VENT – M. PETZOLT (edd.), MAGISTRI HONORII Summa 'De iure canonico tractaturus', I (Monumenta Iuris Canonici, Series A:

questo quadro di consapevolezze, anche i *foedera pacis* non sono semplici accordi di pace, ma accordi che hanno una loro connaturata e giusta obbligatorietà in forza del *foedus* o *pactum* da cui sono stati generati.

Per questa ragione la menzione dei *foedera pacis* in D.1 c.9 induce l'autore della *Summa Lipsiensis* ad affermare che la *fides*, quando sia stata promessa, deve essere osservata anche verso il nemico:

> fides enim hosti servanda est cum promittitur, XXIII q.I Noli (C.23 q.1 c.3)[24].

Al vincolo creato dal *foedus* aveva fatto riferimento lo stesso Isidoro, qualificandolo come *nexus* nel contesto della descrizione del *ius militare*. Come conclude Uguccione, è il vincolo che scaturisce dal patto o accordo di pace:

> *federis faciendi*: id est pacti vel pacis componende[25].

Nelle valutazioni dei giuristi sui vincoli generati dai *foedera pacis*, assunse un ruolo determinante un altro testo che Graziano aveva collocato in un contesto differente da quello appena analizzato. Si tratta di un frammento di un lunghissimo canone promulgato nell'ottavo concilio di Toledo (653) – nel quale è celebrata la memoria del vescovo Isidoro – che Graziano aveva posto all'inizio della C.22 q.1[26]. Nella *quaestio* Graziano discute il problema della liceità del

---

Corpus Glossatorum 5), Città del Vaticano 2004, p. 12, ad D.1 c.9, v. *bella*: "iusta scilicet in repellendo illata; prima enim vis iniuria est. Secunda idest iniurie propulsio est ius gentium, vel quoddam est principium iuris [...]".

24 R. WEIGAND – P. LANDAU – W. KOZUR adlaborantibus S. HAERING – K. MIETHANER-VENT – M. PETZOLT (edd.), Summa 'Omnis qui iuste iudicat' sive Lipsiensis, I (Monumenta Iuris Canonici, Series A: Corpus Glossatorum 7), Città del Vaticano 2007, p. 14, ad D.1 c.9, v. *pacis*. Il principio è applicato non solo alla pace, ma anche alla tregua; cfr. per esempio UGUCCIONE, Summa in D.1 c.9, v. *indutiae* (ed. cit., p. 50): "id est treuge, etiam hosti servande, ut dist. XXIII q.I Noli".

25 UGUCCIONE, Summa in D.1 c.10 (ed. cit., p. 52).

26 Come accennato, il frammento grazianeo è tratto dal secondo lunghissimo canone nel quale il concilio decise una spinosissima questione sottoposta dal re Recesvindo. Il frammento non riporta la conclusione della decisione, ma solo uno dei tanti argomenti che attengono alla forza del giuramento e alle occasioni in cui sia possibile od opportuno giurare. Recesvindo aveva sottoposto al concilio la questione se fosse possibile, in via di misericordia, derogare al terribile giuramento col quale, al tempo del padre Chindasvindo e per suo volere, tutto il popolo si era impegnato a che fosse inflitta una pena atrocissima a coloro che avessero macchinato o agito a danno della persona del re o della patria (con riferimento alle pene stabilite in Lex Visigothorum II.1.8, De his, qui contra principem vel gentem aut patriam refugi sive insulentes existunt). Il concilio stabilì che era lecito o addirittura doveroso non osservare tale giuramento. Il testo completo si può leggere in: G.

giuramento, e il breve frammento è prescelto per dimostrare che, secondo la tradizione e l'autorità della Chiesa, il giuramento talvolta può essere prestato lecitamente e senza peccato[27]. Il frammento selezionato da Graziano indicava quattro casi, ma la rubrica ne individua uno solo, il primo, che è quello che a noi interessa:

> *Iuramentum pro federe pacis est faciendum.* Omne, quod in federa pacis venit, tunc solidius subsistit, cum iuramenti hoc interpositio roborat [...][28].

Nel *dictum* che precede il canone Graziano aveva bene evidenziato che in questo caso il giuramento è prestato "ad federa pacis confirmanda", cioè per conferire maggiore solidità a un vincolo nascente dal patto attraverso un ulteriore vincolo che le parti stipulanti contraggono con Dio. Si tratta di un caso di giuramento che la scienza giuridica avrebbe qualificato come accessorio e confirmatorio: un

---

MARTINEZ DIEZ – F. RODRIGUEZ (edd.), La Colección canónica Hispana. V. Concilios hispanos. Segunda parte (Monumenta Hispaniae sacra. Serie canónica 5), Madrid 1992, p. 386-412. Nel canone sono anche richiamati, e assumono carattere decisivo, alcuni passi di Isidoro da Siviglia, il quale è ricordato con queste parole: "Nostri quoque seculi doctor egregius, ecclesiae catholicae novissimum decus, praecedentibus aetate postremus, doctrinae comparatione non infimus, et, quod maius est, in seculorum fine doctissimus atque cum reverentia nominandus Isidorus [...]" (p. 411). Sulla storia di questo concilio e della questione ivi decisa v. J. ORLANDIS – D. RAMOS-LISSON, Die Synoden auf der Iberischen Halbinsel bis zum Einbruch des Islam (711) (Konziliengeschichte. Reihe A, Darstellungen), Paderborn 1981, p. 204-208.

27 GRAZIANO, dictum ante C.22 q.1: "Quod iuramentum prestandum non sit, auctoritate scripturae canonicae probatur. Ait enim Christus in euangelio apostolis: 'Sit sermo uester: Est est, non non; quod autem amplius est a malo est'. Item Iacobus in epistola: 'Ante omnia, fratres mei, nolite iurare omnino'. Utraque auctoritate iuramentum prohibemur prestare. Sed aliud est ad iurandum sponte accedere, aliud uel ad asserendam innocentiam suam, uel ad federa pacis confirmanda, uel ad persuadendum auditoribus, quando pigri sunt credere quod eis utile est, iuramentum offerre. Primum prohibetur, secundum conceditur. Non enim iurare omnino peccatum est. Unde in Tolletano Concilio VIII. legitur [...]". Su questo punto il pensiero di Graziano appare già così definitivamente formato anche nei manoscritti che testimoniano la "prima recensione" del Decretum. Cfr. Decretum Gratiani, First recension, edition in progress, ed. A. WINROTH, 9/25/2018, consultata sul sito http://gratian.org/

28 C.22 q.1 c.1. Il testo continua così: "[...] Sed et omne, quod amicorum animos conciliat, tunc fidelius durat, cum eos sacramenti uincula ligant. Omne enim, quod testis adstipulatur, uerius constat, cum id iurationis adiectio affirmat. Quod et si testis deficiat, innocentis fidem sola iurisiurandi taxatio manifestat".

giuramento, insomma, che presuppone e rafforza un vincolo preesistente[29]. Nelle parole di Rufino:

> Quattuor casus assignantur in presenti decreto. Primo est de discordantibus: qui cum reconciliantur, hinc inde sacramenta sunt prestanda, ut inter eos pax solidior firmiorque servetur[30].

Qui è opportuno sottolineare che al tempo dell'ottavo concilio di Toledo, come a quello di Graziano e dei decretisti, il *foedus pacis* è individuato come un importatissimo momento della convivenza umana, la *reconciliatio* dei *discordantes*, che merita di essere suggellato dal giuramento[31], e che in questo caso il giuramento non si pone in contrasto con gli insegnamenti neotestamentari, ma anzi "deve essere prestato". Tanto che l'autore della *Summa Coloniensis* poteva affermare che

> licet enim pro necessaria causa iurare [...] 'vel ad federa pacis firmanda'[32].

---

29 Sulla diffusione della pratica del giuramento a conferma di atti negoziali si vedano O. CONDORELLI, Alcuni casi di giuramento confirmatorio in materia di dote e di diritti successori. Contributo alla storia dell'"utrumque ius" (secoli XII-XV), in: O. CONDORELLI (ed.), "Panta rei". Studi dedicati a Manlio Bellomo, Roma 2004, I p. 491-565; ID., Il testamento confermato dal giuramento tra diritto canonico e diritto civile, in O. CONDORELLI – F. ROUMY – M. SCHMOECKEL (edd.), Der Einfluss der Kanonistik auf die europäische Rechtskultur. I. Zivil- und Zivilprozessrecht (Norm und Struktur 37.1), Köln – Weimar – Wien 2009, p. 311-336; e A. FIORI, Il giuramento come strumento di risoluzione dei conflitti tra medioevo ed età moderna, in: Rivista Internazionale di Diritto Comune 28 (2017), p. 141-158.

30 H. SINGER (ed.), Die Summa Decretorum des magister Rufinus, Paderborn 1902, p. 391, ad C.22 q.1 c.1. Rufino è quasi testualmente seguito da UGUCCIONE, Summa in C.22 q.1 c.1, c. Omne (München, Bayerische Staatsbibliothek, Clm 10274, fol. 218vb): "Quattuor casus hic assignantur. Primus est de discordantibus, qui cum reconciliantur, hinc et inde iuramenta prestantur, ut inter eos firmior pax servetur...".

31 Sarebbe impossibile documentare in questa sede la prassi di confermare col giuramento i trattati internazionali. L'importanza di questo tema è opportunamente sottolineata e brevemente documentata, con testimonianze che vanno dall'età antica al basso medioevo, da ZIEGLER, The Influence of Medieval Roman Law on Peace Treaties, p. 148-150; sul tema v. anche PADOA-SCHIOPPA, Profili del diritto internazionale nell'alto medioevo, p. 51 s.

32 G. FRANSEN – S. KUTTNER (edd.), Summa 'Elegantius in iure divino' seu Coloniensis (Monumenta Iuris Canonici, Series A: Corpus Glossatorum 1, tomo III), Città del Vaticano 1986, Pars duodecima, cap. 32, an iuratoria assertione utendum sit, p. 184.

3. L'eredità di Agostino: dal principio fides hosti servanda alla regola *frangenti fidem, fides frangatur eidem*

L'idea isidoriana della obbligatorietà e della sacertà dei *foedera pacis* si salda, nel pensiero dei decretisti, con l'*auctoritas* di Agostino, che per altre vie aveva consegnato agli interpreti un principio che valeva a precisare gli effetti del *nexus* nascente dal *foedus*. Il contesto è quello dei frammenti raccolti da Graziano nella C.23, a partire dai quali i giuristi elaborarono le dottrine sul *bellum iustum* o *iniustum*[33]. In un passo della *Epistola a Bonifacio* il Padre di Ippona aveva espresso il principio che la *fides* deve essere rispettata sia verso il nemico che verso l'amico:

> fides enim, quando promittitur, etiam hosti servanda est, contra quem bellum geritur; quanto magis amico, pro quo pugnatur?[34]

Dove l'*amicus* in favore di cui si combatte – secondo Agostino – è Dio, come accade quando la guerra sia condotta al fine di resistere all'altrui violenza e restaurare la pace:

---

33 Sulla dottrina medievale del *bellum iustum* la letteratura è molto estesa. Si può rinviare a F.H. RUSSELL, The Just War in the Middle Ages (Cambridge Studies in Medieval Life and Thought), Cambridge 1975); P. BELLINI, Il gladio bellico. Il tema della guerra nella riflessione canonistica della età classica, Torino 1989; L. BUSSI, Il problema della guerra nella prima civilistica, in: D. MAFFEI (scritti promossi da), I. BIROCCHI – M. CARAVALE – E. CONTE – U. PETRONIO (edd.), A Ennio Cortese, I, Roma 2001, p. 117-151; A.A. CASSI, Dalla santità alla criminalità della guerra. Morfologie storico-giuridiche del bellum iustum, in: A. CALORE (ed.), Seminari di storia del diritto. III. "Guerra giusta?". La metamorfosi di un concetto antico (Collana del Dipartimento di Scienze Giuridiche dell'Università degli Studi di Brescia), Milano 2003, p. 101-158; K.-H. ZIEGLER, Zum "gerechten Krieg" im späteren Mittelalter und in der Frühen Neuzeit - vom Decretum Gratiani bis zu Hugo Grotius, in: Zeitschrift der Savigny-Stiftung für Rechtsgeschichte, Romanistische Abteilung 122 (2005), p. 177-194. Nel citato volume di HAGGENMACHER, Grotius et la doctrine de la guerre juste, la dottrina medievale è ampiamente esaminata quale premessa dell'analisi del pensiero di Grozio.

34 C.23 q.1 c.3: In bellicis armis multi Deo placere possunt. Item eiusdem ad Bonifatium (ep. 189 n. 4, anno 417) (il canone è presente anche nei manoscritti che testimoniano la "prima recensione" del Decretum. Cfr. Decretum Gratiani, First recension, edition in progress, ed. A. WINROTH, 9/25/2018, consultata sul sito http://gratian.org/). In queste parole di Agostino si può verosimilmente udire l'eco di Cicerone, de officiis 3.107 (cf. sopra, nota 12), sebbene le due affermazioni non siano perfettamente sovrapponibili. Secondo PULIATTI, Incontri e scontri. Sulla disciplina giuridica dei rapporti internazionali, p. 149, qui vi è un "richiamo volontario alla dottrina di Cicerone". Per una equilibrata lettura del pensiero agostiniano in tema di *bellum iustum* v. A.A. CASSI, La Giustizia in Sant'Agostino. Itinerari agostiniani del quartus fluvius dell'Eden, Milano 2013, p. 89-102.

non enim pax queritur, ut bellum exerceatur, sed bellum geritur, ut pax acquiratur.

Da ciò scaturisce l'esortazione agostiniana a che il belligerante sia *bellando pacificus*, in modo da aspirare alla realizzazione dell'insegnamento di Cristo: "beati pacifici quoniam filii Dei vocabuntur" (Matteo 5.9).

Come più sopra abbiamo notato in un breve passo della *Summa Lipsiensis*, ai decretisti non sfugge il nesso tra l'insegnamento isidoriano e il principio enunciato da Agostino. Il rispetto della *fides* è individuato come un principio cardinale che dispiega i suoi effetti sia nella fase delle ostilità (*ius in bello*), che nella successiva fase della pace stabilita attraverso il *foedus*. Il principio dell'osservanza degli impegni reciprocamente promessi mantiene la sua efficacia anche come limite alla possibilità di usare *in bello* l'inganno o insidie contro i nemici: cosa che i canonisti, sempre sulla scia di Agostino[35], ritengono essere lecita a condizione, appunto, che non sia violata la *fides* promessa[36]. Queste convinzioni sono tanto indiscutibili da essere riproposte con forza anche dal pensiero teologico. Tommaso d'Aquino, per esempio, ritiene che sia assolutamente illecito ingannare gli *hostes* dicendo il falso o non rispettando la promessa data:

sunt enim quaedam iura bellorum et foedera etiam inter ipsos hostes servanda[37];

conclusione che Tommaso enuncia allegando l'autorità di Ambrogio, il quale nel *de officiis* aveva affermato che anche verso i nemici è necessario rispettare la *iustitia in bello*:

Quanta autem iustitia sit ex hoc intellegi potest quod nec locis nec personis nec temporibus excipitur, quae etiam hostibus reseruatur; ut si constitutus sit cum hoste aut locus aut dies

---

35 C.23 q.2 c.2: Nichil interest ad iusticiam, sive aperte sive ex insidiis aliquis pugnet. Item Augustinus in libro questionum (VI., quest. 10).

36 GIOVANNI TEUTONICO, Apparatus in C.23 q.2 c.2, v. *insidiis*, Romae, in aedibus Populi Romani, 1582: "sic ergo per insidias et per dolum possumus licite vincere hostes nostros [...], dum tamen fidem non rumpamus hosti, ut supra eadem q.1 Noli (C.23 q.1 c.3) [...]".

37 TOMMASO D'AQUINO, Summa theologiae, II^{a}-IIae q. 40 a. 3 co.: "Respondeo dicendum quod insidiae ordinantur ad fallendum hostes. Dupliciter autem aliquis potest falli ex facto vel dicto alterius. Uno modo, ex eo quod ei dicitur falsum, vel non servatur promissum. Et istud semper est illicitum. Et hoc modo nullus debet hostes fallere, sunt enim quaedam iura bellorum et foedera etiam inter ipsos hostes servanda, ut Ambrosius dicit, in libro de officiis [...]".

> proelio, aduersus iustitiam putetur aut loco praeuenire aut tempore. [...] Si ergo etiam in bello iustitia ualet, quanto magis in pace seruanda est![38].

La reciprocità dell'obbigo di rispettare la *fides* promessa conduce gli interpreti a individuare una rilevante eccezione al principio *fides hosti servanda.* Con le parole di Giovanni Teutonico:

> hosti ergo fides servanda est [...] quod verum est si ipse nobis servat fidem, alias non tenemur ei servare[39].

Poiché dalla *fides* promessa derivano obbligazioni corrispettive, se una delle due parti viola la *fides*, l'altra non è tenuta a rispettare il proprio obbligo. Giovanni Teutonico – sviluppando uno spunto accennato da Lorenzo Ispano[40] e già presente in autori più antichi[41] – è abile a ricollegare tale conclusione con una rete

---

38 AMBROSIUS MEDIOLANENSIS, De officiis, M. TESTARD (ed.), (Corpus Christianorum Series Latina 15), Turhout 2000, p. 49 s., consultato sul sito web brepolis.net. Anche in Patrologia latina 16.63-64.

39 GIOVANNI TEUTONICO, Apparatus in C.23 q.1 c.3, v. *hosti*: "hosti ergo fides servanda est, ut hic, et 22 q.4 Innocens (C.22 q.4 c.23). Arg. contra 22 q.2 Utilem (C.22 q.2 c.21). Quod verum est si ipse nobis servat fidem, alias non tenemur ei servare, 95 dist. Esto subiectus (D.95 c.7), extra de iureiurando Pervenit (1 Comp.2.17.10 = X.2.24.3), 28 q.1 Si infidelis (C.28 q.1 c.7), ff. locati Quero § inter (D.19.2.54.1), C. de transactionibus l. Cum proponas in fine (C.2.3.21). Arg. contra 11 q.3 Inter verba in fine (C.11 q.3 c.55) et 33 q.5 Quod Deo (C.33 q.5 c.4)".

40 Al cui insegnamento si deve ricondurre la Glossa Palatina. Cfr. Glossa Palatina in C.23 q.1 c.3, v. *hosti servanda* (Biblioteca Apostolica Vaticana, Reg. lat. 977, fol. 186vb): "nota etiam hosti fidem esse servandam, si ipse servat, alias non, extra I de iureiu(rando) Pervenit (1 Comp.2.17.10) [...]".

41 Cfr. per esempio UGUCCIONE, Summa Decretorum, ad C.23 q.1 c.3, c. Noli (Admont, Stiftsbibliothek, 7, fogli non numerati): "servanda: hoc fecit Iosue Gabaonitis, ut XXII. q. <IV.> Innocens (C.22 q.4 c.23). Sed intellige, fides est servanda, sed servanti fidem, iam fidem non servanti et contra fidem peccanti fides non est servanda, arg. XXVIII q.II (XXII q. ? ms.) Si infidelis (C.28 q.2 c.2), saltem non compellitur quis eam servare, arg. dist. XCV. dist. Esto (D.95 c.7) et XXII. q.V. De forma (C.22 q.5 c.18)". Sebbene Uguccione non abbia commentato per intero le causae 23-27 (solo da C.23 a C.23 q.4 c.33), questa parte appartiene alle sezioni da lui commentate: W.P. MÜLLER, Huguccio. The Life, Works, and Thought of a Twelfth-Century Jurist (Studies in Medieval and Early Modern Canon Law 3), Washington D.C. 1994, p. 75, 78 s. Altre fonti pregiovannee che enunciano questo principio sono edite da P. BELLINI, L'obbligazione da promessa con oggetto temporale nel sistema canonistico classico con particolare riferimento ai secoli XII e XIII (Università degli Studi di Roma, Monografie dell'Istituto di Diritto Pubblico della Facoltà di Giurisprudenza, Nuova serie 19), Milano 1964, p. 122 s. e nota 18, 127-129, in particolare p. 141-144 note 36 e 36b. Su questi snodi teorici v. il contributo mirato di F. MERZBACHER, Die Regel "Fidem frangenti fides frangitur" und ihre Anwendung, in: Zeitschrift der Savigny-Stiftung für Rechtsgeschichte, Kanonistische Abteilung 68 (1982), p. 339-362 (in

di *auctoritates*, individuate sia nel *corpus* giustinianeo che tra le fonti canoniche, che concorrono a giustificare la conclusione sopra enunciata. Fra i testi allegati spicca la decretale *Pervenit*, tramandata dalla *Compilatio I* e poi ricompresa nel *Liber Extra*, nella quale il menzionato principio era applicato all'ipotesi di obbligazioni reciproche scaturenti dal giuramento. Nelle obbligazioni con prestazioni corrispettive, in sostanza, vi è una *interpositio conditionis*[42] in forza della quale l'obbligo di una parte sussiste se e in quanto l'altra parte adempia il proprio[43]. Tale principio è enucleato, come accennato, da norme sia civili che canoniche, convergenti nelle conclusioni al punto da favorire la formulazione di una massima sintetizzata in una *regula iuris* del *Liber Sextus*:

> Frustra sibi fidem quis postulat ab eo servari, cui fidem a se praestitam servare recusat[44].

La formalizzazione di questa *regula*, o anche di massime analoghe ma espresse con formule differenti, giunge quando il principio era ormai recepito anche nella prassi. Incidentalmente – e solo come singola testimonianza di un itinerario di ricerca che sarebbe estremamente fruttuoso percorrere – posso ricordare che un esempio si trova nello statuto di Pisa del 1287, al cap. *de pacibus et treugis*, col quale Pisa si impegna a rispettare le paci e le tregue stipulate con altre città a condizione di reciprocità[45].

---

particolare 352-356 sull'utilizzazione della regola nelle questioni internazionalistiche) e, recentemente, A. THIER, Von der gehaltenen und der gebrochenen fides: Zur fides in den Vertragsrechtskonzeptionen der klassischen Kanonistik, in: Das Mittelalter 20/2 (2015), p. 327-343 (338-342).

42 Evinco il concetto dal testo della decretale *Pervenit* (1 Comp.2.17.10 = X.2.24.3) citata da GIOVANNI TEUTONICO, che le fonti sembrano attribuire a Gregorio VII: "Nec tu ei, etiamsi praescriptum promissum tuum iuramento vel fidei obligatione interposita conditione firmasses, aliquatenus teneris, si constat, eum conditioni minime paruisse". Sul tema cfr. anche la relazione di F. ROUMY, Aux origines canoniques de la clausula rebus sic stantibus, in questo volume.

43 Siffatte circostanze costituiscono una giusta causa per venir meno al proprio giuramento, e non a caso RAIMONDO DI PEÑAFORT applica questo principio alla rottura di un patto di pace: "In summa nota, quod non intelligitur peierare, qui ex licita causa deserit iuramentum: verbi gratia, promisimus et firmavimus nobis invicem fidem et pacem, fregisti mihi, non teneor postea servare tibi, extra eod. Pervenit 2 et Sicut 3, et ita non obstat 23 q.1 Noli, ubi dicitur quod etiam hosti servanda est fides promissa: illud enim intelligitur, cum et ipse servat fidem" (S. RAYMUNDI DE PENIAFORT Barcinonensis Ord. Praedicator. De poenitentia et matrimonio, cum glossis Ioannis de Friburgo, Romae, sumtibus Ioannis Tallini, 1603, titolo de iuramento et periurio, p. 95a-b).

44 Liber Sextus, titolo de regulis iuris, 5.[13.]75.

45 La fonte è ricordata da M. ASCHERI, La pace negli statuti dei Comuni toscani: una introduzione, in: V. COLLI – E. CONTE (edd.), Iuris Historia. Liber Amicorum Gero

La *regula* formalizzata nel *Liber Sextus*, secondo la costante opinione dei giuristi, dispiegava i suoi effetti sia nell'ambito del diritto privato dei contratti che nelle relazioni nascenti dalla *fides* reciprocamente prestata tra *hostes*[46]. L'ambito di efficacia del principio *fides hosti servanda* viene dunque limitato da un ulteriore principio che, nella felice formula di sintesi enunciata da giuristi quali Cino da Pistoia o Bartolo da Sassoferrato, così suona:

> frangenti fidem, fides frangatur eidem[47].

4. I civilisti e l'eredità di Ulpiano: *pactum*, *fides*, *aequitas naturalis*

Isidoro da Siviglia e Agostino avevano trasmesso ai giuristi medievali alcune convinzioni maturate nell'evo antico e assorbite e rimodellate dal pensiero cristiano. Più in generale, le connessioni individuate da Isidoro tra *foedus* e *fides*, tra *pactum* e *pax* furono recepite nelle diffusissime opere lessicografiche degli inizi del secondo Millennio, come l'*Elementarium* di Papias (metà secolo XI)[48] e le

---

Dolezalek, Berkeley 2008, p 73-88 (78), e si legge in: A. GHIGNOLI (ed.), I brevi del Comune e del Popolo di Pisa dell'anno 1287 (Fonti per la storia dell'Italia Medievale. Antiquitates, 11), Roma 1998, p. 71, *De pacibus et treugis*: "Paces omnes, treugas et securitates, quas Pisana civitas habet et tenet cum aliqua civitate vel castro aut cum aliquo vel aliquibus hominibus et personis et locis... firmas tenebimus et teneri faciemus... si ab eo vel illis, cum quo vel quibus Pisana civitas ipsam pacem habet, tenebitur [...]".

46 Come dimostrano le parole di GIOVANNI D'ANDREA, Apparatus in VI.5.[13.]75, Romae, in aedibus Populi Romani, 1582: "[...] sed nonne hosti servanda est fides, 22 q.4 Innocens, 23 q.1 Noli? Solve ut ibi notatur et in dicto c. Pervenit (X.2.24.3). Illud enim verum est cum ipse hostis nobis fidem servat, et sic concordat cum hac regula [...]".

47 BARTOLO, Commentaria in C.2.3.21, de pactis, l. Cum proponas (BARTOLUS A SAXOFERRATO in Primam Codicis Partem, Venetiis, Apud Iuntas, 1585, fol. 46vb). Nella medesima fomulazione già Cino da Pistoia, nel commento alla medesima legge.

48 PAPIAS, Elementarium, Venetiis, per Theodorum de Regazonibus, 1491, fogli non numerati. Estraggo alcune definizioni. "Foedus vero foederas (*sic*) pactum vel pax. Unde federare pacificare: fedus componere"; "Foedus est pax quae fit inter dimicantes a fide vel a foetialibus id est sacerdotibus dictum per quos pax fiebat. Alii foedera dicta putant a porca foeda (*sic: recte* foede) et crudeliter occisa: cuius mors optabatur ei qui a pace resclisceret. Quam antiqui tam diu fustibus caedebant quousque deficeret: per quod significabatur si aliquis illud foedus rumperet tali morte afficeretur". "Fides est qua fideliter credimus id quod nequaquam videre valemus: nam credere iam non possumus quod videmus: proprie autem et secundum sonum fides dicta est ut Tullio placet si omnino fiat quod dictum est vel promissum vel placitum inter utrosque, quasi inter deum et hominem. Hinc et foedus". "Pactum inter partes ex pace conveniens scribitur legibus et moribus comprobatum: et dicitur pactum quasi ex pace factum ab eo quod est pango pepigi". "Pax est tranquilla libertas a pacto dicta: posterius vero pax accipitur, foedus primum initur".

Derivationes di Uguccione da Pisa (circa 1160)[49]. Di più, la definizione isidoriana di *pactum*, pur non inclusa nel *Decretum*, riemerse nel *Liber Extra*, collocata da Raimondo di Peñafort nel titolo *de verborum significatione* (X.5.40.11)[50]. Tutti elementi che testimoniano la continuità e la permanenza di consolidate rappresentazioni teoriche[51]. Per questo non siamo sorpresi nel notare che,

---

L'Elementarium fu elaborato tra il 1041 e il 1053 (per alcuni tra il 1053 e il 1063): R. CERVANI, Papias, in: Dizionario Biografico degli Italiani 81, Roma 2014, consultato su www.treccani.it.

49 UGUCCIONE DA PISA, Derivationes, I-II, Edizione critica princeps a cura di E. CECCHINI e G. ARBIZZONI – S. LANCIOTTI – G. NONNI – M.G. SASSI – A. TONTINI (Edizione Nazionale dei Testi Mediolatini, 11, Serie I, 6), Firenze 2004. Estraggo alcune definizioni. Sotto il lemma "[1] Fedo -as, deturpare" (I, p. 421 s.) si legge: "[2] Item a fedus -a -um hoc fedus -eris, id est pactum, pax que fit inter dimicantes. Fuit olim consuetudo quod cum aliqui vellent inire fedus quedam porca sacrificaretur in hunc modum: maior ex ista parte et maior ex illa, sive esset imperator sive alius princeps, tenebant porcam illam et illam percutiebant et turpiter occidebant, quasi sic occidatur ille qui a pace resilierit; unde invenitur 'ictum fedus inter eos'; hinc Dominus (Ezech. 37.26) 'percutiam fedus inter me' et cetera. [3] Vel dicitur fedus a fide; vel dicitur ab hyrco et edo, f littera addita vel potius posita pro h que habetur pro hoc nomine hyrcus, et dicitur fedus sic quia hircus et edus cum porca immolabantur in federe faciendo. [4] Et fedus prevenit pacem; sed federis partes sunt indutie dicte, quasi in dies otia vel quasi inducta otia, sicut supra dictum est; [5] unde hic et hec fetialis et hoc -le, quasi fedialis, id est sacerdos per quem federa fiebant vel qui bella annuntiabat, qui potius dicebatur secularis, unde olim fetiales vocabantur fediales quia per eos federa fiebant sicut per seculares bella; fetialis ergo proprie dicebatur ille qui legatione utebatur pro federe et pace". Sotto il lemma "[1] fio fis fit factus" (I, p. 444) si legge: "[4] Item a fio hec fides -ei, et est fides qua veraciter credimus id quod nequaquam videre valemus. Nam credere iam non possumus quod videmus; et est fides si omnino fiat quod dictum est vel promissum et ideo fides est vocata quia fiat quod dictum est vel promissum vel placitum inter utrosque, quasi inter Deum et hominem [...]". Sotto il lemma "[1] Paciscor -eris" (I, p. 886) si legge: "[4] et pacisci id est pactum facere, amicitiam firmare vel reintegrare. [5] Unde hec pactio -onis, id est conventio, condictio, promissio, et hoc pactum, id est placitum, conventus, scilicet inter partes ex pace conveniens scriptura, unde dicitur pactum quasi ex pace factum, et est ethimologia [...]". Pur con dichiarata perplessità, gli editori delle Derivationes non hanno voluto discostarsi dalla *communis opinio* che identifica il lessicografo pisano con il canonista vescovo. L'edizione critica delle Derivationes, peraltro, conferma un dato noto, cioè che il loro autore – che probabilmente vi lavorava già agli inizi degli anni Sessanta del secolo XII – a quell'epoca dimostrava uno scarso interesse per il diritto canonico (CECCHINI, in UGUCCIONE DA PISA, Derivationes, I, p. XXII-XXV). L'identificazione dell'autore delle Derivationes con quello della Summa canonistica è invece esclusa da MÜLLER, Huguccio, p. 21-66.

50 Cfr. sopra, nota 4 e testo corrispondente. Sulla riemersione di questo pensiero isidoriano nel Liber Extra e sulla sua recezione nella Scolastica spagnola cfr. W. DECOCK, Theologians and Contract Law. The Moral Transformation of the Ius Commune (ca. 1500-1650) (Legal History Library 9 – Studies in the History of Private Law 4), Leiden – Boston 2013, p. 125 s.

51 La storiografia recente e meno recente ha progressivamente valorizzato il contributo dato dal diritto canonico e dai canonisti alla formazione delle dottrine generali del diritto

quando i civilisti leggevano le fonti loro pervenute attraverso il *Corpus* giustinianeo, le loro interpretazioni conducevano a conclusioni perfettamente convergenti con quelle maturate nel pensiero dei canonisti. Alcuni frammenti di Ulpiano tramandati nel titolo *de pactis* del Digesto ebbero un ruolo determinante nell'indirizzare gli sviluppi dottrinali.

Nella l. *Conventionum* (D.2.14.5) Ulpiano aveva offerto un abbozzo di distinzione delle *conventiones*, che gli interpreti trovavano in verità non del tutto perspicuo[52], ma che comunque offriva uno schema di classificazione che faceva riferimento alle categorie di pubblico e privato e alle fonti del *ius gentium* e della *lex*[53]. Quale *conventio publica* Ulpiano aveva esplicitamente indicato quella che si fa *per pacem* – espressione che però nella *Vulgata* si trasforma in *per principem* – attraverso l'accordo dei *duces belli*.

Se diamo uno sguardo alla glossa, notiamo che Accursio non esita a collocare tra i *pacta publica*, la cui osservanza è dettata dal *ius gentium*, accordi qualificati come *treugae*, *induciae*, *federa amicitiae aequalia vel inaequalia*[54]. Nel medesimo contesto, Bartolo ribadisce, in linea con le conclusioni dei canonisti, che la *fides* reciprocamente promessa nei *pacta* stipulati dai *duces belli* deve essere fermamente mantenuta[55].

La chiave di volta del sistema dei *pacta* era stata data dallo stesso Ulpiano nel frammento posto al principio del titolo *de pactis*[56]. Con riferimento alla protezione

---

internazionale. Su questa linea si muovono i lavori di J. MULDOON, The Contribution of the Medieval Canon Lawyers to the Formation of International Law, in: Traditio 28 (1972), p. 483-497, anche in ID., Canon Law, the Expansion of Europe, and World Order (Collected Studies Series 612), Aldershot – Brookfield 1998, n. III; ID., Medieval Canon Law and the Formation of International Law, in: Zeitschrift der Savigny-Stiftung für Rechtsgeschichte, Kanonistische Abteilung 81 (1995), p. 64-82.

52 ACCURSIO, Apparatus in D.2.14.5, v. *aut enim ex publica*: "[...] sed nonne publica est de iure gentium, quia statim fuit cum homines fuerunt? Quomodo ergo ut species opposita ei hic ponitur? Melius dixisset: conventionum alia est iuris gentium, alia legitima, et iuris gentium, alia publica et alia privata [...]". Qui e più avanti i riferimenti alla glossa sono tratti dall'edizione Lugduni, apud Hugonem a Porta, 1560.

53 D.2.14.5, Ulpianus libro quarto ad edictum: "Conventionum autem tres sunt species. Aut enim ex publica causa fiunt aut ex privata: privata aut legitima aut iuris gentium. Publica conventio est, quae fit per pacem, quotiens inter se duces belli quaedam paciscuntur".

54 ACCURSIO, Apparatus in D.2.14.5, *casus* e v. *paciscuntur*.

55 BARTOLO, Commentaria in D.2.14.5, de pactis, l. Conventionum (BARTOLUS A SAXOFERRATO in primam ff. Veteris Partem, Venetiis, apud Iuntas, 1585, fol. 79va): "Oppono extra glosam quod non valeat pactum inter duces belli, quia hostibus non est fides servanda, l. I § <non> fuit de dolo (D.4.3.1.3). Solutio. Non est servanda fides data privato, ut ibi, sed a duce belli data sic, ut hic".

56 D.2.14.1, Ulpianus libro quarto ad edictum: "Huius edicti aequitas naturalis est. Quid enim tam congruum fidei humanae, quam ea quae inter se eos placuerunt servare? Pactum autem

dei *pacta* garantita dall'editto pretorio, Ulpiano aveva affermato che l'editto si fondava sull'*aequitas naturalis*, perché rispettare i patti stipulati è cosa congrua con la *fides humana*. Se il fondamento dell'obbligatorietà risiede nel *consensus* delle parti stipulanti, il nome stesso *pactum* rimanda alla *pactio* e al suo effetto, che è la *pax* conclusa dai paciscenti, tanto che "etiam pacis nomen appellatum est": con un accostamento tra *pactum* e *pax* che abbiamo anche riscontrato nelle parole di Isidoro di Siviglia.

I civilisti medievali trovavano quindi nell'autorità di Ulpiano i fondamenti dottrinali del principio *pacta sunt servanda*, principio che, come abbiamo visto, scaturisce da convinzioni e valori condivisi nella società medievale in cui l'eredità del mondo greco-romano si era fusa con l'etica cristiana. Le basi del discorso giuridico sui *pacta* sono poste in chiaro già in antichissime glosse attribuite a Irnerio. Se Ulpiano aveva detto che l'osservanza dei patti è cosa congrua alla *fides humana*, la *Lucerna iuris* individua nel diritto naturale la fonte primaria di tale obbligo:

> y. que fides ex natura provenit. Est enim naturale ut homo homini fidem prestare debeat[57].

---

a pactione dicitur (inde etiam pacis nomen appellatum est) et est pactio duorum pluriumve in idem placitum et consensus".

57 IRNERIO, glossa a D.2.14.1, l. Huius edicti, v. *congruum fidei*. Edizione in E. BESTA, L'opera di Irnerio (Contributo alla storia del diritto italiano), I-II, Torino 1896, II p. 32. Ritrovo la glossa (qui aperta da un segno di paragrafo) nel ms. Biblioteca Apostolica Vaticana, Vat. lat. 1408 (Digestum Vetus), fol. 23vb, ad D.2.14.1 pr., v. *congruum fidei*: "§ scil. que fides ex natura provenit. Est enim naturale ut homo homini fidem prestare debeat". Non entro nella questione della paternità irneriana delle glosse attribuite a Irnerio (paternità che ritengo non debba essere in linea di principio negata), né sui contorni labili della sua figura storica, né sulle testimonianze del suo insegnamento. I termini della questione, con riferimento all'ampia letteratura su Irnerio, sono ricostruiti nei recenti studi di A. PADOVANI, Alle origini dell'università di Bologna: L'insegnamento di Irnerio, in: Bulletin of Medieval Canon Law 33 (2016), p. 13-26, e K. PENNINGTON, Odofredus and Irnerius, in: Rivista Internazionale di Diritto Comune 28 (2017), p. 11-27. Il più recente profilo comprensivo della sua figura intellettuale è stato tracciato da E. SPAGNESI, "Libros legum renovavit". Irnerio lucerna e propagatore del diritto, Pisa 2013. Una incisiva caratterizzazione dell'opera irneriana è data da M. BELLOMO, Elogio delle regole. Crisi sociali e scienza del diritto alle origini dell'Europa moderna, prefazione di P. BARCELLONA, Leonforte 2016, p. 73 s., 81-84. Per il tema specificamente trattato in queste pagine, A. PADOVANI ha messo in rilievo l'importanza del tema della *fides* in Irnerio, lungo un percorso che connette la *fides* teologica alla *fides pactorum*: Il titolo "De Summa Trinitate et fide catholica" (C.1.1) nell'esegesi dei glossatori fino ad Azzone. Con tre interludi su Irnerio, in: M. ASCHERI – G. COLLI, con la collaborazione di P. MAFFEI (edd.), Manoscritti, editoria e biblioteche dal medioevo all'età contemporanea. Studi offerti a Domenico Maffei per il suo ottantesimo compleanno, III, Roma 2006, p. 1075-1123 (1004-1009).

Il pensiero di Irnerio è coerente e si specifica ulteriormente. L'*aequitas* di cui aveva parlato Ulpiano non è quella che si applica nei singoli casi, secondo le esigenze dei tempi e dei luoghi, ma un'*aequitas* che, per così dire, è un *apriori*, sta in tutte le cose per disposizione di natura:

> y. Pacta servari equitatis est, non eius que pro tempore seu loco, prout res postulat, conveniens dicitur, sed eius que natura dictante semper et in cunctis se optinet. Namque ipsum genus eius est naturale: hoc est fidem prestare. Fides autem est eorum que dicta sunt constantia et veritas[58].

In questa sede non è possibile seguire gli sviluppi di tali dottrine, se non per ritornare al tema centrale di queste pagine, cioè i *foedera pacis*. Concludo perciò ricordando un giurista nel cui pensiero la convergenza e la fusione di questi molteplici motivi si mostrano in modo particolarmente evidente. Mi riferisco al commento di Baldo sul passo ulpianeo posto *in limine* al titolo *de pactis*. Attraverso una serie di riferimenti a fonti di origini disparate, Baldo sembra voler dimostrare che le parole di Ulpiano esprimono una verità universale. Anzi tutto è citato il *Secretum secretorum*, libro che il Medioevo attribuiva ad Aristotele, contenente una raccolta di insegnamenti che il Filosofo avrebbe impartito ad Alessandro Magno[59]. Queste le parole ricordate da Baldo:

> ò Alexander, observa fidem datam et federa confirmata[60].

---

58 IRNERIO, glossa a D.2.14, de pactis (ed. BESTA, L'opera di Irnerio, II p. 31). La glossa prosegue dopo le parole da me citate.

59 BALDO, Commentaria in D.2.14.1, de pactis, l. Huius edicti (BALDI UBALDI PERUSINI... In Primam Digesti Veteris Partem Commentaria, Venetiis, apud Iuntas, 1577, fol. 128rb): "Pacta sunt servanda. Pactum est duorum vel plurium in idem placitum consensus. Conventio est nomen generale et inest tam contractui quam distractui. Hoc dicit. [...] In textu, ibi, servari (*recte*: servare). Quasi dicat nihil. Unde Aristoteles ad Alexandrum ait, ò Alexander, observa fidem datam et federa confirmata, alias malus finis sequetur, sicut ipse ponit libro qui vocatur Secreta secretorum, et magister Sententiarum dicit quod etiam Deus obligaretur ex promissione [...]". Non sono riuscito a individuare il passo di Pietro Lombardo (Magister Sententiarum) genericamente menzionato da Baldo.

60 Cfr. R. STEELE (ed.), Secretum secretorum cum glossis et notulis. Tractatus brevis et utilis ad declarandum quedam obscure dicta Fratris Rogeri, accedunt versio anglicana ex arabico edita per A.S. FULTON, versio vetusta anglo-normannica nunc primum edita (Opera hactenus inedita Rogeri Baconi, fasc. 5), Oxonii 1920. A p. 25 l'incipit, che riporto perché offre un'idea dell'opera: "Secretum Secretorum. Incipit primus prologus in libro moralium de regimine regum principum ac dominorum qui dicitur Secretum Secretorum ab Aristotile philosopho editus ad peticionem Alexandri Magni, in quo ultima secreta nature sub velamine traduntur [...] Quem librum transtulit Philippus de lingua Arabica in Latinam ad peticionem Guydonis de Valencia civitatis Napolis pontificis... Et notabilia que

Poi Baldo menziona il *Magister Sententiarum*, cioè Pietro Lombardo, secondo il quale persino Dio obbliga se stesso con la sua promessa: un evidente riferimento al tema del *foedus* tra Dio e il suo Popolo che anche Isidoro aveva richiamato nelle *Etymologiae* con la sua consueta sintesi.

E ancora, il riferimento di Ulpiano al *pactum* come *nomen pacis* induce Baldo a enfatizzare, sulla scia di Agostino, la centralità del valore della *pax* per quanto riguarda la persona umana nelle sue relazioni e nei suoi doveri verso se stessa, verso il prossimo, verso il superiore, all'apice verso Dio[61].

Infine, mi pare opportuno sottolineare che Baldo si colloca in quella prospettiva "realistica" che, come più sopra ho evidenziato, caratterizza le concezioni di Isidoro e Tommaso. Accursio aveva glossato le parole ulpianee *aequitas naturalis* affermando che si tratti cioè di un'equità

> a naturali ingenio vel industria hominum introducta: quod est ius gentium[62].

Baldo corregge il glossatore. Se così fosse – afferma – si tratterebbe di una equità artificiale. Piuttosto, si tratta di un'equità

> insita ex ipsa naturali ratione[63].

---

superscribuntur in locis certis et glosa interlinearis sunt fratris Rogeri Bacun de ordine fratrum minorum". Le parole riportate da Baldo, sebbene non letteralmente, sono contenute nel Capitulum decimum nonum (novum *ed. male*) de fidelitate servanda secundum exemplum antiquorum, et quod rex debeat esse memor preteritorum (ed. cit., p. 56).

61 BALDO, Commentaria in D.2.14.1, de pactis, l. Huius edicti (ed. cit., fol. 128rb): "[...] In textu, ibi, pacis nomen, quid est pax? Vide Augustinum in XIX de Civitate Dei c. IIII (recte XIII) ubi ponit plenarie diffinitionem, ibi beatus Augustinus de pace, quam homo debet habere ad seipsum. Item ad proximum. Item ad superiorem. Item ad Deum, qui est summus omnipotens omnium". Il riferimento al cap. IIII del libro XIX deve essere corretto in cap. XIII. Il passo a cui Baldo si riferisce è in De civitate Dei, 19.13.1 e passim (Patrologia latina 41.640-641).

62 ACCURSIO, Apparatus in D.2.14.1, l. Huius edicti: "[...] et quod dicit naturalis, dic, id est a naturali ingenio vel industria hominum introducta: quod est ius gentium... Et quia hic est naturalis equitas, inducitur naturalis obligatio per pactum [...]".

63 BALDO, Commentaria in D.2.14.1, de pactis, l. Huius edicti (ed. cit., fol. 128rb): "[...] In ea <glosa>, ibi, introducta, imo insita ex ipsa naturali ratione, non est enim hec equitas artificialis, sed naturalis, ut littera dicit".

Una precisazione che rivela pienamente la prospettiva di Baldo, per il quale il principio *pacta sunt servanda* è insito nella dimensione di giustizia intrinseca al *pactum*.

5. Convergenze dottrinali e formazione di principî comuni. Tregua, pace e patti nella sistematica delle collezioni canoniche

Pur partendo da fonti e *auctoritates* diverse, i canonisti e i civilisti pervenivano dunque a conclusioni convergenti circa l'inviolabilità dei *foedera pacis*, fondata sul principio *pacta sunt servanda* e sull'obbligo di rispettare la *fides* data[64]. I dettami della *ratio naturalis* definiscono i contorni primari dei *foedera pacis*, che la tradizione collocava fra gli istituti del *ius gentium*, ma questo dato non oscura, nella percezione degli interpreti, le valenze teologiche suscitate dall'idea del *foedus* (evocativa dell'alleanza fra Dio e il suo Popolo) e da quella della *pax* come principio universale di ordine.

In un'altra direzione, occorre notare che l'espressione *foedera pacis* non apparteneva solo al lessico intellettuale dei medievali, ma riportava a precise relazioni ricorrenti nell'esperienza dei rapporti istituzionali tra l'impero, i *regna* e le comunità cittadine. Una puntuale ricerca sulla ricorrenza dell'espressione nella documentazione alto e bassomedievale potrebbe offrire dati ricchi e interessanti[65]. Sia ritenuto sufficiente, in questa sede, ricordare un evento corale

---

64 Un documento di questa convergenza risale verosimilmente a BERNARDO DA PAVIA, in un passo della Summa Decretalium, al titolo *de pactis*, che rappresenta una variante rispetto al testo fissato nella edizione curata da E.A.Th. LASPEYRES (BERNARDI PAPIENSIS Summa Decretalium, Regensburg 1860; rist. Graz 1956, p. 19 s.). Il passo si legge nel ms. Paris, Bibliothèque Nationale, lat. 3934A, fol. 2rb (da me consultato in una copia microfilmata leggibile a fatica): "Pactum est duorum pluriumve consensus in idem ad aliquid dandum vel faciendum. Cum fides a theologis multipliciter describatur, a legistis tamen ita describitur. Fides est quod ab uno promittitur, et ab alio expectatur. A decretistis sic: fides est observatio pactionis, ut XXII q.I Movet te (C.22 q.1 c.16). Sunt autem, que faciunt ad observationem pacti, fides, liberum arbitrium et auctoritas". Come si vede, le due definizioni di *fides* convergono nel fissare la conclusione che i patti devono essere osservati. Il frammento è stato edito (in modo parzialmente diverso) anche da LASPEYRES (Summa, p. 21 nota 5), che però non vide il manoscritto e trascrisse materiali consegnatigli dal figlio Riccardo.

65 Una ricerca di questo tipo deve essere lasciata ad altra occasione. Le mie previsioni nascono da sondaggi di ricerca che ho compiuto nel primo volume di Constitutiones et Acta publica Imperatorum et Regum, L. WEILAND (ed.), (Monumenta Germaniae Historica, Legum Sectio IV), Hannoverae 1893. Mi limito a registrare la ricorrenza della correlazione tra le parole *foedus e pax*, precisando che sono innumerevoli le ricorrenze di altre locuzioni quali *tractatus pacis, praeceptum pacis, conditiones pacis, conventio pacis, concordia* etc. Nella

che segnò la vita delle città comunali italiane proprio negli anni nei quali i decretisti e i glossatori civilisti riflettevano sulle fonti sopra analizzate. Mi riferisco alla Pace di Costanza che, sebbene si presenti formalmente come una concessione di Federico Barbarossa, è in verità il risultato di una pace concordata con le città della Lega Lombarda[66]. Alla *pax clementer indulta* e *concessa* del proemio[67] fanno da contrappunto, nel seguito del testo, espressioni rivelatrici quali *conventio pacis* (§ 28) e *pax et concordia*[68]. Pure è importante notare, nel nostro contesto di indagine, che l'osservanza degli obblighi nascenti dalla *concessio*, o meglio dalla *conventio*, fu confermata e rafforzata *in perpetuum* (§ 35) dal giuramento prestato, da un lato, dall'imperatore e dagli aderenti alla parte imperiale e, dall'altro, dalle città della Lega e dalle altre città alle quali era stata estesa la concessione dei contenuti della pace: secondo modelli che, come sappiamo, affondavano le radici nelle pratiche medievali testimoniate dal canone toledano trasmesso da Graziano (C.22 q.1 c.1).

Ma è bene riprendere il filo principale del discorso. Le riflessioni dei giuristi furono alimentate da alcuni provvedimenti in materia di tregua e pace presi nel terzo Concilio Lateranense, e dalla loro inclusione nelle nuove collezioni del *ius decretalium*. L'assise tenuta sotto Alessandro III, rinnovando decisioni già assunte

---

documentazione riguardante la *Pax cum Venetis* di Ottone II (7 giugno 983), leggiamo: "pacem et federa tam firma et rata" (p. 39); "pax et fedus factum et initum" (p. 40); "pacem et fedus inivimus inter nos" (p. 43). I patti tra l'impero e Venezia furono confermati anche sotto i successori di Ottone II. A partire dal *Pactum cum Venetis* di Enrico V (22 maggio 1111), una clausola è costantemente ripetuta: "Promisit cunctus ducatus Veneticorum nobis et successoribus nostris pro huius pactionis federe annualiter omni mense Martio persolvere [...]". Altrettanto si legge nel patto confermato da Lotario III (3 ottobre 1136, p. 174), Federico I (22 dicembre 1154, p. 213; e 17 agosto 1177, p. 377), Enrico VI (6 giugno 1196, p. 529); come pure nelle successive conferme di Ottone IV (1209) e Federico II (1220) (Constitutiones et Acta publica Imperatorum et Regum, II, Hannoverae 1896, p. 38, 41, 93, 96). Nella *Constitutio pacis* di Federico I (Constitutiones et Acta publica Imperatorum et Regum, I, p. 245), poi accolta nei Libri Feudorum, II.53-54, al n. 1 riscontriamo una ulteriore correlazione tra *pax e foedus*: "Hac edictali lege in perpetuum valitura iubemus, ut omnes nostro subiecti imperio veram et perpetuam pacem inter se observent, et ut inviolatum inter omnes fedus perpetuo servetur [...]".

66 Come nota M. ASCHERI, La pace di Costanza (1183), fondamento delle libertà cittadine nel Regno d'Italia, e i suoi giuristi, in: Initium 15 (2010), p 215-236 (220 s.), al quale rinvio per i riferimenti all'estesa letteratura sulla Pace.

67 Pax Constantiensis, 22 giugno – 22 novembre 1183, nel citato volume di Constitutiones et Acta publica Imperatorum et Regum, I, p. 408-420, Proemio (412): "Pacem itaque nostram, quam eis clementer indultam concessimus, presenti pagina iussimus subterscribi et auctoritatis nostre sigillo communiri".

68 Pax Constantiensis, § 38 (ed. cit., p. 416): "Hanc itaque pacem et concordiam [...] tam nos quam filius noster Henricus Romanorum rex per camerarium nostrum Rodulfum in animam nostram iurari fecimus".

nel concilio del 1139, deliberò infatti di istituire dei tempi di tregua in determinati giorni della settimana e durante alcune fasi dell'anno liturgico, e comminò la pena della scomunica per coloro che infrangessero i tempi di tregua[69]. In un'altra disposizione il Concilio individuò alcune categorie di persone che in tempo di guerra dovevano godere di congrua tranquillità nell'azione e nel movimento (ecclesiastici, pellegrini, mercanti, agricoltori, etc.)[70]. La Chiesa pertanto rivendicò una diretta competenza e autorità in ciò che concerneva la conservazione della pace e la protezione delle suindicate persone. Nelle citate norme gli interpreti trovano una indiscutibile manifestazione di tale competenza:

> per ista capitula patet, quod ad iudicium Ecclesie spectat facere pacem[71].

Bernardo da Pavia raccolse i due testi nel *Breviarium Extravagantium*, collocandoli in un titolo per il quale coniò la rubrica *de treuga et pace*[72], che come tale sarebbe transitata nel *Liber Extra* di Gregorio IX. Nella *Summa decretalium* Bernardo spiegò

---

69 X.1.34.1, de treuga et pace, c. Treugas (Conc. Lateranense III, c. 21; già in 1 Comp.1.24.1). Il canone ripropone la norma del c. 12 del secondo Concilio Lateranense (1139). Sul tema si veda H. HOFFMANN, Gottesfriede und Treuga Dei (Schriften der Monumenta Germaniae Historica 20), Stuttgart 1964, che solo nelle ultime pagine (232-243) tratta delle fonti canonistiche postgrazianee, anche con edizione di testi inediti. Appena un cenno è qui possibile fare al connesso tema delle "paci private", sul quale è il caso di rinviare alla recentissima indagine di A. PADOVANI, Violenza e paci private in una città di Romagna: Imola nel Quattrocento, in: Historia et ius 11 (2017) paper 13 (www.historiaetius.eu), con la letteratura ivi citata, e allo studio di A. PADOA SCHIOPPA, Delitto e pace privata nel pensiero dei legisti bolognesi. Brevi note, in: Studia Gratiana 20 (1976), p. 269-288.

70 X.1.34.2, de treuga et pace, c. Innovamus (Conc. Lateranense III, c. 22; già in 1 Comp.1.24.2). Il canone ripropone la norma del c. 11 del secondo Concilio Lateranense (1139).

71 "... ut hic et extra, de treuga et pace, Treugas" (GIOVANNI TEUTONICO, Apparatus in D.90 c.11, v. *praecipimus*). Quanto alla conclusione di Giovanni Teutonico, sembra un pensiero originale. Non ho trovato la medesima considerazione, per esempio, in UGUCCIONE e nella Glossa Palatina, ad locum. Il canone è attribuito da Graziano a Innocenzo II, ma si discute se sia tratto dal Concilio Lateranense II (1139) o da un precedente concilio tenuto sotto Innocenzo II. Su questo problema, che incide sulla ricostruzione delle fasi di composizione del Decretum, v. K. PENNINGTON, La biografia di Graziano, il Padre del diritto canonico, in: Rivista Internazionale di Diritto Comune 25 (2014), p. 25-60 (35).

72 Breviarium Extravagantium, 1.24 [AE. FRIEDBERG (ed.), Quinque compilationes antiquae nec non Collectio canonum Lipsiensis, Leipzig 1882; rist. Graz 1956, p. 10]. Cfr. Index titulorum decretalium ex collectionibus tam privatis quam publicis conscriptus, cura et studio Instituti Iuri Canonico Medii Aevi Perquirendo, moderante S. KUTTNER (Ius Romanum Medii Aevi, Subsidia 2), Mediolani 1977, p. 262.

la differenza dei due concetti, con una definizione che si sarebbe mantenuta ferma nel tempo:

> Treuga est securitas praestita personis et rebus discordia non finita, pax vero est discordiae finis[73].

È importante osservare che, nella sequenza dei titoli del *Breviarium*, il *de treuga et pace* (1.24) faceva come da cerniera tra i titoli riguardanti gli *ordinandi* e l'*officium iudicis* e quelli pertinenti *ad preparatoria iudiciorum*[74]. Per questa ragione Bernardo, sia pure attraverso il titolo intermedio *de maioritate et obedientia* (1.25), aveva dichiaratamente voluto proseguire il filo tematico passando a trattare dei *pacta* (1.26). La vicinanza dei titoli *de treuga et pace* e *de pactis*, che non era casuale nelle intenzioni di Bernardo da Pavia, divenne ancora più stretta nelle *Decretales* gregoriane, dove i due titoli si susseguono immediatamente l'uno all'altro (X.1.34 e 35). Ai decretalisti non sfuggirono le ovvie connessioni tematiche, sottolineate nella tradizione canonica, rafforzate dalla sequenza dei titoli nelle collezioni canoniche, esaltate dalla circostanza che il primo capitolo del titolo *de pactis* (c. *Antigonus*) si concludeva con l'enfatica esclamazione:

> Pax servetur, pacta custodiantur[75].

---

73 BERNARDO DA PAVIA, Summa Decretalium, 1.24, de treuga et pace, § 1 (ed. LASPEYRES, p. 19 s.).

74 BERNARDO DA PAVIA, Summa Decretalium, 1.24, de treuga et pace (ed. LASPEYRES, p. 19 s.): "Quoniam ad officium iudicis, de quo diximus, spectat facere treugam pacemque servari, merito post illud de his pertractemus, quid sit treuga, quid pax inquirentes". Segue, 1.26, de pactis (ed. cit., p. 20): "Expedito tractatu ordinandorum et officiorum, veniendum est ad praeparatoria iudiciorum. Sed quia vocati ad iudicium malunt pacisci vel transigere quam ad iudicium venire, ideo prius de pactis et transactionibus agamus [...]".

75 X.1.35.1, de pactis, c. Antigonus (dal Concilio di Cartagine, 348, c. 12; già 1 Comp.1.26.1). Il capitolo è una "riscoperta" di Bernardo da Pavia, che si spiega verosimilmente per l'attenzione che Bernardo rivolse verso il coevo dibattito civilistico sui *pacta*, la quale si riflette sulla stessa creazione di un titolo *de pactis* nel Breviarium extravagantium (cfr. sopra, nota 64). Secondo P. LANDAU, Bernardo da Pavia attinse il c. Antigonus (che non era stato tramandato nelle collezioni di Burcardo, Ivo di Chartres e Graziano) dalla Collectio Hispana tramite lo Pseudoisidoro: Pacta sunt servanda. Zu den kanonistischen Grundlagen der Privatautonomie, in: M. ASCHERI – F. EBEL – M. HECKEL – A. PADOA SCHIOPPA – W. PÖGGELER – F. RANIERI – W. RÜTTEN (edd.), "Ins Wasser goworfen und Ozeane durchquert". Festschrift für Knut Wolfgang Nörr, Köln – Weimar – Wien 2003, p. 458-474 (465-467). Il saggio è riprodotto nel volume dello stesso AUTORE, Europäische Rechtsgeschichte und kanonisches Recht im Mittelalter. Ausgewählte Aufsätze aus den Jahren 1967 bis 2006. Mit Addenda des Autors und Register versehen, Badenweiler 2013, p. 761-780, Addenda a p. 781. LANDAU è tornato sull'argomento con una breve sintesi,

In una glossa apposta al c. *Treugas* nella *Compilatio prima* – i cui contenuti sono assorbiti nell'*apparatus* di Bernardo da Parma sul *Liber Extra*[76] – Vincenzo Ispano aveva sottolineato che il terzo Concilio Lateranense aveva istituito una tregua canonica, differente da quella convenzionale, i cui tempi e contenuti dipendono dall'accordo delle parti, e che deve essere osservata sempre, anche davanti al nemico:

> Treuga est securitas prestita rebus et personis discordia nondum finita. Nota quod hec treuga canonica est, non conventionalis. Si enim esset conventionalis, semper observaretur. Nam fides etiam hosti servanda est, XXIII q.I Noli existimare (C.23 q.1 c.3). [...] Vin(centius)[77].

A Vincenzo fa eco Raimondo di Peñafort, ricordando il principio, già maturato negli scritti dei decretisti, che l'osservanza del patto di tregua è dovuta al nemico purché anch'esso mantenga la sua *fides*[78].

Il c. *Antigonus*, posto all'apertura del titolo *de pactis*, è la sede nella quale i decretalisti discutono dell'osservanza del *pactum nudum*[79]. Qui non importa tanto soffermarsi sulla questione se ed entro quali limiti il patto nudo generi

---

Pacta sunt servanda, in: Hadwörterbuch zur deutschen Rechtsgeschichte, 2. völlig überarbeitete und erweiterte Auflage, IV, 26. Lieferung, Berlin 2018, p. 301-303.

76 BERNARDO DA PARMA, Apparatus in X.1.34.1, v. frangere.

77 VINCENZO ISPANO, glossa a 1 Comp.1.24.1, de treuga et pace, c. Treugas (Bamberg, Staatsbibliothek, Can. 19, fol. 12rb). Con la sigla di Vicenzo la glossa è qui inglobata nell'apparatus di TANCREDI.

78 X. OCHOA – A. DIEZ (edd.), S. RAIMUNDUS DE PENNAFORTE, Summa de Iure Canonico (Universa Bibliotheca Iuris 1 t. A), Roma 1975, col. 212-213, tit. 38, de treuga et pace: "[...] Est tamen servanda treuga secundum formam vel pactum appositum. Vel si non apparet de certa forma, apparet tamen de treuga, dicam generaliter esse servandam [...]. Et hoc si ipsi hostes servent nobis fidem; alias non [...]". L'insegnamento ebbe ampia e duratura diffusione anche perché fu trasmesso da ENRICO DA SUSA nella Summa Decretalium, X.1.34, de treuga et pace, § quot sunt species treugae? (HENRICI DE SEGUSIO CARDINALIS HOSTIENSIS Summa aurea, Venetiis, apud Iacobum Vitalem, 1584, col. 361): "Due, conventionalis et canonica. Conventionalis dicitur que ex conventione recepit formam, sicut et contractus quilibet [...] et hec hosti Romano servanda est, 23 q.1 Noli (C.23 q.1 c.3), 22 q.4 Innocens (C.22 q.4 c.23), quod intellige si et infidelis fidem servat fideli, alias non, infra de iureiurando Pervenit (X.2.24.3)... quia, etsi non servet infidelis fidem canonicam, dum tamen servat conventionalem, servanda est ei, et ratio, quia grave est fidem fallere, ff. de constituta pecunia l. I (D.13.5.1) [...]".

79 Anche in questo caso un'amplissima letteratura impone una stretta selezione di alcuni studi, antichi e recenti, che costituiscono fermi punti di riferimento: F. CALASSO, Il negozio giuridico, Milano 1967², pp. 261-283; CORTESE, La norma giuridica, I p. 195-199; LANDAU, Pacta sunt servanda. Zu den kanonistischen Grundlagen der Privatautonomie; DECOCK, Theologians and Contract Law, p. 121-130.

un'obbligazione canonica[80], ma occorre notare che nella prospettiva dei canonisti la violazione del *pactum (nudum) licitum*[81] si configura come un peccato mortale, indipendentemente dalla circostanza che esso sia o non sia confermato dal giuramento. Questa conclusione da un lato giustifica l'enfasi che la dottrina canonistica pone sul principio *pacta sunt servanda*, dall'altro lato vale a far sorgere in capo alla Chiesa un diretto titolo di competenza per giudicare le violazioni dei *pacta*. Ciò appare evidente nel *casus summarius* che Nicolò Tedeschi appone al c. *Antigonus*:

> Pacta quantumcumque nuda servanda sunt. Vel aliter sic. Iudex ecclesiasticus providet servanti pactum contra non servantem[82].

Una conclusione che, come è facile intuire, si riverbera sulla questione dell'osservanza dei *foedera pacis*.

I nessi fra i temi della tregua, della pace e dei *foedera pacis* da un lato, dei *pacta* dall'altro, sono posti variamente in luce nelle *continuationes titulorum* dei decretalisti dell'età classica[83]. Le loro parole mostrano la perfetta circolarità dei due temi:

---

80 Il che è quello che i decretalisti normalmente ritengono. Cfr. la glossa di LORENZO ISPANO a 1 Comp.1.26.1, de pactis, c. Antigonus, v. *contra pacis* placita (Bamberg, Staatsbibliothek, Can. 19, fol. 17va): "Certe licet secundum leges non detur accio ex nudo pacto, secundum canones aliud dico, quia scilicet datur accio cum mortaliter peccet non servando pactum, arg. XXII q.I Predicandum. Non est enim differentia an simplicibus verbis an iuramento quid dicatur, XXII q.V Iuramenta (predicandum *cancellavit ms.*). La(urentius)". La glossa, con la sigla di Lorenzo, è qui inglobata nell'apparatus di TANCREDI. Quanto ai limiti del riconoscimento canonico dell'obbligatorietà dei patti, è sufficiente ricordare alcune sintetiche affermazioni di ENRICO DA SUSA, Summa decretalium, X.1.35, de pactis, § Quis sit effectus (ed. cit., col. 372): "Ut modis omnibus servetur, etiamsi sit nudum, secundum canones [...] Quia inter simplicem loquelam et iuramentum non facit Deus differentiam, 22 q.5 Iuramenti, unde peccat mortaliter contra simplex verbum veniens [...] Hoc si sit tale quod possit servari sine detrimento salutis eterne, et si licitum est, possibile, secus si illicitum, impossibile vel inhonestum [...]".

81 Traggo l'espressione da GIOVANNI D'ANDREA, Novella in X.1.35, de pactis, ad rubricam: "Habetur de pacto licito servando, sit iuratum vel non, XXII questione prima c. primo et questione quinta Iuramenti [...]" (IOANNIS ANDREAE I.C. Bononiensis... In Primum Decretalium Librum Novella Commentaria, Venetiis, Apud Franciscum Franciscium Senensem, 1581, fol. 272rb). La frasetta è scritta nel contesto delle *remissiones* o rinvii ad altri luoghi del corpus canonistico che parlano dell'osservanza dei *pacta*. Importa notare che il *pactum* è *servandum* indipendentemente dal giuramento che a esso accede.

82 NICOLO TEDESCHI, Commentaria in X.1.35.1, Venetiis, apud Iuntas, 1582, fol. 158ra.

83 Su questo importantissimo snodo concettuale, al centro di queste mie pagine, si è soffermato R. LESAFFER, The influence of the Medieval Canon Law of Contract on Early Modern Treaty Law, in: M. BELLOMO – O. CONDORELLI (edd.), Proceedings of the Eleventh International Congress of Medieval Canon Law, Catania 2000 (Monumenta Iuris

come la tregua e la pace sono generate e sancite dal patto, viceversa lo stesso patto è una convenzione che nasce dalla pace stabilita. Nelle parole di Enrico da Susa:

> Quoniam per pacta treuga firmatur et pax reformatur, premisso tractatu de treuga et pace, dicamus de pactis[84].

La prospettiva è speculare nelle parole di Nicolò Tedeschi:

> Supra visum est de pace, sed quia pactum est quedam conventio ex pace facta, ideo post rubricam precedentem subiicit istam[85].

6. *Pax vinculum caritatis*. Un famoso caso di *crimen pacis fractae* e l'affermazione della competenza giurisdizionale della Chiesa: la decretale *Novit ille*

L'aggettivo *mortaliter* ricorre sistematicamente nelle riflessioni dei canonisti circa la violazione del *pactum*, anche *nudum*. Quale che sia la conseguenza prevista dal diritto civile, l'inosservanza della *fides* è qualificata dai canonisti come una violazione dell'ordine giuridico che è anche un *peccatum*: ciò che giustifica, anzi esige l'intervento della Chiesa. Queste conseguenze sono ricondotte dal tema dei *pacta* a quello dei *foedera pacis*: la circolarità dell'argomento, che abbiamo visto in

---

Canonici, Series C, Subsidia 11), Citta del Vaticano 2006, p. 449-467, con prevalente attenzione allo sviluppo del dibattito storiografico [il testo era stato in precendenza pubblicato col titolo The Medieval Canon Law of Contract and Early Modern Treaty Law, in: Journal of the History of International Law / Revue d'histoire du droit international 2.2 (2000), p. 178-198]. Accenni a questa tematica si leggono anche in altri recenti lavori del medesimo AUTORE: Peace Treaties and the Formation of International Law, in: B. FASSBENDER – A. PETERS (edd.), The Oxford Handbook of the History of International Law, Oxford 2012, p. 71-94 (74); Roman Law and the Intellectual History of International Law, in: A. ORFORD – F. HOFFMANN (edd.), The Oxford Handbook of the Theory of International Law, Oxford 2016, p. 38-58 (49).

84 ENRICO DA SUSA, Summa Decretalium, X.1.35, de pactis (ed. cit., col. 361). Ho corretto con "firmatur" l'erroneo "format" dell'edizione.

85 NICOLÒ TEDESCHI, Commentaria in X.1.35, ad rubricam (ed. cit., fol. 158ra): "Viso de officiis iudicum et presidentium, de ipsis iudiciis videndum est. Sed quia vocati ad iudicia quandoque paciscuntur, quandoque transigunt, ideo auctor, antequam intret tractatum de iudiciis, de his premisit, et primo de pactis, tamquam de nobilioribus. Vel continua ad proximam rubricam hoc modo [...]" (la continuatio prosegue come indicato nel testo).

opera nelle riflessioni dei giuristi, trovò sostegno e ulteriori motivazioni teologiche nella decretale *Novit* di Innocenzo III[86].

La lettera innocenziana fu scritta nel 1204 e si colloca in un ampio flusso epistolare che testimonia dell'accorata partecipazione della Sede Romana alle vicende di un lungo conflitto in materia feudale che oppose i re di Inghilterra – prima Riccardo Cuor di Leone e poi Giovanni senza Terra – a Filippo II Augusto re di Francia. Come è noto, la decretale innocenziana – raccolta prima nella *Compilatio tertia* e infine nel *Liber Extra* – divenne una sede classica delle discussioni sulle relazioni tra ordine temporale e ordine spirituale. L'impostazione teorica con la quale Innocenzo III aveva giustificato il suo intervento in una questione temporale condusse i giuristi a formulare la teoria della *potestas indirecta Ecclesiae in temporalibus ratione peccati*[87]. Le intricatissime vicende che avevano dato luogo all'intervento papale sono state ben ricostruite dalla storiografia[88]. Qui è opportuno notare che nella decretale *Novit* il Pontefice assume i fatti secondo la prospettazione del re inglese (nel 1204 era Giovanni), che si era rivolto alla Sede Romana in forza del precetto evangelico

86 X.2.1.13, de iudiciis, c. Novit ille (Innocenzo III, già in 3 Comp.2.1.3). I passi citati nel testo e nelle note seguenti sono tratti dall'edizione di AE. FRIEDBERG del Corpus iuris canonici, Leipzig, Tauchnitz, 1881. Le parole in corsivo corrispondono alle *partes decisae* da Raimondo di Peñafort. La lettera è inclusa nel Registro di Innocenzo III: Die Register Innocenz' III. 7. Band. 7. Pontifikatsjahr, 1204/1205. Texte und Indices, unter den Leitung von O. HAGENEDER bearbeitet von A. SOMMERLECHNER und H. WEIGL gemeinsam mit Ch. EGGER und R. MURAUER (Österreichische Akademie der Wissenschaften, Historisches Institut beim Österreichischen Kulturinstitut in Rom), Wien 1997, n. 43(42), p. 72-76, datata Laterano, inizio di aprile 1204.

87 Per questi aspetti rinvio a O. CONDORELLI, Le radici storiche del dualismo cristiano nella tradizione dottrinale cattolica: alcuni aspetti ed esempi, in: Diritto e Religioni 12 (2011), p. 450-486, con la letteratura ivi citata.

88 Mi riferisco alla magistrale ricerca di M. MACCARRONE, Innocenzo III e la feudalità. "Non ratione feudi, sed occasione peccati", in: Structures féodales et féodalisme dans l'Occident méditerranéen (Xe-XIIIe siècles). Bilan et perspectives de recherches. Actes du Colloque de Rome (10-13 octobre 1978) (Publications de l'École française de Rome, 44), Rome 1980, p. 457-514, che nella parte centrale è rifluita nel lavoro dello stesso AUTORE, La papauté et Philippe Auguste. La décretale "Novit ille", in: R.-H. BAUTIER (ed.), La France de Philippe Auguste. Le temps des mutations. Actes du Colloque international organisé par le C.N.R.S. (Paris, 29 septembre – 4 octobre 1980), Paris 1982, p 385-408. Più in generale v. CH. CHENEY, Pope Innocent III and England (Päpste und Papsttum 9), Stuttgart 1976, in particolare p. 290, 372, 383, 386; R. FOREVILLE, Le pape Innocent III et la France (Päpste und Papsttum 26), Stuttgart 1992, p. 271-277, e W. MALECZEK, Innocenzo III, papa, in: Dizionario Biografico degli Italiani 62, Roma 2004, consultato su www.treccani.it.

relativo alla correzione fraterna (*denunciatio*)[89], poiché, asseritamente, il re di Francia aveva peccato contro di lui. Tutto lo sviluppo argomentativo della lettera è impostato nel senso di rispondere, in partenza, alle possibili obiezioni di Filippo Augusto. Sebbene la sostanza della lite riguardasse una questione temporale, in sé disciplinata dal diritto feudale, l'intervento papale era giustificato, anzi dovuto perché si poneva sul piano spirituale:

> Non enim intendimus iudicare de feudo, cuius ad ipsum (*cioè al re di Francia*) spectat iudicium [...], sed decernere de peccato, cuius ad nos pertinet sine dubitatione censura, quam in quemlibet exercere possumus et debemus.

La controversia nasceva dal fatto che il re d'Inghilterra era vassallo del re di Francia quanto ai suoi possedimenti feudali sul territorio francese. In una sorta di conflitto quasi permanente, già nel 1199 Riccardo e Filippo avevano stabilito una tregua di cinque anni; poi Giovanni, succeduto a Riccardo, si riconobbe vassallo del re di Francia nell'accordo di pace stipulato e confermato da giuramento a Le Goulet nel maggio 1200[90]. Il conflitto si riaccese, però, nel 1201 a causa di una controversia che aveva coinvolto Giovanni e due suoi vassalli francesi, i quali si rivolsero al re di Francia come superiore feudale di entrambe le parti in causa[91]. La violazione degli accordi di Le Goulet era appunto quanto lamentava il re

---

89 Sulla procedura *per denunciationem* rinvio al mio lavoro Un contributo bolognese alla dottrina del processo romano-canonico: il Tractatus de accusationibus et inquisitionibus di Bonincontro di Giovanni d'Andrea († 1350), in: Y. MAUSEN – O. CONDORELLI – F. ROUMY – M. SCHMOECKEL (edd.), Der Einfluss der Kanonistik auf die europäische Rechtskultur. IV. Prozessrecht (Norm und Struktur 37.4), Köln – Weimar – Wien 2014, p. 65-90, in particolare 74-89, con la letteratura ivi citata.

90 Il testo dell'accordo, qualificato come *Carta pacis facte inter regem Francie et Regem Anglie*, si legge in: H.F. DELABORDE – CH. PETIT-DUTAILLIS (edd.), Recueil des Actes de Philippe Auguste roi de France, II, Paris 1943, p 178-185, n. 633, 22 maggio 1200. Al n. 23 del trattato (p. 184) leggiamo: "[Nos autem et predicti obstagii (sic) hec omnia predicta bona fide et sine malo ingenio firmiter et fideliter observanda juravimus]". PETIT-DUTAILLIS nota che questa clausola non si trova nel manoscritto da lui usato per l'edizione, cioè il registro di Filippo II, e ritiene che sia una falsificazione propria alle copie inglesi. Il testo prosegue (p. 185): "Rex autem Anglie et hostagii prenominati juraverunt hec omnia predicta bona fide et sine malo ingenio fideliter et firmiter observanda". L'editore nota che questa clausola, reciprocamente, non si trova nelle copie inglesi, e conclude che i copisti inglesi, falsificando il testo, abbiano voluto far credere a un giuramento unico prestato dal re di Francia. Comunque è un fatto che la controversia trattata nella decretale *Novit ille* muove dal presupposto che l'accordo sia stato confermato da un reciproco giuramento: "inter reges ipsos reformata fuerint pacis federa et utrinque prestito proprio iuramento firmata" (cfr. più avanti nel testo).

91 MACCARRONE, Innocenzo III e la feudalità, p. 469 s., 489.

inglese, secondo ciò che la decretale *Novit* assume come fondamento dell'intervento papale:

> <quum> rex Angliae, *sicut asserit*, sit paratus sufficienter ostendere, quod rex Francorum peccat in ipsum, et ipse circa eum in correctione processit secundum regulam evangelicam, et tandem, quia nullo modo profecit, dixit ecclesiae.

Innocenzo III, come aveva in precedenza precisato che non era suo intendimento giudicare della questione feudale, volle anche porre in chiaro che il suo intervento si poneva sul piano spirituale e mirava alla correzione del peccatore:

> Quum enim non humanae constitutioni, sed divinae *legi* potius innitamur, quia potestas nostra non est ex homine, sed ex Deo: nullus, qui sit sanae mentis, ignorat, quin ad officium nostrum spectet de quocunque mortali peccato corripere quemlibet Christianum, et, si correctionem contempserit, *ipsum* per districtionem ecclesiasticam coercere.

L'ufficio di richiamare il peccatore sulla via della verità e della virtù riguarda qualsivoglia peccato mortale (*criminale peccatum*), ma soprattutto (*praecipue*) – precisa Innocenzo – il peccato commesso contro la pace, che è vincolo di carità:

> Licet autem hoc modo procedere valeamus super quolibet criminali peccato, ut peccatorem revocemus a vitio ad virtutem, ab errore ad veritatem, praecipue *tamen* quum contra pacem peccatur, quae est vinculum caritatis[92].

La situazione era aggravata dalla circostanza che i *foedera pacis* intercorsi tra i due re erano stati confermati dal giuramento. Questo fatto è assunto da Innocenzo come argomento dirimente, poiché non è dubbio che la causa vertente sul giuramento appartenga alla giurisdizione della Chiesa:

> Postremo quum inter reges ipsos reformata fuerint pacis foedera, et utrinque praestito proprio iuramento firmata, quae tamen usque ad tempus praetaxatum servata non fuerint, numquid non poterimus de iuramenti religione cognoscere, quod ad iudicium ecclesiae non est dubium pertinere, ut rupta pacis foedera reformentur?

Il ristabilimento della pace tra i due sovrani cristiani in conflitto è il nucleo centrale dell'azione intrapresa da Innocenzo III attraverso la decretale *Novit*. Se ampliassimo la prospettiva e guardassimo alla funzione arbitrale svolta da Innocenzo III tra i sovrani europei del suo tempo, a ragione potremmo dire che

---

92 Affermazione che è seguita dalla citazione dei passi evangelici di Luca 10.5-6 e Marco 6.11.

la sua azione è mossa da un vero "fondamento teologico"[93], che nel testo esaminato emerge attraverso l'espressione *pax vinculum caritatis.* Il vincolo di carità e amore – che è adempimento del comandamento cristiano di amare il prossimo – è anche il fondamento dell'*unitas* della società cristiana[94], in un tempo nel quale Innocenzo III non si stancava di sollecitare la pace tra i sovrani cristiani anche quale fondamento di un'azione comune diretta alla riconquista della Terra Santa. La centralità di questa idea nella concezione ecclesiologica e politica di Innocenzo III consente di enucleare nel suo pensiero una vera "teologia della pace"[95].

D'altro canto dobbiamo notare che la teologia innocenziana era aderente a convinzioni circolanti nel mondo alto[96] e bassomedievale e trasfuse nello stesso

93 MACCARRONE, Innocenzo III e la feudalità, p. 466. Questa vicenda deve quindi essere collocata nel più ampio quadro dell'ecclesiologia innocenziana, sulla quale v. W. IMKAMP, Das Kirchenbild Innocenz' III. (1198-1216) (Päpste und Papsttum 22), Stuttgart 1983; K. PENNINGTON, Pope and Bishops. The Papal Monarchy in the Twelfth and Thirteenth Centuries, Philadelphia 1984.

94 "Unitas vero verum est inditium caritatis". Così leggiamo in una lettera del 1198, indirizzata ai vescovi e prelati francesi, con la quale Innocenzo III annunciava l'invio di un suo legato incaricato di sollecitare la crociata e promuovere il ristabilimento della pace tra Riccardo d'Inghilterra e Filippo di Francia: "precipue ad reformandam inter karissimos in Christo filios nostros Ph(ilippum) Francorum et Richardum Anglorum reges illustres plene pacis concordiam vel treugas saltem usque ad quinquennium statuendas, et excitandos populos ad obsequium Iesu Christi duximus destinandum" (Potthast 348: Die Register Innocenz' III. 1. Pontifikatsjahr, 1198/99. Texte, bearbeitet von O. HAGENEDER – A. HAIDACHER, Graz – Köln 1964, n. 345, p. 515-517, 15-31 agosto 1098; anche Patrologia Latina 21.319-320). L'azione di Innocenzo III è stata esaminata da J. GAUDEMET, Le rôle de la papauté dans le règlement des conflits entre les états aux XIIIe et XIVe siècles, in: Recueils de la Société Jean Bodin. XV. La paix, Bruxelles 1961, p. 79-106, ora in ID., La société ecclésiastique dans l'Occident médiéval (Collected Studies 116), London 1980, n. VII, il quale ha lucidamente concluso che "Innocent III reste fidèle à l'idée de l'unité chrétienne sous direction pontificale. Et cela afin de réaliser ce qui sera la grande idée du règne, la croisade" (86 s.). Ovviamente il ruolo esercitato dai Pontefici nelle relazioni internazionali può essere rintracciato anche nei secoli altomedievali: sul tema v. il recente studio di F. BOUGARD, Petitor et medius: le rôle de la papauté dans les relations internationales de Grégoire le Grand à Jean VIII, in: Le relazioni internazionali nell'alto medioevo, Spoleto, 8-12 aprile 2010 (Atti delle Settimane 58), Spoleto 2011, p. 299-339.

95 L'affermazione, condivisibile e ben motivata, è di MACCARRONE, Innocenzo III e la feudalità, p. 468. Un'indagine nel registro epistolare di Innocenzo III, resa possibile attraverso un motore di ricerca elettronico, consente di verificare la ricorrenza delle espressioni *pacis federa, pacis et dilectionis federa, treugarum federa*, insieme ai verbi *reformare, inire, statuere, corroborare et confirmare*, etc. Ho utilizzato il Corpus Corporum. Repositorium operum Latinorum apud universitatem Turicensem, www.mlat.uzh.ch.

96 Oltre alle fonti citate sotto, nota 97, se affondiamo ulteriormente lo sguardo nelle fonti altomedievali troviamo prove inconfutabili di una continuità nella prospettazione teorica e ideologica dei trattati di pace. Un esempio mirabile è dato dalla lettera scritta da Alcuino

linguaggio diplomatico dei trattati di pace, nel quale occorre di riscontrare la presenza ricorrente dei termini *amor*, *dilectio*, *caritas*[97].

---

per conto di Carlo Magno, riguardante un *foedus* stipulato tra il re dei Franchi e Offa, re dei Merci, nel 796 [E. DUEMMLER (ed.), Monumenta Germaniae Historica, Epistolarum tomus IV, Epistolae Karolini Aevi II, Berolini 1895, Alcuini epistolae, n. 100, p. 145]: "Inter regales dignitates et sublimiores saeculi personas foederate in unanimitate pacis amicitiae iura et sanctae caritatis concordiam ex intimo cordis effectu servare multis prodesse solet. Et si inimicitiae nodos dominico precepto dissolvere iubemur, quanto magis vincula caritatis conectere (sic) curandum est. Unde et nos, frater dilectissime, antiqui memores inter nos pacti, has vestre reverentiae litteras dirigere curavimus, ut foedus, in radice fidei firmatum, floreret in fructu caritatis [...]". Il documento è ricordato da B. PARADISI, L'amicitia internazionale nell'Alto Medio Evo, in: ID., Civitas maxima. Studi di storia del diritto internazionale, I-II, Firenze 1974, I p. 339-397 (370). Sul patto in questione v. anche B. PARADISI, Storia del diritto internazionale nel medio evo, I, Milano 1940, p. 384-386: nel volume, unico pubblicato dall'Autore, si troverà ampia documentazione della pratica dei *foedera pacis* nell'età altomedievale; sul tema si veda ora anche PADOA-SCHIOPPA, Profili del diritto internazionale nell'alto medioevo, p. 40-56, al quale occorre riferirsi anche per la letteratura più risalente.

97 Anche in questo caso, sporadici saggi di ricerca prefigurano risultati fruttuosi. Mi limito a ricordare il patto tra Venezia e l'impero stipulato da Ottone II nel 983 e poi periodicamente confermato sotto i suoi successori. Nel preambolo della *Pax cum Venetis* risuonano queste parole (mio il corsivo): "[...] Igitur nos quidem Otto divina favente clementia imperator augustus, humiliter suppplicante Tribuno duce Veneticorum per Adeleidam dilectam matrem et dominam nostram imperatricem semper augustam ac per nuncios suos Petrum Mauricinum monachum et Badoarium nobilem nec non Petrum Andreadi tribunum clementiam imperii nostri, ut pactum iam dudum constitutum inter nostrum et suum populum *pro divino amore caritatis ac pacis observationis iudicio*, scilicet ne qua iurgia discordiae divinae execrabiles voluntati aliquando inter utrosque provenire valeant, renovare et in melius confirmare dignaremur [...]" (MGH, Constitutiones et Acta publica Imperatorum et Regum, I p. 40). Nella versione del *Pactum cum Venetis* rinnovata da Enrico V (1094 o 1095) il preambolo suona: "Henricus Dei gratia Romanorum imperator augustus. Quoniam stabilem christianorum principum *caritatem operari* plurima bona ad multorum utilitatem novimus [...]" (ivi, p. 121). Questa formula è costantemente riprodotta nelle conferme date da Enrico V (22 maggio 1111; ivi, p. 152), Lotario III (3 ottobre 1136; ivi, p. 171), Federico I (22 dicembre 1154 e 17 agosto 1177: ivi, p. 209 e 374), Enrico VI (6 giugno 1196; ivi, p. 526), Ottone IV (18 agosto 1209) e Federico II (20 settembre 1220) (MGH, Constitutiones et Acta publica Imperatorum et Regum, II p 38 e 93). Una ulteriore ricorrenza si legge in un'epistola *pro foedere* di Federico I a Luigi VII re di Francia (31 maggio 1162): "[...] Placet igitur sublimitati nostre, ut inter nos tamquam consanguineos et inter cognata regna nostra, deterso tocius rancoris nebulo, sincere dilectionis splendor refulgeat et fedus amicicie, quod facit utraque unum, indissolubilem semper conservet amorem [...]" (MGH, Constitutiones et Acta publica Imperatorum et Regum, I p. 289). La lunga storia dei patti tra l'impero d'Occidente e Venezia comincia con Lotario I (840): sul tema v. PARADISI, Storia del diritto internazionale nel medio evo, I p. 368-384; G. ORTALLI, Il ducato e la "Civitas Rivoalti": tra Carolingi, Bizantini e Sassoni, in: Storia di Venezia, Roma 1992; G. RAVEGNANI, Tra i due imperi. L'affermazione politica nel XII secolo, in: Storia di Venezia, Roma 1995, entrambi consultati sul sito dell'Istituto della Enciclopedia Italiana,

Gli interpreti colgono con chiarezza i principî giuridici scaturenti dalla decretale innocenziana. Mi soffermo sulle questioni che toccano direttamente il tema che stiamo trattando. Tancredi, glossatore della *Compilatio tertia*, ricollega l'intervento di Innocenzo III alla funzione della Chiesa di promuovere e fare osservare il rispetto della pace, funzione che aveva avuto la più recente affermazione nel terzo Concilio Lateranense:

> ad Ecclesiam enim spectat servare pacem et facere servari, ut supra de treuga et pace c.I, XXIIII. q.III Si quis Romipetas et c. Paternarum (C.24 q.3 c.23, 24). T(ancredus)[98].

Dal tenore della decretale *Novit* Innocenzo IV evince che, oltre allo spergiuro, il *crimen pacis fracte* costituisce un titolo diretto di competenza giurisdizionale della Chiesa in questioni *lato sensu* temporali:

> nota crimen pacis fracte et periurii directe pertinere ad iudicium ecclesie, ut hic[99].

Fra i grandi maestri del secolo XIII, è probabilmente Enrico da Susa a notare con maggiore lucidità che la violazione della pace e del giuramento era stata la causa decisiva che Innocenzo III aveva posto a base del suo intervento:

> [...] hic procedit papa ratione violationis iuramenti et pacis, et huic ultime rationi papa omnino inniti videtur, ut patet ex sequentibus[100].

Traendo le conseguenze delle parole innocenziane, Enrico da Susa poteva quindi individuare nel giuramento, nella violazione della pace, nel difetto di giustizia e

---

www.treccani.it; PADOA-SCHIOPPA, Profili del diritto internazionale nell'alto medioevo, p. 50 s.

98 TANCREDI, Apparatus in 3 Comp.2.1.3, de iudiciis, c. Novit, v. *cum contra pacem peccatur* (Bamberg, Staatsbibliothek, Can. 19, fol. 147va). La glossa rifluisce poi nell'apparato di BERNARDO DA PARMA in X.2.1.13, v. *pacem*.

99 INNOCENZO IV, Commentaria in X.2.1.13, v. *iuramenti* (Commentaria INNOCENTII QUARTI Pont. maximi super libros quinque Decretalium, Francofurti ad Moenum, Feyerabendt Sigismundus 1570, fol. 193vb).

100 ENRICO DA SUSA, Lectura in X.2.1.13, de iudiciis, c. Novit (HENRICI DE SEGUSIO CARDINALIS HOSTIENSIS... In Secundum Decretalium librum Commentaria, Venetiis, apud Iuntas, 1581, fol. 6rb, n. 13). È rilevante il seguito del passo, dove l'Ostiense sottolinea che non ogni controversia di natura feudale tra *dominus e vassallus* implica la giurisdizione della Chiesa: "[...] alioquin quandocunque vasallus committeret feloniam contra dominum, quantumcunque iuste damnaretur, semper ad ecclesiam recursum haberet". Su altre analoghe affermazioni dell'Ostiense cfr. Thier, 'Von der gehaltenen und der gebrochenen fides' 336.

nella *ratio peccati* le cause che sempre giustificano l'intervento giurisdizionale della Chiesa:

> Nota ergo quod quelibet causa potest deferri ad ecclesiam ratione iuramenti, defectus iustitie, et pacis et peccati [...][101].

Le valenze teologiche dei *foedera pacis* – che abbiamo messo più sopra in luce a partire dal concetto di *fides* in Isidoro di Siviglia – avevano trovato ulteriore alimento nella decretale *Novit*, poiché Innocenzo III aveva tradotto e risolto il concetto di pace in quello di *vinculum caritatis*. Ritorniamo per un momento alle *Etymologiae*, cioè a uno dei libri più letti nell'Occidente medievale. Nello stesso contesto in cui Isidoro aveva parlato della *fides*, collegandola al *foedus* di Dio col suo Popolo, aveva così definito la terza virtù teologale:

> Caritas Graece, Latine dilectio interpretatur, quod duos in se liget. Nam dilectio a duobus incipit, quod est amor Dei et proximi; de qua Apostolus Rom. 13, 10 'Plenitudo', inquit, 'legis dilectio'[102].

Isidoro proseguiva, sulla scia dell'insegnamento paolino, affermando che la carità è la maggiore delle tre virtù, poiché in essa sono incluse la fede e la speranza:

> Maior est autem haec omnibus, quia qui diligit et credit et sperat[103].

Più sopra ho accennato alla centralità dell'idea di *caritas* nella concezione ecclesiologica e politica di Innocenzo III, il quale concepiva la *dilectio inter Christianos*[104] come vincolo di unità della società cristiana. Un giurista del tardo Medioevo colse con particolare sensibilità l'importanza del motivo teologico della *caritas* per la comprensione del tema giuridico della pace, in particolare quanto alla funzione esercitata dalla Chiesa per la sua promozione e conservazione. In diversi i luoghi dei suoi *Commentaria* l'Abate Siculo ribadisce le proprie convinzioni:

---

101 ENRICO DA SUSA, Lectura in X.2.1.13 (ed. cit., fol. 6vb, n. 28).
102 Etymologiae, Liber 8.2, de religione et fide, 6.
103 Etymologiae, Liber 8.2, de religione et fide, 7.
104 Traggo l'espressione da una lettera di Innocenzo III a Teodoro Lascaris del 17 marzo 1208 [Potthast 3337; Die Register Innocenz' III. 11. Band, 11. Pontifikatsjahr, 1208/1209. Texte und Indices. Bearbeitet von O. HAGENEDER und A. SOMMERLECHNER gemeinsam mit CH. EGGER, R. MURAUER, R. SELIGER und H. WEIGL (Publikationen des Historischen Instituts beim Österreichischen Kulturforum in Rom, II. Abt., 1. Reihe, 11. Band), Wien 2010, n. 44(47), p. 61, 17 marzo 1208; anche Patrologia Latina 215 1372-1373].

poiché la pace (che si ottiene attraverso un *pactum*, come ricordava Isidoro[105]) è vincolo di carità, la rottura della pace costituisce una violazione del precetto della carità, peccato la cui correzione spetta alla Chiesa[106]. A margine della decretale *Novit* il pensiero di Nicolò Tedeschi è presentato nella sua compiutezza:

> Nota, quid est pax? Est enim vinculum charitatis. Ut pax habeatur debet geri bellum, 23 q.1 Noli existimare (C.23 q.1 c.3). Charitas autem est dilectio Dei et proximi, et cum charitas sit spiritualis virtus qua salvamur, de pen. dist. 2 c. Charitas (*de pen.* D.2 c.5), ideo circa pacem et iuramentum specialiter cognoscit Ecclesia, secundum Hostiensem. Nota quod cum de pace fracta constat seu dubitatur, cuius culpa processerit violatio, potest cognoscere papa, et debet ratione peccati compellere ad pacem reformandam, seu ad treugas ineundas [...][107].

Vi è un ultimo aspetto del pensiero di Nicolò Tedeschi che merita di essere sottolineato. Come sopra ho accennato, la decretale *Novit* divenne una sede precipua a margine della quale i canonisti discutevano delle relazioni tra ordine temporale e ordine spirituale, *sub specie* delle relazioni tra imperatore, re e papa. Tirando le fila di argomentazioni che qui non è il caso di ripercorrere, Tedeschi conclude (manifestando evidenti inclinazioni ierocratiche) che il papa gode di una *maioritas* sull'imperatore, consistente nella titolarità della *suprema potestas*, sebbene non abbia l'esercizio del gladio temporale[108]. Ci si può chiedere – prosegue – quale sia il senso di siffatta *maioritas*, dal momento che il papa stesso dichiara di non voler perturbare la giurisdizione temporale del *princeps*, e dato che Cristo stesso ha proibito l'esercizio ecclesiastico del gladio temporale.

---

105 NICOLÒ TEDESCHI, Commentaria in X.5.40.11 (ed. cit., fol. 274vb): "[...] et dicitur pactum ex pace, quia communiter homines ex contentione veniunt ad pactum, quo mediante initur pax [...]".

106 NICOLÒ TEDESCHI, Commentaria in X.1.34, de treuga et pace, ad rubricam (ed. cit., fol. 157ra, n. 1): "quero ultra doctores nunquid iudex possit compellere subditos ad pacem fiendam, et dico quod sic, tam secularis respectu subditorum, quam ecclesiasticus respectu clericorum ratione peccati... Ad idem c. Novit de iudiciis, ubi dicitur quod ad papam pertinet reformare pacem, nam rumpens pacem venit contra preceptum charitatis, quia pax nihil aliud est quam charitas, ut ibi". E ancora, Commentaria in X.1.34.1 (ed. cit., fol. 157va, n. 3): "[...] vel dic... quod pax est charitatis vinculum, ut dicit textus in c. Novit de iudiciis. Charitas vero est amor Dei et proximi, de pen. dist. 2 [2 om. ed.] c. Charitas".

107 NICOLO TEDESCHI, Commentaria in X.2.1.13, de iudiciis, c. Novit (ed. cit., fol. 35ra, n. 8-9).

108 NICOLO TEDESCHI, Commentaria in X.2.1.13, de iudiciis, c. Novit (ed. cit., fol. 35vb, n. 13): "Ex quibus omnibus et multis aliis, que possunt adduci, que brevitatis causa omitto, satis concluditur quod papa sit maior imperatore, et quod penes ipsum papam sit suprema potestas, licet non habeat exercitium gladii temporalis. Sed diceres, ad quid valet ista maioritas et prerogativa, cum non valet papa perturbare illam iurisdictionem temporalis principis, nec minuere nec exercere per se [...] et ipse Deus exercitium interdixit [...] Respondetur quod valet ad multa [...]". Il passo prosegue con le parole citate oltre nel testo.

"Valet ad multa", è la risposta di Nicolò Tedeschi. E, oltre al caso della possibile deposizione dell'imperatore, il canonista espone in forma sintetica la sua idea circa le cause che possano giustificare l'esercizio della *maioritas* anche in materia temporale:

> Item in omnibus arduis negotiis, et maximis difficultatibus generantibus scandalum in christianitate, papa potest huiusmodi maioritatis ratione se intromittere etiam inter laicos, et exercere istam potestatem sibi a Deo tributam.

Questioni ardue e difficili, che generano scandalo nella cristianità. Queste parole di Nicolò Tedeschi sono certo ispirate dal caso trattato nelle decretale *Novit* e dall'intento di Innocenzo III di porre la Sede Apostolica quale supremo garante della pace tra i sovrani cristiani. In altro senso, tali parole possono essere assunte quale rappresentazione di una concezione della *societas christiana* storicamente legata al tempo in cui veniva formulata[109]: una società che nei secoli successivi avrebbe cambiato la sua fisionomia, così come insieme ad essa sarebbe mutato il ruolo del papato nei conflitti tra le nazioni.

7. Quasi un postludio. L'eredità dei giuristi medievali: sondaggi nel pensiero di Ugo Grozio

Questo itinerario di ricerca, per quanto rapidamente percorso, potrebbe dirsi così concluso, se non fosse che occorre suffermarsi brevemente sui punti accennati in premessa, cioè sul modo in cui il patrimonio giuridico medievale sia stato recepito in età moderna. Questo ulteriore aspetto, per le sconfinate prospettive di indagine che implica, dovrebbe più convenientemente essere riservato ad altra occasione. Tuttavia qualche breve cenno è doveroso, se non altro perché queste pagine si inscrivono in un più ampio quadro di ricerche sull'incidenza del *ius commune*, civile

---

109 Non sorprende che le citate conclusioni siano anche raccolte da MARTINO GARATI († 1453) nel breve Tractatus de confederatione, pace, et conventionibus Principum, sul quale v. A. WIJFFELS, Martinus Garatus Laudensis on Treaties, in: R. LESAFFER (ed.), Peace Treaties and International Law in European History. From the Late Middle Ages to World War One, Cambridge 2004, p. 184-197, che in appendice al volume offre l'edizione del trattato (p. 412-447). Nell'opera è evidente l'oscillazione del discorso tra il piano contrattuale privatistico e quello delle convenzioni internazionali. Il testo è suddiviso in *quaestiones*. La q. XXII, brevissima (p. 422), suona: "Crimen fractae pacis inter Principes pertinet ad iudicium Ecclesiasticum. Inn. in c. novit. de iud.". La q. XXXIIII, altrettanto breve (p. 426), suona: "Ad Papam pertinet pacem facere inter Principes Christianos gl. in clc. I. de iureiu. (Clem. 2.9.1) [...]".

e canonico, nell'edificazione della cultura giuridica europea con riferimento alle tematiche del *ius gentium*. La scelta inevitabilmente cade su Ugo Grozio (1583-1645), perché (senza voler entrare nella discussione circa la sua collocazione tra i "fondatori" del diritto internazionale) è indubbio che nell'opera di Grozio i temi, i problemi e le soluzioni del diritto della guerra e della pace trovano una solida e coerente sistemazione[110]. Il disegno sistematico groziano non può non essere considerato entro le coordinate storiche del suo tempo[111]. Al di là delle differenti

---

110 Il tema è amplissimo e costituisce un tópos della storiografia groziana. Quanto al ricorso di Grozio alle fonti del diritto comune medievale e moderno rinvio alle analitiche considerazioni di R. FEENSTRA, Ius commune et droit comparé chez Grotius: nouvelles remarques sur les sources citées dans ses ouvrages juridiques, à propos d'une réimpression du De iure belli ac pacis, in: Rivista Internazionale di Diritto Comune 3 (1992), p. 7-36, ora in ID., Legal Scholaship and Doctrines of Private Law, 13th-18th Centuries (Collected Studies Series 556), Aldershot – Brookfield 1996, n. VI. Sul tema rimane sempre fondamentale il volume di HAGGENMACHER, Grotius et la doctrine de la guerre juste. Recenti contributi di sintesi sono dati da Peter HAGGENMACHER, Sources in the Scholastic Legacy: Ius Naturae and Ius Gentium revisited by Theologians, in: J. D'ASPREMONT – S. BESSON – S. KNUCHEL (edd.), The Oxford Handbook of the Sources of International Law, Oxford 2017, p. 45-63, e A. BRETT, Sources in the Scholastic Legacy: The (Re)construction of the Ius Gentium in the Second Scholastic', ivi p. 64-84. Un profilo del capolavoro groziano è offerto da A. WIJFFELS, De iure belli ac pacis libri tres. In quibus ius naturae & Gentium: item iuris publici praecipua explicantur (1625). Hugo Grotius (Hugo de Groot) (1583-1645), in: S. DAUCHY – G. MARTYN – A. MUSSON – H. PIHLAJAMÄKI – A. WIJFFELS (edd.), The Formation and Transmission of Western Legal Culture. 150 Books that Made the Law in the Age of Printing (Studies in the History of Law and Justice7), Cham 2016, p. 173-177.

111 Le direttive del suo lavoro sono sintenticamente esposte nei Prolegomena del De iure belli ac pacis, n. 56: "In toto opere tria maxime mihi proposui, ut definiendi rationes redderem quam maxime evidentes, et ut quae erant tractanda, ordine certo disponerem, et ut quae eadem inter se videri poterant nec erant, perspicue distinguerem". Le citazioni sono tratte da HUGO GROTIUS, De iure belli ac pacis libri III, in quibus ius naturae et gentium, item iuris publici praecipua explicantur. Curavit B.J.A. DE KANTER-VAN HETTINGA TROMP. Editionis anni 1939 quæ Lugduni Batavorum in ædibus E.J. Brill emissa est exemplar photomechanice iteratum. Annotationes novas addiderunt R. FEENSTRA et C.E. PERSENAIRE adiuvante E. ARPS-DE WILDE, Aalen 1993 (ho occasionalmente adattato la punteggiatura). Per la ricerca mi sono avvalso anche della seguente edizione: HUGONIS GROTII De jure belli ac pacis libri tres, in quibus jus naturae et gentium, item iuris publici precipua explicantur... nec non JOANN. FRID. GRONOVII V.C. notis in totum opus de jure belli ac pacis, ex altera recensione JOANNIS BARBEYRACII, I-II, Amstelaedami, apud Janssonio-Waesbergios, 1735. Per un'agevole individuazione delle tematiche giuridiche sottese alla trattazione groziana mi è stato utile consultare gli indici redatti da HEINRICH VON COCCEJI, formulati sinteticamente in modo coerente con le categorie, le massime e i principî del ius commune: HENRICI LIBERI BARONIS DE COCCEJI, Sacrae Regiae Maiestati Borussicae quodam a Conciliis Secretioribus, Grotius illustratus seu Commentarii ad Hugonis Grotii De iure belli et pacis libros tres continens indicem rerum et verborum

ascendenze metodologiche che possano averlo ispirato, la storiografia intende tale disegno come un tentativo di definire, su basi razionali e universali, i lineamenti di un ordine giuridico idoneo a fornire soluzioni ai conflitti che perennemente attraversano la società umana: conflitti di natura politico-religiosa che, concretamente, tormentavano l'ordine mondiale del tempo in cui Grozio visse e dei quali l'autore era stato partecipe nonché vittima in una fase della sua vicenda umana[112].

È indubbio che il principio *pacta sunt servanda* rappresenta un'eredità proveniente dalla scienza giuridica medievale, connettendosi specificamente alle acquisizioni maturate nella scienza canonistica tra la fine del secolo XII e i primi decenni del secolo successivo. Se tale principio è fondamentale nella elaborazione del regime giuridico dei *foedera pacis* e più in generale dei trattati internazionali, nella concezione di Grozio esso assume, ancora più a monte, una posizione e un significato centrali in quanto principio di ordine sociale radicato nel diritto naturale. L'osservanza dei patti e della fede promessa (*stare pactis*), in questo senso, è il principio fondamentale che regge la costruzione e la conservazione dei vincoli sociali, fonte da cui scaturiscono le innumerevoli diramazioni determinate dai diritti delle diverse *civitates*. In questo senso Grozio si esprime in un notissimo passo dei *Prolegomena* del *De iure belli ac pacis*:

> Deinde vero cum iuris naturae sit stare pactis, (necessarius enim erat inter homines aliquis se obligandi modus, neque vero alius modus naturalis fingi potest,) ab hoc ipso fonte iura civilia fluxerunt[113].

---

locupletissimum in universum opus, tomus IV, Wratislaviae, sumtibus Johannis Jakobus Korn, Bibliopol., 1753.

112 I. BIROCCHI, Alla ricerca dell'ordine. Fonti e cultura giuridica nell'età moderna (Il Diritto nella Storia 9), Torino 2002, p. 164-180 (171 per il punto toccato nel testo) offre una denso profilo della figura intellettuale e dell'opera di Ugo Grozio, al quale è utile fare riferimento anche per una valutazione equilibrata delle diverse letture storiografiche dell'opera groziana. Sul pensiero di Grozio, per temi collaterali a quelli qui trattati, mi sono soffermato nella relazione: Grotius' doctrine of alliances with infidels and the idea of respublica christiana, Grotiana Conferences for the Preparation of the Quattrocentenary of De Jure Belli ac Pacis, Grotius on Contract and on Force, University of Leuven, 15-16 novembre 2018, in corso di stampa in: Grotiana 40 (2019).

113 GROZIO, De iure belli ac pacis, Prolegomena, n. 15 (ed. cit., p. 11). Per riprendere le parole di CALASSO, Il negozio giuridico, p. 336-338, nello *stare pactis* Grozio individua "le fondamenta della societas iuris". Nel precedente n. 8 dei Prolegomena Grozio aveva collocato la *promissorum implendorum obligatio* nel novero dei cinque princìpî dai quali scaturiscono le norme fondamentali atte a custodire la società in modo adeguato alla comprensione umana: "Haec vero quam rudi modo iam expressimus societatis custodia humano intellectui conveniens, fons est eius iuris, quod proprie tali nomine appellatur: quo pertinent alieni abstinentia, et si quid alieni habeamus aut lucri inde fecerimus restitutio,

Per questa ragione gli effetti del principio *stare pactis* si producono tanto nei rapporti interpersonali di natura privatistica, quanto nella dimensione pubblicistica della *respublica* e nei rapporti regolati da accordi tra le *nationes*[114]. Il trapasso dall'una alle altre dimensioni di relazioni è visibile nel libro secondo dell'opera[115].

Partendo dalla classificazione ulpianea delle *conventiones* in *publicae* et *privatae*[116], Grozio distingue le prime in *foedera, sponsiones* e *pactiones aliae*[117]. Quanto ai *foedera* – cioè gli accordi fatti per volontà della suprema potestà della *respublica*, che vincolano tutto il popolo[118] –, tali *conventiones* possono definire obblighi in sé scaturenti dal diritto naturale[119], oppure possono aggiungere qualcosa a quanto è già dettato dal diritto di natura[120]. I *foedera* dell'uno e dell'altro tipo possono essere stipulati *pacis causa* o *societatis causa*[121]. A tali partizioni Grozio perviene dopo avere trattato in generale delle promesse, dei contratti e dei giuramenti[122], e dopo avere

promissorum implendorum obligatio, damni culpa dati reparatio, et poenae inter homines meritum" (ed. cit., p. 9).

114 Cfr. le convergenti osservazioni di BIROCCHI, Alla ricerca dell'ordine, p. 176.

115 Per un'analisi dell'organizzazione del secondo libro del De iure belli ac pacis v. in particolare R. FEENSTRA, La systematique du droit dans l'oeuvre de Grotius, in: La sistematica giuridica. Storia, teoria e problemi attuali (Biblioteca Internazionale di Cultura 22), Roma 1991, p. 333-346 (336-338).

116 GROZIO, De iure belli ac pacis, Lib. II, caput XV, De federibus ac sponsionibus, § I (ed. cit., p. 389): "Conventiones Ulpianus divisit in publicas et privatas", con riferimento a D.2.14.1.

117 GROZIO, De iure belli ac pacis, Lib. II, caput XV, § II.

118 GROZIO, De iure belli ac pacis, Lib. II, caput XV, § II (ed. cit., p. 390): "De federum et sponsionum discrimine adiri potest Livius libr. IX. ubi recte nos docet federa esse quae fiunt iussu summae potestatis, et in quibus ipse populus irae divinae obstringitur si minus stetur dictis. Ea apud Romanos peragi per feciales solebant addito patre patrato. Sponsio <autem> est, ubi hi qui a potestate summa mandatum eius rei non habent aliquid promittunt quod illam proprie tangit".

119 GROZIO, De iure belli ac pacis, Lib. II, caput XV, § V.3 (ed. cit., p. 392): "sub hoc genere comprehendo et federa quibus cavetur, ut utrinque ius hospitii, ut ius commercii sit, quatenus ista sub iure naturali veniunt [...]".

120 GROZIO, De iure belli ac pacis, Lib. II, caput XV, § VI.

121 GROZIO, De iure belli ac pacis, Lib. II, caput XV, § VI.2.

122 GROZIO, De iure belli ac pacis, Lib. II, caput XI, XII, XIII. È il caso di precisare che il secondo libro non contiene un'autonoma trattazione dei *pacta*, poiché il sistema delle fonti delle obbligazioni appare essere costruito a partire dal nucleo della *promissio*. Ha visto bene R. FEENSTRA notando che "les promesses unilatérales [...] constituent pour lui la base de toute la doctrine qu'aujoud'hui nous avons l'habitude d'attacher plutôt aux contrats" (FEENSTRA, La systematique du droit dans l'oeuvre de Grotius, p. 337). Anche nella Inleidinge tot de Hollandsche rechtsgeleerdheid (Introduzione alla giurisprudenza olandese, 1619-1621) la promessa ha una collocazione centrale quale fonte delle obbligazioni: R. FEENSTRA, Pact and Contract in the Low Countries from the 16th to the

applicato le conclusioni del discorso alle promesse, ai contratti e ai giuramenti di coloro che detengono il *summum imperium*[123]. Il filo che percorre la trattazione è quello che afferma l'obbligo di *stare pactis* e di osservare le promesse e la *fides* data[124] – ciò che è definito *fundamentum iustitiae*, sulla scia di Cicerone[125] –, a partire dalla consapevolezza che la parola data ha una forza vincolante prima e indipendentemente dal giuramento che le parti possano aver prestato a conferma di un accordo[126]. Tale dottrina rispecchia le conclusioni maturate in seno alla scienza medievale, che ora Grozio applica alla materia dei *foedera*[127]. Un limite agli

---

18th Centuries, in: J. BARTON (ed.), Towards a General Law of Contract (Comparative Studies in Continental and Anglo-American Legal History 8), Berlin 1990, p. 197-213, ora in ID., Legal Scholarship, n. VIII. Sul tema cfr. anche M. DIESSELHORST, Die Lehre des Hugo Grotius vom Versprechen (Forschungen zur neueren Privatrechtsgeschichte 6), Köln – Graz 1959, e soprattutto ora DECOCK, Theologians and Contract Law, p. 208-212, il quale mette in luce come in questa opzione sistematica Grozio abbia seguito i tardo scolastici, verosimilmente Lessius.

123 GROZIO, De iure belli ac pacis, Lib. II, caput XIV, De eorum qui summum imperium habent promissis et contractibus et iuramentis.

124 GROZIO, De iure belli ac pacis, Lib. II, caput XI, De promissis, § I.4 (ed. cit., p. 328): "Accedit his sapientum consensus: nam quomodo dicitur a Iurisconsultis, nihil esse tam naturale, quam voluntatem domini volentis rem suam in alium transferre ratam haberi, eodem modo dicitur, nihil esse tam congruum fidei humanae, quam ea quae inter eos placuerunt servare [...]", con riferimento a D.2.14.1.

125 GROZIO, De iure belli ac pacis, Lib. II, caput XI, § I.4 (ed. cit., p. 328), con riferimento a de officiis 1.23 (cfr. sopra, nota 12).

126 GROZIO, De iure belli ac pacis, Lib. II, caput XVI, De interpretatione, § XVI.4-5 (ed. cit., p. 417): "[...] Minime vero admittenda est Bodini argumentatio, federa ad regum successores non transire, quia iuramenti vis personam non exeat. Potest quippe iuramenti obligatio personam tantum obstringere, et ipsa promissio obligare heredem. Neque verum est quod sumit, federa iureiurando veluti firmamento inniti, cum plerumque in ipsa promissione satis est efficaciae, cui maioris religionis causa iusiurandum additur". L'opinione di JEAN BODIN confutata da Grozio si legge in: Les six livres de la Republique de I. BODIN Angevin, Lyon, de l'Imprimerie de Iean de Tournes, 1579, libro VI, cap. VI, p. 576 s.

127 Per questo penso debba essere ridimensionata l'idea che con Grozio vi sia stata una "Epiphanie der fides" (della "völkerrechliche" fides) generata dall'approccio umanistico alle fonti letterarie romane (Cicerone e Livio soprattutto), perché ciò lascerebbe in ombra i fondamentali contributi dati dalle fonti patristiche e dal diritto comune civile e canonico, come credo che queste pagine diano prova: per l'opinione qui discussa cfr. NÖRR, Die fides im römischen Völkerrecht, p. 45 s. Sull'importanza del concetto di *fides* in Grozio cfr. H.W. BLOM, The Meaning of Trust: Fides between self-interest and appetitus societatis, in: P.M DUPUY – V. CHETAIL (edd.), The Roots of International Law / Les fondements du droit international: Liber Amicorum Peter Haggenmacher (Studies in the History of International Law, 11.5), Leiden 2014, 39-58; IDEM, Hugo Grotius on trust, its causes and effects, in: L. KONTLER – M. SOMOS (edd.), Trust and Happiness in the History of European Political Thought, Leiden 2017, 76-98.

effetti di questi principî è quello che i giuristi medievali avevano condensato nella massima *frangenti fidem, fides frangatur eidem*: limite che Grozio enuncia, con specifico riguardo al giuramento, ricorrendo al concetto di *conditio implicita*, che egli ricava fra l'altro dalla decretale *Pervenit* (X.2.24.3), la quale aveva fornito ai canonisti una delle principali *auctoritates* a sostegno della menzionata conclusione[128].

L'osservanza della *fides* è poi il motivo conduttore del terzo libro del *De iure belli ac pacis*: la sua centralità emerge sin dal primo capitolo, nel quale il tema di ciò che sia lecito *in bello* in base al diritto di natura si incrocia da subito con la trattazione *de dolis et mendacio*[129]. Anche tra nemici (*hostes*), menzogna e *falsiloquium* non sono ammissibili là dove un vincolo sia sorto in forza di una *promissio*, perché questa genera un *ius speciale ac novum* o, in altri termini, una *obligatio ex promisso*[130]. Un capitolo è specificamente intitolato *de fide inter hostes*, nel quale fra le primarie *auctoritates* spiccano Ambrogio e Agostino, quest'ultimo col passo dell'Epistola a Bonifacio, citatissimo dai giuristi medievali, in cui si afferma che la *fides*, quando è promessa, deve essere osservata persino di fronte al nemico[131]. Nella prospettiva di Grozio, comunque, i citati autori valgono, più che per l'autorità che la tradizione cristiana loro attribuisce, per avere colto delle profonde verità riguardanti la natura umana:

> nimirum hostes qui sunt, homines esse non desinunt[132].

---

128 GROZIO, De iure belli ac pacis, Lib. II, caput XIII, De iureiurando, § XVI. Qui perfido iuravit, an implere debeat, distinctione explicatur, 1 (ed. cit., p. 371 s.): "Illud vero Accianum: T. Fregisti fidem. A. Quam neque dedi, neque do infideli cuipiam (cfr. Cicero, de officiis 3.102): ita demum probari potest, si iurata promissio aperte respectum habuerit alterius promissionis, quae ei quasi conditio fuerit implicita". Il riferimento a X.2.24.3 compare nelle *additiones* dell'edizione del 1642.

129 GROZIO, De iure belli ac pacis, Lib. III, caput I, Quantum in bello liceat, regulae generales ex iure naturae: ubi et de dolis et mendacio.

130 GROZIO, De iure belli ac pacis, Lib. III, caput I, § XVIII.1 (ed. cit., p. 633): "[...] ex promissione, ut iam modo dicere coepimus, ius speciale ac novum confertur ei cui fit promissio: idque inter hostes etiam locum habere sine ulla hostilitatis iam existentis exceptione, neque tantum in promissis expressis, sed et in tacitis, ut in colloquii postulatione, ostendemus cum ad eam partem quae de fide in bello servanda est ventum erit". Di *obligatio ex promisso* parla in Lib. III, caput XIX, de fide inter hostes, § I.3 (ed. cit., p. 814).

131 GROZIO, De iure belli ac pacis, Lib. III, caput XIX, De fide inter hostes, § I. Fidem deberi hostibus quibusvis, 2 (ed. cit., p. 814). Si noti che Agostino è citato direttamente dall'epistolario, non dal Decretum di Graziano.

132 GROZIO, De iure belli ac pacis, Lib. III, caput XIX, § I.2 (ed. cit., p. 814).

Vi è dunque una *societas rationis et sermonis* – prosegue Grozio – che fonda il dovere di mantenere la *fides* data anche al nemico, poiché, come si è detto, per Grozio la *promissio* genera e attribuisce un *ius novum*[133]. Persino con i predoni, i pirati o i tiranni è necessario mantenere la *fides*, sebbene essi non godano di quella particolare condizione che il *ius gentium* riserva alle parti nemiche in un *bellum solenne et plenum*:

> quia homines sunt, communionem habent iuris naturalis [...] ex quo nascitur ut pacta servanda sint[134].

Communio iuris naturalis: i postulati del giusnaturalismo groziano sono qui portati a conseguenze coerenti e rigorose, che a ben vedere possono essere ricondotte a due radici di fondo. Da un lato vi è la consapevolezza (e l'esperienza) che togliere all'osservanza della *fides* tale centralità nelle relazioni umane avrebbe conseguenze disastrose per l'ordine e la pace delle società e delle nazioni. Dall'altro lato, più a monte, vi è una ben definita concezione antropologica, nutrita di umanesimo cristiano, che vede la persona umana quale creatura razionale che deve sforzarsi di realizzare la sua propria natura e, attraverso l'esercizio della *caritas*[135], di meritare l'incondizionata *filantropia* divina, che è rivolta a tutti gli uomini

---

133 GROZIO, De iure belli ac pacis, Lib. III, caput XIX, § I.3 (ed. cit., p. 814): "Ex hac autem societate rationis et sermonis nascitur ea de qua agimus obligatio ex promisso [...] Promissio per se ius novum confert".

134 GROZIO, De iure belli ac pacis, Lib. III, caput XIX, § II. Refellitur sententia, quae praedonibus et tyrannis fidem servanda negat, 2 (ed. cit., p. 816).

135 *Caritas* è un concetto che percorre trasversalmente tutta l'opera, e frequentissima è l'argomentazione *ex caritate*. Il tema meriterebbe ulteriori approfondimenti in altra sede, sia qui consentito solo qualche accenno fugace. Ripetutamente Grozio si confronta col significato del precetto cristiano dell'amore per il prossimo e sulle sue implicazioni nelle relazioni giuridiche. In linea di principio, la legge evangelica impone di amare come prossimo tutti gli uomini, indipendentemente dall'appartenenza religiosa. Tutti gli uomini sono accolti nella grazia del Signore, e non vi è popolo che sia da Dio maledetto o esecrato: "Sit ergo nunc porrecta latius proximi significatio ad homines quosvis: omnes enim in communem gratiam sunt recepti: nulli populi a Deo devoti: licebit tamen in omnes quod tunc in Israëlitas licuit, qui diligi aeque tunc iubebantur, ut nunc quivis homines" (GROZIO, De iure belli ac pacis, Lib. I, caput I, § VII.10; ed. cit., p. 73). Ciò premesso, Grozio sottolinea più volte che la legge della carità eccede ciò che è richiesto o consentito dal *summum ius*. Per esempio, De iure belli ac pacis, Lib. III, caput I, § IV.2 (ed. cit., p. 613 s.): "Sed sicut antehac monuimus saepe, non semper ex omni parte licitum est quod iuri stricte sumto congruit. Saepe enim proximi caritas non permittet ut summo iure utamur". E ancora, Lib. III, caput XIII, § IV.1 (ed. cit., p. 778): "Caeterum sciendum est quod et alibi meminimus, latius patere caritatis quam iuris regulas".

indipendentemente dalla loro appartenenza religiosa[136]. Entrambi i motivi sono resi manifesti nel capitolo conclusivo dell'opera, che si apre con i *Monita ad fidem servandam.* Qui la *fides* è considerata come pilastro che regge non solo la singola *respublica*, ma quell'aggregazione superiore che è la società delle nazioni (*gentium societas*):

> Fide enim non tantum respublica quaelibet continetur, ut Cicero dicit, sed et maior illa gentium societas: hac sublata, ut vere Aristoteles [...], tollitur quod inter homines est commercium[137].

Perché – prosegue –, se togliamo la *fides*, gli uomini saranno simili alle bestie feroci, e come queste esposti alle reciproche violenze:

> itaque fide sublata feris erunt similes, quarum vim omnes exhorrent[138].

Ecco perché la pace conclusa deve essere mantenuta religiosamente (*summa religione*), per quella sacertà (*sanctimonia*) della *fides* sulla quale Grozio ha ripetutamente insistito[139]. Dove le parole sono evidentemente scelte con la massima attenzione e consapevolezza dall'autore che si accinge a concludere la sua opera. Per noi lettori esse sono estremamente significative, poiché valgono a manifestare, se ve ne fosse bisogno, l'afflato religioso che pervade il discorso giuridico groziano; valgono a esprimere la sua fede nelle capacità, nei doveri e nelle responsabilità dell'uomo; nonché a dimostrare l'intrinseca connessione tra diritto e teologia che sostiene il suo sistema. Non è certo un caso che le tre parole che concludono il *De iure belli ac pacis*, tratte da Giovanni Crisostomo, siano riferite all'uomo, *Deo carissimum animal*[140].

---

136 La parola *filantropia* non compare testualmente nel De iure belli ac pacis, ma il concetto è espresso a conclusione dell'opera (cfr. sotto, nota 140).

137 GROZIO, De iure belli ac pacis, Lib. III, caput XXV, Conclusio, cum monitis ad fidem et pacem, § I. Monita ad fidem servandam, 1 (ed. cit., p. 877).

138 GROZIO, De iure belli ac pacis, Lib. III, caput XXV, § I.1 (ed. cit., p. 877 s.).

139 GROZIO, De iure belli ac pacis, Lib. III, caput XXV, § VII. Pacem factam summa religione servandam (ed. cit., p. 879): "Pax autem facta qualibuscumque legibus, servanda omnino ob eam quam diximus fidei sanctimoniam [...]".

140 GROZIO, De iure belli ac pacis, Lib. III, caput XXV, § VIII. Votum et finis operis (ed. cit., p. 879 s.): "Inscribat haec Deus (qui solus hoc potest) cordibus eorum quorum res Christiana in manu est, et iisdem mentem divini humanique iuris intelligentem duit, quaeque semper cogitet lectam se ministram ad regendos homines, Deo carissimum animal". La citazione è attribuita a GIOVANNI CRISOSTOMO, Sermo de eleemosyna, in

8. Al modo di una conclusione

E qui il cerchio si chiude, a riconnettere la conclusione di questa ricerca con le premesse enunciate nell'introduzione, e più a monte con le premesse che hanno ispirato un progetto di ricerca – condotto tra il 2008 e il 2020 – che si è concretizzato nei sei volumi che portano il titolo *Der Einfluss der Kanonistik auf die europäische Rechtskultur*. Al termine di questo percorso, non posso non ricollegarmi alle considerazioni con cui concludevo il contributo pubblicato nel primo volume della serie[141]. Nella vicenda storica che ho inteso tracciare, il diritto canonico e il diritto civile sono realtà certamente distinte, ma congiunte in una dimensione unitaria che il Medioevo definiva con l'espressione *utrumque ius*. La formazione di questo patrimonio giuridico comune avvenne nel seno di una società cristiana che non concepiva il diritto se non nelle sue connessioni con alcune fondamentali premesse comuni alla natura umana (*ius naturale*): una natura concepita come creata da Dio secondo un ordine che la persona umana, con le facoltà razionali di cui è divinamente dotata, ha la capacità e il dovere di comprendere e riproporre come base della convivenza civile.

In questo contesto si svolsero le elaborazioni dottrinali che condussero all'emersione del principio *pacta sunt servanda*, sul quale si fonda il rispetto dei patti di pace (*foedera pacis*) che la tradizione collocava tra gli istituti fondamentali del *ius gentium*. Se l'obbligo di osservare la *fides* data e ricevuta scaturisce dal diritto naturale, il prodotto dell'accordo, il *foedus*, viene attratto – come dimostrano le riflessioni isidoriane – nella sfera sacrale, poiché il patto (*foedus*) tra persone

---

principio. Lo scritto è collocato fra le opere spurie in Patrologia Graeca 60.708 (per le parole qui citate: ἄνθρωπος, τὸ περισπούδαστον ζῶον τοῦ Θεοῦ).

141 CONDORELLI, Il testamento confermato dal giuramento tra diritto canonico e diritto civile, p. 336. In quella sede da un lato richiamavo le critiche di Manlio Bellomo alla categoria dell' 'influsso' (M. BELLOMO, Ius civile, ius canonicum, società medievale, nel medesimo primo volume della serie, p. 1-6), dall'altro osservavo che "anche chi ha guardato alla storia attraverso la prospettiva dell' 'influsso' lo ha fatto con l'intento di mettere in luce il contributo dato dal diritto canonico (e dai valori morali di cui esso è portatore) alla edificazione della civiltà europea e più in generale occidentale". È il caso di P. LANDAU, Der Einfluß des kanonischen Rechts auf die europäische Rechtskultur, in: R. SCHULZE (ed.) Europäische Rechts- und Verfassungsgeschichte. Ergebnisse und Perspektiven der Forschung (Schriften zur Europäischen Rechts- und Verfassungsgeschichte 3), Berlin 1991, p. 39-57; ID., Die Bedeutung des kanonischen Rechts für die Entwicklung einheitlicher Rechtsprinzipien, in: H. SCHOLLER (ed.), Die Bedeutung des kanonischen Rechts für die Entwicklung einheitlicher Rechtsprinzipien (Arbeiten zur Rechtsvergleichung, Schriftenreihe der Gesellschaft für Rechtsvergleichung 177), Baden-Baden 1996, p. 23-47.

umane è visto quale riflesso o segno dell'alleanza tra Dio e il suo Popolo. Questa convinzione non nega od oscura le radici naturali dell'obbligo di osservare i patti (*foedera*, *pacta*), ma anzi le presuppone, secondo il principio che la grazia non cancella la natura ma la perfeziona. Nella *societas christiana* medievale il patto di pace poteva pertanto essere inquadrato come fonte di un "vincolo di carità" (*pax vinculum caritatis*) che connette (dovrebbe connettere) dall'interno il *Corpus Christianorum*. L'ultima parte della ricerca è stata dedicata a esaminare, benché sommariamente, come questo patrimonio sia transitato dall'età medievale a quella moderna e sia stato recepito nella dottrina di Ugo Grozio, autore che è indubitabilmente considerato tra i padri fondatori del diritto internazionale moderno. Non è un caso che, alla conclusione dell'opera sul diritto della guerra e della pace, Grozio ponga l'accento sulla "santità della *fides*", cioè su una dimensione intimamente sacrale della *fides*, che da un lato scaturisce dalla natura umana, ma che nella comprensione cristiana è anche sussunta in un ordine superiore: senza esitazioni Grozio afferma che la legge di Cristo esige dall'uomo una "santità" (*sanctimonia*) maggiore di quella imposta dal mero diritto naturale[142], e che la legge della carità eccede, supera quanto lo stretto diritto impone o consente[143].

Ai giorni nostri la *Convenzione di Vienna sul diritto dei trattati* (1969) recita nel preambolo che "the principles of free consent and of good faith and the *pacta sunt servanda* rule are universally recognized"[144]. Ma su quali basi si fonda tale asserita universalità, che un osservatore "occidentale" difficilmente avrebbe la forza di disconoscere?[145] Lo sguardo dell'osservatore odierno muove prevalentemente da

---

142 GROZIO, De iure belli ac pacis, Prolegomena, n. 50 (ed. cit., p. 25): "pro certo habens in illa sanctissima lege maiorem nobis sanctimoniam praecipi quam solum per se ius naturae exigat". La *sanctissima lex* alla quale Grozio si riferisce è il *Novum Fedus*, cioè il Nuovo Testamento. L'affermazione è fatta nel contesto della enunciazione delle fonti che Grozio aveva utilizzato per la composizione dell'opera e la costruzione del sistema. Grozio dichiara di avere utilizzato il Nuovo Testamento in quanto esso contiene insegnamenti che i Cristiani non possono desumere da altre fonti, nemmeno dal diritto naturale: "Novo federe in hoc utor, ut doceam, quod non aliunde disci potest, quid Christianis liceat: quod ipsum tamen, contra quam plerique faciunt, a iure naturae distinxi [e prosegue con le parole indicate all'inizio di questa nota]" (ibidem).

143 Cfr. sopra, nota 135.

144 Vienna Convention on the Law of Treaties, 23 May 1969. Da leggere con la specificazione contenuta nel successivo Art. 26, "Pacta sunt servanda": "Every treaty in force is binding upon the parties to it and must be performed by them in good faith".

145 Comprensibilmente DOMINGO, The New Global Law, 190 s., colloca il principio *pacta sunt servanda* tra i principî giuridici fondamentali di un nuovo (ma con una lunga storia dietro di sé) global law.

una concezione secolarizzata del diritto internazionale, e più in generale del diritto in quanto tale. Eppure, ignorare o peggio disconoscere il percorso culturale e dottrinale attraverso il quale siffatti principî si sono affermati; ignorare o disconoscere le basi teoriche alle quali la tradizione del pensiero giuridico e teologico "occidentale" ha ancorato principî che oggi appaiono come "postulati di sistema"; ignorare o disconoscere tutto ciò significherebbe fare torto non solo alla storia. Perché perdere di vista le origini etico-religiose del principio *pacta sunt servanda*, e il suo radicamento in quel fondamento che la tradizione giuridica intermedia denominava "diritto naturale", farebbe torto al nostro presente, minando le basi che ci consentono (anche qualora ne fossimo inconsapevoli) di riconoscere come universale un fondamentale principio di relazione e convivenza.

Abstract:

The *foedera pacis* (peace accords) belongs to the core of the fundamental themes of the *ius gentium*. Some passages of Isidore from Seville and Augustine, handed down in Gratian's *Decretum*, and some fragments contained in Justinian's Digest (Gaius, Hermogenianus, Ulpianus) were the main sources on which the medieval jurists elaborated the fundamental doctrines concerning the foundations of the *foedera pacis* (*pactum* and *fides*) and the effects arising from these premises. The doctrines of medieval jurists on the *foedera pacis* represent one of the roots that nourished the reflections of the Fathers of modern international law (Grotius' thought is here examined).

Sommario: La materia dei *foedera pacis* (accordi di pace) appartiene al nucleo dei temi fondamentali del *ius gentium*. Alcuni passi di Isidoro da Siviglia e Agostino, tramandati nel *Decretum* di Graziano, e alcuni frammenti contenuti nel Digesto (Gaio, Ermogeniano, Ulpiano), furono le principali fonti sulle quali i giuristi medievali elaborarono le dottrine fondamentali concernenti i fondamenti costitutivi dei *foedera pacis* (il *pactum* e la *fides*) e gli effetti che scaturiscono da tali premesse. Le dottrine dei giuristi medievali sui *foedera pacis* rappresentano una delle radici che nutrirono le riflessioni dei Padri del diritto internazionale moderno (in conclusione è esaminato il pensiero di Grozio).

Mathias Schmoeckel

Der Streit über die Erfindung des „heiligen Kriegs" anlässlich des ersten Kreuzzugs im kanonischen Recht*

I. Der Aufruf von Clermont 1095

So bekannt der Aufruf zum ersten Kreuzzug durch Papst Urban II. 1095 in Clermont ist, so umstritten ist er in seinen Einzelheiten, so dass kaum etwas wirklich feststeht. Papst Urban II. (geb. Eudes de Châtillon: *ca.* 1035–1099, Papst 1088–1099) hatte dorthin zu einem Konzil eingeladen. Gebürtig aus der Nähe von Reims war er zunächst ins Kloster Cluny eingetreten, bevor er zu einem Vertrauten von Gregor VII. wurde, der ihn 1078 zum Kardinal-Erzbischof von Ostia kreierte. Als er 1088 als Nach-Nachfolger Gregors zum Papst gewählt wurde, gab es seit 1084 durch die Absetzung Gregors und die Wahl des Clemens III. jedoch bereits einen ‚Gegenpapst', der vor allem von Rom aus nördlich der Alpen im Reich und im Osten Europas herrschte. Urban wurde dagegen besonders in Frankreich und Italien anerkannt. Mit über 300 Bischöfen wurde das Konzil von Clermont zwar gut besucht, doch illustrierte es zugleich Urbans räumliche Begrenzung. Umso wichtiger war die internationale Reichweite seines Aufrufs.

Die berühmte Rede hielt Urban am 27. November vor den Toren der Stadt. Sie ist nur durch Berichte überliefert, die deutlich voneinander abweichen[1]. Sicher ist, dass Urban II. die Gefahren und Leiden der Christen im Osten durch die Seldschuken beschrieb und dazu aufrief, dem Kaiser von Konstantinopel mit

* Der Beitrag wurde in einer früheren Fassung bereits veröffentlicht in ZRG KA 136 (2019), 1-43. Für eine kritische Lektüre danke ich Matthias Becher.

1 Georg Strack, The Sermon of Urban II in Clermont 1095 and the Tradition of Papal Oratory, in: Medieval Sermon Studies 56 (2012) 30–45, http://www.mag.geschichte.uni-muenchen.de/downloads/strack_urban.pdf, zuletzt 26.7.2019; vorher bereits Dana Carleton Munro, The Speech of Pope Urban II. at Clermont, 1095, in: The American Historical Review 11 (1902) 231–242; nunmehr Boris Gübele, Deus vult, Deus vult. Der christliche heilige Krieg im Früh- und Hochmittelalter (= Mittelalter-Forschungen 54), Sigmaringen 2018, 299–318, 317f. zu den jüngeren Interpretationsansätzen.

Waffengewalt beizustehen. Tatsächlich verhandelte dieser mit dem Papst um Hilfe aus dem Westen[2].

Der erste Chronist, Fulcher von Chartres (1059–1127?), erwähnt, dass der Papst einen Erlass der geistlichen Strafen (*remissio peccatorum*) in Aussicht stellte für jene, die dabei umkämen. Dabei berief er sich auf seine besondere Amtsgewalt. Robert „der Mönch" von Reims (um 1055–1122) nannte ebenso diese in Aussicht gestellte Folge, bezeichnete die Reise jedoch als Pilgerfahrt. Dafür erwähnt er die Möglichkeit einer Einnahme Jerusalems. Sein Freund Balderic Erzbischof von Dol (1046–1130) erweiterte dies zu einer Erklärung der Bedrohung für das ‚Heilige Land'. Diese rhetorisch entwickelte Version erwähnt dafür nur die Möglichkeit, für die christliche Sache zu sterben. Bei diesem einzig rechtmäßigen Kampf handle es sich um eine Aufgabe der *caritas*, für die sich Gott dankbar erweisen würde.

Die meisten Berichte bezeugen die große Wirkung auf die Öffentlichkeit, welche mit „*Deus vult*"-Rufen kundtat, dass man diesen Kriegszug für Gottes Willen hielt[3]. Zudem beschloss auch das Konzil von Clermont einen solchen Sündenerlass für diejenigen, die zur Befreiung Jerusalems fahren würden. Das würde ihnen als Bußleistung (*penitentia*) angerechnet werden:

> *Quicumque pro sola devotione, non pro honoris vel pecunie adeptione, ad liberandam ecclesiam Dei Hierusalem profectus fuerit, iter illud pro omni penitentia ei reputetur.*[4]

> Dem, der sich nur aus dem Glauben, nicht wegen der Ehre oder Gewinnchancen, zur Befreiung der Jerusalemer Kirche hingegeben hat, dem soll also dieser Weg als jedwede Form der Buße angerechnet werden.

Was sich in Clermont ereignete, veränderte jedenfalls die Diskussion in Europa. Doch gleichzeitig handelt es sich dabei auch um einen der in der historischen Deutung am meisten umstrittenen Sätze der europäischen (Rechts-)Geschichte. Gerade in den letzten Jahren entstand eine weitere Fülle neuer historischer Deutungen und Fragen: Wurde hiermit ein Krieg oder der Krieg im Allgemeinen legitimiert? Wurde eine besondere Art von Kriegen begründet, nämlich die

---

2 Dazu Alfons Becker, Papst Urban II. (1088–1099), Teil 2: Der Papst, die griechische Christenheit und der Kreuzzug (= MGH Schriften 19, II), Stuttgart 1988, insbesondere 151.

3 Zu dieser Akklamation vgl. Benoît Lacroix, Deus le volt! La théologie d'un cri, in: Mélanges E.-R. Labande, Études de civilisation médiévale (IXe–XIIe siècles), Poitiers 1974, 461S. 361–470.

4 Entnommen aus Robert Somerville, The Councils of Urban II, vol. I: Decreta Claromontensia (= Annuarium Historiae Conciliorum, suppl. 1), Amsterdam 1972, S. 74.

Kreuzzüge, die sich durch ihre besondere Legitimation von den anderen Kriegen unterschieden? Kann man hier den Beginn von ‚Kreuzzügen' erkennen oder nur den Beginn einer neuen europäischen Gewalttätigkeit? Besonders Gerd Althoff nahm diese Bewegung und Äußerungen in diesem Kontext 2013 zum Anlass, dem Christentum bzw. der mittelalterlichen Kirche insgesamt Gewaltbereitschaft, jedenfalls ab dieser Zeit, zu attestierten. Die Auffassung, das Christentum lehne Gewalt ab, sei eher ein blinder Fleck im Blick auf die eigene Geschichte[5].

Der kurze Text wirft damit viele große Fragen auf. Diese Verbindung der neuen Ideen von Kreuzzug und Ablass sowie dem Begriff des „Heiligen Kriegs" erweist sich als besonders wichtiger „Knotenpunkt" verschiedener bedeutende Entwicklungen der Zeit[6]. Im Hinblick darauf, dass die Begrifflichkeit für Kreuzzüge erst im 13. Jahrhundert entstand und in diesem Zusammenhang nahezu alles streitig ist, kann aus dem Kontext selbst leider wenig gewonnen werden[7]. Es fragt sich jedoch, wann man einen *bellum iustum* annahm (dazu unten Abschnitt II). Durch eine Betrachtung der Ideen zum *bellum iustum* bis zur Zeit Urbans soll die Ausgangslage dargestellt werden, die der Abgrenzung zu den Neuerungen dienen soll.

Zahlreiche Literaturstimmen spekulierten zu den Motiven des Krieges, welcher mit der Bezeichnung *bellum sacrum* legitimiert wurde: Inwieweit wurde die *bellum iustum*-Theorie also durch eine neue Form der Legitimation von Kriegen bzw. Kreuzzügen überformt (unten Abschnitt III)? Begann hier also eine neuartige Kriegstreiberei?

Auch in der Verbindung von Ablass und Völkerrechtsgeschichte ist das meiste strittig. Wurden etwa die Kreuzzüge durch die neuen Kreuzzugsablässe eingeführt? Dafür müssen auch die Kategorien ‚Kreuzzug' und ‚Ablass' historisch hinterfragt werden, um den historischen Zusammenhängen nachzuspüren (dazu hier Abschnitt IV).

Schließlich ist zu fragen, ob die Kanonisten um 1100 tatsächlich als Kriegstreiber zu verstehen sind, wie dies zuletzt Althoff vertreten hat (dazu Abschnitt V). Angesicht der vielen Autoren und ihrer umfangreichen Arbeiten ist es hier nicht möglich, jeweils die richtige Interpretation zu entwickeln. Hier

---

5 Gerd Althoff, „Selig sind, die Verfolgung ausüben", Päpste und Gewalt im Hochmittelalter, Stuttgart 2013, S. 11.

6 Philipp Endmann, Die Entstehung des Ablasses für den Ersten Kreuzzug, in: Concilium medii aevi [CMA] 6 (2003) 163–194, 163.

7 Ernst-Dieter Hehl, Was ist eigentlich ein Kreuzzug?, in: HZ 259 (1994) 297–336, 299.

kann es nur darum gehen, die These der Kriegstreiberei zu überprüfen, so dass man sie weiterhin vor allem in der Tradition des älteren Kirchenrechts sehen kann.

In diesem Bereich wurde vieles schon gesagt und vertreten – und oft ebenso das jeweilige Gegenteil! Neben der schon ausreichend bunten wissenschaftlichen Literatur finden sich heute vor allem im Internet zahlreiche islamistisch inspirierte Propaganda-Schriften, die das Unrecht des Christentums in diesem Bereich festzustellen suchen. In der Zeit, in der wissenschaftliche Ressourcen sich ebenfalls verstärkt online finden, vermengen sich scheinbar Wissenschaft und Propaganda. Umso wichtiger ist es, das Thema so genau auszuführen wie möglich bzw. die oft überstrapazierten Quellen zu verifizieren.

II. Die Tradition des „gerechten Kriegs“

1. Antike

Grundlage der kirchlichen Diskussion war die Frage einer Rechtfertigung des *bellum iustum*. Es kann hier nicht darum gehen, die Entwicklung des *bellum iustum*-Gedankens umfassend darzustellen. Hier sind nur die Grundzüge der christlichen Tradition bis 1095 zu erfassen, insofern sie den Ausgangspunkt der Diskussion markieren. Natürlich war dieser Gedanke einer Rechtfertigung von Gewalt bereits in klassisch-römischer Zeit verbreitet, der v.a. über Cicero auch die christlichen Autoren beeinflusste[8]. In der islamistischen Propaganda wird verbreitet, das Christentum sei viel eher zum Krieg bereit als der Islam, weil das Alte Testament durch Christus nicht aufgehoben worden sei. Richtig ist dagegen, dass mit Christus der neue Bund der Menschheit mit Gott gebildet wurde, der vieles, jedoch nicht alles aus dem Alten Testament aufhob. Zentral ist dabei die Bergpredigt, nach der selig sind, die Verfolgung erleiden (Mt 5.1ff., bes. 10), anstatt sich zu wehren:

> μακάριοι οἱ δεδιωγμένοι ἕνεκεν δικαιοσύνης, ὅτι αὐτῶν ἐστιν ἡ βασιλεία τῶν οὐρανῶν.

8 Aus der umfangreichen Literatur vgl. nur zuletzt Andrea Keller, Cicero und der gerechte Krieg, Eine ethisch-staatsphilosophische Untersuchung, Stuttgart 2012; Luigi Loreto, Il bellum iustum e i suoi equivoci, Cicerone ed una componente della rappresentazione romana del Völkerrecht antico, Napoli 2001; Sigrid Albert, Bellum iustum, Die Theorie des ‚gerechten Krieges‘ und ihre praktische Bedeutung für die auswärtigen Auseinandersetzungen Roms in republikanischer Zeit, Kallmunz 1980; Mauro Mantovani, Bellum iustum, Die Idee des gerechten Krieges in der römischen Kaiserzeit, Bern 1990.

beati qui persecutionem patiuntur propter iustitiam quoniam ipsorum est regnum caelorum.

Selig sind, die Verfolgung leiden um der Gerechtigkeit willen, denn ihnen wird das Himmelreich gehören.

Matthäus kolportiert mehrere berühmte Herrenwörter etwa von der anderen Wange, die der Geschlagene auch noch hinhalten soll, anstatt sich zu wehren (Mt 5,38–42), oder den Befehl an Petrus, das Schwert wieder in die Scheide zurückzustecken, denn wer zum Schwert greife, komme dadurch um (Mt 26.5). In allen diesen Texten wird die Aussage direkt Jesus zugeschrieben und erhält damit eine besondere Autorität. Der von Jesaia angekündigte ‚Friedefürst‘ (Jes 9.5) erscheint in der Apokalypse als Lamm, dessen Blut hingegeben wird, der Antichrist dagegen als Fürst, der zum Krieg bereit ist (Apk 5.5)[9]. Auch für Paulus war es daher vor allem ein ‚Gott des Friedens‘, den er verkündete (Röm 16.20). Gewalt für politische Zwecke war insoweit klar ausgeschlossen[10].

Schon in der Antike war strittig, ob das Christentum den Dienst im römischen Militär ausschloss[11]. Den Christen wurde dies jedenfalls oft nachgesagt[12]. Tatsächlich verbreitete sich das Christentum auch im römischen Heer, ohne dass dies zu nennenswerten Austritten führte[13]. Viele Kirchenväter lehnten dagegen den Krieg ab. Justinus griff das alttestamentarische Bild (Micha 4,1–4) auf und wiederholte die Forderung, „Schwerter in Pflüge, Lanzen in Ackergeräte“ zu verwandeln[14]. Doch solche vereinzelten Äußerungen dürfen nicht vorschnell als die eine Lehre der Christen dieser Zeit gedeutet werden, zumal die Christenverfolgungen durchaus die Perspektive verändern konnten. Erst mit Konstantin stellte sich die Frage, wie sich das Christentum, als Bekenntnis der Herrscher, zur Kriegsfrage verhielt.

---

9 Harald Hegermann. Art. „Krieg III. Neues Testament“, in: Theologische Realenzyklopädie [TRE] 20, Berlin 1990, S. 25–28, 27.

10 Hegermann *ibid.* 27f.

11 Jacques Fontaine, Les chrétiens et le service militaire dans l'Antiquité, in: Concilium, Rivista internazionale di teologia 7 (1965) 95–105, zur Geschichte der Literatur zu dieser Frage.

12 Dies war jedenfalls keine einheitliche Position der Christen, vgl. Hanns Christof Brennecke, Ecclesia est in re publica, Studien zur Kirchen- und Theologiegeschichte im Kontext des Imperium Romanum, ed. U. Heil/A. v. Stockhausen/J. Ulrich (= Arbeiten zur Kirchengeschichte 100), Berlin 2007, S. 227.

13 Heinz-Horst Schrey, Art. „Krieg IV. Historisch/Ethisch“, in: TRE 20, Berlin 1990, (wie Anm. 10) S. 28–55, 29.

14 Justinus († 165), Erste Apologie, c. 39 zu Micha 4; vgl. Rudolf Pörtner, Operation Heiliges Grab, Legende und Wirklichkeit der Kreuzzüge (1095–1187), Düsseldorf 1977, S. 38.

Die Verurteilung Theodosius' II. durch Ambrosius wegen des Massakers nach dem Aufstand in Thessaloniki unter Androhung der Exkommunikation im Jahre 390 ist bekannt. Nicht das Herrschaftsrecht selbst wurde in Zweifel gezogen, doch dessen Ausübung wurde hier kritisiert[15]. Was sich Ambrosius im Westen erlaubte, konnte sich im Osten nicht etablieren. Das Recht des Krieges stand dem Kaiser unzweifelhaft wie das des Gerichts zu. Zur Ausübung seiner Macht gehörten Waffen ebenso wie Gesetze (Const. *Imperatoriam maiestatem*, vor I.1.1, *a.* 533), er musste nach seinem Ermessen entscheiden (C. 1.4.6, *a.* 389). Das Kriegsrecht war von Gott den Kaisern übertragen (C. 1,17,1, Justinian, *a.* 530).

2. Aurelius Augustinus

Die Ausführungen des Aurelius Augustinus von Hippo (354–430) zum gerechten Krieg wurden bereits oft dargestellt[16]. Augustinus beschäftigte sich wiederholt mit dem Problem der Gewaltanwendung, allerdings eher aus moraltheologischer, weniger aus politischer Perspektive. So zeigte er in „De libero arbitrio", dass sich jeder leicht selbst aus seiner Perspektive gerechtfertigt sieht, sowohl die Soldaten als auch die, welche den Dienst im Heer ablehnten[17]. Immerhin konnte es kaum falsch sein, sich in Notwehr zu verteidigen[18]. Taten waren damit offenbar nicht *per se* falsch, vielmehr kam es auf ihren Grund an, bzw. ob sie von Gott gewollt oder verboten sind. Die Tötung des eigenen Kindes könne ausnahmsweise wie im Fall von Abraham und Isaak geboten sein (Gen 22.3). In der Folge erkannte Augustin, dass die Ordnung des römischen Imperiums die Ausübung der Religion schützte und unterstützte, die Kirche musste daher verteidigt werden. Dieser Schutz gehe gerade dann verloren, wenn man untätig bliebe. Justins eben genannte schöne Maxime (s.o. Anm.14) erwies sich für Augustin daher als Irrtum, den kein ernsthafter Mensch verteidigen könne. Reine Untätigkeit dürfe gerade

---

15 Adolf Lippold, Theodosius der Große und seine Zeit, 2. Auflage München 1980, 40ffS. 30ff.

16 Vgl. für eine historisch-chronologische Einordnung R.A. Markus, Saint Augustine's Views of the ‚Just War', in: W.J. Sheils (Hg.), The Church and War, Oxford 1983, S. 1–13; John Langan, The Elements of St. Augustine's Just War Theory, in: Journal of Religious Ethics 12/1 (1984) 19–38; Paul Ramsey, The Just War According to St Augustine, in: J. Bethke Elshtain (ed.), Just War Theory, New York 1992, S. 8–22.

17 Aurelius Augustinus, De libero arbitrio (= Opera Band 9), zweisprachige Ausgabe, ed. Johannes Brachtendorf, Paderborn 2006, S. 163 n. 97.

18 Aurelius Augustinus, Contra Faustum Manichaeum, ed. J. Zycha (= Corpus Scriptorum Ecclesiarium Latinorum [CSEL] 25/1), Prag 1891, ND Wien 2013, S. 251–797, hier lib. 22 par.70, S. 666, Z. 15.

nicht mehr als die Lösung für alle ethischen Probleme gelten. Wenn demnach sogar ein Krieg gerechtfertigt sein könne, dann darf man sich dem, nach Augustin, nicht entziehen, ohne im Ergebnis doch die Sache des Teufels zu unterstützen[19].

Für Kriege kam es also nach Augustin auf die Gründe an, aus denen gekämpft werde; diese müssten Gottes Willen entsprechen. Dafür entwickelte Augustin immer wieder neue Kriterien:

- So sollte der Krieg durch den Befehl einer Autorität begonnen werden. Diese Idee übernahm Augustin von Cicero[20]. Den Monarchen würde nach dem Naturrecht die Macht, über den Krieg zu entscheiden, zustehen. Sie würden entscheiden, wann der Dienst der Soldaten für Frieden und die Sicherheit notwendig sei[21]. Die Einschaltung einer Autorität schränkte im Ergebnis das Recht des gerechten Kriegs ein.
- Kriege seien ferner besonders dann gerecht, wenn Unrecht gesühnt werde[22]. Dann sei das Volk weniger der Urheber des Krieges als der Diener (*minister*) des göttlichen Auftrags[23]. Der gerechte Krieg bestraft also eher, als dass er defensiv geführt wird. Augustin vertrat damit eine moralische Position, dagegen ging es ihm nicht um den Ersatz eines Schadens.
- Durch die christliche Perspektive werde verhindert, dass mehrere Seiten sich auf dieses Recht berufen[24].

Insgesamt konnte man bei Augustinus verschiedene Ansätze finden, um den „gerechten Krieg“ zu bestimmen. Diese waren allerdings auf verschiedene Texte verteilt und nicht aufeinander bezogen. Es fällt schwer, hier von einem System oder einer feststehenden Doktrin zu sprechen[25]. Doch man konnte seine Ansätze

---

19 Augustinus, De libero arbitrio (wie Anm. 17), S. 281 n. 197; Langan, The Elements (wie Anm. 17), S. 26.

20 Harald Kleinschmidt, Geschichte des Völkerrechts in Krieg und Frieden, Darmstadt 2013, S. 35ff. (zu Cicero), S. 41 (zu Augustin).

21 Augustinus, Contra Faustum Manichaeum (wie Anm. 19), hier lib. 22 par. 75, S. 673, Z. 10ff.

22 Aurelius Augustinus, Quaestionum in Heptateuchum Libri VII, ed. J. Fraipont (= CCSL 33), Turnhout 1958, S. 1–377, lib. vi qu. 10, Z. 259.

23 *Ibid.*, Z. 265.

24 Langan, The Elements (wie Anm. 16), S. 24.

25 Ebenso Marie-François Berrouard, Art. „*bellum*“, in: Augustinus-Lexikon, Band 1, Basel 1986–1994, S. 637–645, S. 638; P.R.L. Brown, St. Agustine's Attitude to Religious Coercion, The Journal of Roman Studies 54 (1964) 107–116, 107; anders aber Joachim von

sammeln: Der Krieg müsse durch eine Erklärung begonnen werden, die von einer staatlichen Autorität (*auctoritas belli*) stammte. Der Krieg musste ferner durch einen gerechten Grund (*causa iusta belli*) gerechtfertigt sein. Dabei wurde zwischen einer Verteidigung oder einem präventiven Angriff nicht unterschieden. Der Krieg durfte nicht aus Grausamkeit, Rachsucht oder Herrschsucht, sondern nur zur Wiederherstellung des rechten Friedens mit gerechter Absicht (*intentio recta*) geführt werden.

Dabei betonte Augustinus noch in „De civitate Dei", dass auch der weltliche Staat dem Ziel des Friedens verpflichtet sei. Die Bürger lebten in Eintracht durch Befehle und Gehorsam, während der himmlische Staat den Frieden durch den Glauben finde. Dadurch sei der Friede im weltlichen Staat weniger gesichert[26]. Das führe dazu, dass es im weltlichen Staat Gewalt geben könne. Wie gesehen, kann diese unter Umständen gerechtfertigt sein, insbesondere dann, wenn sie gegen Häretiker angewendet werde[27].

Ausschließlich im Kampf gegen die Donatisten, also in einem besonders schwierigen Kontext, nutzte Augustin dabei einige Male ein Zitat aus dem Lucas-Evangelium (Lc 14.23: *ἀνάγκασον εἰσελθεῖν/cogite intrare*), in dem es um Jesu Einladung zum großen Gastmahl geht, zu dem auch ‚die anderen' eingeladen werden sollen. Augustinus verstand dies als Rechtfertigung der Gewaltanwendung gegen Häretiker, die zum Glauben gezwungen werden durften. Diese Auffassung zeigt, dass sich bei Augustin unterschiedliche Positionen miteinander verbanden, wird mit ihm doch eher die Devise *diligie et quod vis fac* verbunden. Die Vereinbarkeit beider Positionen erklärt sich, wenn man sowohl Augustins Zugeständnis des freien Willens mit der Vorstellung der Prädestination bedenkt[28]. Was im Detail nach einer kontinuierlichen menschlichen Planung aussieht, fügt sich im Großen zusammen zu einem

Elbe, The Evolution of the Concept of the Just War in International Law, in: American Journal of International Law 33 (1939) 665–688, 668. Systematisiert wurde Augustin zweifellos in der späteren Literatur, vgl. nur Karl-Heinz Ziegler, Völkerrechtsgeschichte, 2. Auflage München 2007, S. 60f.; vgl. ferner Stephen C. Neff, War and the Law of Nations, A General History, Cambridge 2005, S. 37; Ders., Justice among Nations, A History of International Law, Cambridge 2014, S. 69f.; Mary Ellen O'Connell, Peace and War, in: B. Fassbender/A. Peters (Hgg.), The Oxford Handbook of the History of International Law, Oxford 2012, kurz S. 272–293, 274.

26 Aurelius Augustinus, De ciuitate Dei, ed. B. Dombart/A. Kalb (= CCSL 47/48), Turnhout 1955, lib. 19 cap. 17, Z. 11.

27 Karl Heinz Chelius, Art. „compelle intrare", in: Augustinus-Lexikon 1 (wie Anm. 26), S. 1084f. m.w.N.

28 Brown, St. Agustine's Attitude (wie to Religious Coercion (Anm. 25), S. 111, 115.

Schicksal, das Gott aufgrund seines Verständnisses für jeden einzelnen im Voraus kennt. Im Kampf gegen die Donatisten studierte Augustin das Alte Testament und lernte dort die Härte und die *utilitas timoris* des alten Gesetzes kennen. Mit der Anerkennung der Disziplin und der Funktion des Gesetzes als *paedagogos* (Gal 3.24) erschien es möglich, Zwang auf die Menschen auszuüben, um sie zum Besseren zu bekehren[29]. Gerade diese letztgenannte Idee Augustins hatte großen Einfluss im Mittelalter. Bis hin zum Decretum Gratiani (C. 23) bediente man sich immer wieder der Ausführungen von Augustin, um Aussagen zum gerechten Krieg zu treffen.

Weil Kriege unter Umständen als gerechtfertigt angesehen wurden, konnten sich die Zeitgenossen vorstellen, dass durch Gottes Einfluss nur die gerechte Sache siegen würde. Die Siege von Konstantin an der Milvischen Brücke und von Chlovis zeigten nach verbreiteter Ansicht, dass ihre Sache gerechtfertigt war, sie also rechtmäßig herrschten. Diese zeitgenössische theologische Tun-Ergehens-Vorstellung verband die Frage des rechtmäßigen Kriegs mit einem Gottesurteil des Sieges. Diese Vorstellung hielt noch lange an[30].

3. Spätere Autoren

Isidor von Sevilla (*ca.* 560–636) scheint sich in seiner kurzen Darstellung vom *bellum iustum* mehr an Cicero als an die verstreuten Beiträge von Augustin gehalten zu haben. Ausdrücklich wird nur Cicero als Vorlage erwähnt[31]. Mit dem knappen Hinweis auf den notwendigen ‚guten Kriegsgrund‘ und die erforderliche Autorität der Entscheidung wird die Kategorie des gerechten Kriegs eher angerissen als erklärt. Die verschiedenen Arten des Krieges werden genannt, um dann eigentlich die grundsätzliche Scheußlichkeit der Kriege zu betonen[32].

Für die Zeit nach Isidor wird in der Literatur auf die Verwendung des *bellum iustum*-Konzepts durch Beda Venerabilis (672–735) verwiesen. Allerdings erwähnte er die *iusta bella* in seiner Geschichte des englischen Volks, worin er

---

29 Brown *ibid.*S. 113.

30 Vgl. Mathias Schmoeckel, Die Jugend der Justitia, Tübingen 2013, S. 162f.; John Gilchrist, The Papacy and War against the ‚Saracens‘ (795–1216), in: The International History Review 10/2 (1988) 174–197, S. 175 mit Hinweis auf Lupus von Ferrières, ep. 122 (*a.* 860).

31 Isidor von Sevilla, Etimologías (Ethymologiae), ed. J. Oraoz Reta/M.-A. Marcos Casquero, Madrid 2004, 18.1.2, S. 1214.

32 Isidor von Sevilla *ibid.* 18.5.9, S. 1216.

konkret eine geglückte Verteidigung durch den englischen König beschrieb[33]. Wenn auf diese Weise von einer glücklichen Handlung zum Wohl des Volkes geschrieben wird, sollte man vorsichtig sein, darin eine allgemeingültige moraltheologische Betrachtung zu sehen. Auch die sonst in der Literatur folgenden Belege stammen nicht aus wissenschaftlichen Abhandlungen zu dieser Frage, sondern sind Textauszüge aus Briefen *etc.* Man sollte daher vorab zugeben, dass es sich hierbei kaum um allgemeine Stellungnahmen zur Frage des gerechten Krieges handeln kann. Vielmehr sind es Äußerungen, die auf besondere Situationen reagieren und vor diesem Hintergrund den Schutz der eigenen Leute gut finden und den Sieg über die Feinde für löblich halten.

Außerdem änderte sich die Situation der Christen drastisch mit der Entstehung des Islam. Das Christentum Afrikas, lange Zeit eines der Zentren dieser Kultur, wurde im 8. Jahrhundert fast vollkommen ausgelöscht und Spanien fiel in die Hände der Mauren. Im ‚Herrschaftsgebiet des Islam' (Dar-al-islam) wurden Christen als ‚Buchbesitzer' (ahl al-kitab) von den anderen Religionen getrennt und privilegiert behandelt[34]. Sie mussten eine Kopfsteuer (Giz-ya) zahlen, wodurch sie den Status als Schutzbefohlene (ahl ad-dimma) erwarben. Dieser besondere Rechtsstatus gestatte ihnen eine mehr oder weniger freie Religionsausübung. Das Verhältnis zwischen den islamischen Herrschern und der christlichen Bevölkerung schwankte zwischen Toleranz, Freundschaft und gelegentlicher Verfolgung, doch konnten Christen mitunter auch höchste Ämter einnehmen[35]. Gerade die mitunter freundliche Aufnahme der Christen durch die arabischen Eroberer führte dazu, dass auch nicht zwangsbekehrte Christen zum Islam übertraten[36]. Mit der Schlacht von Tours und Poitiers 732 war die Gefahr durch die islamische Invasion nicht für alle Zeit gebannt. Hinzu traten die Einfälle durch die Hunnen aus dem Osten und die Wikinger aus dem Norden. Zentraleuropäische Städte und Klöster wurden immer wieder gebrandschatzt.

---

33 Beda Venerabilis, Historia ecclesiastica gentis Anglorum/Kirchengeschichte des Englischen Volkes, ed. G. Spitzbart (= Texte zur Forschung 34), Darmstadt, 1. Auflage 1982, 3.2, S. 210: *quia iusta pro salute gentis nostrae bella sucepimus.*

34 Einführend Mathias Rohe, Das islamische Recht, Geschichte und Gegenwart, 2. Auflage München 2009, S. 21ff.; Friedrich Battenberg, Art. „Jüdisches Recht, Judenrecht", in: Handwörterbuch zur deutschen Rechtsgeschichte [HRG], Band 2, 2. Auflage Berlin 2012, Sp. 1414–1420.

35 Christian Müller, Art. „Islamisches Recht", in: HRG ²II (wie Anm. 35), Sp. 1312–1316.

36 Hartmut Bobzin, Art. „Islam und Christentum II.1", in: TRE 16, Berlin 1987, S. 336–349, 339.

Es lässt sich daher nicht verdenken, dass Kriege zur eigenen Verteidigung als notwendig und gerechtfertigt angesehen wurden. Insbesondere die Karolinger-Könige beschönigten ihre Expansionspolitik nach Osten als Mission. Karl der Große verdeutlichte mit seiner *Capitulatio de partibus Saxoniae*, dass die Kirche im eroberten, bis dahin heidnischen Sachsenland eine hervorgehobene Stellung erhalten sollte[37]. Karls Berater Alcuin erklärte immerhin, dass das Christentum nicht durch Zwang, sondern durch Güte verbreitet werden sollte[38]. Die internen Kriege im Frankenreich schürten dagegen wieder die Aversion gegen Krieg im Allgemeinen. Selbst wenn sie im Einzelfall zulässig sein sollten, betrachtete man es dennoch als unverzichtbar, die einzelnen Soldaten für ihre Teilnahme im *forum internum* zu bestrafen: Die übliche Bestrafung für Soldaten betrug nach den Bußbüchern 40 Tage Buße[39].

Gleichzeitig sahen sich die Päpste bestärkt, die Verantwortung für die Christenheit selbst zu übernehmen. Bereits Gregor I. war davon überzeugt, dass er zur Verteidigung des Kirchenstaates eigene Soldaten brauche[40]. So entstanden die Begriffe der *militia Sti. Petri* bzw. *militia Christi*[41]. Ebenso sah Gregor I. eine Gewaltanwendung in der Tradition des Augustin als gerechtfertigt an. 591 schrieb

---

37 Capitulatio de partibus Saxoniae, MGH Capit. 1 (1883) 68–70 und MGH Fontes iuris 4 (1918)), S. 37–44. Zu den Versuch der byzantinischen Kaiser, ihre Soldaten als Märtyrer zu bezeichnen, s. Egon Flaig, Heiliger Krieg. Auf der Suche nach einer Typologie, in: HZ 285 (2007) 265–302; Gübele, Deus vult (wie Anm. 1), 51ff, 73ff zum Einfluss des Herakleios insbesondere auf das lateinische Europa. Dieses Vorbild steigerte langfristig die Sakralisierung des Kriegs. Während sich das auf die Franken noch nicht auswirkte (167), finden sich Referenzen auf Herakleios jedenfalls vor 1060/70 (90, 295).

38 Alcuinus, Epigrammata et aenigmata, CCLXXXbis: De Conversione Saxonum, in: Migne, PL 101, col. 812B.

39 Sarah Hamilton, The Practice of Penance 900–1050, Bury St Edmonds 2001, S. 191.

40 Carl Erdmann, Die Entstehung des Kreuzzugsgedankens, 2. Auflage Darmstadt 1965, S. 185, 188.

41 Vgl. Friedrich Prinz, Primi stadi della ‚Militia christi' altomedioevale nella tarda antichità e nel sistema ecclesiastico imperiale del periodo carolingio e degli Ottoni, in: ‚Militia Christi' e Crociata nei secoli XI–VIII, Atti della undecima Settimana internazionale di studio Mendola, 28 agosto–1 settembre 1989, Mailand 1992, S. 39–63. Noch schwang in dem Begriff allerdings auch die Uminterpretation der *militia* als ‚Dienst' an Christus mit, vgl. Jean Leclercq, ‚Militare Deo' dans la tradition patristique et monastique, in: Atti Mendola *l.c.* S. 3–20.

Gregor der Große, dass die Bekehrung nicht nur durch Steuern, sondern auch durch Waffen gerechtfertigt sei[42]. Der Text lautet[43]:

> *Quae et bella vos frequenter appetere non desiderio fundendi sanguinis, sed dilatandae causa rei publicae, in qua Deum coli conspicimus, loquitur, quatenus Christi nomen per subditas gentes fidei praedicatione circumque discurrat.*
>
> Da auch ihr Kriege oft anstrebt, nicht in dem Wunsch, Blut zu vergießen, sondern um das Gemeinwesen auszuweiten, in dem wir erkennen, dass Gott verehrt wird, weil ja der Name Christi unter den unterworfenen Völkern durch die Verkündigung des Glaubens sich überall verbreiten soll.

Eingangs lehrte Gregor, dass Siege nicht durch Gewalt, sondern durch Gebete – also letztlich durch Gottes Wirken – erworben würden. Er widersprach hier nicht der Nützlichkeit einer gewaltsamen Verbreitung des Christentums, lehrte sie aber noch nicht. Er wies nur darauf hin, dass der eigene Einsatz für das Christentum mit Lohn im künftigen Leben versehen sein werde. Insoweit entwickelte sich ein Verständnis für die Notwendigkeit des Krieges. Dieses wurde umso stärker, als sich im 9. Jahrhundert die Päpste selbst immer mehr die Verantwortung für die Sicherheit des Christentums zuschrieben. Leo IV. versprach einem im Kampf gegen einen Muslim sterbenden Soldaten das ewige Leben[44]. Ein Schreiben von Hadrian II. (*a.* 868) rechtfertigt den Kriegszug von Kaiser Ludwig dem Frommen damit, dass gegen Heiden gekämpft werde[45]. Solche ‚Missionskriege' waren damit nach einer im Christentum der Zeit verbreiteten Sicht zulässig[46], doch im Grundsatz sollte auch die Slawenmission grundsätzlich nicht mit Gewalt geschehen[47]. So durften seit dem 10. Jahrhundert Fahnen durch die Kirche

---

[42] Erdmann, Entstehung des Kreuzzugsgedankens (wie Anm. 40), S. 8 mit Anm. 12; James A. Brundage, Holy war and the Medieval Lawyers, in: Th.P. Murphy (Hg.), The Holy War, Ohio 1976, S. 99–140, S. 104.

[43] Gregorius I., Register Epistolarum, vol. I, ep. 73 (= MGH Ep. I), Berlin 1916, S. 93, Z. 16–18. Die hier abgedruckte Übersetzung ist angelehnt an Pamela Kalnig, Kriegslehren in den deutschsprachigen Texten um 1400, München 2006, S. 34 Anm. 179.

[44] Leo IV., ep. 28 (*a.* 853) (JE 3048) (= MGH Ep. V) Berlin 1899, hier § 3, S. 601: [...] *quisquis* [...] *in hoc belli certamine fideliter mortuus fuerit, regna illi celestia minime negabuntur.*

[45] Hadrian, ep. 6 (JE 2895) (= MGH Ep. VI), Berlin 1925 S. 703, Z. 13–18 und S. 704, Z. 4–11.

[46] Pörtner, Operation Heiliges Grab (wie Anm. 14), S. 31; Gilchrist, The Papacy and the Saracens (wie Anm. 30), S. 182f.; für die spätere Zeit auch Gerd Tellenbach, Die westliche Kirche vom 10. bis zum frühen 12. Jahrhundert, Ein Handbuch, ed. B. Moeller, Band 2 Lieferung, Göttingen 1988.

[47] Hermann Dörries, Fragen der Schwertmission, in: R. Wittram (Hg.), Baltische Kirchengeschichte, Göttingen 1956, S. 17–25, 19f.

geweiht werden, um der Sache vor Gott zum Sieg zu verhelfen[48]. In der Mitte des 11. Jahrhunderts entstand nicht nur der Begriff der ‚Reconquista‘, vielmehr verdichteten sich die sporadischen Kämpfe in Spanien zum gemeinsamen Anliegen der Christen gegen die Muslime[49]. Praktischerweise konnten alle Kriege gegen auswärtige Feinde mit dem religiösen Argument legitimiert werden, waren es nun die Muslime oder Wikinger, Wenden, Slaven, Hunnen, Mongolen oder sogar Orthodoxe[50].

Doch noch waren die meisten militärischen Auseinandersetzungen in Europa interner Natur. Sie machten es den Bürgern Europas schwer, sicher zu reisen, und stellten eine fortwährende Bedrohung dar. Daher entwickelte die Kirche, ausgehend insbesondere von der Auvergne, erhebliche Einschränkungen dieser Auseinandersetzungen durch Schwureinigungen. Die französische Literatur unterscheidet genauer als die deutsche Lehre von den Gottesfrieden zwischen der *pax Dei* zum Schutz von Klerikern und kirchlichen Gütern einerseits sowie der *treuga Dei* für den Ausschluss von Gewalt während kirchlicher Feste andererseits[51]. Natürlich setzte sich die Kirche hiermit insbesondere für eigene Belange ein. Doch erreichte sie damit Räume und Perioden einer Befriedung, die den Einwohnern Sicherheit schufen. Dafür setzte die Kirche durchaus auch ihre eigene Strafgewalt der Exkommunikation ein[52]. Die Gottesfriedenbewegung wird von manchen Autoren herangezogen, um in der quellenarmen Zeit eine Kontinuität in der Nähe zwischen Kirche und Krieg zu belegen. Selbst der Krieg sei durch sie moralisiert und legitimiert worden[53]. Doch Maßnahmen, die vornehmlich der Befriedung dienen, können kaum die Kriegslüsternheit der Kirche belegen. Insgesamt erkennt man, dass die Kirche aus dem Gedanken des ‚gerechten Kriegs‘ bis zum 11. Jahrhundert nur sehr vorsichtig und punktuell Zustimmung zu einzelnen Kriegen gab.

---

48 Erdmann, Die Entstehung des Kreuzzugsgedankens (wie Anm. 40), S. 30.

49 Erdmann *ibid.* S. 88.

50 Ebenso Jonathan Riley-Smith, Rethinking the crusades, https://www.firstthings.com/article/2000/03/rethinking-the-crusades, zuletzt 26.1.2019.

51 Die deutsche Literatur vermengt beides zu schnell als ‚Gottesfrieden‘, vgl. Thomas Gergen, Art. „Gottesfrieden“, in*:* HRG ²II (wie Anm. 35), Sp. 470–473; Victor Achter, Art. „Gottesfrieden“, in: HRG, Band 2¹ Berlin 1971, Sp. 1762–1765.

52 Jean Flori, L’Église et la Guerre Sainte: de la ‚Paix de Dieu‘ à la ‚croisade‘, in: Annales, Histoire, Sciences Sociales 47/2 (April 1992) 453–466, 455 [https://doi.org/10.3406/ahess.1992.279055].

53 So Jean Flori, De la paix de Dieu à la croisade? Un réexamen, in: Crusades 2 (2003) 1–23, 23.

Eine allgemeine Zustimmung zum Aufruf von Urban II. bzw. zum Kreuzzugsgedanken stammte etwas später – genauer nach dem zweiten Kreuzzug – von Bernhard von Clairvaux (um 1090–1153). In seinem Werk „De laude novae militiae" (zwischen 1120 und 1136), gerichtet an den Templerorden, bezeichnete er die Tötung eines Heiden im Kampf zur Verteidigung des Christentums nicht mehr als Tötung (*homicidium*), sondern als ‚Vernichtung des Bösen' (*malicidium*)[54]. Er begann ebenfalls, die für den Krieger lohnende Teilnahme herauszustellen, der sich damit wie ein guter Kaufmann auf ein gutes Geschäft einlassen würde, indem er dadurch den Erlass seiner Sündenstrafen erhielt[55]. Nach dem Scheitern der ersten beiden Kreuzzüge wurden jedoch sowohl Bernhard als auch seine Zeitgenossen wieder vorsichtiger in ihrer Wertung. Damit kehrte der Grundsatz zurück, dass die Bekehrung freiwillig erfolgen müsse[56] – obgleich auch die zwangsweise durchgeführte Taufe als wirksam angesehen wurde[57].

Eine erste Systematisierung der *bellum iustum*-Lehre sieht man allenfalls bei Thomas von Aquin (um 1225–1274). Die vorstehenden Andeutungen zeigen jedoch, wie viel komplexer die Fragen eigentlich sind. Es geht nicht nur um den *bellum iustum*, sondern ebenso konnte es ‚heilige Kriege' (bellum sacrum) geben oder die Teilnahme als verdienstvolle Tat propagiert werden. Im letzten Fall jedoch ohne Quellengrundlage von Heiligen Kriegen zu sprechen[58], scheint zu weit zu gehen.

Ob die Kirche des 9. und 10. Jahrhundert schon ‚kriegstreiberisch' war, muss infrage gestellt werden[59]. Eigentlich ging es um die Abwehr der Angriffe der islamischen Heere von außen. Daher findet man immer wieder in der Tradition von Augustin, dass der Krieg zur Verteidigung gerechtfertigt sei[60].

---

54 Bernardus Clavarallensis, De laude novae militiae, ed. J. Leclerc/H.M. Roachais (Hgg.), S. Bernardi opera, vol. 3: Tractatus et opusculae, Rom 1963, III.4, S. 217; dazu Flori, L'Église et la Guerre Sainte (wie Anm. 52), n. 2.

55 Hans Eberhard Mayer, Geschichte der Kreuzzüge, 10. Auflage Stuttgart 2005, S. 39.

56 Dörries, Fragen der Schwertmission (wie Anm. 47), S. 21

57 Albert Bauer, Der Livlandkreuzzug, in: R. Wittram (Hg.), Baltische Kirchengeschichte, Göttingen 1956, S. 26–34, 34.

58 Flori, L'Église et la Guerre Sainte (wie Anm. 53), S. 458 Anm. 35, belegt eben keine Stellungnahmen der Päpste.

59 So die erste These von John Gilchrist, The Papacy and War against the Saracens (wie Anm. 31), S. 196.

60 So auch Endmann, Die Entstehung des Ablasses (wie Anm. 6), S. 176.

III. Ideen des ‚heiligen Kriegs‘?

Urban II. bezog sich im Jahr 1095 zwar auf die Lehre des gerechten Krieges, als er die Verteidigung bzw. Wiedereroberung Jerusalems als Ziel darstellte[61]. Doch wurden in seinem Aufruf weitere Argumente einer ‚Sakralisierung des Krieges‘ entdeckt. Schon die von Leo IX. verlorene Schlacht von Civitate 1053 wurde im Nachhinein von den Zeitgenossen in diesem Sinne verklärt. Obgleich der Ausdruck *bellum sacrum* noch nicht fiel, waren die Autoren nahe daran[62], und man wird jedenfalls von einer „Spiritualisierung des Krieges“ sprechen können[63]. Unabhängig von der Überlieferung ist es daher aus inhaltlichen Gründen sehr schwer, wenn nicht sogar unmöglich, näher zu ermessen, inwieweit der Aufruf von Clermont traditionelle oder neue Argumente nutzte.

Urban II. verband jedenfalls die Idee einer Jerusalemwallfahrt zum ersten Mal mit einem Krieg. Die Jerusalemreise selbst war dagegen eine schon damals beliebte und nicht unübliche Form eines guten Werks zur Buße von Sünden. Berühmte Fälle gab es bereits zum Beginn des 11. Jahrhunderts[64]. Urban nutzte dieses Argument schon deswegen nicht explizit, weil der lateinische Ausdruck für Kreuzzug (*cruciata*) erst im 13. Jahrhundert aufkam und bis dahin kaum zwischen der bewaffneten oder unbewaffneten *peregrinatio* oder *expeditio* unterschieden wurde[65]. Allerdings scheint Urban nicht wörtlich von einer *peregrinatio* gesprochen zu haben[66].

---

61 Das psychologisch verständliche Argument ist in diesem Zusammenhang wenig hilfreich, vgl. aber Susanna A. Throop, Crusading as an Act of Vengeance, 1095–1216, Farnham (UK) 2011, S. 34f.

62 So bereits Flori, L'Église et la Guerre Sainte (wie Anm. 52), S 465 Anm. 35; Michel Villey, La croisade, Essai sur la formation d'une théorie juridique (= L'Église et l'État au Moyen Age 6), Paris 1942, S. 31, zur Zulassung der Gewalt durch Brun von Querfurt; nicht wirklich bei Bonizo von Sutri, Liber ad Amicum, l VIIII, ed. E. Dümmler (= MGH Libelli de lite 1), Hannover 1891, S. 620, Z. 6f.: [...] *pugnent gloriosissimi Dei milites pro veritate, certent pro iusticia, pugnent vero animo adversus heresim,* [...]; jedoch nahe davor Petrus Damianus S.R.E., Cardinalis Epistolarium libri Octo, in: Migne, PL 101, col. 122; 144, col. 112 ep. 9 ad Oldericum, col. 316: *Ad haec si quis objiciat bellicis usibus Leonem se frequenter implicuisse pontificem, verumtamen sanctum esse.*

63 So Hehl, Was ist eigentlich ein Kreuzzug? (wie Anm. 7) 312.

64 Jean Flori, La Première Croisade, L'occident chrétien contre l'Islam, Bruxelles 2001, S. 33; James Brundage, Medieval Canon Law and the Crusader, Madison 1969, S. 7f.

65 Mayer, Geschichte der Kreuzzüge (wie Anm. 56), S. 25.

66 So das Gegenargument von Janus Møller Jensen, War, Penance and the First Crusade, Dealing with a ‚Tyrannical Construct‘, in: T.M.S. Lehtonen/K.V. Jensen (Hgg.), Medieval History Writing and Crusading Ideology (= Studia Fennica, Historia 9), Helsinki 2005, S. 51–63, 55.

Dem Aufruf von Urban II. wurden weitere Intentionen und Pläne unterstellt. Das Lager des Konzils von Clermont ähnelte natürlich dem Lager, das 975 in Le Puy stattgefunden hatte und den Beginn der *pax Dei*-Bewegung darstellt[67]. Nach einem der Chronisten von Clermont, Fulcher, soll Urban II. sogar explizit den Gedanken der *pax Dei* in Anspruch genommen haben[68]. Sein ausgetüftelter Plan bestand demnach darin, die christliche Welt zu einem Friedensgebiet zu vereinen. Während interne Gewalt ausgeschlossen sein sollte, wurde den Soldaten mit dem Kampf gegen die Muslime ein neues, gerechtfertigtes Ziel geboten. Dieser Gedanke findet sich tatsächlich erstmals bei Abbo von Fleury (940/5–1004)[69]. Die neue Aufgabe, die Urban den Soldaten versprach, sollte die Begeisterung in Clermont erklären[70]. Die Umsetzung des Aufrufs von Clermont hätte sich daher auch in der Tradition der *pax-* und *treuga Dei*-Bewegung abgespielt[71]. Doch das alleine begründet keinen neuen Ansatz für die Legitimation von Kriegen.

Eine weitere neue legitimatorische Idee war die „Reconquista" Jerusalems als christlichem Territorium. Diese Forderung findet sich 1074 klar in einem Schreiben von Gregor VII. ‚an alle Christen'[72]. Gregor VII. argumentierte mit der tyrannischen Okkupation einerseits, die zum Tod von tausenden Christen geführt habe, die wie Vieh abgeschlachtet worden seien. Andererseits sei es die Aufgabe der christlichen Nächstenliebe, den Brüdern im Osten Hilfe zukommen zu lassen (*fratribus auxilia*). Diese geschuldete brüderliche Nächstenliebe (*debitum fraternae charitatis*) wurde dabei gegenüber Christen postuliert, die seit dem späten 9. Jahrhundert exkommuniziert waren. Von einer besonderen Qualität des Kriegs oder gar einem „heiligen" Krieg wurde hier nichts gesagt. Letztlich wurde der Angriff auf die Muslime nur als Verteidigung ehemals christlicher Positionen definiert. Fulcher berichtete jedoch nicht, eventuell aus persönlichen Motiven[73],

---

67 Herbert E.J. Cowdrey, The Peace and the Truce of God in the Eleventh Century, in: Past & Present 46 (1970) 32–67, 43.

68 Cowdrey *ibid.* S. 57.

69 Erdmann, Die Entstehung des Kreuzzugsgedankens (wie Anm. 40), S. 86f. n. 4. Ähnlich Guibert von Nogent, vgl. Christopher J. Tyerman, Where there any Crusades in the Twelfth Century?, in: The English Historical Review 110.437 (1995) 553–577, 553.

70 Endmann, Die Entstehung des Ablasses (wie Anm. 6), S. 182; Flori, L'Église et la Guerre Sainte (wie Anm. 52), S. 360.

71 Cowdrey, The Peace and the Truce (wie Anm. 67), S. 60.

72 Gregorius VII., ep. 49 (*a.* 1074), in: Migne, PL 148, col. 329B.

73 Flori, La Première Croisade (wie Anm. 64), S. 31f.

dass sich Urban II. darauf gestützt hätte. Auch Rache wird in diesem Kontext nicht als Motiv genannt[74].

Noch allgemeiner ist die Auffassung der Sekundärliteratur, dass Urban II. hier eine neue christliche Weltordnung entwickelt habe[75]. Nach der Befriedigung der christlichen Welt musste ein neuer Platz für die Soldaten gesucht werden. Jeder Stand sollte einen Platz finden, der ihm seinen eigenen Weg zum Heil ermöglichte. So wurde die Fahrt nach Jerusalem zu einem Gnadenangebot an die Ritter, die sich nützlich machen konnten und denen sich auf diese Weise ein eigener Weg zum Seelenheil eröffnete[76]. Eine solche faszinierende Interpretation von Quellen und Epoche ist sicher eine legitime Deutung durch Historiker. Deren Elemente finden sich allerdings nicht in den verschiedenen Fassungen von Urbans Rede in Clermont.

Mit dem Aufruf präsentierte sich Urban II. zunächst als der wirkmächtige, also rechtmäßige Papst, doch gleichzeitig als der oberste Heerführer und wahre Kaiser des Westens. Die immer vermuteten Ambitionen des Papstes als *verus imperator* finden in diesem Akt ihre Begründung: Der Papst definierte die kriegerischen Ziele, während die Fürsten Europas ihm darauf Folge leisteten. Tatsächlich wurde Urban II. in der Folgezeit zum Ansprechpartner etwa des östlichen Kaisers[77]. Dieser Akt bedeutete nicht nur eine weitere Machtentfaltung der Kirche[78], sondern verband den Krieg allgemein mit einer päpstlichen Approbation und Legitimation.

Im Ergebnis kann man festhalten, dass die in der heutigen Literatur oft genutzte Bezeichnung des „Heiligen Kriegs“ sich bis 1095 nicht findet[79]. Sehr

---

74 Die Kreuzzüge als Mittel der Rache interpretiert dagegen Throop, Crusading (wie Anm. 62).

75 Zur Vorstellung Urbans einer grundlegenden Veränderung der Welt(ordnung) vgl. immerhin Ingrid Heike Ringel, Ipse transfert regna et mutat tempora, Beobachtungen zur Herkunft von Dan. 2,21 bei Urban II., in: E.-D. Hehl u.a. (Hgg.), Deus qui mutat tempora, Menschen und Institutionen im Wandel des Mittelalters, Festschrift für Alfons Becker zu seinem 65. Geburtstag, Sigmaringen 1987, S. 137–156.

76 Hehl, Was ist eigentlich ein Kreuzzug? (wie Anm. 7), S. 330, 335; gegen eine solche Verbindung Flori, De la paix de Dieu (wie Anm. 54) 3.

77 Endmann, Die Entstehung des Ablasses (wie Anm. 6), S. 171.

78 Flori, L’Église et la Guerre Sainte (wie Anm. 52), S. 360.

79 So auch Franco Cardini, La guerra santa nella cristianità, in: Atti Mendola (wie Anm. 41), S. 387–399, 396, nach einer Auseinandersetzung mit der Literatur, die angeblich, in seiner Darstellung nur die steigende christliche Rechtfertigung zu umschreiben suchte; irreführend daher Christopher Tyerman, God’s War, A New History of the Crusades, New York 2006, S. 27ff.

wohl jedoch entwickelte sich diese Qualifikation nach dem ersten Kreuzzug[80], um dann zum 13. Jahrhundert ganz gängig zu werden. Diese Entwicklung spiegelt den im 11. Jahrhundert zunehmend effektiv vertretenen Anspruch der Päpste auf das universale Richteramt als weltweite Stellvertreter Christi auf Erden[81].

IV. Die Erfindung der Indulgenz

1. Die problematische Deutung von Urbans Rede

Schaut man nicht mehr allgemein auf die Kriege an sich, sondern auf die einzelnen Soldaten, ergab sich aus der Bußdisziplin der Kirche eine weitere Möglichkeit, die Kriegsführung zu befördern und zu legitimieren. Diese Strategie wurde fast nie im Zusammenhang des gerechten Krieges, sondern nur in der spezielleren Literatur der Kreuzzüge oder der Ablässe behandelt.

Bereits Stephan II. schrieb 753, dass für kriegerische Leistungen zugunsten der Kirche die Sündenschuld erlassen (*dimittantur peccata*) würden[82]. Die gefallenen Soldaten sollten wie Märtyrer angesehen werden, die sich im Jenseits im Schoße Abrahams befinden[83]. Die Idee der Märtyrer war natürlich auch im Umfeld der Synode von Clermont bekannt[84]. Doch wurde sie offenbar nicht von Urban II. bemüht und wäre auch wenig angetan gewesen, die Begeisterung der künftigen Kreuzfahrer zu schüren. Teilweise wird unterstellt, dass den Rittern diese Möglichkeit bekannt gewesen sei, schon weil es eine solche biblische Verheißung gebe; doch wird bei dieser Interpretation die in Anspruch genommene Textstelle erneut überstrapaziert[85].

---

80 Vgl. Radulfus Cadomensis/Radulf von Caen (um 1080–um 1120), Gesta Tancredi in expeditione Jerosolymitana, in: Migne, PL 151, col. 493D; Ordericus Vitalis (*1075; † um 1142), Historiae ecclesiasticae libri XIII, in: Migne, PL 188, lib. 9 c. 3, col. 653A in Überschrift; kurz vorher c.2, col.652: bellum contra inimicos Dei.

81 Endmann, Die Entstehung des Ablasses (wie Anm. 6), S. 170.

82 Stephan II., ep. 5 (*a.* 753) (JE 2322) (= MGH Ep. 3), Berlin 1892, S. 388, Z. 9–11, Z. 20): *deleantur peccata et, ut habet potestatem a Deo concessam sicut claviger regni caelorum, nobis aperiat ianuam et ad vitam introducat aeternam.*

83 Jean Flori, Guerre Sainte et Rétributions spirituelles dans la 2e moitié du XIe siècle, Lutte contre l'Islam ou pour la papauté?, in: Revue d'histoire Ecclésiastique 85 (1990) 617–648, 631: für Leo IX. (1002–1054).

84 Für die entsprechende Argumentation des Balderic von Dol (1046–1130) zur *militia Christi* und deren Tod vgl. Endmann, Die Entstehung des Ablasses (wie Anm. 6), S. 167.

85 Flori, Guerre Sainte et Rétributions spirituelles (wie Anm. 83), S. 645f. mit Bezug auf Mt 10.37 im Sinne von ‚Wer mich verlässt (…) erbt das ewige Leben', während die Vulgata

Seit einer Publikation von 1945 wird behauptet, dass der Aufruf von 1095 einen vollkommenen Ablass versprach und sich somit Kreuzzug und Ablass miteinander von Anfang an verbunden hätten[86]. Während Urban II. also die Idee der *militia Christi* und des Martyriums der Kreuzritter noch nicht ganz explizit in Anspruch genommen habe[87], welches erst in den folgenden Jahren hinzugekommen sei, sei 1095 eine „indulgence plénière satisfactoire“ versprochen worden[88]. Heute wissen wir, dass verschiedene ähnliche Versprechen schon früher ausgesprochen worden waren, die Erklärung von 1095 jedenfalls nicht die erste ihrer Art ist. So wurde bei der spanischen Reconquista von Alexander II. den Ritter versprochen, dass ihnen ‚für ihre gute Tat‘ die Sünden vergeben würden; später wurde der spanische Kriegszug mit einer Wallfahrt nach Jerusalem verglichen[89]. Schwierig an der Feststellung zu Urbans Rede 1095 ist ferner, dass wir, wie gesehen, weder Urbans Text genau kennen noch die exakten Kriterien, um von einem ‚Ablass‘ sprechen zu können. Schon jetzt kann man jedoch festhalten, dass bei divergierenden Berichten über den Inhalt einerseits und verschiedenen möglichen Konzeptionen des Ablasses der Zeit andererseits es völlig unmöglich ist, den Wortlaut präzise zu rekonstruieren. Hier kann es nur noch darum gehen, die Hintergründe des Streits und der Divergenzen zu verdeutlichen. Wer von einem solchen Ablass ausgeht, rekonstruiert ihn daher aufgrund späterer Doktrinen in den Text von Urban II. hinein[90]. Immerhin wird klassischerweise die Geschichte der Kreuzzüge mit dem Beginn der Indulgentien im 11. Jahrhundert, v.a. in Südfrankreich, verbunden[91].

---

klar formuliert: *qui amat patrem aut matrem plus quam me non est me dignus et qui amat filium aut filiam super me non est me dignus, et qui non accipit crucem suam et sequitur me non est me dignus.*

86 Paul Rousset, Les origines et les caractères de la première croisade, Neuchâtel 1945; dazu Flori, Guerre Sainte et Rétributions spirituelles (wie Anm. 83), S. 619; ebenso noch Jean Richard, Urbain II, la prédication de la croisade et la définition de l'indulgence, in: Hehl, Deus qui mutat tempora (wie Anm. 76), S. 129–135, 134f.

87 So vorsichtig auch Herbert E.J. Cowdrey, Martyrdom and the First Crusade, in: P. Edbury (Hg.), Crusade and Settlement, Cardiff 1985, S. 36–56, 48.

88 Flori, Guerre Sainte et Rétributions spirituelles (wie Anm. 83), S. 621.

89 Christiane Laudage, Das Geschäft mit der Sünde, Ablass und Ablasswesen im Mittelalter, Freiburg i.B. 2016, S. 151.

90 So Carleton Munro (wie Anm. 3), S. 238 „plenary indulgence“.

91 Klassisch Nikolaus Paulus, Geschichte des Ablasses im Mittelalter, Vom Ursprunge bis zur Mitte des 14. Jahrhunderts, Band 1, 2. Auflage Darmstadt 2000, S. 134 mit einem kleinen Verweis auf mögliche Vorläufer; Laudage, Das Geschäft mit der Sünde (wie Anm. 89), S. 19: Anfänge unsicher, jedenfalls Südfrankreich im 11. Jahrhundert, besonders Urban II.

Alle Autoren berichten jedenfalls, dass der Papst sich irgendwie auf einen jenseitigen Lohn des Kriegszugs bezogen habe[92]. Drei Autoren berichten von einem Erlass der Sünden (*remissio peccatorum praesens aderit*), der eintreten soll für jene, die beim Kreuzzug sterben. Gemäß dem vierten Autor wurde dieser sogar allen Teilnehmern versprochen[93]. Nach Balderich kam diese Wirkung dagegen nur infrage, wenn die Ritter nach ihrer Tat eine Beichte ablegten, denn dann könnten die Bischöfe – entsprechend dieser Entscheidung des Papstes – die Befreiung erteilen.

Diese Befreiung, die offenbar an keine sonstigen Bußleistungen, nicht einmal ein Schuldbekenntnis, gebunden war, wurde wohl von Papst Urban II. versprochen – sofern man sie nicht bereits in der Rede von Clermont als eine solche allgemeine Entscheidung des Papstes erkennt[94]. Fraglich ist nun, was daran als neue Lehre erkannt werden kann.

2. Privatbeichte

Die alte Kirche kannte nur eine öffentliche, allgemeine Buße, die formelhaft noch heute in allen Kirchen und Gottesdiensten mit dem allgemeinen Schuldbekenntnis geläufig ist[95]. Der einzelne wurde aus der Gemeinschaft herausgenommen und gewann erst derart langsam wieder Zugang zu ihr, dass eine Wiederholung dieses Verfahrens nach erneuter Schuld fast ausgeschlossen war. Die aus dem Mönchtum stammende private Beichte vollzog sich dagegen außerhalb des Gottesdienstes. Sie war nicht nur privat, sondern auch beliebig oft wiederholbar[96]. Die zentrale Frage war dabei, wie man mit einer Missetat umgehen sollte. Die Mönche auferlegten Bußleistungen, durch welche im Jüngsten Gericht die Schuld der bösen Tat gemindert oder ausgeglichen werden konnte[97]. Die Kirche zeigte sich so solidarisch mit dem Sünder, der an die Barmherzigkeit Gottes appellieren und weiter in der Kirche verbleiben konnte.

---

92 Hier und im Folgenden der noch genauere Rekonstruktionsversuch von Ane L. Bysted, The Crusade Indulgence, Spiritual Rewards and the Theology of the Crusades, c. 1095–1216 (= History of Warfare, 103), Leiden 2014, S. 35ff.

93 Endmann, Die Entstehung des Ablasses (wie Anm. 6), S. 168f. mit seinem genaueren synoptischen Vergleich, hier nach Fulbert.

94 So nach Guibert von Nogent (um 1055–um 1125), vgl. Anm. 69.

95 Grundlegend Henry Charles Lea, A History of Auricular Confession and Indulgences in the Latin Church, Band 1, Philadelphia 1896 ND 2005, S. 20ff.

96 Endmann, Die Entstehung des Ablasses (wie Anm. 6), S. 172.

97 Bernhard Poschmann, Der Ablass im Licht der Bussgeschichte (= Theophancia 4), Bonn 1948, S. 2.

Vor allem aber konnte er trotz einer bösen Tat versuchen, seine Schuld auszugleichen mit weiteren, Gott gefälligen Taten.

Schon immer hatte es solche Taten gegeben, denen eine besondere Wirkung zugemessen wurde, wie etwa dem Martyrium oder der Wallfahrt. Fraglich wurde jedoch, wie diese Taten wirken sollten. Der Ansatz der Privatbeichte sah zunächst ein Schuldbekenntnis, dann eine Lossprechung (*absolution*) in Verbindung mit der Ableistung der Buße vor. Doch zeigt das Beispiel des Martyriums oder der Wallfahrt, dass nach dieser guten Tat die Wirkung ohne irgendein weiteres Verfahren eintreten musste. Insofern gab es von frühester Zeit an einen Widerspruch zwischen guten Taten, deren Wirkung außerhalb einer Beichte und kollektiv bewirkt wurde[98], sowie den klassischen Bußleistungen, die dem Beichtenden vom Beichtvater individuell auferlegt wurden. Gerade die Befreiung von Sündenstrafen außerhalb des Beichtstuhls führte dabei zur Autorität des Papstes bzw. der Bischöfe. Die Belohnung für die Teilnahme an Kreuzzügen oder den Besuch von Kirchen zu besonderen Zeiten, z.B. dem Jubeljahr, wurden erst durch die Definitionsgewalt der Kirche begründet. Doch mit der gregorianischen Reform und dem Konzil von Trento gerieten die Bistümer stärker unter die Gewalt des Vatikans, so dass fortan jede Lossprechung durch einen Priester als Akt der Kirche aufgrund der Autorität des Papstes gesehen werden konnte. Angelpunkt bildete hier die „Schlüsselkompetenz“ der Päpste, ihre Verfügungsgewalt über den goldenen und silbernen Schlüssel, um über die Exkommunikation und die Lösung davon entscheiden zu dürfen. Bis zum 11. Jahrhundert entwickelte sich also die päpstliche Hoheit als neues Kennzeichen der Beichtgewalt.

Noch langsamer entwickelte sich allerdings eine dogmatische Festigung der Materie[99], zumal die Frage erst allmählich nicht mehr als moralisch-theologisches Problem, sondern als juristische Aufgabe umdefiniert wurde[100]. In der Praxis des 11. Jahrhunderts finden sich die Begriffe *poenitentia reputari* oder *dimittere*, *remissio peccatorum*, *venia* und *indulgentia*[101]. Alle Begriffe sind älteren Datums, auch jener

---

98 Endmann, Die Entstehung des Ablasses (wie Anm. 6), S. 175

99 So auch Herbert E.J. Cowdrey, Canon Law and the First Crusade, in: B.Z. Kedar (Hg.), The Horns of Hattin, Jerusalem 1987, S. 31–48, 47. Es ist daher unzureichend, pauschal die Materie als neu oder alt abzutun, wie letzteres Tyerman, Were there any Crusades (wie Anm. 69), 554 und passim.

100 Brundage, Holy War and the Medieval Lawyers (wie Anm. 43).

101 Endmann, Die Entstehung des Ablasses (wie Anm. 6), S. 174.

der Indulgenz[102]. Klar war damals schon, dass die guten Taten den raschen Eintritt in den Himmel bewirken sollten[103]. Doch unklar war, wie das bewirkt werden sollte: Sollte es einfach nur auf einem Gebet der Priester beruhen, einer einfachen Bitte bzw. Fürbitte an Gott[104], oder kam den Bischöfen und ihrem Segen ein besonderes Gewicht oder sogar eine Richtergewalt zu, so dass sie die Strafe des Jüngsten Gerichts mindern (*remissio*) oder sogar von der Schuld freisprechen konnten (*absolvere*)[105]? Wie weit konnte die Entscheidung dann auch ohne die Mitwirkung des Büßers, also seine Buße, wirken? Bei den frühen Akten lässt die Formulierung oft die Frage offen, ob es sich um einen Ablass oder eine Absolution handelte. Insofern gilt die alte Bemerkung, dass die Kirche zum Ablass gelangte, ohne davon etwas zu bemerken[106].

Offen waren dabei vor allem folgende Fragen:

- Im Hinblick auf die unterschiedliche Begrifflichkeit ist immerhin anzumerken, dass sich erst im 12. Jahrhundert allmählich die „Indulgenz" als zentraler Begriff herausbildete. Die wohl im 11. Jahrhundert entstandene und fälschlich Augustin zugeschriebene, Schrift „De vera ac falsa poenitentia"[107] machte den Begriff am Anfang[108] stark, doch operierte sie danach kaum noch damit. Insbesondere die *venia* blieb als rivalisierender Begriff erhalten.
- Entstand die Wirkung allein aus der päpstlichen Gewalt, oder stand sie allen Bischöfen zu? Die eben genannte Abhandlung „De vera ac falsa poenitentia"[109] bezog sich auf die von Mt 18.18 definierte Schlüsselkompetenz, die hier auf alle Bischöfe, also nicht auf den Nachfolger Petri allein bezogen wurde. Dennoch entwickelten die Päpste gerade sowohl für Spanien als auch für die Kreuzzüge eine zunehmende Zentralisierung.

---

102 Vgl. Johannes VIII., ep. 186 (*a.* 879), in: Migne, PL 126, col. 816d, der eine *indulgentia* für die Bekämpfung der Heiden versprach.

103 Vgl. Leo IV. (um 790–855), ep. 1 (= JE), in: Migne, PL 115, col. 657, *regna illi coelestia minime negabuntur.*

104 So ursprünglich Poschmann, Ablass (wie Anm. 97), S. 9, 17, 25.

105 Poschmann *ibid.* S. 10. Gregor I. wollte damit auch für Verstorbene Entscheidungen treffen können, *ibid.* S. 27.

106 Poschmann *ibid.* S. 36f., 43.

107 Alessandra Costanzo (Hg.), Il trattato de vera et falsa poenitentia: verso una nuova confessione: Guida alla lettura, testo e traduzione (= Studia Anselmiana), Rom 2011.

108 Il trattato *ibid.* cap. II.4, S. 245: *Poenitentia sit acquirit indulgentiam, sine qua nome perveniet ad veniam.*

109 *Ibid.* cap. X.25, S. 268; zur Datierung der Schrift Costanzo *ibid.* S. 42; ebenso Adolf Gottlob, Kreuzablass und Almosenablass, Eine Studie über die Frühzeit des Ablasswesens (= Kirchenrechtliche Abhandlungen), Stuttgart 1906, S. 35.

- Nur ein Berichterstatter erwähnte die Notwendigkeit der Beichte bzw. des Geständnisses. Für die echte Reue war sie freilich notwendig. Nach dem Traktat „De vera ac falsa poenitentia“ konnte man sich im Notfall an den nächsten, der kein Priester sein musste, wenden, um die Beichte abzulegen[110]. Auch hier blieb die Beichte also eine Voraussetzung. In dem in der Schlacht Gefallenen konnte man allerdings auch einen *confessor* ebenso wie den Märtyrer erkennen.
- Entfaltete die Entscheidung nur eine diesseitige Wirkung auf die Bußstrafe oder band sie auch das Jüngste Gericht? Hatte Schlüsselgewalt ein besonderes Gewicht beim Jüngsten Gericht im Sinne einer Fürbitte oder war mit dem Ablass schon jetzt (*praeses aderit*) eine Wirkung verbunden?

3. Der päpstliche Gnadenakt

Im Hinblick auf die entwickelte Form der Indulgenz als päpstlicher Gnadenakt wird zwischen einer Fürbitte des Ablasses und einem von den Päpsten bewirkten ‚echten‘ Ablass unterschieden, bei dem der Papst also allein die Entscheidung fällte[111]. In der deutschen Historiographie wird seit langem der kategorische Unterschied zwischen dem Ablass der Bußstrafe und einer transzendentalen Wirkung auf das Jüngste Gericht und die dort verhängten Strafen gemacht. Strittig ist nur, ob dieser Schritt im 13. Jahrhundert oder bereits früher vollzogen wurde, insbesondere etwa bereits zum ersten Kreuzzug stattfand[112]. In der Überzeichnung eines päpstlichen Eingriffs auf das Jüngste Gericht in der Historiographie wirkt allerdings eher Luther als ein wirkliches Verständnis der päpstlichen Rechtsauffassung.

Die Päpste sahen sich als Vertreter Gottes und betrachteten ihre Urteile als erstinstanzliche Entscheidung, deren letzte Entscheidung dem Jüngsten Gericht vorbehalten war, v.a. wenn das menschliche Gericht ungerecht oder zu milde geurteilt hatte. Wirksame, gerechte Urteile sollten dagegen durchaus auch das Jüngste Gericht hindern, in derselben Sache erneut zu urteilen – im Sinne des *non*

---

110 Ed. Costanzo (wie Anm. 107), cap. X.25, S. 267ff., und XI.26, S. 270f., zur Frage, wann die Privatbeichte ausreiche.

111 Endmann, Die Entstehung des Ablasses (wie Anm. 6), S. 181f.; zu einem vollkommenen Ablass *ibid.* S. 175.

112 Adolf Gottlob, Kreuzablass und Almosenablass (wie Anm. 109), S. 38ff., 45; Bysted, The Crusade Indulgence (wie Anm. 92), S. 25f.

bis in idem-Grundsatzes[113]. Die vielfältigen dogmatischen Präzisierungen scheinen mit der Schrift Pseudo-Augustins „De vera ac falsa poenitentia" begonnen zu haben und wurden dann unter anderem bei Gratian und den Kanonisten weiter präzisiert. Das bedeutet im Umkehrschluss, dass diese Lehre 1095 noch nicht etabliert war. Entgegen Erdmann geht jedoch Mayer davon aus, dass der Unterschied zwischen einem Erlass der Sünden (*remissio peccatorum*) und einem Erlass der Sündenstrafe (*remissio poenitentiae*) bekannt war und von den Theologen genau beachtet wurde. Daher sei es unerheblich, dass das Volk eventuell die Unterschiede nicht verstanden habe und dass diese Lehre früher noch nicht so differenziert gewesen sei[114].

In unserem Fall war es deutlich die Entscheidung des Papstes, welche die Bischöfe binden sollte. Insofern entspricht die Entscheidung klar den späteren päpstlichen Indulgenzen, auch wenn der Begriff noch nicht gebraucht wird. Die Wirkung des Ablasses wird zumindest nach einem Autor „schon jetzt" begründet gesehen, nach den meisten handelt es sich um einen Ablass von der Buße (*remissio poenitentiae*). Das ist jedenfalls eine Sichtweise, die ab dem Hohen Mittelalter überwog. Doch Urban war sich seiner Sache kaum sicher. In seinen 1095 nachfolgenden Briefen beschrieb er diesen Punkt nämlich ganz unterschiedlich[115]. Im Brief an die Flanderer wird die *remissio peccatorum* genannt, im Brief nach Vallombrosa überhaupt nicht, während das Schreiben nach Bologna den engeren Bußstrafenablass (*remissio poenitentiae*) erwähnt und wieder die Notwendigkeit der individuellen Beichte anführt[116]. Urban folgte hier nicht klar etabliertem Recht[117] oder sonstigen etablierten Vorstellungen, sondern warb für seine Politik und seine Konzeption einer vom Papst und Glauben geprägten europäischen Ordnung.

---

113 Schmoeckel, Jugend der Justitia (wie Anm. 30), S. 61, mit weiterer Literatur; Peter Landau, Non bis in idem, Ursprünge und Entwicklung des Verbots doppelter Strafverfolgung wegen desselben Verbrechens in der Geschichte des kanonischen Rechts, in: ZRG KA 56 (1970) 124–156 wieder abgedruckt in: ders., Europäische Rechtsgeschichte und kanonisches Recht im Mittelalter: ausgewählte Aufsätze aus den Jahren 1967 bis 2006, Badenweiler 2013, S. 593–622.

114 Mayer, Geschichte der Kreuzzüge (wie Anm. 65), S. 35; Laudage, Das Geschäft mit der Sünde (wie Anm. 89), S. 153.

115 Mayer, Geschichte der Kreuzzüge (wie Anm. 65), S. 34f., 48.

116 Laudage, Das Geschäft mit der Sünde (wie Anm. 89), S. 153; vgl. das Schreiben an die Stadt Bologna vom 19.9.1096: *penitentiam totam peccatorum, de quibus veram et perfectam confessionem fecerint*, in: Epistolae et chartae ad historiam primi belli sacri spectantes quae supersunt aevo aequales ac genuinae, Die Kreuzzugsbriefe aus den Jahren 1088–1100, ed. H. Hagenmeyer, Band 1, Innsbruck 1901, Nr. 3., Z. 4, S. 137.

117 So auch Hehl, Was ist eigentlich ein Kreuzzug? (wie Anm. 7), S. 311.

Es ist ein fragliches Unterfangen, aus späterer Dogmatik eine frühere Äußerung inhaltlich bestimmen zu wollen. Wahrscheinlich war die Lehre 1095 noch nicht so weit entwickelt wie im 12.[118] und 13. Jahrhundert. Offenbar entstand der Ablass vorwiegend aus der Praxis des 11. Jahrhunderts, welche dazu beitrug, die Lehre allmählich stärker zu dogmatisieren. Angesichts dieses allmählichen Prozesses und der historischen Bedeutung der Rede von Clermont von 1095 ist es leicht verständlich, dass sich viele auf Urban beriefen und in ihm der Begründer des Ablasses insgesamt gesehen wurde[119]. In der Sache und nach den Begriffen kann man freilich einzelne Akte vergleichbarer Art bereits vorher entdecken[120]. Dies gilt umso mehr, je weniger spezifisch man nach Sache und Begriffen schaut. Das alles vertieft aber den Eindruck einer in dieser Zeit aus der Praxis heraus neu entstehenden Materie.

V. Kriegstreiber in der Kanonistik des 12. Jahrhunderts?

1. Einleitung

1935 veröffentlichte Carl Erdmann seine epochale „Entwicklung des Kreuzzugsgedankens“, dem die Literatur zunächst folgte. Er stellte bei den Theologen und Kanonisten um 1100 eine Radikalisierung der Kirche fest, welche nicht nur eine Spiritualisierung des Krieges, sondern sogar den Umschwung von einer Theologie des Friedens auf eine solche des Krieges bedeutete. Gewährsmänner für diese Entwicklung waren für ihn – im Gegensatz zu Burchard von Worms des 11. Jahrhunderts – vor allem die Kanonisten des 12. Jahrhunderts: Anselm von Lucca, Bonizo von Sutri und Ivo von Chartres. Diese Entwicklung sei im Decretum Gratiani C. 23 kulminiert.

Insbesondere John Gilchrist stellte diese Interpretation infrage und zeigte, dass viele andere Historiker letztlich dieser These ebensowenig zustimmen konnten. Zum einen machte Gilchrist methodische Fehler aus, die in der Ideengeschichte liegen. Mit dem Wandel von Burchard von Worms zu Anselm von Lucca und der Unterstellung eines großen Gegensatzes sei übersehen worden, dass das Werk von Burchard bis zu Gratian von großem Ansehen geblieben ist. Anselm sei insoweit weniger repräsentativ für das 11. Jahrhundert als Burchard. Und wie sollten Anselms Schriften die Kreuzzüge beeinflussen, wenn sich in den Texten

---

118 Poschmann, Der Ablass im Licht der Bussgeschichte (wie Anm. 97), S. 52.

119 Hehl, Was ist eigentlich ein Kreuzzug? (wie Anm. 7) 303.

120 Endmann, Die Entstehung des Ablasses (wie Anm. 6), S. 181 m.w.N.

der Kreuzzüge kaum Bezug auf ihn finde und umgekehrt die Kanonistik kaum auf die Kreuzzüge verweise? Wie sollte das Werk der Kirchenväter wirken, wenn dieses erst im 11. Jahrhundert allmählich wieder gesammelt wurde? Wie auch konnten sie dann schon vorher auf Urban gewirkt haben? Dabei zeigt sich wieder ein erheblicher Spalt zwischen der Praxis der Kreuzzüge und der kanonistischen Literatur[121].

Gilchrest folgend wurden auch inhaltlich Fehlinterpretationen entdeckt, welche letztlich aus Tauben Falken gemacht hätten. Für Anselm und Ivo stellte Gilchrist dies selbst dar, während Rolf Sprandel dies für Ivo von Chartres bewies[122]. Letztlich wäre der Unterschied zwischen diesen Autoren nicht groß, wohl aber zu einem Kriegstreiber wie Urban II.[123] Gerd Althoff übernahm allerdings die Argumentation Erdmanns und spitzte sie weiter zu, ohne sich mit den Kritikern Erdmanns auseinanderzusetzen und die nachgewiesenen Fehler zur Kenntnis zu nehmen.

Im Folgenden ist daher auf die genannten Kanonisten einzugehen: Inwieweit findet man bei ihnen einen weiteren Schritt in der Akzeptanz der Kriege? Dabei kann es hier nicht weiter um die – grundsätzlich schon geklärte, wenn auch noch nicht dogmatisch ausgereifte – Frage der Ablässe gehen, deren theologische Behandlung bereits Ane Bysted dargestellt hat[124]. Dabei können kaum alle Autoren des 11. und 12. Jahrhunderts einzeln behandelt werden. Doch ist die These nachzuprüfen, dass sich hier eine Umkehr vom Ideal des Friedens zu dem des Krieges ereignet habe. Es muss stattdessen ausreichen zu verstehen, ob diese Autoren eine „kriegstreiberische" Position vertraten bzw. überhaupt in dieser Linie gesehen werden können.

2. Burchard von Worms

Für Erdmann war Burchard (um 965–1025, von 1000 bis 1025 Bischof von Worms) der Endpunkt der ursprünglichen Anti-Kriegsbewegung der Kirche[125]. Dafür stellte Erdmann vor allem auf das 19. Buch des 1008 bis 1014 entstandenen

121 John Gilchrist, The Erdmann Thesis and Canon law, in: P.W. Edbury (Hg.), Crusade and settlement, Cardiff 1985, S. 37–45, 38f.

122 Rolf Sprandel, Ivo von Chartres und seine Stellung in der Kirchengeschichte, Stuttgart 1962, S. 141 n. 14, S. 161.

123 Gilchrist, The Erdmann Thesis (wie Anm. 121), S. 39, 41.

124 Ane L. Bysted, Indulgences, Satisfaction and the Heart's Contrition in Twelth-century Crusading Theology, in: Lehtonen/Jensen (wie Anm. 67) S. 85–93, 87ff.

125 Erdmann, Die Entstehung des Kreuzzugsgedankens (wie Anm. 40), S. 72.

Decrets[126] zum Beichtverfahren, *de poenitentia*, ab, dem berühmten „*corrector*"[127]. Wer einen vorsätzlichen Totschlag beging, musste demnach bei Brot und Wasser büßen. Bis zum vierten Jahr wurden dem Büßer weitere besondere Verhaltenspflichten auferlegt. Nur allmählich durfte er sich bessere Speisen erlauben und sollte sich durch besondere Werke bußfertig erweisen. Vorsätzlicher Totschlag (*homicium*) sollte mit 40 Tagen bei Brot und Wasser geahndet werden, und bis zum 4. Jahr nach der Tat sollte sich der Büßer im Konsum zurückhaltend zeigen. Wurde vorsätzlich die Ermordung der Eltern gerächt, blieb es dagegen bei den 40 Tagen Buße ohne eine weitere Verlängerung. Eine Ermäßigung gab es auch für den Fall des gerechten Krieges[128]:

> *Fecisti homicidium in bello iussu legitimi principis, qui pro pace hoc fieri iusserat, & interfecisti tyrannum qui pacem peruertere studuit, tres quadragesimas per legitimas ferias poeniteat.*
>
> Begingst Du einen Totschlag im Krieg, der durch den Befehl eines legitimen Fürsten begonnen wurde, der diesen für den Frieden befahl, und tötest Du einen Tyrannen, der den Frieden verwerfen wollte, mögest Du dreimal 40 Tage in rechter Einkehr büßen.

Dreimal 40 Tage sollte also der gerechtfertigte Krieger büßen, sofern er an einem gerechten Krieg teilgenommen hatte. Die Zeit der Buße fiel höher aus, wenn er mehrere Feinde erschlagen hatte, doch dafür endete sie dann. Hatte ein Krieg jedoch ohne Befehl des rechtmäßigen Fürsten stattgefunden, war Buße in Form der *carina* für die folgenden sieben Jahre zu tun. Im 6. Buch Burchards zum Strafrecht im Rahmen der Tötungsdelikte wurde der Tatbestand von einer anderen Perspektive betrachtet. Hier wurde dem Söldner in einem rechtmäßigen Krieg nur die alte Bußstrafe von 40 Tagen Buße auferlegt[129].

Burchard griff damit letztlich die seit Augustinus verbreitete Kategorie des gerechten Krieges auf. Doch kannte er sich hier wohl nur ungenau aus, denn er

---

126 Zu Burchard s. Jörg Müller, Art. „Burchard von Worms", in: HRG Band 1, 2. Auflage Berlin 2005, S. 734–736; Greta Austin, Shaping church law around the year 1000: The Decretum of Burchard of Worms, Farnham 2009. Zum Werk und seiner großen Verbreitung s. besonders Lotte Kéry, Canonical Collections of the Early Middel Ages (ca. 400–1140), A Bibliographical Guide to the Manuscripts and Literature, Washington (D.C.) 1999, S. 134–148; H. Hoffmann/Rudolf Pokorny, Das Dekret des Bischofs Burchard von Worms, Textstufen – Frühe Verbreitung – Vorlagen (= MGH Hilfsmittel 12), München 1991; O. Meyer, Die Überlieferung und Verbreitung des Dekrets des Bischofs Burchard von Worms, in: ZRG KA 24 (1935) 141–183.

127 Ludger Körntgen, Canon law and the practice of penance: Burchard of Worms's penitential, in: Early medieval Europe 14 (2006) 103–117.

128 Burchard von Worms, Decretum, ed. Th. Kölzer, ND Aalen 1992, lib. 19 cap. V, fol. 189v.

129 Decretum *ibid.* fol. 264v: *Fecisti homicidium in bello.*

erwähnt nur die Voraussetzung der notwendigen Autorität dessen, der den Krieg erklärt. Hinzu kam allerdings, dass der Krieg für ihn offenbar nur dann rechtmäßig war, wenn er erfolgreich war; ansonsten stammte der Befehl nicht vom rechtmäßigen Fürsten. Im zweiten Kapitel des Konzils von Mainz wurde der Fall eines siegreichen Kriegs behandelt, der als *iudicium Dei* anzeigte, dass diese Sache gerecht war. Dann brauchte man auch den Soldaten nicht weiter zu bestrafen. Das war inkonsequent, insoweit der für die gerechte Sache kämpfende Soldat immer zur Buße gezwungen wurde – offenbar, weil es unweigerlich eine böse Sache blieb, Menschen zu töten.

Doch stand es für den Soldaten, dessen Fürst den Krieg verlor, im Ergebnis schlimmer. Burchard überlegt zwar noch, ob man sein Handeln als unschädlich (*innoxios*) abtun könne, denn schließlich sei er gegen Gottes Entscheidung erfolglos geblieben. Dennoch handle ein solcher Soldat letztlich aufgrund von Habgier (*avaritia*) und folge einem zeitlichen Herrn bei der Begehung von Totschlägen, womit er gegen die Befehle des ewigen Herrn verstoße. Beispiele aus dem Alten Testament zeigten Burchard, dass Soldaten wegen ihrer Tötungen hinzurichten seien. Gleiches gelte für den „*seditiosum tyrannum*" und seine Anhänger, welche die Ruhe des christlichen Friedens umzustoßen suchten.

Man findet hier also die alte Vorstellung der *pax romana* übersetzt in eine europäische Ordnung der *pax christiana*. So klar zwischen dem gerechten und dem ungerechten Krieg in der Straffolge differenziert wurde, so klar bleibt dabei dennoch, dass in den Augen der Kirche die Tötung auch in einem gerechten Krieg eine strafwürdige Tat darstellt.

Man könnte noch an c. 43 erinnern, wonach derjenige, der einen Bösen tötet, als „*minister Dei*" bezeichnet wird[130]. Darin scheint Burchard schon ganz dem Denken von Urban zu entsprechen. Betrachtet man dagegen Burchards Auffassungen zum Krieg, wird seine große Reserviertheit gegenüber dem Krieg insgesamt deutlich. Das Beispiel von Burchard zeigt, wie unterschiedlich seine Lehre aufgefasst werden kann, sofern man man sie nicht umfassender zur Kenntnis nimmt. Von Kriegslüsternheit oder einer allgemeinen Legitimation des Kriegs findet man bei Burchard jedenfalls nichts.

---

130 *Ibid.* fol. 150r.

3. Anselm von Lucca

Vor allem Anselm von Lucca (um 1035–1086)[131] wurde von Erdmann[132] als Urheber einer neuen „Kriegstheorie“ ausgemacht[133], derzufolge die Kirche den Krieg als ethisch gerechtfertigte Tat konzipierte und „ihren Frieden mit dem Krieg“ gemacht habe. Gilchrist zeigte bereits, wie wenig die Interpretation von Erdmann überzeugen kann. James Brundage[134] intensivierte diese Kritik. Er bescheinigte Anselm eine pessimistische Grundhaltung und eine Ablehnung des Krieges[135]. Trotzdem wurde Erdmanns Deutung wieder von Althoff aufgegriffen, ohne die Kritik daran zur Kenntnis zu nehmen.

Ein zentrales Problem der Untersuchung Anselms liegt freilich darin, dass die hier relevanten und besonders innovativen[136] Bücher 12 und 13 seiner Collectio Canonum (*Collectio canonica in libros XIII distributa*)[137] nicht von Thaner[138] ediert wurden, sondern nur aus den Rubriken bei Migne bekannt sind[139]. Edith Pásztor

---

131 Zu ihm Wilfried Hartmann, Art. „Anselm von Lucca“, in: Lexikon für Theologie und Kirche, Band 1, 3. Auflage 1993, S. 714; Szabolcs Anzelm Szuromi, Anselm of Lucca as a canonist, Frankfurt/M. 2006; C. Violante (Hg.), Sant'Anselmo vescovo di Lucca (1073–1086) nel quadro delle trasformazioni sociali e della riforma ecclesiastica, Roma 1992; E. Pásztor, Sacerdozio e regno nella ‚Vita Anselmi episcopi Lucensis‘, in: Archivum historiae Pontificiae 2, Rom 1964, S. 91–115.

132 Erdmann, Die Entstehung (wie Anm. 40), S. 223–229, S. 239–241.

133 So Becker, Papst Urban II. (wie Anm. 2), S. 323 in Bezug auf Erdmann.

134 James A. Brundage, St. Anselm, Ivo of Chartres, and the Ideology of the First Crusade, in: R. Foreville (Hg.), Les mutations socio-culturelles au tournant des XIe–XIIe siècles, Etudes Anselmiennes (IVe session), Colloque organisé par le CNRS, Abbaye Notre Dame du Bec, Le Bec-Hellouin, 11–16.7.1982 (= Spicilegium Beccense 2), Paris 1984, S. 175–187, 197–200, 175, 179.

135 Brundage *ibid.* S. 177. Bei Anm. 13 behandelt Brundage die Frage, inwieweit Anselm sich weigern konnte, der päpstlichen Ladung nach Clermont 1095 zu folgen; wegen seines Todes 1086 scheint mir dies jedoch unmöglich.

136 So Gérard Fransen, Anselme de Lucques canoniste?, in: Violante (wie Anm. 131), S. 143–155.

137 Um 1083 entstanden, vgl. dazu Anselmus episcopus Lucensis, Collectio canonum, http://www.geschichtsquellen.de/repOpus_00490.html, zuletzt 2.4.2018; Linda Fowler-Magerl, Clavis Canonum, Selected Canon Law Collections before 1140, Access with data processing, Hannover 2005, S. 139–145.

138 Fridericus Thaner (Hg.), Anselmi episcopi Lucensis Collectio canonum una cum collectione minore, 2 Bände, Innsbruck 1906–1915.

139 Anselmus Lucensis, Collectio canonica in libros XIII distributa, in: Migne, PL 149, col. 533f. Einen Überblick über die Incipits verdanken wir Kathleen Cushing, Papacy and Law in the Gregorian Revolution, The Canonicstic Work of Anselm of Lucca, Oxford 1998, Appendix II: Collectio canonum, hier 187ff.

beschreibt immerhin das 13. Buch nach der Handschrift BAV lat. 1363[140]. Diese Handschrift gilt als bemerkenswert, weil sie einen umfassenden, besonders frühen Zustand abbildet. Anselms Text zeigt im noch nicht edierten 12. sowie im 13. Buch, wie viel umfassender und inhaltsreicher die Artikel als ihre Rubriken sind. Man kann daher nicht einfach nur die Rubrikenüberschriften ohne die eigentlichen Texte auswerten. Dafür sollen zwei Beispiele genannt werden[141]:

(lib. XIII cap.3 Rubrik 3) Quod bella cum benevolentia sunt gerenda.

Dass Kriege mit Wohlwollen zu führen sind.

Unter dieser Rubrik folgt ein fast seitenlanger Text, u.a.:

Paratus debet esse homo iustus et plus patienter eorum militiam sustinere, quos fieri bonos querit, ut numerus potius crescat bonorum, non ut pari militia se quoque numero addat malorum.

Der gerechte Mensch muss eher bereit sein, deren Miliz standzuhalten, die er gut zu machen sucht, damit eher die Zahl der Guten wächst und nicht angesichts gleichstarker Truppen die Zahl der Bösen steigt.

Was sich hier in der Rubrik vordergründig kriegslüstern liest, verliert diesen Charakter im weiteren Text, wo beispielsweise Unrecht eher ausgehalten werden soll anstatt es mit Waffen auszugleichen:

(Ibid. cap.4, Rubrik) Quod militantes etiam possunt esse iusti et hostem deprimere necessitas non volutas debet.

Dass auch Krieger gerecht sein können, und dass den Feind zu bekämpfen eher eine Notwendigkeit als dem Willen entsprechen soll.

Auch dieses kann zweideutig gelesen werden, denn im dazugehörigen Text heißt es klar gegen Ende (p. 408):

Pacem habere debet voluntas, bellum necessitas, ut liberet Deus a necessitate et conservet in pace. Non enim pax queritur, ut bellum excitetur, sed bellum geritur, ut pax acquiratur.

Den Frieden zu bewahren ist der Wille, der Krieg dagegen eine Notwendigkeit, so dass uns Gott von unseren Notwendigkeiten befreien möge und in Frieden hält. Der Frieden wird

140 Edith Pásztor, Lotta per le investiture e ‚ius belli': la posizione di Anselmo di Lucca, in: Sant'Anselmo, Mantova e la lotta per le investiture, Atti del Convegno Internazionale di Studi (Mantova, 23–24–25 maggio 1986), Bologna 1987, S. 375–421, 405–421.

141 Pásztor *ibid.* S. 406.

nicht gesucht, um einen Krieg zu beschwören, sondern Kriege werden geführt, um den Frieden zu erhalten.

Schon diese kurzen Auszüge verbieten es m.E., von einem kriegslüsternen Text auszugehen. Allein aus den Rubriken – in Unkenntnis der Texte – zu schließen, beispielsweise dass Anselm besonders in diesen Teilen scharf geurteilt habe, ist pures Raten und geht im Ergebnis fehl[142]. Klar ist, dass sich Anselm dabei auf die Schriften Augustins bezog und heranzog, was aus dem Donatisten-Streit entstammte. Hierin liegt sicherlich eine Bedeutung der Schrift im Vorfeld der Augustinus-Sammlung des Decretum Gratiani. Umso weniger innovativ ist das Buch inhaltlich.

Damit bleibt nur übrig, auf Anselms „Liber contra Wibertum“ zu schauen, der um 1085/6 entstand[143]. Für Erdmann ist es ein Werk, das zwei Fragen stellt, nämlich ob die Kirche mit der Verfolgung von Abtrünningen Unrecht tat und ob es Christen erlaubt sei, für die Kirche zu den Waffen zu greifen[144]. Eigentlich ist es jedoch eines der Hauptwerke in der Auseinandersetzung zwischen Kirche und Kaisertum. Bei dem angegriffenen Wibert/Gui(l)bert von Ravenna (1020/30–1100) handelt es sich um den von König Heinrich IV. 1080 eingesetzten Gegenpapst mit dem Namen Clemens III.[145]. Dieser hatte ein Buch veröffentlicht, das leider nicht erhalten ist, in welchem er Gregor VII. und seine Gefolgsleute scharf angriff für Gregors vermeintliche Legitimation von Gewalt[146]. Gregor VII. habe sich derart mit Mord, Sakrileg und Meineid besudelt, dass er nicht länger Papst sein könne. Schon deswegen sei er unfähig, dieses Amt auszuüben, weil er von klein auf für den Krieg im Osten geworben habe. Schließlich sei es christlich, nicht Krieg zu stiften, das Unrecht gleichmütig zu dulden und nicht es zu rächen. Wenn Paulus in 1Kor 7 den Christen verbiete, ihr

---

142 Althoff, Selig sind (wie Anm. 5), S. 91.

143 Anselmus episcopus Lucensis, Liber contra Wibertum, ed. E. Bernheim (= MGH Libelli de lite 1), Hannover 1891, S. 519–528; dazu http://www.geschichtsquellen.de/repOpus_00492.html, zuletzt 20.1.2019.

144 Erdmann, Die Entstehung (wie Anm. 40). Nach Pásztor, Lotta (wie Anm. 140), S. 384, gilt Anselms Streitschrift den Aufgaben, gegen Guibert vorzugehen und die Einheit der Kirche zu wahren.

145 Ingrid Heidrich, Ravenna unter Erzbischof Wibert (1073–1100), Untersuchung zur Stellung des Erzbischofs und Gegenpapstes Clemens III. in seiner Metropole (= Konstanzer Arbeitskreis für Mittelalterliche Geschichte, Vorträge und Forschungen, Sonderband 32), Sigmaringen 1984; Christiane Laudage, Kampf um den Stuhl Petri, Die Geschichte der Gegenpäpste, 2012, S. 86–90.

146 Hier im Folgenden nach Erdmann, Die Entstehung (wie Anm. 40), S. 238.

Recht vor Gericht zu erstreiten, dann dürften sie erst recht nicht mit Waffen darum kämpfen.

Erneut wurde hier ausgiebig mit Augustin argumentiert, z.B. seiner Deutung des *compellite intrare*[147]. Der Ausgang der Kriege sei immer noch ein *iudicium Dei*, welche die Ungerechtigkeit der Völker überwinde[148]. Ziel bleibe dabei der Friede. Doch wie der Arzt Wundgewebe abschneiden müsse, damit der Körper heilen könne, so werde auch hier das Notwendige mit Tränen betrauert. Unter Umständen sei jedoch Gewalt notwendig. Der Waffengebrauch sei dabei nicht für die Gerechtigkeit erlaubt, sondern nur sofern er für das Haus Gottes richtig sei[149]. Allen bleibe es verboten, ihr eigenes Unrecht zu rächen[150], Waffen seien nur dafür da, Witwen und Waisen oder die Kirche zu verteidigen. Aus solchen Motiven war es nach Anselm allgemein erlaubt, Wölfe zu verfolgen[151].

> *Utinam non esset conluctatio catholicis adversus carnem et sanguinem, ut quieti viverent et tantae perfectionis essent, ut omnes palmam martyrii desiderarent et non essent, quos vindicare minister Dei, vindex in iram ei qui male ageret, haberet, qui non sine causa gladium portat!*

> Es soll nicht die Gewohnheit der Katholiken gegenüber Fleisch und Blut sein, dass sie ruhig leben mögen und von solcher Perfektion seien, dass sie alle die Palmen der Märtyrer begehren, obwohl sie es nicht sind; die sich als Diener Gottes aufspielen, der Rächer seines Zorns gegen die, die Schlechtes treiben, die nicht ohne Grund ein Schwert tragen.

Das stellt kaum eine umfassende Werbung für die Anwendung von Gewalt dar. Vielmehr führt dies den Gedanken von Augustin fort, dass unter Umständen Gewalt geboten sein kann. Es gibt damit ein *ius gladii* für jene, die Sankt Peter treu sind, und diese dürfen die Schlechten zum Guten zwingen[152]. Anselms Schrift schließt mit einem Hinweis auf Gott, der alle Sünder wie eine Mutter liebt und nicht wolle, dass jemand zugrunde gehe[153]. Anselm folgte damit konsequent den Gedanken von Augustin. Als ein besonders drastischer Verfechter der Idee des Gerechten oder gar Heiligen Kriegs kann er nicht gelten[154].

---

147 Anselmus episcopus Lucensis, Liber contra Wibertum (wie Anm. 144), S. 522, Z. 41.

148 Anselmus *ibid.* S. 521, Z. 41 bis S. 522, Z. 1.

149 Anselmus *ibid.* S. 525, Z. 16ff., 22ff.

150 Anselmus *ibid.* S. 525, Z. 38, S. 30.

151 Anselmus *ibid.* S. 525, Z. 33–36.

152 Cushing, Papacy and Law (Anm. 139), S. 128 m.w.N. n. 21, S. 125.

153 Anselmus, Liber contra Wibertum (wie Anm. 144), S. 526, Z. 5f.

154 So auch bereits Ovidio Capitani, Sondaggio sulla terminologia militare in Urbano II, in: Atti Mendola (wie Anm. 41), S. 187f.; im Ergebnis ebenso Sami Niskanen, St Anselm's Views on Crusade, in: Lehtonen/Jensen (wie Anm. 67), S. 64–70, 68.

4. Bonizo von Sutri und die evangelische Sichel

Bonizo von Sutri (um 1045–1094?) geriet selbst in die Mühlen der Auseinandersetzung. Gefangengenommen von Heinrich IV. wurde er geblendet und verstümmelt und verlor dadurch sein Amt als Bischof von Piacenza[155]. Von ihm stammen wieder zwei Werke, die zu betrachten sind. Zwischen 1080 und 1094, vielleicht um 1085/6, entstand sein „Liber ad amicum“, das über das Weltgeschehen berichtete[156]. Er fragte, warum die Kirche in Bedrängnis gerate und ob es Christen erlaubt sei, für ihren Glauben mit Waffen zu kämpfen. Zunächst ging er intensiv die Geschichte durch um zu beweisen, wie oft schon legitimerweise zu den Waffen gegriffen wurde. Im Ergebnis folgerte er daraus, dass der Christ für die Wahrheit kämpfen dürfe[157]:

> *Licet christiano armis pro veritate certare, hystoriam petebas.*
>
> Es ist dem Christen erlaubt, mit Waffen für die Wahrheit zu streiten; dafür kannst Du Dich an die Geschichte wenden.

Mit Wahrheit wurde hier die kirchliche Lehre bezeichnet[158]. Nur für diese Wahrheit, also aus dem richtigen Motiv heraus, sei es erlaubt zu streiten. Es ging also letztlich um die Verteidigung der Kirche und des eigenen Reichs bzw. des Reichs Gottes besonders im Krieg gegen die Heiden[159]. Entgegen der auch hier bekämpften Lehre von Wibert sei es einem Christen daher in bestimmten Fällen sehr wohl erlaubt, zu den Waffen zu greifen[160]:

> *Si licuit unquam christiano pro aliqua re militare, licet contra Guibertistas omnibus modis bellare.*
>
> Ob es einem Christen erlaubt ist, für eine militärische Sache zu streiten bzw. die Wibertisten auf jede Weise zu bekämpfen.

---

155 Bonizo von Sutri, https://www.geschichtsquellen.de/repPers_118661493.html, zuletzt 22.1.2019; zum Text bereits Capitani, Sondaggio sulla terminologia militare in Urbano II (wie Anm. 155), 172, Noten zu Bonizo und Textvarianten.

156 Bonizo, Liber ad amicum (wie Anm. 63); vgl. dazu http://www.geschichtsquellen.de/repOpus_00674.html, zuletzt 22.1.2019.

157 Bonizo, Liber ad amicum (wie Anm. 63), S. 618, Z. 8f.

158 Vgl. *ibid.* eingangs S. 571, Z. 26: *si licuit vel licet christiano pro dogmate armis decertare*; so auch Althoff, Selig sind (wie Anm. 5), S. 77.

159 Bonizo, Liber ad amicum (wie Anm. 63), S. 618, Z. 23–25: *si licuit pro terreno rege, non licebit pro celesti? Si licuit pro re publica, non licebit pro iusticia? Si licuit contra barbaros, non licebit contra hereticos?*

160 Bonizo *ibid.* S. 618, Z. 9f.

Nach Althoff bot Bonizo hier alles aus der Geschichte auf, was den Gebrauch von Gewalt durch die Kirche hätte rechtfertigen können[161]. Erst am Ende finden sich einige Bemerkungen zum Gebrauch von Waffen[162]. Auch hier ist es wieder schwierig, aus einigen Andeutungen allgemeine Lehren abzuleiten. Stets geht es nur um den Kampf gegen Abgefallene und Ketzer, die gerade nicht mit Heiden verwechselt werden dürfen. Soldaten, die für den erstgenannten Zweck kämpfen, sind nicht vom Reich Gottes ausgeschlossen[163]. Am Ende kommt ein Satz, der ein zentrales Argument für Erdmann und vor allem für Althoff gibt[164]:

> *Idem de sermone Dei habito in monte, cum de beatitudinibus loqueretur et venisset ad Beati qui persecutionem paciuntur propter iustitiam, equaliter dixit beatos eos, qui persecutionem inferunt propter iusticiam, acsi qui persecutionem paciuntur propter iusticiam.*
>
> Ebenso spricht er in der Bergpredigt von den Seligkeiten und kommt dann zu den Seligen, die Verfolgung leiden aufgrund der Gerechtigkeit. In gleicher Weise nennt er selig jene, die Verfolgung auferlegen wegen der Gerechtigkeit, ebenso wie diejenigen, die wegen der Gerechtigkeit die Verfolgung erleiden.

Bonizo zitierte die Seligpreisung der Bergpredigt für diejenigen, die Verfolgung leiden. Doch solle das ebenso für jene gelten, die Verfolgung ausüben, weil nämlich in beiden Fällen Voraussetzung sei, dass dies für die Gerechtigkeit geschehe. In der Kurzform *beatos eos, qui persecutionem inferunt* wird daraus ein skandalöser Satz: Selig sind, die Verfolgung ausüben. Doch im Kern führt das nur die Idee von Augustin aus, dass man nicht zwischen rechtmäßig und unrechtmäßig allein nach Tätigkeit bzw. Passivität unterscheiden kann. Relevant für die ethische Betrachtung könne nur die Begründung für ein Tun oder Unterlassen sein.

Zwei Zitate aus Hieronimus, die Bonizo weiterhin anführt, können ebenso schockieren:

> *Non est impietas pro Deo crudelitas.*
>
> Was grausam ist, ist keine Unfrömmigkeit, sofern es für Gott geschieht.
>
> *Homicidas et adulteros et reos mortis scelestos perdere, non est homicidium, sed legum observatio.*

---

161 Althoff, Selig sind (wie Anm. 5), S. 86, 88.

162 Bonizo, Liber ad amicum (wie Anm. 63), S. 618, Z. 8 bis zum Ende.

163 Bonizo *ibid.*, Z. 14: *Nec milites a regno Dei alienos esse iudicabimus,* [...].

164 Bonizo *ibid.* S. 619, Z. 2–5; für die folgenden Zitate: Z. 9, 10f sowie S. 620, Z. 6–8.

Tötungen, Ehebrüche und Täter todeswürdiger Verbrechen zu verlieren ist kein Totschlag, sondern die Beachtung des Gesetzes.

Letzteres ist eigentlich nur logisch: Wenn das Gesetz die Tat anordnet, darf diese keinen Straftatbestand mehr darstellen – so wie es jedoch Burchard von Worms noch lehrte. Im Zusammenhang scheint jedoch alles die blutrünstige Argumentation zu unterstützen. Es folgen weitere solcher Zitate. Für die Gegenwart lobte Bonizo dann den Kampf gegen die Widersacher von Gregor VII.:

(ibid.) Igitur pugnent gloriossisimi Dei milites pro vertiate, certent pro iusticia, pugnent vero animo adversus heresim, extollentem se adversus omne, quoad dicitur vel quod colitur deus.

Die heldenhaften Soldaten Gottes kämpfen daher für die Wahrheit, streiten für die Gerechtigkeit und bekämpfen die Häresie.

Es ist sicherlich nicht falsch, wenn Althoff aus diesem Text festhält, dass die Kirche für die Wahrheit kämpfen müsse[165]. Und es trifft wohl auch zu, wenn er darauf hinweist, dass die Päpste seit Gregor VII. eine Art Weltherrschaft anstrebten[166]. Doch es ist eine Streitschrift in einem spezifischen historischen Kontext. Es geht nicht um den Kampf gegen Heiden, sondern nur um die Verfolgung der Ketzer. Insoweit behielt Bonizo nur die klassische Begrenzung bei, die er vorher schon festgehalten hatte[167]:

[…] cum persecutio ab his, qui foris sunt, nobis infertur tolerando devincendam; cum vero ab his, qui intus sunt, evangelica falce prius succidendam et postea omnibus viribus et armis debellandam.

Sofern die Verfolgung von denen stammt, die uns fremd sind, muss dies durch Erleiden überstanden werden. Doch wenn sie von jenen stammt, die bei uns sind, dann muss das erst durch die evangelische Sichel abgehauen und dann mit allen Kräften und Waffen besiegt werden.

Der äußere Feind muss demnach, im Gegensatz zum inneren Feind, ertragen werden. Die Andersgläubigen sind viel eher durch Duldung zu besiegen (*tolerando devincendam*). Die Gegner im Inneren müssen dagegen mit allen Mitteln bekriegt werden; nur hier ist die Gewalt der „evangelischen Sichel“ erlaubt.

Offensichtlich blieb Bonizo den Kriterien des gerechten Kriegs treu, welche wir seit Augustin kennen. Er wandte sie auf seinen Fall an und sah seine eigene

---

165 Althoff, Selig sind (wie Anm. 5), S. 13.

166 Althoff *ibid.* S. 27–29 mit einer Betrachtung der Literatur hierzu.

167 Bonizo, Liber ad amicum (wie Anm. 63), S. 572, Z. 13f.

Sache dadurch in kaum überraschender Weise für gerechtfertigt an. Man darf diesen Text, so schlagkräftig er auch formuliert ist[168], daher nicht überinterpretieren; bei Althoff wird diese gebotene Grenze der Interpretation dagegen nur gelegentlich deutlich[169]. Zum Ende verweist Bonizo immerhin auf das Vorbild der Markgräfin Mathilde von Tuszien, die wie ein Mann (*virili animo*) eher alle Belastungen ausgehalten habe als die Gesetze Gottes zu brechen. Am Schluss zeigte Bonizo daher noch einmal, dass es im Christentum nicht um die Durchsetzung der eigenen Rechtspositionen, erst recht nicht um Waffengewalt gehe, sondern dass es immer noch besser sei, den Frieden zu bewahren, selbst wenn man dabei leiden müsse.

Ein zweites Buch von Bonizo, sein „Liber de vita christiana“[170], kann als Handbuch des kirchlichen Lebens verstanden werden. Es entstand zwischen 1065–1094, vielleicht sogar eher am Ende dieser Zeit[171]. Ein Gebet in diesem Text bittet, dass alle Menschen, vor allem Könige und die Träger öffentlicher Verantwortung, Frieden wahren[172]. Es ist die Aufgabe der Könige, die Einzelnen nicht mit Ränken zu stören, so dass sie von ihren Gütern profitieren können[173]. Mit Gleichmut solle das Böse ebenso wie eine fremde Religion oder Ordnung ertragen werden. Die vom Glauben Abgefallenen müssten zur Kirche zurückgeführt werden, doch allein durch das Prinzip der Nächstenliebe. Wer für die falsche Sache eintrete, solle gebunden werden (*ligare*). Wer lethargisch verharre, solle angeregt werden, zur Kirche zurückzukehren, doch beide solle man dabei lieben[174].

Damit gab es eine eigene Aufgabe für die Soldaten. Doch selbst als Diener des Königs durften sie nicht gegen die Vorschriften der Religion verstoßen. Sie

---

168 Erdmann, Die Entstehung (wie Anm. 40), S. 229.

169 Althoff, Selig sind (wie Anm. 5), S. 86.

170 Bonizo von Sutri, Liber de vita christiana, in: Texte zur Geschichte des römischen und kanonischen Rechts im Mittelalter, Band 1, ed. E. Perels, Berlin 1930, 2. Auflage Hildesheim 1980.

171 Bonizo, Liber de vita christiana, http://www.geschichtsquellen.de/repOpus_00675.html, zuletzt 22.1.2019.

172 Bonizo, Liber de vita christiana, ed. Perels (wie Anm. 170), VII.6, S. 237, Z. 23–25.

173 Bonizo *ibid.* VII.2, S. 233, Z. 29f.: […] *regibus non moliatur insidias, gaudeat sub bonis, equanimiter tolleret malo et cuiusvis sit religionis vel ordinis,* […].

174 *Ibid.* VII,25, S. 247, Z. 24f.: *set perseverat diligontia caritatis freneticum ligare, lethargicum stimulare, ambos amare.*

sollten sich bei ihrer Aufgabe immer an das göttliche Geschenk des Herzens erinnern[175]:

> *His proprium est dominis deferre, predae non iniare, pro vita dominorum suorum tuenda suae vitae non parcere et pro statu rei publice usque ad mortem decertare, scismaticos et hereticos debellare, pauperes quoque et viduas et orphanos defensare, fidem promissam non violare nec omnino dominis suis periurare.*
>
> Deren Eigenschaft ist ihren Herren zu dienen, Beute nicht zu begehren, für das Leben der Herren das eigene nicht zu schützen, das eigene Leben nicht zu sparen und für das öffentliche Wohl bis zum Tod zu kämpfen, die Schismatiker und Ketzer zu besiegen, die Armen, Witwen und Waisen zu verteidiegen, den gelobten Glauben nicht zu verletzen und in keinem Fall seinen Herrn zu verraten.

Erdmann interpretierte das Bonizo von Sutri folgend bereits als originellen 7-Punkte-Kodex für Ritter[176]: 1) die Soldaten sollten ihren Herren ergeben sein, 2) sie dürfen nicht nach Beute streben und 3) für den Schutz des Lebens ihrer Herren nicht das eigene Leben schonen. Sie müssten 4) für das Wohl der Respublica bis zum Tode kämpfen, ebenso 5) Schismatiker und Ketzer bekämpfen. 6) Arme, Witwen und Waisen sollten sie verteidigen und 7) die gelobte Treue nicht brechen.

Wichtig ist, dass der Krieg hier wieder ganz in der Tradition von Augustinus nur der Verteidigung dient. Er kann damit gegen die Schismatiker und Häretiker geführt werden, jedoch nicht gegen Heiden[177]. Hierin unterscheidet sich Bonizo klar von Urban II.[178]. Die Kirche durfte zwar Verfolgung anordnen, doch nicht auf jede Weise[179].

> *Deinde quaero, si boni et sancti viri nemini faciunt persecutionem, set tantummodo patiuntur, cuius putant esse in psalmo vocem, ubi legitur: ‚Persequar inimicos meos et comprehendam illos et non convertar, donec deficient.*
>
> Daher frage ich mich, ob die guten und heiligen Männer die Feinde nicht verfolgen sollten, sondern eher bloß erlitten. Dies soll aus dem Psalm hervorgehen, in dem es heißt: Ich will meine Feinde verfolgen und sie verstehen, nicht um sie zu bekehren, solange sie nicht scheitern.

---

175 *Ibid.* VII,28, S. 248, Z. 34–249, Z. 3.

176 Erdmann, Die Entstehung (wie Anm. 40), S. 235 mit Blick auf den Liber de vita christiana VII,28 (wie Anm. 171).

177 So auch Erdmann, Die Entstehung (wie Anm. 40), S. 237; Mayer, Geschichte der Kreuzzüge (wie Anm. 65), S. 32.

178 Becker, Papst Urban II. (wie Anm. 2), S. 320.

179 Bonizo von Sutri, Liber de vita christiana, ed. Perels (wie Anm. 170), VII,17, S. 243, Z. 21–24.

Es sei also besser, die Ordnung der anderen auszuhalten als die eigene durch Zwang durchzusetzen. Hier berief sich Bonizo auf die Verheißung der Bergpredigt, die er keineswegs umzukehren trachtete[180]:

Ista namque beata est, quae persecutionem patitur propter iustitiam, illi vero miseri, qui persecutionem patiuntur propter iniustitiam.

Denn die sind selig, welche Verfolgung leiden wegen der Gerechtigkeit, jene dagegen elend, die verfolgt werden wegen [ihrer] Ungerechtigkeit.

Das sollte auch für die Ungläubigen gelten, denn Religion dürfe nur mit dem Wort, nicht mit dem Schwert bekämpft werden. Hier tauchte dann der bemerkenswerte Satz von der Freiheit der Religion auf[181]:

Liberum est credere vel non credere.

Es steht frei zu glauben oder nicht zu glauben.

Dies alles stammt noch immer von jenem Bonizo von Sutri, dem besondere Kriegslüsternheit nachgesagt wurde. Der größere Zusammenhang löst offenbar diesen falschen Eindruck auf.

180 *Ibid.* VII,17, S. 243, Z. 26f.
181 *Ibid.* VII,18, S. 244, Z. 4.

5. Ivo von Chartres

Für Ivo von Chartres (um 1040–1115)[182] ermittelte Brundage bereits genau, dass dieser dem Gedanken der Kreuzzüge skeptisch gegenüber stand bis zur Grenze passiven Widerstands[183]. Er war etwa sechs oder sieben Jahre jünger als Anselm, kannte ihn wohl noch aus der Klosterschule von Le Bec. Während Brundage auch die Briefe Ivos auswertete, sollen hier vor allem das Decretum und die Panormia genutzt werden.

In seinem umfangreichen Dekret (1093–1100)[184] nahm er die klassischen Lehren auf. Die Quellen aus der Geschichte des Christentums, v.a. aus Augustinus, bereiteten dabei wohl das Decretum Gratiani[185] vor. Das Christentum durfte danach mit Waffen verteidigt werden, wobei hier das Prinzip der *charitas* zu beachten sei (Leo IV J[3] 5464 = Ivo, Decretum X c.87). Das Vaterland dürfe man gegen Barbaren wie das eigene Heim gegen Diebe verteidigen (Ambrosius: X c.97). Als Zitat von Augustin wurde hier eingeführt, dass der Soldat, der befehlsgemäß töte, keinen Totschlag (*homicidium*) begeht (Augustinus, De civitate Dei, lib. I cap. 26 = Ivo, Decretum X c.98). Das wurde auch mit dem bei Burchard genannten zweiten Kanon des Mainzer Konzils begründet (X c.152). Aufgabe der Könige und des *imperium* sei es, die Kirche gegen Häretiker *etc.* zu verteidigen, obwohl die christliche Disziplin nicht alle Kriege begründe (Augustinus super Iohannem p.I, cap.11: X c.99). Sie müssen ferner mit *benevolentia* und für die Frömmigkeit und Gerechtigkeit der Gesellschaft geführt werden. Wenn einfach alle Kriege mit dem Christentum entschuldigt werden könnten, läge die Entscheidung nur noch beim Militär. Wer mit dem Schwert kämpfe, komme letztlich dadurch um (Augustinus, Contra Faustum Manichaeum, lib. 2 c.2 = Ivo, Decretum X c.110). Der Krieg müsse daher rechtmäßig angeordnet sein. Dies sei insbesondere der Fall, wenn Gott selbst ihn befiehlt. Wird dabei aus Versehen auch ein Christ getötet, bleibe dies straffrei (Ivo, Decretum X c.175).

---

182 http://www.geschichtsquellen.de/repPers_118711024.html, zuletzt 22.1.2019.

183 Brundage, St. Anselm (wie Anm. 135), S. 175, 179.

184 Ivo Carnotensis, Decretum, in: Migne, PL 161, aber besser heute Martin Brett (Hg.): https://ivo-of-chartres.github.io/decretum.html, zuletzt 22.1.2019; dazu Ivo episcopus Carnotensis, Decretum, http://www.geschichtsquellen.de/repOpus_03082.html, zuletzt 22.1.2019. Die Panormia wird hier zitiert nach Bruce Brasington/ Martin Brett (Hgg.): https://ivo-of-chartres.github.io/panormia.html, zuletzt 22.7.2019.

185 Dazu Brundage, Holy war and the Medieval Lawyers (wie Anm. 42), S. 106ff., 109, nach dem Gratian es war, der die Kategorie des *bellum iustum* verrechtlichte.

In der Panormia (1095–1100), die vielleicht nicht von Ivo stammt, findet sich ein ähnliches, wenn auch komprimiertes Bild. Töten dürfe man nur mit hoheitlicher Erlaubnis (Augustinus, De civitate Dei, lib. I cap. 26 = Ivo, Decretum X.98 = Panormia VIII.2). Der Herr wisse, wer für die Verteidigung des Glaubens gestorben sei (Alexander II = Panormia VIII.30). Haus und Vaterland dürften mit Gewalt verteidigt werden (Ambrosius, De officiis, lib. 1 = Panormia VIII.34). Wegen des Befehls werde der Soldat für die Tötung des Feindes nicht bestraft (Augustinus, De libero arbitrio, lib. 1 = Panormia VIII.38). Daher dürfe Krieg geführt werden, wobei jedoch jeweils die Autorität eines Fürsten und das Ziel des Friedens und des Gemeinwohls erforderlich seien (Augustinus = Panormia VIII.46). Der unschuldige Soldat solle in keinem Fall verurteilt werden (Augustinus = Panormia VIII.47). Aus Isidor rezipierte Ivo zum ersten Mal jene Voraussetzung eines ‚gerechten Kriegs' (Isidor von Sevilla, Etimologiarum libro XVIII.2 = Panormia VIII.54), dass es nicht nur um die Vertreibung der Feinde, sondern auch die Wiedererlangung verlorener Güter gehen könne. Diese Rechtfertigung konnte immerhin theoretisch für die Kreuzfahrten herangezogen werden[186].

Die Unterschiede der beiden genannten Sammlungen sind minimal. In allen Fällen blieben Kriege erlaubt, besonders wenn sie durch einen rechtmäßigen Fürsten angeordnet wurden und zur Verteidigung dienten. Deutlich wird noch einmal besonders der Unterschied zu Burchard, weil die Buße für den Soldaten des gerechtfertigten Krieges später wegfiel.

VI. Zusammenfassung

Augustin prägte die europäische Tradition mit der Erkenntnis, dass Passivität keineswegs immer die richtige Entscheidung bedeutet, dass also Untätigkeit nicht vor Verantwortung schützt. Krieg und Gewalt können daher nötig sein, wenn das Richtige verteidigt werden muss. Dabei ist auf die Intention und den Effekt zu schauen. Damit lieferte Augustin Ansätze, die von den Autoren des 11. und 12. Jahrhunderts auf Prinzipien und Widerspruchslosigkeit hin geordnet wurden. Man kann dieser kanonistischen Literatur daher kaum vorwerfen, das Ideal des Friedens umgekehrt zu haben zu einer Ordnung des Krieges. Im Wesentlichen entwickeln diese Autoren nur die Gedanken Augustins weiter.

---

186 Hehl, Was ist eigentlich ein Kreuzzug? (wie Anm. 7) 305.

Der Unterschied von Urban II. zur Praxis und der Politik der Päpste vor ihm ist deutlich. Während sich in der Praxis allmählich der Gedanke eines *bellum sacrum* entwickelte, verfochten die Kanonisten immer noch das Ideal des Friedens und erinnerten an das Ideal der *caritas* und der Liebe für alle Menschen. Eine „Sakralisierung des Krieges" lässt sich sicherlich für die Kreuzzugsablässe feststellen[187], doch wiederum fehlt davon jede Spur in den Kanonessammlungen. In allen Sammlungen ist zwar das Beichtrecht enthalten, so dass auch im *forum internum* nach der Behandlung der Soldaten gefragt wurde. Doch bis Gratian gab es keine Behandlung des Ablassrechts. Die Indulgenz für Kreuzzüge wurde daher nirgends behandelt. Da er tatsächlich auf Entscheidungen der Päpste hätten verweisen können, wird man in seinem Schweigen sogar eine kritische Distanz zur Kreuzzugsidee sehen dürfen.

Auch wenn nicht 1095 der wirkliche Beginn in der Praxis der Ablässe anzusetzen ist, waren Veränderungen in dieser Zeit maßgeblich. In der „Reconquista" von Spanien, Sizilien etc. läßt sich ein Anlass dafür erkennen, dass die neue Beicht- und Bußpraxis so weiterentwickelt wurde, dass durch die Gnadenentscheidung des Papstes ein spiritueller Anreiz für Kriegsleistungen geschaffen wurde. Die dogmatischen Unsicherheiten zwischen *remissio peccatorum* und *remissio poenitentiae* bzw. zwischen Wirkung im Bußverfahren oder für das Jüngste Gericht verraten, wie stark hier die Praxis voranpreschte und es der Wissenschaft nachfolgender Jahrhunderte überließ, ob sich daraus eine theologisch und rechtlich konsistente Lehre entwickeln ließ.

Zur Erfassung der mittelalterlichen Kirche darf man nicht nur zwischen der Praxis der Päpste und der kanonistischen und theologischen Theorie trennen. Die Diskussionen waren deutlich vielgestaltiger, wie etwa die Differenzierungen zwischen äußeren und inneren Gegnern, Heiden und Ketzern zeigen. Wer hier immer nur die Befürwortung von Gewalt sieht, unterschlägt die zeitgenössische Kritik ebenso wie die differenzierte Rechtfertigung des Kriegs gegen Häretiker und Heiden; gegen die Intention der Autoren wird der Anwendungsbereich der Lehre verallgemeinert. Schon Gilchrist zeigte darüber hinaus, dass es wesentlich mehr Sammlungen gibt, die eindeutig den Schwerpunkt auf die Wahrung des Friedens legten[188]. Es ist falsch, nur die ausgemachten ‚Scharfmacher' zu nennen und Autoren mit anderen Ideen zu ignorieren. Zu letzteren zählten dabei nicht nur der Gegenpapst Wibert, sondern auch sein Anhänger Wido von Ferrara und

[187] Hehl, Was ist eigentlich ein Kreuzzug? (wie Anm. 7), S. 312.
[188] Gilchrist, The Erdmann Thesis (wie Anm. 121), S. 31.

andere[189]. Die zahlreichen methodologischen Fehler der ernsthaften Historiographie haben Capitani bereits von „fantastoria" sprechen lassen[190]. Selten wird in der Literatur mit mehr oder weniger bewussten Fehlern und unter Verletzung der Regeln wissenschaftlicher Redlichkeit gekämpft; wie bei Islamisten und enttäuschten Christen wird mit aus dem Zusammenhang gerissenen oder glatten Fehlzitaten gekämpft.

Urbans unterschiedlich kolportierter Aufruf von 1095 zum Ersten Kreuzzug führte zu vielen interpretatorischen Verzerrungen. Der Beginn der Kreuzzüge oder einer neuen Kriegslüsternheit der Kirche kann in Verbindung mit einer zunehmenden Machtbesessenheit der Päpste und ihrer Irrlehre des Ablasswesens gebracht werden. Man kann sogar darüber spekulieren, ob hiermit dem Militär ein neuer Platz in einer neuen Weltordnung zugesprochen wurde. Die Päpste schufen mit dem Aufkommen der Kreuzzugsablässe und der *bellum sacrum*-Idee zwar eine weitere Legitimation des Krieges. Man kann jedoch ebenso darauf hinweisen, dass dieser Ansatz bald verworfen und eben nicht in die allgemeine Lehre des Kriegsvölkerrechts Europas einging.

In der kanonistischen Theorie blieb es bei der Betonung des Friedens und der Friedfertigkeit. Der Misserfolg der Kreuzzüge schwächte die *bellum sacrum*-Idee derart, dass sie wieder verschwand und bis heute nicht von der Völkerrechtsgeschichte wahrgenommen wurde.

Im Ergebnis entpuppte sich der Ansatz des „Heiligen Krieges" als Irrweg der Christen, nicht als deren Charakteristikum. Das ursprüngliche Gewaltverbot wurde zwar zugunsten einer auf Gerechtigkeit und Verantwortung basierenden Lösung aufgegeben. Dennoch blieb das Prinzip der Nächstenliebe bis zum 11. Jahrhundert prägend für das Recht der Kirche. Obgleich die Kreuzzüge mit zu den markanten Ereignissen der christlichen Geschichte gehören, stellen sie doch eine Epoche dar, die überwunden wurde. Sie markieren gerade nicht die spätere Entwicklung. Auf der Grundlage des Decretum Gratiani – als Zusammenfassung der früheren Tradition – konnten sich trotz aller Herausforderungen in den nachfolgenden Jahrhunderten die ursprünglichen Elemente der christlichen Tradition erhalten. Die Idee des *bellum sacrum* und des Ablasses konnten sich auf die Dauer nicht durchsetzen; sie entwickelten sich nicht zu den charakteristischen Elementen des kanonischen Rechts.

---

189 Auf die Präsenz einer solchen anderen Tradition verweist auch Jonathan Riley-Smith, Crusading as an act of Love, History 65 (1980), S. 177–192, 189.

190 Capitani, Sondaggio sulla terminologia (wie Anm. 155), S. 192.

Wenn die kanonistische Tradition und die christliche Theorie in der Neuzeit darauf zielten, den Krieg einzugrenzen und weiterhin nur nach „gerechten Kriegen“ zu fragen, dann kann man darin eine Fortsetzung der Lehre von Augustin und des kanonischen Rechts sehen. Inhärent wurde damit die Idee des *bellum sacrum* aufgegeben. Nur ausnahmsweise sollte die Gewaltanwendung vornehmlich zur Verteidigung erlaubt sein. Dann ist sogar – als Ausdruck einer alten christlichen Tradition – die Ächtung des Krieges 1928 durch den Briand-Kellogg-Pakt weniger neu[191].

Zumindest im Hinblick auf diese theoretische juristische Forderung kann man daher zwischen Christentum und Islam klar differenzieren. Während der „heilige Krieg“ (Dschihād/ǧihād) unmittelbar von oder nach Mohamed von der islamischen Tradition eingeführt wurde, wurde dort die Anstrengung für den Kampf auf dem Weg Gottes (*al-dschihādu fī sabīli Llāh*) als Pflicht der Muslime aufgefasst. Während im Koran noch offen ist, ob dies nur für defensive oder auch offensive Kriege gilt, wurde die Lehre des Dschihad jedenfalls kurz nach der Begründung der Religion geschaffen[192], um zur gewaltsamen Verbreitung der neuen Religion aufzufordern. In der klassischen islamischen Rechtslehre (*Fiqh*) wurde die Pflicht des Dschihad dahingehend ausgedehnt, dass durch Erweiterung des islamischen Territoriums erreicht werden sollte, dass der Islam die beherrschende Religion werde. Seither wird der Dschihad als eines der Grundgebote des islamischen Glaubens und eine allen Muslimen auferlegte Pflicht aufgefasst.

Wenn es eine Prägung der Religion durch ihren Religionsstifter gibt, dann musste sich die Bergpredigt in dem hier vorliegenden Thema auswirken: Nicht die Rechtfertigung des Krieges, sondern die Nächstenliebe und das Gebot des Gewaltverzichts spielten jedenfalls in der europäischen Theorie die dominierende Rolle. Insoweit die Kanonisten die Episode der Kreuzzüge und die Idee des heiligen Kriegs auch wieder überwinden konnten, prägten sie jedenfalls in diesem

---

191 So aber Oone A. Hathaway/Scott J. Shapiro, The Internationalists: How a Radical Plan to Outlaw War Remade the World, New York 2017.

192 Mathias Rohe, Das Islamische Recht, Geschichte und Gegenwart, 2. Auflage München 2009, S. 149; Harald Kleinschmidt, Geschichte des Völkerrechts in Krieg und Frieden, Darmstadt 2013, S. 70f. Zur Frage, ob es daher einen Einfluss des Islam auf die Entstehung der Kreuzzugsidee gab, vgl. Kristin Skottki, Christen, Muslime und der Erste Kreuzzug, Die Macht der Beschreibung in der mittelalterlichen und modernen Historiographie, Münster 2005, 1200; im Rückgriff auf die alte Diskussion unter maßgeblicher Beteiligung von Albrecht Noth, Heiliger Krieg und Dschihad, Heiliger Krieg und Heiliger Kampf in Islam und Christentum (= Bonner historische Abhandlungen), Bonn 1966; Flaig, Heiliger Krieg (wie Anm. 38), 265–302.

Punkt die Geschichte Europas. Die Behauptung des Gegenteils und pauschale Bewertungen der Ineffizienz der Kirche, die sich in der modernen historischen Literatur wie bei Islamisten findet, werden weder der damaligen Diskussion des kanonischen Rechts noch ihrer historischen Bedeutung gerecht.

Nicolas Laurent-Bonne

Aux origines de la guerre économique : l'embargo contre les peuples musulmans (1179-1378)

Au lendemain de la première guerre mondiale, le président Woodrow Wilson exprimait dans un célèbre discours prononcé en 1919, à Indianapolis, sa préférence pour un "remède économique, pacifique, silencieux"[1], sans qu'il ne fût nécessaire de recourir à la force et à la cruauté des champs de batailles. Les sanctions économiques, regardées comme des mesures vertueuses, apparaissaient alors comme un outil au service de la paix universelle. L'article 16 du pacte de la Société des Nations, signé le 28 juin 1919, portait la marque de cet idéalisme wilsonien. Il était en effet rappelé aux membres de la Société qu'ils devaient rompre immédiatement toutes relations commerciales et financières avec ceux qui avaient recours à la guerre, au mépris de leurs engagements. Bien qu'elles fussent très peu utilisées, ces dispositions préfiguraient la pratique ultérieure des relations internationales de l'après-Guerre froide, marquée par le recours croissant aux sanctions économiques qui apparaissent aujourd'hui comme une alternative à la guerre[2].

Concrètement, l'embargo consiste en l'interruption ou l'entrave de certaines relations commerciales entretenues par un sujet de droit international vis-à-vis d'un autre sujet. Il peut porter interdiction ou limitation des exportations comme des importations ou encore faire cesser toute relation financière. Quelles qu'en soient les modalités, la mesure a pour finalité principale de faire cesser un comportement illicite, parfois de réparer un dommage, plus souvent de punir l'auteur d'un fait illicite. De telles sanctions peuvent émaner d'États souverains, sous la forme d'actes unilatéraux. Tel est le cas, notamment, du célèbre embargo américain décrété contre Cuba en 1962. Pendant la guerre froide, le procédé est souvent utilisé individuellement par les pays occidentaux pour manifester leur opposition aux politiques des pays communistes.

---

1 [W. WILSON] Addresses of President Wilson, Washington DC 1919, p. 23.

2 Parmi l'abondante littérature: J.-M. THOUVENIN, Sanctions économiques et droit international, dans: Droits 57/1 (2013), p. 161-176 et R. CHEMAIN, Sanctions économiques: contre-mesures, boycott, embargo, blocus, dans: Répertoire Dalloz de droit international [en ligne].

À moins d'une très forte dépendance de l'État qui le subit, vis-à-vis d'une production exclusive de l'État qui en est l'auteur, l'embargo individuel n'a guère d'efficacité. C'est pourquoi, bien souvent, la sanction est le fruit d'une action concertée de plusieurs États dans la cadre d'une organisation internationale. L'action menée par l'Organisation des Nations Unies en témoigne évidemment. Aux termes du chapitre VII de la charte des Nations Unies, le Conseil de sécurité peut en effet prendre des mesures coercitives, allant des sanctions économiques aux actions militaires internationales. Ainsi l'article 41 de la Charte permet-il au Conseil de sécurité de demander aux États membres d'appliquer des dispositions contraignantes en vue de contribuer au maintien de la paix et de la sécurité internationale, comme "l'interruption complète ou partielle des relations économiques". Il peut donc s'agir de pénalités générales touchant l'économie et le commerce d'un pays, tout comme de mesures plus ciblées telles que l'embargo sur le commerce des armes. Depuis la dernière décennie du xxe siècle, ces sanctions économiques deviennent un mode d'action quotidien pour le Conseil de sécurité qui a, par exemple, imposé de telles censures à l'Irak, la Yougoslavie, la Somalie, la Lybie, l'Angola, Haïti, le Rwanda, la Sierra Leone, l'Afghanistan, la République démocratique du Congo, le Libéria, le Soudan, le Liban, la Corée du Nord, l'Érythrée et l'Iran. Après les tirs de missiles par la Corée du Nord, le Conseil de sécurité a tout récemment adopté une résolution, le 22 décembre 2017, qui renouvelle l'embargo commercial auparavant décrété le 14 octobre 2006[3]. Ce texte interdit notamment l'exportation vers ce pays de produits alimentaires ou agricoles, de machines, de matériel électrique, de véhicules ou de navires et de certaines matières premières, comme le pétrole, le fer, l'acier et le bois de nature à soutenir le programme militaire coréen[4].

Le Conseil de l'Union européenne peut également adopter des sanctions économiques, dans le cadre du chapitre II du titre V du Traité sur l'Union européenne. En application de l'article 215 du Traité sur le fonctionnement de l'Union européenne, l'organe peut encore prendre des mesures nécessaires à la mise en œuvre des décisions prises dans le cadre de la politique étrangère et de sécurité commune, comme l'interruption ou la réduction des relations économiques ou financières. L'ambition de l'Union Européenne est du reste peu ou prou comparable à celle des Nations Unies: prévenir des conflits, répondre à des situations de crises émergentes ou avérées, sans toutefois recourir à la force

---

3 Résolution 1718 (2006) du 14 octobre 2006.
4 Résolution 2397 (2017) du 22 décembre 2017.

armée. Le 21 décembre 2018, le Conseil de l'Union européenne a par exemple prorogé jusqu'au 31 juillet 2019 les sanctions économiques visant des secteurs spécifiques de l'économie russe[5]. Ces dispositions, initialement décrétées le 31 juillet 2014 en réponse à l'annexion de la Crimée et à la déstabilisation de l'Ukraine, imposent un embargo sur les exportations et les importations d'armes et de biens destinés à une utilisation militaire[6].

Qu'elles émanent de l'ONU, du Conseil de l'Union européenne ou d'États souverains, qu'elles portent encore sur le commerce des armes ou sur des denrées alimentaires, les sanctions économiques prenant la forme d'un embargo ont pour but de faire pression sur les États sans toutefois recourir à l'utilisation de la force armée. Dit autrement, dans le monde de l'après-Guerre froide, l'arme économique est alors idéalement substituée aux bombes et aux champs de batailles.

C'est un système apparemment comparable, mais en réalité profondément différent, qu'a expérimenté et mis sur pied l'Église médiévale[7]. À la charnière du XIe et du XIIe siècle, les relations internationales entre la chrétienté et le monde arabo-musulman sont marquées par une certaine ambivalence.

---

5 Décision (PESC) 2018/2078 du Conseil du 21 décembre 2018 modifiant la décision 2014/512/PESC concernant des mesures restrictives eu égard aux actions de la Russie déstabilisant la situation en Ukraine.

6 Règlement (UE) n° 833/2014 et Décision (PESC) 2014/512 du Conseil du 31 juillet 2014 concernant des mesures restrictives eu égard aux actions de la Russie déstabilisant la situation en Ukraine.

7 Des mécanismes peu ou prou comparables avaient été élaborés en droit romain. D'après un fragment de Scaevola, inséré dans le Digeste, la *lex Julia de majestate* était le fondement juridique de la répression de la vente d'armes, de chevaux ou d'argent aux ennemis de la Cité (D., 48, 4, 4, pr. [SCAEVOLA, Libro quarto regularum]). Un fragment des Sentences de Paul, également inséré dans le Digeste, étend cette interdiction de commercer avec l'ennemi aux pierres à aiguiser, au fer, au blé et au sel (D., 39, 4, 11, pr. [PAULUS, Libro quinto sententiarum]). Alors que la jurisprudence classique s'intéressait aux ennemis du peuple romain, les empereurs adoptèrent, au Ve siècle, des mesures visant plus spécifiquement les peuples barbares. Deux constitutions des empereurs Honorius et Théodose II, adoptées respectivement en 419 en 420, interdisaient aux Romains d'apprendre aux Barbares à construire des navires (C., 9, 47, 25 = C. Th., 9, 40, 24) et instituaient des contrôles afin d'éviter que des marchandises prohibées ne fussent exportées au-delà des frontières de Rome (C., 12, 44, 1 = C. Th., 7, 16, 3). Au milieu du Ve siècle, l'empereur Marcien interdit à ses sujets de vendre des métaux et des armes, même à l'intérieur des frontières de l'Empire, à un Barbare venu à Constantinople ou dans une autre ville pour des raisons diplomatiques (C., 4, 41, 2). Voir notamment G. VISMARA, Limitazioni al commercio internazionale nell'impero romano e nella comunità cristiana medievale, dans: Scritti di storia giuridica, Milano 1989, t. VII, p. 403-414.

D'un côté, la première croisade décrétée par Urbain II (1088-1099) inaugure une période de fureur sacrée, dont la fondation des États latins, à partir de 1098, et la prise de Jérusalem par les croisés, le 15 juillet 1099, constituent deux étapes essentielles. Au XIIe siècle, parallèlement à l'affirmation du pouvoir de la dynastie des Almohades, de l'Afrique du Nord au sud de la péninsule ibérique, les royaumes de Castille et León et d'Aragon lancent, par ailleurs, une entreprise militaire de reconquête. Menées sous le contrôle des papes, les croisades en Terre Sainte et la reconquête espagnole relèvent tout à la fois d'une idéologie de la guerre sainte et d'un opportunisme politico-économique.

De l'autre côté, l'Occident médiéval est marqué, au XIIe siècle, par un décollage sans précédent du commerce international, dans le sillage des croisades. Les expéditions militaires et les pèlerinages en Terre Sainte contribuent évidemment à tracer de nouvelles routes marchandes, de l'Occident méditerranéen vers l'Orient. La présence des Almohades en Europe occidentale et la proximité des Ayyoubides puis des Mamelouks au Proche-Orient facilitent également les échanges commerciaux entre les deux mondes. Déjà au XIe siècle, et plus encore aux XIIe et XIIIe siècles, des traités de paix et de commerce sont signés entre des princes musulmans et les nations chrétiennes. À la fin du XIIe siècle, sous le pontificat d'Innocent III (1198-1216), les Vénitiens, les Génois et les Pisans commercent ainsi régulièrement avec les Sarrasins. Au XIIIe siècle, les Provençaux et les principautés ibériques concluent à leur tour des traités de commerce avec les infidèles. Par-delà les luttes armées qui émaillent l'histoire médiévale, les relations commerciales, mais aussi diplomatiques, apparaissent ainsi inévitables avec l'Égypte et le Moyen-Orient, l'Afrique du Nord et l'Espagne arabo-musulmane.

La politique pontificale, menée dès le pontificat d'Alexandre III (1159-1181), témoigne du reste de cette apparente ambivalence des relations internationales, écartelées entre conflits militaires et échanges commerciaux. L'embargo commercial, fulminé contre les peuples musulmans dès le IIIe concile de Latran, est constamment répété par la législation des conciles et des papes jusqu'à la fin du xiiie siècle (I). L'analyse des registres pontificaux met en lumière la récurrence de cette question. Au moins quatre-vingt huit lettres, émises entre les pontificats d'Innocent III et de Grégoire XI (1370-1378), sont relatives au commerce entre la Chrétienté et le monde arabo-musulman. Mais cette documentation abondante révèle une réalité nuancée. En effet, si nombre de ces lettres visent à rappeler les prohibitions posées par l'autorité romaine (II), d'autres tendent à l'inverse à l'aménager en consentant des exceptions (III).

I. La prohibition du commerce avec les Musulmans érigée par la législation conciliaire et pontificale

Le canon 24 du IIIe concile de Latran, qui se tient à Rome au mois de mars 1179, défend aux chrétiens de porter aux Sarrasins des armes, du fer et des cordages destinés à la construction de galères, ou de servir comme capitaine ou pilote de navire, sous peine d'excommunication. Le concile prescrit également la confiscation des biens du contrebandier et la servitude pénale de celui-ci dans l'hypothèse où il serait capturé par l'ennemi[8]. Pour la première fois, le pape Alexandre III édicte alors une norme générale dont la finalité est de limiter le commerce des chrétiens avec les infidèles. En 1179, au moment où le concile se réunit à Rome, Saladin († 1193) affirme son pouvoir en Égypte et en Syrie, et prépare surtout la reconquête de Jérusalem. Le concile est donc censé frapper utilement un commerce florissant qui paraît indispensable à l'armement des princes musulmans, et notamment du célèbre fondateur de la dynastie des Ayyoubides. Le canon 24 du IIIe concile de Latran connaît du reste une abondante diffusion. Il circule notamment dans la collection *Bambergensis* (13), rédigée en 1185, et dans d'autres recueils qui lui sont attachés, comme la collection *Casselana* (12, 14), élaborée sous le pontificat de Lucius III (1185-1187), ainsi que dans la *Compilatio I[a]* composée par Bernard de Pavie († 1213) vers 1192. Le canon est enfin inséré par Raymond de Peñafort dans les Décrétales de Grégoire IX au sein du titre consacré aux Juifs et aux Sarrasins.

À partir de 1179, les papes successifs ne cessent de renouveler les dispositions prises par Alexandre III. Il en est ainsi dans une décrétale adressée par

---

8 Concilium Lateranense III (1197), c. 24: "Ita quorundam animos occupavit saeva cupiditas, ut, qui gloriantur nomine christiano Sarracenis arma, ferrum et lignamina deferant galearum et pares aut etiam superiores in malitia fiant illis, dum ad impugnandos Christianos arma eis et necessaria subministrant. Sunt etiam, qui pro sua cupiditate in galeis et piraticis Sarracenorum navibus regimen et curam gubernationis exercent. Tales igitur, ab ecclesiae communione praecisos et excommunicationi pro sua iniquitate subiectos, et rerum suarum per principes saeculi catholicos et consules civitatum privatione mulctari, et capientium servos, si capti fuerint, fore censemus. Praecipimus autem, ut per ecclesias maritimarum urbium crebra et solemnis in eos excommunicatio proferatur. Excommunicationis quoque poenae subdantur qui Romanos aut alios Christianos pro negotiatione vel aliis honestis causis navigio vvectos aut capere aut rebus suis spoliare praesumunt" (éd. G. ALBERIGO, Conciliorum oecumenicorum generaliumque decreta. Editio critica [= COGD], t. II/1, Turnhout 2013, p. 144, l. 295-407; Les conciles œcuméniques [= COD], t. II/1, Paris 1994, p. 223, l. 2-17) = Lips., 14; Bamb., 13; Cass., 12, 14; Comp. I[a], 5, 5, 6; X, 5, 6, 6.

Clément III aux consuls et au peuple de la cité de Gênes entre le 20 décembre 1187 et le 20 janvier 1188[9]. Le pape renouvelle les prescriptions du IIIe concile de Latran et rappelle aux Chrétiens qu'ils ne peuvent commercer en temps de guerre avec les ennemis de la foi, ni leur fournir aide et conseil, sous peine d'excommunication[10].

Dans un passage d'une autre décrétale, adressée par Célestin III, entre le 14 août 1193 et le 13 avril 1194, à l'évêque d'Ancône pour répondre à de multiples questions, le pontife romain adopte une position plus rigoureuse[11]. Tout

---

9 Si l'on s'en tient au lieu d'émission (Pise) indiqué par la Collectio Seguntina, 2, cf. W. Holtzmann, La "Collectio Seguntina" et les décrétales de Clément III et Célestin III, dans: Revue d'histoire ecclésiastique 50 (1955), p. 422.

10 JL 16664: "Clemens III. consulibus et populo Ianuensibus et aliis consulibus in eodem. Quod olim preceptum fuit populo Iudeorum a domino, ut alienigenarum consortium evitarent, alioquin animadversione digna percussus exterminaretur de hereditate ipsius, licet fuerit tunc quibusdam inpletum, apparet tamen in his temporibus iusto iudicio Dei quamvis occulto acrius exerceri, cum pro peccatis populi Christiani Sarraceni ceperunt Ierosolimitanas partes invadere et innumeros de inhabitatoribus illarum hostiliter trucidare. Credimus autem et nichilominus credunt illi, qui interioribus oculis hoc attendunt, quod propter maliciam hominum, qui habitabant in partibus illis, nos etiam citramarini eidem perniciei materiam dedimus, cum ad Sarracenos, qui ibi sunt, a nobis transeant mercimonia multa et per naves nostras et per nuntios eis cotidiana subsidia ministrentur. Sane licet hoc fuerit in Lateranensi concilio districte inhibitum, nos tamen de consilio fratrum nostrorum omnes illos excommunicationi supponimus, qui amplius cum eis consortium habuerint vel per se vel per alios navibus seu alio quoque ingenio eis aliqua rerum subsidia seu consilia impenderint vel disponant transmittendas, quamdiu inter nos et illos guerra duraverit. Vestre ingitur discretioni per apostolica scripta mandamus atque districte precipimus, quatinus ab illorum consortiis astineatis nec per vos ipsos nec per naves vel alio quoque ingenio eis mercimonia, consilia vel alia subsidia transmittatis, ne, si forte aliqui ad hoc in sua malicia indurati secus agere presumpserint, non solum ipso iure incidant in excommunicationem illam, verum etiam et ipsius iram Dei viventis incurrant et terram illam cum habitatoribus suis ex hoc quod absit ad deteriora faciant devenire. Volumus preterea et attente iubemus, ut quotienscumque contigerit vos preficere consules sive alios iustitiarios, eis, ut fideliter hoc faciant observari, in forma sacramenti, quod prestare solent, adicere studeatis. Dat. Pis(is)" (éd. W. Holtzmann, Kanonistische Ergänzungen zur Italia Pontificia, dans: Quellen und Forschungen aus italienischen Archiven und Bibliotheken 38 (1958), no 124, p. 106, l. 1–p. 107, l. 30; La "Collectio Seguntina" [cf. n. 9], p. 422) = Seg., 2; Alan., 5, 4, 2; Fuld., 5, 5, 5; Est., 5, 4, 6; Comp. IIa, 5, 4, 6; X, 5, 6, 12. Sur cette décrétale, voir notamment: S. K. Stantchev, Spiritual rationality. Papal embargo as cultural practice, Oxford 2014, p. 50-52.

11 Le texte intégral de la décrétale a été transmis par la Collectio Seguntina, 110: Holtzmann, La "Collectio Seguntina" (cf. n. 9), p. 448-449. Les différents fragments s'enchaînent ainsi: JL 17658 + JL 17659 + JL 16631 + JL 17677 + JL 16619 + JL 17054 + JL 16553. Le fragment cité ici (JL 16619), composé de deux portions (*Quod vero—destinavit*, *Ad ultimum—absolvit*), placé dans la *Compilatio IIa* (5, 4, 5) puis dans le *Liber Extra* (5, 4, 11) immédiatement avant la lettre de Clément III précédemment évoquée, est faussement attribué à ce dernier par ces recueils.

commerce avec Alexandrie est désormais prohibé, quel qu'en soit l'objet, qu'il porte sur des biens à destination militaire ou sur des denrées alimentaires. Les marchands chrétiens qui reprendraient leur activité en période de trêve temporaire sont également frappés d'excommunication. Cette référence à un sursis n'est évidemment pas innocente. Dès l'été 1180, Saladin est en effet encouragé à signer un arrêt des combats en Palestine. Le prince ayyoubide accepte alors, en 1185, la trêve demandée par Raymond de Tripoli († 1187), qui est finalement rompue en 1187, au moment de l'intensification des hostilités. La décrétale intervient après la prise de Jérusalem et la bataille de Hattin qui oppose, le 4 juillet 1187, les forces de Saladin aux armées de l'État latin dirigées par Guy de Lusignan († 1194). Il s'agit donc pour le pape d'édicter un embargo général, en temps de guerre comme en période de trêve, au lendemain des deux plus grands échecs militaires des États latins. Par-delà l'apparente sévérité de l'interdiction, Célestin III introduit toutefois un assouplissement: l'exportation de marchandises vers Alexandrie est autorisée, si celles-ci sont exclusivement affectées au paiement d'une rançon et à la libération de Chrétiens captifs[12]. Cet infléchissement est également commandé par le contexte diplomatique et la pratique des relations internationales. D'abord exécutés sur ordre de Saladin, à partir de la fin du XIIe siècle, les chevaliers chrétiens déportés à Damas sont ensuite rachetés. L'exception introduite par Célestin III témoigne alors d'un recours croissant au paiement de rançons, tant du côté des chrétiens que de celui des peuples musulmans.

Ces deux décrétales, émises par Clément III et Célestin III, ultérieurement insérées dans la *Compilatio II^a* (*ca.* 1210-1215) par Jean de Galles puis dans le *Liber Extra* par Raymond de Peñafort, disposent l'une et l'autre qu'aucun échange ne peut intervenir ni directement, ni par personne interposé. Cette précision tient

---

12 JL 16619 = Comp. II[a], 5, 4, 5 = X, 5, 6, 11: "Significavit nobis tua fraternitas, quomodo aliqui civium tuorum in Alexandriam valeant proficisci pro recuperandis concivibus suis, qui illic in captivitate tenentur. Hoc arbitramur licite posse fieri, dummodo nihil inmercibus suis vel alio modo secum illuc deferant, unde possit Sarracenis, excepto redemptionis articulo, aliquod commodum aut subsidium provenire, quod etiam coram te prius iuramento firmabunt. Illi quoque qui post treugam in transmarinis partibus factam cum commercio Alexandriam adiverint, si tulerint merces prohibitas causa lucrandi, excommunicationis vinculum non evadunt, sicut nec illi, qui, in personis propriis non euntes, merces eis per nuncios destinarunt. Ad ultimum illos, qui iuraverunt, se amplius in terram Sarracenorum cum mercibus non ituros, nisi pax esset inter Christianos et ipsos, et post treugam factam venerunt illuc, conditio illa de pace aut treuga habenda ab excommunicationis vinculo non absolvit". Sur cette décrétale: STANTCHEV, Spiritual rationality (cf. n. 10), p. 52-55.

naturellement aux pratiques des marchands qui, pour contourner l'embargo pontifical, ont recours à l'interposition de tiers, notamment des drogmans qui servent d'interprètes et, bien souvent, de mandataires pour la vente de marchandises.

Ces deux rappels pontificaux, en moins de vingt ans, témoignent évidemment de la faiblesse de la législation ecclésiastique face à des marchands toujours prompts à privilégier leurs intérêts économiques. Lors du IVe concile de Latran, Innocent III est contraint de réitérer, une nouvelle fois, les dispositions adoptées par ses prédécesseurs. Dans le canon 71, l'embargo prescrit précédemment est repris et par ailleurs étendu à la vente de bateaux, de machines de guerre et de bois. Le concile ordonne en effet l'excommunication des Chrétiens qui "livrent aux Sarrasins des armes, du fer et du bois", "leur vendent des galères ou des bateaux" et de ceux qui donnent "conseil ou aide" pour la fabrication de machines de guerre[13]. Le bois et les métaux, visés par l'embargo commercial, sont les principaux biens d'importation au Maghreb et au Proche-Orient. On exporte ainsi massivement, depuis Venise et Gênes, vers Tripoli, Alexandrie et dans tout le Maghreb, des bois de toute nature, du cuivre, de l'étain, du fer et de l'acier, dont l'utilisation est variée, des arts décoratifs à l'armement. Les interdictions pontificales, on s'en doute, ne visent évidemment pas les arts de l'Islam mais le commerce des biens à destination militaire. Des armes sont exportées tout aussi massivement, dès le XIIe siècle, dans la partie orientale et méridionale du bassin méditerranéen, depuis la Lombardie et le nord de l'Europe, d'où proviennent des cottes de maille, des casques, des lances, des cuirasses et des épées.

Outre l'excommunication, le concile de Latran IV ordonne par ailleurs la confiscation des biens de ceux qui contreviennent à l'embargo, ainsi que la servitude pénale des contrebandiers captifs. Pour échapper à la peine, les

---

13 Concilium Lateranense IV (1215), c. 71: "Excommunicamus preterea et anathematizamus illos falsos et impios Christianos, qui contra ipsum Christum et populum christianum Saracenis arma, ferrum et lignamina deferunt galearum; eos etiam qui galeas eis vendunt vel naves, quique in piraticis Saracenorum navibus curam gubernationis exercent vel in machinis aut quibuslibet aliis aliquod eis impendunt consilium et auxilium in dispendium terre sancte; ipsosque rerum suarum privatione mulctari, et cepientium servos fore censemus. Praecipientes ut per omnes urbes maritimas diebus dominicis et festivis huiusmodi sententia publice innovetur, et talibus gremium non aperiatur ecclesie, nisi totum, quod ex commercio tam dampnato perceperint, et tantundem de suo in subsidium predicte terre transmiserint, ut equo iudicio in quo deliquerint puniantur. Quodsi forte solvendo non fuerint, sic alias reatus talium castigetur, quod in pena ipsorum aliis interdicatur audacia similia presumendi" (éd. ALBERIGO, COGD [cf. n. 8], t. II/1, p. 203, l. 1384-1397; COD [cf. n. 8], t. II/1, p. 270, l. 2-15) = X, 5, 6, 17.

marchands ont la possibilité de faire don, aux États latins, des sommes qu'ils ont gagnées du commerce avec les Sarrasins, afin de soutenir le projet de croisade. Comme les usuriers, les prostituées et tous ceux qui exercent une activité illicite[14], les marchands contrebandiers sont ainsi invités à financer, par l'aumône, l'expédition militaire en Terre Sainte. En vue d'assurer l'efficacité du canon conciliaire, le pape ordonne enfin sa publication dans toutes les villes maritimes, chaque dimanche et jour de fête. Une fois encore, la sévérité de la mesure tient au contexte dans lequel a été convoqué l'assemblée. Depuis la prise de Jérusalem par Saladin, en 1187, les États latins ont essuyé une série de défaites cuisantes, de peu antérieures ou contemporaines du pontificat d'Innocent III. À la prise de Saint-Jean-d'Acre, en 1191, s'ajoutent la débâcle des troupes du roi de Castille contre les Almohades à Alarcos en 1195, ainsi que l'échec relatif de la quatrième croisade détournée vers Constantinople. Face à la déroute de la Chrétienté, en Europe méridionale et en Orient, l'ambition du IVe concile de Latran est alors clairement exprimée par le pape Innocent III lui-même, dès sa convocation, le 19 avril 1213: il s'agit de pousser le peuple chrétien à secourir et aider la Terre Sainte au cours des opérations militaires de la cinquième croisade, prêchée par Innocent III et menée sous le pontificat de son successeur, Honorius III (1216-1227).

Ce canon 71 du concile de Latran IV, que Michel Villey qualifie de "bulle de croisade", présente enfin une importance particulière en ce qu'il stabilise et formalise un corps de règles juridiques dans un texte de portée permanente[15]. Si l'intention des rédacteurs était tout d'abord de préparer la cinquième croisade, le libellé du texte et son insertion par Raymond de Peñafort dans le *Liber Extra* lui donnent une portée beaucoup plus vaste. L'embargo commercial est du reste renouvelé par la suite dans des termes comparables, sinon identiques. Il en va ainsi lors du concile de Lyon I, en 1245[16]. Outre la bulle de déposition de

---

14 F. DEMOULIN-AUZARY, Pro sustentandis Christi pauperibus: La naissance d'un droit de l'aumône aux XIIe et XIIIe siècles, dans: D. VON MAYENBURG *et alii* (éd.), Der Einfluss der Kanonistik auf die europaïsche Rechtskultur, t. V, Das Recht der Wirtschaft (Norm und Struktur 37/5), Köln/Weimar/Wien 2016, p. 73-100 et, dans le même ouvrage, N. LAURENT-BONNE, La dîme des prostituées: Fondements canoniques d'un droit fiscal réaliste et amoral, p. 243-267.

15 M. VILLEY, La croisade. Essai sur la formation d'une théorie juridique, Paris 1942, p. 95-96.

16 Concilium Lugdunense I (1245), II, 5: "Excommunicamus praeterea ac anathematizamus illos falsos et impios Christianos, qui contra ipsum Christum et populum christianum arma, ferrum et ligamina deferunt galearum; illos etiam, qui galeas eis vendunt eis vel naves, quique in piraticis Saracenorum navibus curam gubernationis exercent, vel in machinis vel

l'empereur Frédéric II, les décrets renferment de nombreuses dispositions qui concernent l'Orient latin, et notamment la Terre Sainte. Le renouvellement de l'interdiction de commercer avec le monde musulman vise à soutenir l'action menée conjointement par les souverains européens, et notamment la septième croisade lancée par le roi de France, Louis IX (1226-1270), ainsi que l'effort de reconquête de la péninsule ibérique engagée par Jacques Ier d'Aragon (1213-1276). Il en est de même encore lors du concile de Lyon II, en 1274[17]. En convoquant l'assemblée, le 31 mars 1272, Grégoire X (1271-1276) lance un nouvel appel à la croisade. L'embargo vise toujours à soutenir le projet d'une expédition militaire en Terre Sainte, cette fois-ci sans lendemain.

La législation émise par les conciles généraux tenus sous l'autorité du pape forme ainsi, avec les décrétales, un ensemble de textes homogènes et concordants, prescrivant contre les peuples musulmans un embargo commercial portant plus spécifiquement sur le commerce des armes et des biens à destination militaire. De simples lettres émises par les pontifes réitèrent constamment cette interdiction.

---

quibuslibet aliis aliquod eis impendunt auxilium vel consilium in dispendium Terrae sanctae, ipsosque rerum suarum multari privatione et capientium fore servos censemus. Praecipientes ut per omnes urbes maritimas omnibus diebus dominicis et festivis huiusmodi sententia publice innovetur et talibus graemium non aperiatur ecclesiae, nisi totum quod de commercio tam damnato perceperint et tantundem de suo in subsidium praedictae Terrae transmiserint, ut aequo iudicio, in quo peccaverint puniantur. Quod si forte solvendo non fuerint, sic alias reatus talium castigetur, quod in poena ipsorum aliis interdicatur audacia similia praesumendi" (éd. ALBERIGO, COGD [cf. n. 8], t. II/1, p. 244, l. 845-859; COD [cf. n. 8], t. II/1, p. 300, l. 11-25).

17 Concilium Lugdunense II (1274), I, 1c: "Excommunicamus praeterea et anathematizamus illos falsos et impios Christianos, qui contra ipsum Christum et populum christianum Saracenis ferrum et arma, quibus christianos impugnant, et lignamina galearum et aliorum vasorum navigalium deferunt; eos etiam, qui galeas eis vendunt vel naves, quique in piraticis Saracenorum navibus curam gubernationis exercent vel in machinis aut quibuslibet aliis aliquid eis vendunt vel impendunt consilium vel auxilium in Christianorum dispendium, specialiter Terrae sanctae, ipsosque rerum suarum privatione multari et capientium servos fore censemus. Praecipientes, ut per omnes urbes maritimas diebus dominicis et festivis huiusmodi sententia publice innovetur, et talibus ecclesiae gremium non aperiatur, nisi totum, quod de commercio tam damnato perceperint, etiam tantundem de suo in subsidium terrae predictae transmiserint, ut aequo iudicio in quo deliquerunt, puniantur. Quod si forte solvendo non fuerint, sic alias reatus talium castigetur, quod in poenis ipsorum aliis interdicatur audacia, similia praesumendi" (éd. ALBERIGO, COGD [cf. n. 8], t. II/1, p. 298, l. 120–p. 299, l. 134; COD [cf. n. 8], t. II/1, p. 311, l. 31–p. 312, l. 2).

II. Les rappels récurrents de la prohibition par l'autorité romaine

L'embargo conciliaire décrété par le IIIe concile de Latran est très souvent rappelé dans des correspondances de circonstance adressées à des cités marchandes. Il en va ainsi d'une lettre d'Innocent III expédiée aux Vénitiens le 3 décembre 1198, dans le cadre des opérations militaires de la quatrième croisade[18]. Sans être véritablement hostiles, les relations du pape avec la Sérénissime n'ont rien de cordial, lorsque celui-ci négocie avec la cité le financement de l'expédition militaire et l'armement de bateaux. Envisagé comme une sanction économique, l'embargo pontifical frappe alors le commerce vénitien en vue de soutenir le projet d'expédition. Il en est de même encore, au siècle suivant, d'une série de lettres de Grégoire X adressées le 31 mars 1272, aux Génois, aux Marseillais, aux Vénitiens ainsi qu'aux Pisans et, le 25 août de la même année, à la cité de

[18] INNOCENTIUS III, Reg., I, 536 (539) (3.XII.1198, Po. 450): "In favorem orientalis provincie, preter peccatorum veniam, quam in suis illuc expensis proficiscentibus pollicemur, et apostolice protectionis gratiam, quam eidem terre subvenientibus indulgemus, illud etiam Lateranensis concilii constitutum curavimus innovare, quod eos, qui Sarracenis arma, ferrum, lignamina galearum ministrare presumpserint et in galeis et piraticis eorum navibus curam gubernatoris et regimen exercere, ab Ecclesie communione praecidit et excommunicationi pro sua iniquitate subjectos rerum suarum per principes seculi catholicos et consules civitatum privatione mulctari et capientium servos, si capti fuerint, fore decernit. Ad exemplar felicis recordationis G[regorii] pape, predecessoris nostri, omnes illos excommunicationis sententie supposuimus, qui cum eis de cetero habere consortium vel per se vel per alios navibus seu alio quocumque ingenio aliqua rerum suarum subsidia impendere vel transmittere attemptaverint, quandiu inter nos et ipsos guerra durarit. Verum accedentes nuper ad apostolicam sedem dilecti filii nobiles viri Andreas Donatus et Benedictus Grilion[i], nuntii vestri, nobis exponere curaverunt quod ex constitutione hujusmodi civitati vestre proveniret non modicum detrimentum, que non agriculturis inservit sed navigiis potius et mercimoniis est intenta. Nos igitur paterno dilectionis affectu, quem ad vos specialiter habemus, inducti – sub districtione anathematis prohibentes, ne in ferro, stupa, pice, acutis, pyronibus, funibus, armis, galeis, navibus et lignaminibus paratis vel imparatis vendendo, donando vel comutando Sarracenis ministrare subsidium presumatis – sustinemus ad tempus, donec scilicet aliud vobis dederimus in mandatis, ut in regnum Egypti vel Babylonis alia inituri commercia, cum necesse fuerit, transfretetis; sperantes, quod propter hanc gratiam in subsidium Jerosolymitane provincie debeatis fortius animari; provisuri ne quid in fraudem contra statutum apostolicum presumatis: quia dubium esse non debet eum divina ligari sententia, qui contra propriam conscientiam in elusionem hujus mandati fraudulenter aliquid attemptabit. Datum ut supra" (éd. O. HAGENEDER / A. HAIDACHER, Die Register Innocenz'III, t. I, Pontifikatsjahr, 1198-1199, Graz/Köln 1964, p. 775, l. 12–p. 776, l. 11; PL 114, col. 493BD).

Narbonne[19]. Ces embargos frappent ainsi des cités marchandes du bassin méditerranéen concomitamment à l'appel à la croisade lancé lors de la convocation du deuxième concile général de Lyon. Ces rappels incessants tendent également à démontrer que l'embargo n'a sans doute été que très imparfaitement appliqué et suivi par les marchands chrétiens[20].

Diverses lettres pontificales révèlent ensuite un durcissement ponctuel des interdictions érigées. Généralement cantonné au commerce des armes ou des biens à destination militaire, l'embargo en vient à porter sur tout commerce avec les peuples musulmans. Tel est le cas, par exemple, dans une lettre de Nicolas IV (1288-1292) rédigée le 23 août 1291, renouvelée par Jean XXII (1316-1334) en 1329 et en 1323. Nicolas IV prohibe tout échange commercial avec l'Égypte, quel qu'en soit l'objet[21]. Jean XXII interdit quant à lui toutes les affaires avec

---

19 GREGORIUS X, *Adaperiat dominus suorum* (31. III.1272, Po. 20522; Reg. Vat. 37, n° 10, fol. 117v; J. GUIRAUD / E. CADIER, Les registres de Grégoire X (1272-1276) et de Jean XXI (1276-1277). Recueil des bulles de ces papes, Paris 1892-1960 [Bibliothèque des Écoles françaises d'Athènes et de Rome, 2e série 12] n° 351, p. 137). ID., *Adaperiat dominus suorum* (31. III.1272, Po. —; Reg. Vat. 37, n° 11, fol. 118v, GUIRAUD, *op. cit.*, n° 352, p. 137). ID., *Adaperiat dominus suorum* (31. III.1272, Po. 20522; Reg. Vat. 37, n °12, fol. 119, GUIRAUD, *op. cit.*, n° 353, p. 137). ID., *Adaperiat dominus suorum* (31. III.1272, Po. —; Reg. Vat. 37, n° 13, fol. 119, GUIRAUD, *op. cit.*, n° 354, p. 137). ID., *Adaperiat dominus suorum* (31. III.1272, Po. —; Reg. Vat. 37, n° 14, fol. 119, GUIRAUD, *op. cit.*, n° 355). ID., *Adaperiat dominus suorum* (25. VIII.1272, Po. —; Paris, Bibl. nat., Doat, 292, p. 149, Narbonne, Arch. mun., H H 83, GUIRAUD, *op. cit.*, Appendice III, n° 1088, p. 424).

20 Voir également deux lettres de Nicolas IV et de Boniface VIII qui rappellent l'embargo en des termes similaires: NICOLAUS IV, *Multa mentis amaritudine* (28.XII.1289, Po. —; Reg. Vat. 46, c. 56, fol. 176r; E. LANGLOIS, Les registres de Nicolas IV. Recueil des bulles de ce pape publiées ou analysées d'après les manuscrits originaux des archives du Vatican [Bibliothèque des Écoles françaises d'Athènes et de Rome, 2e série 5], Paris 1886-1893, n° 6789, p. 901-902); BONIFACIUS VIII, *Fuit olim tam* (16.IV.1299, Po. 24814, Reg. Vat. 49, fol. 247, ep. I, éd. G. DIGARD, Les registres de Boniface VIII. Recueil des bulles de ce pape publiées ou analysées d'après les manuscrits originaux des archives du Vatican [Bibliothèque des Écoles françaises d'Athènes et de Rome, 2e série 4], Paris 1884-1939, 4 vol., n° 3354, t. II, col. 557-560).

21 NICOLAUS IV, *Olim tam in generali* (23.VIII.1291, Po. —): "Nos quoque gerentes cordi negotium dicte terre, duximus hactenus statuendum ut nullus arma, equos, ferrum, lignamina, victualia et alia quecumque mercimonia in Alexandriam vel alia loca Sarracenorum terre Egipti deferre vel mittere, seu de portubus eorum ut eisdem deferantur extrahere vel extrahi permittere aut eis alias auxilium vel favorem prestare quoquo modo presumant. Ac illos qui contra hujusmodi constitutionem nostram ausu temerario venire temptaverint eo ipso excommunicationis sententie decrevimus subjacere, a qua non possint absolvi nisi tantum de bonis propriis in dicte terre subsidium convertendum exolverint quantum ad partes predictas detulerint vel miserint aut deferre vel de ipsorum portubus extrahi permiserint deferendum [...]" (Reg. Vat. 46, c. 56, fol. 176r, éd. LANGLOIS, Registres [cf. n. 20], n° 6784-6788, p. 901).

Alexandrie puis avec l'émirat de Grenade[22]. Au tournant des XIIIe et XIVe siècle, l'aggravation de l'embargo commercial tient, naturellement, aux nouveaux revers militaires essuyés par les États latins et castillans. Tel est le cas, notamment, sous le pontificat de Nicolas IV qui renouvelle les interdictions posées peu de temps après la prise de Tripoli le 28 avril 1289 et le siège de Saint-Jean-d'Acre qui se tient entre le 5 avril et le 28 mai 1291.

Les papes eux-mêmes ont cependant contribué à affaiblir les prohibitions qu'ils s'attachaient régulièrement à réitérer, en introduisant différents assouplissements et aménagements.

---

22 Extravag. Joh. XXII, 8, 1 (25.II.1317): "Copiosus in misericordia Dominus, qui de sue habundantia pietatis corda fidelium ad sue maiestatis obsequia devotionis ardore succedit, precordiis dilecti filii nobilis viri Petri Infantis, nati clare memorie Sanctii regis Castelle, adeo copiose gratiam celestis inspirationis infudit quod sibi delectabile reputat propriam exponere in ipsarum prosecutione personam. Pio quidem nobilis ipse ductus proposito tanquam strenuus athleta Domini negotium impugnationis perfidorum Agarenorum, a quibus regnum Granate in Dei contumeliam detinetur, tutorio nomine carissimi in Christo filii nostri Alphonsi Castelle regis illustris, qui sub teneritudine puerilis etatis adhuc dignoscitur constitutus, assumpsit sub spe celestis auxilii ferventer et viriliter prosequendum. Cum igitur omnia cupiamus obstacula removere, per que dicti negotii prosecutio posset quomodolibet impediri, universis et singulis, cuiuscunque conditionis, preminentie vel status existant, districtius inhibemus, ne arma, equos, ferrum, lignamina, victualia et alia quecunque prohibita per Romanos pontifices predecessores nostros ad terras Egipti deferri ad Sarracenos dicti regni Granate intra triennium incipiendum a kalendis aprilis proxime secuturis quomodolibet deferre presumant. Nos enim omnes et singulos, qui ad dictum regnum arma, equos, ferrum, lignamina et victualia supradicta et quecunque prohibita contra tenorem huiusmodi nostre inhibitionis deferre presumpserint, illis penis et sententiis, quas deferentes huiusmodi prohibita in Alexandriam vel ad Egipti partes incurrunt, decernimus subiacere. Et nichilominus omnes et singulos, qui Sarracenis Granate prestabunt dicti negotii prosecutione durante auxilium, consilium vel favorem, aut prosecutionem dicti negotii directe vel indirecte, secrete vel publice impedire vel perturbare forte presumpserint, excommunicationis sententiam incurrere volumus ipso facto. Nulli ergo nostre inhibitionis, constitutionis et voluntatis et cetera. Datum Avinione V kalendas martii anno primo" (Extravagantes Iohannis XXII, 4, éd. J. TARRANT [Monumenta Iuris Canonici, B/6], Città del Vaticano 1983, p. 154-156). JOHANNES XXII, *Quosdam damnande cupiditatis* (5.IX.1323; G. MOLLAT / G. DE LESQUEN, Jean XXII (1316-1334). Lettres communes. Analysées d'après les registres dits d'Avignon et du Vatican [Bibliothèque des Écoles françaises d'Athènes et de Rome. 3e série 1 bis], 16 vol. Paris 1904-1946, t. V [1909], n° 20313, p. 197).

III. L'aménagement de la prohibition par des privilèges pontificaux

L'étude des lettres pontificales relatives aux relations de la chrétienté avec le monde arabo-musulman révèle en effet que, dès le pontificat de Grégoire IX, les papes successifs adoptent une politique étrangère pragmatique. Tout en rappelant la prohibition de principe du commerce des armes avec les Musulmans, l'autorité romaine accorde régulièrement des dérogations partielles permettant de commercer. Ces exceptions, fort nombreuses, sont toujours justifiées par le contexte politique ou économique. L'île de Majorque constitue, à cet égard, un exemple édifiant. Dans deux lettres adressées à l'évêque de la cité le 28 janvier 1240 et le 9 avril 1241[23], Grégoire IX autorise expressément les Majorquins à commercer avec les Sarrasins, en temps de paix seulement et à l'exception des marchandises à destination militaire. Dans la seconde, le pontife précise par ailleurs que cette licence ne vaut que pour le commerce avec les Sarrasins qui vivent en des terres éloignées (*in remotis partibus*) – l'expression visant vraisemblablement l'Égypte. Dans une lettre en date du 21 mars 1248, Innocent IV renouvelle cette licence commerciale, à la demande des habitants de Majorque[24]. La situation géographique de l'île, placée sous domination de la couronne d'Aragon depuis 1229, explique les mesures prises successivement par

---

23 Gregorius IX, *Dilecti filii cives* (28.I.1240, Po. —; Reg. Vat. 19, fol. 149r [143r], c. 223, L. Auvray, Les Registres de Grégoire IX. Recueil des bulles de ce pape publiées ou analysées d'après les manuscrits originaux du Vatican (Bibliothèque des Écoles françaises d'Athènes et de Rome, 2e série 9), 4 vol., Paris 1890-1955, n° 5062, t. III, col. 183). Id., *Nobilis vir P.* (9.IV.1241, Po. —; Reg. Vat. 20, fol. 64v, c. 9, L. Auvray, *op. cit.*, n° 5960, t. III, p. 454).

24 Innocentius IV, *Dilecti filii cives* (21.III.1248, Po. —): "Episcopo Majoricensi. Dilecti filii cives Majoricarum nobis humiliter supplicarunt ut, cum propter novitatem incolatus in multis penuriam patiantur pro sustentatione ipsorum, et quod terra propitiante Deo comodius et plenius reddi populosa valeat, eis portandi et vendendi victualia Sarracenis licentiam impendere curaremus, cum sicut asserunt non possint ad presens illorum carere commercio absque dictorum civium dispendio manifesto. Nos igitur, eorum supplicationibus inclinati, ad instar G[regorii] pape predecessoris nostri presentium tibi auctoritate mandamus quatinus de hiis cum carissimo in Christo filio nostro illustri rege Aragonum domino Majoricarum, vel cum illis qui ejus vicem gerunt ibidem, secundum datam tibi a Deo prudentiam collaturus, si reppereris quod sine prejudicio dicti regis et dampno terre id fieri valeat, eisdem civibus ut prefatis Sarracenis, preter equos et mulos, arma, ferrum et lignamina" (Reg. Vat. 21, n. 682, fol. 515; éd. É. Berger, Les Registres d'Innocent IV (1243-1254). Recueil des bulles de ce pape publiées ou analysées [Bibliothèque des Écoles françaises d'Athènes et de Rome, 2e série 1], Paris 1881-1919, 4 vol., n° 3731, t. I, p. 564).

Grégoire IX et Innocent IV. Située à mi-chemin entre l'Europe méridionale et le Maghreb, Majorque constitue en quelque sorte un carrefour entre les deux mondes. Ces licences ont du reste été suivies d'effets : entre 1240 et 1243, un nombre considérable de navires quittent l'île pour commercer avec l'Afrique du Nord et la péninsule ibérique sous domination musulmane. L'importance du royaume insulaire dans les échanges avec le monde musulman est par ailleurs attestée par le nombre de conventions de paix et de commerce, conclues entre ses souverains et les princes musulmans. Le 13 juin 1278, Jacques Ier de Majorque confirme pour cinq ans le traité de paix signé en 1271 par son père, Jacques Ier d'Aragon, avec le roi de Tunis. Le pacte institue une liberté totale du commerce, assurant de surcroît la sécurité des marchands majorquins[25]. À l'égard de l'île, la politique de Grégoire IX et d'Innocent IV fait donc preuve d'un certain réalisme économique.

Comme le prévoit par ailleurs la décrétale de Célestin III précédemment évoquée, le commerce est permis, lorsque son produit est affecté au rachat de Chrétiens captifs[26]. Grégoire IX autorise ainsi expressément les membres de l'ordre militaire de Saint-Jacques à vendre des animaux aux Sarrasins pour le paiement de rançons, à l'exception des chevaux et des mules[27]. Le privilège accordé aux religieux chevaliers est renouvelé par Innocent IV, le 12 avril 1244[28]. L'ordre a mené une action charitable singulière en se consacrant prioritairement à la libération des captifs, sous la surveillance de l'autorité pontificale. Certes, les templiers et les hospitaliers agissent également afin d'obtenir la libération de leurs

---

25 "7. Item, quod omnes ejus mercatores debeant esse in tota terra dicti domoini Elmiremomemni salvi et securi in avere et persona eorum. Et quod possint vendere mercationes eorum, et emere postea quas emere voluerint et portare. Et quod possint vendere et naulisare eorum naves et ligna [...]" (M. L. DE MAS LATRIE, Traité de paix et de commerce et documents divers concernant les relations des Chrétiens avec les Arabes de l'Afrique septentrionale au Moyen Âge, Paris 1866, t. II, p. 188).

26 JL 16619 = Comp. II[a], 5, 4, 5 = X, 5, 6, 11, cf. n. 12.

27 GREGORIUS IX, *Cum celi volucres* (17.II.1239, Po. — ; Reg. Vat. 19, fol. 71r, c. 382, AUVRAY, Registres [cf. n. 23], n° 4723, t. II, col. 1218-1219).

28 INNOCENTIUS IV, *Inter alia desiderabilia* (22.IV.1244, Po. —): "Cum itaque, sicut insinuantibus vobis accepimus, interdum Sarraceni castra seu munitiones in quibus morantur volentes prodere Christianis, equos, arma, frumentum vel animalia pro predictis castris et munitionibus sibi dari exigant ab eisdem, quia sic absque majori dampno equorum, armorum, frumenti seu animalium, ut de strage fidelium taceatur, predicta divino possunt cultui applicari, nos, vestris supplicationibus inclinati, ut de cetero munitiones et castra Sarracenorum predictarum exhibitione rerum eidem acquirere cultui, necnon per frumentum et animalia Christianos a Sarracenis" (Reg. Vat. 21, n. 620, fol. 98, éd. BERGER, Registres [cf. n. 24], n° 624, t. I, p. 107).

frères prisonniers ; mais les membres de l'ordre de Saint-Jacques vont plus loin en agissant pour tous les captifs, cette mission étant de surcroît inscrite dans leur règle. En Espagne, les frères collectent de l'argent et vendent des marchandises aux infidèles afin de payer les rançons ; ils accueillent et soignent les captifs libérés dans des hôpitaux spécialisées à Teruel, Cuenca et Tolède.

Dès la première moitié du XIIIe siècle, des ordres religieux ainsi que des laïcs sont ainsi mandatés afin de procéder au rachat de captifs chrétiens en Espagne et dans tout le Maghreb. Par une lettre du 11 décembre 1239, Grégoire IX autorise l'infant Ferdinand de Portugal († 1246) à vendre des marchandises aux infidèles, à l'exception du fer, des chevaux, des armes et du bois, en vue d'obtenir la libération de Chrétiens et d'assurer la protection de la seigneurie de Serpa[29]. Le pontife formule ainsi un compromis entre le respect dû à l'embargo fulminé de longue date par ses prédécesseurs et l'impératif de sécurité qui préoccupe alors les princes territoriaux d'Europe méridionale.

Les papes successifs ont également autorisé les évêques de certains diocèses à absoudre les marchands contrebandiers qui auraient vendu à des infidèles des marchandises à destination militaire. Entre le pontificat d'Innocent IV et le pontificat de Grégoire XI, des licences d'absolution sont notamment accordées aux titulaires des sièges de Cuenca, de Tyr ou encore de Ratisbonne[30]. Le 27 janvier 1240, Grégoire IX permet également à l'évêque de Majorque de prononcer l'absolution de ceux qui, au mépris de l'embargo pontifical, ont vendu aux Sarrasins des chevaux, du fer, du bois et toute autre marchandise à destination

29 GREGORIUS IX, *Specialem nobilitati tue* (11.XII.1239, Po. —; Reg. Vat. 19, fol. 139r [133r], c. 177, AUVRAY, Registres [cf. n. 23], n° 4994, t. III, col. 144).

30 INNOCENTIUS IV, *Fraternitatis tue precibus* (7.X.1247, Po. —; Reg. Vat. 21, n. 254, fol. 467v, E. BERGER, Registres [cf. n. 24], n° 3303, t. I, p. 497). URBANUS IV, *Cum predicationem crucis* (19.II.1263, Po. —; Reg. Vat. 26, fol. 126v, n. 239, J. GUIRAUD / S. CLEMENCET, Les Registres d'Urbain IV. Recueil des bulles de ce Pape publiées ou analysées d'après les manuscrits originaux du Vatican [Bibliothèque des Écoles françaises d'Athènes et de Rome, 2e série 13], Paris 1892-1958, 4 vol., n° 377, t. II, p. 182-183). ID., *Cum predicationem crucis* (19.III.1263, Po. —): "[...] absolvendi eos qui contra prohibitionem apostolice sedis vel legatorum ejus, sepulchrum Domini visitarunt, ac illos qui portaverunt ferrum arma lignamina et merces prohibitas Sarracenis vel alias contra Christianos dederunt eis consilium, auxilium vel favorem, quoslibet etiam clericos in prelaturis, dignitatibus vel personatibus constitutos, necnon presbiteros qui, contra constitutionem ecclesie, legem vel fisicam audiverunt, et dispensandi cum illis qui, premissa occasione, vel pro eo quod forsan excomunicati aut suspensi, alias immiscuerunt se divinis, irregularitatem aliquam incurrerunt, dum tamen crucesignati existant vel crucem recipiant et in dicte terre subsidium personaliter accedant, aut in propriis expensis alios illuc pro se ydoneos dirigant bellatores, fraternitati tue plenam auctoritate presentium concedimus facultatem" (Reg. Vat. 27, fol. 88, n. 2, éd. GUIRAUD / CLEMENCET, *op. cit.* n° 317, t. I, p. 87-88).

militaire[31]. Jean XXII octroie encore, en juin 1329, au patriarche de Jérusalem, qui est alors le célèbre théologien Pierre de La Palud († 1342), la possibilité de faire un pèlerinage au Saint-Sépulcre. À cette occasion, le prélat reçoit le pouvoir de lever l'excommunication de plusieurs dizaines d'individus ayant commercé avec l'Égypte des Mamelouks. Les sommes versées à cette occasion par les marchands relevés de leur peine canonique sont affectées au financement de la croisade[32]. Cette *potestas absolutionis* territorialement déléguée à des évêques constitue en effet une source de revenus non négligeable pour l'Église. Sous le pontificat de Nicolas IV, les sommes recueillies par l'autorité ecclésiastique en contrepartie de l'absolution de marchands ayant commercé avec l'Égypte, permettent notamment de financer l'armement d'une flotte de navires chypriotes chargés d'assurer la police maritime dans l'espace méditerranéen. Après la chute des dernières principautés franques de Syrie-Palestine, Chypre, gouvernée par la dynastie des Lusignan, devient effectivement, en raison de sa position géographique, un poste avancé de la présence occidentale au Levant, mais plus encore un entrepôt du commerce international[33].

**
*

L'analyse des lettres des papes menée dans la présente étude révèle donc un véritable paradoxe dans la politique pontificale appliquée aux relations entre les

---

31 GREGORIUS IX, *Exhibita nobis* (27.I.1240, Po. —): "Episcopo Majoricensi. Exhibita nobis tua petitio continebat quod nonnulli clerici et laici tue civitatis et diocesis pro violenta injectione manuum in clericos et alias religiosas personas, ac pro rapinis, incendiis et sacrilegiis, nec non pro eo quod Albigensibus contra Ecclesiam astiterunt, sive quod detulerunt lignamina, ferrum, vestes et alia prohibita Sarracenis, suspensionis et excommunicationis sententias incurrerunt. Quare nobis humiliter supplicasti ut, cum difficile sit eis, quorum est non modica multitudo, ad nostram laborare presentiam, pro absolutionis et dispensationis gratia obtinenda, super hoc providere de benignitate solita curaremus. Concedimus ut eisdem manuum injectoribus, incendiariis, sacrilegis et raptoribus ac aliis supradictis, dummodo injuriam et dampna passis satisfaciant competenter, et eorum non sit difficilis et enormis excessus, propter quem sint merito ad Sedem Apostolicam destinandi, possis, hac vice [etc.]" (Reg. Vat. 19, fol. 150v [144v], c. 233, éd. L. AUVRAY, Registres cf. n. 23], n° 5072, t. III, col. 189).

32 JOHANNES XXII (8.VIII.1329, MOLLAT / LESQUEN, Jean XXII (1316-1334). Lettres communes [cf. n. 22], t. VIII, n° 45955, p. 345).

33 J. RICHARD, Le royaume de Chypre et l'embargo sur le commerce avec l'Égypte (fin XIIIe-début XIVe siècle), dans: Compte rendu des séances de l'Académie des Inscriptions et Belles-Lettres 128/1 (1984), p. 124 et M. OUERFELLI, Les relations entre le Royaume de Chypre et le sultanat Mamelouk au XVe siècle, dans: Le Moyen Âge 110/2 (2004), p. 327.

royaumes chrétiens et musulmans. L'attitude ambivalente de la papauté est particulièrement mise en lumière par la stratégie diplomatique déployée par Nicolas IV à la fin du XIIIe siècle. Le 28 décembre 1289, le souverain pontife applique l'embargo à tout commerce avec l'Égypte, quel qu'en soit l'objet[34]. Mais peu après avoir étendu l'interdiction initialement cantonnée à la vente des armes, le pape est contraint d'absoudre le patriarche de Jérusalem, dans une lettre du 7 octobre 1290, et de lever la sentence d'excommunication[35]. Le prélat avait en effet lui-même contrevenu à la prohibition en autorisant certains marchands à exporter des marchandises vers Alexandrie et l'Égypte. Dans une autre lettre, adressée le 21 octobre 1290 au patriarche, Nicolas IV accorde également une licence aux marchands chrétiens, afin que ces derniers puissent commercer en temps de paix

34 NICOLAUS IV, *Multa mentis amaritudine* (28.XII.1289, Po. —): "presentium tenore statuimus ut nullus arma, equos, ferrum, lignamina, victualia et alia quecumque mercimonia in Alexandriam vel alia loca Sarracenorum terre Egipti deferre, mittere vel portare seu de portibus eorum ut eisdem deferantur extrahere vel extrahi permittere aut eis alias auxilium vel favorem prestare quoquo modo presumant. Nos vero illos qui contra hujusmodi constitutionem nostram ausu temerario venire temptaverint eo ipso excommunicationis sententie decernimus subjacere, a qua absolvi nequeant nisi tantum de bonis propriis in dicte terre subsidium convertendum exolverint quantum ad partes predictas detulerint vel miserint aut deferre vel de ipsorum portubus extrahi permiserint deferendum. Et nichilominus si personas eorum capi contingat, in servitutem et capturam illorum esse volumus in quorum ceciderint captionem. Nulli ergo, etc., nostre constitutionis, etc. Si quis autem, etc." (éd. LANGLOIS, Registres [cf. n. 20], n° 6789, p. 901-902).

35 NICOLAUS IV, *Intendentes tue salutis* (7.X.1290, Po. —): 'Intendentes tue salutis profectibus paterne sollicitudinis studio providere, te ab excommunicationis sententia, si quam forte hactenus incurristi pro eo quod Siculos aut quoslibet alios per apostolicam sedem excommunicationis vinculo innodatos, qui in Terre Sancte subsidium accesserunt, absque sedis ipsius recepisti licentia, vel contra constitutionis nostre tenorem victualia seu mercimonia quelibet in Alexandriam vel alia loca Sarracenorum terre Egypti misisti seu permisisti deferri, dummodo non fuerint arma, equi, ferrum, lignamina, seu merces alie que etiam antequam dicta per nos constitutio ederetur per ecclesiam prohibite fuisse noscuntur, ex nunc presentium auctoritate absolvimus, et si forte sic ligatus te immiscendo divinis irregularitatem aliquam contraxisti, tecum super irregularitate hujusmodi dispensamus, omnemque tibi penam remittimus quam occasione premissorum quomodolibet incurristi; volentes ut omnia que tuum officium exequendo hactenus fecisse dinosceris perinde sint rata et valida ac si ex causis predictis excommunicationis sententiam vel irregularitatis notam nullatenus incurrisses. Insuper, si quovis alio casu in excommunicationis sententiam, pro qua foret ad sedem apostolicam recurrendum, hactenus fortassis incideris vel in posterum incidere te continget, ut possis juxta formam ecclesie per proprium confessorem absolvi et super irregularitate, si quam contraxisse dinosceris hactenus, predictus confessor tecum dispensare valeat, fraternitati tue eadem auctoritate duximus indulgendum. Nulli ergo, etc., nostre concessionis, etc." (Reg. Vat. 45, c. 100, f. 174v, éd. LANGLOIS, Registres [cf. n. 20], n° 4402, p. 641).

avec Alexandrie et les territoires musulmans[36]. Dix mois à peine après avoir été édicté, en décembre 1289, l'embargo est donc rapporté, vraisemblablement en raison d'une trêve conclue par les États latins avec le sultan mamelouk. Cependant, dix mois encore après cet aménagement, une nouvelle lettre de la chancellerie pontificale, émise le 23 août 1291, interdit à nouveau tout commerce avec l'Égypte sous peine d'excommunication[37]. Le contrevenant se trouve en outre frappé d'infamie, se voyant ainsi déclaré incapable de tester, inapte à recevoir toute succession et privé de ses biens. Une fois encore, la rigueur de la sanction doit néanmoins être mesurée en considération du contexte politique. Alors que Saint-Jean-d'Arcre tombait entre les mains du sultan mamelouk, au mois de mai 1291, l'ensemble du commerce chrétien avec les musulmans devait aussitôt prendre fin et toutes les autorisations et absolutions préalablement accordées ne pouvaient qu'être annulées. L'évolution des relations internationales explique ainsi l'apparente ambiguïté de la politique étrangère du pape Nicolas IV qui, entre 1289 et 1291, se trouve déchirée entre rigueur excessive et souplesse pragmatique. Ses successeurs, tels Boniface VIII et Grégoire XI, ne pouvaient que poursuivre ces prescriptions fluctuantes, dont l'évolution était commandée par les impératifs contingents et souvent contradictoires de l'économie et la diplomatie.

À la différence de la pratique contemporaine, l'embargo commercial fulminé au Moyen Âge par la papauté contre les peuples musulmans n'a pas pour finalité

---

36 NICOLAUS IV, *Ad promotionem negotii* (21.X.1290, Po. —): "Ad promotionem negotii Terre Sancte sollicitis studiis intendentes, nuper duximus statuendum ut nullus arma, equos, ferrum, lignamina, victualia et alia queque mercimonia in Alexandriam vel alia loca Sarracenorum terre Egypti deferre, mittere vel portare, seu de portibus suis, ut eisdem deferantur, extrahere vel extrahi permittere, aut eis alias auxilium vel favorem prestare quoquo modo presumat, in eos qui contra fecerint excommunicationis sententia promulgata et aliis gravibus penis indictis. Cum autem intellexerimus quod inter te ac alios christianos de partibus illis, ex parte una, et soldanum Babilonie, ex altera, treugue inite fuerint, in quarum conventione specialiter est expressum quod mercatores hinc inde merces deferre libere valeant, nos, ejusdem Terre Sancte et incolarum ejus incommodis obviare volentes, fraternitati tue ut, non obstante constitutione predicta, quamdiu memorate treugue duraverint, mercatoribus christianis deferendi de partibus Terre Sancte in Alexandriam vel alia Sarracenorum loca, victualia seu mercimonia que prius quam eadem per nos constitutio ederetur non consueverant per romanam ecclesiam prohiberi, prebere licentiam, prout tua circumspectio viderit expedire; et si qui forte contra constitutionem hujusmodi venientes hactenus excommunicationis incurrerunt sententiam vel in penas alias inciderunt, eos absolvere juxta formam ecclesie ipsisque penas easdem remittere valeas plenam tibi auctoritate presentium concedimus facultatem" (Reg. Vat. 45, c. 102, fol. 174v, éd. LANGLOIS, Registres [cf. n. 20], n° 4403, p. 641-642).

37 NICOLAUS IV, *Olim tam in generali* (23.VIII.1291), voir *supra*, n. 23.

de prévenir les conflits, mais plutôt de les préparer ou d'y répondre. Il s'agit d'affaiblir l'ennemi, en vue d'une attaque armée, soit lors des croisades vers l'Orient, soit dans le contexte de la reconquête espagnole. L'examen des lettres pontificales tend en tout cas à démontrer l'évidente inefficacité des sanctions économiques prescrites par l'autorité romaine.

David von Mayenburg

Das *Ius in bello* im kanonischen Recht[1]

I. Einleitung und methodische Vorbemerkungen

Will man die Frage beantworten, wie sich das kanonische Recht des Mittelalters zum *ius in bello* verhalten hat, so legt eine Durchsicht der einschlägigen Literatur die Hypothese nahe, dass sich das mittelalterliche Kirchenrecht vor allem auf die Rechtfertigung von Krieg und weniger auf die Legitimität verschiedener Formen der Kriegführung konzentriert habe. In einer Linie von Cicero und dem Alten und Neuen Testament über Augustinus, Thomas von Aquin und Johannes von Legnano bis in die spanischen Spätscholastik einerseits und in gleicher Linie bis auf Hugo Grotius andererseits wurde vor allem die Frage diskutiert, ob es Menschen bzw. Christen überhaupt erlaubt sein solle, Krieg zu führen oder sich auch nur an einem kriegerischen Unternehmen zu beteiligen[2]. Dagegen, so der erste Eindruck, stand sowohl unter den Zeitgenossen als auch in der modernen Literatur die Frage eher im Hintergrund, welche Regeln in einem solchen Krieg gelten sollten – sei er nun erlaubt oder unerlaubt[3]. Ausgehend von Ciceros „*inter arma enim silent leges*[4]" war vermutlich recht viel, wenn nicht alles erlaubt, was den Zwecken der Kriegführung nutzte. Dieser vorläufige Befund steht im Widerspruch zu der Erwartung, dass die christliche Ethik der Barmherzigkeit

---

1 Der Stil des mündlichen Vortrags wurde für die Publikation beibehalten und lediglich die Belegstellen in den Fußnoten ergänzt.

2 Zu den Verbindungslinien bis zur Kanonistik: Ch.A. STUMPF, Vom heiligen Krieg zum gerechten Krieg. Ein Beitrag zur alttestamentlichen und augustinischen Tradition des kanonistischen Kriegsvölkerrechts bei Gratian, in: ZRG KA 87 (2001), S. 1-30.

3 Ausführlichere Studien finden sich vor allem für das Spätmittelalter: V. SCHMIDTCHEN, Ius in bello und militärischer Alltag – Rechtliche Regelungen in Kriegsordnungen des 14. bis 16. Jahrhunderts, in: H. BRUNNER (Hg.), Der Krieg im Mittelalter und in der Frühen Neuzeit: Gründe, Begründungen, Bilder, Bräuche und Recht (Imagines Medii Aevi, 3), Wiesbaden 1999, S. 25-56; M. SCHRÖDL, Das Kriegsrecht des Gelehrten Rechts im 15. Jahrhundert. Die Lehren der Kanonistik und der Legistik über De bello, de represaliis, et de duello (Rechtsgeschichtliche Studien, 14), Hamburg 2006, S. 75-172; einen Quellenüberblick bietet: K.-H. ZIEGLER, Kriegsrechtliche Literatur im Spätmittelalter, ebd., S. 57-71.

4 Im Original: *silent enim leges inter arma.* Marcus Tullius Cicero, Pro T. Annio Milone 4,11, ed. [http://www.thelatinlibrary.com/cicero/milo.shtml#4], aufgerufen am 16.11.2019.

doch eigentlich bremsende Elemente für eine Rechtfertigung des Krieges bereithalten müsste[5]. Der Widerspruch reizt, der Frage intensiver aus zwei Perspektiven nachzugehen: Aus der Tiefe des historischen Raums fragt sich, ob die Ausgangsthese zutrifft und tatsächlich jede Form der Kriegführung gestattet war, wenn sie nur den Erfolg des Feldzugs sicherte. Der Blick kann aber auch aus der Gegenwart zurück in die Vergangenheit geworfen werden. Die Frage lautet dann, welchen Beitrag das kanonische Recht zu den Voraussetzungen jenes Denkens leistete, das im 19. Jahrhundert Henry Dunant dazu bewegte, nach der Schlacht von Solferino 1859 die Gründung des Roten Kreuzes zu betreiben, was als Initialzündung für die Genfer Konvention 1863 und die Begründung des humanitäre Kriegsvölkerrechts modernen Zuschnitts betrachtet werden kann[6].

Ein kühner Sprung in die Quellen erweist sich allerdings schnell als kalte Dusche, in der man ohne präzisere Justierung von Fragestellung und Methode schnell ertrinkt (oder erfriert). Dabei ist weniger wichtig, dass das Thema spätestens seit dem Kalten Krieg in unendlicher Breite von der Literatur behandelt wurde und dass auch eine große Zahl kanonistischer Quellen die Übersicht erschwert[7]. Vor allem die Gefahr, die disparaten Dokumente völlig

---

5 Differenzierend über die Position der alten Kirche zum Krieg: W. GEERLINGS, Die Stellung der Alten Kirche zu Kriegsdienst und Krieg, in: Osnabrücker Jahrbuch für Frieden und Wissenschaft 4 (1997), S. 155-166 und neuerdings M. SCHMOECKEL, Vom „gerechten" zum „heiligen Krieg"? Rechtfertigung der ersten Kreuzzüge im kanonischen Recht, in: ZRG-KA 105 (2019), S. 1-43.

6 Eine Übersicht über die Geschichte des modernen humanitären Völkerrechts bietet: Ch. GREENWOOD, Geschichtliche Entwicklung und Rechtsgrundlagen, in: D. FLECK (Hg.), Handbuch des humanitären Völkerrechts in bewaffneten Konflikten, München 1994, S. 34-55.

7 Aus der Literatur nur folgende Auswahl (alphabetisch): R. H. BAINTON, Christian attitudes toward war and peace. A historical survey and critical re-evaluation, London 1960; D. BAUER / R. LESAFFER, Ivo of Chartres, the Gregorian Reform and the Formation of the Just War Doctrine, in: Journal of the History of International Law 7 (2005), S. 43-54; P. HAGGENMACHER, Grotius et la doctrine de la guerre juste. Paris 1983; M. MANTOVANI, Bellum iustum. Die Idee des gerechten Krieges in der römischen Kaiserzeit Geist und Werk der Zeiten, 77), Bern u.a. 1990; F.H. RUSSELL, The Just War in the Middle Ages (Cambridge Studies in medieval life and thought, 3rd ser. 8), Cambridge u.a. 1975; P. SCHMIDT, Bellum iustum. Gerechter Krieg und Völkerrecht in Geschichte und Gegenwart, Frankfurt am Main, Diss. iur. 2010; V. SCHMIDTCHEN, Ius in bello (wie Anm. 3); M. SCHMOECKEL, Vom „gerechten" zum „heiligen Krieg" (wie Anm. 5); R. SCHULZ, Augustinus und die Vorstellung vom „gerechten Krieg", in: H.-J. HEINTZE / A. FATH-LIHIC (Hgg.), Kriegsbegründungen. Wie Gewaltanwendung und Opfer gerechtfertigt werden sollten (Bochumer Schriften zur Friedenssicherung und zum humanitären Völkerrecht, 59), Berlin 2008, S. 11-20; H. STEIGER, „Occupatio Bellica" in der Literatur des Völkerrechts der Christenheit (Spätmittelalter bis 18. Jahrhundert), in: M. MEUMANN / J. ROGGE (Hgg.), Die besetzte res publica. Zum Verhältnis von ziviler

anachronistisch in Beziehung zu modernen Konzepten zu setzen, ist an jeder Ecke zu spüren. Daher sind den Ausführungen zu ausgewählten Quellen einige methodische Überlegungen voranzustellen. Dabei empfiehlt es sich, die einzelnen Elemente des Themas „ius in bello im kanonischen Recht" jeweils einzeln kritisch zu hinterfragen.

1. ius in bello

Die Probleme beginnen mit der Formel *ius in bello*, die trotz ihrer lateinischen Tarnung keine mittelalterliche oder gar antike Wortschöpfung ist. Weder die gemeinrechtliche Doktrin, noch die Klassiker des Völkerrechts differenzierten in der heute allgemein üblichen Weise zwischen der Berechtigung Krieg zu führen (*ius ad bellum*) und dem innerhalb eines bewaffneten Konflikts geltenden Recht (*ius in bello*)[8]. Dass diese Unterscheidung nicht getroffen wurde, hatte weniger damit zu tun, dass das völkerrechtliche Denken in der Vergangenheit unterentwickelt war, als damit, dass die mit der Kriegführung verbundenen juristischen Probleme anders konstruiert wurden als heute. So wird in der Literatur hervorgehoben, dass bis in die jüngste Vergangenheit die juristische Debatte allein die Frage nach dem gerechten Krieg (*bellum iustum*) betroffen habe. Für das Recht sei ausschließlich relevant gewesen, ob jemand einen gerechten Kriegsgrund besessen habe. Sofern auch das frühere Recht Regeln für die Kriegführung aufgestellt habe, seien diese allein mit dem Ziel begründet worden, das Konzept des gerechten Kriegs zu erweitern, indem man seinen

---

Obrigkeit und militärischer Herrschaft in besetzten Gebieten vom Spätmittelalter bis zum 18. Jahrhundert (Herrschaft und soziale Systeme in der frühen Neuzeit, 3), Berlin u.a. 2006, S. 201-240; Ch.A. STUMPF, Vom Heiligen Krieg (wie Anm. 2); H. SYSE / G.M. REICHBERG (Hgg.), Ethics, Nationalism, and Just War. Medieval and Contemporary Perspectives, Washington D.C. 2007; K.-H. ZIEGLER, Kriegsrechtliche Literatur (wie Anm. 3); DERS.: Zum ‚gerechten Krieg' im späteren Mittelalter und in der Frühen Neuzeit - vom Decretum Gratiani bis zu Hugo Grotius, in: ZRG-RA 122 (2005), S. 177-194. Als Quellen kommen nicht nur die Texte des *Corpus Iuris Canonici* in Betracht, insbesondere aus dem *Decretum Gratiani* die Causa 23 und aus dem *Liber Extra* X 5.15.un samt der dazu erschienenen Kommentarliteratur, sowie die späteren Schriften, etwa des Johannes von Legnano oder der Schule von Salamanca, ed. H.-G. JUSTENHOVEN / J. STÜBEN, Kann Krieg erlaubt sein? Eine Quellensammlung zur politischen Ethik der spanischen Spätscholastik (Theologie und Frieden, 27), Stuttgart 2006.

8 R. KOLB, Origin of the twin terms jus ad bellum / jus in bello, in: International Review of the Red Cross 37 (1997), S. 553-562, 553. Anderer Ansicht ist, ohne Belege anzugeben, A. HOLZEM, Einführung, in: DERS., Krieg und Christentum. Religiöse Gewalttheorien in der Kriegserfahrung des Westens, Paderborn u.a. 2009, S. 13-104, 25.

Geltungsbereich beschränkte. Die Handlungen von Kriegführenden aber, die ohne einen solchen Grund in die Schlacht gezogen seien, könne das Kriegsrecht qua Definition gar nicht erfassen. Sie waren schlicht Kriminelle und als solche zu strafen[9]. Auch wenn man nicht so weit geht wie *Robert Kolb* und die Suche nach einem *ius in bello* für das Mittelalter von vornherein für verfehlt hält, so besteht jedenfalls die Gefahr, einem „false friend" aufzusitzen, wenn man in den Quellen schlicht nach Äquivalenten für heutige Beschränkungen in der Kriegführung sucht, also z.B. nach dem Verbot bestimmter Waffen, nach dem Verbot einer Einbeziehung von Nichtkombattanten in den Krieg oder nur nach einem Verbot erniedrigenden Umgangs mit Kriegsgefangenen.

2. Krieg

Dass *ius in bello* im Mittelalter zwangsläufig etwas anderes sein musste als heute, hängt auch damit zusammen, dass der Krieg im Zeitablauf permanent sein hässliches Gesicht veränderte, und zwar sowohl tatsächlich, als auch rechtlich. So unterschieden sich im Untersuchungszeitraum von der Spätantike bis zur Frühen Neuzeit die Formen und Regeln der Kriegführung teilweise erheblich: Römische Soldaten kämpften nach anderen Regeln und mit anderen Waffen und Strategien als mittelalterliche Kreuzfahrerheere. Manche Armeen umfassten mehrere 100.000 Soldaten, andere nur einige 100 Kombattanten. Die Heere Karls des Großen zählten nicht mehr als 5.000 bis 10.000 Soldaten und erreichten damit nicht einmal das Minimum an Kämpfern, die heutige Definitionen als Mindestmaß für einen Krieg voraussetzen[10]. Mit dem Übergang zur Kriegführung mit Landsknechten stieg dann zu Beginn der Neuzeit die Zahl der Kombattanten[11]. Die eingesetzten Waffen blieben teilweise auf das Schlachtfeld begrenzt, andere waren so konzipiert, dass auch die Zivilbevölkerung betroffen sein konnte oder sollte[12]. Manche Heere bestanden aus Söldnern, andere aus Berufssoldaten. War der Nachschub gesichert, waren Plünderungen

---

9 R. KOLB, Origin (wie Anm. 8), S. 554f.

10 A. ANGENENDT, Toleranz und Gewalt. Das Christentum zwischen Bibel und Schwert, 5. Aufl., Münster 2009, S. 412.

11 S. FIEDLER, Kriegswesen und Kriegführung im Zeitalter der Landsknechte (Heerwesen der Neuzeit, 2/19), Koblenz 1985, S. 182 nennt für das frühe 16. Jahrhundert auch für größere Feldzüge Zahlen von unter 100.000 Soldaten.

12 Zur rechtlichen Seite J.G. HELM, Die Rechtsstellung der Zivilbevölkerung im Kriege in ihrer geschichtlichen Entwicklung. Ein Beitrag zur Geschichte des Völkerrechts, Diss. iur. Frankfurt/M. 1957.

dysfunktional, litt das Heer Not, waren sie überlebenswichtig[13]. Es sollte deutlich sein, dass aus diesen unterschiedlichen Situationen auch unterschiedlicher Regelungsbedarf entstand. Nicht zuletzt aus diesem Variantenreichtum ergab sich auch rechtlich die Frage, was eigentlich „Krieg" ist. Dass der deutsche Sprachraum keine Vokabel kannte, die unserem heutigen Begriff entspricht, sondern mit kriec, vehede, urloug oder werre verschiedene Wörter benutzte, die in ihrem Bedeutungsgehalt variierten[14], sollte für die Annahme eines eigenen „Kriegsrechts" zur Vorsicht mahnen. Zumindest ist bereits für die Antike die Vorstellung unrealistisch, dass „Krieg" eine allein rechtlich gesteuerte Kategorie, eine Form des Verfahrens gewesen sei[15], oder zumindest eine, die sich von anderen bewaffneten Auseinandersetzungen durch spezifische Rechtsakte wie etwa Kriegserklärungen scheiden ließe. Erst recht gilt das für das Mittelalter und dessen verschiedenen Formen teils eruptiver, teils ritualisierter und teils auch verrechtlichter Gewalt. *Heinhard Steiger* hat dies in seiner monumentalen Völkerrechtsgeschichte des Karolingerreiches erst kürzlich bestätigt[16]. Konkret für die Fehde wird diese Abgrenzungsfrage aktuell intensiv diskutiert[17].

Bereits die mittelalterlichen und frühneuzeitlichen Theologen und Juristen versuchten sich an einer Abgrenzung des Krieges von anderen Formen des Konflikts, wie Streit oder Aufruhr[18]. Auch hier wird eingewandt, von „Krieg" (*bellum* im Gegensatz zu *guerra*) könne man erst mit Beginn moderner Staatlichkeit

---

13 M. VEC, Art. „Plünderung", in: A. Cordes u.a. (Hgg.), Handwörterbuch zur deutschen Rechtsgeschichte, 2. Aufl., Bd. 4, 27. Lfg., Berlin 2019, Sp. 621-626.

14 A. HOLZHAUER, Rache und Fehde in der mittelhochdeutschen Literatur des 12. und 13. Jahrhunderts, Göppingen 1997, S. 16.

15 Von einer „Betrachtung des Kampfes als Rechtshandlung" spricht etwa: W. ERBEN, Kriegsgeschichte des Mittelalters (Historische Zeitschrift, Beiheft 16), München 1929, S. 68; ähnlich: Ph. CONTAMINE, La guerre au moyen age (Nouvelle Clio, 24), 5. Aufl., Paris 1999, S. 420-433.

16 H. STEIGER, Die Ordnung der Welt. Eine Völkerrechtsgeschichte des karolingischen Zeitalters (741 bis 840), Köln / Weimar /Wien 2010, S. 516-522.

17 Näher: Ch. REINLE, Konfliktlösung durch Fehde, in: D. VON MAYENBURG (Hg.), Handbuch zur Geschichte der Konfliktlösung in Europa, Bd. 2 Mittelalter, Berlin (erscheint 2020).

18 Statt vieler: Johannes von Legnano, Tractatus de bello, de repressaliis et de duello, ed. Th. ERSKINE HOLLAND, Washington D.C. 1917, c.1-2, S. 78f.; Thomas von Aquin, Summa theologica, II^{a}-IIae q. 42, a. 1, zit. n. Corpus Thomisticum, [http://www.corpusthomisticum.org/sth3034.html], besucht am 24.11.2019, näher: D. VON MAYENBURG, Ubi est incolumitas obedientiae, ibi sana est forma doctrinae – Aufruhr und Revolte im kanonischen Recht, in: O. CONDORELLI / F. ROUMY / M. SCHMOECKEL (Hgg.), Der Einfluss der Kanonistik auf die europäische Rechtskultur (= Norm und Struktur 37/2), Bd. 2. Öffentliches Recht, Köln / Weimar / Wien 2009, S. 217-266, 229f.

in der Neuzeit sprechen, bis dahin seien Kriege und Fehden nahezu identisch gewesen[19]. *Steiger* hat dieser Auffassung widersprochen und festgehalten, dass durchaus zwischen privaten Auseinandersetzungen (*faida*) und solchen ganzer Verbände (*bellum*) unterschieden wurde[20].

3. Völkerrecht

Auch wer Einflüsse auf das Völkerrecht untersucht, muss wir besonders gründlich darauf achten, Anachronismen zu vermeiden. Zu klären ist zunächst, wonach genau gesucht wird: Handelt das, was wir finden, überhaupt von Recht und wenn ja, ist es auch Völkerrecht?

a) Recht

Die erste Frage lautet damit, ob unsere kanonistischen Quellen, sofern sie sich mit einer Einhegung von Kriegen beschäftigen, überhaupt von Recht handeln? Die für das Kirchenrecht allgemein geltende Abgrenzungsproblematik der Kanonistik zur Ethik[21], vor allem aber zur Theologie, stellt sich in diesem Bereich in verschärfter Weise. Dies zeigt bereits am Beispiel der Causa 23 des *Decretum Gratiani Causa*, die sich schwerpunktmäßig mit Fragen des Krieges beschäftigt[22]. Von den insgesamt 165 dort versammelten Fragmenten stammen nur 17 aus Konzilsbeschlüssen, 12 aus Papstbriefen und fünf aus anderer, teilweise unbekannter Provenienz. Dagegen sind 131 dieser 165 Fragmente aus Schriften der Kirchenväter entnommen und entstammen damit einem zunächst ausschließlich theologischen Kontext. Erst durch ihre Aufnahme in die vorgratianischen Sammlungen und das *Decretum Gratiani* erhielten sie auch eine juristische Bedeutung.

---

19 O. BRUNNER, Land und Herrschaft. Grundfragen der territorialen Verfassungsgeschichte Österreichs im Mittelalter. 5. Aufl., Wien 1965, ND Darmstadt 1984, S. 39.

20 H. STEIGER, Ordnung (wie Anm. 16), S. 519.

21 Unterschiedliche Begriffe vom *ius in bello* aus ethischer und juristischer Sicht konstatiert: B. KOCH, Neuere Diskussionen um das ius in bello in ethischer Perspektive, in: I.-J. WERKNER / A. LIEDHEGENER (Hgg.), Gerechter Krieg – gerechter Frieden. Religionen und friedensethische Legitimationen in aktuellen militärischen Konflikten, Wiesbaden 2009, S. 109-132, 109.

22 Die Texte des *Corpus Iuris Canonici* werden i.F. zitiert nach der Ausgabe: Ae. FRIEDBERG, Corpus Iuris Canonici. Editio Lipsiensis Secunda. Teile 1 und 2, Leipzig 1879 / 1881 (Nachdruck Clark (NJ) 2010). Die acht *quaestiones* der *causa* 23 finden sich ebd., Bd. 1, Sp. 889-965.

Richtet man den Blick auf das Spätmittelalter, wird das Bild noch komplizierter. Denn die kriegsrechtliche Spezialliteratur eines Johannes von Legnano[23], aber auch der Schule von Salamanca nahm in erheblichem Umfang Anleihen bei der Kriegsethik des Thomas von Aquin[24], die er in seiner *Summa Theologica* niedergelegt hatte, und die ihrerseits als theologischer Text angefüllt war von Übernahmen aus dem Kirchenrecht, insbesondere der bereits genannten *causa* 23 des Gratianischen Dekrets. Wir haben es also mit einem Transformationsprozess zu tun, in dessen Verlauf zunächst die Kirchenväter antike Philosophie und biblische Beispiele zu einer spezifisch theologischen Kriegsethik amalgamierten. Diese Kriegsethik wurde dann in breiter Linie von Gratian in einen Rechtstext überführt. Die Aussagerichtung wurde dabei ganz offensichtlich allenfalls geringfügig geändert, so dass Thomas von Aquin keine Schwierigkeiten hatte, den Textbestand wiederum in theologischer Richtung weiterzuentwickeln. Die Juristen des Spätmittelalters griffen ihrerseits erneut darauf zu und nutzten ihn zur Beantwortung ihrer Rechtsfragen. Handelt es sich also um Rechtsquellen im eigentlichen Sinne oder eher um theologische oder moralethische Normen, die ihren Weg – wie auch immer – in das Kirchenrecht gefunden haben?

Dieses Pingpongspiel der Gelehrten wirft allerdings nicht nur die grundsätzliche Frage nach dem komplexen Transformationsprozess der Quellen vom theologischen in den rechtlichen Bereich auf, sondern zudem auch die Frage des Verhältnisses von der Theorie der Kanonisten und der Praxis der Verwaltung und Gerichte. War die Auseinandersetzung mit dem *bellum iustum* nicht letzten Endes nur ein rein theoretisches Problem, ein Glasperlenspiel ohne konkrete Auswirkungen auf die Realität der Kriegführung?

Darüber hinaus ist Recht aber auch von Gnade abzugrenzen, und gerade diese schien bei der Begrenzung von Krieg durch christliches Denken gerade dort eine besonders wichtige Rolle gespielt zu haben, wo rechtliche Regeln fehlten[25]. Leider fehlen dann aber auch meist die Quellen.

---

23 Johannes von Legnano, Tractatus (wie Anm. 18).

24 Differenziert zur Bedeutung thomistischen Denkens für die Rechtsethik des Francisco Suárez: M. KREMER, Den Frieden verantworten. Politische Ethik bei Francisco Suárez (1548-1617), Stuttgart 2008, S. 33-41.

25 Hinweise auf Gnade im Umgang mit Besiegten bei H. STEIGER, Ordnung (wie Anm. 16), S. 507.

b) Völkerrecht

Es ist abhängig von der Wahl des eigenen Erkenntnisinteresses, ob es nötig ist, zwischen dem aktuellen Begriff des Völkerrechts und dem historischen des Kirchenrechts zu unterscheiden, wie ihn Gratians berühmte Definition aus Isidor in D.1 c.9 umreißt:

> Ius gentium est sedium occupatio, edificatio, munitio, bella, captiuitates, seruitutes, postliminia, federa pacis, induciae, legatorum non uiolandorum religio, conubia inter alienigenas prohibita. §. 1. Hoc inde ius gentium appellatur, quia eo iure omnes fere gentes utuntur.

Völkerrecht handele demnach von der Besetzung, der Errichtung und Befestigung von Regierungssitzen, von Kriegen, Kriegsgefangenschaft, Knechtschaft, Heimkehrrechten, Friedensbündnissen, Waffenstillstandsabkommen, von der Immunität von Gesandten, vom Verbot der Heirat zwischen Fremden. Dies alles werde Völkerrecht genannt, weil sich dieses Rechts nahezu alle Völker bedienten.

Während das Kirchenrecht den Begriff damit nicht systematisch, sondern kasuistisch-konkret bestimmt, wird das neuzeitliche Völkerrecht abstrakt gefasst als „das zwischenstaatliche Recht, der Inbegriff von Rechtsnormen, die für die Beziehungen zwischen Staaten, gegebenenfalls auch anderen Subjekten des internationalen Rechtsverkehrs gelten“[26]. Durch den Bezug auf den Staat wird damit eine Anknüpfung gefunden, die im Mittelalter noch fehlt. Will man den Begriff des Völkerrechts für die Vormoderne nicht ohnehin als anachronistisch ablehnen, so muss man ihn zumindest in Bezug auf die Akteure öffnen und handelt sich damit ein weiteres Abgrenzungsproblem ein.

Wie gesagt, hängt die Relevanz dieser Problematik aber ohnehin von der gewählten Fragestellung ab: Sie stellt sich m.E. nur, wenn man sich für das Völkerrecht des Mittelalters als Disziplin oder Regelungskomplex interessiert. Wenn es aber, wie im Rahmen dieses Bandes, darum geht, einzelne Elemente heutigen Völkerrechtsdenkens in ihrer historischen Entstehungsgeschichte zu beobachten, kann man diese auch in Kontexten finden, die von den Zeitgenossen noch nicht als völkerrechtlich interpretiert wurden. Wie auch immer: Die nach heutiger Terminologie als Probleme des *ius in bello* umrissenen Zusammenhänge lassen sich mühelos auch unter Isidor von Sevillas Definition subsumieren. Dennoch ist es wichtig, auf der (methodisch möglicherweise ohnehin

---

26 K.-H. ZIEGLER, Völkerrechtsgeschichte, 2. Aufl. München 2007, S. 1.

problematischen) Suche nach der Vorgeschichte den zeitgenössischen Kontext nicht aus den Augen zu verlieren, insbesondere in Bezug auf die jeweiligen Normadressaten. Es ist eben ein Unterschied, ob sich ein Maßhalteappell an Geistliche, an alle Christen oder an alle Völker richtet, oder ob sich der Schutzbereich einer Norm nur auf Christen, oder auch auf Ketzer, Heiden, Juden und Sarazenen bezieht. Je umfassender der Appell, desto völkerrechtlicher die Tradition, ließe sich vereinfacht formulieren.

4. Einfluss des Kirchenrechts

Schließlich bleibt die von Manlio *Bellomo* im ersten Band dieser Serie aufgeworfene Frage, ob es im rechtshistorischen Längsschnitt überhaupt möglich ist, „Einflüsse" festzustellen[27]. Selbst wenn man eine völkerrechtliche Tradition findet, deren Wurzeln ins Mittelalter zurückreichen: Woher soll man wissen, ob diese tatsächlich kanonistischen Einflüssen folgt, oder ob nicht andere Quellen einflußreicher sind, wie etwa die Standesethik der Ritterschaft, die unter anderem eben auch den „Kampf für das Recht und gegen das Unrecht, den Schutz der Kirche und die aktive Fürsorge für Schwache, Schutzlose und Bedrängte, Witwen und Waisen" umfasste[28]?

5. Fragestellung

Wie also kann nun das Thema erarbeitet werden, ohne in die diversen Fallen zu gehen, die soeben umrissen wurden? Die einfachste Lösung ist eine radikale Beschränkung der Fragestellung – und dieser Weg soll hier beschritten werden. Dabei soll die Aufmerksamkeit nur auf einen Ausschnitt der vielfältigen Aspekte des *Ius in bello* gerichtet werden. Gleichzeitig wird auch das Erkenntnisinteresse nur ein beschränktes sein.

Es soll demnach untersucht werden, mit welchen Argumenten die kanonistische Literatur dem potentiell totalen Krieg Grenzen setzte oder aber mit

---

27 M. BELLOMO, Ius civile, ius canonicum, società medievale, in: O. CONDORELLI / F. ROUMY / M. SCHMOECKEL (Hgg.), Der Einfluss der Kanonistik auf die europäische Rechtskultur, Band 1. Zivil- und Zivilprozessrecht, Köln/Weimar/Wien (= Norm und Struktur 37/1) 2009, S. 1-6. Optimistischer: P. LANDAU, Der Einfluß des kanonischen Rechts auf die europäische Rechtskultur, in: R. SCHULZE (Hg.), Europäische Rechts- und Verfassungsgeschichte. Ergebnisse und Perspektiven der Forschung (Schriften zur Europäischen Rechts- und Verfassungsgeschichte 3), Berlin 1991, S. 39-57.

28 V. SCHMIDTCHEN, Ius in bello (wie Anm. 3), S. 27.

welchen Argumenten sie diese Grenzen wiederum relativierte, den Krieg damit entgrenzte. Dabei werden auf der analytischen Ebene zwei Formen der Argumentation unterschieden, bei denen allerdings hervorzuheben ist, dass es sich hier um ein sehr grobes Raster handelt, dessen Analyse sicherlich weiterer Detailforschung bedarf, um als ausreichend aussagekräftig zu gelten. Auch überschneiden und ergänzen sich die Argumente häufig und sind nicht immer trennscharf zu unterscheiden.

Auf der einen Seite stehen Begründungsstrategien, die den Einsatz von Waffengewalt mit Hinweis auf die Nützlichkeit erlauben oder beschränken. Solche Argumente mit der Nützlichkeit (*utilitas*) oder, enger, mit der Notwendigkeit (*necessitas*) lassen sich für die Kriegsliteratur nahezu aller Kulturen als das bei weitem dominanteste Begründungssystem für die Erlaubtheit oder das Verbot von Kampfhandlungen beschreiben[29]. Häufig führen diese Argumente zu einer Rechtfertigung von kriegerischen Handlungen. Für das *ius in bello* wird das Nützlichkeitsargument dann fortgesetzt und dem Kriegführenden sollen sämtliche Mittel erlaubt sein, die seinem Kriegsziel dienen, die seine Ressourcen schonen und die dem Feind möglichst große Verluste zufügen, um den Krieg möglichst schnell und ohne größere eigene Einbußen zu beenden. In diesem Zusammenhang kann es dann durchaus auch nützlich sein, bestimmte Verhaltensweisen als verboten zu definieren. Das oben erwähnte Beispiel des Beuterechts macht dies deutlich. Bei der Analyse dieses „Nützlichkeitsarguments" ist von der Prämisse auszugehen, dass dieses nicht typisch christlich oder kirchenrechtlich ist. Selbstverständlich finden sich Argumentationsmuster dieser Art in großer Zahl auch im klassischen Kirchenrecht[30]. Sie bieten aber gerade keinen Anhaltspunkt dafür, um sie als typisch kanonistischen Beitrag zum Völkerrechtsdenken in Anspruch zu nehmen. Anders steht es dagegen mit einem zweiten Argumentationsmuster, das –

---

29 Zum römischen Recht: Th. MAYER-MALY, Gemeinwohl und necessitas, in: H.-J. BECKER u.a. (Hgg.), Rechtsgeschichte als Kulturgeschichte. Festschrift für Adalbert Erler zum 70. Geburtstag, Aalen 1976, S. 136-145; Beispiele auch zu außereuropäischen Kulturen finden sich bei: L.C. GREEN, Cicero and Clausewitz or Quincy Wright: The Interplay of Law and War, in: Journal of Legal Studies 9 (1998/99), S. 59-98.

30 Besonders prominent wird dies im 4. Laterankonzil formuliert, wo ausdrücklich niedergelegt ist, dass das Recht aus Gründen der *urgens necessitas* oder *evidens utilitas* verändert werden dürfe: *Non debet reprehensible iudicari, si secundum varietatem temporum statuta quandoque varientur humana, praesertim quum urgens necessitas vel evidens utilitas id exposcit, quoniam ipse Deus ex his, quae in veteri testamento statuerat, nonnulla mutavit in novo [...]*: 4. Laterankonzil, a.1215, c. 50, ed. J. WOHLMUTH, Dekrete der ökumenischen Konzilien, Bd. 2, Paderborn u.a. 2000, S. 257 = 4 Comp.4.3.3 = X.4.14.8.

ebenfalls grob und untechnisch – als das „christlich-theologische" bezeichnet werden soll. Hier werden *ius-in-bello*-Verbote oder -Gebote auf spezifisch christliche Elemente der Theologie und Ethik gegründet, insbesondere auf die Gebote der Gottesebenbildlichkeit, der Barmherzigkeit (*misericordia*), sowie das mit dem Gebot der Feindesliebe verbundenen Ethos der Duldsamkeit (*patientia*) als Zentralaussage der Bergpredigt. Auch das Tötungsverbot des Dekalogs gehört in diesen Argumentationsrahmen. Finden sich also in den ohnehin verstreuten und nie zu einem einheitlichen Konzept verdichteten Aussagen der Kanonisten zum *ius in bello* zumindest Versatzstücke einer spezifisch christlichen Argumentation, die vielleicht den Weg in das moderne Völkerrecht gefunden hat? Dieser Frage ist anhand ausgewählter Beispiele nachzugehen.

II. Quellen und historischer Hintergrund

Wie soeben festgestellt, lässt sich eine klar definierte Lehre vom *ius in bello* in den Schriften des Kirchenrechts nicht finden. Die Auseinandersetzung findet daher anhand verstreuter Quellen und meist isoliert zu Einzelproblemen statt.

Die bereits erwähnte Causa 23 des *Decretum Gratiani* wird allgemein als zentrale Quelle des Kirchenrechts für alle Fragen der Kriegführung angesprochen[31]. Ihre acht *quaestiones* behandeln allerdings nicht durchgehend Fragen des Kriegsrechts. In der für das Dekret typischen Weise werden außerdem eine Reihe von weiteren Rechtsproblemen, vor allem aus dem kirchenrechtlichen Straf- und Disziplinarrecht, mitbehandelt. Relevant für das *ius in bello* sind vor allem *quaestio* 1, die sich der grundsätzlichen Frage zuwendet, ob das Kriegshandwerk nicht *per se* Sünde sei, die *quaestio* 2 mit ihrer ausführlichen Diskussion diverser Fragen im Kontext des gerechten Kriegs (*bellum iustum*), sowie *quaestio* 8, in der es um das Recht von Bischöfen und Klerikern geht, Kriege zu führen.

Im *Liber Extra* finden sich ebenfalls nur sehr punktuelle Hinweise auf ein *Ius in bello*. Hier ist das im fünften Buch niedergelegte Verbot der Armbrust besonders bekannt[32]. Erst spät beginnt eine kriegsrechtliche Speziallliteratur. Als Pionier lässt sich Johannes von Legnano bezeichnen. Der um 1320 in Mailand geborene Kanonist lehrte in Bologna und verfasste um 1360 seine wichtigste Schrift, den *Tractatus de Bello, de Repressaliis et de Duello*, in der er nicht nur die verstreute vorangegangene juristische Literatur zum Thema Krieg systematisierte,

---

31 Vgl. oben, Anm. 22.

32 X 5.15 – De Sagitariis.

sondern dabei gleichzeitig auch besonders stark auf die Lehre des Thomas von Aquin zurückgriff[33].

Nicht zu verstehen ist die mittelalterliche Lehre vom Krieg, ohne kurz auf die seit der Spätantike geführte Diskussion um die Rechtfertigung des Krieges, den *bellum iustum*, einzugehen. Man mag die Frage, welche Rolle pazifistische Strömungen im antiken Christentum spielten, beantworten wie man will[34]: Fest steht, dass die christlichen Theologen spätestens mit der Konstantinischen Wende die Kriegführung nicht mehr generell ablehnten und dass es vor allem Augustinus war, der aus Versatzstücken der paganen Philosophie und Beispielen des Alten Testaments eine allerdings an keiner Stelle systematisch durchgeführte Lehre vom *ius ad bellum* entwickelte[35]. Auch für Augustinus war der Frieden der Fluchtpunkt seiner Überlegungen zum Krieg[36]. Sofern sich die menschliche Ordnung wie die göttliche am Frieden orientierte, richtete sie sich gegen Störungen, die durch Sünden wie Ehrgeiz, Grausamkeit, Herrschsucht gerade im Krieg alltäglich sind. Hatte sich aber die Sünde in Form des Krieges einmal als friedensstörend erwiesen, sah Augustinus kaum einen anderen Weg, als diesen verbotenen, gegen Gottes Willen verstoßenden Krieg durch einen gerechten Krieg zu beenden: „[...] war was both a consequence of sin and a remedy for it"[37]. Dieser Ausgangspunkt zwang Augustinus allerdings, zentrale Grundsätze des christlichen Glaubens, vor allem die Gebote der Feindesliebe und der Duldsamkeit, sowie das Tötungsverbot zumindest zu relativieren. Die Rechtfertigung eines Verteidigungskriegs entgegen dem Gebot, die andere

---

33 Johannes von Legnano, Tractatus (wie Anm. 18); hierzu: F. BOSDARI, Giovanni da Legnano, canonista e uomo politico del 1300, In: Atti e memorie della R. Deputazione di Storia Patria per le Provincie di Romagna, 3. ser., 19 (1901), S. 1-137; G. ERMINI, I Trattati della guerra e della pace di Giovanni da Legnano (Studi e memorie per la storia dell' Università di Bologna, 8), Imola 1923; J. MACCALL, The writings of John of Legnano with a list of manuscripts, in: Traditio 23 (1967), S. 415-437; H. G. WALTHER, Canonica Sapiencia et civilis sciencia. Die Nutzung des aristotelischen Wissenschaftsbegriffs durch den Kanonisten Johannes von Legnano (1320-1383) im Kampf der Disziplinen, in: I. CRAEMER-RUEGENBERG (Hg.), Scientia und ars im Hoch- und Spätmittelalter. Albert Zimmermann zum 65. Geburtstag, 1. Halbbd., Berlin / New York 1994, S. 863-876.

34 Für eine nahezu ausschließlich pazifistische Theologie bis zum 3. Jahrhundert argumentiert der Augustinus-Experte W. GEERLINGS, Stellung (wie Anm. 5), für eine ungebrochener kriegsfreundliche Perspektive der frühen Christen: M. SCHMOECKEL, Vom „gerechten" zum „heiligen Krieg" (wie Anm. 5), S. 6f.

35 Ausführlich: F. H. RUSSELL, Just War (wie Anm. 7), S. 16-39; vgl. außerdem M. SCHMOECKEL, Vom „gerechten" zum „heiligen Krieg" (wie Anm. 5), S. 7-10 m.w.N.

36 W. GEERLINGS, Stellung (wie Anm. 5), S. 163-165.

37 F. H. RUSSELL, Just War (wie Anm. 7), S. 16.

Wange hinzuhalten, suchte Augustinus über das Argument, dieses Gebot bestünde eher zur Schulung des Herzens als zu der des Körpers[38]. In dieser Weise verinnerlicht stand das Duldungsgebot einem affirmativen Zugang zum Krieg nicht mehr im Wege. Durch die Übernahme dieser Passage in das *Decretum Gratiani* wurde sie zugleich Bestandteil des Kirchenrechts[39]. Im Ergebnis war damit allen Personen außerhalb des Klerikerstands die Führung eines gerechten Krieges erlaubt, wie etwa Rolandus in seiner Summe zur ersten *quaestio* der *causa* 23 ausdrücklich festhält[40]. Spätestens im Hochmittelalter war die Kriegführung selbst damit für die Kirche kein Problem mehr: Sie bedurfte, anders als früher, keiner Buße mehr, „Krieg und Kampf wurden zu wertneutralen Elementen des Lebens“[41].

Mit dieser Grundentscheidung war aber noch nichts dazu gesagt, welche Formen der Kriegführung in einem gerechten Krieg zulässig waren. Die Frage, ob Krieg an sich verwerflich sei, wich der Diskussion über die Frage, unter welchen Umständen er verwerflich werden konnte. Auf der Ebene des *ius ad bellum* blieb zu klären, wann ein Krieg ungerecht, *iniustum* war. Auf der Ebene des *ius in bello* dagegen konnten einzelne kriegerische Handlungen oder die Verwendung bestimmter Waffen kirchenrechtlich problematisch werden. Wie stand also das Kirchenrecht zu dieser Problematik des *ius in bello*? Anhand dreier Beispiele soll diese Frage näher betrachtet werden.

---

38 Augustinus von Hippo an Marcellinus, Ep.138 c.2 n.12f., ed. A. GOLDBACHER, S. Aureli Augustini Operum Sectio II, Pars III, CSEL 44/3, Wien /Leipzig 1904, S. 138 =: *Paratus debet esse homo iustus et pius patienter maliciam eorum sustinere, quos fieri bonos querit, ut numerus pocius crescat bonorum, non ut pari malicia se quis numero addat malorum. Denique ista precepta magis sunt ad preparationem cordis, quam ad opus, quod in aperto fit, ut teneatur in secreto animi patiencia cum beniuolentia, in manifesto autem id fiat, quod eis uidetur prodesse, quibus bene uelle debemus.[...]*

39 C.23 q.1 c.3.

40 Magister Rolandus, Summa, ed. F. THANER, Die Summa Magistri Rolandi nachmals Papstes Alexander III., nebst einem Anhange Incerti Auctoris Quaestiones, Innsbruck 1874, ND Aalen 1962 / 1973, ad C.23 q.1, S. 88: *quod militare aliis est licitum, aliis vero illicitum. Illicitum ut his, quos in sacris ordinibus constat exsistere vel perfectionis iter arripuisse. Ceteris vero iudicis auctoritate licere non dubito.*

41 H.D. HEHL, Kirche, Krieg und Staatlichkeit im Hohen Mittelalter, in: W. RÖSENER (Hg.), Staat und Krieg. Vom Mittelalter bis zur Moderne, Göttingen 2000, S. 17-36, 19.

III. Beispiele

1. Der Umgang mit Kriegsgefangenen

Ein erster Test für eine mögliche Begrenzung von Kriegsfolgen ist der Umgang mit Kriegsgefangenen[42]. Sieht man zunächst auf die Praxis, erscheint dieses Problem auf den ersten Blick nahezu unreguliert: Ob man Besiegte tötete, versklavte, oder verschonte, konnte anhand der Nützlichkeit, aber auch unter Rückgriff auf christliche Werte entschieden werden. Eine gewisse Eingrenzung der Willkür erkennt die Forschung innerhalb des seit dem 12. Jahrhundert herausgebildeten Rittertums. Nicht nur die christliche Nächstenliebe und die Standesverbundenheit, sondern auch das Interesse an Lösegeldern konnten hier zu einer Schonung der gefangenen Standesgenossen führen. Verträge, die noch auf dem Schlachtfeld mit den Besiegten geschlossen wurden, waren einzuhalten[43]. Dagegen seien die Bauern oder andere standesniedere Menschen der Willkür preisgegeben und im Zweifel ohne weiteres getötet worden[44]. Erst recht musste dies für die in den Kriegen gegen Nichtchristen gefangen Genommenen gelten. Hier konnte allerdings die neuere Forschung zeigen, dass die früher verbreiteten Vorstellungen einer völlig entgrenzten Praxis der Kreuzzüge in dieser undifferenzierten Form nicht gehalten werden können. Vielmehr zeigt die Überlieferung zu den Kreuzzügen neben massiven Akten der Grausamkeit auch überraschende Beispiele von Milde und Gnade gegenüber dem Feind, wenn auch

---

42 Hierzu: M. STUKE, Der Rechtsstatus der Kriegsgefangenen im bewaffneten Konflikt, Tübingen 2017, S. 83-95; M. SCHRÖDL, Kriegsrecht (wie Anm. 3), S. 138-144, S. 158f.; H. ZUG-TUCCI, Kriegsgefangenschaft im Mittelalter. Probleme und erste Forschungsergebnisse, in: H.-H. KORTÜM, Der Krieg im Mittelalter, Berlin 2001, S. 123-140; A. NÖDING, „Min Sicherheit si din". Kriegsgefangenenschaft im christlichen Mittelalter, in: R. OVERMANS (Hg.), In der Hand des Feindes. Kriegsgefangenschaft von der Antike bis zum Zweiten Weltkrieg, Köln / Weimar / Wien 1999, S. 99-118; A. ERLER, Der Loskauf Gefangener. Ein Rechtsproblem seit drei Jahrtausenden. Berlin 1978; E. LAWN, „Gefangenschaft". Aspekt und Symbol sozialer Bindung im Mittelalter. Dargestellt an chronikalischen und poetischen Quellen. Frankfurt am Main u.a. 1977; W. WUNDERLICH, Das Kriegsgefangenenrecht im Deutschen Reich vom 16. Jahrhundert bis 1785. Mit einem Überblick über das römische und mittelalterliche Kriegsgefangenenrecht, Köln-Sülz 1968.

43 M. STUKE, Rechtsstatus (wie Anm. 42), S. 91f.

44 R.C. STACEY, The Age of Chivalry, in: M. HOWARD /G.J. ANDREOPOULOS / M.R. SHULMAN (Hrgg.), The Laws of War. Constraints on Warfare in the Western World, New Haven / London 1994, S. 27-39, 30.

wohl stärker auf der Seite der Sarazenen als der Christen[45]. Lässt sich eine Haltung des Kirchenrechts zu dieser Praxis ermitteln?

Jedenfalls in der Karolingerzeit finden sich nur wenige Indizien dafür, dass die Kirche und insbesondere die Päpste von einem völkerrechtlichen Verbot bestimmter Formen der Kriegführung und damit auch des Umgangs mit Besiegten ausgingen oder dieses gar durchzusetzen suchten. Vielmehr schildern Papstbriefe dieser Zeit grausamste Formen des Krieges ohne entsprechende Hinweise auf ihre rechtlichen Grenzen[46]. *Steiger* konnte auch in der theologischen Literatur der Zeit keine ethisch oder christlich motivierten Begrenzungen der Kriegführung ausfindig machen[47].

Allerdings finden sich hin und wieder doch Regelungen für den Umgang mit Kriegsgefangenen. In den Beschlüssen des Konzils von Trebur 895 etwa wurde festgehalten, dass es in den Kriegen gegen die Ungläubigen (gemeint sind hier die Normannen) gelegentlich geschehe, dass Christen, die sich zwischen den Linien als Gefangene befänden, in der Hitze des Gefechts getötet würden. Mit den entsprechenden Tätern sollte aber gnädig verfahren werden: Nach 40 Tagen der Buße sollte ihnen der Ablass gewährt werden[48]. Während es hier eher um Kollateralschäden ging, war für die Behandlung von Gefangenen auch sonst entscheidend, ob es sich um Christen oder Nichtchristen handelte. So wurde bei Kriegen zwischen christlichen Reichen darauf geachtet, die Versklavung christlicher Gefangener zu verhindern[49]. Dass Christen auch in einem gerechten Krieg nicht versklavt werden durften, war im Mittelalter *communis opinio*[50]. Dieser

---

45 F. MÉGRET, A Cautionary Tale from the Crusades? War and Prisoners in Conditions of Normative Incommensurability, in: S. SCHEIPERS (Hg.), Prisoners in War, Oxford 2008, S. 3, online [https://papers.ssrn.com/sol3/papers.cfm?abstract_id=1263823], zuletzt besucht am 7.12.2019.

46 H. STEIGER, Ordnung (wie Anm. 16), S. 505.

47 H. STEIGER, Ordnung (wie Anm. 16), S. 505.

48 Konzil von Trebur, a.895, c.34., ed. A. BORETIUS / C. KRAUSE, MGH Capit. 2, Hannover 1897, Nr. 252, S. 233.

49 H. STEIGER, Ordnung (wie Anm. 16), S.507; als Beispiel dient das Pactum Hlotari I., a.840, c.3, ed. MGH Capit. 2 (wie Anm. 48), Nr. 233, S. 131.

50 Hostiensis, Summa aurea, zu X 5.6, n.3, hier zit. nach der Ausgabe Venedig 1574, Bd.5, Sp.1526f.; Francesco De Vitoria, Quaestio XL „de Bello“, art.1, n.18, ed. H.-G. JUSTENHOVEN / J. STÜBEN (Hgg.), Kann Krieg (wie Anm. 7), S. 94. Das 3. Laterankonzil, a.1179, c.26, ed. J. WOHLMUTH, Dekrete (wie Anm. 30), S. 223f. verbietet es Juden und Sarazenen, christliches Hauspersonal zu beschäftigen, woraus M. STUKE, Rechtsstatus (wie Anm. 42) S. 91 indirekt das Verbot der Versklavung christlicher Kriegsgefangener entnehmen will. Ergiebiger ist in diesem Punkt die legistische Literatur, vgl. Th. RÜFNER, Die Rezeption des römischen Sklavenrechts im Gelehrten Recht des Mittelalters, in: Th. FINKENAUER (Hg.), Sklaverei und Freilassung im römischen Recht,

Grundsatz wurde an der Wende zur Neuzeit in der Schule von Salamanca aufgrund der Relevanz des Problems im Kontext der christlichen Eroberungspolitik Spaniens Gegenstand einer sehr differenzierten juristischen Diskussion[51]. Dagegen durften Andersgläubige und Heiden versklavt werden, nach Francesco de Vitoria aber auch nur dann, wenn es sich um einen gerechten Krieg handelte[52]. Eine Anordnung des dritten und vierten Laterankonzils, das explizit die Versklavung christlicher Seeleute erlaubte, die auf sarazenischen Schiffen fuhren, blieb zumindest im Mainstream der kanonistischen Literatur unbeachtet[53].

Die kanonistische Theorie war im Ausgangspunkt differenzierter als die Praxis. Aus Sicht der Kirchenväter sprach vieles dafür, Kriegsgefangene gnädig zu behandeln. Wenig überraschend ist dies bei den frühen Kirchenvätern, die ohnehin deutlich pazifistischer gesinnt waren als ihre nach der Konstantinischen Wende schreibenden Nachfolger. Laktanz (um 250 – um 320) etwa schrieb: „*parcitur victis; et est locus inter arma clementiæ*“[54]: Die Besiegten schone man und auch unter den Waffen gebe es einen Ort für Milde. Augustinus schien aber von einer anderen Regel auszugehen. Direkt im ersten Kapitel seines Gottesstaats erwähnt er, dass die Schonung der Feinde nicht zu den Übungen des Völkerrechts (*mos bellorum)* gehöre, sondern allenfalls aus christlicher Nächstenliebe gewährt

---

Symposium für Hans Josef Wieling zum 70. Geburtstag. Berlin / Heidelberg / New York 2006, S. 201-222.

51 Die Problematik wurde aktuell bei der Behandlung der Morisken, aber auch der indigenen Bevölkerung in den amerikanischen Kolonien: Ch. BIRR, Rebellische Väter, versklavte Kinder: Der Aufstand der Morisken von Granada (1568-1570) in der juristisch-theologischen Diskussion der Schule von Salamanca, in: K. HÄRTER / A. DE BENEDICTIS (Hgg.), Revolten und politische Verbrechen zwischen dem 12. und 19. Jahrhundert. Rechtliche Reaktionen und juristisch-politische Diskurse, Frankfurt am Main 2013, S. 281-317; J. SCHIRRMACHER, Die Politik der Sklaverei. Praxis und Konflikt in Kastilien und Spanisch-Amerika im 16. Jahrhundert, Leiden u.a. 2018.

52 Francesco de Vitoria, „de Bello“ (wie Anm. 50), S. 94.

53 3. Laterankonzil, a.1179, c.24, ed. J. WOHLMUTH, Dekrete (wie Anm. 30), S. 223, wiederholt auf dem 4. Laterankonzil, a.1215, n.[71], ed. ebd., S.270 = X. 5.6.17: [...] *eos etiam, qui galeas eis [den Sarazenen, DvM] vendunt vel naves, quique in piraticis Sarracenorum navibus curam gubernationis exercent, vel in machinis aut quibuslibet aliis aliquod eis impendunt consilium vel auxilium in dispendium terrae sanctae; ipsosque rerum suarum privatione mulctari, et capientium servos fore censemus* [...] Selbst in der ausführlichen Kommentierung des Panormitanus findet sich kein Hinweis auf diese Straffolge: Nicolaus de Tudeschis (Panormitanus), Commentaria in Quartum, et Quintum Decretalium Libros, zu X 5.6.17, hier zit. nach der Ausgabe Venedig 1582, fol. 125r f.

54 Lactantius, Divinae institutiones, a.313, lib.5, c.9, ed. S. BRANDT / G. LAUBMANN, L. Caeli Firmiani Lactanti Opera Omnia (CSEL 19), Prag / Wien / Leipzig 1890, S. 424.

werde[55]. Dennoch suchte er nach einer christlicheren Lösung des Problems. Einschlägig ist hier der in C.23 q.1 c.3 wiedergegebene Ausschnitt eines im Jahr 417 verfassten Briefes des Augustinus an den Feldherrn Bonifatius[56].

> Noli existimare, neminem Deo placere posse, qui armis bellicis ministrat. [...] §. 1. Hoc ergo primum cogita, quando armaris ad pugnam, quia uirtus tua etiam ipsa corporalis donum Dei est. Sic enim cogitabis de dono Dei non facere contra Dominum. Fides enim, quando promittitur, etiam hosti seruanda est, contra quem bellum geritur; quanto magis amico, pro quo pugnatu Pacem habere uoluntatis, bellum autem debet esse necessitatis, ut liberet Deus a necessitate, et conseruet in pace. Non enim pax queritur, ut bellum exerceatur, sed bellum geritur, ut pax acquiratur. Esto ergo bellando pacificus, ut eos, quos expugnas, ad pacis utilitatem uincendo perducas. „Beati enim pacifici" (ait Dominus) „quoniam filii Dei uocabuntur." Si autem pax humana tam dulcis est pro temporali salute mortalium, quanto dulcior est pax diuina pro eterna salute angelorum? Itaque hostem pugnantem necessitas deprimat, non uoluntas. Sicut bellanti et resistenti uiolentia redditur, ita uictoriis capto misericordia iam debetur, maxime in quo pacis perturbatio non timetur.

Augustinus hält zunächst – im Einklang mit seiner *bellum iustum* Lehre – fest, dass das Kriegshandwerk einem Christen nicht prinzipiell verboten sei. Er ermahnt ihn aber, dieses Handwerk in einer gottgefälligen Weise auszuüben: Die Kampfeskraft der Soldaten sei eine Gottesgabe, die man nicht gegen den Herrn einsetzen dürfe. Daraus ergab sich für Augustinus auch ein gnädiger Umgang mit Kriegsgefangenen: Seelig seien die Friedfertigen, daher habe man im Krieg stets das Ziel des Friedens nicht aus den Augen zu verlieren, auch im Kampf und im Umgang mit Besiegten und Kriegsgefangenen, denen gegenüber man Milde üben solle. Er beeilt sich aber hinzuzufügen, dass dies vor allem dann gelte, wenn dadurch eine Störung des Friedens nicht zu befürchten war.

Augustinus führt hier durchaus christlich-ethische Argumente an, diese stehen aber unter dem Vorbehalt der Notwendigkeiten des – selbstverständlich gerechten – Krieges und seiner Ziele. Gratian übernahm diese Passage in sein

---

[55] Augustinus von Hippo, De civitate dei, a.413/426, lib.1, c.1, ed. E. HOFFMANN, Sancti Aurelii Augustini Episcopi Opera (Sect. 5 Pars 1): De Civitate Dei Libri XXII, Pars I, Libri I – XIII (CSEL 40.1), Prag / Wien / Leipzig 1899, S. 5: *[...] in locis Christi nomini dicatissimis et amplissimis ac pro largiore misericordia ad capacitatem multitudinis electis praeter bellorum morem truculenti barbari pepercerunt [...].*

[56] Augustinus von Hippo an Bonifatius, a.417, ep. 189, n.4, ed. A. GOLDBACHER, S. Aureli Augustini Operum Sectio 2. S. Augustini Epistulae (CSEL 57), Wien / Leipzig 1911, S. 133.

Dekret und auch die Glosse betonte, dass dem Besiegten nicht nur Gnade zu gewähren sei, sondern dass sie diesem auch zustünde[57].

Blickt man auf die Begründung für diese Verhaltensregeln, so bleibt ein zwiespältiges Bild: Zwar wird ganz explizit auf die Barmherzigkeit (*misericordia*) als Christenpflicht auch im Kriege hingewiesen. Bereits hier scheint jedoch durch, dass diese Aussage durch die *utilitas* eingeschränkt wird: Die Schonung der Besiegten ist nicht nur ein Akt des menschlichen Mitgefühls, sondern auch ein Klugheitsgebot einer am Frieden ausgerichteten Kriegführung. Bereits die Glosse verstärkt diesen Eindruck. Unter Rückgriff auf Ambrosius von Mailand, der zwischen einer *iusta misericordia* und einer *iniusta misericordia* unterscheidet[58], betont sie, dass dem Feind nur dann Gnade geschuldet sei, wenn nicht zu befürchten sei, dass von ihm noch eine Gefahr ausginge[59].

An dieser Auffassung änderte sich im Verlauf des Mittelalters nichts mehr. Die Dekretisten widmeten diesem Kanon keine besondere Aufmerksamkeit[60]. Auch Johannes von Legnano beschäftigte sich nur sehr knapp mit der Frage nach dem Umgang mit Kriegsgefangenen. Er zitierte dabei die bereits erwähnte Passage des Dekrets: Kriegsgefangene sollten begnadigt werden, außer es sei damit eine Störung des Friedens verbunden[61]. Klingt hier bereits eine an der Nützlichkeit

---

57 C.23 q.1 c.3 und Gl. *iam debetur* zu C.23 q.1 c.3, ed. Decretum Gratiani emendatum et notationibus illustratum, Unà cum Glossis, etc., Lyon 1584, Sp. 1287: *Arg. Misericordiam esse debitam.*

58 Ambrosius von Mailand, Expositio Psalmi 118, c. 8.25, ed. M. Petschenig, S. Ambrosii Opera, Pars V: Expositio Psalmi CXVIII (CSEL 62), Wien / Leipzig 1913, S. 165 = C.23 q.4 c.33.

59 Gl. *iam debetur* zu C.23 q.1 c.3 (wie Anm. 57): [...] *dum tamen non timeatur periculum incurrere ex hoc, ut [C.23 q.4 c.33* (wie Anm. 58)].

60 Paucapalea, Summa, ed. J.F. von Schulte, Die Summa des Paucapalea über das Decretum Gratiani, Gießen 1890, S. 99 fasst die gesamte erste *quaestio* der causa 23 in fünf Zeilen zusammen, ebenso Rolandus, Summa (wie Rn. 40), S. 88. Umfangreicher ist die Kommentierung bei Rufinus, Summa Decretorum, ed. H. Singer, Summa Decretorum, Paderborn 1902, ND Aalen 1963, S. 404, der allerdings c.3 ebenfalls nicht behandelt, gleiches gilt für Stephan von Tournai, Summa, ed. J.F. von Schulte, Die Summa über das Decretum Gratiani, Gießen 1891, ND Aalen 1965, S. 230. Simon von Bisignano, Summa in Decretum, ed. P.V. Aimone-Braida, Summa in decretum Simonis Bisinianensis (Monumenta iuris canonici, ser. A/8), Vatikanstadt 2014, S. 373f. ist der erste, der den Kanon separat kommentiert, beschäftigt sich allerdings nahezu ausschließlich mit der streitigen Lesart der Passage *ita uictoriis capto misericordia iam debetur.*

61 Johannes von Legnano, Tractatus (wie Anm. 18), c.69, S. 128: *An captis in bello iusto sit miserandum? Dicendum quod sic, nisi parcendo timeatur perturbatio pacis. Probatur in [C.12 q.1 c.3] in fin.* [...] Johannes fügt noch an, dass nach dieser Regel die Enthauptung Konradins a.1268 gerechtfertigt worden sei: *et per illud capitulum expositum, ut intelligebat Hugolinus, fuit amputatum caput Conradino.*

ausgerichtete Sicht auf das Problem an, so wird dieser Eindruck bestätigt, wenn man in die spätere völkerrechtliche Literatur blickt. Hugo Grotius führt eine beeindruckende Liste von Autoren auf, die aus Gründen der Notwendigkeit, aber auch der Billigkeit eine Schonung von Kriegsgefangenen empfehlen. Am Ende sind es allenfalls in sehr verdünnter Form christliche Werte, die ihn diesen Autoren zustimmen lassen. Grotius gründet seine Auffassung vielmehr, unter Rückgriff auf Seneca, auf allgemeine Billigkeitserwägungen (*boni et aequi natura*)[62].

Es bleibt festzuhalten, dass die durchaus in der europäischen Völkerrechtsgeschichte verwurzelte Kultur der Feindesschonung jedenfalls nicht primär auf eine kanonistische Verarbeitung von Versatzstücken der christlichen Moralethik zurückzuführen ist.

2. Kriegslist

Ein in der kanonistischen Literatur immer wieder diskutiertes Thema ist die Frage nach der Kriegslist[63] und damit ein für die mittelalterliche Kriegführung alltäglicher Aspekt[64].

Tobias Hoffmann hat in einer soeben erschienenen Studie überzeugend dargestellt, dass die moralethische Bewertung der Kriegslist aus Sicht der Theologen in mehrfacher Hinsicht problematisch war: So stellte sie zum einen den Versuch dar, in die letztlich Gott zufallende Entscheidung über Sieg und Niederlage durch menschliche List einzugreifen. Zum anderen war die Kriegslist an sich ethisch ambivalent, denn sie konnte sowohl zu großem Blutvergießen führen (etwa bei einem Hinterhalt), aber auch durch ihren klugen Einsatz zur Verminderung oder gar Vermeidung von Kampfhandlungen beitragen[65].

Vor diesem Hintergrund ist die Behandlung des Themas durch die Kanonisten zu betrachten. Dabei werden regelmäßig zwei Probleme gemeinsam abgehandelt,

---

[62] Hugo Grotius, De jure belli et pacis libri tres, lib.III, c.11, § 13, ed. N. BUON, Paris 1625, S. 676: *Parcere captivis iubet boni & aequi natura, ut in philosophicis scriptis dicentem Senecam non diu est cum audivimus.*

[63] Ein Desinteresse der neueren Literatur an diesem Thema konstatiert: T. HOFFMANN, Heilige List. Doloses Handeln hochmittelalterlicher Bischöfe und Äbte im Spannungsfeld von Weltwirken und Weltflucht (Religion und Politik, 18), Würzburg 2019, S. 31, näher zur Kriegslist: S. 93-100; aus der neueren Literatur vgl. außerdem: M. SCHRÖDL, Kriegsrecht (wie Anm. 3), S. 146-148; St. ADAM, Kriegslisten und Perfidieverbot in der Geschichte des Kriegsaktionenrechts vor Abschluß der Haager Landkriegsordnung von 1899 (Europäische Hochschulschriften 2/1221), Frankfurt am Main u.a. 1992.

[64] T. HOFFMANN, Heilige List (wie Anm. 63), S. 91f.

[65] T. HOFFMANN, Heilige List (wie Anm. 63), S. 91-94.

die eigentlich unterschiedliche Fragen betreffen: Zum einen ging es darum, ob überhaupt aus dem Hinterhalt heraus operiert werden durfte, oder ob dem Feind offen entgegengetreten werden musste. Dass Kriegslist und Hinterhalt prinzipiell auch vor dem Hintergrund der christlichen Lehre zulässig sein sollten, wurde dabei nicht in Frage gestellt[66], sofern nur der Krieg selbst als gerechter Krieg zulässig war. Mit Augustinus, der an dieser Stelle Josua 6 kommentiert, kommt Gratian zu dem Schluss[67]: [...] *Cum autem iustum bellum susceperit, utrum aperte pugnet, an ex insidiis, nichil ad iusticiam interest* [...]: Wenn also jemand einen gerechten Krieg führe, sei es für die Frage des Rechts unerheblich, ob er offen oder aus einem Hinterhalt heraus kämpfe. Ähnlich die ebenfalls in die 23. *causa* aufgenommene Passage eines Befehls Gregors des Großen an seinen General Velox, die feindlichen Truppen aus dem Hinterhalt (*a dorso*) anzugreifen, wie es sich für starke Männer gehöre[68]. Die Glosse *a dorso* kommentiert entsprechend ohne jede Einschränkung, dass eine Kriegslist gegen den Feind rechtlich nicht zu beanstanden sei (*Dolus contra hostem licite potest fieri*)[69].

Von dieser Frage abzuschichten ist das Problem, ob der Feind auch dann überrumpelt werden durfte, wenn man ihm zuvor vertraglich Zusicherungen gemacht hatte, die einen Überfall ausschlossen[70]. Die Frage wird bereits bei den Kirchenvätern diskutiert. Sowohl Augustinus in seinem bereits erwähnten Brief an Bonifatius (C.23 q.1 c.3), als auch Ambrosius in seinem Werk *de officiis* (C.22 q.4 c.23) sprachen sich prinzipiell dagegen aus, einen entsprechenden Eid zu brechen. Ambrosius findet dabei das Beispiel des Josua, der an seinem Friedensschluss mit den Gibeonitern sogar dann noch festhielt, als sich herausstellte, dass diese ihn getäuscht hatten[71]. Ambrosius interpretierte diese Stelle moralethisch: Josua hätte sich in einen Selbstwiderspruch verstrickt, wenn

66 T. HOFFMANN, Heilige List (wie Anm. 63), S. 92.

67 Augustinus von Hippo, Quaestionum in Heptateuchum Libri VII, lib.6 c.10, ed. J.Zycha, S. Aureli Augustini Quaestionum in Heptateuchum Libri VII, Adnotationum inIob Liber Unus (CSEL 28/2), Prag / Wien / Leipzig 1895, S.428 = C.23 q.2 c.2.

68 Gregor I. an General Velox, a. 591, Ep. lib.2, c.3, ed. MPL 77, Sp. 540 = C.23 q.8 c.17. Zum historischen Hintergrund einer Situation, in der der Papst selbst das militärische Kommando übernahm, vgl. P. EICH, Gregor der Große, Bischof von Rom zwischen Antike und Mittelalter, Paderborn 2016, S. 112f.

69 Gl. *a dorso* zu C.23 q.8 c.17 (wie Anm. 57), Sp. 1369.

70 Hierzu unter Einbeziehung der biblischen Vorlagen näher: Ch.A. STUMPF, Vom Heiligen Krieg (wie Anm. 2), S. 6-8, 19f., 29.

71 Ambrosius von Mailand, De officiis ministrorum libri III, ed. I.G. KRABINGER, S. Ambrosii Episcopi Mediolanensis De Officiis Ministrorum Libri III etc., Tübingen 1857, S. 199 = C.22 q.4 c.23. Vorbild war hier: Jos 9, 19; näher: Th.R. ELSSNER, Josua und seine Kriege in jüdischer und christlicher Rezeptionsgeschichte, Stuttgart 2008.

er die mangelnde Vertragsehrlichkeit, die er den Gibeonitern vorwarf, durch eigenen Vertragsbruch beantwortet hätte[72]. Augustinus betonte ebenfalls, dass nicht nur Bundesgenossen, sogar den eigenen Feinden gegenüber Verträge einzuhalten seien[73].

Doch diese Haltung lässt sich bereits für die Kirchenväterliteratur nicht im Sinne einer völkerrechtlichen Regel verallgemeinern. Hieronymus etwa betonte, ebenfalls mit Beispielen aus dem Alten Testament, dass bei passender Gelegenheit auch eine „nützliche Verstellung" (*utilis simulatio*) zu gebrauchen sei. Auch diese Passage fand Eingang ins Dekret (C.22 q.2 c.21)[74].

Der Widerspruch der genannten Texte fiel auch Johannes Teutonicus († 1245) auf. In seiner Dekretglosse löste er ihn in der Weise auf, dass Verträge mit Feinden nur unter der Bedingung zu halten seien, dass diese sich ebenfalls vertragstreu verhielten[75]. Auch an dieser Stelle begründet das Kirchenrecht eine Beschränkung der Kriegführung eher mit Hilfe von Nützlichkeitserwägungen als mit moraltheologischen Argumenten. Dies wird auch bei Hieronymus deutlich, der die Kriegslist ganz offen mit der *utilitas* rechtfertigt.

Nicht nur die kanonistische Literatur beschäftigte sich weiter mit dem Thema. Thomas von Aquin widmete ihm eine *quaestio* seiner *Summa Theologica*[76]. Gegen eine Kriegslist spreche, dass diese gegen Gerechtigkeit und Wahrhaftigkeit und damit biblische Gebote verstoße. Außerdem widerspreche sie der goldenen Regel, die bei Matth 7 niedergelegt sei. Für ihre Zulässigkeit spreche dagegen die oben erwähnte Passage bei Augustinus (C.23 q.1 c.3), wonach es in einem gerechten Krieg gleichgültig sei, ob er offen oder verdeckt geführt werde. Thomas suchte die Lösung des Problems in einer Differenzierung nach zwei verschiedenen Situationen. Auf der einen Seite stehe der offene Wortbruch.

---

72 C.22 q.4 c.23 (wie Anm. 71): […] *Iesus tamen pacem, quam dederat, reuocandam non censuit, quia firmata erat sacramenti religione, ne, dum alienam perfidiam redargueret, suam fidem solueret.* […]

73 Augustinus von Hippo an Bonifatius, a.417 = C. 23 q.1 c.3 (wie Anm. 56): [...] *Fides enim, quando promittitur, etiam hosti seruanda est, contra quem bellum geritur* [...]

74 Hieronymus von Stridon, Commentariorum In Epistolam Beati Pauli Ad Galatas Libri Tres, lib.2, ed. MPL 26, Sp. 339 = C.22 q.2 c.21.

75 Gl. *Hosti* zu C.23 q.1 c.3 (wie Anm. 57), Sp.1287: *Hosti ergo fides servanda est, ut hic et [C.22 q.4 c.23]. Arg. contra [C.22 q.2 c.21]. quod verum est si ipse nobis servat fidem. Alias non tenemur ei servare.* Dabei wird eine Reihe von Belegstellen angeführt, darunter D.95 c.7 und X 2.24.2, wo es um ein erzwungenes Versprechen geht.

76 II^{a}-IIae q.40 a.3, ed. C.M. SCHNEIDER, Die katholische Wahrheit oder die theologische Summa des Thomas von Aquin deutsch wiedergegeben (Bibliothek der Kirchenväter), Regensburg 1888, hier zit. nach der elektronischen Version [http://www.unifr.ch/bkv/summa/kapitel556-3.htm], zuletzt besucht am 6.12.2019.

Dieser sei auch dem Feind gegenüber immer unerlaubt. Thomas führt an dieser Stelle eine Passage aus Ambrosius‘ *De officiis* an, die in der kirchenrechtlichen Debatte zuvor noch nicht verarbeitet worden war. Ambrosius hatte dort unmissverständlich klargestellt, dass auch im Krieg das Gebot der Gerechtigkeit nicht außer Kraft gesetzt sei und Verabredungen mit den Feinden unbedingt eingehalten werden müssten[77]. Thomas von Aquin verallgemeinerte diese Aussage noch ein wenig stärker und stellte fest, dass selbst unter Feinden bestimmte Kriegsregeln und Bündnisse (*iura bellorum et foedera*) einzuhalten seien. Dagegen gebe es keine Verpflichtung, dem Feind ungefragt seine Absichten zu offenbaren. Dies sei kein Betrug[78].

Blickt man nun auf die nachfolgende kriegsrechtliche Literatur, so fällt auf, dass Johannes von Legnano die Argumentation des Theologen Thomas von Aquin nahezu unverändert in die juristische Literatur einführte. Allerdings drehte er die Reihenfolge der Argumente um und begann mit Augustinus‘ Rechtfertigung der Kriegslist, ehe er die Gegenargumente anführte. Hier werden die von Thomas genannten Aspekte teilweise mit juristischer Spezialliteratur angereichert, so etwa der allgemeine Hinweis auf das Verbot der Täuschung mit der *actio de dolo* aus den Digesten (D. 4.3) und dem Codex Iustinianus (C. 2.20), oder die goldene Regel unter Bezug auf den ersten Kanon des *Decretum Gratiani* (DG ante D.1 c.1)[79].

Immerhin ist die Kanonistik durch das Eingreifen der Theologen zu einer Präzisierung ihrer Aussagen zur Kriegslist genötigt worden. Damit ist auf etwas verschlungenen Wegen auch die – allerdings stark von Cicero inspirierte – Passage aus Ambrosius‘ *de officiis* in das Kirchenrecht eingeflossen. Insgesamt lässt aber auch dieses Beispiel kaum eine grundsätzliche Beschäftigung der Kanonisten mit den Problemen des *ius in bello* erkennen.

---

77 Ambrosius von Mailand, de officiis (wie Anm. 71), lib.1, c.29 n.139: *Quanta autem iustitia sit ex hoc intellegi potest, quod nec locis, nec personis, nec temporibus excipitur, quae etiam hostibus reservatur, ut, si constitutus sit cum hoste aut locus aut dies praelio, adversus iustitiam putetur aut loco praevenire aut tempore.*

78 II^{a}-IIae q.40 a.3 (wie Anm. 76): [...] *Et hoc modo nullus debet hostes fallere, sunt enim quaedam iura bellorum et foedera etiam inter ipsos hostes servanda, ut Ambrosius dicit, in libro de officiis. Alio modo potest aliquis falli ex dicto vel facto nostro, quia ei propositum aut intellectum non aperimus. Hoc autem semper facere non tenemur* [...]

79 Johannes von Legnano, Tractatus (wie Anm. 18), c.62, S. 125f.

3. Kriegsmaschinen

Das berühmteste – und scheinbar auch einzige – Beispiel einer kirchenrechtlichen Regelung zum Waffengebrauch ist das auf dem zweiten Laterankonzil 1139[80] beschlossene Verbot der Armbrust[81]:

> Artem autem illam mortiferam et [Deo] odibilem ballistariorum et sagittariorum adversus Christianos et catholicos exerceri de cetero sub anathemate prohibemus.

Mit dem Anathema war also die todbringende und verachtenswerte Kunst der Armbrust- und Bogenschützen gegen Christen und Katholiken belegt. Gemeint waren mit *ballistarii* und *sagitarii* wohl alle mechanischen Kriegswaffen, die die Durchschlagskraft der Geschosse durch technische Verfeinerungen vergrößerten. Der Text ist in der Literatur bereits häufiger interpretiert worden. Die ältere Vermutung, es habe im 12. Jahrhundert noch gar keine kriegstechnisch relevanten Armbrüste gegeben und die Vorschrift beziehe sich daher auf eine Art turnierartiges Wettschießen auf Menschen[82], wird durch neuere militärhistorische Untersuchungen nicht gestützt. Vielmehr zeigen archäologische Funde, dass die Armbrust nicht nur im Orient, sondern auch in Europa bereits im 11. Jahrhundert in Gebrauch war[83].

Die folgende Interpretation des Textes soll auf zwei Aspekte beschränkt werden, die das hier zu behandelnde Thema berühren, nämlich die Frage nach der Reichweite der Vorschrift und nach ihrer Motivation.

---

80 Dass der Text bereits auf einer Lateransynode Urbans II. 1097 beschlossen wurde, wie aufgrund der Überlieferung der Akten Urbans II. behauptet wurde, lässt sich wohl nicht halten: C.J. VON HEFELE / A. KNÖPFLER, Conciliengeschichte. Nach den Quellen bearbeitet. 2. Aufl., Bd. 5, Freiburg 1886, S. 250.

81 2. Laterankonzil, a.1139, c.29, ed. J. WOHLMUTH, Dekrete (wie Anm. 30), S. 203 = 1 Comp. 5.19.un = X 5.15.un.

82 So C.J. VON HEFELE / A. KNÖPFLER, Conciliengeschichte 5 (wie Anm. 80), S. 442 und ihm folgend: H. DELBRÜCK, Geschichte der Kriegskunst im Rahmen der politischen Geschichte, Dritter Teil, Das Mittelalter, Berlin 1907, S. 398. Eine andere Theorie vertritt A. SCHULZ (SAN-MARTE), Zur Waffenkunde des älteren deutschen Mittelalters, mit 13 Abbildungen aus Handschriften zur Parcivaldichtung (Bibliothek der gesammten deutschen National-Literatur 2/4), Quedlinburg / Leipzig 1867, S. 188, wonach hier der Kampf mit vergifteten Pfeilen gemeint sei.

83 W. MEYER, Gewalt und Gewalttätigkeit im Lichte archäologischer und realienkundlicher Zeugnisse, in: M. BRAUN / C. HERBERICHS (Hgg.), Gewalt im Mittelalter. Realitäten – Imaginationen. München 2005, S. 39-64, 51f.; M. POPPLOW, Technik im Mittelalter, München 2010, S. 61-63; von einer Verbreitung seit dem 11. Jahrhundert geht aus: K. HUURI, Zur Geschichte des mittelalterlichen Geschützwesens aus orientalischen Quellen, in: Studia Orientalia 9/3 (1941), S. 43-45.

Hinweise auf das Motiv für diese singuläre Bestimmung ergeben sich aus dem Text des Konzilsbeschlusses selbst, wo auf den todbringenden und verachtenswerten Charakter dieser Waffen abgestellt wurde. Damit scheint das Verbot vor allem wegen seiner verheerenden Wirkung ausgesprochen worden zu sein, die in der Praxis zu einem hohen Blutzoll führte. Gefürchtet war die Waffe wegen ihrer hohen Durchschlagkraft, gegen die sich ein einfacher Soldat nicht durch Panzer oder Helm schützen konnte; auch kam der Einschlag der Geschosse so plötzlich, dass man sich nicht durch umsichtiges Verhalten dagegen verteidigen konnte. Hinzu kam, dass die Kriegsmaschinen oft nicht von Rittern, sondern von Personen niederer Stände bedient wurden, was sie in den Augen des Adels noch verachtenswerter machte[84]. Damit scheint das moralethische Fundament des Verbots eher in der Ritterethik als in christlichen Motiven gelegen zu haben.

Ein Blick in die mittelalterliche kirchenrechtliche Literatur zeigt zum einen, dass kein besonderer Begründungsaufwand geleistet wurde, um dem Verbot argumentativ zum Erfolg zu verhelfen und zum anderen, dass die Einbettung in die Logik der kanonistischen *bellum iustum*-Theorie zu einer weiteren Entkräftung dieser Argumente führte.

Im Ausgangspunkt stellte die Literatur vor allem auf die tödliche Wirkung der Waffe ab. Bereits Bernhard von Pavia (vor 1150-1213), der die Vorschrift über seine *compilatio prima* in den Mainstream des Kirchenrechts überführt hatte, hob in der Summe zu seiner Dekretalensammlung hervor, da Bogen- und Armbrustschützen häufig ein Tötungsdelikt begingen, seien sie besonders zu bestrafen, weil sie menschliches Leben verletzten oder raubten[85]. Auch Henricus de Segusio, gen. Hostiensis (vor 1200-1271) gründete das Verbot auf das *grande delictum* der Tötung[86]. Die weitere Literatur führte an dieser Stelle nicht zu einer Differenzierung der Argumente: Antonius de Butrio (1338-1408) erklärte, die Kunst des Armbrustschützen werde verachtenswert genannt, weil sie zur Tötung

84 F. H. RUSSELL, Just War (wie Anm. 7), S. 156.

85 Bernhard von Pavia, Summa Decretalium, ed. E. A. Th. LASPEYRES, Bernardi Papiensis Faventini Episcopi Summa Decretalium. Ad Librorum Manuscriptorum Fidem cum aliis eiusdem scriptoris anecdotis, Regensburg 1860, ND Graz 1956, S. 244: *Diximus de homicidio; sed quia sagittarii et balistarii saepe homicidium committunt, de ipsis subiiciamus, quia vitam hominum violant vel furantur.*

86 Hostiensis, Summa Aurea, zu X 5.15.un (wie Anm. 50), Sp.1571, n.1: *Quoniam homicidium [...] grande delictum iudicatur ideo artem illam mortiferam & odibilem [...] prohibemus. [...]*

führe (*propter homicidia*) und wegen ihrer Gefahren für das Seelenheil[87]. Dieses Argument findet sich auch bei Nicolaus de Tudeschis, gen. Panormitanus (1386-1445), wird aber auch in dessen groß angelegter Kommentierung nicht weiter ausgeführt[88].

Die gefürchtete Überraschungswirkung der Waffe war dagegen kaum geeignet, einen tragenden Grund für das Verbot abzugeben, denn wie oben dargestellt, hatte die Kirche keine besonderen Einwände gegen Überrumpelungsstrategien im gerechten Krieg. Genau so argumentierten dann auch Hostiensis[89] und Panormitanus[90]. Die immerhin angesprochene Frage, ob es vielleicht dennoch die Durchschlagskraft und Überraschungswirkung sei, derentwegen die Armbrust verboten sei, lässt er letztlich offen[91]. Damit blieb vor allem das Tötungsverbot als Argument übrig. Doch dieses war im Kontext der kanonistischen Kriegslehre kaum für sich allein tragfähig. Denn dann müssten auch andere todbringende Waffen wie Schwerter oder Lanzen dem Verbot unterworfen werden. Überhaupt war das Töten im Krieg spätestens seit Gratian kirchenrechtlich kein Problem mehr, solange es sich um einen gerechten Krieg handelte. Für einige, wenn auch nicht die Mehrheit der Kanonisten war das Armbrustverbot ohnehin nur für Kriege relevant, die nicht das Gütesiegel eines „gerechten Krieges“ trugen[92]. Denn in einem gerechten Krieg galten alle Mittel als erlaubt[93].

Eine weitere Schwierigkeit trat hinzu, wenn man auf den Anwendungsbereich des Armbrustverbots blickte: Sah man nämlich als dessen Zweck die Verhinderung von Tötungen schlechthin, so ergab sich ein gewisser Widerspruch zu der Beschränkung dieses Verbots auf den Krieg gegen Christen. Denn ginge es um den Schutz menschlichen Lebens vor der zeitgenössisch zerstörerischsten

---

87 Antonius de Butrio, In Librum Quintum Decretalium Commentarij etc., zu X 5.15.un, n.1, hier zit. nach der Ausgabe Venedig 1587, fol. 55v: *Quero quare dicatur odibilis ars. Dic. Propter homicidia, & animarum pericula [...].*

88 Panormitanus, Commentaria (wie Anm. 53), zu X 5.15.un, n.1, fol. 153re.: [...] *et est odibilis, et horribilis propter pericula corporum et animarum.* [...]

89 Hostiensis, Summa Aurea, zu X 5.15.un, (wie Anm. 50), Sp. 1571, n.1: *ubi iustum est praelium, non refert qualiter pugnetur, utrum occultè, vel ex insidiis [C.23 q.2 c.2].*

90 Panormitanus, Commentaria (wie Anm. 53), zu X. 5.15.un, n.1, fol. 153re: [...] *nam data iustitia belli licitum est pugnare quibuscumque armis, imo licitum decipere inimicum pro seditionem parando insidias* [...]

91 Hostiensis, Summa Aurea, zu X 5.15.un, (wie Anm. 50), Sp. 1572, n.1: *Sed fortè nihilominus balistae & arcus prohibentur, propter nimiam duritiem & subitam mortis illationem.*

92 F. H. RUSSELL, Just War (wie Anm. 7), S. 156f.

93 F. H. RUSSELL, Just War (wie Anm. 7), S. 157 m.w.N.; vgl. auch die oben, Anm. 90, zitierte Auffassung des Panormitanus.

Waffentechnik, hätte die Vorschrift universeller ausgestaltet werden und auch Nichtchristen umfassen müssen. Bereits der Text des Konzilsbeschlusses legt aber nahe, dass der Einsatz dieser Waffen nur gegen Christen verboten war. Die Doppelung Christen und Katholiken ließe sich immerhin auch so lesen, dass auch alle nicht rechtgläubigen Christen nicht mit der Armbrust bekämpft werden dürften. Bernhard von Pavia sorgte allerdings kaum für Klarheit in dieser Frage, wenn er hervorhob, dass die Armbrust gegen Heiden und Feinde unseres Glaubens eingesetzt werden dürfe, nicht aber gegen Christen und Katholiken[94].

Die kirchenrechtliche Diskussion lief aber eher in umgekehrter Richtung: Während noch die Glosse *christianos* aus dem Umkehrschluss den Gebrauch der Armbrust nur gegen Sarazenen zulassen wollte[95], stellte die nachfolgende Literatur zunächst klar, dass damit auch andere Ungläubige (*aliis infidelibus*) gemeint seien[96]. Diese Auffassung setzte sich schließlich fast vollständig durch. Typisch ist Petrus de Ancharano (ca. 1330-1416), der den Wortlaut *Christianos et catholicos* schlicht in *christianos catholicos* abändert:[97] Dass alle anderen Personengruppen dennoch mit Kriegsmaschinen bekämpft werden durften, rechtfertigt die Literatur allerdings nicht mit deren geringerer Qualität als Menschen, sondern damit, dass Christen, die diese Personengruppen bekriegten, mit Gnade (*indulgentias*) behandelt werden müssten[98].

Allein Antonius de Butrio widerspricht der Glosse insofern, als er diese Waffen auch gegen Sarazenen nicht eingesetzt sehen will. Denn auch sie zu töten sei eine Sünde[99]. Damit sprach er ein Problem an, das die übrige Literatur schlicht überging, denn bereits seit dem *Decretum Gratiani* war klar, dass das Tötungsverbot auch dann galt, wenn ein Heide getötet wurde[100]. Klar ist aber jedenfalls, dass das

---

94 Bernhard, Summa (wie Anm. 85), S. 244: *Hoc officium contra paganos et nostrae fidei persecutores christiani exercere possunt, contra christianos autem et catholicos nequaquam, ut hic.*

95 Gl. *Christianos* ad X 5.15.un, ed. Decretales D. Gregorii IX etc., Venedig 1615, S. 1216: *Secus de Sarracenis, à contrario sensu [...]*

96 Gl. *Christianos* ad X 5.15.un (wie Anm. 95), zweite Marginalglosse.

97 Petrus de Ancharano, Super Quinto Decretalium facundissima Commentaria, hier zit. nach der Ausgabe Bologna 1581, S. 87 re. Sp., n.1: [...] *quod prohibet istam artem aduersus Christianos Catholicos: secus ergo contra Iudeo, sicismaticos, et haereticos: contra tales enim licitum est sumere ista arma.* [...]

98 Petrus de Ancherano, Super Quinto (wie Anm. 97): [...] *nam contra tales pugnantibus Ecclesia concedit indulgentias [X 5.7.13 § 3 und § 4].*

99 Antonius de Butrio, In Librum Quintum (wie Anm. 87), zu X 5.13.un, n.4, fol. 56r*: [...] ad gl. oppo., quod etiam adversus saracenos non liceat: quia nec illos licet occidere* [...]

100 Nikolaus I. an Bischof Hunifred von Thérouanne, a. 860/861, ed. MGH Epp. 6, n.104, S. 612f. = J³ 5763 = D.50 c.5: *Clericum, qui paganum occiderit, non oportet ad maiorem gradum prouehi, qui carere debet etiam acquisito, homicida enim est.* [...]

Armbrustverbot keine vollständige völkerrechtliche Vorschrift darstellte, die in diesem Sinne universell gelten sollte.

Wie ging also das Kirchenrecht damit um? Ein wenig ratlos stand man vor der Tatsache, dass hier mit dem Anathema die am schwersten wiegende kirchenrechtliche Maßnahme vorgesehen war. Die Literatur verharrte auch hier im Allgemeinen: Die Härte der Strafe, so Bernhard von Pavia, resultiere auch daraus, dass es besonders schwierig sei, eine schlechte Gewohnheit zurückzudrängen. Eine besonders schlechte Gewohnheit bedürfe eben einer besonders bitteren Medizin[101].

Viel drängender erschien aber der Widerspruch des Verbots zur Praxis der Kriegführung: Dass das Verbot – wie wir alle wissen – nicht verhindern konnte, dass die Armbrust eingesetzt wurde und sogar noch vernichtendere Waffen entwickelt wurden, hatte nicht nur damit zu tun, dass sich die Weiterentwicklung der Kriegstechnik kaum mit den Mitteln des Kirchenrechts aufhalten ließ. Immerhin verschweigt der für die Zeitumstände fast schon pazifistische Kreuzzugsgegner Radulfus Niger (vor 1146-1200) die Waffe in seinem kurze Zeit später (1188) erschienenen Kriegshandbuch *de re militari*[102].

Bereits Johannes Andreae (ca. 1270-1348) musste in seiner Summa eingestehen, dass das Verbot der Armbrust kaum eingehalten wurde (*male servatur haec prohibitio*[103]) und äußerte Verständnis für die Notwendigkeit ihres Einsatzes. Zwar seien diese Waffen in der normalen Feldschlacht nicht wünschenswert, wohl aber erforderlich bei der Belagerung und Verteidigung von Festungen und im Seekrieg[104].

Aber nicht nur die Praxis, sondern auch die kanonistische Lehre tat das ihre, um das Verbot ins Leere laufen zu lassen. Dafür war nicht zuletzt seine Einbettung in die Systematik des *ius ad bellum* verantwortlich. Bereits die Glosse, dann aber auch die Mehrheit in der Literatur kamen nämlich zu dem Schluss, dass

---

101 Bernhard, Summa (wie Anm. 85), S. 244: […] *Eos autem tanto acrius persequitur ecclesia, quanto difficile est repellere consueta, et consuetis malis gravior est adhibenda medela* […].

102 Radulfus Niger, De re militari et triplici via peregrinationis Ierosolimitane, ed. L. SCHMUGGE (Beiträge zur Geschichte und Quellenkunde des Mittelalters 6), Berlin / New York 1976, S. 26f. Er erwähnt allerdings den *arcus tensus*, der möglicherweise die Armbrust umschreibt, ebd., S. 27.

103 Johannes Andreae, In quintum Decretalium librum Novella Commentaria, hier zit. nach der Ausgabe Venedig 1612, zu X 5.15.un, n.2, fol. 66v.

104 Johannes Andreae, In quintum (wie Anm. 103), n.1, fol. 66v: *[…] optarem, quod his armis non esset usus in bellis campestibus. vir enim vilis et vilissimi cordis his armis occideret probissimum. ad defensionem vero vel impugnationem murorum, vel navium quasi necessaria sunt haec arma. […]*

in einem gerechten Krieg auch die Armbrust eingesetzt werden dürfe[105]. Damit war auch gleichzeitig die besondere Schwierigkeit der Kanonisten mit der Tatsache unter Kontrolle, dass es sich beim Kampf mit der Armbrust um eine Praxis handelte, die selbst von den politischen Päpsten des 12. und 13. Jahrhunderts immer wieder befürwortet wurde. Verfiel also der Papst selbst durch den Verstoß gegen das Kirchenrecht der Irregularität? Immerhin wurde diese Frage nicht unter den Teppich gekehrt, sondern bereits von Hostiensis offen diskutiert. Allerdings wird sie nur mit einer dürftigen Antwort versehen: Solange der Papst den Gebrauch nicht selbst anordne, dürfe er ihn zumindest gutheißen[106]. Petrus de Ancharano hielt ganz allgemein fest, dass beim Einsatz in einem gerechten Krieg weder ein Papst noch ein *magister* wegen des Einsatzes dieser Waffen der Irregularität anheimfalle[107].

Wichtig für unseren Zusammenhang ist eine weitere Bemerkung des Hostiensis: Das Verbot solle vor allem Kleriker zügeln und nicht Laien[108]. Damit wird die Reichweite noch einmal drastisch reduziert und das Verbot der Armbrust fällt letztlich mit dem Verbot gegenüber Klerikern zusammen, sich kriegerisch zu betätigen.

Im Ergebnis ist das Verbot der Armbrust damit kaum geeignet, als Initialzündung für die Eindämmung von Massenvernichtungswaffen in der Neuzeit zu dienen. Bereits im Ausgangspunkt halbherzig formuliert, wurde es nicht nur durch eine entgegenlaufende Praxis bedeutungslos, sondern auch durch eine alles andere als engagierte Kanonistik entkernt und in seinem Anwendungsbereich nahezu auf Null reduziert. An keiner Stelle wurde versucht, aus der christlichen Ethik Argumente für eine Eindämmung des Krieges zu entwickeln.

In den folgenden Jahrhunderten wurde das kirchenrechtliche Verbot der Armbrust zumindest in der kriegsrechtlichen Spezialliteratur kaum mehr besonders gewürdigt. Bereits Innozenz IV. verzichtete auf eine

---

105 Gl. *Christianos* ad X 5.15.un (wie Anm. 95), S. 1216: *si iustum esset, licitum esset pugnare [C.23 q.2 c.2 und C.12 q.8 c.17]*; zustimmend Petrus de Ancherano, Super Quinto (wie Anm. 97), S.87, n.2: [...] *in bello autem iusto, an liceat istis armis, uti. Gl. dicit, quod sic.* [...]

106 F. H. RUSSELL, Just War (wie Anm. 7), S. 157f.

107 Petrus de Ancherano, Super Quinto (wie Anm. 97), S.87, n.2: [...] *nec Papa vel magister propter hoc irregularitatem incurrit.* [...]

108 Hostiensis, Summa Aurea, zu X 5.15.un (wie Anm. 50), Sp. 1572, n.1: [...] *in iusto [bello] véro personas clericorum cohibeo. Sed legem laicis non impono.* [...]

Kommentierung[109]. Bei Johannes von Legnano fehlt es ebenso wie bei Hugo Grotius. Letzterer sieht in seinem *De Iure Belli et Pacis* von 1625 aus der Perspektive des Naturrechts keine Einschränkungen bei der Wahl der Waffen, sofern es sich um einen erlaubten Krieg handelte. Eine Beschränkung könne sich aber aus dem positiven Völkerrecht ergeben. So sei durch die europäischen Fürsten nach dem Prinzip der gemeinen Nützlichkeit (*ex respectu communis utilitatis*) das Verbot eingeführt, im Krieg mit Giftpfeilen zu töten. Denn gegen diese Geschosse hätten sich die Könige weniger gut verteidigen können, als gegen konventionelle Waffen[110].

Will man noch weiter in die Neuzeit gehen, so lohnt ein Blick in Justus Henning Boehmers protestantischen Kommentar zum *Liber Extra* aus dem Jahr 1714. Das Armbrustverbot nimmt er zum Anlass, um die päpstliche Gesetzgebungsautorität in völkerrechtlichen Fragen zu diskutieren. Ausdruck dieser angemaßten Kompetenz sei die Annahme der Päpste, sie dürften den Völkern der Welt den Gebrauch ihrer Waffen diktieren[111]: *Nihil ergo a suo officio alienum se fecisse credidit pontifex, quod etiam genera armorum inter belligerantes determinauerit.* Nicht ohne eine gewisse Ironie notiert Boehmer die Nutzlosigkeit dieser Gesetzgebung und sieht in ihr geradezu einen Beweis für den Wahn einer päpstlichen Allmachtsphantasie[112]. Damit nennt er ein durchaus überzeugendes Argument für die Erklärung dieser Anomalie im Kirchenrecht: Mit dem Verbot der Armbrust ging es Innozenz II. und dem 2. Laterankonzil möglicherweise weniger darum, die negativen Folgen einer verstörenden Entwicklung in der Kriegstechnik zu begrenzen, als vor allem darum, ein Zeichen der eigenen Allzuständigkeit auch im Bereich des Kriegsvölkerrechts zu setzen.

---

[109] Innozenz IV, Commentaria Super libros Quinque Decretalium, hier verwendet wurde die Ausgabe Frankfurt am Main 1570, fol 511v, wo X 5.15.un unkommentiert bleibt.

[110] Grotius, de iure belli et pacis (wie Anm. 62), lib. III c. 4, § 15, S. 600.

[111] Justus Henning Boehmer, Jus Ecclesiasticum protestantium usum hodiernum juris canonici etc., Bd. 5, Halle 1733, S. 93.

[112] Justus Henning Boehmer, Jus Ecclesiasticum (wie Anm. 111), S. 94: [...] *Denique enim et hic locus docet, ius hoc gentium papale, quod belligerantibus leges praescripsit, inane et sine omni effectu fuisse, quamvis curiae Romanae satis fuisse videatur, potestatem exercuisse inter gentes legislatoriam, utut conatu frustraneo, quod facile praevidere poterat.* [...]

IV. Resümee

Es lässt sich festhalten, dass das Kirchenrecht des Mittelalters wenig dazu beitragen konnte, die Schrecken des Krieges durch den Einsatz von Recht zu mindern. Wo überhaupt ein zusammenhängendes Konzept vom Kriegsrecht entwickelt wurde, da beherrschte die von Augustinus begründete, im Verlauf der Jahrhunderte immer weiter ausdifferenzierte Rechtfertigungsstrategie das Denken der Kanonisten. Weniger die christliche Ethik, als vielmehr ein mehr oder weniger konventionelles Zweckdenken beherrschte nicht nur die Frage, ob Kriege geführt werden durften, sondern auch, mit welchen Mitteln dies geschehen sollte. Wenn ein Krieg gerecht war, sah man kaum Gründe, dann auch nahezu jede Form der Kriegführung als gerechtfertigt anzusehen. Wo tatsächlich Anknüpfungspunkte für eine umfassendere Auseinandersetzung mit den Kriegsfolgen bestanden, wie beim Armbrustverbot, wurde diese Gelegenheit von den Kanonisten nicht ergriffen um ein christlich-humanitäres Kriegsvölkerrecht zu entwickeln. Die historischen Hintergründe für diese Hemmungen liegen auf der Hand. Jedenfalls aber fällt die Antwort auf Frage, ob es einen spezifisch kanonistischen Einfluss auf das moderne europäische Recht des *ius in bello* gab, im Ergebnis negativ aus.

Rosalba Sorice

Il diritto del nemico alla difesa. *Ius belli* e *ius gentium* in un *Consilium* di Paolo di Castro.

Due città in guerra.

Paolo di Castro (1360-1441) è giurista di buona fama la cui opera e inevitabilmente il suo pensiero sono stati spesso oscurati dalla reputazione di grandi giuristi suoi contemporanei e non. Oggi potremmo dire che ha avuto la cattiva sorte di nascere e vivere dopo Cino e Bartolo, e essere allievo, con buone probabilità, di un altrettanto grande ingegno: Baldo. In virtù di ciò nonostante la grande stima di cui gode tra i colleghi, il suo pensiero è poco conosciuto e poco studiato[1].

La sua produzione scientifica si divide, come per buona parte dei *doctores* del tempo, tra commenti e *consilia*. Il particolare taglio pratico di questi ultimi consente di guardare all'interno della quotidianità di un tempo in cui la peculiare natura ordinamentale delle istituzioni politiche - i Comuni presenti sul territorio italiano - vive e si rafforza[2].

Le città comunali che hanno oramai più o meno definito la loro *iurisdictio* all'interno dello spazio cittadino proiettano la stessa all'esterno delle mura verso il territorio limitrofo e rafforzano la loro presenza esterna anche grazie alla creazione di accordi, per così dire, di buon vicinato attraverso la stipula di paci,

---

1 Sul giurista v. G. D'AMELIO, Castro, Paolo di, in: Dizionario Biografico degli Italiani, 22, Roma 1979, pp. 227-233; S. LEPSIUS, Paulus de Castro als Konsiliator: Anwendung, Interpretation und Fortbildung der Florentiner Statuten, in: Rivista Internazionale di Diritto Comune 25 (2014), pp. 61-122; B. PIERI, Usurai, ebrei e poteri della Chiesa nei *consilia* di Paolo da Castro: le competenze canonistiche di un civilista, Bologna 2016, in particolare pp. 18 e ss.; da ultimo E. CORTESE, Paolo di (da) Castro, in Dizionario biografico dei Giuristi italiani (secoli XII-XX), vol. II, Bologna 2013, pp. 1505-1507 e letteratura ivi citata.

2 Le consulenze del giurista ai comuni cittadini sono frequenti, un esempio in M. MORDINI, Un *consilium* autografo di Paolo di Castro in tema di confini, in P. Maffei / G.M. Varanini (curr.), *Honos alit artes*. Studi per il settantesimo compleanno di Mario Ascheri, vol. 1: La formazione del diritto comune. Giuristi e diritti in Europa (secoli XII-XVIII), Firenze University Press, Firenze 2014, pp. 97-107.

che di contro sono vere e proprie dichiarazioni di guerra nei confronti delle città escluse da queste *concordiae*.

I comuni italiani, infatti, costruiscono la loro identità territoriale, la loro visibilità politica, sulle alleanze o sulle dichiarazioni di inimicizia con i comuni limitrofi.

A uno di questi momenti ci riporta il *consilium* XXI di Paolo di Castro[3]. In particolare *tempore guerrae Sambucae*, al tempo in cui Bologna e Pistoia si contendono la gestione e il controllo del Castello della Sambuca, che rappresentava il luogo fortificato di un feudo vescovile del contado pistoiese, lungo la fondamentale arteria stradale delle valli del Reno-Limentra Occidentale e dell'Ombrone, asse portante delle comunicazioni con la pianura padana[4].

La *strata de Sambuca* era la via medievale che attraverso l'Appennino collegava Pistoia con Bologna[5]. Lo scontro fra i comuni ebbe inizio già nei primi anni del secolo XIII, nel momento in cui le due città estendono le loro giurisdizioni sui territori limitrofi, in particolare espandendosi verso i luoghi montani dei versanti appenninici sottoposti ai Vescovi delle rispettive città.

Bologna tende a sottomettere le comunità montane poste lungo in crinale dell'Appenino toscano in una zona di confine sulla quale erano già presenti signori legati ai poteri del versante pistoiese. Contemporaneamente Pistoia rafforza la propria presenza sul territorio montano intrecciando ulteriori accordi con le famiglie signorili del luogo. I contrasti fra la città toscana e Bologna per il controllo dei territori montani non si fanno attendere. Il quadro politico che si determina in ragione di accordi e paci concluse con i signori di tutto il territorio del crinale appenninico, è complesso perché si articola sulla duplicità di

---

3 PAOLO DI CASTRO, *Consiliorum sive responsorum iurisperitissimi Pauli Castrensis, Volumen tertium*, apud Gasparum Bindonum et Socios, Venetiis, 1571, Cons. 21, foll. 25va-27ra.

4 Pistoia ha tutto l'interesse a conquistare il Castello della Sambuca (operazione che si concluderà solo nel Trecento) per rafforzare le posizioni contro i bolognesi e viene appoggiata dal vescovo che necessita della protezione armata del comune; cfr. N. RAUTY, Il castello della Sambuca nei secoli XIII e XIV tra feudo vescovile e protettorato del comune di Pistoia, in La Sambuca Pistoiese, una comunità dell'Appennino al confine tra Pistoia e Bologna (1291-1991), Pistoia / Porretta Terme, 1992, pp. 43-63 e letteratura ivi citata; ID., Sambuca dalle origini all'età comunale, (Quaderni del territorio pistoiese 10) Società Pistoiese di Storia Patria, Pistoia 1990, pp. 15-16.

5 P. GUIDOTTI, Strade transappenniniche bolognesi: dal Millecento al primo Novecento, Porrettana, Futa, Setta, CLUEB, 1991, p. 65; N. RAUTY, Sambuca, in: R. Nelli / G. Pinto (curr.), I comuni medievali della provincia di Pistoia dalle origini alla piena età comunale, Pistoia, 2006, pp. 275-298.

giurisdizione cui erano sottoposti: da un lato la sottomissione politica pistoiese e dall'altro la dipendenza ecclesiastica dalla diocesi bolognese.

Il Castello della Sambuca è per il comune toscano l'avamposto fortificato sull'Appennino che permette di fronteggiare le mire espansionistiche della città emiliana, che non nasconde i propri appetiti sul controllo del maniero posto in una felice posizione strategica. Nel 1204 Firenze, che da parte sua tenta di limitare l'espansione della giurisdizione di Pistoia fra le città della Tuscia settentrionale, cerca e trova l'aiuto di Bologna[6]. I due comuni stipulano un accordo che prevede il bando della città di Pistoia:

> omnes homines Pistorienses et omnes homines eorum districtus qui cum Pistorienses esse voluerint contra Bononienses vel contra Florentinos pro inimicis et eos in banno ponemus ad terminum qui ordinabitur de voluntate et concordia regimine utriusque civitatis[7].

Le conseguenze giuridiche sono significative: tutti gli abitanti del territorio pistoiese diventano *hostes* delle due città alleate e, a seguito del *bannum*, possono essere uccisi impunemente. L'aspetto importante che occorre cogliere in questo quadro è la costruzione della figura di nemico in un microcosmo politico, in un contesto evidentemente diverso da quello classico di guerra che nell'immaginario collettivo vede la contrapposizione di eserciti e armate per fronteggiare le avanzate di nemici comuni alla cristianità[8].

---

6 Il conflitto armato (1205-1219 ca.) vede Firenze e Bologna schierate dalla stessa parte, con in più il giuramento dei fiorentini di non stipulare paci o accordi con i pistoiesi senza il preventivo assenso dei bolognesi; i due comuni giurarono di difendere i rispettivi cittadini dai pistoiesi qualora si fossero trovati nei contadi di loro appartenenza. Bologna però pretende che gli abitanti del castello della Sambuca (pur appoggiando i pistoiesi) siano esonerati dall'essere considerati nemici al pari dei pistoiesi, sperando in un loro successivo sostegno; R. ZAGNONI, La "guerra della Sambuca": Bologna e Pistoia alla conquista delle alte valli appenniniche, in Atti e memorie della Deputazione di Storia Patria per le Provincie di Romagna, n.s. vol. LXIV, 2013, *on line*: www.alpesappenninae.it.

7 Il documento è pubblicato in L.V. SAVIOLI, Annali bolognesi, vol. II, parte II, Bassano 1789, pp. 260-261. Cfr. inoltre SAVIOLI, Annali bolognesi, vol. II, parte I, p. 318. Sui contrasti e le guerre G. BOLDRI, Storia di Sambuca 998-1405. La guerra tra Bologna e Pistoia. Lo Statuto del 1291, Castel di Casio, 1991.

8 Questa prospettiva è estesamente analizzata da P. COSTA, Figure del Nemico: strategie di disconoscimento nella cultura politico-giuridica medievale, in: Rivista Internazionale di Diritto Comune 18 (2007) pp. 147-153. In questa strategia di attacco del nemico esterno rientra anche il bando alle città. Il *bannum* rappresenta uno degli strumenti attraverso i quali la società medievale individua quale nemico 'esterno' la comunità politica avversa e ostile. Utile mezzo di affermazione dell'autonomia degli ordinamenti comunali il *bannum* viene ben presto utilizzato anche per colpire persone e comportamenti che generalmente nascondono posizioni politicamente devianti e per questo considerate pericolose per la

Il lungo perdurare dei contrasti tra Bologna e Pistoia, almeno fino alla prima metà del secolo XV, ha, per così dire, garantito dalle condanne penali per omicidio i *cives* bolognesi e fiorentini, che anche per vendetta personali, uccidevano i pistoiesi.

Il *consilium* di Paolo di Castro descrive e tratta di una di queste uccisioni legittime. Il caso è quello di un omicidio commesso da un figlio (Domenico Dotti) che diventato adulto vendica, dopo tempo e premeditando in concorso con terzi, la morte del padre uccidendo l'assassino (Nicolino Franceschi) abitante nel *comitatus Pistorii*, ritenendosi legittimato al compimento del gesto omicida dal *bannum* che *tempore guerrae Sambucae* garantiva l'impunità ai cittadini fiorentini o bolognesi che avessero ucciso *inimici* pistoiesi, e ignorando, visto che al tempo dell'uccisione del padre era *infans*, la stipula della *pax generalis* e della *remissio iniuriae* nel frattempo intercorsa.

Dal punto di vista sostanziale è indubbio che gli autori dell'omicidio abbiano compiuto un'azione criminale a tutti gli effetti, gli atti posti in essere dal figlio sono tutti finalizzati alla realizzazione dell'omicidio. È evidente che il caso non è paragonabile alle morti sul campo di battaglia che rimangono impunite in forza delle norme di *ius gentium* e di diritto canonico che assolvono, anche *in foro concientia*, i *milites* che uccidono i nemici, ma si tratta di una fattispecie decisamente diversa che viene dal giurista laziale ricondotta alle ragioni giuridiche, senza tralasciare quelle morali, che riconoscono l'uccisione del nemico *tempore belli*.

La legittimazione teorica del concetto di guerra attraverso le regole del diritto che per rilievi religiosi, etici e morali dev'essere necessariamente ridotta alla nozione di *iustum*, ha impegnato e impegna la filosofia cristiana. Su questo crinale si muovono anche i *doctores in iure* che, in un processo di ri-organizzazione ordinamentale, riformulano *sub species iuris* l'idea di *bellum*[9].

---

coesione interna degli ordinamenti. Sulla fluidità della nozione di nemico che non può rigidamente essere circoscritta, per varie ragioni, all'interno della contrapposizione interno/esterno cfr. le considerazioni dello stesso Autore, Pagina introduttiva. I diritti dei nemici: un ossimoro?, in: Quaderni Fiorentini 38 (2009) in particolare pp. 4 e ss.

9 Il pensiero elaborato dai *legum doctores* sulla guerra attraversa e segna il medioevo e impegna i migliori ingegni, tra questi ricordiamo in particolare Enrico da Susa, su cui infra nt. 12; Bartolo da Sassoferrato che affronta il tema dell'uccisione degli *hostes* nella sua famosa *questio Lucanae civitatis*, e della guerra giusta nel commento alla *lex hostes, de captivis et de postl.*, D. 49.15.24, (in: *Opera omnia*, Lucantonio Giunta et alii ed., Venetiis 1590, fol. 124vb) e nel commento alla *l. ex hoc iure, De iustitia et iure,* D. 1.1.5 (in: In primam Digesti veteris partem, Apud Iuntas, Venetiis, 1603, n. 3, fol. 7va); Baldo tocca l'argomento nel commento al c. *Sicut si, de iureiurando*, X. 2.24.29 (in: Baldi Perusini, Ad tres priores Libros Decretalium Commentaria, Apud haeredes Nicolai Bevilaquae, Augustae Taurinorum 1577, fol. 232va).

Sotto questo punto di vista Paolo di Castro delinea in pochi e chiari momenti il suo pensiero, soprattutto per smontare le posizioni che il difensore di Domenico Dotti adduceva e che si fondavano sulla incompetenza del foro *iudicialis*, ossia sull'incompetenza del Capitano di Pistoia a giudicare su un *homicidium commissum tempore belli* e sulla impunità di cui avrebbe dovuto godere Domenico in ragione dello Statuto fiorentino che in tempo di guerra riconosceva anche la vendetta privata contro i nemici, in forza del *bannum* che tempo addietro aveva colpito i *cives-inimici* del contado pistoiese.

Il giurista laziale conferma la sua posizione sulla liceità dell'omicidio: *licitum est inimicos in bello occidere*, l'adagio è ripreso dal Digesto e in particolare dal § *Transfugas* della *Lex Eiusdem*, del titolo *Ad Legem Corneliam de siccariis et veneficiis*, sul quale già a lungo Bartolo da Sassoferrato aveva speso le proprie riflessioni, per giustificare l'uccisione dei *banniti* considerandoli *hostes civitatis*[10].

Al pari di consolidata dottrina anche Paolo di Castro recupera dal passo di Ermogeniano l'idea che il *ius belli* sia introdotto nell'*ordo iuris* dal *ius gentium*: *hoc iure belli quod a iure gentium introductum est et permissum*, pertanto il suo esercizio si configura come un diritto che rende *licitum… occidere alienos*[11]. Tutto sommato le riflessioni del giurista laziale sembrano muoversi all'interno di un solco dottrinario consolidato che pur partendo da percorsi diversi, si muove pressoché all'unisono sugli stessi snodi concettuali per vestire la guerra di forme giuridiche.

In realtà Paolo di Castro, ragioni penalistiche a parte, si scosta dalla strada tracciata a proposito dell'unilateralità della guerra, che secondo buona parte della dottrina può essere considerata giusta anche per una sola delle parti belligeranti, annullando di conseguenza il diritto di resistenza della parte attaccata. Il pensiero più accreditato in questa direzione è quello espresso da Enrico da Susa:

Per un quadro d'insieme si rinvia a A.A. CASSI, Diritto e guerra nell'esperienza giuridica europea tra medioevo ed età contemporanea, in: A. Sciumé (cur.), Il diritto come forza. La forza del diritto. Le fonti in azione nel diritto europeo tra medioevo ed età contemporanea, Torino 2012, pp. 7 e ss..

10 L. *Eiusdem*, *Ad Legem Corneliam de siccariis et veneficiis*, D. 48.8.3 § 6: *Transfugas licet, ubicumque inventi fuerint, quasi hostes interficere.* Circa le posizioni della *scientia iuris* sui banditi cfr. M. SBRICCOLI, Crimen laesae maiestatis. Il problema del reato politico alle soglie della scienza penalistica moderna (Per la Storia del Pensiero Giuridico Moderno 2) Milano 1974, p. 140 e ss.; C. ZENDRI, *Banniti nostri temporis.* Studi su bando e consuetudine nel diritto comune (Collana della Facoltà di Giurisprudenza dell'Università degli Studi di Trento 9) Napoli 2016, *passim.* In particolare sull'omicidio legittimo cfr. *infra* nt. 19.

11 PAOLO DI CASTRO, *Consiliorum*, cit., n.3, fol. 25va. Il giurista manifesta le stesse idee anche in altri suoi *consilia*, in particolare si veda il cons. 399 in: Id., *Consiliorum*, cit., vol. I, n. 4, fol. 204va.

Is qui gladio utitur iuste facit et per consequens is qui defendit se, temerarie se defendit[12].

Tradotto in termini giuridici questo assunto non permette al nemico di difendersi perché l'aggressione nei suoi confronti è considerata legittima e, nel caso specifico del *bannum contra Pistoriensis*, annulla la possibilità dei *cives* di reagire all'aggressione dei fiorentini e dei bolognesi anche fuggendo: *Hostes inequaliter iusti*[13].

L'indicazione teorica però non convice il *Doctor Veritatis*, che al contrario ritiene fondamentale il riconoscimento del pari diritto di difesa ai nemici. Il suo pensiero è chiaramente indirizzato verso la liceità dell'omicidio a condizioni di parità: se è lecito uccidere *inimicos, aequa debeat esse condicio utriusque*[14]. Il giurista laziale scombina decisamente le carte introducendo un principio respinto dalla autorevolissima dottrina che da Gandino a Bartolo negano ai *banniti-hostes* qualsiasi diritto di difesa e quindi di resistenza, che qualora fosse esercitato viene considerato piuttosto un ulteriore oltraggio alla *potestas* e all'*auctoritas* della *Respublica* che ha emanato il banno, perché la reazione ad una offesa legittima significa sottrarsi ancora una volta all'esecuzione della condanna contenuta nel provvedimento[15].

Le riflessioni di Paolo di Castro si fondano sulla rilettura del pensiero di Iacopo d'Arena seguito anche da Giovanni d'Andrea, che ha riconosciuto al bannito, per ragioni equitative, il diritto alla difesa qualora fosse stato catturato e riconvenuto in giudizio[16]. La larghezza di vedute del giurista laziale si spinge oltre le

---

12 ENRICO DA SUSA, *Summa Aurea…*, ad candentis Salamandrae insigniis, Venetiis 1570 tit. *de tregua et pace*, fol 94a; sulle posizioni del canonista cfr. CASSI, Diritto e guerra nell'esperienza giuridica europea, cit., p. 13.

13 Fra i giuristi di *ius commune* è unanime il diniego della difesa a colui che viene aggredito *iusta causa*; per esempio non possono reagire e difendersi gli amanti colti in flagranza di adulterio che devono subire l'ira del padre o del marito non potendosi opporre all'aggressione neanche *in discrimine vitae*, lo stesso per il bandito che non deve reagire contro il suo legittimo uccisore, in termini sostanziali deve restare inerme di fronte ai suoi certi assassini; parimenti queste considerazioni vengono allargate agli *hostes* di una guerra mossa *iusta causa*; sul punto mi permetto di rinviare a R. SORICE, Vittime colpevoli e colpevoli innocenti. Ricerche sulle responsabilità penali nell'età del diritto comune, (Diritto Cultura Società. Storia e problemi di giustizia criminale 11) Bologna 2018, pp. 101 e ss.

14 PAOLO DI CASTRO, *Consiliorum*, cit., n. 3, fol. 25va.

15 ENRICO DA SUSA, *Summa Aurea*, cit., *de tregua et pace*, fol 94a. Su come il concetto verrà letto dalla dottrina del Cinquecento cfr. A.A. CASSI, Conquista. Dallo *ius communicationis* allo *ius belli* nel pensiero di Alberico Gentili, in: L. Lacchè (cur.), *Ius gentium, ius communicationis, ius belli*: Alberico Gentili e gli orizzonti della modernità. Atti del Convegno di Macerata in occasione delle celebrazioni del quarto centenario della morte di Alberico Gentili (1552-1608), 6-7 dicembre 2007, Milano 2009, p. 147.

16 Sull'argomento Iacopo d'Arena si colloca su posizioni distanti anche da quelle del suo probabile maestro Guido da Suzzara, sulla qualifica di *apostatae* attribuita ai banditi, ossia

motivazioni strettamente processuali individuate dai due giuristi per modulare le ragioni sull'impunità dell'omicidio *tempore belli*, sul concetto di equità poco presente nelle riflessioni dei commentatori e in particolare - come lascia intravedere con velata polemica lo stesso giurista laziale - di Bartolo. Il suo pensiero si fonda sulla *ratio* della *lex postliminium* contenuta nel *Corpus Iuris Civilis* espressamente citata per richiamare l'equo trattamento previsto per i nemici catturati[17], *ratio* che Paolo di Castro sposa con le aperture di Iacopo d'Arena e, soprattutto, con la posizione di Giovanni d'Andrea che chiaramente descrive la pari posizione dei nemici:

> Item tunc licite quis occiditur, cum ex parte resistentis bellum est licitum [l. Pateant summi, de his qui in ecclesiae confugiunt (C. 1.12.3)] alias est iniustum ex parte inferentis, cum nefas sit hominem homini insidiari [l. ut vim, de iustitia et de iure (D. 1.1.3)]. Cum ergo bannito liceat resistere, postquam satisfecit… ergo illicite occiditur[18].

Il diritto legittimo di uccisione degli *hostes* viene inquadrato quindi dal giurista laziale in un contesto più ampio che apre le porte all'affermazione del principio di pari diritto alla difesa che sarà riconosciuto ai nemici solo a partire dal secolo XVI[19]. Secondo Paolo di Castro in guerra entrambe le parti devono accettare le

---

sine civitate et iurisdictione, che impedirebbe agli stessi di difendersi in giudizio e propende per una interpretazione equitativa delle norme statutarie *quia non lex dura est servanda*. IACOBI DE ARENA, De Bannitis, in: F. ZILETTI, *Tractatus universi iuris*, T. XI, p. I, Venetiis, 1584, nn. 17-19, fol. 356ra; analogamente si esprime anche nel commento alla *lex Ex facto, ad Senatum Consultum Trebellianum*, D. 36.1.18(17) in: DO. IAC. DE ARENA PARMENSIS, Super iure ciuili. Iacobi de Arena Parmensis, viri clarissimi iuris utriusque professoris Commentarij in vniuersum Ius ciuile, argumentis cuique legi affixis adornati... Adiectus est his praeterea Index omnium ferè sententiarum & rerum… impensis... Hugonis a porta, Lugduni 1541, fol. 127b. Sulla stessa linea Giovanni d'Andrea G. D'ANDREA, Add. a tit. de constitutionibus, v. rubrica GUL. DURANDI [...] Speculum Iuris, T. I-II. Basileae, apud Ambrosium et Aurelium Frobenios fratres, 1574, rist. anast. Aalen, Scientia, 1975, T. II, fol. 81.

17 PAOLO DI CASTRO, *Consiliorum*, cit., Cons. 21, n. 4, fol. 25vb; D. 49.15.19 l. *postiliminium*, *De captivis et de postliminio et redemptis ab hostibus: Postliminium est ius amissae rei recipiendae ab extraneo et in statum pristinum restituendae inter nos ac liberos populos regesque moribus legibus constitutum. Nam quod bello amissimus aut etiam citra bellum, hoc si rursus recipiamus, dicimur postliminio recipere. Idque naturali aequitate introductum est, ut qui per iniuriam ab extraneis detinebatur, is, ubi in fines suos redisset, pristinum ius suum reciperet.*

18 G. D'ANDREA, *Add. ad tit. de accusationibus*, cit., T. III, fol. 18vb la cit., e fol. 21rb.

19 Sul punto in generale cfr. A.A. CASSI, Alle origini del diritto internazionale: Alberico Gentili, in: Enciclopedia Italiana di Scienze, Lettere ed Arti. Il Contributo italiano alla storia del Pensiero. Ottava appendice. Diritto, Treccani, Roma 2012, pp. 181-188 e letteratura ivi citata; G. MINNUCCI, *"Bella religionis causa mouenda non sunt"*. La *libertas religionis* nel pensiero di Alberico Gentili, in: Nuova Rivista Storica, CII/3 (2018), pp. 1112 e ss.

regole del gioco, pertanto non è ammissibile che ad una di esse venga negato qualsiasi diritto e protezione e venga lasciata in balia del nemico.

Per questa via indirettamente e ancora in fase embrionale, si riconosce al nemico uno *status*, quello di *iustus hostis*, all'interno della sfera giuridica di *ius belli*, *status* che si costruisce innanzitutto sul naturale diritto alla difesa da ogni aggressione alla propria persona che non dev'essere disconosciuto neanche al proprio nemico, perché principio scolpito nel diritto naturale, la cui inosservanza comporta una inaccettabile diseguaglianza.

Sposando le ragioni di Giovanni d'Andrea che fonda la legittimità dell'uccisione dei banditi sulla concessione ai *cives* del *merum imperium* che li autorizza temporaneamente ad agire a tutela della *salus comunitatis* Paolo di Castro sostiene l'idea che chi commette un omicidio *in bellum* agisce in nome e per conto della *Respublica*, anche se uccide vendicando un'*iniuria privata*: *Homicida in bello dicitur executor Reipublice et non ultor propria iniuria*[20]. Ma se le ragioni di questo riconoscimento risiedono sulle necessità legate alla difesa della *Respublica*, al contrario queste stesse ragioni di difesa devono essere equitativamente riconosciute ai nemici: *Hostes aequaliter iusti.*

Ritorniamo a questo punto ai protagonisti della vicenda. Anche la dichiarazione di ostilità conseguente al bando promulgato dalle città di Bologna e Firenze non rientra per il giurista laziale nel concetto di guerra *iusta*, perché non presenta condizioni di bilateralità. Il padre di Domenico Dotti è ucciso da Nicolino Francisci che probabilmente ha reagito all'aggressione che lo stesso ha mosso contro Nicolino colpevole di essere *civis pistoriensis* e quindi bandito per le città di Bologna e Firenze[21].

---

20 PAOLO DI CASTRO, *Consiliorum*, cit., Cons. 21, n. 21, fol. 26rb. G. D'ANDREA, Add. a tit. de constitutionibus, cit., fol. 81. Sul pensiero di D'Andrea in tema estesamente O. CONDORELLI, «Ius» e «lex» nel sistema del diritto comune (secoli XIV-XV), in: A. Fidora/ M. Lutz-Bachmann/ A.Wagner (curr.), Lex und Ius. Beiträge zur Begründung des Rechts in der Philosophie des Mittelalters und der Frühen Neuzeit, (Politische Philosophie und Rechtstheorie des Mittelalters und der Neuzeit. Abteilung II: Untersuchungen 1) Stuttgart 2010, pp. 72-74. Sul significato di *merum imperium* E. CORTESE, La norma giuridica. Spunti teorici nel Diritto comune classico II, (Ius Nostrum 6) Milano, 1962, rist. anast. 1995, pp. 274 e ss., ma *passim*; sulle connessioni imprescindibili tra *iurisdictio* e *imperium*, ampiamente P. COSTA, 'Iurisdictio'. Semantica del potere politico nella pubblicistica medievale (1100-1433), (Per la Storia del Pensiero Giuridico Moderno 62) Milano 2002 rist. della prima edizione Milano 1969, pp. 158 ss., p. 179 ss.; K. PENNINGTON, The Prince and the Law, 1200-1600: sovereignty and rights in the western legal tradition, University of California Press, Berkeley 1993, pp. 16-36.

21 Dal punto di vista sostanziale il giurista laziale avanza più di una perplessità sulla colpevolezza di Nicolino Franceschini, fra le tante il fatto che l'omicidio imputatogli non

Ora Domenico figlio di Dotti non può invocare l'impunità concessa dal *bannum* perché si tratta di una guerra *iusta* solo per le parti che hanno concluso la *concordia* e emanato il banno, ma ingiusta per parte pistoiese: ...*non obstat prima ratio, quia habet locum in bello licito, sed bellum in quo Doctus fui interfectus non fuit licitum ex parte qua erat Nicolinus*...[22], e in ragione di ciò il suo non può essere considerato omicidio legittimo commesso *tempore belli*, ma un omicidio che dev'essere punito: *homicidia commissa per aderentes illi erant punienda non econverso*[23].

Di più, l'acuto ingegno del giurista laziale osserva la ben più generale illegittimità di questa guerra in fondo scatenata *per civem contra propria civitates*, ossia da cittadini *Terrae Italiae* contro una città dello stesso territorio, facendo proprio il pensiero dell'Ostiense sulla legittima *auctoritas* dell'imperatore quale unico soggetto giuridicamente deputato alla dichiarazione di guerra; la guerra 'civile' mossa dai comuni contro i *cives* di una stessa *natio* non può pertanto essere considerata guerra *iusta*[24].

Riflessioni sulla guerra a parte Domenico Dotti è considerato da Paolo di Castro non colpevole di omicidio volontario per ragioni sostanziali diverse e

---

sia stato provato con testimonianza diretta: ... *cum homicidium commissum in dictum patrem dicti Dominici non est probatum, cum nullus testis deponat de visu, sed solum de auditu unde clarum est quod non sufficicerent* [sic] *ad condemnationem Nicolini de dicto homicidio*, PAOLO DI CASTRO, *Consiliorum*, cit., Cons. 21, n. 12, fol. 26ra. Ma nonostante tutto ritiene che, secondo lo statuto fiorentino e la *lex Gracchus*, il figlio-vendicatore debba essere assolto perché ha agito quale esecutore dello statuto, sul punto SORICE, Vittime colpevoli, cit., pp. 86 e ss.

22 PAOLO DI CASTRO, *Consiliorum*, cit., Cons. 21, n. 20, fol. 26rb.

23 PAOLO DI CASTRO, *Consiliorum*, cit., Cons. 21, n. 3, fol. 25va.

24 PAOLO DI CASTRO, *Consiliorum*, cit., Cons. 21, n. 21, fol. 26rb; il giurista laziale richiama il pensiero dell'Ostiense: ENRICO DA SUSA, *Summa Aurea*, cit., *de tregua et pace*, n. 3, fol. 93b. Secondo il canonista (*ibidem*, n. 4, fol. 93vb) *qui iniussu, idest sine iussu principis bellum gerit*, è passibile di essere incriminato per lesa maestà *ex lege Maiestatis* [Ad legem Iuliam maiestatis, D. 48.4. 10], la guerra mossa fra città senza ordine superiore è pertanto *iniusta*: *si cum aliqua gente foedus amicitiae non habemus, hi hostes quidem non sunt*. Le adesioni a questo assunto sono molteplici e riferiscono anche del pensiero del Castrense, cfr. p.e. FILIPPO DECIO, *Consilia, siue Responsa ... Philippi Decii*..., Venetiis 1570, cons. 692, n. 2, fol. 662ra. Sull'argomento si vedano le considerazioni di D. QUAGLIONI, Le ragioni della guerra e della pace, in: E. Menestò (cur.), Pace e guerra nel basso medioevo. Atti del XL Convegno Storico Internazionale, Todi, 12-14 Ottobre 2003, Spoleto, 2004, pp. 113-129; in particolare su come il concetto di *foedus amicitiae* sia stato elaborato da Alberico Gentili anche attraverso il pensiero espresso da Paolo di Castro nel *consilium* 295, cfr. C. STORTI, Foedus, amicitia e societas: Alberico Gentili tra tradizione e innovazione, in: Alberico Gentili (San Ginesio 1552 - Londra 1608) Atti dei Convegni nel quarto centenario della morte, San Ginesio, 11-12-13 settembre 2008, Oxford e Londra, 5-6 giugno 2008, Napoli 'L'Orientale', 6 novembre 2007 vol. II, (Centro internazionale di studi gentiliani Series 14), Milano 2010, pp. 334 e ss.

strettamente penali[25]. In questa sede però a noi interessa sottolineare la straordinaria operazione interpretativa compiuta da Paolo di Castro che permette di ricomporre l'*ordo iuris* violato dalla mancata corrispondenza delle regole del *ius belli* ai criteri ancora vividi e nitidi dell'*aequitas*, *ordo* che non può e non deve essere violato neanche *tempore belli*, e che si ricompone restituendo al nemico il diritto negato, forse il più naturale dei diritti, la difesa.

---

25 Sulle ragioni penalistiche sostanziali che secondo Paolo di Castro escludono nel caso specifico il dolo, perché l'azione omicida è preceduta da una *iusta causa*, e sull'inquadramento generale del suo pensiero in tema mi sia consentito il rinvio a R. SORICE, Vittime colpevoli e colpevoli innocenti, cit., pp. 86 e ss.

Richard H. Helmholz

The *ius gentium* and the canon law in England, 1550-1750

The subject of this chapter is the place of the canon law in the works of English lawyers who wrote about the *ius gentium* in the two hundred year period after the establishment of Protestantism in England under Queen Elizabeth in the second half of the sixteenth century. There is no shortage of evidence. Many works were written in these two centuries that illuminate this subject. It is unfortunate that today most of them have been forgotten and thus lost to view among legal historians. This chapter attempts to call attention to their importance during these years. Also involved in this subject is a larger theme. It is the question of the extent to which English law belongs within the family of European legal systems. Did the common law draw any of its rules and any of its approaches to legal development from the *ius commune*? And did the law of the medieval church play any part in the process of shaping English law as a whole? Although this chapter's subject is a more limited one, it is thus germane to discussions of a much larger and more controversial subject of historical inquiry.[1]

Three factors, amounting almost to settled conclusions among historians of the common law, appear to stand in the way of recognizing any relevance of the *ius gentium* to the course of English law. Taken together, they may suggest that there is little in this chapter's subject worth investigating. The first is the assumption that English lawyers were unfamiliar or at least uncomfortable with jurisprudential subjects like natural law and the law of nations. They were too theoretical to hold their attention.[2] Aspiring common lawyers did not study

1 A useful sketch of the historiography of this subject is C. DONAHUE, JR., The Civil Law in England, in Yale Law Journal 84 (1974), p. 167-181. Also useful is P. STEIN, Continental Influences on English Legal Thought, 1600-1800, reprinted in his The Character and Influence of the Roman Civil Law: Historical Essays, London / Ronceverte 1988, p. 209-229.

2 See, e.g., W. HOLDSWORTH, History of English Law, 3rd ed., London 1945, iv, p. 281, concluding that the Continental sources of law relating to conscience and equity, although known in England remained 'of small importance compared with a knowledge of the common law upon which the rules of conscience or equity must in England be necessarily founded'.

jurisprudence or the learned laws at a university, as did their counterparts on the Continent. Instead, they learned the details of the English writ system and the details of the land law at the Inns of Court in London. The practical and detailed learning of the common lawyers – none of it based on Roman law – was what they began with, not with legal theory of any kind. By sixteenth century, it has been said, common lawyers had concluded that the *ius gentium* served as a synonym for 'ideal morality' and nothing more.[3] It thus played no immediate part in the ordinary practice of law. Nor did it attract any serious commentators, or at least any influential commentators, among English lawyers.

The second apparent obstacle concerns the internal development of the law of nations as it was understood among Continental jurists themselves during this two hundred year span. That the canon law had occupied a place in the writing of medieval jurists on topics related to the *ius gentium* is certain, but a widely held view among scholars is that this situation changed markedly with the discovery of the New World and the Protestant Reformation.[4] The utility (and acceptability) of the canon law in this field came to an end. This happened quickly in Protestant lands, more slowly but equally steadily, in Catholic lands. Apparent deviations from this rule (of which there are certainly some) have been regarded as either ornamental or inconsequential. This subject forms one part, of course, of a grand theme of legal history: the development of an international law freed from constraints imposed by religion. To stand on its own, that freedom had to be achieved, and it was over the course of the two century period that is the subject of this chapter that it was achieved.[5] Thus, even had English lawyers sought to

---

3 F. W. MAITLAND, Historical Sketch of Liberty and Equality as Ideal of English Political Philosophy, in H. A. L. FISHER (ed), Collected Papers of Frederic William Maitland, Cambridge 1911, repr. 1981, p. 24. See also F. POLLOCK, History of the Law of Nature: A Preliminary Survey, in 2 Journal of the Society of Comparative Legislation, n.s. 1900, p. 418-433, 430 (describing Fortescue's De natura legis naturae as 'at best the artificial performance of a champion wielding unfamiliar arms in a strange field.' As a general matter his opinion was that 'Express invocation of the Law of Nature seems rather to have been purposely avoided' by the common lawyers.

4 See, e.g., R. LESAFFER, The Nature of Europe's Classical Law of Nations, in S. BESSON / J. D'ASPREMONT (eds), Oxford Handbook on the Sources of International Law, Oxford 2017, p. 99-117, 105: 'The Reformation tumbled this pillar.' In the same volume, see D. GAURIER, An Overview of the Sources of the Sources in the Classical Works of International Law, ibid., p. 89-90, adding, however, that Albericus Gentili was to some extent an exception to this rule.

5 A. V. UNGERN-STERNBERG, Secularization of International Law, in B. FASSBENDER / A. PETERS (eds.), Oxford Handbook of the History of International Law, Oxford 2012, p 296-299.

make any use of the traditional canon law, this development on the Continent kept them from turning to or relying upon resources found within the law of the church.

The third (and related) obstacle concerns then special fate of the canon law in England itself. It has been the principal object of the research upon which the conclusions of this chapter are based. Although formal study of the canon law continued in most European universities, it did not do so in England. A widely shared opinion among historians has been that the study and the use of the church's medieval law ceased under Henry VIII. This monarch closed the canon law faculties at Oxford and Cambridge and also defied the Roman pontiff, the authoritative governor of the church's law, by divorcing his wife, Catherine of Aragon. With the help of Parliament, he also abolished the papacy's appellate jurisdiction even over matters in which the English church continued to hold jurisdiction. For these reasons, historians, particularly historians not much interested in the details of English legal practice, have assumed that the study and use of the canon law must have come to a close in the mid-sixteenth century. Its disappearance has sometimes been stated quite dramatically. One author concluded that in England '[b]y 1540, the profession of canon lawyer had ceased to exist'.[6]

This chapter deals with each of these three points. Its conclusions, which are based upon an examination of the scholarly legal literature of the time as well as relevant case law, suggest that these three apparent obstacles did not in fact prevent the canon law and the *ius gentium* from exercising an influence on English law and practice. Quite a bit of relevant evidence in support of this argument is to be found within the historical record – much more than is allowed in most general accounts of the growth of English law. This chapter seeks to summarize that evidence, drawing examples drawn from the legal literature written in these two centuries.

---

6 H. KEARNEY, Scholars and Gentlemen: Universities and Society in pre-Industrial Britain, 1500-1700, Ithaca NY 1970, p. 17. The author supposes that the abolition of appeals to the papal court required this result because it was upon such appeals that 'the canon law was based'.

The *ius gentium* in the works of English lawyers

The first subject is an examination of knowledge and use of the law of nations among English lawyers. A fresh examination of evidence of its place in English law shows that the *ius gentium* was taken seriously and appeared in the legal literature of the time. The frequency found within it makes it a cause for wonder that English legal historians have so often dismissed the subject as of no importance. It is true, of course, that the education of English common lawyers at the Inns of Court in London did not provide the same instruction in the subject that comes naturally from a study of the Roman law's Digest, but a survey of the relevant legal literature among common lawyers shows that the laws of nature and nations were accepted as a legitimate source of legal principles by virtually all the common lawyers of the period under investigation.[7] It was cited, for example, as supporting the form of summons that was required in the common law courts.[8] It mattered in English criminal law when a foreign official was involved.[9] It was followed in dealing with disputed questions that arose after the union with Scotland in 1603.[10] And of course, the laws of nature and nations was also accepted and used by the English civilians, the lawyers who served in the courts of the English church, the admiralty, and several other courts with equitable jurisdiction.[11]

Recognition of the relevance of the *ius gentium* in English law is prominent also in the treatises on the general law of England. Sir William Blackstone (d. 1780) currently enjoys the reputation of the first English common lawyer to have written a comprehensive study of English Law, and it is true that his *Commentaries* effectively swept all competition from this field of study. However, it is not true that he was the first learned man to write a systematic treatise on the subject, and several of the earlier authors who made the attempt took note of the relevance of the law of nature and nations to English practice. Examples are the treatises

---

7 The evidence on this point is presented more fully in R. H. HELMHOLZ, Natural Law in Court, Cambridge, MA, 2015, p. 90-92.

8 E.g., Bolton v. Throgmorton (1682), Skin. 555, 90 Eng. Rep. 7; Rex v. Cleg (1721), 1 Str. 475, 93 E.R. 643

9 Case of Andrew Artemonowitz Mattueof (1711), 10 Mod. 5, 88 Eng. Rep. 598.

10 See "Le Case del Union (KB 1603-04), Moo. KB 790-92, 72 Eng. Rep. 908.

11 See R. H. HELMHOLZ, The Profession of Ecclesiastical Lawyers: An Historical Introduction, Cambridge 2019, p. 39-48.

written by Francis Bacon (d. 1626),[12] George Dawson (d. 1700),[13] John Dodderidge (d. 1628),[14] William Fulbecke (d. 1603),[15] Thomas Ridley (d. 1629),[16] and Thomas Wood (d. 1722).[17] Each of these authors, knowledgeable in the laws of nature and nations, recommended its study to aspiring common lawyers. They found it relevant both for practical reasons and as a measure of the merits of the common law. Speaking of its history, one of these authors described its study as demonstrating 'the conformity our Nationall Lawes then had with the Civill, Cannon, or Ecclesiastical Lawes.'[18] For these authors, their relevance was not confined to the courts, such as those of the church or the universities, where the civil law governed most aspects of procedural law. It was useful to all.

Further proof of this point is illustrated by the contents of some of the reported cases that came before the common law courts in Westminster Hall. The general law of nations mattered, for instance, in interpreting penal statutes. In a case from 1615, that a man put on trial for committing a statutory crime. The report also described it as one which 'offended against the *ius gentium*', and it was this fact that justified increasing the severity of his penalty to which he was sentence after his conviction.[19] The law of nations was also regularly invoked in interpreting the general law merchant, which was treated as one part of the English common law.[20] And of course it mattered greatly in the exercise of admiralty jurisdiction, a field which the civilians and the common lawyers

---

12 Author of Elements of the Common Lawes of England (London 1639), in which see, e.g., tit. Maximes of the Lawe, Reg. 5 (p. 26).

13 Author of Origo legum, or a Treatise of the Origins of Law, London 1694, in which see, e.g., Bk. III, chap. 2 p. 140-142.

14 Author of The English Lawyer, London 1631, in which, see e.g., tit. Methodus studendi, c. Grounds borrowed out of the Civil Law. p. 158-162.

15 Author of The Pandectes of the law of nations . . . opening of the principall objects, questions, rules and cases of the civill law and common law of this realme of England, London 1602.

16 Author of A View of the Civile and Ecclesiastical Law, Oxford 1662, in which see, e.g., Pt. I, c. 1 § 1 (p. 3).

17 Author of Institute of the Laws of England (London 1720), in which see, e.g., tit. 'Some Thoughts' (pp. 4-14).

18 Dodderidge, English Lawyer, Pt. 1,c. 6 (pp. 41-42).

19 Rex v. Marsh (KB 1615), 3 Bulstr. 27, 81 E.R. 23; see also George Leak's Case (KB 1606), 12 Co. Rep. 15, 77 E.R. 1297; Rex v. Dr Foster (KB 1614), 1 Rolle 88, 95, 81 E.R. 349, 353. See also Hughes v. Hughes (CP 1665), Cart. 125, 130, 124 E.R. 867, 870 (dealing with the law of inheritance).

20 See, e.g., Meggadow v. Holt (KB 1691), 1 Show. KB. 127, 89 E.R. 492; see also Waller v. Travers (Exch 1673), Hardr. 301, 145 E.R. 467; Rex v. Corporation of Maidenhead (KB 1619), Palm. 76, 85, 81 E.R. 986, 990.

shared.[21] It has been possible, in fact normal, for English legal historians to treat John Selden's treatise, *De jure naturali et gentium juxta disciplinam Ebraeorum* (1640) as a product of the author's eccentricity, but the appearance of examples from the case law in which the existence and the relevance of the law of nations was accepted as a matter of course by ordinary English lawyers is surely evidence to the contrary. If Selden's interest was an eccentricity, he was far from alone.

The contents of the *ius gentium* mattered in many corners of English law. Although it is true that England produced only a few writers whose works were devoted exclusively to the Laws of Nature and Nations, the subject came up in many works we would describe as concerned only with the municipal law in England. This happened because it was assumed by contemporary lawyers that many legal subjects had their origins in natural law, or at least in the law of nations, even though the precise form they took in England had been decisively affected by English statutory or customary law, as indeed it had been throughout European lands. An illustration of this habit, one with a connection to the canon law, is a treatise on the law of tithes by Humphrey Prideaux (d. 1724).[22] It was a technical legal subject, but his treatise began by connecting it with divine law as well as the law of nature and nations. The duty to support the ministers of God, as well as his worship, was found within these learned sources. Conceding that its precise form varied 'according to the different countries and places', he concluded that support of God's ministers was a 'general duty' in all the civilized world.[23] The subject led Prideaux into the detailed exploration of the English law on this then controversial subject, part of which involved citation and discussion of a canon from the Fourth Lateran Council which had been placed within the *Liber extra* (X 3.5.31).[24] He was as much a theologian as he was a lawyer, and most of the discussion in the book deals with the history and current legal status of the law of tithes in England. However, as things then stood, his subject required a consideration of the law of nations. This was the common pattern in England, as it was throughout Christendom.

21 Hughes v. Cornelius (KB 1691), 2 Show. K.B. 232, 89 E.R. 907.
22 The Original and Right of Tithes 2d ed. (London 1713).
23 Ibid. p. 3, 5.
24 Ibid. p. 307.

Canon Law and the *ius gentium*

The chapter's second subject is the role of the canon law within the law of nations as it was understood and developed by Continental jurists during this time period. A common view, mentioned above, has been that the canon law ceased to matter in the development of the law of nations. Discussion of this subject can be brief, because the outlines of the subject are clear enough. They are also connected directly with the third and major topic of research – the place of the canon law in English legal thought and practice after the Reformation.

The role of the canon law in the formulation of the law of nations during the medieval period has been established by many works.[25] Estimates of how central that role was have varied, but that it played at least some part in the development of this part of legal practice is now undoubted.[26] There is also evidence that these scholarly habits died hard. Followers of Luther and Calvin did not all abandon the canon law in developing a coherent view of the *ius gentium*. For instance, Johannes Schneidewein (d. 1530), a German jurist who dedicated his work on the institution of marriage to Martin Luther,[27] stated unequivocally that the canon law on the subject of the prohibited degrees of affinity and consanguinity was to be employed in practice.[28] Prohibitions against marriage with one's blood relations were the common heritage of mankind. In his treatise on the laws of war and peace, Hugo Grotius (d. 1645) numbered a text that appeared in Gratian' *Decretum* among those authorities which justified taking up arms.[29] Samuel's Pufendorf (d. 1694) cited a text from the Decretals of Pope Gregory IX (1234) as an authoritative guide to the general law of prescription.[30] These are three simple examples, but they do illustrate one reason that the canon law continued

---

[25] E.g., E. NYS, Les origines du droit international, Paris 1894, p. 10, 55-212; D. QUELLER, The Office of Ambassador in the Middle Ages, Princeton NJ 1967, p. 154-157; F. H. RUSSELL, The Just War in the Middle Ages, Cambridge 1975.

[26] See E. M. MEIJERS, L'histoire des principes fondamentaux du droit international privé à partir du moyen âge spécialement dans l'Europe occidentale, in Recueil des cours de l'Académie de droit international 49 (1934), p. 547-681, 592-93.

[27] See J. WITTE, JR., Law and Protestantism, Cambridge 2002, p. 236-237.

[28] Joannes Schneide (Ointomos), In quatuor libros institutionum imperialium commentarii, Lib. I, tit. 10, nos. 6-7, Venice 1701.

[29] C. 11, q. 3 c. 94, used in De iure belli ac pacis, Lib. I c. 2, no. 14.

[30] Pufendorf, Of the Law of Nature and Nations, Lib. IV, tit. Of Prescription, p. 354 (Oxford 1710), citing X 2.26.19.

to be taught in the law faculties of Continental universities long after the Protestant Reformation.[31] It was relevant to many practical legal institutions.

When one looks up from the contents of Continental treatises, it is equally clear that the Continental jurists most admired and used by English lawyers, including those written by many Protestants, considered the canon law relevant to the law of nature and nations. Grotius, of course, is the great example. His popularity in England is beyond doubt. The *De jure belli ac pacis* was translated into English in at least three seventeenth century editions, though it should also be said that most English lawyers would then have had no difficulty with the Latin texts.[32] It is probably correct to say that Grotius preferred conclusions based upon laws and examples taken from Roman law and the Bible itself to those found within the medieval canon law, but as in the example just cited, he made unmistakable use of the canon law all the same. He did so in dealing with the rights and responsibilities of captives in warfare.[33] It was also useful, indeed necessary, in discussing the treatment of illegitimate children. Grotius took note that the canon law, moved by Christian charity, had 'corrected the rigor of the Roman law' by providing for the necessities of life even for children born out of wedlock.[34] Indeed this correction was an example of the potential reach of the laws of nature and nations.

English writers on legal questions related to the *ius gentium* between 1550 and 1750 were also encouraged to draw upon the canon law for authorities behind the principles of the law of nations by the works of other Continental writers on the same subject. These works attracted a following in England. Jean Bodin's *Six Books of the Commonwealth* provides a good example. This famous work was translated into English is 1606.[35] A modern scholar discovered over six thousand marginal notations to the texts of the Roman and canon laws in Bodin's text.[36] For him as for other contemporary jurists, the law common to European nations as it was understood by jurists in the seventeenth century was scarcely presentable

---

31 See, e.g., R. FEENSTRA, Canon Law at Dutch Universities from 1575 to 1811, in Canon Law in Protestant Lands, R. HELMHOLZ (ed.), Berlin 1992, p. 123-134.

32 See Legal Bibliography of the British Commonwealth (London 1955) i, 595.

33 HUGO GROTIUS, De iure belli ac pacis, Lib. III, c 7, no. 5 (referring to the Decretum Gratiani, C. 17 q. 4 c. 37).

34 Idem, Lib. II, c. 7 § 4, no. 3 (citing X 4.7.5). See also J. MULDOON, Hugo Grotius and Medieval Canon Law, in Proceedings of the Ninth International Congress of Medieval Canon Law, P. LANDAU / J. MUELLER (eds), Vatican City 1997, p. 1155-1165.

35 Sweet & Maxwell's Legal Bibliography, 2d ed. (London 1955), 606.

36 A. HARDING, Medieval Law and the Foundations of the State, Oxford 2002, p. 320-321.

without citation to both laws.[37] The canon law's coverage of civil and criminal procedure, its moral principles in matters like the law of prescription or marriage and divorce, and its detailed coverage of current matters not found in Roman law, subjects like the law of elections, meant that writing about the general law required taking account of the contents of the *Corpus iuris canonici*. Even the law of inheritance was touched by it.[38] Its contents were useful, indeed essential, if a full coverage of the reach and relevance of the *ius gentium* was to be achieved. In other words, the supposed disappearance of the canon law from contemporary juristic thought about the law of nature and nations was very far from complete by 1750.

It is true, of course, that many challenges to the jurisdiction of the church occurred during these years. They occurred both in Protestant lands and in lands where the pope's writ continued to run. However, historians should not forget that many of the texts found within canonical law books had nothing to do with the matters of the religious controversies that shaped European history during the years covered by this chapter. Contentious matters like the number and nature of the sacraments or the powers of the Roman pontiffs were irrelevant for most legal questions. And in fact they could be ignored. The Protestant Reformation may have diminished the extent of canonical influence on the overall thinking of jurists. Protestant lawyers did not cite the canonical texts that magnified the powers of the papacy, except occasionally to dismiss them as false and idolatrous. All the same, they could not do without many parts of the law that had been developed by the medieval canonists and were being continued in the university, particularly in influential centers like the School of Salamanca.[39] To discuss the law of nations without referring to the canon law would always have been incomplete and sometimes it would have been almost impossible.

---

37 B. TIERNEY, The Idea of Natural Rights, Atlanta, GA 1997, p. 136-37, 308-08.

38 See the contents of articles in R. ZIMMERMANN (ed) Der Einfluss religiöser Vorstelungen auf die Entwicklung des Erbrechts, Tübingen 2012.

39 See generally W. DECOCK, Theologians and Contract Law: the Moral Transformation of the Ius commune (c. 1500-1650), Leiden 2012.

The canon law and English lawyers

This chapter's third subject is the place of the canon law among English authors, in particular those who wrote about questions touched by the law of nature and nations during this two hundred year period. It should be said at the outset that there were English treatises which dealt with these questions without making any use of the canon law. In fact, a few among these authors went out of their way to denounce it. Anthony Booth (fl. 17th century), author of *Examen legum Angliae*, for example, mentioned the canon law only in order to describe it as 'superstitious and tend[ing] only to the advancement of Antichrist's power'.[40] A strong Puritan, Booth also inveighed against the Elizabethan church's attempts to prevent the meeting of private conventicles.[41] Similar in substance to Booth's work, if not its equal in its denunciations of popery, was the *Tractatus de iure regnandi* by William Ball (fl. 1650). It dealt only slightly with the *ius gentium*, and its only reference to the law of the church was to the Christian Bible.[42] The canon law did not come into play. The *Observations* on the famous treatise by Hugo Grotius written by the Englishman, Robert Filmer (d. 1635) also seems to have ignored the canon law entirely, unlike the work of Grotius about which he wrote critically.[43] The official position of the common lawyers of the day was that the canon law was in force in England only to the extent that it had been received and approved in practice.[44] These three authors read that position as having reduced the canon law's influence in England to zero. That was also their desire.

These men were, however, distinctly in the minority among English authors who wrote about the practice of law and the *ius gentium*. The evidence on the other side – evidence taking note of the continuing influence of the canon law as relevant to contemporary understanding of the law of nations and indeed the English common law itself – is much stronger than these three negative examples suggest. The opposite was particularly true of the English civilians, the lawyers who served in the courts of the church, the admiralty, the universities, and in

---

40 Examen legum Angliae, London 1656, p. 26.

41 Ibid.,p. 27.

42 Tractatus de jure regnandi: or the Sphere of Government according to the law of God, Nature, and Nations London 1645.

43 Observationes upon HUGO GROTIUS, De iure belli ac pacis, London 1679.

44 See, e.g., THOMAS HOBBES (d. 1679), Dialogue between a Philosopher and a Student of the common law of England, Chicago IL 1971, p. 63.

several minor jurisdictions.[45] They followed a traditional path that made extensive use of the canonical texts.

Sir Arthur Duck (d. 1648), to take one representative example, contended that many points of law relating to the laws of nature and nations were found in the canon law that were not found readily within the laws of Justinian.[46] He mentioned some, and in many of those in which the two laws differed, he concluded that the canon law was to be preferred to the civil law whenever a religious principle or the *salus animarum* of the parties was concerned.[47] In support of his views, he cited treatments found in the commentaries on the Decretals by two prominent medieval canonists, Joannes Andreas (d. 1348) and Nicholaus Tudeschis, commonly known as Panormitanus (d. 1445). Similar is John Godolphin (d. 1678). His *View of the Admiral Jurisdiction* (1685) took note of the canon law of usury in dealing with commercial transactions.[48] He also cited Panormitanus and the *Speculum iudiciale* of William Durantis, even proceeding to make use of the *Practicarum conclusionum* of Cardinal Tuschus (d. 1620) as part of his treatment of the law of the sea.[49] A further example is William Fulbecke (d. 1603), author of a work called *The Pandectes of the Law of Nations* (1602). In dealing with the law of marriage and the family, he asserted that he held to the view that 'even by the law of nations, consent is only the efficient cause of marriage', citing the relevant texts from the third title in Book Four of the Gregorian Decretals.[50] And when he took up the subject of the causes of warfare, he cited both to texts in Gratian's *Decretum* and the *Liber extra*.[51] Fulbecke, one might add, was a convinced Protestant. It was a cause for joy, he wrote, that in recent years the kingdom of England had been rendered as free of monks as it was free of a

45 The best introduction to the work of these men during the period covered by this chapter is D. R. COQUILLETTE, The Civilian Writers of Doctors' Common, London, Berlin 1988; for their attention to the ius gentium, see esp. pp. 32-37. See also J. H. BAKER, Mounments of Endlesse Labours: English Canonists and their Work 1300-1900, London / Rio Grande, OH, 1998, p. 56-94; H. COING, Das Schriftum der englischen Civilans und die kontinentale Rechtsliteratur in der Zeit zwischen 1550 und 1800, in Ius Commune 5 (1975), p. 1-55.

46 De usu et authoritate juris civilis Romanorum, Lib. I, ch. 7, no 19, Leipzig 1668, repr. 1990.

47 Ibid. Lib. I, ch. 8, no. 13.

48 Citation to X 5.19.10 in the Introduction to 1685 edition.

49 Ibid., p. 25.

50 See The Pandects, Ch. V, f. 23.

51 Ibid., Ch. VII, f. 38v, citing C. 23 q. 2 c. 1 and X 2.13.12 as well as Innocent IV's Commentary on the latter text

wolves.[52] Yet he did not hesitate to cite with approval some of the conclusions reached by Catholic controversialists like Cardinal Bellarmine.[53]

It would be superfluous to multiply these examples, though it would not be difficult to do so. A fuller list would include the names of Richard Cosin (d. 1597),[54] Colybute Downing (d. 1644),[55] Alberico Gentili (d. 1608),[56] Henry Swinburne (d.1624),[57] Robert Wiseman (d. 1654),[58] Richard Zouche (d. 1661),[59] and others. What the works of these authors demonstrate is not actually surprising. At least it should not be. By 1600 the European *ius commune* had grown to a point where the Roman and canon laws were so intertwined that they could scarcely have been pulled apart. English civilians who served as advocates and judges in the ecclesiastical courts would have studied both at university. One sees evidence of their reliance on the Roman and canon laws in any survey of the surviving treatises by English civilians.

What is more surprising is to find something like the same use of the canon law as it related to the law of nations in the works of several English common lawyers. So, for example, Sir John Davies (d. 1626) in reporting a case involving ecclesiastical benefices, cited to authority of the Gregorian Decretals, the *Liber sextus*, treatises on the canon law of Innocent IV and Petrus Rebuffus, and even the *Decisiones* of the *Rota Romana*.[60] In discussing the study of basic principles used in the common law, John Doddridge (d. 1628) likewise called attention to those 'grounds borrowed out of the canon law'.[61] By this he meant *the Regulae iuris* found

52 Ibid, Ch. V, f. 23v.

53 Ibid, Ch. IV, f. 22 (on the pretended title of the Turks to the Holy Land).

54 Apologie for Sundrie Proceedings by Iurisdiction Ecclesiasticall, Pt. II, c. 4, London 1593 (citing treatises and canonical texts on procedure in criminal causes).

55 Discourse of the State Ecclesiastical of this Kingdom, Oxford 1634, p. 31-44 (citing the Extravagantes communes, and treatises by Panormitanus, Lyndwood, William Durantis, and others, in dealing with the role of ambassadors)

56 De iure belli libri tres, Lib. I, c. 11, Hanover 1612, repr. Oxford 1933 (citing the Decretum, the Liber extra, and the commentary of Panormitanus on the right of self defense).

57 Author of Brief Treatise of Testaments and Last Willes (1590-91); on his use of sources see J. D. M. DERRETT, Henry Swinburne (?1551-1624), Civil Lawyer of York, York 1973, p. 34-47, where the authorities he cited from the canon and civil laws are listed.

58 Author of Law of Laws, London 1664, c. 7, p. 148, with references to Gratian's Decretum (Dist. 88, c. 11) in dealing with the law of merchants. Wiseman does appear to have laid much more emphasis on the use of Roman law, however.

59 Author of Iuris et iudicii fecialis sive Juris inter Gentes, Oxford 1658, Pt. II §§ 2-3, with the notation of X 1.6.34 and the Regulae iuris from the Liber Sextus, c. peccatum.

60 The case de Commenda (9 Jac.), in Les Reports des cases et matters en ley resolves et adjudges en les courts del roy en Ireland, London 1674, p. 69, 74, 75, 76, 80.

61 The English Lawyer, London 1631, repr. 1980, p. 158-61.

at the end of the *Liber sextus*. Sir John Eliot's (d. 1632) treatment of the principles of the English system of government cited both Gratian's *Decretum* and the later books of Decretals as well as to more contemporary treatises from the Continent, including those of Diego de Covarrubias and Cardinal Bellarmine. Note that these were positive citations of basic legal principles by which England was governed, not criticisms of popery or monarchical power. Gerard Malynes (d. 1641) similarly cited to the canon law, including commentaries on it by Baldus and Panormitanus, in discussion the law merchant's place in England.[62] This was, in fact, a common pattern – reliance on the resources of the canon law when a relevant question that called for an answer and a commentary arose.[63]

To this pattern there is one particularly significant exception – Sir Edward Coke (d. 1634). The subject of his great work, *Institutes of the Lawes of England*, was the common law, not the *ius gentium*, but it includes treatment of many subjects relevant to the latter, and few if any of Coke's citations came from the general European law. It occupied no significant place among the hundreds of legal citations found within Coke's *Institutes*. True, one does come upon an occasional exception – one in a reference to a papal decretal and one to William Lyndwood's *Provinciale*.[64] Coke's *Institutes* also includes many references to older English treatises, *Bracton*, the *Mirror of Justices*, and *Glanvill*, works that had incorporated significant parts of the *ius commune*. This work also has many biblical citations. However, Coke seems to have set his face against any direct reference to the canon law. This must have been a deliberate choice on his part. His own library contained many treatises from the *ius commune*,[65] but in his *Institutes*, he did not cite them. He was apparently willing to turn to the works of Aristotle in his Reports,[66] but not to the canon law. He had company in this approach among his contemporaries. Common lawyers William Noy (d. 1634) and William Sheppard (d.c. 1675) appear to have known something of the *ius commune*,[67] but they did not

---

62 Consuetudo vel lex mercatoria, London 1685, p. 226-227.

63 See, e.g., HENRY SPELMAN (d. 1641), De Sepultura, Dublin 1742, p. 11-12 (citation of texts from the Corpus iuris canonici).

64 3 Co. Inst *201; 3 Co. Inst. *153

65 See Catalogue of the Library of Sir Edward Coke, W. O. HASSALL (ed), New Haven, CT 1950, p. 38-41 (containing the basic works of the Corpus iuris canonici and treatises by Daniel Venatorius, Petrus Rebuffus, William Lyndwood, Petrus Lancellotus, and the Summa Sylvestrina.

66 Anon. (KB 1608), 7 Co. Rep. 2a, 13a, 77 E.R. 379, 392; Lewis Bowles's Case (KB 1615) 11 Co. Rep. 79b, 83a, 77 E.R. 1252, 1259.

67 See W. NOY, The Grounds and Maxims of the English Laws, 6th ed., Dublin 1792 (mention of 'Justinian B.1' at p. 18; W. SHEPPARD, The Faithful Councellor or the Marrow of the

cite either texts of or commentaries on the canon law in their discussion of English laws connected with the laws of nature and nations. Thus, any full account of my subject must take some account of these common lawyers. There was a variety of attitude. The more normal pattern, however, was stated in one of the Readings at the Middle Temple in 1619. James Whitelocke, in his Middle Temple reading on a Henrician statute, ascribed the closing of the canon law faculties at Oxford and Cambridge to Henry's 'hatred of the Pope', but he quickly added 'and yet the King continued the same'.[68] So it was that Whitelocke, although a common lawyer, concluded that while he was not a student of the canon law, 'I [am] not a stranger unto it'.[69]

Conclusion

In concluding, this chapter must return to the three commonly accepted contentions with which it began. A closer look at the legal literature produced in England between 1550 and 1750 shows that the three obstacles to recognition of the canon law's place in shaping the *ius gentium*, obstacles that have been accepted and used by English legal historians, have proved to be either false or exaggerated. The *ius gentium* did figure in the approach to law of English lawyers. The wholesale disappearance of the canon law from the Continental law books that were used by European lawyers must have occurred later than 1750, if it occurred at all. And (with some exceptions) English lawyers, both common lawyers and civilians, continued to use and refer to the canon law in seeking to understand the role which they held that the *ius gentium* should and did play in the enforcement of the law of their land during the two centuries covered in this chapter.

Law in English, 2d ed., London 1653, (discussion of paraphernalia at p. 122-23 without mention of canon law).

68 Reading on 21 Hen. VIII, c. 13, in Cambridge University Library, MS. Ll. 3.12, f. 421. See J. H. BAKER, Readers and Readings in the Inns of Court and Chancery, no. 1097, London 2000, p. 433.

69 Whitelocke's Reading, f. 327v.

Florence Demoulin-Auzary

Aux origines des "droits de l'humanité": Le concept de *ius humanitatis* de la littérature chrétienne aux sources canoniques

L'apparition de l'humanité sur la scène juridique est liée à la guerre et aux atrocités qu'elle engendre. C'est en effet à l'issue du second conflit mondial qu'elle a pris corps juridiquement, lorsque l'accord de Londres, du 8 août 1945, a défini le crime contre l'humanité et établi la juridiction du Tribunal international de Nuremberg.

Quoique souvent mentionnée en droit international public, dans la législation et par la doctrine, l'humanité demeure un objet peu aisé à appréhender[1]. À défaut d'être un sujet de droit à proprement parler, elle est toutefois regardée par certains comme une entité à qui sont reconnus des biens et des intérêts requérant protection. Les contours de la notion et de ses implications juridiques ont été récemment précisés. En 2015, à l'invitation du président de la République française, une déclaration universelle des droits de l'humanité a été rédigée. L'humanité, "qui inclut tous les individus et les organisations humaines [et] qui comprend à la fois les générations passées, présentes et futures [et dont] la continuité […] repose sur ce lien intergénérationnel", s'y voit reconnaître six droits, qui concernent l'environnement, le développement, le patrimoine, la préservation des biens communs, la paix et la sécurité, la liberté de déterminer son destin[2]. Ils soulèvent des interrogations que les juristes ne peuvent éluder[3].

La source, la nature et les effets des "lois de l'humanité" sont tout aussi délicats à cerner. Leur valeur est cependant indéniable. C'est en considération de celles-ci

---

1 Sur le concept d'humanité, ainsi que sur les notions de droits et lois de l'humanité, voir C. Le Bris, L'humanité saisie par le droit international public (Bibliothèque de droit international et communautaire 127), Paris 2012, *passim* et, sous une forme plus brève, Ead., Esquisse de l'humanité juridique. L'humanité juridique, une sphère infinie dont le centre est partout, la circonférence nulle part, dans: Revue interdisciplinaire d'études juridiques 69 (2012), p. 1-50.

2 Le texte est consultable sur le web (droitshumanite.fr/declaration/).

3 À cet égard, voir C. Huglo / F. Picod (éd.), Déclaration universelle des droits de l'humanité. Commentaire article par article, Bruxelles 2018.

que la déclaration de Saint-Pétersbourg, signée en 1868, a interdit l'emploi de certaines armes dans les conflits[4] et affirmé que les belligérants étaient tenus de "concilier les nécessités de la guerre avec les lois de l'humanité". Dans la fameuse clause de Martens, insérée dans la convention de La Haye de 1899, les "lois de l'humanité" sont citées aux côtés du "droit des gens" et de la "conscience publique", formant ainsi un ensemble distinct[5]. Elles ne se confondent pas non plus avec le *jus humanae societatis*[6]. Aujourd'hui, les lois fondamentales, le droit commun de l'humanité, sont toujours objets de discussion[7].

L'examen de l'usage, dans la longue durée, de l'expression *ius* ou *iura humanitatis* montre que les ambiguïtés qui entourent les droits et les lois de l'humanité ne sont pas nouvelles, de même que leur hypothétique concrétisation. La collecte des occurrences de ces locutions, effectuée notamment à partir de la Patrologia Latina, des Monumenta Germaniae Historica et de la Library of Christian Latin Texts, aboutit à la constitution d'un échantillon de trente-et-un textes, dont il convient de retrancher cinq, qui ne sont que des analyses paraphrasant les œuvres de Lactance[8]. L'échantillon se réduit ainsi à vingt-six fragments, s'échelonnant de

4 Cette mention apparaît dans le préambule de la déclaration: "Considérant que les progrès de la civilisation doivent avoir pour effet d'atténuer autant que possible les calamités de la guerre; que le seul but légitime que les États doivent se proposer, durant la guerre, est l'affaiblissement des forces militaires de l'ennemi; qu'à cet effet, il suffit de mettre hors de combat le plus grand nombre d'hommes possible; que ce but serait dépassé par l'emploi d'armes qui aggraveraient inutilement les souffrances des hommes mis hors de combat ou voudraient leur mort inévitable; que l'emploi de pareilles armes serait, dès lors, contraire aux lois de l'humanité…".

5 "En attendant qu'un code plus complet des lois de la guerre puisse être édicté, les Hautes Parties contractantes jugent opportun de constater que, dans les cas non compris dans les dispositions réglementaires adoptées par Elles, les populations et les belligérants restent sous la sauvegarde et sous l'empire des principes du droit des gens, tels qu'ils résultent des usages établis entre nations civilisées, des lois de l'humanité et des exigences de la conscience publique".

6 J. MOREAU-REIBEL, Le droit de société interhumaine et le *jus gentium*. Essai sur les origines et le développement des notions jusqu'à Grotius, dans: Recueil des cours de l'Académie de droit international de La Haye 77 (1950/2), p. 480-597, spéc. p. 515: "c'est un complexe de normes, qui, tout en pouvant être considéré comme une part du droit naturel, se déduit de la nature seule de la société interhumaine et de ses apports essentiels. […] le *jus humanae societatis* est le droit des communications et des circulations humaines…". Johannes Andreae a joué un rôle déterminant dans l'élaboration de cette notion (*loc. cit.*, p. 525).

7 Cf. LE BRIS, L'humanité (Anm. 1), p. 494-507.

8 Il s'agit, dans le volume 6 de la Patrologia Latina, d'ABRAHAM SCULTETUS, Analysis libri sexti [Institutionum divinarum] (col. 629 *sq.*) et, dans le volume 7, de NICOLAUS DE LESTOCQ, Disquisitio in librum de Mortibus persecutorum (col. 157 *sq.*); JOHANNES COLOMBUS, Notae in librum de Mortibus persecutorum (col. 389 *sq.*); PALUS BAUDRUS,

l'Antiquité à l'époque contemporaine, mais dont la plupart sont antérieurs au développement du droit canonique dit classique, à partir du milieu du XIIe siècle. L'extrême rareté de l'utilisation de la formule *ius* ou *iura humanitatis* apparaît donc immédiatement. Cette singularité ne fait que souligner la densité de l'expression qui, comme on le verra, renvoie souvent à de puissantes valeurs. L'ensemble des textes réunis présente par ailleurs un caractère quelque peu hétéroclite, qui tient tant au champ chronologique qu'ils couvrent qu'à leur nature variée, littéraire, patristique, théologique ou juridique. Toutefois, et en dépit de la difficulté suscitée par la multiplicité des sens que le mot *ius* peut revêtir, des traits communs sont décelables dans l'emploi de l'une ou l'autre des expressions étudiées. La tournure *ius humanitatis* est un peu plus fréquente que la forme de *iura humanitatis*: onze occurrences ont pu être repérées pour la première et seulement huit pour la seconde . Souvent, lorsque les auteurs recourent au singulier, le *ius humanitatis* est mis en perspective avec un ou plusieurs autres ensembles de règles. L'emploi du pluriel, quant à lui, renvoie plutôt, sans que cela soit systématique, à des droits revendiqués. Ce *ius humanitatis* qui présente des caractères particuliers (I), traduit et conforte les liens qui unissent les individus (II).

I. Éléments de caractérisation du *ius humanitatis*

Le contenu des textes rassemblés, même si aucun ne contient de définition, permet, par touches successives, de saisir ce que le *ius humanitatis* peut représenter pour les auteurs ayant recours à l'expression: il s'agit à leurs yeux d'un ensemble de commandements normalement communs à tous les individus (A), dont la violation suscite une forte réprobation (B).

A / Au cœur du *ius humanitatis*: l'espèce humaine

Le *ius humanitatis*, qui a pour socle le genre humain lui-même, a été associé dès l'origine à l'idée de compassion pour autrui. Ainsi, Cicéron, dans son plaidoyer en faveur de Lucius Flaccus accusé de concussion au sortir de sa charge de gouverneur de la province d'Asie, en 59 avant J.-C., supplie ses concitoyens "au nom du droit et de la miséricorde dus à toute l'Humanité" (*communis humanitatis*

Notae in librum de Mortibus persecutorum (col. 587 *sq.*); NICOLAUS LE NOURRY, Dissertatio in librum de Mortibus persecutorum (col. 839 *sq.*).

iure ac misericordia)[9]. De même, deux femmes éplorées qu'Apulée met en scène dans ses Métamorphoses, rédigées avant 165 après J.-C., s'adressent au magistrat et au peuple rassemblé autour des corps sans vie de trois jeunes hommes, en invoquant la *publica misericordia* et le *commune ius humanitatis*[10]. La compassion naît de la conscience de partager la même nature humaine, comme Origène le souligne indirectement dans l'une de ses homélies sur Ézéchiel[11]. Cette idée, qui s'enracine dans la philosophie stoïcienne et dont le thème a été abondamment développé par Cicéron, revêt sous la plume des auteurs chrétiens une nouvelle dimension[12]. Pour Lactance, en effet, les hommes partagent la condition dans laquelle Dieu les a tous créés. Le *ius humanitatis*, fondé sur l'appartenance à l'espèce humaine, est transcendé par le *ius fraternitatis*, reposant sur cette parenté surnaturelle qui relie les individus[13]. Les liens de parenté – la *germanitas* dont il fait état – sont aussi la

---

9 CICERO, Oratio pro Flacco, 11: "Si quem infimo loco natum, nullo splendore uitae, nulla commendatione famae defenderem, tamen ciuem a ciuibus communis humanitatis iure ac misericordia deprecarer…" (éd. et trad. A. BOULANGER, Cicéron. Discours, t. XII, Paris 1938, p. 24).

10 APULEIUS MADAURENSIS, Metamorphoses, III, 8: "'per publicam misericordiam, per commune ius humanitatis', aiunt, 'miseremini indigne caesorum iuuenum nostrae que uiduitati ac solitudine de uindicta solacium date" (éd. et trad. D.-S. ROBERTSON / O. SERS, Apulée. Les Métamorphoses ou l'Âne d'or, Paris 2007, p. 90). Sur la datation: N. LEVI, La chronologie de la vie et des œuvres d'Apulée: essai de synthèse et nouvelles hypothèses, dans: Latomus 73 (2014), p. 693-720.

11 Dans cet extrait, rapprochant Ez, 16, 49 et Lc, 16, 19-31 (la parabole du riche et de Lazare), il écrit: "sed in tantam superbiam elatus est despiciens paupertatem, ut non computaret neque inferiorum supplicia neque communia humanitatis iura, quia oporteret hominem humana sapere et in alienis calamitatibus pro simili conditione sui quodammodo misereri" (ORIGENES [sec. transl. Hieronymi], Homiliae in Ezechielem, IX, 4, éd. et trad. W. A. BAEHRENS / M. BORRET, Origène. Homélies sur Ezéchiel [Sources chrétiennes 352], Paris 1989, p. 316).

12 Si, pour les Romains, l'*humanitas* est initialement une qualité, elle désigne en premier lieu pour les chrétiens le genre humain. Voir H. PETRE, *Caritas:* étude sur le vocabulaire latin de la charité chrétienne, Louvain 1948, p. 200-207 ("*Humanitas* chez Cicéron et Sénèque") et p. 212-221 ("*Humanitas* dans les textes chrétiens"); P. VESPERINI, Le sens d'*humanitas* à Rome, dans: Mélanges de l'École française de Rome. Antiquité 127/1 (2015), p. 131-144; H. BOLKENSTEIN, *Humanitas* bei Lactancius, dans: T. KLAUSER / A. RÜCKER (éd.), *Pisciculi.* Studien zur Religion und Kultur des Altertums. Franz Joseph Dölger zum sechzigsten Geburtstag dargeboten von Freunden, Verehrern und Schülern, Münster 1939, p. 62-65. Sur *humanitas* et *misericordia*, voir en outre les commentaires de C. INGREMEAU, Lactance. Institutions divines, livre VI (Sources chrétiennes 509), Paris 2007, p. 25-27 et p. 403-407.

13 LACTANTIUS, Institutiones divinae, V, 22, 7: "Iustus uero ac sapiens […] – scit enim cunctos ab eodem deo et eadem condicione generatos iure fraternitatis esse coniunctos –" (éd. et trad. P. MONAT, Lactance. Institutions divines, livre V, t. I [Sources chrétiennes 204], Paris 1973, p. 250). Sur l'emploi par Lactance de la locution *ius*

source des principes dictant les comportements à adopter à l'égard des semblables[14].

Le *ius humanitatis* concerne l'être de chair soumis aux contraintes naturelles et, dans quelques-uns des textes médiévaux collectés, la césure entre les réalités terrestres et les réalités célestes est aisément perceptible. Ainsi, dans son traité consacré à l'enfantement du Christ, rédigé après 844, Paschase Radbert affirme que la naissance de Jésus pas plus que son engendrement n'ont été soumis aux "lois de l'humanité" pour défendre la thèse selon laquelle la virginité de Marie n'a pas été altérée[15]. Derrière cette question de la virginité symbolique ou réelle de la mère de l'Incarnation se cachait en fait celle de la présence du Christ dans l'Eucharistie[16]. Dans un extrait du *Tracatus de Incarnatione contra Judaeos* rédigé un siècle et demi plus tard par Guibert de Nogent, la différence entre les hommes et le Fils, qui s'élève au dessus des "lois de l'humanité" apparaît encore une fois irréductible[17]. Quelques années après, Bernard de Clairvaux, tout en reconnaissant dans l'un de ses sermons la justesse de la charité exercée envers le prochain, se désole cependant de ce que "la loi de l'humanité et la nécessité elle-même nous [fasse] travailler pour la paix sur la terre plus que pour la gloire du ciel; [que] l'anxiété des soucis temporels nous laisse à peine le loisir de songer aux réalités éternelles [et que:] Délaissant le soin de l'âme, nous sommes presque continuellement asservis aux malaises de notre corps"[18].

Par ailleurs, de temps à autres, le *ius humanitatis* paraît pouvoir être conçu comme un regroupement particulier de prescriptions, distingué d'autres

---

humanitatis, voir P. MONAT, Lactance. Institutions divines, livre V, t. II (Sources chrétiennes 205), Paris 1973, p. 15-16.

14 LACTANTIUS, Institutiones divinae, VI, 10, 8: "Ob hanc necessitudinem germanitatis docet nos Deus..." (éd. INGREMEAU [cf. n. 12], p. 202).

15 PASCHASIUS RADBERTUS, De partu Virginis, I: "Quapropter audiant temerarii perscrutatores tanti mysterii, et intelligant quod non sint haec humanitatis iura in nascendo, neque lex, non dico damnatae naturae, verum etiam nec lex primae originis ante peccatum, ut Deus et homo unus de Virgine sic Christus nasceretur" (éd. A. RIPBERGER [CCCM 56/C], Turnholti 1985, p. 50-51, l. 112-115).

16 Cf. les explications de l'éditeur du texte, A. RIPBERGER (cf. n. 15), p. 12-13.

17 GUIBERTUS DE NOVIGENTO, Tractatus de Incarnatione contra Judaeos, III, 3: "Populi, tribus, et linguae ibi nulli serviunt, nisi quem transcendere totius iura humanitatis sciunt" (PL 156, col. 512BC).

18 BERNARDUS CLARAEVALLENSIS, Sermones super Cantica Canticorum, 50, 5: "et paci terrae magis quam caeli gloriae, iure humanitatis et ipsa necessitate intendimus; et temporalium inquietudine curarum vix aliquid sentire de aeternis permittimur; et languoribus nostri corporis, postposita animae cura, pene continue inservimus" (éd. et trad. O. VERDEYEN / R. FASSETTA, Bernard de Clairvaux. Sermons sur le Cantique, t. III, Sermons 33-50 [Sources chrétiennes 452], Paris 2000, p. 355).

ensembles normatifs. Tel est le cas chez Lactance qui, à deux reprises dans les *Institutions divines*, juxtapose le *ius humanitatis* et le *fas*, pour mieux souligner la gravité des actes considérés[19]. Au IXe siècle, Hincmar de Reims, dans une séquence plus riche, rassemble dans son traité sur la répression du rapt

des femmes les lois divines, les lois humaines et les droits de l'humanité elle-même, dont il condamne très vigoureusement l'irrespect[20]. Il est hors de doute que les procédés rhétoriques employés par les auteurs sont susceptibles d'amplifier leurs propos. La construction de leurs discours n'en révèle pas moins l'émotion que les atteintes portées à ce qu'ils qualifient de *ius humanitatis* peuvent provoquer.

B / Le mépris du *ius humanitatis*: une transgression inacceptable

La violation des règles formant le substrat désigné comme "droit de l'humanité" est en effet perçue comme particulièrement scandaleuse. Deux exemples illustrent l'indignation provoquée par un tel manquement. Le premier se trouve dans le plaidoyer de Cicéron en faveur du roi Dejotarus, accusé d'une tentative d'assassinat contre César par l'un de ses proches esclaves, instrument de la machination orchestrée par son petit-fils, Castor. Dans une gradation d'effets dramatiques, l'illustre orateur invoque la violation de "tous les droits de l'individu, de la société, de l'humanité"[21]. On peut aisément déduire de ces propos qu'aux yeux de ce citoyen romain, retourner l'esclave contre son maître est un acte qui dépasse le cadre privé. Éminemment subversif, cet agissement ébranle en quelque sorte les structures de la société construite autour du *paterfamilias*, qui règne en maître sur la *domus*. La subornation de l'esclave, suggère-t-il, est finalement pire qu'une accusation pouvant mener à la peine de mort.

---

19 LACTANTIUS, Institutiones divinae, V, 19, 7: "In hisne mala mens est qui contra ius humanitatis, contra fas omne lacerantur…" (éd. MONAT [cf. n. 13], p. 230) et ID., *eod. loc.*., VI, 10, 8: "Ergo pro beluis inmanibus sunt habendi qui homini nocent, qui contra ius humanitatis et fas omne spoliant…" (éd. INGREMEAU [cf. n. 12], p. 202).

20 HINCMARUS REMENSIS, De coercendo et exstirpando raptu viduarum, puellarum ac sanctimonialium, 12: "ut eas quas in primis contra omnes et divinas et humanas leges, et contra ipsius iura humanitatis per violentiam et raptum sibi conjungunt…" (PL 125, col. 1026D).

21 CICERO, Pro rege Deiotaro oratio, 11 (30): "adeone ut omnia uitae salutisque communis atque etiam humanitatis iura uiolentur?" (éd. M. LOB, Cicéron, Discours, t. XVIII, Paris 1968, p. 115-116).

Le traité sur le rapt rédigé par Hincmar de Reims fournit le second exemple[22]. Effectivement, comme l'explique Sylvie Joye, le rapt est un acte qui, par nature, rompt l'ordre social que l'Église entend désormais fonder sur le mariage. Il brise la paix dont le souverain carolingien doit être le garant. C'est aussi une sorte de négation des prétentions des autorités ecclésiastiques qui, à cette époque, commencent à étendre leur contrôle sur le lien matrimonial, ainsi qu'une résistance à l'autorité paternelle. Pour mieux le présenter comme abominable, Hincmar met ainsi en relief son caractère "hors-norme"[23]. Pour Lactance, les auteurs de tels actes, emplis de "l'esprit du mal" se comportent de manière pire que "les barbares les plus farouches"[24] et "doivent être tenus pour des bêtes monstrueuses"[25]. La violation des *iura humanitatis* les exclut de la civilisation, les conduit à la déchéance de leur propre condition humaine et les ravale au rang d'animaux.

Comme le laisse facilement supposer les propos qui précèdent, le *ius humanitatis* est également invoqué pour révéler des actes d'une extrême gravité. Lactance dénonce ainsi les spoliations, la torture et l'extermination qui s'abattent sur les chrétiens depuis les quatre édits de Dioclétien de 303 et 304, qui ordonnent la destruction de leurs lieux de culte et de leurs livres sacrés, l'incarcération du clergé et obligent les fidèles à sacrifier aux dieux païens[26]. Les *Institutions divines* sont précisément rédigées au cours de cette période de persécution intense, qui prend fin avec les édits de 311 et 313. Les supplices permettent d'obtenir l'apostasie ou la mort des récalcitrants[27]. C'est parce que les chrétiens persécutés sont privés des droits et garanties dont ils devraient normalement bénéficier en tant que citoyens

---

22 Il est analysé par S. JOYE, La femme ravie. Le mariage par rapt dans les sociétés occidentales du Haut Moyen Âge (Haut Moyen-Âge 12), Turnhout 2012, p. 405-434.

23 Voir JOYE, La femme ravie (cf. n. 22), p. 406-407 et p. 406: "le vocabulaire employé et la forme donnée à la condamnation du rapt le stigmatisent comme une pratique monstrueuse, c'est-à-dire hors norme, voire contre-nature, car il dévoie les modalités normales du mariage".

24 LACTANTIUS, Institutiones divinae, V, 19, 7: "In hisne mala mens est qui contra ius humanitatis, contra fas omne lacerantur, an potius in iis qui ea faciunt in corporibus innocentium, quae nec saeuissimi latrones nec iratissimi hostes nec immanissimi barbari aliquando fecerunt ?" (éd. MONAT [cf. n. 13], p. 230).

25 LACTANTIUS, Institutiones divinae, VI, 10, 8: "Ergo pro beluis inmanibus sunt habendi qui homini nocent…" (éd. INGREMEAU [cf. n. 12], p. 202).

26 LACTANTIUS, Institutiones divinae, V, 19, 7 (éd. MONAT [cf. n. 13], p. 230); VI, 10, 8: "qui contra ius humanitatis et fas omne spoliant cruciant occidant exterminant" (éd. INGREMEAU [cf. n. 12], p. 202).

27 Voir M. J.-L. PERRIN, La persécution et les persécuteurs dans Lactance, Inst. divines, V: éléments pour une étude historique et littéraire, dans: Vita Latina 160 (2000), p. 58-69.

romains que Lactance en appelle au *ius humanitatis*. Dans *La mort des persécuteurs*, dont la composition, un peu plus tardive, se situerait entre 316 et 321, le rhéteur chrétien rappelle avec une ironie amère comment Galère avait fait noyer les pauvres ne pouvant payer le cens[28].

Quinze siècles plus tard, la lettre apostolique *In supremo apostolatus fastigio*, promulguée en 1839 par Grégoire XVI s'inscrit encore dans cette tradition. Condamnant la traite des Noirs, le pape met en avant le processus de déshumanisation inhérent à l'esclavage, par lequel des êtres humains sont considérés comme des bêtes de somme et estimés comme des biens[29]. Traversant les âges, l'idée de *iura humanitatis* entend ainsi garantir le respect de l'intégrité physique de l'être humain, la préservation de sa vie et sa dignité. Le *ius humanitatis*, naissant du partage de la même condition humaine doit conduire chacun à la prise en considération d'autrui et de ses besoins fondamentaux.

II. Le *ius humanitatis* et l'altérité

L'Église a continuellement prescrit aux chrétiens, en leur indiquant les moyens, de porter secours aux personnes démunies (B). Il s'agit là d'un devoir individuel très concret. D'un point de vue plus abstrait, le *ius humanitatis* apparaît étroitement relié à la justice, qu'il s'agisse de la mission du gouvernant ou de sa qualité propre (A).

---

[28] LACTANTIUS, De mortibus persecutorum, XXIII, 8-9: "Atquin homo pius misertus est illis, ut non egerent. Congregari omnes iussit et exportatos nauiculis in mare mergi. Adeo hominem misericordem, qui prouiderit ne quis illo imperante miser esset! Ita dum cavet ne quis simulatione mendicitatis censum subterfugiat, multitudinem verorum miserorum contra omne ius humanitatis occidit" (éd. J. MOREAU, Lactance. De la mort des persécuteurs, t. I [Sources chrétiennes 39], Paris 1954, p. 104).

[29] Gregorius XVI, *In supremo apostolatus fastigio* (3.XII.1939): "ne quis audeat in posterum Indos, Nigritas, seu alios hujusmodi homines injuste vexare, aut spoliare suis bonis, aut in servitutem redigere, vel aliis talia in eos patrantibus auxilium aut favorem praestare; seu exercere inhumanum illud commercium, quo Nigritae, tamquam si non homines sed pura putaque animantia forent, in servitutem uteumque redacti, sine ullo discrimine, contra justitiae et humanitatis jura, emuntur, venduntur, ac durissimis interdum laboribus exantlandis devoventur, et insuper lucri spe primis Nigritarum occupatoribus per commercium idem proposito, dissidia etiam et perpetua quodammodo in illorum regionibus praelia foventur" (Acta Gregorii papae XVI, n° 257, t. II, Romae 1901, p. 387-388, ici p. 388).

A / La justice

Il est frappant de constater que, dans les textes antiques rassemblés, l'expression *ius/iura humanitatis* est utilisée à plusieurs reprises dans un cadre judiciaire, réel ou fictif. Tel est le cas, en premier lieu, des deux plaidoyers de Cicéron en faveur de souligner que son client peut, comme tout homme, prétendre à un procès dans lequel les témoins soient impartiaux. Apulée, en deuxième lieu, recourt à ce vocabulaire dans l'Apologie, texte dans lequel il se défend d'une accusation de magie qu'il avait due affronter vers 160. De même, dans les Métamorphoses, les termes apparaissent au moment de la narration d'un simulacre de procès, lorsque les femmes supplient l'assemblée afin d'obtenir vengeance du meurtre des jeunes hommes. Lactance, enfin, au début du cinquième livre des Institutions divines, s'adresse à son lecteur comme à un juge. Recourant à un vocabulaire juridique fourni[30], il réclame le droit de plaider intégralement sa cause, à savoir la défense de la foi chrétienne:

> à ce lecteur pourtant nous demandons au nom [du droit] de l'humanité si cela est possible de ne pas nous condamner avant d'avoir pris connaissance de l'ensemble de l'œuvre. Car si l'on donne aux sacrilèges, aux traîtres, aux empoisonneurs la possibilité de plaider leur cause et s'il n'est pas permis de condamner par avance quelqu'un sans avoir instruit son affaire, nous avons bien le droit de demander, dans le cas où quelqu'un tombera sur notre ouvrage, s'il le lit, qu'il le lise jusqu'au bout, qu'il suspende son verdict jusqu'à la fin de la lecture[31].

Le rhéteur entend notamment montrer dans son ouvrage que l'*humanitas* et la justice ne sont pas l'apanage des Romains[32]. À ses yeux, l'*humanitas* des chrétiens, synonyme de *misericordia*, est un mouvement altruiste tourné vers les pauvres[33], et

---

30 Sur l'évaluation de la culture juridique de Lactance, voir J. GAUDEMET, Lactance et le droit romain, dans: Accademia romanistica Costantiniana. Atti II° convegno internazionale (18-20 settembre 1975), Perugia 1976, p. 83-101.

31 LACTANTIUS, Institutiones divinae, V, 1, 2: "Ab hoc tamen, si fieri potest, humanitatis iure postulamus ut non prius damnet quam universa cognouerit. Nam si sacrilegis et proditoribus et ueneficis potestas defedendi sui datur, nec praedamnari quemquam incognita causa licet, non iniuste petere uidemur, ut si quis erit ille qui inciderit in haec, si leget, perlegat, si audiet, sententiam differat in extremum" (éd. MONAT [cf. n. 13], p. 127).

32 Sur ces questions, voir les commentaires de P. MONAT (Lactance. Institutions divines, livre V, t. I [cf. n. 13], p. 20 *sq.*, ainsi que p. 58 *sq.*

33 Cf. PETRE, *Caritas* (Anm. 12), p. 215, a souligné, à propos de l'*humanitas* et de l'hospitalité, qu'ici Lactance s'éloigne de son modèle cicéronien: "Cicéron l'avait mentionnée à propos de la bienfaisance, mais seulement pout rappeler la gloire et l'utilité qu'il y a à recevoir d'illustres hôtes".

la justice une *summa virtus, cujus origo in religione, ratio in aequitate est*[34]. La foi et la charité, précise-t-il dans le livre VI, sont les élements constitutifs de cette vertu:

> Le premier devoir de la justice est d'être uni à Dieu, le second est d'être uni à l'homme; or le premier devoir est appelé religion, le second se nomme miséricorde, ou mieux, humanité[35].

À l'époque carolingienne, la justice constitue le canal par lequel le monarque et ses agents doivent instaurer la paix et l'ordre, mais elle est en outre une vertu essentielle que le détenteur du pouvoir doit cultiver. La définition que les auteurs ecclésiastiques en donnent se révèle largement tributaire de celle que Cicéron avait livrée en son temps[36]. Dans sa *Disputatio de rhetorica* composée dans les années 790, Alcuin écrit ainsi: "La justice est une disposition de l'esprit qui accorde à chaque affaire ce qu'elle mérite". Il y adjoint toutefois immédiatement un contenu chrétien: "Dans celle-ci, le culte de la divinité, les droits de l'humanité et l'équité de toute vie sont conservés"[37]. Une dizaine années plus tard, dans le traité de morale politique qu'il adresse comte Guy de Bretagne, la justice, décrite cette fois comme la noblesse de l'esprit, comporte un nouvel élément: les justes jugements[38]. Alcuin, comme le relève Alain Dubreucq, a adapté ici la définition de la justice en considération de la condition et de la fonction de juge exercée par le destinataire de l'ouvrage. Ses explications, reprises textuellement par ses successeurs, sont diffusées par l'encyclopédie *De rerum naturis* de Raban Maur et son traité *De ecclesiastica disciplina*, ainsi que, dans une moindre mesure, par le

34 LACTANTIUS, Institutiones divinae, V, 14, 7 (éd. MONAT [cf. n. 13], p. 200).

35 *Ibid.*, VI, 10, 1-2: "primum officium justitiae est, coniungi cum deo; secundum, cum homine. Sed illud primum religio dicitur; hoc secundum misericordia vel humanitas nominatur" (éd. et trad. INGREMEAU [cf. n. 12], p. 200-201).

36 CICERO, De inventione, II, 53, 16: "*Iustitia est habitus animi*, communi utilitate conseruata, suam cuique tribuens dignitatem" (Cicéron. De l'invention, éd. et trad. G. ACHARD, Paris 1994, p. 22).

37 ALCUINUS, Dialogus de rhetorica, c. 44: "*Iustitia* est habitus animi unicuique rei propriam tribuens dignitatem: in hac justicia divinitatis cultus et humanitatis iura et aequitas totius vitae conservatur" (A. COSTRINO, Alcuin's Disputatio de rhetorica: a critical edition with studies of the text, the stemma codicum, the didactic diagrams and a reinterpretation of sources for the problem of the duality of the dialogue, PhD Thesis, University of York 2016, p. 98 [consultable en ligne: http://etheses.whiterose.ac.uk/17792/]).

38 ALCUINUS, De virtutibus et vitiis, c. 35: "Justitia est animi nobilitas, unicuique rei propriam tribuens dignitatem. In hac divinitatis cultus, et humanitatis jura, et justa judicia, et aequitas totius vitae conservatur" (PL 101, col. 637); A. DUBREUCQ, Autour du *De virtutibus et vitiis* d'Alcuin, dans: *Annales de Bretagne et des Pays de l'Ouest* 111/3 (2004), p. 249-288, ici p. 281.

pénitentiel d'Halitgaire de Cambrai († ca. 830)[39]. La vertu de justice comprend donc ainsi, parmi d'autres aspects, le respect des droits de l'humanité, qui, eux-mêmes, conduisent à porter secours aux plus démunis.

B / L'assistance

Les fragments colligés exposent quelques-unes des pratiques traditionnelles d'assistance, à commencer par l'accueil de l'étranger ou du voyageur. La première référence à l'hospitalité se situe dans l'une des conférences de Jean Cassien, publiées vers 425[40]. Elle est également évoquée par Adam de Brême († ca. 1075) lorsqu'il décrit les pays scandinaves[41]. C'est encore le sens que Francis Bacon confère à l'expression dans la Nouvelle Atlantide, composée en 1623[42]. Universelle, intemporelle, l'hospitalité, qui consiste à offrir un toit à celui qui est de passage, est incontestablement incluse dans le *ius humanitatis*. Il en est de même de l'aumône, qui, inscrite dans l'Ancien et le Nouveau Testament, est une obligation incombant à chaque fidèle. Augustin, dans un sermon dont la paternité n'est aujourd'hui plus contestée[43], affirme vigoureusement, en réaction aux doctrines manichéennes, qu'aucune discrimination ne doit être faite à ce sujet parmi les pauvres, qui en sont tous dignes: "l'aumône [...] consacrée par le droit

---

39 RABANUS MAURUS, De rerum naturis, XV, 1 (PL 111, col. 417); ID., De disciplina ecclesiastica, III, De quatuor principalibus virtutibus (PL 112, col. 1254); HALITGARIUS CAMERACENSIS, Liber poenitentialis, II, 8 (PL 105, col. 674).

40 JOHANNES CASSIANUS, Collatio VIII, 23, 3: "Unde idem ipse Abraham, unde Loth transeunitbus ac peregrinis humanitatis iura et ablutionem pedum necdum euangelico coruscante mandato suppliciter obtulerunt?" (éd. M. PETSCHENIG / E. PICHERY, Jean Cassien. Conférences, II [Sources chrétiennes 54 bis], Paris 2009, p. 56).

41 ADAM BREMENSIS, Gesta Hammaburgensis ecclesiae pontificum, IV, 21: "Cui exhibens omnia iura humanitatis, quot diebus illic commorari voluerit, ad amicos eum suos certatim per singulas dirigit mansiones" (éd. B. SCHMEIDLER [MGH, SS rer. germ. 2], Hannoverae/Lipsiae 1917, p. 252).

42 Franciscus BACON, Nova Atlantis, Ultrajecti 1643: "Primum enim, iura humanitatis omnia sarta tecta servavit, in institutis et fundationibus suis, pro levamine et solatio peregrinorum afflictorum, quod et vos experti estis" (http://www.hs-augsburg.de/~harsch/Chronologia/Lspost17/Bacon/bac_atla.html).

43 Cf. les arguments avancés par C. LAMBOT, Sermon sur l'aumône à restituer à saint Augustin, dans: Revue bénédictine 66 (1956), p. 149-58. Inclus, sous une forme tronquée, dans le volume 40 de la Patrologia Latina (col. 1227-1231), il a fait récemment l'objet d'une édition critique intégrale: I. SCHILLER / D. WEBER / C. WEIDMANN, Sechs neue Augustinuspredigten: Teil 2 mit Edition dreier Sermones zum Thema Almosen, dans: *Wiener Studien 122 (2009), p. 171-213, ici p. 207-213.*

de l'humanité à tous les pauvres, quels qu'ils soient, ne doit pas être méprisée"[44]. La texte a amplement circulé grâce à son insertion dans la compilation augustinienne sur l'Apôtre, élaborée vers 850, par Florus de Lyon[45], et dans le Décret de Gratien (C. 23, q. 4, c. 35), dont la forme se stabilise vers 1140[46]. Il est encore repris au milieu du XIIIe siècle par Guillaume de Saint-Amour dans sa *quaestio De valido mendicante*, qu'il compose au moment du conflit opposant, au sein de la faculté de théologie de Paris, les maîtres séculiers aux maîtres Mendiants[47]. Chez les théologiens des XIIe et XIIIe siècles, qui peinent à déterminer la nature du devoir d'aumône, celui-ci est souvent considéré comme ayant sa source dans la vertu de justice[48]. Les décrétistes, de leur côté, mettent en avant l'idée que l'aumône, vivement encouragée, peut devenir impérative dans les cas d'extrême nécessité. Ils estiment que de pas répondre à la sollicitation de celui qui meurt de faim est assimilable à un homicide ou à un vol, tout en affirmant que faire l'aumône n'est pas une obligation au sens civil du terme[49]. Canonistes et

---

44 AUGUSTINUS, Sermo De eleemosynis quae fiunt in omnes, 8: "Hinc itaque maxime intelligendum est, quam non sit contemnenda eleemosyna, quae quibuslibet pauperibus iure humanitatis impenditur, quandoquidem dominus sublevabat indigentiam pauperum ex his loculis quos ex opibus implebat aliorum" (éd. WEIDMANN [cf. n. 43], p. 213).

45 FLORUS LUDGUNENSIS, Expositio in epistolas beati Pauli ex operibus S. Augustini, Pars III, éd. P.-I. FRANSEN *et alii* (CCCM 220B), Turnholti 2011, p. 318-320. Il s'agit précisément du commentaire sur l'Epitre aux Galates, VI, 10 (n° 148). Le texte ne se trouve pas dans le florilège de Bède le Vénérable, comme le notaient les *Correctores Romani* à propos de C. 23, q. 4, c. 35. La confusion vient de ce que l'édition *princeps* de l'œuvre du premier a été faite sous le nom du second. Voir L. DE CONINCK / B. COPPIETERS' T WALLANT / R. DEMEULENAERE, Pour une nouvelle édition de la compilation augustinienne de Florus sur l'Apôtre, dans: Revue bénédictine 119/2 (2009), p. 316-335, ici p. 316.

46 L'influence d'Anselme de Lucques a été démontrée dans la construction de cette dernière. Ce n'est toutefois pas dans cette collection que Gratien a puisé ce fragment. La liste des canons de la C. 23, q. 4 empruntés à Anselme est en effet la suivante: c. 3-4, 12, 18, 24-25, 38-39, 42-44 (A. SZUROMI, Pre-Gratian medieval canonical collections: texts, manuscripts, concepts [Aus Religion und Recht 18], Berlin 2018, p. 80, n. 435).

47 Elle est éditée par A. G. TRAVER, William of Saint-Amour's two disputed questions *De quantitate eleemosynae* and *De valido mendicante*, dans: Archives d'histoire doctrinale et littéraire du Moyen Âge 62 (1995), p. 295-342, ici p. 335.

48 Sur le rattachement de la miséricorde à la vertu de justice, voir O. LOTTIN, Psychologie et morale aux XIIe et XIIIe siècles, t. III, Louvain/Gembloux 1949, chap. XV: Notes sur la vertu de justice et deux devoirs connexes, p. 281-326, spéc. p. 312-313.

49 Cf. G. COUVREUR, Les pauvres ont-ils des droits? Recherches sur le vol en cas d'extrême nécessité depuis la *Concordia* de Gratien (1140) jusqu'à Guillaume d'Auxerre († 1141) (Analecta Gregoriana 111), Rome/Paris 1961; F. DEMOULIN-AUZARY, *Pro sustentandis Christi pauperibus*. La naissance d'un droit de l'aumône aux XIIe et XIIIe siècles, dans: Der Einfluss der Kanonistik auf die europaïsche Rechtskultur, t. V, Das Recht der Wirtschaft, éd. D. VON MAYENBURG *et alii* (Norm und Struktur 37/5), Köln/Weimar/Wien 2016, p. 73-100.

théologiens y voient, selon les hypothèses considérées, un conseil ou un précepte. Les réflexions menées par les uns et les autres montrent que la juridicisation de l'aumône n'est guère envisageable. Issue de la charité, la bienfaisance fait simplement partie des œuvres de miséricorde, au même titre que le rachat des captifs, le soin des malades, le soutien des orphelins et des veuves, l'enterrement des morts, etc. De ce constat surgit un doute quant à la force contraignante du *ius humanitatis* qui la sous-tend.

Dans les ouvrages de ceux qu'on l'on appelle communément les "pères fondateurs du droit international public", la question a été rapidement tranchée. En effet, si Alberico Gentili recourt encore à l'expression *ius/iura humanitatis* de manière traditionnelle – en explicitant d'ailleurs l'influence de Lactance sur ce point[50] –, tel n'est plus le cas de ses successeurs. Le premier, dans son livre sur le droit de la guerre paru en 1598, estime encore que la préservation de la vie des captifs et la sépulture qu'il convient de donner aux ennemis tombés lors des conflits relèvent des droits et des lois de l'humanité[51]. C'est en leur nom, de plus, qu'il désapprouve la pratique consistant à mutiler les prisonniers[52]. La rupture survient ensuite avec Grotius qui, semble-t-il, n'emploie plus la locution *iura humanitatis*, mais lui substitue celle d'*officia humanitatis*[53]. S'engageant dans la même voie, son disciple Pufendorf précise la nature de ces "devoirs d'humanité" et le cadre dans lequel ils se manifestent. Ils sont l'objet, explique-t-il, d'un "droit

---

50 Cf. Albericus GENTILIS, De jure belli libri tres, III, 13: "Ut haec duo sunt, fragilitatis conscientia et poenae timor, ex quibus omnia fere iura humanitatis oriuntur, quibus inter nos cohaeremus, quod Lactantius" (éd. T.-E. HOLLAND, Oxonii 1877, p. 344). Il se réfère ici, en déformant quelque peu la formulation, à LACTANCIUS, De opificio Dei, c. 4, 18: "Praeterea si mors certae constituta esset aetati, fieret homo insolentissimus et humanitate careret. Nam fere iura omnia humanitatis, quibus inter nos cohaeremus, ex metu et conscientia fragilitatis oriuntur" (éd. B. BAKHOUCHE / S. LUCIANI, Turnhout 2009, p. 132).

51 Albericus GENTILIS, De jure belli libri tres, II, 17: "Iura haec humanitatis, et militiae leges dicuntur, dedentibus se parcere" (éd. HOLLAND [cf. n. 50], p. 206); ID., *eod. loc.*, II, 24: "Sic dicunt alii doctores, hostium sepulturam curandam: et curam esse piam, necessariam. Hoc est gentium et humanitatis ius, ut de Chrysostomo aliisque idem nobis docet doctissimus P. Fabe." (*ibid.*, p. 268).

52 Albericus GENTILIS, De jure belli libri tres, III, 2: "Nos privatam disputationem tribuimus his quae per ius ciuile interdictae sunt, et quae mihi etiam naturae respectu interdictae uidentur: ut manus abscissio utriusque et pedis. Etiam de una sic Paulus ille Aemilius, nobilissimus scriptor, 'Licentia belli, potius quam humanitatis iure, praecisis dextris captos dimisit'" (éd. HOLLAND [cf. n. 50], p. 284).

53 Hugo GROTIUS, De iure belli ac pacis, III, 17, 3: "Proderit etiam cum utraque parte bellum gerente foedus miscere ita, ut cum utriusque bona voluntate a bello abstinere, et communia humanitatis officia utrisque exhibere liceat" (éd. B. J. A. DE KANTER-VAN HETTINGA TROMP, Leiden 1939, p. 808).

imparfait", fondé sur la "Loi purement Naturelle"[54]. Jean Barbeyrac, traducteur du *De iure naturae et gentium*, précisant la pensée de l'auteur, indique qu'"[il] entend par là ce qu'il appelle ailleurs *Devoirs Absolus*, c'est-à-dire ceux qui sont fondez sur la constitution originaire de nôtre Nature, et auxquels un Homme est tenu envers tout autre Homme précisément comme tel"[55]. S'acquitter ainsi de ces devoirs d'humanité[56] revient à pratiquer la justice qu'il qualifie d'universelle[57]. Universelle mais inefficiente. Sous la plume de Christian Wolf toute hésitation disparaît: les *officia humanitatis*, produit d'un droit imparfait, peuvent certes toujours être réclamés, mais nul ne peut être contraint à leur exécution[58]. Les devoirs d'humanité ne sont donc pas des droits exigibles, l'exemple type étant celui de l'aumône. Ces divers éléments de réflexions se retrouvent dans le traité d'Emer de Vattel dont l'originalité, sur ce point, consiste à étendre la notion aux nations elles-mêmes[59].

**
*

---

54 Samuel PUFENDORF, De iure naturae et gentium, I, 7, 15: "sciendum aliquem laedi posse triplici modo; vel ut denegetur, quod ipse debebat habere [...] Circa priorem modum est observandum, deberi aliquid alicui ex mero jure naturae, ita tamen, ut ad ea perfectum jus non habeat, ut sunt officia humanitatis, beneficentiae..." (Londini Scanorum 1672, p. 117).

55 Jean BARBEYRAC, Le droit de la nature et des gens, I, 7, 17, V^is^ En vertu d'une loi purement naturelle (éd. Basle 1732, reimp. Caen 2009, t. I, p. 128).

56 Ces *officia humanitatis* ont pour synonymes *officia caritatis* (voir ainsi De iure naturae et gentium, III, 1, 4 [éd. cit., cf. n. 54, p. 256] et III, 4, 1 [éd. cit., cf. n. 54, p. 310]).

57 Samuel PUFENDORF, De iure naturae et gentium, I, 7, 8: "Quando igitur exhibentur alicui actiones aut res, que illi ex jure duntaxtat imperfecto debentur, aut quando adversus alterum exercentur actiones in commercium non venientes, communiter dicitur observari justicia universalis. Ut quando quis [...] officia pietatis, reven rentiae, grati animi, humanitatis, beneficentiae exhibet adversus quos ista exhibere tenetur" (éd. cit., cf. n. 54, p. 108).

58 Christian WOLFF, Institutiones juris naturae et gentium, I, 3, 79: "Atque hinc porro liquet, in praestandis officis humanitatis standum esse in judicio praestantis, num in potestate sua sint, sicut petentis de indigentia, consequenter si officium humanitatis denegetur, id petenti ferendum esse, nec ab eo alterum ad prestandum cogi posse. Hoc tamen non ostante, qui officium humanitatis denegat peccat" (Halae Maddeburgicae 1754, p. 40-41); ID., *eod. loc.*, I, 3, 82: "jus petendi officia humanitatis esse perfectum, etsi jus ad officia humanitatis ut hic et nunc ab hoc praestentur, sit imperfectum [...]. Qui officia humanitatis praestare non obligamur, nisi indigenti, ut petrantur omnino necessarium est" (éd. cit., p. 42-43).

59 Emer DE VATTEL, Le droit des gens, II, 1: Des devoirs communs d'une Nation envers les autres, ou des Offices de l'humanité entre les Nations (Le droit des gens ou principes de la loi naturelle appliqués à la conduite et aux affaires des nations et des souverains, t. I, Londres 1758, p. 255 *sq.*).

Il ressort finalement de l'examen des fragments de textes présentés ici qu'en dépit de sa résonnance juridique, l'expression *ius/iura humanitatis* n'appartient pas à la langue du droit. Absente du *Corpus iuris civilis*, elle n'apparaît elle qu'une seule fois dans le *Corpus iuris canonici* (C. 23, q. 4, c. 35), et encore convient-il de préciser que ce passage précis de l'homélie d'Augustin n'a pas fait l'objet, en tant que tel, de commentaire doctrinal. Son registre est donc celui du langage courant[60]. Les situations auxquelles elle renvoie sont souvent sous-tendues par l'existence d'un clivage et d'une carence juridique ou économique: l'accusé face au juge, le chrétien persécuté face à l'autorité romaine, le pèlerin et l'étranger face à l'autochtone, le pauvre face au nanti, l'esclave face au libre. L'humanité dont il est fait état, loin d'être une entité abstraite, s'incarne au contraire dans des individus. Le *ius humanitatis* est alors brandi pour rappeler et réclamer les "droits fondamentaux" des êtres humains auxquels ils peuvent prétendre par le seul fait de leur appartenance à l'espèce humaine. Après la vaine tentative des canonistes médiévaux de conférer à l'aumône une dimension juridique, ces *iura humanitatis*, relégués du côté de la morale par le droit international public émergent, connaissent une longue éclipse, avant d'accéder enfin à la vie juridique dans la seconde moitié du xxe siècle.

---

60 Les exemples suivants en sont la nette illustration: APULEIUS MADAURENSIS, *Apologia*, 86: "Athenienses quidem propter commune ius humanitatis ex captivis epistulis Philippi Macedonis hostis sui unam epistulam, cum singulae publice legerentur, recitari prohibuerunt, quae erat ad uxorem Olympiadem conscripta; hosti potius pepercerunt, ne maritale secretum diuulgarent, praeferendum rati fas commune propriae ultioni" (éd. et trad. P. VALETTE / J. PIGEAUD, Apulée. Apologie, Paris 2001, p. 198-199); ARNOBIUS AFER, *Disputatio adversus gentes*, VII, 4, 7: "Semiferi nos homines, quin immo, apertius ut pronuntiemus, quod est verius atque apertius dictu, feri, quos infelix necessitas, et malus usus edocuit cibos ex his carpere, miseratione interdum commovemur illorum, arguimus nos ipsi, penitusque re visa atque inspecta damnamus, quod, humanitatis jure deposito, naturalis initii consortia rupemimus" (éd. et trad. B. FRAGU, Arnobe. Contre les Gentils, t. VI, livres VI-VII, Paris 2010, p. 28).

Olivier Descamps

L'arbitrage du conflit entre les rois d'Angleterre et de France par Boniface VIII (1298)

"S'il existait, au milieu de l'Europe, un tribunal qui jugeât au nom de Dieu, les nations et les monarques, et qui prévînt les guerres et les révolutions, ce tribunal serait le chef d'œuvre de la politique et le dernier degré de la perfection sociale; les papes, par l'influence qu'ils exerçaient sur le monde chrétien, ont été au moment de réaliser ce beau songe"[1]. Ces mots, empruntés au *Génie du Christianisme* de Chateaubriand, résument, s'il était besoin, l'une des fonctions majeures qu'a jouée la papauté dans l'histoire des relations internationales et du *jus gentium*: celle de médiatrice en faveur de la paix et, parfois même, d'arbitre entre les princes séculiers. Au Moyen Âge, comme le soulignait déjà Guizot dans *L'Église et la Société chrétienne*, "c'est la Papauté qui, à travers les désordres du temps et malgré les siens propres, a été l'interprète, le défenseur, le patron du droit des gens. Elle en a souvent toléré et même autorisé la violation; elle l'a souvent subordonné à son ambition et à son intérêt propre; mais, à tout prendre, c'est elle, et elle seule, à cette époque, qui, au nom de la religion, de la morale, des droits naturels de l'humanité ou des intérêts généraux de la chrétienté, est intervenue pour rappeler et recommander la justice, la paix, le respect des engagements, les devoirs et les ménagements mutuels, posant ainsi, contre les prétentions et les dérèglements de la force, les principes du droit international"[2].

Le rôle de médiation endossé par le titulaire du trône apostolique est connu de longue date des historiens[3]. Ses interventions s'inscrivent dans la tradition remontant à la plus haute Antiquité qui consiste, pour régler les conflits entre deux puissances régnantes, à en faire intervenir une troisième. Le mécanisme existe avant même d'être désigné sous le terme technique d'arbitrage[4]. Les affaires

---

1 F.-R. DE CHATEAUBRIAND, Essai sur le génie du christianisme, IV, 6, 11 (La Pléiade, Paris 1978, p. 1070).

2 F. GUIZOT, L'Église et la société chrétienne, Paris 1861, p. 103.

3 Cf. F. JANKOWIAK, Arbitrage du pape, dans: Ph. LEVILLAIN, Dictionnaire historique de la papauté, Paris 1994, p. 132-135.

4 S. DEMARE-LAFONT, L'arbitrage en Mésopotamie, dans: Revue de l'arbitrage 2000/4, p. 557.

engendrant le recours à ce procédé concernent principalement la contestation des frontières et les conflits nés du commerce international. Les jurisconsultes romains ont érigé l'outil en une véritable technique juridique, s'attachant à en déterminer les contours et le régime[5]. Mais c'est au Moyen Âge central et tardif, tandis que le recours à l'arbitrage est favorisé par les guerres féodales, que les juristes précisent définitivement les contours de cette procédure[6].

À l'époque médiévale, le maintien de la paix est en effet devenu un enjeu majeur en Europe occidentale. L'intervention de l'institution ecclésiale est justifiée par des fondements scripturaires, principalement présents dans les Évangiles, qui vantent les mérites de la charité, conçue comme une expression de l'amour, et prônent à maintes reprises la paix[7]. L'exemple le plus fameux en est sans doute la parole du Christ, rapportée dans les Béatitudes, promettant la dénomination de fils de Dieu aux artisans de paix[8]. Le terme même est souvent placé dans la bouche de Jésus, qui donne sa paix, la laisse à l'ensemble de l'humanité. Qu'il s'agisse de son prochain ou de ses ennemis, chaque chrétien est invité à s'employer à l'établissement de la paix. La liturgie de l'Église rappelle ce devoir comme un leitmotiv[9]. La dimension internationale du commandement

---

5 M. HUMBERT / B. DE LOYNE DE FUMICHON, L'arbitrage à Rome, dans: Revue de l'arbitrage 2003/2, p. 285-248.

6 La littérature sur le sujet est considérable; voir notamment: M. NOVACOVITCH, Les compromis et les arbitrages internationaux du XIIe au XVe siècle, Paris 1905; J. FOURGOUS, L'arbitrage dans le droit français aux XIIIe et XIVe siècles, Toulouse 1906; K. S. BADER, Das Schiedsverfahren in Schwaben vom 12. bis zum ausgehenden 16. Jahrhundert, Tübingen 1929; Y. JEANCLOS, L'arbitrage en Bourgogne et en Champagne du XIIe au XVe siècle. Étude de l'influence du droit savant, de la coutume et de la pratique (Université de Dijon. Publications du Centre de Recherches Historiques de la Faculté de droit et de science politique 3), Dijon 1977; W. LITEWSKI, Schiedsgerichtsbarkeit nach den ältesten ordines iudiciarii, dans: N. BRIESKORN *et alii* (éd.), Vom mittelalterlichen Recht zur neuzeitlichen Rechtwissenschaft. Bedingungen, Wege und Probleme der europäischen Rechtsgeschichte. Winfried Trusen zum 70. Geburtstag (Rechts- und staatswissenschaftliche Veröffentlichungen der Görres-Gesellschaft, NF 72), Paderbon 1994, p. 193-206.

7 J. EPPSTEIN, The Catholic Tradition of The Law of Nations, Washington DC 1935, p. 4-5. Sur les liens entre paix et charité, voir notamment: B. DUMEZIL, *Ubi est pax et caritas, ibidem est Dei pietas* : paix de Dieu et paix des hommes dans les royaumes barbares (VIe-VIIe siècle), dans: F. SABATE CURULL / M. PEDROL (éd.), Idees de pau a l'Edat Mitjana (Aurembiaix d'Urgell 23), Lleida 2010, p. 101-122; A. FERREIRO, *Quia pax et caritas facta est* : Unity and Peace in Leander's Homily at the Third Council of Toledo (589), dans: Annuarium Historiae Conciliorum 48 (2018), p. 87-108.

8 Matth., 5, 9.

9 Cf. J. BÄRSCH, "Pax Domini" und "Depressio inimicorum". Skizzen zu Krieg und Frieden im Spiegel der abendländischen Liturgie in Spätantike und Mittelalter, dans

repose sur le caractère universel du message chrétien, adressé à toutes les nations. N'imposant aucun ordre politique ou social déterminé, le christianisme est naturellement orienté vers la concorde, à laquelle tend une quête quotidienne d'amour et de paix, mais aussi un devoir de pardon.

La doctrine restrictive de la guerre juste esquissée par les Pères de l'Église se conforme à ces principes. Le conflit armé ne peut intervenir qu'en dernier recours. Le combat ne doit être engagé que pour une juste cause et respecter les règles juridiques imposées pour déclarer une guerre[10]. Le développement du droit d'asile et des immunités ecclésiastiques participe du même dessein[11]. Cette ecclésiologie se traduit par la propagation de la vénération de saints protecteurs de la paix comme, en Aquitaine, Martial de Limoges[12]. À l'aube de l'époque féodale, le maintien d'un certain ordre public par l'Église se veut une entreprise au service de la paix[13]. L'instauration des "institutions de paix" en constitue la mise en œuvre. La paix de Dieu établie au concile de Charroux en 989 et, quelques décennies plus tard, dans les années 1020, la trêve de Dieu en sont les manifestations[14]. Au terme du dispositif, ne reste plus guère que quatre-vingt jours de guerre autorisés, disséminés dans l'année. À la fin du XIe siècle, la "révolution juridique" promue par la Réforme grégorienne soutient également

---

G. Beestermöller (éd.), Friedensethik im frühen Mittelalter (Studien zur Friedensethik 46), Münster 2014, p. 53-84.

10 F. Bourgeois, La théorie de la guerre juste: un héritage chrétien ?, dans: Études théologiques et religieuses 81/4 (2006), p. 444-474; E.-D. Hehl, Kirche und Krieg im 12. Jahrhundert. Studien zu Kanonischem Recht und politischer Wirklichkeit (Monographien zur Geschichte des Mittelalters, 19), Stuttgart 1980. Sur l'état de la doctrine à la fin du Moyen Âge: M. Schrödl, Das Kriegsrecht des Gelehrten Rechts im 15. Jahrhundert. Die Lehren der Kanonistik und der Legistik über De bello, de represaliis, et de duello (Rechtsgeschichtliche Studien, 14), Hamburg 2006. Parmi les travaux récents, voir les contributions réunies par K. Schreiner (éd.), Heilige Kriege. Religiöse Begründungen militärischer Gewaltanwendung : Judentum, Christentum und Islam im Vergleich (Schriften des Historischen Kollegs. Kolloquien, 48), München 2008.

11 Cf. P.-C. Timbal, Le Droit d'asile, Paris 1939; A. Ducloux, *Ad ecclesiam confugere.* Naissance du droit d'asile dans les églises (IVe–milieu du Ve s.), Paris 1994; B. Bellomo, Le immunità ecclesiastiche. Dinamiche sociali ed economiche da Costantino a Teodosio II, Roma 2006.

12 P.-R. Gaussin, La paix de Dieu, dans: La paix de Dieu X^e^-XIe siècles. Actes du colloque organisé au Puy en septembre 1987 par le conseil général du Département de la Haute-Loire, Le Puy 1988, p. 40-41.

13 V. Martin, La paix du roi (1180-1328). Paix publique, idéologie, législation et pratique judiciaire de la royauté capétienne de Philippe Auguste à Charles le Bel, Paris 2015, p. 65.

14 Ch. Lauranson-Rosaz, Paix de Dieu, dans: C. Gauvard / A. de Libera / M. Zink (éd.), Dictionnaire du Moyen Âge, Paris 2004, p. 1035-1037.

l'avènement d'un "ordre juridique ecclésiastique"[15], dont l'appareil normatif a notamment pour objet la pacification des relations sociales.

L'arbitrage, dont les règles romaines sont alors redécouvertes, est un instrument au service de la paix. Le recours à cette technique se justifie encore sur des fondements scripturaires. Paul prescrit son usage dans l'épître aux Corinthiens : les chrétiens qui saisissent directement la justice publique plutôt que de s'adresser à des arbitres choisis parmi les membres de la communauté sont sévèrement critiqués[16]. La justice arbitrale a pour cette raison été très tôt pratiquée dans les premières communautés chrétiennes[17]. Or l'ecclésiologie grégorienne fait du pape l'arbitre privilégié. Le pontife romain, qui n'est d'aucun pays, se trouve en effet à la tête d'une Église universelle conçue depuis les Pères comme l'unique cité de tous les fidèles. Vicaire du Christ, il est "l'arbitre suprême des consciences"[18], mais revendique aussi une *potestas directa Ecclesiae in temporalibus* qui lui impose de restaurer la paix, voire de l'imposer[19]. Sa juridiction, qui s'étend à l'ensemble des chrétiens, inclut naturellement les princes. "C'est au pape qu'il appartient de restaurer la paix entre les chrétiens et de faire cesser les conflits et les discordes" proclame au début du XIVe siècle Jean d'André, anticipant la formule des canonistes de la fin du Moyen Âge, selon laquelle "Il revient au pape de faire la paix entre les princes chrétiens"[20]. Au second versant du Moyen Âge,

---

15 C. DOUNOT, Penser l'ordre juridique ecclésiastique, dans: N. LAURENT-BONNE / X. PRÉVOST (éd.), Penser l'ordre juridique médiéval et moderne. Regards croisés sur les méthodes des juristes (I). Actes du colloque organisé les 21 et 22 janvier 2016, École de droit de l'université d'Auvergne, Paris 2016, p. 59-82. Voir aussi J. KRYNEN, Le théâtre juridique. Une histoire de la construction du droit, Paris 2018, p. 27.

16 I Cor., 6, 1-7. Sur le contexte : J. DAUVILLIER, Les temps apostoliques, Ier siècle (Histoire du droit et des institutions de l'Église en Occident 2), Paris 1970, p. 573-579; A. RAKOTOHARINTSIFA, Conflits à Corinthe. Église et société selon 1 Corinthiens. Analyse socio-historique (Le monde de la Bible 36), Genève 1997, p. 61-79.

17 Elle est à l'origine de l'*episcopalis audientia*, reconnue au IVe siècle par l'autorité impériale: cf. J. GAUDEMET, L'Église dans l'Empire romain, IVe-Ve siècle (Histoire du droit et des institutions de l'Église en Occident 4), p. 229-240. De nombreuses sentences arbitrales sont rendues dans les communautés chrétiennes dès la fin de l'Antiquité ; à titre d'exemples: M. MARTROYE, Une sentence arbitrale de saint Ambroise, dans: Revue historique de droit français et étranger, 4e série, 13 (1929), p. 300-311; J. G. KEENAN, A Christian Letter from the Michigan Collection, dans: Zeitschrift für Papyrologie und Epigraphik 75 (1988), p. 267–271.

18 M. ZIMMERMAN, La crise de l'organisation internationale à la fin du Moyen Âge, dans: Recueils des cours de l'Académie de droit international de La Haye 44, Leiden 1933, p. 369.

19 G. BARBERINI, Le Saint Siège, sujet souverain de droit international, Paris 2003, p. 128.

20 JOHANNES ANDREAE, Glossa ordinaria ad Clem., 2, 9, 1, Romani principes, V° *Dudum*: "Nota quod ad papam spectat reformare pacem inter christianos et sedare discordias et scandala" (Clementinae constitutiones, Parrhisiis 1520, fol. 27rb). La formule, devenue

les belligérants font donc appel à lui, en sa qualité d'instance supranationale, mais aussi en raison de son autorité spirituelle, quand lui-même ne propose pas spontanément ses bons offices[21].

L'intervention du pape peut consister en une simple médiation, en vue de déboucher sur un accord diplomatique[22]. Les exemples de telles entremises, qui constituent les cas les plus fréquents, sont nombreux. Ainsi en est-il de Calixte II, saisi par Louis VI en raison de l'invasion de la Normandie par le roi d'Angleterre Henri Ier Beauclerc, qui organise la fameuse entrevue de Gisors, en novembre 1119, pour trouver le chemin de la paix[23]. Le pontife peut aussi intervenir de son propre chef, s'érigeant en juge des princes, comme le revendique Innocent III dans la décrétale *Novit* adressée en 1204 à Philippe Auguste, au nom d'une *potestas* qu'il ne tient que de Dieu[24]. Le rôle d'arbitre au sens strict, envisagé dans la présente étude, lui est moins fréquemment dévolu. Il s'agit alors d'intervenir en respectant l'autonomie des puissances en causes[25]. Selon la terminologie du droit canonique contemporain, ce mode alternatif de règlement des conflits vise à rétablir la paix au nom du *jus gentium christianorum*[26].

La technique romaine a été reprise et remodelée aux XIIe et XIIIe siècles par les juristes des deux droits. Plusieurs conditions s'imposent. L'arbitre doit d'abord être un tiers saisi d'un commun accord par les deux parties. Dans trois situations, le droit canonique exige le recours obligatoire à l'arbitrage. C'est le cas lorsque un

---

adage, *Ad papam pertinet pacem facere inter principes christianos* est notamment présente chez MARTINUS GARATUS LAUDENSIS, Tractatus de confederatione, Quaestio 34 (éd. R. LESAFFER, Peace treaties and international law in european history, Cambridge 2004, p. 426 ; voir l'analyse de D. FEDELE, Naissance de la diplomatie moderne (XIIIe-XVIIe siècles). L'ambassadeur au croisement du droit, de l'éthique et de la politique [Studien zur Geschichte des Volkerrechts 36], Baden-Baden 2017, p. 569) ou encore chez PETRUS REBUFFUS, De confoederatoribus et eorum privilegiis, n° 31 (Tractatus varii, Lugduni 1619, p. 43).

21 ZIMMERMAN, La crise (cf. n. 18), p. 375. Pour une synthèse des principales interventions à la période qui nous occupe: J. GAUDEMET, Le rôle de la papauté dans le règlement des conflits entre États aux XIIIe et XIVe siècles, dans: La Paix. Deuxième Partie (Recueils de la Société Jean Bodin pour l'histoire comparative des institutions 15), Bruxelles 1961, p. 79-106, réimpr. dans: ID., La société ecclésiastique dans l'Occident médiéval (Collected studies series 116), London 1980, n° VII.

22 ZIMMERMAN, La crise (cf. n. 18), p. 377.

23 E. BOURNAZEL, Louis VI le Gros, Paris 2007, p. 148-151.

24 Po. 2181, Register, VII, 43 (42), éd. O. HAGENEDER / A. SOMMERLECHNER / H. WEIGL, Wien 1997, p. 72, l. 22–p. 76, l. 6 = 1 Comp., 2, 1, 3 = X, 2, 1, 13.

25 Cf. NOVACOVITCH, Les compromis (cf. n. 6), p. 25.

26 J.-B. D'ONORIO, Le Saint Siège et le droit international, dans: J.-B. D'ONORIO (éd.), Le Saint Siège dans les relations internationales, Paris 1989, p. VI.

litige oppose un évêque à l'un de ses clercs, quand le pape est lui-même engagé dans un contentieux et, enfin, dans l'hypothèse où s'élève une suspicion envers le juge[27]. Le fait que le pontife endosse le rôle de *judex Mundi* pourrait laisser supposer que ses interventions dans les conflits internationaux constituent surtout des actes d'autorité. L'examen attentif du règlement du conflit ayant opposé le roi de France Philippe le Bel à Édouard Ier d'Angleterre, en 1298, montre toutefois qu'il n'en est rien, car le pape a alors agi en tant que personne privée[28].

L'affaire mettait en présence deux monarques, dont Boniface VIII connaissait bien les royaumes, dans lesquels il était intervenu en qualité de diplomate au service du Siège apostolique, durant la première partie de sa carrière. Benedetto Caetani avait en effet séjourné en France en 1265, prenant part à la légation du cardinal Simon de Brie, futur Martin V, dont il avait été le chancelier, qui avait pour mission de préparer l'accession au trône de Sicile du frère de Louis IX[29]. L'année même suivant son accession au pontificat, ses relations avec le roi de France s'étaient cependant détériorées en raison de l'affaire des décimes, que le Capétien entendait prélever sans autorisation romaine[30]. Le futur pape s'était aussi rendu en Angleterre en 1267 comme membre de la légation du cardinal Ottobono Fieschi, devenu plus tard Adrien V, et s'était retrouvé avec son protecteur et l'ensemble de l'ambassade dans la tour de Londres assiégée par les rebelles de la Seconde Guerre des barons, avant d'être finalement délivré par le futur Édouard Ier[31]. La pratique curiale et diplomatique avait donc très tôt mis Boniface VIII au fait des affres de la vie politique européenne. Dès le début de son pontificat, il avait été amené à intervenir pour apaiser des conflits tels que les querelles de succession survenues en Hongrie et en Pologne au cours de l'année

---

27 A. LEFEBVRE-TEILLARD, L'arbitrage en droit canonique, dans: Revue de l'arbitrage 2006/1, p. 11-13.

28 M. DE TAUBE, Les origines de l'arbitrage international. Antiquité, Moyen Âge, dans: Recueil des cours de l'Académie internationale de La Haye 42, Leiden 1932, p. 64-75.

29 G. LE BRAS, Boniface VIII, symphoniste et modérateur, dans: Mélanges d'histoire du Moyen Âge en l'honneur de Louis Halphen, Paris 1951, p. 384; sur cette légation: A. KIESEWETTER, Die Anfänge der Regierung König Karls II. von Anjou (1278–1295). Das Königreich Neapel, die Grafschaft Provence und der Mittelmeerraum zu Ausgang des 13. Jahrhunderts (Historische Studien 451), Husum 1999, p. 26 *sq.*

30 F. SAINT-BONNET / Y. SASSIER, Histoire des institutions avant 1789, Paris 2019, p. 216-217.

31 A. PARAVICINI BAGLIANI, Boniface VIII, un pape hérétique?, Paris 2000, p. 35-36.

1295[32]. L'expérience s'ajoutait par conséquent à la position du pontife pour convaincre les princes de se soumettre à son jugement. Les circonstances dans lesquelles l'arbitrage entre les rois d'Angleterre et de France a été rendu (I) permettent aussi de comprendre les modalités de cette intervention (II).

I. Les circonstances de l'arbitrage

Une longue suite d'événements ont, pendant plus d'un siècle avant la sentence prononcée le 27 juin 1298 par Boniface VIII, opposé les Capétiens aux Plantagenêts[33]. La situation ayant directement conduit à l'intervention pontificale remonte plus directement au traité signé le 28 mai 1258 par saint Louis et ratifié le 13 octobre 1259 par Henri III d'Angleterre[34]. L'acte visait à mettre fin à ce que les historiens qualifient parfois de "Première Guerre de 100 ans", c'est-à-dire aux combats entre Anglais et Français qui, après Bouvines, s'étaient principalement concentrés en Aquitaine. Aux termes de la convention, Henri III abandonnait ses prétentions sur l'Anjou, le Maine, la Touraine et le Poitou et conservait ses terres dans le Sud-Ouest, mais sous condition de prêter hommage lige au roi de France pour la Gascogne, reconnue comme un fief mouvant de la Couronne[35]. Le système, qui plaçait le roi d'Angleterre dans la situation d'un vassal, avec les obligations qui y étaient attachées[36], avait dans un premier temps fonctionné. En 1273, à son retour de croisade, Édouard Ier avait ainsi sans difficulté prêté

---

32 J. COSTE, Boniface VIII (Benedetto Caetani), dans: Ph. LEVILLAIN (éd.), Dictionnaire de la papauté, Paris 1994, p. 233-236, ici p. 234

33 Nous reprenons ici en partie les conclusions de G. DIGARD, Philippe le Bel et le Saint Siège (1285-1304), t. I, Paris 1936, réimp. Anast. Aalen 1972, p. 336-369, dans un chapitre consacré à "l'ambassade de Pierre Flotte et l'arbitrage de Benoît Caetani entre la France et l'Angleterre".

34 Textes dans: J. DE LABORDE, Layettes du Trésor des Chartes, t. III, Paris 1875, n° 4416, p. 411-413 (traité) et n° 4554, p. 487-489 (ratification).

35 Cf. P. CHAPLAIS, Le traité de Paris de 1259 et l'inféodation de la Gascogne allodiale, dans: Le Moyen Âge 61 (1955), p. 121-137, réimpr. dans: ID., Essays in Medieval Diplomacy and Administration, London 1981, t. II, p. 121-137. Le caractère originellement allodial de la Gascogne est aujourd'hui remis en cause: F. BOUTOULLE, La Gascogne allodiale: reconsidérations sur un thème historiographique, dans: J. MONDOT / Ph. LOUPÈS (éd.), Provinciales, Hommages à Anne-Marie Cocula, Bordeaux 2009, p. 553-562.

36 Pour les implications politiques et pratiques: P. CHAPLAIS, Le duché-pairie de Guyenne: l'hommage et les services féodaux de 1259 à 1303, dans: Annales du Midi 69-37 (1957), p. 5-38; F. LACHAUD, Les relations diplomatiques entre la France et l'Angleterre au XIIIe siècle, dans: F. BOURGNE / L. M. CARRUTHERS / A. SANCERY (éd.), Un espace colonial et ses avatars. Naissance d'identités nationales, Angleterre, France, Irlande (V^e^-XVe s.), Paris 2008, p. 102-122, spécialement p. 114 *sq.*

hommage à Philippe III le Hardi[37]. Mais le paysage s'était compliqué en raison du règlement de la succession du frère de saint Louis Alphonse de Poitiers et de son épouse, décédés en 1271, qui, entre autres possessions, avaient laissé la Saintonge, laquelle aurait dû alors, selon le traité de Paris, être divisée entre le Capétien et le Plantagenêt. Tous deux cherchant à imposer leur mainmise sur l'ensemble de la terre, les barons locaux avaient prudemment refusé de prêter hommage à l'un ou l'autre, ce qui avait entraîné la signature d'un second traité, à Amiens, le 23 mai 1279[38]. Des conflits persistèrent toutefois entre les princes, relativement au Rouergue et au Quercy, jusqu'à l'avènement de Philippe le Bel.

Aux questions d'administration territoriale – les officiers du roi de France intervenaient régulièrement en Guyenne – s'ajoutèrent des controverses judiciaires. Les vassaux aquitains mécontents de leur seigneur direct se pourvoyaient régulièrement en appel devant le Parlement, en tant que cour de justice du suzerain de celui-ci[39]. Une entente fut trouvée sur ce point durant l'été 1286. Le 5 juin, Édouard Ier rendit hommage à Philippe le Bel[40]. Il offrit aussi au Français de négocier une trêve pour la croisade d'Aragon, dans laquelle celui-ci s'était lancé à la demande du pape Martin IV[41]. Philippe le Bel consentit en retour à octroyer un privilège au terme duquel les appelants des domaines du duc d'Aquitaine se pourvoyant devant la cour du roi seraient renvoyés devant les tribunaux de son vassal[42]. Mais le jeune roi, qui n'avait pas vingt ans, ne pouvait qu'être irrité par la prétention du monarque anglais à s'immiscer dans la question

---

37 Cf. M. PRESTWICH, Edward I, New Haven (Conn.)/London 1997, p. 316; pour la datation: CHAPLAIS, Le duché-pairie (cf. n. 36), p. 18.

38 Texte dans: Th. RYMER (éd.), Foedera, conventiones, litterae et cujuscunque generis acta publica inter reges Angliae et alios quovis imperatores, reges, pontifices, principes vel communitates, 3e éd., 10 vol., Hagae Comitis 1739-1745, t. I/2, p. 179-180. Pour l'analyse des événements: J.-P. TRABUT CUSSAC, L'administration anglaise en Gascogne sous Henry III et Edouard Ier de 1254 à 1307 (Mémoires et documents publiés par la Société de l'École des chartes 20), Genève 1972, p. 51-52; J. GLENISSON, L'application de la “paix” de Paris (1258) en Saintonge de 1273 à 1293, dans: Actes du 111e congrès national des sociétés savantes (Poitiers, 1986). Section d'histoire médiévale et de philologie, t. I, La “France anglaise” au Moyen Âge, Paris 1988, p. 191-205.

39 A. DUPOND, Les appels de Guyenne devant le Parlement de Paris, dans: Position des thèses de l'École des chartes, Paris 1888, p. 130-140.

40 Texte dans: RYMER, Foedera (cf. n. 38), t. I/3, p. 8. Pour la transmission: CHAPLAIS, Le duché-pairie (cf. n. 36), p. 25, n. 91.

41 Voir RYMER, Foedera (cf. n. 38), t. I/3, p. 8 et 11.

42 Édité par Ch.-V. LANGLOIS, Textes relatifs à l'histoire du Parlement depuis les origines jusqu'en 1314 (Collection de textes pour servir à l'étude et à l'enseignement de l'histoire 5), Paris 1888, p. 130-132 (versions latine et française); le texte français a aussi fait l'objet d'une transcription dans RYMER, Foedera (cf. n. 38), t. I/3, p. 8.

aragonnaise pour s'ériger en pacificateur[43]. L'amélioration des relations entre les royaumes d'Angleterre et de France n'était donc qu'apparente. Les tensions allaient rapidement resurgir. Elles se manifestèrent dès 1289, avec la nomination à l'archevêché de Lyon d'un chapelain du roi d'Angleterre, le Gascon Bérard de Goth, frère du futur Clément V, à qui le pape confia divers privilèges l'autorisant à employer le glaive spirituel contre le roi de France pour défendre les droits de l'église lyonnaise[44]. Philippe le Bel répliqua en affirmant ses prétentions sur Lyon – en réalité ville d'Empire – et sa juridiction temporelle sur toutes les seigneuries, y compris ecclésiastiques, du royaume de France[45]. Dénonçant habilement les abus à l'encontre de la justice d'Église, il obtint finalement l'appui de Nicolas IV, qui adressa à Édouard Ier des remontrances sur les attaques dont étaient victimes les franchises ecclésiastiques en Angleterre[46].

La guerre franco-anglaise, qui éclata en 1294, eut finalement pour origine immédiate un conflit maritime comme il en survenait alors régulièrement[47]. Le 15 mai 1293, une rixe survint au large du cap Saint-Mathieu entre des marins normands et bayonnais, lesquels mirent ensuite à sac La Rochelle. Philippe le Bel exigea aussitôt la livraison de notables bayonnais et la saisie de Bordeaux, de l'Agenais et du Périgord anglais. Les Bayonnais refusèrent cependant d'être livrés, arguant d'un privilège leur permettant, en cas d'opposition avec les sujets du roi de France, d'être jugés par un tribunal mixte et non par le seul suzerain[48]. Le roi d'Angleterre, considérant que la bagarre avait eu lieu en mer et non sur la côte, proposa le 15 juillet un règlement amiable consistant soit à ouvrir les tribunaux anglais aux victimes, soit à réunir une commission franco-anglaise, soit encore à soumettre l'affaire à l'arbitrage du pape[49]. Philippe le Bel refusa et, le 27 octobre,

---

43 DIGARD, Philippe le Bel (cf. n. 33), t. I, p. 35.

44 E. LANGLOIS (éd.), Les registres de Nicolas IV. Recueil des bulles de ce pape publiées ou analysées d'après les manuscrits originaux des archives du Vatican (Bibliothèque des Écoles françaises d'Athènes et de Rome, 2e série 5), Paris 1886-1893, nos 1174, 1175-1176 et 1177, p. 243-247.

45 DIGARD, Philippe le Bel (cf. n. 33), t. I, p. 85-90.

46 E. LALOU, Les négociations diplomatiques avec l'Angleterre sous le règne de Philippe le Bel, dans: Actes du 111e congrès national des sociétés savantes (Poitiers, 1986). Section d'histoire médiévale et de philologie, t. I, La "France anglaise" au Moyen Âge, Paris 1988, p. 328-329.

47 En 1289, par exemple, Le Touquet avait été pillé par des pirates bayonnais et anglais: LALOU, Les négociations (cf. n. 44), p. 329, n. 17.

48 CHAPLAIS, Le duché-pairie (cf. n. 36), p. 26.

49 P. CHAPLAIS, Règlement des conflits internationaux franco-anglais au XIVe siècle (1293-1377), in: Le Moyen Âge 57 (1951), p. 271-279.

cita Édouard Ier à comparaître devant sa cour le 14 janvier suivant[50]. Celui-ci envoya son frère Edmond de Lancastre pour transiger[51]. Au terme d'un accord secret, conclu en février 1294, des places fortes de Guyenne et quelques otages devaient être livrés au roi de France, ce qui fut fait le mois suivant[52]. Mais les troupes françaises s'installèrent dans tout le duché et Philippe le Bel, refusant de délivrer à Édouard un sauf-conduit pour sa venue en France, le cita à nouveau à comparaître le 19 mai[53].

La guerre étant devenu inévitable, Édouard Ier se démit officiellement de son hommage envers le roi de France[54]. Chacun des princes constitua sa coalition : l'Anglais était notamment soutenu par le roi des Romains Adolphe de Nassau, le duc de Brabant et les comtes de Bar et de Savoie; le Français, entre autres, par les rois d'Écosse, de Majorque et de Norvège mais aussi le dauphin de Viennois, les comtes de Hollande, de Hainaut et de Bourgogne[55]. Les troupes françaises occupèrent alors la Guyenne. Mais les Anglais parvinrent à prendre une série significative de villes, dont Bayonne, Blaye ou Castillon. À partir de 1296, la guerre s'étendit à la Flandre. Dès le début de son règne, Philippe le Bel avait multiplié ses interventions dans le comté, riche de l'industrie drapière, dont le titulaire depuis 1280, Gui de Dampierre († 1305), était à l'origine un vassal fidèle[56]. Les agissements du roi de France en tant que suzerain visaient fréquemment à régler des conflits entre le comte et ses opulentes cités. La tendance était d'arbitrer en faveur de ces dernières, pourvoyeuses potentielles de fonds, et d'affaiblir le pouvoir du vassal, qui devait aussi souffrir l'immixtion éventuelle d'officiers royaux voisins comme le bailli de Vermandois dans ses plaids. À la suite d'un conflit lié à la répartition de subsides, levés sur les villes,

---

50 Texte dans: RYMER, Foedera (cf. n. 38), t. I/3, p. 122-123.

51 Mission lui est donnée par lettre du 1er janvier 1294 (n. s.): RYMER, Foedera (cf. n. 38), t. I/3, p. 123.

52 Accord édité par RYMER, Foedera (cf. n. 38), t. I/3, p. 123-124. Sur l'exécution partielle du traité: E. LALOU, Les négociations (cf. n. 44), p. 331. Un projet de mariage entre Édouard Ier et Marguerite de France, sœur de Philippe le Bel, avec constitution de la Guyenne en apanage au fils aîné à naître de cette union fut aussi suggéré par Edmond de Lancastre; la convention matrimoniale projetée est décrite dans une lettre de Philippe le Bel de février 1294 (n. s.) éditée par RYMER, *op. cit.*, p. 124-125.

53 Texte dans: RYMER, Foedera (cf. n. 38), t. I/3, p. 128-129.

54 Texte dans: RYMER, Foedera (cf. n. 38), t. I/3, p. 135.

55 LALOU, Les négociations (cf. n. 44), p. 333-334.

56 F. FUNCK-BRENTANO, Les origines de la guerre de Cent Ans. Philippe le Bel en Flandre, Paris 1896, p. 100-101.

entre le roi et le comte, ce dernier se tourna finalement vers Édouard Ier avec lequel il signa un traité, le 7 janvier 1297[57].

Le pape intervint très tôt pour tenter de faire cesser la guerre. En février 1295, Boniface VIII adressait une bulle au roi d'Angleterre annonçant l'envoi de deux cardinaux, Bérard de Goth et Simon de Beaulieu, chargés de rétablir la paix[58]. Trois mois plus tard, le pape édictait une première trêve d'une année[59]. Un an plus tard, le 17 avril 1296, il en prescrivait la prolongation jusqu'à la Saint-Jean 1298[60]. Mais les hostilités ne cessèrent pas pour autant et, le 18 août 1296, le pape se plaignit dans une lettre à ses légats que la trêve, qui avait été publiée dans l'Empire, ne l'avait été ni Angleterre, ni en France. Si les deux monarques n'envoyaient pas leurs ambassadeurs à Rome pour conclure une paix, les cardinaux devraient eux-même procéder à cette publication[61]. Lorsque ceux-ci exécutèrent finalement cet ordre en France, en avril 1297, le roi fit aussitôt répliquer publiquement par l'un de ses conseillers qu'il était le seul à assurer le gouvernement temporel de son royaume[62]. Le conflit se prolongea donc et, en décembre 1297, le pape envoya deux nouveaux représentants, le général des Dominicains Nicolas Boccasini, et le général des Franciscains Jean de Murro, pour obtenir des belligérants l'envoi de plénipotentiaires à Rome pour conclure une paix[63]. Le 18 février 1298, Édouard Ier acceptait finalement de se soumettre à ce que "déciderait et arbitrerait" "le souverain pontife de l'Église universelle"[64]. Le 4 mars, Philippe le Bel publiait pour sa part des lettres patentes par lesquelles

---

57 Texte dans: RYMER, Foedera (cf. n. 38), t. I/3, p. 168-169. Sur les démêlés complexes ayant conduit à ce résultat : FUNCK-BRENTANO, Les origines (cf. n. 56), p. 166-189; DIGARD, Philippe le Bel (cf. n. 33), t. I, p. 298-302.

58 Texte dans: RYMER, Foedera (cf. n. 38), t. I/3, p. 142.

59 Par deux lettres du 28 mai 1296, adressées respectivement au roi d'Angleterre et au roi de France: G. DIGARD *et alii* (éd.), Les registres de Boniface VIII. Recueil des bulles de ce pape publiées ou analysées d'après les manuscrits originaux des archives du Vatican (Bibliothèque des Écoles françaises d'Athènes et de Rome, 2e série 4), 4 t. en 16 fasc., Paris 1884-1939, t. I, Années I-III (1295-1297), nos 868 et 869, col. 295-298. La trêve devait durer jusqu'au 23 juin 1296.

60 Lettres des 16 et 17 avril 1296 adressées aux cardinaux Bérard de Goth et Simon de Beaulieu: DIGARD, Registres de Boniface VIII (cf. n. 59), t. I, nos 1584-1585, col. 592-595.

61 DIGARD, Registres de Boniface VIII (cf. n. 59), t. I, no 1643, col. 611.

62 DIGARD, Philippe le Bel (cf. n. 33), t. I, p. 309-310.

63 DIGARD, Philippe le Bel (cf. n. 33), t. I, p. 350 *sq.*

64 "Sanctissimo in Christo Patri domino Bonifacio, divina provintia Sanctae Romanae ac universalis Ecclesiae summo pontifici, Ewardus eidem gratia rex Angliae, dominus Hiberniae, devota pedum oscula beatorum [...] Ea propter, sanctissime pater, vestrae ordinationi, arbitrationi [...] submittimus per praesentes" (RYMER, Foedera [cf. n. 38], t. I/3, p. 196).

ils déclarait répondre "à la demande du souverain pontife de l'Église universelle" en lui adressant des envoyés auxquels il donnait "plein et libre pouvoir", pour "traiter de la paix", non moins que pour "composer, transiger, faire paix, convenir et jurer en son nom"[65]. Comme l'indique expressément l'acte de compromis du 14 juin désignant l'arbitre, le pape allait agir "en tant que personne privée, Messire Benedetto Caetani"[66].

II. Les modalités de l'arbitrage

L'arbitrage du 27 juin 1298 a donc été très classiquement précédé d'une nomination formelle du juge arbitral prescrite par les règles du *jus commune*[67]. Ce compromis, instrumenté le 14 juin 1298, a été transmis par l'intermédiaire d'une copie, collationnée à l'exemplaire original, délivrée le 15 avril 1299 à Westminster par un notaire apostolique londonien, qui a également reproduit dans le même document la sentence rendue le 27 juin, par ailleurs reportée dans les registres de Boniface VIII[68]. L'acte de compromis décrit les dispositions pour la partie anglaise. Un document de même nature, aujourd'hui perdu, avait nécessairement été établi pour la partie française, ainsi que l'indique sans équivoque la sentence, qui déclare être rendue conformément au contenu "des instruments publics de compromis"[69]. L'accord a été passé par les ambassadeurs des deux princes. Édouard Ier était représenté par l'archevêque de Dublin, l'évêque de Winchester, le comte de Savoie et deux chevaliers de sa cour, Othon Ier de Grandson et

---

65 "Sane sanctissimus pater B., divina providentia Sacrosanctae Romanae ac universalis Ecclesiae summus pontifex multiplicata precum instantia specialibus nuntiis et litteris nos rogavit, ut [...] nuntios mitteremus, nos itaque [...] dilectis et fidelibus nostris [...] propter hoc specialiter destinamus, tractandi de reformatione pacis [...] necnon componendi, transigendi, paciscendi, conveniendi, jurandi in animam nostram [...] plenam et liberam praesentium tenore committimus potestatem" (RYMER, Foedera [cf. n. 38], t. I/3, p. 197).

66 "tanquam in privatam personam et in dominum Benedictum Gaytanum" (RYMER, Foedera [cf. n. 38], t. I/3, p. 201).

67 Pour un exemple sur les éléments de forme et de fonds du compromis, voir Y. JEANCLOS, La pratique de l'arbitrage du XIIe au XVe siècle. Éléments d'analyse, dans: Revue de l'arbitrage 1999/3, p. 417-473, spec. p. 421-448.

68 Un notaire impérial, *Nicholaus Novellus de Vico*, avait instrumenté l'original du compromis, copié ensuite par un notaire apostolique de Lucques, *Corbolanus Stregus*, avec le texte de la sentence; l'ensemble a ensuite été reproduit et scellé par le notaire londonien *Johannes Bouhs* (RYMER, Foedera [cf. n. 38], t. I/3, p. 201-202); pour le texte original intégral de la sentence reportée dans les registres pontificaux, voir *infra*, Annexe.

69 "prout in compromissorum instrumentis publicis inde confectis plenius continetur" (éd. DIGARD, Registres de Boniface VIII (cf. n. 59), t. II, Quatrième, cinquième et sixième années, n° 2826, col. 262).

Hugues de Vere. Les plénipotentiaires de Philippe le Bel étaient l'archevêque de Narbonne, le duc de Bourgogne, le comte de Saint-Pol et son chancelier Pierre Flotte, accompagnés de deux notaires. L'expédition dressée pour la partie anglaise, nommant le pape en tant que "Benedetto Caetani", détermine sa qualité, en le qualifiant à la fois d'arbitre (*arbiter*), d'arbitrateur (*arbitrator*) et d'amiable compositeur (*amicabilis compositor*)[70].

Les termes employés sont classiques dans les compromis d'arbitrages passés depuis le début du XIIIe siècle, qui combinent les anciennes règles romaines aux constructions des canonistes médiévaux[71]. La formulation joint volontairement deux fonctions originellement distinctes en droit romain: celle de l'arbitre, qui doit juger en droit, et celle du compositeur amiable, qui doit trancher selon l'équité. Le terme d'*arbitrator*, étranger au latin classique, est utilisé depuis Huguccio, dans les années 1180, pour qualifier le compositeur amiable[72]. Les canonistes et, à leur suite, les praticiens, ont recours à ce vocable lorsque celui qui est saisi pour être arbitre est aussi le juge ordinaire potentiel de la cause[73]. Tel est évidemment le cas de Boniface VIII, juge suprême de la chrétienté.

L'acte de compromis du 14 juin 1298 définit aussi précisément la mission de l'arbitre, qui est de "restaurer une pacifique concorde" entre les rois d'Angleterre et de France. Elle s'étend à "tout ce qui convient à la paix, toutes les discordes,

70 "Compromiserunt nomine procuratorio praefati domini regis [...] ex virtute ac forma mandati [...] quod habebant [...] in sanctissimum patrem et dominum, dominum Bonifacium, divina provincia papam octavum, tanquam in privatam personam et in dominum Benedictum Gaytanum tanquam in arbitrium, arbitratorem, laudatorem, diffinitorem, arbitralem, sententiatorem et amicabilem compositorem praeceptorem, ordinatorem, disponitorem et pronuntitorem super reformanda pacifica concordia inter ipsum regem ex parte una et excellentem principem dominum Philippum regem Francie" (RYMER, Foedera [cf. n. 38], t. I/3, p. 201).

71 Cf. LEFEBVRE-TEILLARD, L'arbitrage (cf. n. 27), p. 17-20; JEANCLOS, La pratique (cf. n. 67), p. 439; J.-F. POUDRET, Deux aspects de l'arbitrage dans les pays romands au Moyen Âge: l'arbitrabilité et le juge-arbitre, dans: Revue de l'arbitrage 1999/1, p. 6; K. S. BADER, Arbiter, arbitrator seu amicabilis compositor. Zur Verbreitung einer kanonistischen Formel in Gebieten nördlich der Alpen, dans: ZRG KA 46 (1960), p. 239-276.

72 L. FOWLER, Forms of Arbitration, dans: S. KUTTNER (éd.), Proceedings of the Fourth International Congress of Medieval Canon Law. Toronto. 21-25 August 1972 (Monumenta Iuris Canonici C/5), Città del Vaticano 1976, p. 136.

73 A. LEFEBVRE-TEILLARD, Justice publique, justice privée: les origines canoniques de quelques grands traits caractéristiques de l'arbitrage moderne, dans: F. ROUMY / M. SCHMOECKEL / O. CONDORELLI (éd.), Der Einfluss der Kanonistik auf die Europäische Rechtskultur, t. II, Öffentliches Recht (Norm und Struktur 37/2), p. 134-140; sur les origines de la formule: EAD., Arbiter, arbitrator seu amabilis compositor, dans: O. VERNIER (éd.), Études d'histoire du droit privé en souvenir de Maryse Carlin, Paris 2008, p. 551-565.

guerres, litiges, controverses, causes, questions, dommages et préjudices, demandes et actions, réelles, personnelles ou mixtes qui furent, sont ou pourront être" entre les monarques, en quelque occasion que ce soit[74]. Cette fixation de l'objet du futur arbitrage est encore une obligation posée par les canonistes de l'âge classique[75].

Le compromis détaille également les pouvoirs dévolus à l'arbitre, qui sont considérables et lui offrent une grande liberté d'action, l'autorisant à choisir les modalités procédurales qui soient les plus adaptées à la situation et à son évolution. Il lui est possible soit de suivre les règles de la procédure cognitoire, soit de procéder sommairement, c'est-à-dire, selon la terminologie fixée par les canonistes, *de plano* ou *sine strepitu*, dans un délai qui ne doit pas aller au-delà de la Saint-Michel, autrement dit du 29 septembre 1298. Il peut "arbitrer", suivant le droit, ou bien "décider arbitralement", selon l'équité. La sentence peut être écrite ou orale et rendue autant les jours de fêtes que les jours ouvrés, que les parties soient présentes ou absentes, aient été ou non convoquées, même si l'une seulement est présente et cela en suivant en tout ou en partie voire en aucune façon les règles de l'*ordo juris*, autrement dit les dispositions impératives de la procédure ordinaire prescrite par le droit romano-canonique[76].

---

74 "Super reformanda pacifica concordia inter ipsum dominum regem ex parte una [*scilicet Eduardum I*] et excellentem principem dominum Philippum regem Francie illustrem ex altera, super hiis quae ad pacem pertinent et super omnibus et singulis discordiis, guerris, litibus, controversiis, causis, quaestionibus, dampnis et injuriis, pensionibus [*lege forte: petitionibus*], actionibus realibus, personalibus atque mixtis, quae fuerunt et sunt vel esse possun inter ipsos dominos reges, occasione quacunque" (RYMER, Foedera [cf. n. 38], t. I/3, p. 201).

75 Cf. LEFEBVRE-TEILLARD, L'arbitrage (cf. n. 27), p. 22-24.

76 "ut ipse dominus papa, tanquam dominus Benedictus Gaytanus privata persona [...] cum cognitione vel sine cognitione causae sive causarum, ac de plano ac summarie, sine strepitu et figura judicii possit infra instans festum beati Michaelis, inter dictos dominos reges semel et pluries quotiens ipse placuerit et videbitur expedire super omnibus praemissis et singulis arbitrari [...] in scriptis vel sine scriptis diebus ferietatis et non ferietatis, partibus praesentibus vel absentibus, vocatis vel non vocatis et una parte praesente et altera absente, juris ordine in tota vel in parte aliqua servato vel non servato" (RYMER, Foedera [cf. n. 38], t. I/3, p. 201). Sur l'*ordo juris*, voir: F. ROUMY, Les origines pénales et canoniques de l'idée moderne d'ordre judiciaire, dans: M. SCHMOECKEL / O. CONDORELLI / F. ROUMY (éd.), Der Einfluss der Kanonistik auf die Europäische Rechtskultur, t. III, Straf- und Strafprozessrecht (Norm und Struktur 37/3), p. 313-349 (avec bibliographie). La procédure sommaire évoquée, codifiée par Clément V en 1314, dont les formules *de plano* ou *sine strepitu* sont révélatrices, s'est développée dès le XIIe siècle: O. DESCAMPS, Aux origines de la procédure sommaire: Remarques sur la constitution *Saepe contingit* (Clem., V, 11, 2), dans: Y. MAUSEN *et alii* (éd.), Der Einfluss der Kanonistik auf die Europäische

Le compromissum renferme enfin la traditionnelle clausula poenalis, indispensable pour assurer l'exécution d'une sentence arbitrale[77]. Par l'intermédiaire de ses représentants, le roi d'Angleterre s'engage ainsi à payer la somme considérable de cent mille marcs d'argent, garantie sur ses biens, dans le cas où il ne respecterait pas la décision rendue[78]. Une clause semblable figurait sans aucun doute dans le document aujourd'hui perdu destiné à la partie française. Elle s'accompagne d'une longue formule exécutoire ordonnant au roi d'Angleterre le respect de la future sentence de l'arbitre, l'interdiction faite à quiconque d'y contrevenir et l'affirmation de sa valeur perpétuelle[79]. *In fine*, l'acte retranscrit dans son intégralité la lettre d'Édouard Ier du 18 février 1298, par laquelle celui-ci se soumettait au jugement futur de Boniface VIII[80]. Une comparaison de sa teneur avec celles du compromis et de la décision finale montre l'étroite symétrie des formules employées, qui indique clairement la pratique de la chancellerie consistant à reproduire parallèlement les clauses, depuis la demande d'arbitrage jusqu'à la sentence en passant par le compromis.

Entre l'acte de compromis, expédié le samedi 14 juin 1298, et le prononcé de la décision, le vendredi 27 juin suivant, ne sont écoulés que treize jours, parmi lesquels deux dimanches (les 15 et 22) et la Fête-Dieu, placée cette année-là le jeudi 19 juin[81]. Les journées susceptibles d'être exclusivement consacrées à des discussions diplomatiques en présence du pontife se réduisirent ainsi probablement à une dizaine au plus. Les négociations qui se déroulèrent durant ce laps de temps ne pouvaient manquer d'être âpres, mais durent donc aussi être rondement menées. La sentence fut rendue par Boniface VIII, comme le

---

Rechtskultur, t. IV, Prozessrecht (Norm und Struktur 37/4), p. 45-63, spécialement p. 46-49.

77 LEFEBVRE-TEILLARD, L'arbitrage (cf. n. 27), p. 25.

78 "Promittentes iidem procuratores et nuncii [...] sub poena centum millia marcarum argenti et obligatione omnium et singulorum bonorum ipsius regis Angliae, rata et firma semper habere [...] et inviolabiliter observare, ac in nullo per se vel per alium seu alios contra facere vel venire" (RYMER, Foedera [cf. n. 38], t. I/3, p. 201).

79 "Et quod ipse dominus rex Angliae rata et firma semper habebit atque tenebit [...] et inviolabiliter observabit omnia et singula, quae ipse dominus papa tanquam privatam personam per suum arbitrium, [...], arbitranda [...] quaecumque infra terminum supradictum duxerit in praemissis [...] ; et in nullo contra ea vel eorum aliquod per se vel per alium seu alios faciet sive veniet, ullo unquam tempore, quovis ingenio sive causa et poena soluta vel non soluta, arbitrium [...], sententia [...] ferenda et facienda, per ipsum dominum papam, modo quo supra, et omnia et singula supradicta rata semper maneant atque firma" (RYMER, Foedera [cf. n. 38], t. I/3, p. 201).

80 Cf. RYMER, Foedera [cf. n. 38], t. I/3, p. 202.

81 A. GIRY, Manuel de diplomatique, Paris 1894, réimpr. Genève 1975, p. 234.

prévoyait l'accord initial, en tant que personne privée[82]. Son contenu fut solennellement lu, en présence des représentants des deux rois, officiellement convoqués pour la circonstance[83]. Cette proclamation solennelle fut effectuée par le chapelain de Boniface VIII, Déodat de Urbe[84]. La séance eut lieu, au palais du Vatican, dans la "salle majeure"[85]. Le consistoire réuni pour la circonstance ne comprenait pas moins de quatorze cardinaux, quatre notaires pontificaux et quatre familiers du pape. Parmi les premiers, figuraient deux neveux de Boniface VIII, mais aussi le canoniste français Jean Lemoine, dont la carrière diplomatique ultérieure n'allait pas manquer de rebondissements[86]. Au nombre des derniers se trouvaient notamment le célèbre juriste Barthélemy de Capoue († 1328), logothète de Sicile, conseiller du roi de Naples Charles II d'Anjou, mais aussi deux membres de la famille Orsini[87]. L'ensemble des dignitaires réunis

---

82 "in nos Bonifatium papam VIII, tanquam in privatam personam et dominum Benedictum Gaytanum, tanquam in arbitrum et arbitratorem" (DIGARD, Registres de Boniface VIII [cf. n. 59], t. II, n° 2826, col. 263).

83 "vocatis quoque nuntiis et procuratoribus supradictis ad arbitrium [...] et arbitralem sententiam audiendum eisque coram nobis ad hoc specialiter constitutis" (DIGARD, Registres de Boniface VIII [cf. n. 59], t. II, n° 2826, col. 263).

84 "Deodato de Urbe, ipsius domini pape capellano, qui arbitrium [...] de mandato predicti domini pape ibidem publice legit et voce quasi preconia recitavit" (DIGARD, Registres de Boniface VIII [cf. n. 59], t. II, n° 2826, col. 267). Sur ce personnage, actif de 1285 à 1301: M. D. ROSS, The papal chapel 1288-1304. A study in institutional and cultural change, thèse dactyl., University College London 2013, p. 48, n. 10, 95, 263, 270, 274, 275.

85 Il pourrait s'agir, selon une hypothèse récente, de l'actuelle salle des Clairs-Obscurs: P.-Y. LE POGAM, De la "cité de Dieu" au "palais du pape". Les résidences pontificales dans la seconde moitié du XIIIe siècle (1254-1304) (Bibliothèque des Écoles Françaises d'Athènes et de Rome 326), Rome 2005, p. 74.

86 Cf. M. BEGOU-DAVIA, Lemoine (Le Moine) Jean, dans: P. ARABEYRE / J.-L. HALPERIN / J. KRYNEN (éd.), Dictionnaire historique des juristes français, 2e éd., Paris 2015, p. 641-643. Les cardinaux évêques étaient: Gerardo Bianchi (Sabine, † 1302), Matteo d'Acquasparta (Tusculum, † 1309), Jean Lemoine (Saint-Marcel et Saint-Pierre, † 1313); les cardinaux prêtres: Nicolas de Nonancourt (Saints-Laurent-et-Damase, † 1299), Giacomo Tomassi-Caetani (Saint-Clément, † 1300), Tomasso d'Ocrea (Sainte-Cécile, † 1300), Robert de Pontigny (Sainte-Prudence, † 1305); les cardinaux diacres: Matteo Rosso Orsini (Santa Maria in Portico, † 1305), Napoleone Orsini Frangipani (Saint-Adrien, † 1342), Guglielmo Longhi (San Nicola in Carcere, † 1319), Francesco Caetani (Santa Maria in Cosmedin, † 1317), Pietro Valeriano Duraguerra (Santa Maria Nuova, † 1302), Giacomo Stefaneschi (Saint-Georges au Voile d'Or, † 1343).

87 Cf. J.-P. BOYER, Le droit civil entre studium et cour de Naples: Barthélemy de Capoue et son cercle, dans: J.-P. BOYER / A. MAILLOUX / L. VERDON (éd.), La justice temporelle dans les territoires angevins aux XIIIe et XIVe siècles. Théories et pratiques (Collection de l'École française de Rome 354), Roma 2005, p. 47-82; sur les logothètes: R. GUILLAND, Les Logothètes. Études sur l'histoire administrative de l'Empire byzantin, dans: Revue des études byzantines 29 (1971), p. 5-115. Les Orsini, prénommés Bertoldo et Orso, étaient

n'étaient cependant présents qu'en qualité de témoins, de même que seulement quatre notaires, sur les cinq que comptait alors la chancellerie pontificale, car la décision, en tant qu'arbitrage privé, devant être instrumentée par un agent étranger au collège des scribes placés sous l'autorité du pape[88].

Bien que le pape eût agi à titre privé, la lecture de la sentence fut cependant effectuée par le chapelain au nom "du très saint père et seigneur, messire Boniface VIII, pape par la divine providence"[89]. La grosse du jugement arbitral fut dressée par le notaire apostolique et impérial Nicolaus Novellus de Vico, qui, le 14 juin, avait déjà mis en forme publique le compromis[90]. Trois jours après son prononcé, le 30 juin, la décision fut toutefois confirmée en forme de *vidimus* par Boniface VIII, qui rappelait en préambule qu'il avait agit "en tant que personne privée et Benedetto Caetani" pour rendre son jugement, mais affirmait dans cet acte le reproduisant vouloir lui donner "pleine force", par son "autorité apostolique"[91]. La nature juridique singulière du document enregistré et expédié par la chancellerie pontificale est donc celle d'une lettre officielle émise par le pontife romain, dont l'objet est de conférer une valeur supérieure à un jugement émis par le détenteur du Siège apostolique, mais qui n'agissait alors que comme

---

des chevaliers, frère du cardinal Matteo Orsini, auxquels Boniface VIII octroya par la suite diverses faveurs: cf. DIGARD, Registres de Boniface VIII [cf. n. 59], t. II, n°s 3905-3914, col. 947-960.

88 Cf. DIGARD, Registres de Boniface VIII [cf. n. 59], t. IV, p. XI. Les notaires étaient: Giovanni Giudici, Matteo Carazulo, Guido da Anagnia et Adenolfo da Supino.

89 "sanctissimus pater et dominus, dominus Bonifatius divina providentia papa VIII [...] arbitralem sententiam, amicabilem compositionem [...] et alia infrascripta recitavit, legi fecit, dedit et protulit in hunc modum" (DIGARD, Registres de Boniface VIII [cf. n. 59], t. II, n° 2826, col. 263).

90 Le personnage apparaît déjà sous le pontificat de Nicolas IV, en 1290, pour instrumenter un arbitrage entre l'archevêque de Reims et son chapitre (P. VARIN, Archives administratives de la ville de Reims, t. I/2, Paris 1839, p. 1050) et sa carrière se poursuit sous Clément V (B. GUILLEMIN, Le personnel de la cour de Clément V, dans: Mélanges d'archéologie et d'histoire 63 [1951], p. 162, n. 2).

91 "nos tanquam in privatam personam et Benedictum Gaitanum nomine vestro et pro vobis extitit compromissum, arbitrando [...] et pronuntiando ea vice nuper duximus faciendam, prout in instrumento publico inde confecto plenius continetur. Quam pronumptiationem et que in ea continentur auctoritate apostolica valere volumus et plenam habere decernimus roboris firmitatem, tenorem ipsius instrumenti de verbo ad verbum ex certa scientia presentibus annotari facientes qui talis est" (DIGARD, Registres de Boniface VIII [cf. n. 59], t. II, n° 2826, col. 262-263). Sur la forme du *vidimus*: A. DE BOUARD, Manuel de diplomatique française et pontificale, t. I, Diplomatique générale, Paris 1929, p. 176-181, et, en dernier lieu: B.-M. TOCK, Actes confirmatifs et vidimus dans le nord de la France jusqu'à la fin du XIIIe siècle, dans: W. MALECZEK (éd.), Urkunden und ihre Erforschung. Zum Gedenken an Heinrich Appelt (Veröffentlichungen des Instituts für Österreichische Geschichtsforschung 62), Wien 2014, p. 227-246.

juge arbitral choisi par des parties en litige et avait été instrumenté par un simple notaire public.

La teneur de la sentence révèle clairement que l'*ordo judiciarius* n'a pas été suivi, comme l'autorisait expressément le compromis. En effet, si les plénipotentiaires des parties ont bien été convoqués, il n'y a eu ni rédaction de libelles, ni *litis contestatio*, formalités qui n'auraient pas manqué d'être mentionnées si elles avaient eu lieu. La décision n'a par ailleurs pas été rendue en droit, mais en équité, car aucune règle juridique, canonique ou civile, n'est évoquée pour en justifier les modalités. Comme le compromis le prévoyait, l'arbitre s'est prononcé pour "restaurer la paix et la concorde entre les rois" sur toutes les "discordes, guerres, litiges, controverses, causes, questions, dommages et préjudices, demandes et actions tant réelles que personnelles ou mixtes qui furent, ont été ou s'élèveront"[92]. Mais il est aussi intervenu, explique-t-il, "pour louer le Dieu tout puissant, artisan de paix et amoureux du salut et de la glorieuse Vierge Marie Sa mère"[93]. En tant qu'*arbiter*, *arbitrator*, *laudator* et *amicabilis compositor*, Benedetto Caetani a donc décrété que "soit établie entre lesdits rois une paix perpétuelle et stable", mais aussi que soient respectés les trêves et les sursis qui avaient été auparavant décidés entre eux, sous les peines, conditions et termes posés[94].

Afin de confirmer et de renforcer cette paix, le jugement prévoit que le roi d'Angleterre doit épouser la sœur du roi de France, dotée de quinze mille livres tournois, que Philippe le Bel doit la lui remettre, munie d'une dispense du Siège apostolique[95]. Sa fille Isabelle, qui est âgée de moins de sept ans, également pourvue d'une dispense, est fiancée au jeune Édouard, fils du roi anglais "qui a déjà atteint l'âge requis de treize ans", avec une dot de dix-huit mille livres

---

92 "super reformanda pace et concordia inter ipsos reges, ac super his que ad pacem pertinent, et super omnibus et singulis discordiis, guerris, litibus, controversiis, causis, questionibus, damnis et injuriis, petitionibus et actionibus, realibus et personalibus atque mixtis, que fuerant et erant seu vertebantur et esse vel verti possent inter ipsos reges occasione quacumque [...] prout in compromissorum instrumentis publicis inde confectis plenius continetur" (DIGARD, Registres de Boniface VIII [cf. n. 59], t. II, n° 2826, col. 263).

93 "ad laudem Omnipotentis Dei, qui est Pacis Actor et Salutis Amator, et gloriose Virginis matris ejus" (DIGARD, Registres de Boniface VIII [cf. n. 59], t. II, n° 2826, col. 263).

94 "ut inter eosdem reges fiat et sit perpetua et stabilis pax ; et quod treugue vel sufferentie voluntarie, dudum indicte, inita ac firmate inter eos, eo modo et forma, ac omnibus et illis personis et terris, et sub illis penis, conditionibus et temporibus, sub quibus indicte, inite ac firmate fuerint, inviolabiliter observentur" (DIGARD, Registres de Boniface VIII [cf. n. 59], t. II, n° 2826, col. 263-264).

95 La dispense au profit de Marguerite de France, pour troisième et quatrième degré de consanguinité, fut délivrée par Boniface VIII quelques semaines plus tard: RYMER, Foedera [cf. n. 38], t. I/3, p. 202-203.

tournois[96]. Édouard Ier et son fils doivent donc prêter serment pour confirmer avoir contracté leurs fiançailles respectives et le roi de France doit faire de même au nom de sa fille et promettre de la remettre en mariage au moment convenu[97]. Des peines sont prévues pour que l'accord soit exécuté, alors même que de telles clauses sont normalement prohibées au nom de la liberté matrimoniale. Mais elles sont établies dans ce cas particulier par l'arbitre en personne *ex certa scientia*[98]. Les rois doivent aussi faire prêter serment à leurs barons "les plus notables", que ceux-ci s'engagent à permettre la réalisation des unions en questions en levant les éventuels obstacles[99]. L'arbitre considère ces futurs mariages si indispensables à l'établissement de la paix que, si un des deux rois empêchait leur réalisation, il

---

96 "ad hujusmodi autem pacem confirmandam [...], infra tempus quod duxerimus moderandum, prefatus rex Anglie Margarettam, sororem predicti regis Francie, recipere ac ducere, cum dotalicio quindecim milium librarum turonensium, assignando per ipsum regem Anglie in locis competentibus [...], in uxorem, et idem rex Francie eandem sororem suam eidem regi Anglie in uxorem dare et tradere cum dispensatione Sedis Apostolice teneantur ; quodque Isabellis, filia prelibati regis Francie, que infra annum septennem dicitur constituta, suo tempore Eduardo, predicti regis Anglie filio, qui jam XIII etatis sue annum exegit, cum simili dispensatione matrimonialiter cum dotalicio decem octo millium librarum turonensium, similiter assignando per eumdem regem Anglie pro dicto filio suo in competentibus locis" (DIGARD, Registres de Boniface VIII [cf. n. 59], t. II, n° 2826, col. 264). La majorité matrimoniale des garçons n'a été définitivement fixée à 14 ans qu'au XIVe siècle: J. GAUDEMET, Le mariage en Occident, Paris 1987, p. 197.

97 "quod idem rex Anglie, pro filio suo, idemque filius pro se, qui ad hoc sufficientem habent etatem, contrahant sponsalia predicta, eorumdem regis et filii juramentis firmanda, et rex Francie, nomine filie sue predicte, contrahat hujusmodi sponsalia pro eadem, que ut valida sint et firma, volumus [...] quod rex Francie promittat per juramentum [...] se tradere predictam filiam suam predicto Eduardo nuptui, tempore quo concordatum extitit inter ipsos vel per nos arbitratum fuerit" (DIGARD, Registres de Boniface VIII [cf. n. 59], t. II, n° 2826, col. 264).

98 "arbitramur quod pena [...] firmetur ab utraque parte et promissa valletur [...] per quam penam negotium istud in tuto ponatur et partes ad ejus finalem executionem efficacius inducantur, cujus pene promissionem [...] efficaciter valere volumus [...], non obstantibus juribus que pro libertate matrimoniorum hujusmodi penas inhibent, que ex certa scientia pro tanto bono tollimus in hoc casu" (DIGARD, Registres de Boniface VIII [cf. n. 59], t. II, n° 2826, col. 264). Sur la portée de ces clauses: O. HAGENEDER, Die Rechtskraft spätmittelalterlicher Papst- und Herrscherurkunden "ex certa scientia", "non obstantibus" und "propter importunitatem petentium", dans: P. HERDE / H. JAKOBS (éd.), Papsturkunde und europäisches Urkundenwesen. Studien zu ihrer formalen und rechtlichen Kohärenz vom 11. bis 15. Jahrhundert (Archiv für Diplomatik. Beiheft 7), Köln/Weimar/Wien 1999, p. 401-429.

99 "addentes nichilominus quod reges predicti aliquos de baronibus suis notabiliores per juramenta faciant obligare ad sponsalia predicta et matrimonia procuranda et ad tollenda impedimenta pro viribus que possent circa hoc vel contra hoc adinveniri" (DIGARD, Registres de Boniface VIII [cf. n. 59], t. II, n° 2826, col. 264).

pourrait voir, après une réquisition et un délai d'un mois pour se corriger, l'interdit jeté sur son royaume[100].

Le juge arbitral décrète encore que tous les biens meubles saisis et les dommages causés pendant la guerre doivent être restitués, notamment ceux qui n'ont pas été détruits, en particulier les navires. Les possessions terrestres ou maritimes occupées par les Anglais et les Gascons avant la guerre doivent être aussitôt rendues au roi de France ou ses représentants, toute affaire cessante et "sans procès ni intervention du juge". Ce dernier doit également restituer intégralement tout ce qu'il a pris ou volé avant la survenance du conflit au roi d'Angleterre. Des dédommagements pour les pertes et les destructions doivent encore être versés par chacun, selon l'estimation fournie par les représentants de chaque partie ou, à défaut, celle de l'arbitre[101].

La sentence établit enfin que toutes les terres et les vassaux qu'Édouard Ier tient actuellement ou tenait avant la guerre "dans le royaume de France" doivent lui revenir selon les termes du compromis qui a été approuvé par l'arbitre. Mais il doit aussi prêter fidélité et hommage à son suzerain le monarque français, dans les mêmes conditions que son père l'avait fait avant lui. Les abus commis de part et d'autre dans l'accomplissement du service d'ost doivent toutefois cesser. Le roi d'Angleterre et ses successeurs ne doivent plus se rebeller contre le roi de France

---

100 "Quia vero sponsalia predicta tanto amplius desideramus habere felicem effectum et efficacem eventum, quanto per hoc probabiliter credimus pacem predictam firmius et fidelius observari, pro tanto pacis bono decernimus auctoritate apostolica quod terra regis illius, cujus culpa vel malitia steterit quo minus contrahantur predicta sponsalia et matrimonium consumetur, ecclesiastico subjaceat interdicto nisi super hoc requisitus predicta cum effectu correxerit infra mensem" (DIGARD, Registres de Boniface VIII [cf. n. 59], t. II, n° 2826, col. 264-265). Sur la portée de la sanction éventuelle: P. D. CLARKE, The Interdict in the Thirteenth Century. A Question of Collective Guilt, Oxford 2007, spécialement p. 59*sq.*

101 "diffinimus, quod de omnibus bonis mobilibus [...] ablatis vel alias male subtractis, et de omnibus damnis datis [...] primo de omnibus que extant et consumpta non sunt, presertim de navibus, et aliis quibuscumque bonis per Anglicos et Vascones [...] ante guerram occupatis in mari vel in terra, quod rex Anglicus omnia [...] sine lite et absque figura judicii, omni fraude cessante, ad requisitionem regis Francie [...] statim faciat ad plenum restitui, et rex Francie similiter, si qua talis [...] capta vel ablata [...] reperta fuerint, similiter ad plenum restitui faciat a prefato rege Anglie [...] de ablatis vero non estantibus sed deperditis et consumptis [...] diffinimus quod rex Anglie ad requisitionem regis Francie [...] satisfieri faciat et ad hoc faciendum etiam teneatur sine lite ac figura judicii, bona fide et omni fraude cessante; et rex Francie similiter, si qua per gentes suas ablata, deperdita seu consumpta inventa fuerint, ad requisitionem regis Anglie [...] faciat satisfieri, taxatione nobis circa predictorum estimationem contra utramque partem ubi per concordiam partium negotium super predictis sopitum non esset, plenarie reservata" (DIGARD, Registres de Boniface VIII [cf. n. 59], t. II, n° 2826, col. 265).

ni ses descendants[102]. En attendant le règlement définitif du conflit, les terres et les vassaux en litige sont confiés à la garde de l'arbitre, en sorte qu'aucune des deux parties n'acquiert un nouveau droit de propriété ou de possession ni n'en perde un précédemment acquis. Toute controverse sur leur partage est réservée au juge arbitral. Les accords qui ont pu être trouvés entre les deux rois sur certaines terres et certains biens doivent être perpétuellement observés. Mais, dans l'hypothèse contraire, il revient à l'arbitre de trancher. Dans le cas où il ne le pourrait, les parties devraient alors demeurer dans leurs droits d'origine[103].

**
*

L'exécution de l'arbitrage rendu par Boniface VIII allait finalement se révéler un échec relatif. Les deux princes refusèrent en effet dans un premier temps de remettre leurs possessions litigieuses entre les mains du pape. Les trêves furent toutefois dans une certaine mesure maintenues et l'on procéda à des échanges de prisonniers[104]. En mai 1299, le roi d'Angleterre accepta finalement que la

102 "diffinimus, quod idem rex Anglie de omnibus terris, vassallis et bonis, que ipse nunc habet et tenet in regno Francie, seu tenebat ante motam guerram presentem, habeat illam quantitatem et illam partem [...], quam sibi ex virtute compromissorum predictorum laudaverimus [...] assignari [...]; et sub illis fidelitate, homagio, modis et conditionibus habeat, sub quibus ipse ac pater suus habuisse hactenus et tenuisse noscuntur, modis et temperamentis per nos adhibendis in abusu, si quis ex parte gentis regis Francie hactenus commissus inventus fuerit in exercitio resorti, modis etiam et temperamentis per nos adhibendis in abusu partis alterius, si quis videlicet ex parte regis Anglie vel suorum hactenus commissus contra jus resorti fuerit inventus, ne talia in posterum committantur; conditionibus etiam [...] per nos imponendis [...] in terris, vassallis et bonis, et aliis, que per nostram pronumptiationem [...], ne amodo idem rex Anglie vel successores ejus contra regem Francie vel successores ipsius valeant rebellare" (DIGARD, Registres de Boniface VIII [cf. n. 59], t. II, n° 2826, col. 265-266).

103 "diffinimus, quod ex nunc omnes terre, vassalli et bona predicta, et alia tam que tenet rex Francie [...] quam que tenet rex Anglie [...] bona fide [...] in manibus [...] nostris ponantur et assignentur [...]: ita tamen, quod per hoc in possessione vel proprietate nichil novi juris accrescat alterutri partium, vel antiqui decrescat: super quorum assignatione, si qua fuerit exorta dubitatio vel ambiguitas inter partes, illam nostre declarationi et arbitrio reservamus. Quod si forsan dicti reges de ipsis terris et bonis ad invicem concordaverint, volumus [...] ex nunc id, in quo concordaverint, perpetuo et inviolabiliter observari: alioquin [...] apponemus ad id illud remedium, quod Dominus ministrabit et ex tradita nobis potestate licebit. Si vero [...] hoc facere non possemus, volumus [...] quod utrique parti pristina jura sua salva remaneant et illesa" (DIGARD, Registres de Boniface VIII [cf. n. 59], t. II, n° 2826, col. 266).

104 Cf. LALOU, Les négociations (cf. n. 44), p. 338-339.

Gascogne fût placée provisoirement sous la garde de l'évêque de Vicence[105]. Le 19 juin suivant, le traité de Montreuil-sur-Mer confirma aussi les conventions matrimoniales qui avaient été projetées et en précisa le contenu[106]. Le 12 septembre 1299, Édouard Ier d'Angleterre épousait par procuration Marguerite de France. Mais trois années de négociations, ponctuées de diverses trêves, furent encore nécessaires avant d'en arriver à la paix[107]. Celle-ci fut finalement signée à Paris, le 20 mai 1303[108]. Le succès plus que relatif de la décision rendue par Boniface VIII ne peut pour autant masquer le caractère remarquable de sa nature juridique et de sa dimension politique. Le pape avait été choisi en raison de sa position spirituelle éminente, qui le plaçait au-dessus des monarques en conflit. Ceux-ci, convaincus de leur indépendance politique sur le plan temporel, avaient cependant résolu de requérir de lui une intervention à titre privé. Le chef de la chrétienté latine était ainsi devenu momentanément simple juge arbitral. La procédure suivie, depuis la désignation de l'arbitre par compromis, jusqu'au déroulement du procès, dans lequel ce dernier est intervenu, en tant qu'*arbitrator* et *amicabilis compositor*, en équité et en écartant les dispositions de l'*ordo judiciarius*, s'est conformé en tout point aux dispositions prescrites par la procédure romano-canonique relatives à l'arbitrage. La sentence, prononcée sous le simple nom de Benedetto Caetani, n'en a pas moins été confirmée trois jours plus tard par le même, agissant cette fois-ci en qualité de pape. Le sceau de l'autorité pontificale était ainsi ajouté à la force d'un jugement auxquels les belligérants avaient d'un commun accord promis de se soumettre. L'épisode illustre, s'il était besoin, le caractère ambivalent du règlement des conflits internationaux, dans lesquels la règle de droit n'est souvent que l'habillage des choix politiques.

---

105 RYMER, Foedera [cf. n. 38], t. I/3, p. 206 et 207.
106 RYMER, Foedera [cf. n. 38], t. I/3, p. 208-209.
107 Voir LALOU, Les négociations (cf. n. 44), p. 340-342.
108 Texte dans RYMER, Foedera [cf. n. 38], t. I/4, p. 24-25.

ANNEXE

1298, 30 juin. — Rome

Confirmation par le pape Boniface VIII de la sentence arbitrale rendue le 27 juin 1298 entre Philippe le Bel, roi de France et Édouard Ier, roi d'Angleterre pour mettre fin au conflit les opposant depuis 1294

Édition: Georges Digard, Les registres de Boniface VIII. Recueil des bulles de ce pape publiées ou analysées d'après les manuscrits originaux des archives du Vatican, t. II, quatrième, cinquième et sixième années (Bibliothèques des Écoles françaises d'Athènes et de Rome, deuxième série, 4), Paris 1904, n° 2826 p. 262-267.
Indiqué: Potthast, 24713.

Carissimis in Christo filiis Phylippo, Francie, Eduardo, Anglie regibus, illustribus. Pronumptiationem quandam super reformanda inter vos pace et concordia et super hiis que ad pacem pertinent ac super aliis, super quibus per nuntios et procuratores vestros in nos tanquam in privatam personam et Benedictum Gaitanum nomine vestro et pro vobis extitit compromissum, arbitrando, laudando, diffiniendo, arbitraliter sententiando, mandando, ordinando, disponendo et pronuntiando ea vice nuper duximus faciendam, prout in instrumento publico inde confecto plenius continetur. Quam pronumptiationem et que in ea continentur auctoritate apostolica valere volumus et plenam habere decernimus roboris firmitatem, tenorem ipsius instrumenti de verbo ad verbum ex certa scientia presentibus annotari facientes qui talis est: "In nomine Domini, amen. Anno Domini mccxcviii, indictione xi, pontificatus domini Bonifatii pape viii anno vi, die xxvii mensis junii, sanctissimus pater et dominus, dominus Bonifatius divina providentia papa viii, arbitrium, laudum, diffinitionem, arbitralem sententiam, amicabilem compositionem, mandatum, ordinationem et alia infrascripta recitavit, legi fecit, dedit et protulit in hunc modum: Dudum inter charissimos filios nostros Phylippum, Francorum, ex parte una, et Eduardum, Anglie reges illustres, ex altera, suggerente inimico humani generis, pacis emulo, super diversis articulis materia discordie ac dissensionis exorta, tandem iidem reges per speciales nuntios et procuratores ipsorum, ad hoc ab eis mandatum habentes, in nos Bonifatium papam viii, tanquam in privatam personam et dominum Benedictum Gaytanum, tanquam in arbitrum et arbitratorem, laudatorem, diffinitorem, arbitralem sententiatorem, amicabilem compositorem, preceptorem, ordinatorem, dispositorem et pronumptiatorem super reformanda pace et concordia inter ipsos reges, ac super his que ad pacem pertinent, et super omnibus et singulis discordiis, guerris, litibus, controversiis, causis, questionibus, damnis et injuriis, petitionibus et actionibus, realibus et personalibus atque mixtis, que fuerant et erant seu vertebantur et esse vel verti possent inter ipsos reges occasione quacumque, de alto et basso, absolute ac libere compromittere curaverunt, prout in compromissorum instrumentis publicis inde confectis plenius continetur. Nos igitur, Bonifatius papa predictus, qui finem imponere litibus affectamus sed precipue inter reges predictos, quorum quietem indesinenter appetimus et tanto ferventius felices cupimus vigere successus quanto pleniori eos affectione prosequimur et puriori complectimur caritate, hujusmodi compromissis receptis et nobiscum deliberatione prehabita diligenti, vocatis quoque nuntiis et procuratoribus supradictis ad arbitrium, laudum, mandatum et arbitralem sententiam audiendum eisque coram nobis ad hoc specialiter constitutis, ad laudem Omnipotentis Dei, qui est Pacis Actor et Salutis Amator, et gloriose Virginis matris ejus, sicut arbiter, arbitrator, laudator et amicabilis compositor, ac sicut privata persona et Benedictus Gaytanus, ex virtute ac forma compromissorum predictorum et omni modo et jure quo melius possumus, viam arbitratoris, laudatoris et amicabilis compositoris sequentes, dicimus, arbitramur, laudamus, diffinimus, arbitraliter sententiamus, mandamus, ordinamus, disponimus et pronumptiamus hac vice; ut inter eosdem reges fiat et sit perpetua et stabilis pax; et quod treugue vel sufferentie voluntarie, dudum indicte, inita ac firmate inter eos, eo modo et forma, ac omnibus et illis personis et terris, et sub illis penis, conditionibus et temporibus, sub quibus indicte, inite ac firmate fuerint, inviolabiliter observentur; ad hujusmodi autem pacem confirmandam, roborandam atque servandam, infra tempus quod duxerimus moderandum, prefatus rex Anglie Margarettam, sororem predicti regis Francie, recipere ac ducere, cum dotalicio quindecim milium librarum turonensium, assignando per ipsum regem Anglie in locis competentibus, de quibus inter partes fuerit concordatum vel, ubi partes ipse non concordarent, per nos arbitratum fuerit, in uxorem, et idem rex Francie eandem sororem suam eidem regi Anglie in uxorem dare et tradere cum dispensatione Sedis Apostolice teneantur; quodque Isabellis, filia prelibati regis Francie, que infra annum septennem dicitur constituta, suo tempore Eduardo, predicti regis Anglie filio, qui jam xiii etatis sue annum exegit, cum simili dispensatione matrimonialiter cum dotalicio decem octo millium librarum turonensium, similiter assignando per eumdem regem Anglie pro dicto filio suo in competentibus locis, de quibus concordaverint ipse partes vel de quibus nos duxerimus arbitrandum, si super hoc inter eos non provenit concordia, copuletur, idque firmetur atque valletur ex nunc modis inferius annotatis videlicet: quod idem rex Anglie, pro filio suo, idemque filius pro se, qui ad hoc sufficientem habent etatem, contrahant sponsalia predicta, eorumdem regis et filii juramentis firmanda, et rex Francie, nomine filie sue predicte, contrahat hujusmodi sponsalia pro eadem, que ut valida sint et firma, volumus, dicimus et arbitramur quod rex Francie promittat per juramentum, pro ipso in animam suam prestandum, se tradere predictam filiam suam predicto Eduardo nuptui, tempore quo concordatum extitit inter ipsos vel per nos arbitratum fuerit vel laudatum; pro quibus attendendis firmiter et fideliter adimplendis dicimus, laudamus et arbitramur quod pena, de qua inter partes fuerit concordatum, vel, uti ipse partes non concordarent, per nos arbitranda et taxanda, firmetur ab utraque parte et promissa valletur, solvenda parti parenti a parte non parente, per quam penam negotium istud in tuto ponatur et partes ad ejus finalem executionem efficacius inducantur, cujus pene promissionem et obligationem efficaciter valere volumus et decernimus ac tenere, non obstantibus juribus que pro libertate matrimoniorum hujusmodi penas inhibent, que ex certa scientia pro tanto bono tollimuus in hoc casu, addentes nichilominus quod reges predicti aliquos de baronibus suis notabiliores per juramenta faciant obligare ad sponsalia predicta et matrimonia procuranda et ad tollenda impedimenta pro viribus que possent circa hoc vel contra hoc adinveniri. Quia vero sponsalia predicta tanto amplius desideramus habere felicem effectum et efficacem eventum, quanto per hoc probabiliter credimus pacem predictam firmius et fidelius observari, pro tanto pacis bono decernimus auctoritate apostolica quod terra regis illius, cujus culpa vel malitia steterit quo minus contrahantur predicta sponsalia et matrimonium consumetur, ecclesiastico subjaceat interdicto nisi super hoc requisitus predicta cum effectu correxerit infra mensem. Item dicimus, laudamus arbitramur, seu etiam diffinimus, quod de omnibus bonis mobilibus vel se moventibus, ablatis vel alias male subtractis, et de omnibus damnis datis hinc inde ante tempus mote vel orte guerre presentis; primo de omnibus que extant et consumpta non sunt, presertim de navibus, et aliis quibuscumque bonis per Anglicos et Vascones, et eorum complices ante guerram occupatis in mari vel in terra, quod rex Anglicus omnia que de predictis extant bona fide, sine lite et absque figura judicii, omni fraude cessante, ad requisitionem regis Francie vel nuntii sui statim faciat ad plenum restitui, et rex Francie similiter, si qua talis, ante dictam guerram capta vel ablata, apud ipsum vel in sua potestate estantia reperta fuerint, similiter ad plenum restitui faciat a prefato rege Anglie vel ejus nuntio requisitus; de ablatis vero non estantibus sed deperditis et consumptis, laudamus, arbitramur seu etiam diffinimus quod rex Anglie ad requisitionem regis Francie vel nuntii ejus satisfieri faciat et ad hoc faciendum etiam teneatur sine lite ac figura judicii, bona fide et omni fraude cessante; et rex Francie similiter, si qua per gentes suas ablata, deperdita seu consumpta inventa fuerint, ad requisitionem regis Anglie vel nuntii sui faciat satisfieri, taxatione nobis circa predictorum estimationem contra utramque partem ubi per concordiam partium negotium super predictis sopitum non esset, plenarie reservata. Item dicimus, laudamus, arbitramur seu etiam diffinimus, quod idem rex Anglie de omnibus terris, vassallis et bonis, que ipse nunc habet et tenet in regno Francie, seu tenebat ante motam guerram presentem, habeat illam quantitatem et illam partem terrarum, vassallorum, et bonorum eorumdem, quam sibi ex virtute compromissorum predictorum laudaverimus et mandaverimus assignari, vel inter reges ipsos fuerit concordatum; et sub illis fidelitate, homagio, modis et conditionibus habeat, sub quibus ipse ac pater suus habuisse hactenus et tenuisse noscuntur, modis et temperamentis per nos adhibendis in abusu, si quis ex parte gentis regis Francie hactenus commissus inventus fuerit in exercitio resorti, modis etiam et temperamentis per nos adhibendis in abusu partis alterius, si quis videlicet ex parte regis Anglie vel suorum hactenus commissus contra jus resorti fuerit inventus, ne talia in posterum committantur; conditionibus etiam, modis et securitatibus per nos imponendis et adhibendis in terris, vassallis et bonis, et aliis, que per nostram pronumptiationem seu concordiam partium prefatus rex Anglie habiturus est de predictis, ne amodo idem rex Anglie vel successores ejus contra regem Francie vel successores ipsius valeant rebellare. Dicimus etiam, laudamus et arbitramur, seu etiam diffinimus, quod ex nunc omnes terre, vassalli et bona predicta, et alia tam que tenet rex Francie de iis que tenebat rex Anglie ante guerram presentem quam que tenet rex Anglie in regno Francie, bona fide ac sine omni fraude, absolute ac libere in manibus et posse nostris ponantur et assignentur, tenenda a nobis nomine regis Francie, que ex parte sua, et nomine regis Anglie, que ex parte ejusdem nobis fuerint assignata: ita tamen, quod per hoc in possessione vel proprietate nichil novi juris accrescat alterutri partium, vel antiqui decrescat: super quorum assignatione, si qua fuerit exorta dubitatio vel ambiguitas inter partes, illam nostre declarationi et arbitrio reservamus. Quod si forsan dicti reges de ipsis terris et bonis ad invicem concordaverint, volumus, laudamus et arbitramur, ex nunc id, in quo concordaverint, perpetuo et inviolabiliter observari: alioquin nos ex compromissi predicti virtute apponemus ad id illud remedium, quod Dominus ministrabit et ex tradita nobis potestate licebit. Si vero casu aliquo contingente hoc facere non possemus, volumus, dicimus et arbitramur, quod utrique parti pristina jura sua salva remaneant et illesa. Acta, lata et pronumptiata fuerunt arbitrium, laudum, arbitralis sententia, mandatum, diffinitio, ordinatio, dispositio et omnia supradicta per eumdem dominum papam, ut superius enarrantur, anno, indictione, mense ac die predictis, Rome apud Sanctum Petrum in palatio papali, in consistorio publico, facto in sala majori, presente ibi gentium multitudine copiosa; et presentibus reverendis patribus dominis, Dei gratia, Gerardo, Sabinensi, fratre Mattheo, Portuensi et S. Ruffine, et Joanne, Tusculano episcopis; Joanne tit. SS. Marcellini et Petri, Nicolao tit. S. Laurentii in Damaso, fratre Jacobo tit. S. Clementis, Thoma tit. S. Cecilie ac Roberto tit. S. Potentiane presbyteris; Mattheo S. Marie in Porticu, Napoleone S. Adriani, Guillelmo S. Nicolai in Carcere Tulliano, Francisco S. Marie in Cosmedin, Petro S. Marie-Nove, ac Jacobo S. Georgii ad Velum Aureum diaconis, Sancte Romane Ecclesie cardinalibus, et venerabilibus viris dominis Johanne Judicis, Matheo Caraczulo, Guidone de Anagnia et Adenulfo de Supino, domini pape notariis, ac nobilibus viris dominis Urso et Bertuldo de filiis Ursi de Urbe, Bartholomeo de Capua, regni Sicilie logotheta, et Jacobo de Pisis, familiari ipsius domini pape, testibus, ac domino Deodato de Urbe, ipsius domini pape capellano, qui arbitrium, laudum, arbitralem sententiam, mandatum, diffinitionem, ordinationem et omnia supradicta de mandato predicti domini pape ibidem publice legit et voce quasi preconia recitavit. Et ego Nicholaus dictus Novellus de Vico, apostolica et imperiali auctoritate notarius, predictis interfui et omnia ut supra legitur de mandato prefati domini pape scripsi et publicavi ac meo signo consueto signavi." Nulli ergo, et cetera. Nostre constitutionis et annotationis, et cetera. Si quis autem, et cetera. Dat. Rome, apud Sanctum Petrum, ii kal. julii, anno quarto.

Giovanni Chiodi

Cittadinanza originaria, domicilio e diritti: dottrine canonistiche e decisioni di grandi tribunali tra medioevo e prima età moderna

Nella declinazione delle differenze e delle dinamiche di inclusione/esclusione di un soggetto da una comunità, la distinzione tra stranieri e cittadini, e tra diverse categorie di cittadini, è basilare. Nel *ius commune* e negli *iura propria*, la cittadinanza rileva in quanto fonte di obblighi e di diritti, e ha contenuto variabile a seconda delle varie tipologie di *cives* e dei molteplici contesti. Tra le forme di cittadinanza, quella originaria, nella riflessione dei giuristi del tardo medioevo, ai quali è dedicato questo contributo, riceve un posto di rilievo nella definizione dei caratteri distintivi del *civis* e dei diritti /doveri connessi a tale *status*, non solo con riferimento ai diritti politici[1].

I giuristi ereditano dal diritto romano il concetto di cittadinanza originaria, e sdoppiano l'origine in paterna e propria, come attesta e tramanda (tra gli altri)

---

1 Nella bibliografia sulla cittadinanza medievale la categoria dei *cives originarii* è trattata generalmente in contrapposizione a quella dei *cives ex privilegio*. Cf. in via esemplificativa D. BIZZARRI, Ricerche sul diritto di cittadinanza nella costituzione medievale, in Studi senesi, 32 (1916), 19-136, anche in EAD., Studi di storia del diritto italiano, editi dalla famiglia a cura di F. PATETTA e M. CHIAUDANO, Torino 1937, 61-158 (82-83, 90); E. CORTESE, Cittadinanza (Diritto intermedio), in Enciclopedia del diritto, 7 (1960), 1-9, anche in ID., Scritti, a cura di I. BIROCCHI e U. PETRONIO, II, Spoleto 1999, 1217-1225; P. COSTA, Civitas. Storia della cittadinanza in Europa, 1. Dalla civiltà comunale al Settecento, Roma-Bari 1999, 3-50, 15-18; M. ASCHERI, Nella città medievale italiana: la cittadinanza o le cittadinanze?, in Initium 16 (2011) 299-312 (301-302). Cf. anche gli scritti di Kirshner e di altri autori cit. *infra*, nn. 5 e 30; U. MEIER, Mensch und Bürgen. Die Stadt im Denken spätmittelaterlichen Theologen, Philosophen und Juristen, München 1994, 176-188. Incentrata sull'impiego della nozione di cittadinanza originaria come criterio di selezione delle cariche pubbliche in alcune fonti di *ius proprium* è l'indagine di M. VALLERANI, La cittadinanza pragmatica. Attribuzione e limitazione della civilitas nei comuni italiani fra XIII e XV secolo, in Cittadinanze medievali. Dinamiche di appartenenza a un corpo comunitario, a cura di S. MENZINGER, Roma 2017, 113-143. Sul modello veneziano, tutt'altro che omogeneo, si può vedere ad es. lo studio di M. CASINI, La cittadinanza originaria a Venezia tra i secoli XV e XVI. Una linea interpretativa, in Studi veneti offerti a Gaetano Cozzi, Venezia, 1992, 133-150. L'oggetto del presente contributo sono i linguaggi e i discorsi dei giuristi canonisti e di diritto comune.

Accursio in una glossa molto conosciuta[2]. Si può essere infatti cittadini originari per nascita da padre cittadino, e per questa categoria è importante l'*unde* e non l'*ubi*, come ha felicemente sintetizzato Yan Thomas per la nozione romana di *origo*: il legame di sangue, la filiazione, e non il territorio di nascita[3]. Ma si può essere cittadini originari anche per origine propria, e questa dimensione della cittadinanza dipende dal luogo di nascita e quindi dal legame con un territorio.

In entrambi i casi, che rilevi il legame di sangue o il rapporto con il territorio, la cittadinanza originaria si acquista per natura e come tale è immutabile[4]. Diverso è il discorso per la cittadinanza acquisita o per privilegio, alla quale le città fanno ampio ricorso, a sostegno delle loro politiche di immigrazione, e che nel Trecento viene teorizzata da Bartolo, in testi di alta qualità speculativa, come una forma ulteriore di cittadinanza, basata sulla concessione volontaria di una città[5].

---

2 ACCURSIUS, App. ad D. 50.1.1, *ad municipalem et de incolis*, l. *Municipem*, v. *nativitas*: "propria vel paterna"; App., ad D. 50.1.6 pr., *ad municipalem et de incolis*, l. *Adsumptio*, v. *non domicilium sequitur*: "sic ergo no. quod filius suam propriam originem sequitur quam nec mutare potest... item et patris sui, ut hic, et etiam illa non potest mutare"; App. ad D. 1.9.11, *de senatoribus*, l. *Senatores*, v. *adiectionem*: "an autem possit mutari, quaeritur? Distingue secundum Ioan. utrum ex origine, et tunc non possit, an ex constitutione, et tunc possit, ut ff. ad municip. l. Domicilium (D. 50.1.20)". La dottrina inoltre precisa che, in base a D. 50.1.6.1, il figlio segue l'origine paterna, ma non il domicilio. Cf. FRANCISCUS ACCURSII, *casus* ad D. 50.1.6 pr.: "Si natus Florentiae dicat se non esse ibi natus, sed Bononiae, non potest mutare veritatem. Item ego Franciscus dicor civis Florentinus, cum ibi pater meus Acc. fuerit natus, non autem sequor domicilium patris mei, ut si staret Muti. non sum per hoc civis Muti."; ACCURSIUS, App. ad C. 10.39.3, *de municipis et originariis*, l. *Filios*, v. *filios*: "Item nota, originem non dici domicilium patris, maxime si filius alibi habitet..."; BARTOLUS A SAXOFERRATO, Commentaria in Tres libros Codicis, Lugduni 1547, ad C. 10.39.3, *de municipibus et originariis*, l. *Filios*, num. 2, f. 24rb: "Item quaerit glo. utrum filius sequatur patris domicilium non constitutum origine: glo. dicit quod non et bene".

3 Y. THOMAS, «Origine» et «commune patrie». Étude de droit public romain (89 a.v. J.-C.-212 ap. J.-C.), Rome 1996, 55-82 (66).

4 Cf. le fonti cit. *supra*, n. 2. I principali testi romani sui quali si basano queste interpretazioni sono i seguenti. C. 10.39.4 (Imperatores Diocletianus, Maximianus): Origine propria neminem posse voluntate sua eximi manifestum est. D. 50.1.6 pr. (Ulpianus libro secundo opinionum): Adsumptio originis, quae non est, veritatem naturae non peremit.

5 Sulle dense riflessioni bartoliane, e sul problema della cittadinanza *ex privilegio*, è fondamentale il saggio di J. KIRSHNER, Civitas sibi faciat civem: Bartolus of Sassoferrato's Doctrine on the Making of a Citizen, in Speculum, 48 (1973), 694-713, che ha trattato il tema con riferimento anche al pensiero di altri giuristi, in Paolo di Castro on Cives ex Privilegio: A Controversy over the Legal Qualifications for Public Office in early Fifteenth-Century Florence, in Renaissance Studies in Honour of Hans Baron, Firenze 1971, 229-264; "Ars imitatur naturam". A Consilium of Baldus on Naturalization in Florence, in Viator, 5 (1974), 289-331; Between Nature and Culture: an Opinion of Baldus de Perugia on Venetian Citizenship as Second Nature, in The Journal of Medieval and Renaissance Studies, 9/2 (1979), 179-208. Su Bartolo cf. inoltre le osservazioni di D. QUAGLIONI, Le

Nello spazio urbano, ovviamente, non vivono solo cittadini, ma anche stranieri: di passaggio (*advenae*) o abitanti stabili con domicilio (*incolae*)[6]. Questo fenomeno richiama alla mente la distinzione tra cittadinanza originaria, in linea di principio naturale e immutabile per il *ius commune* (ma per gli *iura propria* tutt'altro che incancellabile, come si dirà) e domicilio. L'*habitatio* non implica infatti

---

radici teoriche della dottrina bartoliana della cittadinanza, in ID., Civilis sapientia. Dottrine giuridiche e dottrine politiche fra medioevo ed età moderna. Saggi per la storia del pensiero giuridico moderno, Rimini 1989, 128-144; ID., The Legal Definition of Citizenship in the Late Middle Ages, in City States in Classical Antiquity and Medieval Italy, ed. by A. MOHLO, K.A. RAAFLAUB, J. EMLEN, Stuttgart 1991, 155-167. Sui privilegi di cittadinanza, tra gli studi recenti che offrono una mappatura di molte esperienze locali cf. P. GILLI, Comment cesser d'ètre étranger: citoyens et non-citoyens dans la pensée juridique italienne de la fin du Moyen Âge, in L'étranger au Moyen Âge, Paris 2000, 59-77; A. DE BENEDICTIS, Citizenship and Government in Bologna (Sixteenth-Seventeenth Centuries): Privilege of Citizenship, Right of Citizenship, Benefice of the Patria, Honor of the Magistrates, in Privileges and Rights of Citizenship. Law and the Juridical Construction of Civil Society, ed. by J. KIRSHNER and L. MAYALI, Berkeley 2002, 127-146; P. RACINE, La citoyenneté en Italie au Moyen Âge, in Le Moyen Âge, 2009/1, t. 115, 87-108; E. HUBERT, Droits sur le sol, résidence et citoyenneté dans les villes de l'Italie centrale et settentrionale (XIe-XVe siècle), in Faire la preuve de la propriété. Droits et savoirs en Méditerranée (antiquité-temps modernes), Études réunies par J. DUBOULOZ et A. INGOLD, Rome 2012, 129-143; G. ALBINI, «Civitas tunc quiescit et fulget cum pollentium numero decoratur». Le concessioni di cittadinanza in età viscontea tra pratiche e linguaggi politici, in The Languages of Political Society. Western Europe, 14th-17th Centuries, a cura di A. GAMBERINI, J.-Ph. GENET, A. ZORZI, Roma 2011, 97-120, e i saggi contenuti nel bel volume Cittadinanza e mestieri. Radicamento urbano e integrazione nelle città bassomedievali (secc. XIII-XVI), a cura di B. DEL BO, Roma 2014 (e qui in particolare le sintesi di B. Del Bo e P. Grillo). Cf. da ultimo i contributi raccolti nel volume La cittadinanza e gli intellettuali (XIV-XV secc.), a cura di B. DEL BO, Milano 2018.

6 Sul complesso regime giuridico dello straniero restano fondamentali i saggi contenuti nei due volumi L'étranger (Recueils de la Société Jean Bodin, IX-X), I-II, Bruxelles 1958. Per un inquadramento dei problemi è sempre utile la lettura di M. ASCHERI, Lo straniero nella legislazione e nella letteratura giuridica del Tre-Quattrocento: un primo approccio, in Rivista di storia del diritto italiano, 60 (1987), 179-194, e ID., Lo straniero: aspetti della problematica giuridica, in Dentro la città. Stranieri e realtà urbane nell'Europa dei secoli XII-XVI, a cura di G. ROSSETTI, Pisa 1989, 33-46. Capillare e fondamentale, anche per i nostri temi, è la monografia di C. STORTI STORCHI, Ricerche sulla condizione giuridica dello straniero in Italia dal tardo diritto comune all'età preunitaria. Aspetti civilistici, Milano 1990, il cui capitolo I è dedicato all'esperienza del diritto comune. Di recente, la stessa autrice ha analizzato molte questioni sui *forenses* nei saggi Alcune considerazioni sul trattamento dello straniero in età medievale e moderna tra flessibilità e pragmatismo, in Ius peregrinandi. Il fenomeno migratorio tra diritti fondamentali, esercizio della sovranità e dinamiche di esclusione, a cura di M. MECCARELLI, P. PALCHETTI, C. SOTIS, Macerata 2012, 123-148; EAD., Motivi e forme di accoglienza dello straniero in età medievale, in Ai margini della civitas. Figure giuridiche dell'altro tra medioevo e futuro, a cura di A.A. CASSI, Soveria Mannelli 2013, 61-77.

l'assunzione della cittadinanza del luogo di accoglienza, e quindi, dal punto di vista del diritto comune (salvo diversa indicazione degli *iura propria*), sia il semplice abitante non permanente sia il vero e proprio domiciliato, che vi risiede stabilmente, sono stranieri, con tutte le complicazioni che questa qualifica comporta. È in questo contesto che i giuristi affrontano i problemi della mobilità, della circolazione, della migrazione. I cittadini viaggiano, possono trasferire il loro domicilio da una città all'altra per i motivi più svariati (matrimonio, commercio, guerra, calamità) ed eventualmente aggiungere una nuova cittadinanza a quella del luogo di nascita propria o paterna; possono anche lasciare la città d'origine, perché perdono la cittadinanza. Le questioni connesse alla circolazione dei cittadini, generate da cittadinanze multiple o dal semplice stabilirsi altrove rispetto alla città di origine, sono complesse: di natura politica, ma anche (e soprattutto) fiscale, civile, penale, processuale. Dalla *civilitas*, a seconda dei casi, non derivano infatti soltanto diritti di partecipazione politica, ma anche diritti (ed obblighi) patrimoniali che sollevano un rilevante contenzioso, attestato da un ingente numero di *consilia*.

In questo contributo esaminiamo solo alcuni aspetti tra quelli che hanno attirato l'attenzione dei canonisti, con lo sguardo concentrato sull'esperienza tardo medievale e della prima età moderna. L'indagine costituisce un sondaggio sul ruolo della scienza giuridica canonistica nella trasmissione e circolazione dei princìpi del diritto comune (e canonico) in tema di cittadinanza originaria e domicilio, e sulla rielaborazione di questa tradizione fra tardo medioevo e prima età moderna, anche con riferimento ai problemi del *ius migrandi*, in alcuni contesti locali. Per i giuristi, si è cittadini per nascita nel luogo di origine paterna (*ius sanguinis*) e propria (*ius loci*). La cittadinanza originaria è un dato naturale e immutabile: ad essa si collega il domicilio nel luogo o nei luoghi di origine. I cittadini, tuttavia, possono liberamente muoversi e stabilire il proprio domicilio altrove. Il domicilio legato all'abitazione è distinto dalla cittadinanza, perché è volontario e mutevole: si può dunque abitare in più luoghi. Cosa succede se un cittadino abita stabilmente fuori dal luogo di origine? A quali obblighi rimane soggetto nella città di origine? Può continuare a fruire dei diritti, benefici e privilegi legati allo status di cittadino originario? Nella prima parte del saggio, si esaminano le dottrine della cittadinanza e del domicilio elaborate da Niccolò Tedeschi e Mariano Sozzini sr. In particolare, la ricerca si concentra sui diritti patrimoniali del cittadino originario *extra civitatem*, analizzando alcuni *consilia* di Francesco Zabarella, Mariano Sozzini sr, Giovanni Cefali, Alessandro Tartagni. Nella seconda parte, si mostra come nella prima età moderna siano emersi indirizzi alternatvi in merito alla rinuncia e alla perdita della cittadinanza originaria da parte del cittadino che si trasferisce stabilmente altrove. Si analizza il dibattito in tre contesti territoriali (il regno di Napoli, il regno di Francia, l'Impero germanico) e si individuano nuove teorie rispetto alla tradizione canonistica e di diritto comune, analizzata nella prima parte della ricerca.

I. Dottrine canonistiche della cittadinanza nel tardo medioevo

1. Niccolò Tedeschi e Mariano Sozzini sr

Nella canonistica del Quattrocento, un intervento importante di verifica dei princìpi del diritto comune è il commento di Niccolò Tedeschi (1386-1445) a X. 3.29.5, una decretale di Celestino III, che risolve i problemi di riscossione delle decime e di giurisdizione, derivanti dal ritorno nella città di Akko dei suoi abitanti, che l'avevano abbandonata per migrare in altre città del regno di Gerusalemme a causa della dominazione saracena del 1187-1191. Essa è considerata dai canonisti come un testo di riferimento in tema di prelievo delle decime[7]. Il pontefice stabilisce che le decime prediali sono dovute alla parrocchia dove sono situati i beni, ma non le decime personali e la giurisdizione, che spettano invece alla parrocchia del luogo di residenza (domicilio) dove sono amministrati i sacramenti, e quindi alla città di Akko[8].

---

7 M. LAUWERS, Pour une histoire de la dîme et du dominium écclesial, in La dîme, l'église et la société féodale. Études réunies par M. LAUWERS, Turnhout 2012, 11-64; ID., Decima, appartenenza alla comunità e territorialità tra IX e XIII secolo, in Cittadinanze medievali. Dinamiche di appartenenza a un corpo comunitario, a cura di S. MENZINGER, Roma 2017, 45-63. S. MENZINGER, Pagare per appartenere. Sfere di interscambio tra fiscalità ecclesiastica e laica in Francia meridionale e nell'Italia comunale (XII secolo), in Quaderni storici 147/49 n. 3 (2014), 673-708. Da ultimo M. SCHMOECKEL, De decimis. Der Beitrag der Kanonisten zur Entstehung eines Kirchlichen Steuerrechts, in D. VON MAYENBURG, O. CONDORELLI, F. ROUMY, M. SCHMOECKEL (Hg.), Der Einfluss der Kanonistik auf die europäische Rechtskultur, Bd. 5: Das Recht der Wirtschaft, Köln-Weimar-Wien 2016, 405-432.

8 X. 3.29.5 (Celestinus III, Ian. 1198, 2 Comp. 3.16 un.): Significavit nobis *venerabilis frater noster* Aconensis episcopus, quod, quum post recuperationem Aconensis civitatis ad habitandum in ea se quam plurimi contulissent, qui ante generalem occupationem terrae sanctae in aliis civitatibus regni Hierosolymitani [*perpetuam*] elegerant mansionem, +*et in ea residentiam fecerint aliquantam, et adhuc etiam resident in eadem, praelati praedictarum civitatum eos ad solvendum sibi iura ecclesiastica compellunt. Quia vero transgredi non debemus terminos a patribus constitutos, aut falcem in messem mittere alienam,* Fraternitati tuae [*per apostolica scripta*] mandamus, quatenus praedictorum locorum praelatos, ut sibi nullam in praedictos Aconenses habitatores iurisdictionem usurpent, nec ab eis temporalia exigant quibus spiritualia non

Prendendo spunto da questa decretale, il Panormitano afferma innanzitutto il principio di libertà di circolazione dei laici, traducendolo in termini giuridici come *libertas transferendi domicilium* o facoltà dei laici di cambiare domicilio senza dover chiedere licenza al vescovo[9]. Dalla facoltà di cambiare liberamente domicilio discende la facoltà di sottrarsi alla giurisdizione del signore sia temporale sia spirituale di un luogo senza il suo permesso, trasferendosi altrove[10]. L'indicazione che proviene dal diritto civile, la sola dimensione qui presa in considerazione ed enfatizzata dal canonista, è che il permesso non è richiesto: una libertà naturale, verrà detto in successive riflessioni, che non esclude limiti e vincoli su altri piani giuridici.

Quanto alla cittadinanza, il Panormitano conferma invece la differenza concettuale tra *origo* (*ex natura*) e *domicilium* (*ex voluntate*). La cittadinanza originaria è un dato naturale e immutabile: "civilitatem originariam non potest quis sola voluntate a se abdicare[11]". La differenza tra cittadinanza originaria e domicilio è presentata come non controversa: la prima è naturale, il secondo è volontario. Niccolò Tedeschi converge verso la soluzione dei civilisti, autorevolmente rappresentata da Bartolo, che nel commentario alla l. *Adsumptio*, aveva per l'appunto sintetizzato in questo modo i tratti della distinzione, in un passo molto conosciuto, nel quale il giurista marchigiano contrapponeva l'immutabilità per

ministrant, [*monitione praemissa*] districtione, qua convenit, compellatis ita *tamen*, quod, si de agris in eorum parochia constitutis fructus percipiunt, et in ultramarinis partibus ratione praediorum decimae persolvuntur, deinceps eis ipsas *decimas* cum integritate persolvant, dicto vero Aconensi tanquam dioecesano suo cogantur de ceteris respondere. Sull'attribuzione di questa decretale v. già EMANUEL GONZÁLEZ TÉLLEZ, Commentaria perpetua in singulos textus quinque librorum Decretalium Gregorii IX, tomus tertius, Venetiis 1699, ad X. 3.29.5, 417-418. Sul canonista salmantino v. ora K. PENNINGTON, Emanuel González Téllez (www.legalhistorysources.com).

9 ABBAS PANORMITANUS, Commentaria in tertium Decretalium librum, Venetiis 1591, ad X. 3.29.5, *de parochiis*, c. *Significavit*, num. 1, f. 135r: "no. i. et tene menti quod laicus potest transferre domicilium de uno episcopatu in alium non habita licentia episcopi prioris domicilii". Niccolò Tedeschi si dichiara contro l'opinione dell'Ostiense, secondo cui, viceversa, "decens est, quod certificetur et requiratur super hoc primus iudex" (HENRICUS DE SEGUSIO, In tertium Decretalium librum Commentaria, Venetiis 1581, ad X. 3.29.5, *de parochiis*, c. *Significavit*, num. 4, f. 95va). Sulle licenze vescovili richieste ai chierici cf. O. CONDORELLI, Clerici peregrini. Aspetti giuridici della mobilità clericale nei secoli XII-XIV, Roma 1995, 65-146.

10 ABBAS PANORMITANUS, Comm. ad X. 3.29.5, *de parochiis*, c. *Significavit*, num. 2, f. 135ra: "domicilium potest quis ex libera voluntate mutare et absolvit se a nexibus prioris domini".

11 ABBAS PANORMITANUS, Comm. ad X. 3.29.5, *de parochiis*, c. *Significavit*, num. 6, f. 135ra.

sola volontà del titolare sia della *civilitas* originaria sia di altre forme di cittadinanza, alla mutevolezza del domicilio[12].

La cittadinanza originaria, propria o paterna, genera diritti, ma anche obblighi: la soggezione alla giurisdizione e ai *munera* personali del luogo di origine. A tali effetti, precisa il Panormitano, non rileva il fatto che il cittadino non abiti nel luogo di origine e abbia fissato il domicilio altrove. È una incisiva dottrina di Bartolo, opposta a quella sostenuta dalla Glossa accursiana[13], quella che qui il Panormitano cita e conferma[14]: il cittadino originario resta soggetto alla

12 BARTOLUS A SAXOFERRATO, Commentaria in secundam Digesti Novi partem, Lugduni 1547, ad D. 50.1.6, *ad municipalem et de incolis*, l. *Adsumptio*, num. 1, f. 240vb: "extra gl. opp. quod civilitas possit mutari ex libera voluntate civis... Solu.: domicilium seu incolatus potest mutari libera voluntate, ut l. Nihil i. eo. (D. 50.1.31), sed civilitas contractu vel nativitate vel aliis modis, quos vidistis in l. i. s. eo. (D. 50.1.1) et l. Cives C. de inco. (C. 10.40.7), non potest mutari libera voluntate". Tra le tantissime altre attestazioni di questo principio in dottrina cf. BALDUS UBALDI, Consiliorum, sive responsorum, volumen secundum, Venetiis 1575, cons. 198, *Statuta civitatis Tergesti*, num. 3, f. 56ra: "Item praemittendum est, quod ista habitatio potest mutari pro libito voluntatis ipsius habitantis, dummodo mutetur facto et animo…". I testi romani citati insistono sulla libertà di domicilio e sulla differenza tra *civis* e *incola*. Cf. D. 50.1.31 (Marcellus libro primo digestorum): Nihil est impedimento, quo minus quis ubi velit habeat domicilium, quod ei interdictum non sit. C. 10.40.7 (Imperatores Diocletianus, Maximianus): Cives quidem origo manumissio adlectio adoptio, incolas vero, sicut et divus Hadrianus edicto suo manifestissime declaravit, domicilium facit.

13 ACCURSIUS, App. ad D. 50.1.6, *ad municipalem et de incolis*, l. *Adsumptio*, v. *non domicilium sequitur.* "Sed pro Deo in quo sequitur originem sui patris vel suam?... Tu dic, quod in omnibus subit munera ratione suae vel paternae originis, vel manumissionis, ut hic, nisi habeat alibi domicilium, quia tunc nihil ibi subit oneris vel honoris, ut C. de mu. et orig. l. Filios libr. x. (C. 10.39.3)… Sed hoc reprobatur C. de muni. et ori. l. fi. lib. X (C. 10.39.5), unde prima placet." La Glossa in un primo momento si basa su una determinata interpretazione di C. 10.39.3, successivamente sconfessata. Cf. C. 10.39.3 (*Imperator Philippus*): Filios apud originem patris, non in materna civitate, etsi ibi nati sunt, si modo non domiciliis retineantur, ad honores seu munera posse compelli explorati iuris est. Il collegamento tra cittadinanza e obblighi fiscali (*munera*) è un aspetto ancora poco approfondito del diritto comune medievale, specialmente in età comunale, sul quale hanno apportato nuova luce alcuni recenti lavori di S. Menzinger: in particolare Verso la costruzione di un diritto pubblico cittadino, 198-208, e EAD., Diritti di cittadinanza nelle quaestiones giuridiche duecentesche e inizio-trecentesche (I), in Mélanges de l'École française de Rome-Moyen Âge, 125-2 (2013), specialmente 11-12 (e qui un cenno alla posizione della Glossa accursiana).

14 BARTOLUS A SAXOFERRATO, Comm. ad D. 50.1.6, *ad municipalem et de incolis*, l. *Adsumptio § Filius*, num. 2, f. 241ra: "Ista gloss. in eo quod dicit, quod debet subire munera in omnibus, dicit verum; in eo quod excipit, nisi habeat alibi domicilium, dicit male. Et ista exceptio reprobatur hic, in fin. gl. que dicit, sed hoc reprobatur C. de muni. et origi. l. fi. (C. 10.39.5.), per quam legem ista exceptio reprobatur; in aliis ista opi. approbatur... et ista est vera quam tenet Iaco. de Are. et Cyn. in l. ii. C. de iurisdict. omnium iudicum (C. 3.13.2). Non obstat l. Filios (C. 10.39.3), quam gloss. allegat ad probandum dictam exceptionem, quia ibi non

giurisdizione e ai *munera personalia* del luogo di origine "licet inde recesserit". Egli è anche soggetto ai *munera personalia* del luogo del semplice domicilio, con la differenza però che, in questo caso, se cambia domicilio vengono meno anche la giurisdizione e i *munera personalia*[15].

Per il massimo canonista quattrocentesco, Bartolo si conferma una guida importante e di sicuro riferimento per la soluzione anche di altre questioni in materia di cittadinanza. Sulla traccia del suo insegnamento, infatti, si colloca il Panormitano nel decidere un problema che affronta nel commento a X. 1.3.35. Per essere considerati *cives originarii* di una città, come detto, valgono sia il criterio della filiazione (origine paterna: *ius sanguinis*), sia il criterio della nascita nel territorio di una città (origine propria: *ius loci*). A questo riguardo, tuttavia, Niccolò

---

dicitur filius non conveniri in originali civitate patris si alibi habeat domicilium, sed dicitur non conveniri in originali civitate matris, si ibi non habeat domicilium". Si tratta di una teoria che il giurista di Sassoferrato riprende da giuristi postaccursiani, ricordati anche nel trattato sui *munera* di Alberico da Rosciate, sul quale v. MENZINGER, Diritti di cittadinanza nelle quaestiones giuridiche duecentesche, 11 e n. 80. La fondamentale *reprobatio* di Bartolo, basata su una diversa interpretazione del testo allegato dalla Glossa, è la premessa di in un'ampia distinzione, nella quale si delinea un regime distinto per i *munera personalia* e *patrimonialia*, gli *honores* e il foro competente in materia processuale: "Ut igitur tibi liqueat ista materia, dico: aut loquimur de muneribus personalibus, aut de patrimonialibus, aut de honoribus, aut de iure conveniendi. Primo casu, illa habet necesse subire ratione originis propriae, vel paternae... reprobatis omnibus aliis opinionibus supra dictis. Secundo casu, scilicet de patrimonialibus, tunc certum est, quod illa subit, si ibi habet possessionem, scilicet in loco originis propriae, vel paternae... Tertio casu, scilicet de honoribus, dico quod illa subit in loco originis propriae vel paternae... Quarto casu, scilicet de iure conveniendi, dic quod poterit conveniri in loco originis propriae, vel paternae, ut infra, eodem l. Incola (D. 50.1.29), quod est verum, secundum Iacob. de Aretio si ibi inveniatur...".

15 ABBAS PANORMITANUS, Comm. ad X. 3.29.5, *de parochiis*, c. *Significavit*, num. 6, f. 135ra: "sed subiectus ratione originis licet transferat domicilium alio, non per hoc eximitur a iurisdictione naturalis domini, nec quoad temporalia, nec quoad spiritualia. Nam civilitatem ratione originis non potest quis sola voluntate a se abdicare, quia naturalia sunt immutabilia. Item remanet subiectus quoad munera personalia, unde si extrahatur ad aliquod officium, tenetur illud subire, licet alibi habitet. Nam incola est adstrictus muneribus seu oneribus loci domicilii et loci originis, ut in d. l. Incola (D. 50.1.29), et no. Bar. in d. l. Assumptio (D. 50.1.6)". Cf. anche ABBAS PANORMITANUS, Commentaria primae partis in secundum decretalium librum, tomus tertius, Venetiis 1591, ad X. 2.2.19, *de foro competenti*, c. *Proposuisti*, num. 7, f. 89ra: "no. quod subditus ratione domicilii duntaxat desinit esse subditus et efficitur de iurisdictione alterius ex translatione domicilii, et sic videtur in facultate subditi extinguere in se iurisdictionem sui superioris... secus enim si esset subditus ratione originis proprie vel paternae. Tunc enim licet mutet domicilium non tamen per hoc desinit esse subditus... unde tenetur subire onera personalia et ubi habet domicilium et ubi est civis ratione originis proprie vel paternae, licet inde recesserit...". Conforme il pensiero di MARIANUS SOCINUS SR, Tractatus perutilis, ad X. 2.2 rubr., *de foro competenti*, num. 15, f. 74va.

Tedeschi afferma che per essere qualificato *civis originarius* di un determinato luogo per nascita occorre che i genitori vi abbiano effettivamente stabilito il domicilio (per la cui costituzione si richiede l'*animus perpetuo habitandi*) e non una residenza provvisoria e di mero transito[16]. Sul punto, in realtà, Bartolo, al cui pensiero fa riferimento il Panormitano, si era espresso in forma meramente dubitativa, subito smentito da una corrente dottrinale molto consistente, sostenuta anche da canonisti, decisa a respingere una concezione della cittadinanza originaria per *ius loci* non basata unicamente sul fatto materiale della nascita in un certo territorio, ma anche sulla destinazione di tale luogo a domicilio[17].

E proprio al domicilio sono legate altre interessanti osservazioni del Panormitano. Se la cittadinanza originaria è un concetto naturale, un'appartenenza che non dipende dalla volontà ma dalla natura, e ugualmente è a dirsi per il domicilio *originis* o nativo[18], quello *ratione habitationis* (che nelle

---

16 ABBAS PANORMITANUS, Commentaria super prima parte primi Decretalium libri, tomus primus, Venetiis, X. 1.3.35, *de rescriptis*, c. *Rodulphus*, num. 9, f. 74ra.

17 Cf. BARTOLUS A SAXOFERRATO, Comm. ad C. 10.39.3, *de municipibus et originariis*, l. *Filios*, num. 4, f. 24vb: "ad hoc ergo ut quis ratione propriae originis sequatur locum, oportet quod sit natus in aliquo loco, in quo parentes constituerunt domicilium, nec erant ibi tanquam transeuntes... hoc autem non firmo". Nello stesso senso cf., *exempli causa*, BALDUS UBALDI, In primam et secundam Infortiati partem commentaria, Venetiis 1599, ad D. 30.84.10, *de legatis primo*, l. *Huiusmodi* § *Legatum*, num. 1, f. 138vb. Per l'orientamento opposto, che torna a dare rilievo al solo fatto della nascita in un determinato territorio richiamandosi alla l. *Cives*, *de incolis* (C. 10.40.7), cf., *inter alia*, PAULUS CASTRENSIS, In secundam Infortiati partem commentaria, Lugduni 1585 (lectura Paduana), ad D. 30.84.10, f. 37va; ALEXANDER TARTAGNUS, In secundam Infortiati partem, Lugduni 1552, ad D. 30.84.10, num. 4, f. 46vb; IASON MAYNUS, In secundam Infortiati partem commentaria, ad D. 30.84.10, numm. 14-15, f. 115rb-va. A questa corrente di pensiero accede FELINUS SANDEUS, Ad v. libros Decretalium pars prima, Lugduni 1587, *de rescriptis*, c. *Rodulphus*, numm. 13-14, f. 177va. Un corollario della prima tesi è tratto da Paolo di Castro: se il figlio che nasce in una città diversa da quella del domicilio originario della madre si finge nato nella città di origine di quella, allora a norma degli statuti dei collegi, che ammettono solo *cives originarii*, il figlio di un dottore padovano che sia nato in una città diversa da Padova, dove il padre insegnava, sarebbe considerato *civis originarius* padovano, e quindi ammissibile. Questa teoria è approvata da Felino Sandei, che ne approfitta per ricordare il proprio caso personale: nato a Felina da genitori entrambi originari di Ferrara, egli è anche *civis Ferrariensis*. A raggiungere tale scopo, tuttavia, non era necessario accedere alla prima tesi, poiché il figlio, per essere ammesso nel collegio, avrebbe potuto rivendicare l'origine paterna. Cf. infatti IASON MAYNUS, Comm. ad D. 30.84.10, num. 18, f. 115va: "Adverte tamen quod ille dicitur oriundus de aliqua civitate, cuius pater in ea natus est et originem ducit, licet filius alibi nascatur: ita tenet gl. notabilis in c. i. § i. in verbo alienigebas, de usuris in vi. (VI 5.5.1)".

18 Il *civis originarius* conserva il *domicilium* "in loco unde oriundus fuit". Cf. ABBAS PANORMITANUS, Comm. ad X. 2.6.4, *ut lite non contestata non procedatur ad testium receptionem*, c. *Accedens ii.*, num. 5, f. 114ra

classificazioni viene distinto dal primo) è in sé mutevole, come mutevole e libera è la volontà umana[19]. Anche questo domicilio, tuttavia, ha una componente di stabilità: esso è basato infatti non solo sul fatto oggettivo e materiale di abitare in un dato luogo, ma anche sulla volontà di stare in quel determinato luogo in modo permanente da parte di un soggetto (*incola*). Il domicilio può mutare, ma non è transitorio nei suoi presupposti. Esso implica infatti, oltre al fatto materiale, la volontà di insediarsi stabilmente in un luogo: se questa volontà manca, non si ha un vero e proprio domicilio[20].

Fin qui il Panormitano raccoglie sul punto una tradizione di pensiero consolidata, che aveva valorizzato l'*animus* accanto al *factum*. È sul tema classico delle congetture dalle quali desumere la volontà di fissare il domicilio in un dato luogo, e in particolare sul tempo di permanenza richiesto, che il suo discorso contiene anche delle innovazioni.

A tal riguardo, infatti, egli comincia citando un'opinione di Enrico da Susa sull'effettiva portata della l. *Nec ipsi*, *de incolis* (C. 10.40.2), che per la costituzione del domicilio di uno studente esigeva la residenza continua per dieci anni[21]: risulta tuttavia, obietta l'Ostiense, che *de facto* questa legge non si osservi e che la valutazione dell'*animus mutandi domicilium* sia invece demandata alla discrezionalità del giudice. Non conta soltanto la durata della permanenza in un dato luogo, ma possono rilevare anche altri indizi, come ad esempio l'essersi trasferito immediatamente con tutti i propri beni da una città all'altra e lì aver acquistato delle proprietà immobiliari[22]. Il Panormitano condivide tale prospettiva, fatta

---

19 Sempre pertinenti e acute le notazioni di THOMAS, «Origine», 43-49.

20 Il dibattito canonistico e civilistico sulla nozione di *domicilium* e sui problemi connessi è lungi dal dirsi esaurientemente trattato dalla storiografia. Per alcuni sondaggi sulle fonti (e per ulteriori ragguagli bibliografici) cf, W. THOMPSON, Quasi-Domicile. An Historical Study, St. Meinrad, Indiana 1956. Qualche utile spunto si trova nel risalente studio di F. CARNELUTTI, Note critiche intorno ai concetti di domicilio residenza e dimora nel diritto positivo italiano (1905), in ID., Studi di diritto civile, Roma 1916, 1-111.

21 C. 10.40.2 pr. (Imperator Alexander Severus): Nec ipsi, qui studiorum causa aliquo loci morantur, domicilium ibi habere creduntur, nisi decem annis transactis eo loci sedes sibi constituerunt, secundum epistulam divi Hadriani, nec pater, qui propter filium studentem frequentius ad eum commeat.

22 HENRICUS DE SEGUSIO, In tertium Decretalium librum Commentaria, Venetiis 1581, ad X. 3.29.5, *de parochiis*, c. *Significavit*, num. 5, f. 95va: "de facto tamen illa lex non servatur. Dicas ergo hoc arbitrarium esse: nam et si constet quod in loco relicto omnia vendidit, et secum quicquid habere potuit deportavit et in alio loco domum et possessiones emit, satis probabiliter praesumitur primum reliquisse et secundum domicilium elegisse".

propria anche da Innocenzo IV e da Bartolo[23]. La definizione dello *status* di *incola*, quindi, non richiede necessariamente un lungo tempo di permanenza in un luogo. Egli contesta però che la l. *Nec ipsi, de incolis* abbia il significato assegnatole dall'Ostiense. Si tratta in realtà di un caso speciale: chi si trasferisce per ragioni di studio acquisisce il domicilio dopo dieci anni di soggiorno, poiché se è necessario provare l'*animus habitandi perpetuo* in un luogo e questo si può desumere solo da congetture, è evidente che occorre più tempo per evincere l'*animus habitandi perpetuo* in uno studente, che si trasferisce in una città per studiare. In altri casi, invece, può valere un tempo inferiore, come nell'esempio ricordato di chi si trasferisce immediatamente con tutti i propri beni e acquista dei beni immobili nel nuovo luogo di residenza. In definitiva, vale l'*assidua conversatio in loco* per un tempo da valutarsi discrezionalmente, come egli afferma sulla scia della glossa di Bernardo da Parma nel commento ad un'altra decretale[24]. L'irrilevanza del decennio risulta anche dalla stessa decretale *Significavit*, come il Panormitano non manca acutamente di far notare: nel testo, infatti, non se ne fa menzione. Infine è sempre risolutiva, conclude il grande canonista, l'espressa dichiarazione di voler costituire il domicilio[25].

Sul criterio della durata, Bartolo, opponendosi al criterio assoluto fissato dalla Glossa accursiana[26] e sviluppando un'intuizione di Dino del Mugello, aveva

---

23 BARTOLUS A SAXOFERRATO, Comm. ad D. 50.1.6.2, *ad municipalem et de incolis*, l. *Adsumptio* § *Viris prudentibus*, num. 2, f. 241ra: "Item nota, quod statim cum quis recedit cum rebus suis de loco, praesumitur habere animum mutandi domicilium. Ita notatur per Inno. extra, de renun. c. iii.". Cf. INNOCENTIUS IV, Super libros quinque Decretalium, Francofurti ad Moenum 1570, ad X. 1.9.3, *de renunciatione*, c. *Ex transmissa*, num. 1, f. 89ra: "propter hoc, quia omnia bona de ecclesia abstulit". Analoga volontà di costituire il domicilio in un luogo non si può desumere dal solo possesso di una casa. cf. ID., ad X. 2.2.15, *de foro competenti*, c. *Ex parte*, num. 1, f. 199ra: "idem est, si ibi haberet magnam partem bonorum suorum, vel larem, id est, familiam, vel si nihil ibi haberet, assidue tamen conversatur… tamen sola domus non constituit domicilium…".

24 ABBAS PANORMITANUS, ad X. 2.2.15, *de foro competenti*, c. *Ex parte*, num. 8, f. 83va. Tutto questo, si può aggiungere, salvo diversa disposizione dei diritti locali. In Germania, ad es., come ricorda JOSEPHUS MASCARDUS, Conclusiones probationum omnium quibusvis in utroque foro versantibus, practicabiles, utiles, necessariae, Francofurti 1661, concl. 535, num. 12, 87a, citando Andreas Gail, "domicilium et incolatus ex consuetudine vel statuto post annum acquiritur".

25 Per tutto quanto precede cf. ABBAS PANORMITANUS, ad X. 3.29.5, *de parochiis*, c. *Significavit*, num. 8, f. 135rb.

26 Secondo la quale il domicilio nella città di studio doveva presumersi acquisito in base al semplice trascorso di dieci anni. Cf. ACCURSIUS, App. ad C. 10.40.2, *de incolis*, l. *Nec ipsi*, v. *constituerint*: "quod praesumitur ex transcursione decenni... secundum Py., et hoc maxime si emat ibi domum vel possessionem; idem tamen si conducat... Item quid de alio qui stat per x. an. non causa studii? Respon. idem, ut praesumatur domicilium animo constitutum,

articolato il discorso in modo ancora più completo: il tempo di dieci anni rilevava solo in via sussidiaria, qualora non fosse certo che lo scolaro avesse intenzione di mantenere il suo domicilio nella città di provenienza - nel qual caso neanche se fosse stato per mille anni nella città di studio ne avrebbe mai conseguito il domicilio, essendo provato l'*animus revertendi ad domum* - o non fosse altrimenti dimostrato, da altri elementi indiziari, che egli avesse l'*animus* di fissare il domicilio nella città dove studiava[27]. Sono tutti spunti, questi, che dimostrano come la canonistica quattrocentesca abbia saputo inserirsi nella linea bartolista, evitando tuttavia di assimilarne le costruzioni in modo acritico[28].

Un'applicazione molto importante dei criteri affermati, inoltre, si riscontra in un *consilium* molto elaborato dello stesso Niccolò Tedeschi, dedicato a dirimere una delicata e complessa controversia internazionale, avente ad oggetto l'interpretazione di una pace conclusa tra il duca di Borgogna e il duca d'Austria,

---

secus si minori tempore...". Cf. anche ACCURSIUS, App. ad D. 47.10.5.2, *de iniuriis et famosis libellis*, l. *Cornelia § Domum*, v. *non habeat*: "nisi per decennium ibi fuerit, ut C. de incolis leg. ii. (C. 10.40.2)"; ACCURSIUS, App. ad D. 5.1.19, *de iudiciis*, l. *Haeres absens § Proinde*, v. *domicilium*: "nec enim eo ipso quod Romae studiorum causa habitabat, ibidem domicilium habet, ut i. de iniur. l. Lex § Si tamen (D. 47.10.5.5). Azo."

27 BARTOLUS A SAXOFERRATO, Comm ad D. 47.10.5.2, *de iniuriis et famosis libellis*, l. *Cornelia § Si tamen in fundum*, num. 1, f. 139rb: "oppo. quod scholaris habeat domicilium, ut l. ii. C. de inco. (C. 10.40.2). Sol. dicit glos. contrarium loquitur quando scholaris stetit per decennium. Dy. dicit, quod hoc non est verum, quia etiam si per mille annos staret, semper habet animum revertendi ad domum, et sic nunquam ad locum studii videtur constituere domicilium... Tu dic, quod quandoque est certum quod scholaris figit sedes suas, nec habet animum recedendi: tunc sine dubio constituitur ibi domicilium... quandoque est certum, quod habet animum redeundi, et tunc si per mille annos staret, non contraheret domicilium secundum Dy. et bene. Quandoque est dubium, et tunc ex cursu decem annorum praesumitur quod inde nolueris recedere, et quod ibi domicilium contrahat, et hoc teneatis.". Cf. anche BARTOLUS A SAXOFERRATO, Commentaria in secundam Infortiati partem, Lugduni 1547, ad D. 32.78 pr., *de legatis tertio*, l. *Quaesitum*, num. 2, f. 64rb: "Ista lex facit contra glo. l. i. C. de incol. (C. 10.40.1) quae dicit, quod si scholares stant in studio per decem annos efficiuntur incolae: quod est falsum, quia si starent per mille annos non efficerentur cives, ex quo habent animum ad domum redeundi et retinendi domicilium... et hoc tenet Dy. et tangitur per glo. in l. Heres absens s. de iudi. (D. 5.1.19) et lex Cornelia § Domum i. de iniur. (D. 47.10.5.2) et ibi de hoc dixi." Sul criterio sussidiario della residenza decennale, applicabile nel dubbio anche a non studenti cf. anche BALDUS UBALDI, Consiliorum, sive responsorum, Volumen primum, Venetiis 1580, cons. 393, *Punctus talis*, num. 1 f. 126rb.

28 Il contributo della canonistica alla soluzione del problema si può misurare anche dalle citazioni presenti in due opere paradigmatiche della letteratura processualistica cinquecentesca, come il *De arbitrariis iudicum quaestionibus et causis* di Iacopo Menochio (1569) e le *Conclusiones probationumt* di Giuseppe Mascardi (1584). Cf. IACOBUS MENOCHIUS, De arbitrariis iudicum quaestionibus et causis libri duo, Coloniae Agrippinae 1583, casus 86, 200-203; MASCARDUS, Conclusiones probationum, concl. 535, 85-90.

al termine di uno scontro armato tra i rispettivi eserciti. In questo notevole parere, Niccolò Tedeschi si esprime contro la rivendicazione da parte del duca di Borgogna di centoventidue villaggi e territori, che prima della guerra erano di pertinenza della città di Trento per diritto comune, statutario e consuetudinario. Il duca di Borgogna sosteneva invece che tali territori fossero diventati una pertinenza dei castelli, a lui assegnati in un altro capitolo della pace. Il Panormitano, al contrario, decide che essi siano di pertinenza della città di Trento e quindi del duca d'Austria, in base al principio secondo cui il domicilio originario non si perde neanche se per mille anni si abiti in un altro luogo, qualora non si abbia intenzione di stabilirvi il domicilio e si abbia invece l'*animus* di ritornare nel domicilio originario. Niccolò Tedeschi richiama proprio la dottrina di Bartolo sopra esposta[29]. Non a caso, come vedremo, Jean Bodin si ricorderà con molta precisione di questo parere di Niccolò Tedeschi e se ne servirà per argomentare che non è sufficiente il semplice trasferimento di domicilio per cambiare cittadinanza.

Un altro intervento rilevante per la configurazione canonistica della cittadinanza nel Quattrocento è la sistemazione del maestro senese Mariano Sozzini il Vecchio (1397 ca.-1467), il canonista amico di papa Piccolomini, discepolo di Niccolò Tedeschi a Siena (1419-1431) e docente a sua volta di diritto canonico a Bologna e nella sua città natale[30]. I dati della tradizione ricevono, nell'opera di Sozzini, un'ampia e accurata sistemazione, che offre una chiara idea delle distinzioni diffuse anche nella canonistica tra i concetti di *domicilium naturale*, *accidentalis* e *commune*. Ai nostri fini, rileva il ricordare almeno due di questi princìpi, sui quali anche Sozzini sofferma l'attenzione. Il primo di questi attiene al domicilio naturale nel luogo o nei luoghi di origine, il quale si mantiene anche se

---

29 ABBAS PANORMITANUS, Consilia, iurisque responsa, ac quaestiones, tomus octavus, Venetiis 1591, cons. 62, num. 10, f. 102rb: "nec habet praedictis obstare, quod aliqui temporibus retroactis, maxime durante ista guerra corresponderunt illis castris, quia deputatio, quae fit casualiter, secundum exigentiam temporum, non habet rei naturam alterare, ut eleganter probatur l. Quaesitum in princ. et l. fi. ff. de leg. 3 (D. 32.78 pr.) ubi probatur, quod si qui studiorum causa abest, non videtur abesse, et per illum tex. firmat ibi Bar. in prin. quod si per mille annos staret schilaris in studio, non sortitur ibi domicilium, ex quo habet animum redeundi ad partes, et in fine ibi probatur, quod is, qui casualiter abest, non videtur abesse, nec is, qui casualiter adest, videtur adesse…".

30 Per la datazione delle sue opere: G. MURANO, Mariano Sozzini, il vecchio (1397 ca – 1467), in Autographa, I.1 Giuristi, giudici e notai (sec. XII-XVI med.), a cura di G. MURANO, con la collaborazione di G. MORELLI, Indici a cura di T. WOELKI, Bologna 2012, 204-209.

si costituiscono uno o più domicilii accidentali altrove[31]: il domicilio naturale, derivante dall'origine, infatti, è immutabile e non rinunciabile[32]. Il secondo principio concerne il domicilio accidentale, che si acquista "propria voluntate et facto". In questa parte dell'opera vengono discussi con cura molti problemi legati all'accertamento probatorio dell'*animus constituti domicilii*, che si può evincere da *signa* quali l'*assidua conversatio* in un determinato luogo, il possesso di beni immobili, l'espressa *protestatio* del diretto interessato.

Questi cenni sono sufficienti a mettere in rilievo il peso sia scientifico sia pratico di questo lavoro, di cui si può rintracciare memoria in molte testimonianze. Una notevolissima è in un *consilium* di Filippo Decio, che fu anche un valente canonista, chiamato a decidere sull'applicabilità al marchese Alfonso del Carretto, marito della milanese Bianca Simonetta, dello statuto di Milano che in caso di premorienza della moglie, sposata in seconde nozze, in assenza di figli comuni attribuiva il lucro dotale ai mariti, in pregiudizio dei figli di primo letto della moglie defunta. Era in questione l'applicabilità di tale beneficio statutario al marchese, cittadino originario di Finale Ligure e anche ivi domiciliato, stante la regola che in materia dotale doveva essere applicato lo statuto del luogo del domicilio. Ma quale domicilio? Decio sostiene che si debba aver riguardo al domicilio accidentale in Milano, da preferirsi a quello originario, nel caso di specie, per più ragioni: il marchese aveva acquistato la cittadinanza milanese *ex*

31 MARIANUS SOCINUS SR, Tractatus perutilis et quotidianissimus de foro competenti, in Super decretales tractatus, Lugduni 1547, ad X. 2.2.20, *de foro competenti*, c. *Licet ratione*, nn. 11-12, f. 125rab): "Secundo principaliter quaero quotuplex sit forum domicilii, seu quod sint eius species. Solu. dic quod prima divisio est duplex, ut sentit gl. in l. Eius § Celsus (D. 50.1.27.2)... videlicet naturale domicilium et accidentale. Naturale domicilium est, quod ex ipsa natura naturaliter venit seu quod nascitur, ut nativitatis propriae: ex quo enim loco quis est oriundus, in eo domicilium habet... Et hoc procedit secundum do. me. in d.c. Accedens (X. 2.6.4) etiam si non habitet ibi, unde ortum habet: quia si ibi habitaret, nullum haberet dubium quod non haberet ibi domicilium; et secundum hoc videtur dicendum quod quis non possit esse sine domicilio... Aliud domicilium est accidentale, quod acquiritur ex assumptione per modo de quibus late dicam... Commune vero est omnis communis patria, qualis est Roma... vel sedes apostolica, aut curia romana et curia imperatoria".

32 MARIANUS SOCINUS SR, Tractatus, ad X. 2.2.20, *de foro competenti*, c. *Licet ratione*, nn. 51-52, f. 128ra: "quaero utrum domicilium mutari, amitti seu perdi possit. Sol. dic quod aut loquimur in domicilio naturalis originis propriae vel paternae, aut in domicilio accidentali. Primo casu, dic quod tale domicilium per solam voluntatem non potest mutari aut transferri. Hominis enim voluntas, assertio, assumptio seu renunciatio in his quae naturalia sunt nihil operatur... unde licet quis ad alium locum transferat domicilium, tamen propriae ac paternae originis domicilium retinet, non solum quo ad temporalia, sed etiam quo ad spiritualia".

privilegio, si era trasferito ad abitarvi, lì si era sposato con la menzionata nobildonna (che quindi non aveva lasciato la sua città natale) e lì aveva sempre vissuto. Ecco gli argomenti usati per considerare prevalente il domicilio acquisito su quello naturale[33].

2. I diritti del cittadino originario domiciliato altrove ('civis originarius extra civitatem'): alcuni consilia

Per i canonisti, come si è visto dalle fonti autorevoli appena citate, i cittadini originari di regola conservavano determinati diritti ed erano soggetti agli obblighi personali derivanti dallo *status* di *originarii*, anche se non abitavano nel luogo di nascita proprio o paterno ed avevano il domicilio "accidentale" in una città diversa da quella di origine. Tra i diritti emergono quelli di carattere patrimoniale, come il diritto di ricevere la dote in caso di matrimonio o i diritti di successione della *mulier alibi nupta*. Nella canonistica del periodo esaminato si trovano due esempi molto rilevanti, destinati ad essere assunti come modello di soluzione nel successivo dibattito.

Ad affermare la spettanza del diritto sulla dote anche al cittadino originario domiciliato altrove, che abbia sposato una sua concittadina, è dedicato un *consilium* di Mariano Sozzini il Vecchio veramente esemplare per la qualità delle argomentazioni adoperate allo scopo di restringere la portata di una disposizione statutaria (una *reformatio* per la precisione), appartenente al genere dei divieti di alienazione di beni a favore di stranieri[34]. Un mercante veneziano abita da più di vent'anni ad Avignone *mercandi causa*, ma assolve agli *onera* nella città di origine, dove è proprietario anche dei beni immobili di famiglia. Si sposa ad Avignone

---

33 PHILIPPUS DECIUS, Consilia sive responsa, Venetiis 1570, cons. 283, *Et diligenter*, num. 11, f. 310rb per allegazioni di Panormitano e Mariano Sozzini sr in materia di prova del domicilio *ex coniecturis*. Per gli aspetti concernenti l'interpretazione degli Statuti di Milano in questione, rimando alla minuta analisi di G.P. MASSETTO, Il lucro dotale nella dottrina e nella legislazione statutaria lombarda dei secoli XIV-XVI, in Ius Mediolani. Saggi di storia del diritto milanese offerti dagli allievi a Giulio Vismara, Milano 1996, 189-364, anche in Scritti di storia giuridica di Gian Paolo Massetto, Tomo I, Milano 2017, 521-698 (589-609). Per il profilo della cittadinanza v. invece un cenno in P. RIESENBERG, Citizenship at Law in Late Medieval Italy, in Viator, 5 (1974), 333-346 (342-343).

34 Su questa importante categoria di statuti v. le considerazioni di C. STORTI STORCHI, Aspetti della condizione giuridica dello straniero negli statuti lombardi dei secoli XIV-V, in Archivio storico lombardo, 111 (1985), 9-66 (24-31); EAD., Ricerche sulla condizione giuridica dello straniero, 77-93. Altri esempi di politiche statutarie locali nei citati lavori di Kirshner, *infra* n. 38.

con Margherita, una donna veneziana, e intende reclamare la dote sugli imprestiti a Venezia. Il testo letterale della riforma sembra opporsi a questa pretesa: esso vieta alle *puellae* che siano state dotate sugli imprestiti di sposarsi *extra civitatem, comitatum et districtum* e prevede come sanzione il divieto di corresponsione della dote (con pena pecuniaria ai trasgressori)[35].

Mariano Sozzini, dopo aver escluso che lo statuto in questione possa ritenersi invalido ed averne individuato la giusta causa nell'opportunità di favorire l'aumento della popolazione, nega inoltre che la disposizione in questione sia da riferirsi alle donne che sposino dei cittadini originari veneziani domiciliati fuori città. Il privilegio delle doti *super imprestitis* comprende la *mulier nupta cum Veneto*, anche se al presente il marito non abiti in città. Tre sono le argomentazioni sulle quali Sozzini fonda questo risultato. La prima è la *ratio statuti*, la politica demografica di cui sopra. La seconda è basata sul fatto che un cittadino veneziano, benché non risieda materialmente (*localiter*) a Venezia, rimane tale "destinatione animi et intellectualiter". A provare questo secondo argomento, Sozzini dispone altre sette argomentazioni, di cui decisive, tra quelle più forti in quanto puntuali, cioè "magis proprie ad casum nostrum", sono in particolare la seconda e la terza. La seconda fa leva sull'*animus redeundi seu revertendi ad propriam patriam* e coincide con le dottrine affermate da Mariano nel *tractatus de foro competenti*. Nulla osta, infatti, a che un cittadino abbia il domicilio in più luoghi, poiché in ogni caso egli conserva il suo domicilio originario: "civis qui est extra civitatem suam semper praesumitur habere animus redeundi seu revertendi ad propriam patriam, maxime cum a nativitate et origine sit civis, quia dulcissimus amor patriae... et quia res de facili redit ad naturam suam". Inoltre, ed è il terzo argomento, al domicilio originario in un luogo anche *vilissimus*, tanto più se si tratti

35 MARIANUS AC BARTHOLOMAEUS SOCINUS, Consiliorum seu potius responsorum, Venetiis 1589, cons. 35, *Circa praedictam consultationem*, *casus*, f. 74vb (sottoscritto da Mariano): "Quod puellae, quibus constituta essent dotes, vel in posterum constituerentur super imprestitis, nubere non possint extra civitatem, comitatum et districtum Venetiarum, et in casu quo nuberent extra imperium Venetorum, persolvi nequeant dotes ipsarum sub poena florenorum 50. qua incurrant persolventes et persolvere facientes". Per i canonisti e i civilisti simili divieti statutari non incidevano sulla validità del matrimonio, che per definizione doveva essere contratto in piena libertà dai nubendi, mentre si discuteva sull'efficacia delle norme di *ius proprium* che prevedessero sanzioni, sia civili (come la privazione della dote o la perdita di diritti successori), sia penali. Sul tema v. ora specificamente G. CHIODI - W. DECOCK, Disinheritance of Children for Lack of Parental Consent to the Marriage in the Ius Commune and Early Modern Scholastic Traditions, in M.G. DI RENZO VILLATA (ed.), Succession Law, Practice and Society in Europe across the Centuries, Springer, Cham 2018, 271-335.

di origine paterna e propria, non si può rinunciare, né questo si perde, come già detto, costituendo altrove un altro domicilio: "quia licet quis ad alium locum transferat domicilium, tamen proprie ac paterne originis domicilium retinet... et hoc procedit in domicilio cuiuscunque loci etiam vilissimi... quinimo non tollitur illud domicilium vilissimae originis proprie vel paterne, etiam si aliquis transtulerit se ad domicilium amplissimum et magnificum". Il *civis originarius* mantiene dunque i diritti della cittadinanza e del domicilio naturali, anche se ha costituito un altro domicilio e quindi abita stabilmente altrove, perché si presume l'*animus redeundi ad patriam*[36]. Quell'*animus* si riscontra anche nell'esule, come Mariano precisa, ricorrendo ad un'antica dottrina di Guido da Suzzara.

Con il quarto argomento, il canonista senese sottolinea inoltre, richiamandosi a Bartolo, che "esse civem civitatis non importat esse habitatorem civitatis[37]".

Con il quinto e sesto argomento, Sozzini mette anche in dubbio che il cittadino veneziano in questione abbia costituito un vero domicilio ad Avignone, essendosi trasferito solo per ragioni di commercio - un interesse sicuramente da favorire "quoniam interest reipublicae locupletes habere subiectos" - avendo tuttavia conservato beni, case e *lares* in patria, dove anche assolve ad ogni onere. Da questi *signa* si evince la volontà di non costituire il domicilio ad Avignone. Sono richiamate molte dottrine viste sopra, come quella ben nota di Bartolo sul domicilio dello studente, applicata ai mercanti. In forza di tutti questi ragionamenti, il maestro senese, in questo corposo *consilium*, può quindi concludere che il mercante veneziano non ha perduto né la *civilitas* né il *domicilium* della sua città natale.

Il problema dei diritti successori della *mulier alibi nupta*, analizzato da Julius Kirshner in una serie di contributi fondamentali, rientra a pieno titolo nell'itinerario che stiamo ricostruendo[38]. A questo proposito, giova citare un

---

36 MARIANUS AC BARTHOLOMAEUS SOCINUS, Consiliorum seu potius responsorum... volumen primum, cons. 35, ff. 75ra-76vb.

37 Cf. *supra* n. 14.

38 Il tema è stato approfondito nelle ricerche di J. KIRSHNER, Mulier alibi nupta, in I. Baumgärtner (Hg.), Consilia im später Mittelalter. Zum historischen Aussagewert einer Quellengattung, Sigmarigen 1995, 147-175; ID., Women Married Elsewhere: Gender and Citizenship in Medieval Italy, in ID., Marriage, Dowry, and Citizenship in Late Medieval and Renaissance Italy, Toronto-Buffalo-London 2015, 161-196; ID., Nascoste in bella vista: donne cittadine nell'Italia tardo-medievale, in Cittadinanze medievali. Dinamiche di appartenenza a un corpo comunitario, a cura di S. MENZINGER, Roma 2017, 195-228. Cf. anche STORTI STORCHI, Ricerche sulla condizione giuridica dello straniero, 73 n. 120; S. MENZINGER, La donna medievale nella sfera pubblica: alcune riflessioni in tema di

importante *consilium* di Francesco Zabarella[39]. Un padre di Feltre fa testamento e istituisce eredi universali le due figlie, entrambe sposate, abitanti fuori dal territorio di Feltre nelle città dei mariti: le figlie, come si precisa nel *casus*, non sostengono *onera et factiones* a Feltre, a differenza di un nipote *ex fratre* del testatore. Secondo uno schema che si ripete anche in altri casi sottoposti ai consulenti, le figlie chiedono l'eredità paterna nella loro città di origine, alla cui pretesa si oppone il nipote del defunto. Anche a Feltre, come in altre città, vige il divieto statutario di alienare beni immobili agli stranieri per mezzo di vendite, donazioni, permute, ma anche di legati, fedecommessi, istituzioni d'erede, sostituzioni: per la precisione, secondo il tenore letterale della *reformatio*, il divieto feltrino riguarda chi non sia soggetto alla giurisdizione temporale del comune e non vi sostenga "onera et factiones realiter de facto", perché si ritiene conveniente e legittimo instaurare un nesso tra oneri e benefici, come lo stesso legislatore evidenzia nel testo[40]. Lo statuto contiene un'eccezione: esso non si applica nei rapporti tra padre, figlio e nipote e tra fratelli. Questo è l'antefatto della vicenda di cui si deve occupare Zabarella. Il quale, dal canto suo, nella fattispecie dà parere contrario alle figlie. Il maestro padovano conosce e cita espressamente la dottrina di Bartolo, nel cui solco egli si pone, il quale, distaccandosi dalla visione molto restrittiva della Glossa accursiana, che sanciva la perdita della cittadinanza

---

cittadinanza nel panorama degli studi storico-giuridici, in La condizione giuridica delle donne nel medioevo, Convegno di studio, Trieste, 23 novembre 2010, a cura di M. DAVIDE, Trieste 2012, 117-143.

39 FRANCISCUS ZABARELLA, Consilia, Venetiis 1581, cons. 135, ff. 130va-131vb. Le argomentazioni sono riassunte da KIRSHNER, Mulier alibi nupta, 169, ma con alcune imprecisioni. Il *consilium* è citato in senso adesivo da FELINUS SANDEUS, In quinque libros Decretalium pars prima, Lugduni 1555, *Proemium*, *§ Gregorius Episcopus*, num. 41, 5va.

40 Il capitolo in questione deriva da un'*additio* datata 1357, conservata anche nella più tarda edizione del 1551. Cf. Statuti di Feltre del secolo XIV nella trascrizione cinquecentesca con il frammento del codice statutario del 1293, a cura di U. PISTOIA e D. FUSARO, con saggi introduttivi di D. QUAGLIONI e G.M. VARANINI, Roma 2006, cap. 7, *De rebus inmobilibus non vendendis persone non subiecte iurisdictioni civitatis Feltri*, 251-252; Statutorum magnificae civitatis et communis Feltriae libri sex, Venetiis 1749, lib. V, *De non dandis, donandis, dissipandis, vel alienandis aliquo modo, nec incantandis de bonis rebus, et pecunia communis civitatis Feltriae*, rubr. 22, *De rebus immobilibus non vendendis personae non subiectae*, 262-263: Quoniam conveniens est et iustum ac juri consonum, ut ii, quibus onera imponuntur, emolumenta consequi debeant. Idcirco salubri reformatione statutum est et ordinatum sive reformatum, quod nullus homo nullaque persona, cujuscunque conditionis existat, audeat vel praesumat, modo aliquo vel ingenio vel ullo colore quaesito, vendere vel donare seu permutare vel alienare quoquomodo sive legare vel per fideicommissum relinquere vel per modum institutionis vel substitutionis, nec pro anima vel corpore judicare aliquam rem immobilem positam et situatam in civitate vel in districtu Feltriae, et quae non sustineat onera et factiones realiter et de facto cum Commune Feltriae.

originaria della donna sposata trasferita nel domicilio del marito[41], consentiva invece alle donne maritate e domiciliate nella città del marito di non perdere la cittadinanza originaria agli effetti di molti diritti, compresi quelli di successione ereditaria[42]. Possiamo dunque annoverare anche il grande canonista padovano tra coloro i quali accettarono e trasmisero il verbo bartoliano[43].

Ciò non toglie che, nel caso di specie, Zabarella si pronunci contro le figlie: l'istituzione d'erede è valida, ma lo statuto le rende incapaci di ricevere con riguardo ai beni immobili. Egli si fonda sul tenore letterale dello statuto poc'anzi riferito, che non è rivolto ai *cives*, né ai *forenses*, obietta il nostro canonista, ma ai soggetti che non sostengono oneri o non pagano tributi nella città d'origine. Non resterebbe che avvalersi dell'eccezione disposta alla fine del suddetto statuto, ma le parole della disposizione sono formulate al genere maschile (padre e figlio) e in questo caso non si possono estendere al femminile: non si rispetterebbe la *ratio* espressa dello statuto, che è di privilegiare chi paga e sostiene gli oneri cittadini, mentre le figlie, come è certo, devono sostenere gli oneri personali nella città del marito e tutt'al più possono sostenere i *munera reali* se possiedono beni in città. Questa è la ragione, succintamente argomentata, della posizione negativa di

---

41 ACCURSIUS, ad C. 10.39.4, *de municipis et originariis*, l. *Origine*, v. *origine*: "hoc autem fallit propter matrimonium... Item incolatus potest bene renuntiari... dummodo re et facto, non verbis tantum". Una visione opposta a quella accursiana è espressa da BARTOLUS A SAXOFERRATO, Comm. ad D. 50.1.38.4, *ad municipalem et de incolis*, l. *Imperatores* § *Item rescripserunt*, num. 4, f. 244rb: "Ulterius quaero: an desinit esse civis illius civitatis unde originem habuit mulier alibi nupta? Videtur quod non, quia origo mutari non potest, ut l. Assumptio in prin. s. eo. tit. (D. 50.1.6 pr.). Contrarium determinat gl. C. eo. l. Origine (C. 10.39.4)... Non obstat l. Assumptio in prin. s. eo., quia hic est casus specialis secundum gl." (per questo testo v. anche la trascrizione collazionata sui manoscritti di KIRSHNER, Mulier alibi nupta, 173-175). Per la dottrina pre-accursiana rimando alle ricerche di S. MENZINGER, Verso la costruzione di un diritto pubblico cittadino, in E. CONTE - S. MENZINGER, La Summa Trium Librorum di Rolando da Lucca (1995-1234). Fisco, politica, scientia iuris, Roma 2012, 209-312; EAD., La donna medievale, 130-131.

42 BARTOLUS A SAXOFERRATO, Comm. ad D. 50.1.38.4, *ad municipalem et de incolis*, l. *Imperatores* § *Item rescripserunt*, num. 5, f. 244rb: "Et hoc inducebam alio anno in quadam quaestione: statuto civitatis continetur quod forensis non possit emere in illo territorio: quaeritur utrum mulier de illa civitate oriunda alibi nupta possit ibi emere? Breviter, possumus dicere quod originem mutat quantum ad omnia, per quae persona mulieris possit trahi et separari a servitiis viri et ideo non potest ibi vocari vel trahi ad honores vel munera vel ad iudicia, ut dictum est. et ita loquuntur iura s. alleg. Quo ad alia non mutat originem, argument. d. l. Assumptio (D. 50.1.6)."

43 Cf. anche ABBAS PANORMITANUS, Comm. ad X. 2.2.19, *de foro competenti*, c. *Proposuisti*, num. 7, f. 89ra; MARIANUS SOCINUS SR, Tractatus, ad X. 2.2.20, *de foro competenti*, c. *Licet ratione*, num. 52 in fi., f. 128vb.

Zabarella: tanto più che l'eccezione prevista dalla clausola finale dello statuto deve essere interpretata restrittivamente, proprio perché è una *correctio statuti*.

Per connessione, tra i tanti, è utile anche menzionare un *consilium* più tardo del giurista ferrarese Giovanni Cefali (1511/12-1580/81), redatto nel periodo di docenza a Pavia, che è importante perché mostra l'applicazione degli stessi criteri nell'interpretazione dei decreti signorili[44]. Una nobildonna, Ottavia de Beccaria, originaria di Parma ma abitante a Pavia per matrimonio, reclama l'eredità materna costituita da beni siti *in agro Parmensi*. Giovanni Cefali supporta la sua pretesa, sostenendo che non sono applicabili né le norme statutarie parmensi che escludono le figlie sposate *extra iurisdictionem* dalla successione *ex testamento* e *ab intestato* a chi sia soggetto alla giurisdizione del comune di Parma[45] (con espresso riferimento alla dottrina di Bartolo), né il decreto del duca Ottavio Farnese (1524-1586) che proibisce le alienazioni agli stranieri (forensi), confermando un precedente decreto del duca Pietro Aloisio Farnese del 1547, che vietava le alienazioni agli stranieri, anche *mortis causa,* precisando per giunta, fornendone l'interpretazione autentica, che il vocabolo *forenses* doveva intendersi riferito a coloro che abitassero in altro territorio o dominio, benché di origine parmense. Ostacoli gravi da superare, di cui il consulente è ben consapevole: egli dichiara infatti che tutta la questione consiste nel rimuovere gli effetti degli statuti e dei decreti in oggetto, contrastanti con la libertà di disporre dei beni, prevista dal diritto comune, e quindi *iuris communis correctoria*. A questo risultato Cefali perviene avvalendosi di vari argomenti, che permettono la conservazione dei privilegi cittadini in capo alla "magnifica domina Octavia de Beccaria".

Per quanto concerne lo statuto di Parma, gli argomenti decisivi sono due: in primo luogo, il divieto di alienazione è rivolto solo ai cittadini parmensi, mentre

---

44 M.G. DI RENZO VILLATA, Cefali, Giovanni, in Dizionario biografico dei giuristi italiani (XII-XX secolo), I, Bologna 2013, 503-504.

45 Statuta magnificae civitatis Parmae, Parmae 1590, lib. II, rubr. *De muliere extra territorium communis Parmae nupta non succedente*, 84r: Nulla mulier se nubat cum hereditate extra iurisdictionem communis Parme, et si nupta fuerit extra iurisdictionem, postquam delata fuerit haereditas, non succedat alicuius de iurisdictione Parmae, sed illa haereditas perveniat in agnatos proximiores vel alios propinquos, tam masculos quam feminas ex ordine, prout perveniret, si talis mulier nupta extra iurisdictionem non esset in medio; et hoc sive perveniat ex testamento vel ab intestato; et eodem modo perveniat in agnatos proximiores vel alios propinquos ut supra, si mulieri nuptae extra iurisdictionem communis Parmae haereditas aliqua in causa afferatur seu aperiatur, ipsa existente nupta extra iurisdictionem vel vidua. Idem sit, et intelligatur in omnibus descendetibus talium mulierum, qui nati fuerint ex non supposito iurisdictioni D. potestatis et communis Parmae.

la defunta madre, Lucia, era pavese; in secondo luogo, Cefali ritiene che, interpretandone le parole e la *mens*, lo statuto non riguardi la successione agli ascendenti. Venendo a discutere del senso dei decreti signorili, il consulente pone in campo quattro argomenti, tra i quali il primo insiste sul fatto che essi non si applicano ai non cittadini (come la madre in questione) e il secondo afferma che le istituzioni d'erede non sono comprese nel divieto. Ma è il quarto argomento che risulta più utile esporre, nel quadro del discorso che stiamo svolgendo. Cefali ritiene infatti che, malgrado i decreti in esame, e in particolare il secondo tra questi, dispongano che deve ritenersi *forensis* chi non abita in città o nel dominio, essi si applicano solo a quei cittadini nativi, che abbiano spontaneamente lasciato la città d'origine e non si siano assunti più oneri e onori: costoro rimangono cittadini originari, anche se, in virtù di tali decreti, essi "saltem improprie desinunt esse cives civitatis Parmae". Ma se così è, allora vi è una ragione in più per interpretare restrittivamente gli stessi decreti e non riferirli alle figlie sposate, che devono seguire il marito *ex necessitate*[46].

Più controverso è il diritto del cittadino originario, emigrato e domiciliato altrove, di godere delle immunità fiscali concesse agli immigrati, come dimostra un caso sottoposto ad Alessandro Tartagni[47], simile nel tema ad una *quaestio* di Alberico da Rosciate[48]. Il cittadino originario, nella prospettiva accolta in questo parere, non può godere dei diritti riservati a chi non è cittadino e che dipendono dall'essere domiciliati in città, come l'immunità fiscale concessa a chi venga a risiedere nel comune per lavorare. Il *civis originarius*, quindi, non può avvalersi dello statuto che concede l'immunità ai lavoratori che si trasferiscono e fissano il domicilio nel comune. Tartagni si appoggia qui ad un'autorevole linea di pensiero, sostenuta da Iacopo d'Arena, Oldrado da Ponte e recepita da Bartolo[49]. Nella

---

46 IOANNES CEFALUS, Consiliorum, sive responsorum iuris, liber primus, Venetiis 1571, cons. 13, ff. 20va-22rb.

47 ALEXANDER TARTAGNUS, Consiliorum sive responsorum… liber quintus, Venetiis 1610, cons. 34, *Visis et ponderatis narratis in themate*, ff. 48va-49rb.

48 ALBERICUS DE ROSATE, De statutis, in Tractatus illustrium in utraque tum pontificii tum caesarei iuris facultate iurisconsulorum, Venetiis 1584, q. 77, f. 14ra.

49 Cf. BARTOLUS A SAXOFERRATO, Comm. ad D. 37.4.13.3, *de bono. pos. contra tabulas*, l. *Cum emancipatus § Si pater ex duobus*, num. 1, f. 173va: "Ultimo Ia. de Are. et Old. inducunt hunc § ad q.: dicit statutum quod omnes venientes ad habitandum in ista civitate habeant aliquod privilegium. Modo queritur an cives originarii non habitantes et venientes ad habitandum gaudeant illo privilegio? Et videtur quod sic, ut hic. Nam eodem iure utitur nepos adoptatus, quo quilibet extraneus. Sed puto contrarium, quia istis, qui possunt cogi ad munera, non potest concedi immunitas, ut l. ii. i. de iur. immu. (D. 50.6.2)". Sulle politiche

fattispecie, tuttavia, il parere è richiesto da un *civis originarius* del contado di Ferrara, che un tempo aveva fissato il suo domicilio in un comune del contado bolognese ed era successivamente ritornato in patria per sfuggire alla guerra: costui, risponde il giurista imolese, potrebbe effettivamente usufruire dell'immunità qualora trasferisse nuovamente il domicilio nel contado bolognese.

II. L'emersione di indirizzi alternativi nella prima età moderna

1. Il cittadino originario domiciliato *extra civitatem* perde la cittadinanza originaria? Una *decisio* di Matteo D'Afflitto

Altro problema, al quale si vuole ora accennare, è se il cittadino originario, non abitando più nella sua città nativa (o in quella del padre) e avendo costituito il suo domicilio altrove, perda con ciò la cittadinanza originaria. La tesi corrente è che per il diritto comune la cittadinanza originaria non si possa perdere per la semplice assenza del cittadino, perché essa è immutabile per natura. Vero è che le disposizioni statutarie cittadine smentivano questo dato categorico, stabilendo che la cittadinanza, compresa quella originaria, si poteva perdere in determinate situazioni di infedeltà e disobbedienza nei confronti della *civitas*, quali l'evasione degli obblighi di contribuzione fiscale, che erano un rilevante segno distintivo del *civis*, la trasgressione dei doveri di servizio militare, il bando per maleficio, per reati politici o per debiti[50]. Tutte situazioni in cui i benefici dello *status* di *civis* venivano tolti o sospesi, più o meno temporaneamente: il punto di emersione di questo fenomeno in dottrina è in un passo di Baldo sul potere degli statuti di

---

di immigrazione delle città v. gli studi cit. *supra*, n. 1, e RIESENBERG, Citizenship at Law, 344-345.

50 Per una ricognizione di fonti è ancora utile l'articolo di BIZZARRI, Ricerche sul diritto di cittadinanza. Il nesso tra cittadinanza e obblighi fiscali, militari, civici, è riesaminato in una prospettiva originale, che considera anche altre fonti di età comunale come le quaestiones giuridiche, da S. MENZINGER, Diritti di cittadinanza nelle *quaestiones* giuridiche duecentesche e inizio-trecentesche (I); M. VALLERANI, Diritti di cittadinanza nelle quaestiones giuridiche duecentesche (II). Limiti dell'appartenenza e forme di esclusione, ibidem, 125-2 (2013); S. MENZINGER, Pagare per appartenere. Sfere di interscambio tra fiscalità ecclesiastica e laica in Francia meridionale e nell'Italia comunale (XII secolo), in Quaderni storici 147/49 n. 3 (2014), 673-708; M. VALLERANI, Fiscalità e limiti dell'appartenenza alla città in età comunale, *ibidem*, 709-742; ID., La cittadinanza pragmatica (n. 1).

trasformare un *civis* in *forensis*[51]. Julius Kirshner ha trovato inoltre menzione, in un *consilium* dello stesso Baldo, della rinuncia volontaria di una donna alla cittadinanza acquisita dal padre[52]. Quanto alle dinamiche del diritto comune, l'occasione per testare la forza del principio della non modificabilità dello *status* di cittadino originario e dell'irrilevanza del nesso con il domicilio effettivo ai fini dell'esercizio di determinati diritti e della soggezione a taluni obblighi si presenta, nel Cinquecento, in alcune controversie discusse ai massimi livelli giudiziari[53].

Paradigmatica, da questo punto di vista, è una vicenda esposta da Matteo D'Afflitto, nella sua raccolta di decisioni del Sacro Regio Consiglio (1509), di cui fu giudice dal 1495. Oggetto del contendere è il diritto di un cittadino, nato a Napoli ma domiciliato in Calabria, di godere dei privilegi e delle immunità dei cittadini di Napoli (dal solo tenore della *decisio* non è possibile contestualizzare meglio i privilegi in questione), tenuto conto che egli non vi risiede stabilmente, a differenza dei suoi antenati: si tratta di decidere se l'assenza dal luogo nativo abbia spezzato il legame con la città d'origine. Attraverso un'ampia catena di argomentazioni, Matteo D'Afflitto sostiene la soluzione negativa, ben consapevole di affermare una tesi controversa, perché ciò che in realtà egli vuole sostenere è che il cittadino originario napoletano che da lungo tempo è domiciliato altrove non può più considerarsi e definirsi *civis originarius*. È vero che il "privilegium originis non potest mutari": ma solo "nisi deseratur", cioè solo qualora il cittadino non lasci definitivamente la città, precisa Matteo D'Afflitto, generalizzando una tesi di Baldo. Nella *decisio*, egli prende espressamente posizione contro le autorità più importanti, tra cui Niccolò Tedeschi, che avevano affermato l'inderogabilità e l'immutabilità dell'origine. Il Sacro Regio Consiglio napoletano, tuttavia, si divide a metà e non prende alcuna delibera in merito[54].

---

51 BALDUS UBALDI, In sextum Codicis librum Commentaria, Venetiis 1599, ad C. 6.28.3, l. *Si quis filius*, num. 5, f. 92vb: "Ultimo no. arg. quod statutum potest facere de cive forensem propter delictum."

52 KIRSHNER, Nascoste in bella vista, 214-216.

53 Nelle sue ampie e documentate indagini, Claudia Storti ha segnalato controversie sul godimento dei benefici statutari da parte del cittadino o suddito assente nella prassi consiliare e dei grandi tribunali: cf. Ricerche sulla condizione giuridica dello straniero, 71 n. 120, 72-75, 107-110. Un *consilium* di Giason del Maino è citato da RIESENBERG, Citizenship at Law, 340.

54 MATTHAEUS DE AFFLICTIS, Decisionum Sacri Regii Neapolitani Consilii... Novis additionibus, annotationibus, casuumque variorum aureis decisionibus Dn. Thomae Grammatici et Caesaris Ursilli... Centuriae Quatuor, Francofurti ad Moenum 1616, dec. 384, 572-574. La *decisio* è segnalata e ben sintetizzata da C. STORTI STORCHI, Ricerche sulla condizione giuridica dello straniero, 75 n. 121, 109 n. 176.

Al fine di argomentare la necessità di un domicilio stabile ed effettivo nel territorio di nascita come condizione per il godimento di determinati diritti (nella fattispecie: privilegi e immunità riservati ai *cives originarii*), Matteo D'Afflitto richiama principalmente l'autorità della Glossa accursiana, citando in particolare la controversa glossa *non domicilium* a D. 50.1.6, l. *Adsumptio*, a suo tempo criticata da Bartolo[55]. Nella sua strategia, la Glossa rappresenta la migliore autorità che si possa allegare in caso di conflitto di opinioni tra i dottori, e su quell'affermazione egli si basa dunque per negare diritti ai *cives originarii sine habitatione*.

Del tutto estranee sono le citazioni di un'altra glossa di Accursio e di tutta la dottrina relativa al problema, visto sopra, se si possa definire *civis originarius* chi sia nato in una città nella quale i genitori non avevano che una residenza di transito[56] e di due glosse canonistiche, che forniscono criteri in tema di prova del domicilio[57].

Più pertinenti sono le citazioni di Andrea d'Isernia e di Baldo, le quali, benché non riferite al caso di specie, potevano fornire tuttavia degli appigli meno tenui per argomentare la necessità di un legame effettivo con il territorio per poter essere qualificati cittadini originari.

Del feudista meridionale, di grande autorevolezza nel *Regnum*, Matteo cita l'opinione secondo cui il giuramento di fedeltà al signore deve essere prestato solo da chi abita effettivamente nel suo territorio: da ciò egli inferisce che il cittadino originario ne è esentato, se non abita nel Regno[58].

Di Baldo, Matteo d'Afflitto usa tre passi. Il primo è quello in cui il giurista perugino mette in rilievo che non può propriamente definirsi *civis* chi non contribuisce ai *munera* e agli oneri cittadini[59].

---

55 Cf. *supra*, n. 14.

56 Cf. *supra*, n. 17. Da aggiungere, in quanto espressamente allegato da Matteo D'Afflitto, Ioannes de Platea, Super Tribus ultimis libris Codicis, Lugduni 1528, ad C., de municipibus et originariis, l. Filios, num. 2, f. 45rb. Sul tema v. Anche l'ampia *annotatio* di Cesare Ursillo, nell'ed. citata delle *Decisiones* di D'Afflitto, 574.

57 BERNARDUS PARMENSIS, App. ad X. 3. 29.5, *de parochiis*, c. *Significavit*, v. *habitatores*: "et ibi dicitur quis habere domicilium, ubi habitat…". IOHANNES ANDREAE, App. ad VI 1.9.3, *de temporibus ordinationum*, c. *Cum nullus*, v. *domicilium*: "potest quis habere domicilium in pluribus locis... quod verum est, si in uterque se aequaliter collocavit... alias ibi dicitur habere domicilium, ubi maiorem partem rerum suarum habet... alias sola domus possessio, quae in civitate alia comparatur domicilium non facit..."

58 ANDREA ISERNIAE, *Commentaria in usus et consuetudines feudorum*, Francofurti, 1629, *Qualiter vas. iurare debeat fidel.*, *Qualiter autem*, num. 1, p. 220: "Item et qui habitat in terra tali et est in iurisdictione eius, quia dominus terrae habet iurisdictionem in terra, ut dictum est supra…".

59 BALDUS UBALDI, In Sextum Codicis librum Commentaria, Venetiis 1599, ad C. 6.23.9, *de testamentis*, l. *Si non speciali*, num. 6, f. 62ra: "quaero, hic dicitur, patriae tuae, an patria tua

Il secondo è un commento in cui Baldo afferma che chi abbandona la città in pericolo perde il privilegio di cittadinanza e che, nella disinvolta manipolazione del magistrato partenopeo, si traduce nel principio "privilegium originis non potest mutari, nisi deseratur[60]".

Il terzo, infine, è un frammento della *repetitio* alla l. *Cunctos populos* in cui, secondo quanto riferito indirettamente da Matteo D'Afflitto, Baldo sostiene che, in caso di doppio domicilio, prevale il domicilio *ratione habitationis* rispetto a quello *ratione originis*. Questa opinione serve a limitare il principio "habitatio in civitate non est necessaria ad hoc ut civis originarius teneatur subire onera etiam personalia", affermato da Bartolo e ripreso da vari altri giuristi[61]. Poiché il brano

---

dicatur, in qua tu es civis adoptivus, et non naturalis? Et videtur quod sic si ibi (sicut originarii) publicos honores habes, nam cives muneribus et honoribus cognoscuntur, ut i. de incolis l. Cives (C. 10.40.7). Qui autem non participant in publicis honoribus non dicuntur proprie cives, quia non tractantur ut cives, in eo quod est supremum et maximum civilitatis argumentum...". Matteo d'Afflitto non cita, invece, un significativo passo di PAULUS CASTRENSIS, Comm. ad D. 30.84.10, *de legatis primo*, l. *Huiusmodis § Legatum est*, num. 4, f. 37va: "et communiter dicitur quod ubicunque quis nascitur quomodocunque dicatur sortiri forum ratione originis, non tamen gaudet privilegiis, nisi subeat onera et sic faciat se describi ad munera, et non expedit quod impetret civilitatem: secus si non esset ibi natus".

60 Il giurista perugino, in realtà, si riferiva al caso specifico dell'abbandono di una città in pericolo. Cf. BALDUS UBALDI, In vii. viii. ix. et xi. Codicis libros Commentaria, Venetiis 1607, ad C. 8.51.2, *de infantibus expositis*, l. *Unusquisque*, num. 4, f. 177va: "Ibi 'nec enim' [dicere suum poterit, quem pereuntem contempsit], no. tex.: ita possit dici de cive relinquente civitatem, cum videat eam perire, quia debet eam iuvare, alias perdit omne ius civitatis." Conforme IASON MAYNUS, In primam Digesti veteris partem Commentaria, Venetiis 1579, l. § *Huius studii*, num.15, f. 4vb. Un limite a questo criterio è suggerito dallo stesso maestro perugino in un altro passo, dove egli sostiene che chi si trasferisce in una città diversa da quella d'origine, ma sempre all'interno di una stessa provincia, sottoposta ad un unico rettore, a tutti gli effetti non si può dire che abbia abbandonato il suo luogo d'origine ("non dicitur deserta origo"), inteso in senso lato; anche se bisogna sempre aver riguardo alle parole con cui sono formulati gli statuti e alle persone a cui si riferiscono. Cf. BALDUS UBALDI, In quantum et quintum Cod. lib. Commentaria, Venetiis 1599, ad Auth. Sed omnino, ne uxor pro marito, p. C. 4.12.4, num. 35, f. 24va: "et unum scias, quod iste qui derelinquit habitationem proprie civitatis, puta Perusinae, si habitat in eadem provincia, puta in Tuscia, commoratur etiam Senis, vel Florentiae, quod ab illo non dicitur deserta origo, secus si habitat extra provinciam... sed tu teneas ubi tota provincia est sub uno preside, ut esset exemplum in Marchia, et ducatu Spoletano. Nam homo nascitur civitati sue in specie, sed provinciae nascitur in genere, sicut quis nascitur patri et avo... si ergo quelibet civitas redacta est per se ad instar unius presidis, tunc idem quod in ista provincia... Item scias quod advertenda sunt multum verba statutorum, et de quibus personis loquantur...".

61 ALEXANDER TARTAGNUS, Consiliorum, liber secundus, Francofurti, 1575, cons. 157, *Viso instrumento*, num. 13, f. 121vb.

è inedito, è utile proporne la trascrizione prima di esporne brevemente il contenuto.

In textu ibi: christianorum. No. quod adiectivum importat qualitatem acquisitam ex accidenti, ut hic, et sic est verum quod Florentinus dicitur etiam incola, non solum originarius: concor. ad hoc ff. de ver. sy. Pronuntiatio (D. 50.16.46), ff. de officio adsessorum Si eadem (D. 1.22.3), ff. de postu. l. i. § Bestias (D. 3.1.1.6). In contrarium facit quod debeamus habere respectum ad qualitates innatas non ad accidentales: nam id quod naturaliter dicitur magis proprie dicitur, ff. de tute. Qui habet (D. 26.1.3), de hiis qui veni. eta. impe. l. fi. (C. 2.44.4), de libe. et pos. l. Filio (D. 28.2.23), de cond. et de. l. Fideicommissum (D. 35.1.76). Pro hoc quod hic nomen Florentinus non dicitur nisi de originario: ff. de excu. tu. l. Sed et reprobari (D. 27.1.7 = 27.1.6.6), ff. de tuto. et cu. l. i. (D. 26.5.1). Sed contra predicta omnia facit quod in utroque sensu hoc nomen verificatur: nam idem sunt esse de origine et domicilio, ut l. i. C. ubi de cri. agi oportet cum sy. (C. 3.15.1). So. Aut loquimur in materia indifferenti, et tunc in utroque sensu verificatur, ut dicta l. i. cum sy.: probatur per exemplum in l. iii. ff. de off. presy. (D. 1.18.3) ut dicitur materia indifferens. Aut in materia differenti, et tunc aut vero subiecte materie convenit originem et importat originem, ut l. Qui habet cum sy., aut convenit domicilium, et tunc importat domicilium, ut dicto § Bestias (D. 3.1.1.6) et dicta l. Si eadem (D. 1.22.3) cum sy. Sed quomodo cognoscam? Respondeo. Aut in actu de quo loquitur persona consideratur in se, i. principaliter propter se, et importat originem. Exemplum de statuto si quis offenderit Florentinum. Aut consideratur extra se, i. quia consideratur accidens in persona magis quam ipsa persona, et tunc importat domicilium. Exemplum: si imponatur collecta que imponitur personis propter res vel si indicatur represalia, nam simile honus est, s. persone pro rebus: in cives originarios non artat, quia hii non possunt ad talia nisi in subsidium, ut not. Guil. i. ti. i. l. Neminem (C. 1.2.11). De hoc vide per Bar. in l. Hec conditio ff. de cond. et de. (D. 35.1.29)[62].

---

62 BALDUS UBALDI, Repetitio ad C. 1.1.1, *de summa Trinitate*, l. *Cunctos populos*, Firenze, Biblioteca Nazionale Centrale, ms. II.I.64, f. 186v. L'edizione di questa importante *repetitio* è stata curata da Meijers sulla base del manoscritto fiorentino qui utilizzato, ad eccezione dei ff. 1855-187v, per i quali si è fatto quindi ricorso direttamente alla fonte. Secondo l'editore risale al 1358 ca., quando Baldo insegnava nello Studio di Firenze: cf. Tractatus duo de vi et potestate statutorum, edidit E.M. MEIJERS, Haarlem 1939, Introduction, I. Nello stesso senso v. anche J. KIRSHNER, Baldo degli Ubaldi's Contribution to the Rule of Law in Florence, in VI Centenario della morte di Baldo degli Ubaldi 1400-2000, a cura di C. FROVA - M.G. NICO OTTAVIANI - S. ZUCCHINI, Perugia 2005, 313-364 (330). Il testo di Baldo viene sintetizzato con precisione da MARIANUS SOCINUS SR, Tractatus perutilis, ad X. 2.2.20, *de foro competenti*, c. *Licet ratione*, num. 23, 126rab. Altri giuristi citano la teoria di

A leggere il testo nella sua integralità, tuttavia, si scopre che il discorso del giurista perugino, riguardante l'interpretazione dell'aggettivo *Florentinus*, aveva molte più sfumature. In un primo momento, Baldo argomenta *pro* e *contra*: da un lato afferma che l'aggettivo può riferirsi anche ad un semplice *incola*, poiché esso denota una qualità accidentale; da un lato, replica che occorre aver riguardo alle qualità innate e non a quelle accidentali, che prevalgono; ma anche a quest'ultima conclusione si può obiettare che l'aggettivo in questione può interpretarsi in un senso o nell'altro, e così riferirsi sia agli *incolae* sia ai *cives originarii*, stando ad un altro testo legale. A questo punto del discorso, la soluzione viene data attraverso una distinzione a più rami. In materia "indifferente" (ad esempio quella criminale), l'aggettivo denota entrambe le categorie di soggetti. In materia "differente", invece, dove può importare la distinzione tra domicilio e origine, dipende dalla materia stessa, e dunque l'aggettivo si riferirà ai *cives* o agli *incolae* a seconda che la materia convenga agli uni o agli altri. Ma come si può conoscere tutto ciò, si chiede Baldo? Dipende dal modo in cui è formulato l'atto normativo: se esso si riferisce alla persona in sé, vuol dire che si riferisce ai *cives originarii*, come nello statuto penale che punisce chi offende un *Florentinus*; se viceversa si riferisce ad una persona per qualche altra qualità accidentale, allora non si riferisce ai *cives originarii*, come ad esempio nelle collette e nelle rappresaglie.

Ritornando alla *decisio* di Matteo D'Afflitto, si può concludere osservando che le argomentazioni di cui egli si avvale fanno uso di princìpi elaborati dalla dottrina con riferimento ora alla *civilitas* nativa, ora ad altri tipi di cittadinanza, ora al *domicilium*, estratti dal contesto originario e piegati a sostenere un senso diverso. A questo punto, non sorprende che i "domini de consilio" non siano riusciti a prendere la decisione di superare, sul piano del diritto civile e canonico (giova infatti ricordare che è a questo livello giuridico che si giocava la partita nel caso di specie), il principio secondo cui il cittadino originario "ratione originis gaudet privilegio civilitatis ubi est natus, etiam quod alibi habet docimilium antiquuum". Il discorso di Matteo d'Afflitto, tuttavia, ad onta delle lacune della sua strategia argomentativa, diventa a sua volta autorevole e costituirà un modello per quanti,

---

Baldo sulla prevalenza del *domicilium ratione incolatus* come espressa nel commento alla l. ii. de statu hom. (D. 1.5.2): cf. ad es. ALEXANDER TARTAGNUS, Consiliorum, sive responsorum, liber I, Francofurti ad Moenum 1610, cons. 16, *Viso titulo*, num. 2, f. 47rb, ripreso dallo stesso Matteo D'Afflitto, dec. 384, num. 14, f. 573ra, e da BODIN, Le six livres de la République, cap. 6 (*infra* n. 80).

in altri contesti (accadrà ad esempio in Germania, come vedremo), vorranno circoscrivere i diritti del *civis originarius* non residente nel luogo d'origine.

2. I diritti del cittadino per *ius sanguinis* dalla dec. 13 di Nicolas Bohier alla *République* di Jean Bodin

All'opposto, nel primo Cinquecento, troviamo un plesso di argomentazioni opposte in una causa trattata davanti al Parlamento di Bordeaux e riferita nella raccolta di *decisiones* di Nicolas Bohier (1469-1539). La vicenda narrata documenta un significativo tentativo di far valere i diritti della cittadinanza *ex origine paterna* nel regno di Francia. Il caso è quello del figlio di padre francese, che aveva lasciato il regno per trasferirsi in Spagna e aveva rinunciato alla cittadinanza originaria. Il figlio, nato in Spagna e quindi cittadino spagnolo per *ius loci*, aveva trasferito il suo domicilio in Francia, dove risiedeva regolarmente, e intendeva esercitare un retratto successorio. Alla soluzione positiva si opponeva la condizione del figlio che, non essendo nato sul territorio francese, assumendo come criterio di qualificazione dello *status* di regnicolo e di cittadino francese il solo *ius soli*[63], doveva essere considerato straniero o albino, e di conseguenza incapace di succedere.

Bohier costruisce un discorso molto argomentato, che si avvale di una notevole quantità di riferimenti alla dottrina di diritto comune (una sorta di *summa*, come è stato acutamente notato da Anne Lefebvre-Teillard[64]), facendo così da veicolo alla sua diffusione nel Regno. Quel che più conta (e anche questo non marginale aspetto è stato messo in rilievo lucidamente nelle ricerche della studiosa sopra menzionata) è che questo imponente materiale viene orientato a favore della rilevanza dello *ius sanguinis*, e cioè dell'*origo* paterna, di cui il principale argomento è il seguente: oltre al principio secondo cui non si può rinunciare alla cittadinanza originaria, c'è il fatto che il figlio aveva effettivamente trasferito il suo domicilio in Francia, cumulando il domicilio all'origine paterna. Bohier fa

---

63 Secondo una vicenda storica ampiamente analizzata da B. D'ALTEROCHE, L'évolution de la notion et du statut juridique de l'étranger à la fin du Moyen Âge (XIe-XVe siècle), in Revue du Nord, 2002/2, n° 345-346, 227-245, e diffusamente nella monografia De l'étranger à la seigneurie à l'étranger au royaume XIe-XVe siècle, Paris 2002. Per quanto qui rileva, v. specialmente 115-120.

64 A. LEFEBVRE-TEILLARD, Ius sanguinis: l'émergence d'un principe (éléments d'histoire de la nationalité française), in Revue critique de droit international privé, 82/2 (1993), 225-250, anche in EAD., Autour de l'enfant. Du droit canonique et romain médiéval au Code Civil de 1804, Leiden-Boston 2008, 103-129 (107-112); EAD., Introduction historique au droit des personnes et de la famille, Paris 1996, 25-26.

riferimento anche allo stallo del Sacro Regio Consiglio napoletano, attestato dalla *decisio* di Matteo D'Afflitto, ma solo per rimarcare che anche nel Parlamento di Bordeux i giudici si erano equamente divisi a metà, come accaduto nel significativo precedente napoletano[65]. La *decisio* ha una grande rilevanza nell'emersione del criterio del *ius sanguinis* come limite al *droit d'aubaine* nella Francia moderna, come è stato esemplarmente dimostrato dalla storiografia più attenta. Quanto abbiano contato le argomentazioni di diritto comune, e anche canonistiche, nel supportare questa rilevante limitazione del diritto di albinaggio, si vede bene se si analizzano un poco più in dettaglio i materiali utilizzati dall'alto magistrato francese.

Il discorso di Bohier è strutturato in tre parti: premessa ("presuppono quod"), argomenti favorevoli alla qualifica del figlio quale *extraneus forensis et alienigena*, argomenti contrari ("in contrarium videtur"). Nei presupposti, Bohier cita diverse fonti dottrinali del diritto comune e canonico a supporto del principio secondo cui l'origine propria o paterna è un dato naturale e immodificabile, "quia naturalia mutari non possunt[66]", e il domicilio naturale si conserva anche se assenti dal luogo di origine. Tra gli altri emergono i contributi già visti di Bartolo, Niccolò Tedeschi (cons. 62) e Mariano Sozzini il Vecchio (cons. 35) sul domicilio naturale[67].

Nelle argomentazioni a favore della condizione di straniero sono decisivi gli autori francesi secondo cui è da considerarsi *extraneus* chi sia nato "extra Regnum", e il riferimento al *ius Regni*; in quest'ottica s'inserisce la citazione di Baldo, secondo cui "consuetudo aut statutum civitatis vel principis potest de cive facere forensem": un principio idoneo a neutralizzare il criterio dell'origine[68]. Nelle argomentazioni contrarie, Bohier può richiamare altre fonti di diritto comune e canonico, oltre a quelle menzionate nella premessa, a sostegno di una conclusione che tuttavia, nella fattispecie, è innovativa: "paterna origo cum

---

65 NICOLAUS BOERIUS, Prima pars aurearum decisionum… in sacro Burdegalensium Senatu, seu Regio parlamento olim discussarum ac promulgatarum…, Lugduni 1544, q. 13, f. 17va-20rb.

66 RAPHAEL CUMANUS, Consilia, sive responsa, Venetiis 1575, cons. 177, num. 4 in fi., f. 97ra; ma soprattutto diffusamente THOMA GRAMMATICUS, Consilia, vota seu iuris responsa, Lugduni 1550, votum 9, *Caelestis curiae*, num. 14-16, 217vb-218ra.

67 Bohier cita anche MARIANUS AC BARTHOLOMAEUS SOCINUS, Consiliorum seu potius responsorum, volumen primum, cons. 129, pr., 217va: "munera mixta, quae imponuntur personae pro rebus, tenetur quis subire in loco propriae originis, vel paternae, licet alterius loci efficiatur incola: ita concludunt gl., Ia. de Are et Bar. in l. Assumptio § filius ff. ad municip.".

68 Cf. *supra*, n. 51.

domicilio filii est praeferenda origini illius filii[69]". La vera ragione secondo cui nel caso di specie il figlio è da considerarsi francese, senza bisogno alcuno di richiedere e ottenere lettere di naturalizzazione o di cittadinanza, risiede nel fatto che il figlio, all'origine paterna, aggiunge il domicilio effettivo in Francia, e così alla *civilitas* paterna aggiunge un'altra *civilitas*, venendo ad abitare in Francia. Il vero straniero albino, viceversa, è chi non può vantare né l'origine paterna, né l'origine propria in terra di Francia[70].

Il caso trattato dal Parlamento di Bordeaux - non datato, ma anteriore al 1539, e successivamente deciso dal *conseil privé du Roy* - non è l'unico che si può citare a supporto dei diritti di cittadinanza originaria dei figli di francesi trasferiti all'estero e nati *extra Regnum*. La linea anticipata da Bohier si concretizzerà più tardi, negli *Édit de pacification* a favore dei figli di emigrati per causa di religione[71] e in alcune decisioni del Parlamento di Parigi.

È utile ricordare innanzitutto la controversia intorno all'eredità di Jean Cename, nato e domiciliato a Parigi, reclamata dal cugino Jean Longueval, avvocato del Parlamento parigino, contro Godefroy Cename, veneziano per origine propria e figlio di Pandolphe Cename, fratello di Jean, un parigino trasferito a Venezia e ivi residente per 35 anni, oggetto di contrapposte valutazioni da parte di Baron e Charondas Le Caron, e decisa a favore di Godefroy Cename il 14 giugno 1554[72].

Nel suo consulto, favorevole alle ragioni di Godefroy Cename, Le Caron non fa allegazioni, ma nel suo primo argomento fa rimarcare che Pandolphe Cename non aveva rinunciato alla sua patria, che si era recato a Venezia per farvi commercio, che non aveva assunto la cittadinanza ed aveva conservato l'*animus redeundi*: tutte considerazioni che, sullo sfondo, rimandano a dibattiti civilistici e canonistici. Il secondo argomento è di *droit français*: chi è nato in Francia non perde l'obbligo di obbedienza al re e il diritto di cittadinanza naturale, recandosi in una città con la quale vi sono trattati e senza essere bandito dal Regno, "et quand nous parlons de l'estranger et aubein, nous entendons celuy, qui n'est Francois naturel,

---

69 BOERIUS, Prima pars aurearum decisionum, q. 13, num. 36, f. 19rb.

70 BOERIUS, Prima pars aurearum decisionum, q. 13, num. 31, f. 19ra.

71 Édit de Paris 1576, VII. 52; Édit de Poitiers 1577 di Henri III, VIII.58; Édit de Nantes 1598, XII. 70.

72 EGUINARD BARON, Ad τα πρωτα Digestorum seu Pandectarum ab Iustiniano Caesare editarum, perpetui Commentarii, Parisiis 1548, Ad Ioannis Longovallii advocati et oratoris in ampliss. Parisiorum curia, de peregrinorum success. quaestionem, responsum, 34v-36r. LOUIS CHARONDAS LE CARON, Responses du droict françois, confirmées par arrest des cours souveraines de France, et rapportées aux lois romaines, Lyon 1600, 5, 61-62.

c'est à dire né en France". Per quanto concerne la condizione di Godefroy Cename, nato a Venezia, Le Caron sottolinea che bisogna aver riguardo alla prima condizione del padre, che era cittadino francese, e al fatto che egli era ritornato ad abitare in Francia: l'origine paterna e il domicilio, dunque.

In secondo luogo, è da menzionare la causa sull'eredità di Adnette de Vaux, reclamata dalla nipote Marie Mabile, figlia di Ètienne Mabile, *maître orfevre* parigino trasferito a Londra per ragioni di commercio, e di madre parigina (Marie Vilain), che darà luogo al celebre *arrêt de l'Anglesse* del 7 settembre 1576, di conferma della decisione di primo grado del Prévôt di Parigi (15 marzo 1575), già favorevole a Marie Mabile[73].

La sentenza del Parlamento di Parigi, presieduto da Christophe de Thou, dà ragione alla nipote, dando rilevanza sia alla sua cittadinanza per origine paterna sia al suo domicilio in Francia, riconoscendo in tal modo la persuasività, tra gli argomenti proposti dalla difesa di Marie Mabile, anche di quelli basati su precisi riferimenti alla dottrina di diritto comune e canonico. Come quando si fa osservare che il domicilio naturale e originario di una persona, proprio e paterno, è immutabile, "et tel domicile suit la personne, come annexé à icelle, quelque part qu'elle puisse s'habituer et demeurer". Affermazione corroborata da un richiamo alla decisione nel caso Cename, e a molte allegazioni dottrinali di passi che si sono già incontrati lungo l'itinerario che stiamo percorrendo: la gl. alla l. *Senatores*(n. 2), il cons. 35 di Mariano Sozzini il Vecchio, il commento di Bartolo alla l. *Quaesitum* (n. 27), il cons. 62 di Nicolò Tedeschi, il cons. 177 di Raffale Cumano (n. 66)[74]. E ancora: si dà rilevanza al fatto che il padre di Maria si era trasferito a Londra *causa negotiationis*, ma conservando l'*animus revertendi* in Francia, come Marie stessa che, nata in Inghilterra, aveva poi fatto effettivo rientro in Francia[75]. Gli ultimi argomenti della difesa, viceversa, sono tutti costruiti con riferimento al diritto francese: l'art. 52 dell'*Édit de pacification* di Henri III, l'interpretazione estensiva di una *déclaration* della *Chambre des comptes* sui presupposti del diritto di albinaggio, che dichiara capaci di succedere i figli legittimi degli stranieri nati nel Regno[76], il

---

73 RENÉ CHOPPIN, De domanio Franciae libri III, Parisiis 1621 [I ed. 1574], lib. I, tit. XI, *De bonis advenarum*, num. 31, 100; Id., De sacra politia forensi, libri III, Parisii 1577, lib. III, tit. 1, art. 25, 563; tit. 6, art. 17, 760; Jean BACQUET, Du droit d'aubeine, in Id., Les oeuvres, t. II, Lyon 1744 [I ed. 1577], p. V, chap. 40, 122-129.

74 BACQUET, Du droit d'aubeine, p. V, chap. 40, num. 10, 124-125.

75 BACQUET, Du droit d'aubeine, p. V, chap. 40, num. 14, 125.

76 BACQUET, chap. 3. Cf. D'ALTEROCHE, L'évolution de la notion et du statut juridique de l'étranger, 241-242; ID., De l'étranger à la seigneurie à l'étranger au Royaume, 215-216, che cita testimonianze di questo principio dal 1379 al 1576.

precedente costituito dalla *decisio* di Bohier[77]. La sentenza può così solennemente dichiarare che "le lien de parenté et consanguinité est naturel et indissoluble, ne se peut oster, effacer, ny tollir, par la mutation du domicile[78]".

È in questo stadio della riflessione giuridica che si possono collocare le note pagine di Jean Bodin sulla cittadinanza, contenute nel lib. I, cap. VI della sua opera maggiore, e che ora passiamo ad esaminare alla luce del retroterra dottrinale che le precede e dal punto di vista dei temi specifici che qui interessano. Il discorso del giurista angevino s'inserisce agevolmente nella dimensione culturale a larghi tratti delineata in queste pagine, poiché fa tesoro della tradizione di diritto comune, civilistica e canonistica (troviamo infatti citati alcuni luoghi topici sul tema), anche se la supera in una sintesi originale. Il principio che anche Bodin afferma a chiare lettere è il seguente: i sudditi possono cambiare liberamente domicilio, ma non possono ripudiare liberamente la loro patria e la cittadinanza originaria non si perde con il semplice cambio di domicilio: "mais quoy qu'il soit permis aux subiects de changer le domicile, si est-ce qu'ils ne peuvent renoncer au pays de leur naissance... et generalement on peut dire en termes de droit, que la bourgeoisie n'est point perdue, ny la puissance du Prince sur son subiect, pour changer de place ou de pays[79]". D'altra parte, simmetricamente, la cittadinanza non si acquista per il semplice fatto di avere il domicilio in un altro paese, se lo straniero non ne abbia fatto richiesta, con il permesso del principe del paese d'origine, ed essa non sia stata accettata. Lo straniero, cittadino originario di un'altra città, deve quindi chiedere e ottenere la cittadinanza nel paese che lo accoglie. Ne deriva che, per Bodin, il cittadino originario, anche se ha stabilito il suo domicilio altrove per tutta la vita, "doit iouyr du privilege de bourgeoisie, s'il n'y a renoncé expressement du consentement de son Prince, ou qu'il y eust actes

77 BACQUET, Du droit d'aubeine, p. V, ch. 40, num. 24, 127-128.

78 BACQUET, Du droit d'aubeine, p. V, ch. 40, num. 26, 129.

79 Cito dall'ultima versione francese del 1583. JEAN BODIN, Les six livres de la République, à Lyon 1593, liv. I, chap. 6, 89. La prima proposizione è fondata su BARTOLUS, Comm. ad D. 32.78 pr., *de legatis tertio*, l. *Quaesitum*; MARIANUS SOCINUS SR, lib. I, cons. 35; ABBAS PANORMITANUS, lib. II, cons. 62 (citazioni corrispondenti a quelle della q. 13 di Bohier). La seconda è basata su C. 10.39.4, l. *Origine*; D. 50.1.6, l. *Adsumptio* e su ALEXANDER TARTAGNUS, lib. III, cons. 110, *rectius* cons. 100, *Ex inspectione dictorum statutorum*, num. 1 (congettura mia). La redazione latina del 1586 è ancora più incisiva. IOANNES BODINUS, De republica libri sex, 1591, lib. I, cap. 6, 77: "Ac tametsi cuique integrum est domicilium commutare, nemini tamen patriam repudiare liber... illud igitur in universum definiatur, civitatem invitum amittere, aut suo principi praeiudicare posse nemini domicilii commutatione". V. infine JEAN BODIN, I sei libri dello Stato, a cura di M. ISNARDI PARENTE, v. I, Torino 1964, rist. 1988, lib. I, cap. 6, 293.

contraires au subiect naturel": questo principio, continua Bodin, risolve la questione che i giudici napoletani non erano stati in grado di dirimere nella controversia narrata da Matteo D'Afflitto ed è in linea con quanto deciso dal Parlamento di Parigi nel caso Cename del 1554[80]. È da notare che, nella prospettiva del grande giurista francese, la cittadinanza si può perdere per espressa rinuncia oppure per aver commesso atti contrari alla qualità di cittadino. Gli atti contrari alla qualità di cittadino sono il bando perpetuo, il rifiuto di obbedire al proprio principe sovrano nonostante l'intimazione oppure l'aver ottenuto una carta di naturalizzazione da un principe straniero[81]. Date queste premesse, anche la soluzione del caso esposto da Nicolas Bohier deve essere diversa rispetto a quella proposta dal magistrato di Bordeaux: il figlio di un francese, il cui padre aveva rinunciato alla cittadinanza, è uno straniero a tutti gli effetti, anche se ha il domicilio in Francia e quindi per diventare francese deve chiedere la naturalizzazione al re di Francia[82]. Ma è anche diverso il concetto di cittadinanza, che diventa unitario: al posto delle tante possibili cittadinanze del diritto comune, una sola cittadinanza, una sola obbedienza, quella al sovrano[83].

3. *Ius migrandi* e rinuncia alla cittadinanza

In questa rete di princìpi e dottrine si collocano le questioni connesse al *ius migrandi*, trattate dalla dottrina germanica della prima età moderna. Il diritto di emigrare era il diritto di cambiare domicilio ed eventualmente anche cittadinanza. Non possiamo qui affrontare le questioni legate ai limiti posti dai diritti territoriali germanici al *ius migrandi*, che era libero sia per il diritto comune e canonico (il tradizionale *ius mutandi domicilium*) sia per il diritto di natura. Vogliamo invece, a conclusione di questo percorso, notare alcune particolarità relative alla disciplina

---

80 BODIN, Les six livres de la République, liv. I, chap. 6, 91-92; De republica libri sex, lib. I, cap. 6, 78; I sei libri dello Stato, lib. I, cap. 6, 301-302. Nella versione latina scompare l'allegazione (effettivamente estranea alla tesi affermata da Bodin) di BARTOLUS, Commentaria in primam Infortiati partem, Lugduni 1555, D. 25.3.1.1, *de agnoscendis et alendis liberis*, l. *Senatus consultum* § *Permittit*, num. 7, f. 41ra. Più coerente, invece, risulta la citazione di due passi di Baldo, ad C. 8.51.2, *de infantibus expositis*, l. *Unusquisque* e a D. 1.5.2 (rectius *repetitio* alla l. *Cunctos populos*), presumibilmente ricavati da Matteo D'Afflitto: cf. *supra* nn. 60 e 62.

81 BODIN, Les six livres de la République, liv. I, chap. 6, 91-92; De republica libri sex, lib. I, cap. 6, 78; I sei libri dello Stato, lib. I, cap. 6, 302.

82 BODIN, Les six livres de la République, liv. I, chap. 6, 92; De republica libri sex, lib. I, cap. 6, 79; I sei libri dello Stato, lib. I, cap. 6, 302. Le citazioni dei casi giudiziari di Parigi e Bordeaux sono aggiunte alla prima ed. del 1576.

83 QUAGLIONI, Le radici teoriche della dottrina bartoliana della cittadinanza, 144.

della rinuncia alla cittadinanza originaria (*ius civitatis*) e al domicilio naturale: un campo di tensione, quello tra natura e volontà o fatto concludente, emerso nella dottrina del tardo diritto comune, giunto a maturazione nel Cinquecento, nel turbinìo delle guerre di religione, e tematizzato, per l'appunto, nella *decisio* di D'Afflitto e nel capolavoro di Bodin. L'esperienza della dottrina di diritto comune dell'Impero germanico, paese di emigrazione, sembra allora coerente a tutto l'itinerario che ci siamo sforzati di delineare in queste pagine.

In quest'area, nel tardo Cinquecento, la questione della rinuncia alla cittadinanza originaria è risolta dalle consuetudini e dagli altri diritti territoriali in modo opposto a ciò che detta il diritto comune: il cittadino originario che emigra in altro territorio, trasferendovi il domicilio e rinunciando alla cittadinanza, con il consenso dell'autorità, previo versamento di un prezzo, lo può fare e cesserà di essere considerato cittadino a tutti gli effetti.

A questa conclusione arriva Andreas Gail (1526-1587) nella sua *Practica* (1578), dopo aver esposto il regime del diritto comune, secondo cui è liberamente mutevole il domicilio accidentale o *habitationis*, ma non il domicilio originario, che *de iure communi* è immutabile, come sono immutabili gli *iura naturalia*: ovunque si trasferisca, pertanto, il cittadino conserva il *ius originis*, con le distinzioni introdotte dai giuristi[84]. Ad onta delle testimonianze in contrario della dottrina di diritto comune, allegata nei suoi esponenti più significativi, il diritto

---

[84] ANDREAS GAIL, Practicarum observationum tam ad processus iudiciarium, praesertim Imperialis Camerae quam causarum decisiones pertinentium libri duo, Coloniae Agrippinae 1668, lib. II, *De contractibus*, obs. XXXVI, *Mutatio domicilii an eximat civem a iurisdictione civitatis originariae?*, numm. 4-6, 348-349: "Quod attinet ad domicilium habitationis et commune, certum est quod quilibet propria voluntate tali domicilio renunciare possit: quae renunciatio fit eo ipso quando quis se et bona sua in alium locum transfert... Caeterum domicilium naturale vel originis de iure communi immutabile est, adeo ut renunciatio civis et translatio domicilii nihil operentur, eo quod iura naturalia sint immutabilia: quocunque se transfert civis originarius, nihilominus ius originis retinet...[Bartolus, l. *Adsumptio*; Alexander Tartagnus, lib. V, cons. 34; Marianus Socinus, Tractatus de foro competenti e cons. 35, Philippus Decius, cons. 283]. Et hoc potissimum procedit, quoad munera et honores, et sic onera personalia, secus est quoad iurisdictionem: nam forum originis amittitur, quando domicilium originis relinquitur et alibi novum constituitur... [Marianus Socinus, Tractatus de foro competenti]". Su quest'opera cf. M. STOLLEIS, Geschichte des öffentliches Rechts in Deutschland, Bd. I, Reichspublizistik und Policeywissenschaft 1600-1800, München 1988, trad. it. Storia del diritto pubblico in Germania, I, Pubblicistica dell'Impero e scienza di polizia 1600-1800, a cura di C. RICCA, Milano 2008, 139-140, e ora la voce di P. OESTMANNN, in S. DAUCHY, G. MARTYN, A. MUSSON, H. PIHLAJAMÄKI, A. WIJFFELS eds., The Formation and Transmission of Western Legal Culture. 150 Books that Made the Law in the Age of Printing, Chaim 2016, n. 36, 129-132 (con ulteriore bibliografia).

consuetudinario, obietta il giurista di Colonia, è diverso ovunque e soprattutto in Germania, dove tra l'altro l'emigrante deve versare un tributo pecuniario, "more maiorum vel ex statutis civitatum".

Questa soluzione, del resto, continua l'assessore del *Reichskammergericht*, non è estranea neanche al diritto comune, a voler seguire l'interpretazione offerta nella *decisio* di Matteo D'Afflitto e fondata anche sull'autorità di Baldo degli Ubaldi[85]. Gail non entra in dettagli. Gli basta quel richiamo per superare, anche a livello di diritto comune, un principio che la scienza del diritto civile e canonico aveva contribuito a custodire sino ad allora.

Nel più tardo commentario al *Ius Lubecense* (1641-42) di David Mevius (1609-1670), esponente di spicco dell'*usus modernus Pandectarum*, il problema del rapporto con la regola di diritto comune non si pone neppure direttamente. Nel commentare l'art. II del tit. Il del *Lübecker Recht* (1586), il giurista di Greifswald, infatti, formula immediatamente il principio secondo cui è lecito a chiunque, cittadino o suddito straniero, libero per natura, "ius civitatis resignare", emigrare altrove e chiedere un'altra cittadinanza: i suoi riferimenti sono la pace di Augusta del 1555, Gail, Greven, Bodin, Choppin e Pruckmann[86]. Per il resto, l'attenzione si concentra sui limiti che è lecito stabilire a questo diritto, per natura libero: nel qual caso la rinuncia alla cittadinanza non vale, come quando essa è fatta in modo fraudolento per evitare oneri che il cittadino è chiamato sostenere in cambio di vantaggi ricevuti o quando la città intraprende una guerra contando sul numero

85 GAIL, Practicarum observationum, lib. II, obs. XXXVI, num. 7, 349: "Sed aliter se habet consuetudo ubique et praesertim in Germania recepta: nam civis originarius renuncians civitati et domicilium alio transferens civis esse desinit, non solum quoad iurisdictionem, certum etiam quoad munera: eo ipso quod mutat domicilium perdit privilegia et iura civitatis, pulchre Afflict. decis. 384 per totum, ubi limitat singulariter regulam d. l. Origine (C. 10.39.4) et d. l. Assumptio (D. 50.1.6 pr.), videlicet, domicilium originis mutari non posse, ut procedat, nisi postea deseratur: nam civis, inquit, deserens civitatem perdit privilegium civitatis et desinit civis esse, Bald. in l. 2 Cod. de infantis expositis, Jas. in l. 2 § Huius studii n. 5 de justit. et jure ...".

86 DAVID MAEVIUS, Commentarii in jus Lubecense libri quinque, Francofurti ad Moenum 1679, lib. I, tit. II, *ad municipales et de incolis*, art. II, numm. 79-80, 98. Di Bernhard Greven cita le Practicae conclusiones juris, singulis Dn. Andreae Gaillii I.C. Observationibus... Item Considerationes omnibus conclusionibus sigillatim subjunctae (1603). Di FRIEDRICH PRUCKMANN (1562-1630) allega i Paragraphi soluta potestas, Tractatus de regalibus pars prior (1592). Su Mevius v. in sintesi F. WIEACKER, Privatrechtsgeschichte der Neuzeit unter besonderer Berücksichtigung der deutschen Entwicklung, Göttingen 1967, trad it. Storia del diritto privato moderno con particolare riguardo alla Germania, I, a cura di U. SANTARELLI e S.-A. FUSCO, Milano 1980, 327-328. Sul commentario rinvio alla voce di N. WURCH, in The Formation and Transmission of Western Legal Culture, n. 57, 194-197 (con altri riferimenti).

dei cittadini, quando sia sotto assedio o abbia assunto altri oneri[87]. Nella pagina di Mevius si mescolano riferimenti alla dottrina di diritto comune e a Grozio. La seconda condizione è l'obbligo del tributo pecuniario, il *Nachsteuer*[88] il quale, finché non è versato, non libera i cittadini da tutti gli obblighi e gli oneri della cittadinanza, anche se assenti per molti anni, mentre essi non possono continuare a godere dei diritti e dei benefici dei *cives* dopo che sono emigrati in altro luogo "animo deserendi civitatem": e a questo riguardo Mevius allega la Glossa alla l. *Filios*, Giason del Maino, Matteo D'Afflitto, Nicolas Bohier e il cons. 13 di Giovanni Cefali. A risolvere la questione in modo netto e senza indecisioni, nella cultura multiforme di Mevius, torna ora utile richiamare i migliori supporti che poteva dare la dottrina di diritto comune, in un abile montaggio che porta quelle citazioni a supportare la tesi dell'autore.

È perentoria anche l'ultima conclusione che desideriamo mettere in rilievo. Nessun cittadino, sottolinea Mevius, può essere escluso dalla comunità senza la sua volontà, salvo il caso di delitto: ed è quindi lecito emigrare in altri luoghi e fissarvi il domicilio *non deserendi animo*, dichiarando di non voler perdere la cittadinanza: qui è Baldo che serve a tacitare ogni obiezione in contrario[89].

Abstract

This paper aims to deal with some stages of the debate about original citizenship in the tradition of the *ius commune* and canon law. In this perspective, it focuses

---

87 MAEVIUS, Commentarii in jus Lubecense, lib. I, tit. II, *ad municipales et de incolis*, art. II, numm. 69-72, 98 (nt. 87). "Licet autem civibus aut subditis alienis, qui natura liberi homines sunt, invitis Dominis et superioribus, ius civitatis resignare, alio migrare et civitatem petere... nisi statuto aut moribus isti libertati derogatum sit... aut malitiose et in fraudem renunciatio fiat, eo scilicet tempore, ubi pro commodis ante perceptis onera et pericula sustinenda sunt, eaque inique subterfugiunt... aut si fiducia multitudinis bellum sit susceptum, obsidio immineat vel aliud onus susceptum sit".

88 MAEVIUS, Commentarii in jus Lubecense, lib. I, tit. II, *ad municipales et de incolis*, art. II, num. 74, 98. Cf. ULRICH ZASIUS, Opera omnia, t. I, Commentaria seu lecturas eiusdem in titulos primae Pandectarum partis, Lugduni 1600, ad D. 1.2.2 pr., *de origine iuris*, l. *Necessarium*, num. 27, c. 274.

89 MAEVIUS, Commentarii in jus Lubecense, lib. I, tit. II, *ad municipales et de incolis*, art. II, numm. 69-72, 98 (nt. 87): Il dibattito successivo resta segnato dalle due posizioni riassunte nel testo. Cf. ad es. GEORG ADAM STRUVE, Syntagmatis juris civilis pars altera, Jena 1668, Exer. L, ad D. 50.1, *ad municipalem et de incolis*, num. 54-55, 1015; JOSEPH ADAM AYBLINGER, Commentarius ad quinquaginta libros Digestorum seu Pandectarum scientifica methodo concinnatus, Opus posthumum, Augustae Vindelicorum 1726, pars VII, liber L, tit. I, ad D. 50.1, *ad municipalem et de incolis*, numm. 10-14, 1170.

on citizens by birth in the place of paternal origin (*ius sanguinis*) and their own (*ius loci*). Native-born citizenship is immutable, and is connected to the domicile in the place (or places) of origin. Citizens, however, can move freely and establish their domicile elsewhere. This kind of domicile is distinct from the citizenship, because it is voluntary and changeable. One can therefore live in more places. What happens if a citizen permanently lives outside his place of origin? To what obligations is he still bound in his place of origin? May he continue to enjoy the rights, benefits and privileges linked to the status of *civis originarius*? In the first part of the survey, the doctrines of citizenship and domicile elaborated by Nicolaus Tudeschis and Marianus Socinus sr are examined. The paper focuses on the patrimonial rights of the original citizens living elsewhere, taking into consideration some *consilia* of Franciscus Zabarella, Marianus Socinus sr, Iohannes Cephalus, Alexander Tartagnus. In the second part of the essay, it is shown that in the early modern age alternative theories emerged regarding the renunciation and loss of original citizenship by citizens moving permanently elsewhere. The paper deals with the debate in three territorial contexts (the Kingdom of Naples, the Kingdom of France, the German Empire) and identifies new theories with respect to the tradition of canon law and the *ius commune*, which is analyzed in the first part of the research.

Andrea Padovani

'Gente d'Egitto, quasi negri', apolidi. Gli zingari

L'arrivo degli zingari in Italia: 1422 e 1429

Proveniente, a quanto sembra, dall'Europa centrale[1], una carovana di zingari giunge a Bologna il 18 luglio 1422[2]. L'incontro con la popolazione residente genera prima curiosità, poi diffidenza e infine repulsione. Curiosità – presto

---

1 In Germania i primi nuclei di zingari sono segnalati dal 1417. Sulla loro presenza in Europa esiste una estesa bibliografia. Cf. almeno A. COLOCCI, Gli zingari. Storia d'un popolo errante, Torino-Firenze-Roma, 1889, pp. 35-46; D. KENRICK-G. PUXON, Il destino degli zingari. Traduzione di R. Petrillo, Milano 1975, p. 17; B. GEREMEK, L'arrivée des Tsiganes en Italie: de l'assistance à la repression, in: Timore e carità. I poveri nell'Italia moderna. Atti del convegno 'Pauperismo e assistenza negli antichi Stati italiani' (Cremona, 28-30 marzo 1980) a cura di G. Politi, M. Rosa, F. Della Paruta, Cremona 1982 (Annali della Biblioteca statale e libreria civica di Cremona, XXVII-XXX, 1976-79), p. 27 (traduzione italiana in: Uomini senza padrone, Torino 1992, pp. 151-72); A. FRASER, The Gypsies, Oxford-Cambridge 1995, pp. 45-59; F. DE VAUX DE FOLETIER, Mille anni di storia degli zingari. Presentazione di M. Karpati. Prefazione alla nuova edizione di C. Osella, Milano 1997, pp. 46-50; L. PIASERE, I Rom d'Europa, Bari 2004, p. 32; M. MANNOIA, Zingari, che strano popolo! Storia di una minoranza esclusa, Roma 2007, p. 18.

2 Historia miscella Bononiensis ab anno MCIV usque ad annum MCCCXCIV auctore praesertim fratre BARTHOLOMEO DELLA PUGLIOLA ordinis minorum. Accedit ejusdem continuatio usque ad Annum MCCCCLXXI ab aliis auctoribus syncronis facta. Omnia nunc primum in lucem prodeunt e codicibus manuscriptis Bibliothecae Estensis, in: Rerum Italicarum Scriptores ab anno erae Christianae Quingentesimo ad Millesimumquingentesimum, quorum potissima pars nunc primum in lucem prodit ex Ambrosianae Estensis aliorumque insignium Bibliothecarum Codicibus LUDOVICUS ANTONIUS MURATORIUS... collegit... t. XVIII, Mediolani 1731 (d'ora in poi RIS[1]), coll. 611-12. A questa fonte – citata sempre dagli studiosi – si aggiunga Della Historia di Bologna parte seconda del R.P.M. C. GHIRARDACCI Bolognese dell'Ordine Eremitano di S. Agostino data in luce dal R.P.M. Aurelio Agostino Solimani dell'istesso Ordine e Patria, Dottore Colleg. di Sacra Teologia mentre predicava in S. Petronio l'anno 1654... Bologna 1657, p. 640 e FILENO DALLA TUATA, Istoria di Bologna, origini-1521, I (origini-1499) a cura di B. Fortunato, Bologna 2005 (Collana di cronache bolognesi d'epoca medioevale, moderna e contemporanea promossa dalla Fondazione del Monte di Bologna e Ravenna, 9.1), p. 230. Di questi fatti nulla dice la pur contemporanea Cronaca di PIETRO DI MATTIOLO pubblicata da C. Ricci, Bologna 1885. S. CREPALDI, I Bianti, zingari, vagabondi e camminanti, Milano 2008, p. 21, afferma che questa è la prima testimonianza conosciuta sulla presenza degli zingari in Italia.

repressa dal vescovo e dalle autorità laiche[3] – che induce alcune donne a farsi predire il futuro dalla moglie del loro duca Andrea, esperta nella lettura del palmo delle mani. Diffidenza, per l'esibizione, da parte dei nuovi arrivati, di "un decreto del re d'Ungheria che era imperatore, per vigore di cui essi potevano rubare per tutti i sette anni", loro imposti, di pellegrinaggio a sconto di una trascorsa abiura – come sostenevano – della fede cattolica. Confidando nel fatto che in forza di quel privilegio "non potesse essere fatta loro giustizia... fecero un gran rubare in tutta la città". Ma i bolognesi, per rivalersi dei danni subiti, si sentirono autorizzati ad impossessarsi di uno dei migliori cavalli condotti dai gitani. La cosa finì lì, pur nella convinzione che, in definitiva, quella fosse stata "la più brutta genia, che mai fosse in queste parti". Ma tutto, almeno, non durò più di due settimane.

A distanza di pochi giorni, secondo la narrazione di Girolamo Fiocchi[4], "venerunt Forlivium quaedam gentes missae ab Imperatore, cupientes recipere fidem nostram et fuerunt in Forlivio die VII Augusti. Et, ut audivi, aliqui dicebant quod erant de India. Et steterunt hinc inde per duos dies non multum morigerate, sed quasi bruta animalia et furentes [*rectius* furantes?]". Lo stesso evento è così riferito dal cronista forlivese Leone Cobelli[5]: "In eodem millesimo, del mese di maggio, certe genti mandati de l'imperatore, li quali desideravano pigliare costu... stectero in Forlivio fino al settimo dì d'agusto r... davano molte cose, e alcuni dicevano che indian... gente non moderata, ma quasi como animali bruti... ducenti persone tra homini e donni, poi se partirono... verso Roma". Questa relazione pare dipendere – in alcuni punti, quasi alla lettera – dalla precedente, ma ne differisce sia riguardo alla data di arrivo e di partenza dei gitani, per l'aggiunta del dato numerico (200 persone) nonché, infine, per l'indicazione della meta (Roma). Poiché Girolamo Fiocchi – a differenza di Cobelli – fu testimone diretto dei fatti narrati, potendo così registrare precisamente l'arco di tempo nel quale avvenne il

---

3 Secondo la Historia miscella (nt. 2), fu emanata "una grida che non fosse alcuna persona che andasse da loro sotto pena di lire 50 e sotto pena di scomunica".

4 Chronicon Foroliviense ab anno MCCCXCVII usque ad MCCCCXXXIII auctore fratre HIERONYMO FOROLIVIENSI ordinis praedicatorum nunc primum in lucem eductum ex manuscripto codice comitis Brandolini de Brandolinis, in RIS[1] (nt. 2) t. XIX, col. 890. Sull'autore si v. A.VASINA, Fiocchi, Girolamo (*Hieronymus de Forlivio*), in: Repertorio della cronachistica emiliano-romagnola (secc. IX-XV) a cura di B. Andreolli, D. Gatti, R. Greci, G. Ortalli, L. Paolini, G. Pasquali, A.I. Pini, P. Rossi, A. Vasina, G. Zanella, Roma 1991 (Istituto Storico Italiano per il Medio Evo. Nuovi studi storici, 11), pp. 93-5.

5 Cronache forlivesi di LEONE COBELLI, Bologna 1874 (Dei Monumenti Istorici pertinenti alla Provincie della Romagna, s. III), p. 165, *sub a.* 1422. Per l'autore (*ante* 1440-1500), si v. A. VASINA, Cobelli, Leone, in: Repertorio (nt. 4), pp. 102-06. Riproduco di seguito il testo con la punteggiatura, come nella edizione. L'originale si presenta corrotto in alcune parti.

soggiorno degli zingari, si può ritenere che la carovana notata a Forlì agli inizi dell'agosto 1422 fosse la medesima già stabilitasi a Bologna due settimane prima. Non può essere d'ostacolo alla identificazione il fatto che un altro cronista bolognese, Cherubino Ghirardacci, parli di 4000 persone accampate a Bologna e Cobelli solo di 200. Ghirardacci (1518/19-1598) fraintese evidentemente la narrazione della *Historia miscella*, laddove questa dice che gli zingari battezzati per ordine del re d'Ungheria furono 4000: ma di questi – dopo cinque anni di peregrinazioni – ne era già restata meno della metà. Da qualunque fonte Cobelli traesse le proprie informazioni circa la consistenza del gruppo giunto a Forlì, egli pare (almeno su questo punto) essere più vicino ai dati reali, comunque non troppo lontani da quelli riferiti per Bologna da Fileno dalla Tuata [1450 ca.-1521] ("çircha çento persone").

La medesima città romagnola viene visitata, sette anni dopo, da un altro gruppo di nomadi: "Adì ditto, çiò XXVI de luglio – scrive Giovanni di Pedrino[6] – vene a Forlì grande brigada de gent*e* d'Egitto, huomini e femene e mamolit*i*... Grandisime ladri... alogavano como bestie la maore parte. Stetteno quatro dì a Forlì, puo' andono verso Roma. Disse che conveneano tutt*i* del suo paexe andare a Roma per promessione del suo re, perché erano novamente venud*i* a la nostra fede; e parea che loro avea da quello suo re una bolla. Non possè essere costrett*i* per uno piccolo furto perché non era possibile a loro posse(r) andare sì lungo camino con suo' dinari. E bene avea alcuno homo vistoxo bene vestido e mult*i* ducat*i*".

Di lì a pochi mesi, e precisamente l'11 novembre dello stesso anno, viene trovato nell'ospedale dei battuti neri, sempre a Forlì, uno "çagnotto çiego con una sua femena" che avevano con sé due bambini "uno mascolo, l'altra femina: el mascio de anni tri o çirca o forse quatro, la femina de due e mezzo". Parendo che entrambi i fanciulli fossero stati rubati nei pressi di Pesaro, "perché alcuno digl'altri çagnott*i* conossea quella [donna] esser stada meretriçe", si decide di sottrarli alla coppia per darli in adozione. La decisione viene spiegata ai sedicenti

---

6 GIOVANNI DI M.° PEDRINO DEPINTORE, Cronica del suo tempo edita da G. BORGHEZIO e M. VATTASSO † scrittori della Biblioteca Vaticana con note storiche di A. Pasini, I (1411-1436), Roma 1929 (Studi e testi, 50), p. 214 (ad a. 1429). Questa fonte (mai prima utilizzata da quanti si sono occupati della presenza zingara in Italia) va integrata dalla consultazione dell'utile volume di G. MISSIRINI, Chi à 'l mal sel gode. Un indice per Giovanni di M.° Pedrino depintore e cronista forlivese del basso medioevo, Forlì 1989. Abbastanza curiosamente Giovanni non ricorda i fatti del 1422, dei quali doveva pur essere stato testimone. Per lui si v. A. VASINA, Merlini, Giovanni (Giovanni di mastro Pedrino depintore), in: Repertorio (nt. 4), pp. 96-9.

genitori da "uno de sua lingua che era lì", nell'ospedale[7]. Può darsi che l'interprete – ormai in grado di esprimersi in lingua volgare italiana – fosse a Forlì da qualche tempo, magari dal maggio precedente e che di quella comitiva avessero fatto parte anche i due falsi genitori, facilmente identificati dal connazionale. Se corrispondeva a verità il fatto che i due bambini erano stati rapiti a Meleto di Pesaro, è presumibile che il piccolo gruppo procedesse da sud a nord[8]. Di ritorno da Roma

? È possibile. Stando alle cronache, sia bolognesi che forlivesi, questa doveva essere la meta di chi percorreva la via Emilia, anche se non è improbabile che la parola 'Rom' – indicativa della nazione gitana – fosse poi scambiata con quella della città eterna.

Là, a quanto si ritiene, gli zingari avrebbero ottenuto una bolla o un lasciapassare dal pontefice: ma il documento, più volte esibito in Italia e in altri paesi europei, non è mai stato rintracciato in originale. Quello finalmentre trovato da de Vaux de Foletier, in lingua francese, s'è rivelato un falso[9]. Lo stesso deve presumersi, con tutta probabilità, riguardo al diploma dell'imperatore Sigismondo che abbiamo visto sventolato sotto il naso dei bolognesi nel 1422 e sette anni dopo dei forlivesi[10].

La storia narrata nel privilegio poteva muovere a compassione: vi si leggeva che un tempo, per avere rinnegato la fede cristiana, quei poveretti erano stati costretti ad andare pellegrinando per sette anni. Dopo di che, una volta raggiunta

---

7 GIOVANNI DI M.° PEDRINO DEPINTORE, Cronica (nt. 6), pp. 222-23. Sul termine *çagnotto*, si v. MISSIRINI, Chi à 'l mal sel gode (nt. 6), p. 243 (da 'egizianotto'?) e la nota storica di Pasini al testo di Giovanni di M°. Pedrino, p. 222, n. 1: anche dal dialettale 'zagnoc=pitocco').

8 La presenza di nomadi a Fermo, pure nelle Marche, è ricordata nel 1430: K. WIERNICKI, Nomadi per forza. Storia degli zingari, Milano 1997, p. 28.

9 DE VAUX DE FOLETIER, Mille anni (nt. 1), pp. 54, 56-8; B. NICOLINI, La famiglia zingara. La Chiesa nella trasformazione socio-culturale degli zingari. Presentazione del card. C. Confalonieri, Brescia 1969, pp. 14, 27-8, n. 4; GEREMEK, L'arrivée (nt. 1), p. 31; PIASERE, I Rom (nt. 1), p. 47.

10 Il testo, diretto "civitatibus, principibus, castris, oppidis, Episcopis et praelatis" è presentato anche in Germania, con la raccomandazione che i latori del documento fossero "humaniter tractati": COLOCCI, Gli zingari (nt.1), pp. 50 e 62. Dubbi sulla autenticità del testo affiorano già, nei primi anni del '500, nella Saxonia et Metropolis ALBERTI CRANTZII Historici Doctiss. Sacrae Theologiae et Iuris Canonici Doctoris celeberrimi, ac Ecclesiae Hamburgensis quondam Decani. Quibus res Saxonum et adiacentium regionum, ac totius fere Germaniae, in utroque statu, tam Ecclesiastico quam Politico, ab ovo, quod aiunt, quam loculentissime panduntur et explicantur, Coloniae 1574, p. 780. Cf. FRASER, The Gypsies (nt. 1), p. 64; WIERNICKI, Nomadi (nt. 8), p. 28; DE VAUX DE FOLETIER, Mille anni (nt. 1), p. 53.

Roma, se ne sarebbero tornati a casa. E fin qui, nulla di strano. Ben più difficile da accettare era che per "dechrieto" dell'imperatore essi "potesero robare per tutti quilli sette anni in tuti li paexi che vano per al suo vivere, e non li possa essere fato justiçia" oppure, come si diceva in una versione del documento diffusa in Germania, che per i reati eventualmente commessi fosse competente a giudicare il loro capo[11]. Di fronte al moltiplicarsi dei furti, ovunque, si comincia a dubitare sia del pellegrinaggio, sia della autenticità dei privilegi, papali o imperiali che fossero[12].

Certo, il fatto di presentarsi come pellegrini costituì, inizialmente, una efficace copertura al loro girovagare: coperta che però, col trascorrere del tempo, si fa sempre più corta per la diffidenza verso i loro costumi (vivono 'come bestie'), l'origine, il colore della pelle ('quasi negri', segno di malvagità), la lingua incomprensibile al pari delle credenze religiose. Si diffonde poi la voce che tutti costoro siano spie del nemico più temuto, i Turchi[13]. La cosa pare tanto più credibile dal momento che alcuni li dicono Saraceni[14] e pertanto loro

---

11 DE VAUX DE FOLETIER, Mille anni (nt. 1), p. 53; FRASER, The Gypsies (nt. 1), p. 125.

12 COLOCCI, Gli zingari (nt. 1), p. 50; GEREMEK, L'arrivée (nt. 1), p. 33; MANNOIA, Zingari (nt. 1), p. 21. La dieta di Lindau nel 1497 annulla la validità del preteso salvacondotto imperiale: WIERNICKI, Nomadi (nt. 8), p. 36.

13 Lo sostiene già Giovanni di Pedrino, Cronica (nt. 6), p. 230: "Da poi per esser stati gran spioni per lo Turcho chontra Christiani li è stato proibito andare in multi luoghi e maxime in tere de Veneçiani'. L'affermazione è provata negli stessi termini da FILENO DALLA TUATA, Istoria (nt. 2), p. 230 e da Foresti: Supplementum supplementi cronicarum... auctore IACOBO PHILIPPO BERGOMENSI... Venetiis 1503, p. 94r-v: "Hos Veneti nostri ab omni suo excluserunt regno: tum maxime propter furta: tum etiam propter explorationes quibus suspecti habentur". Cf., per l'estensione e la durata di questa diceria, KENRICK-PUXAN, Il destino (nt. 1), p. 49; FRASER, The Gypsies (nt. 1), pp. 84-5; WIERNICKI, Nomadi (nt. 8), p. 35; W. RÜTTEN, Lustig ist das Zigeunererleben, in: Zeitschrift der Savigny-Stiftung für Rechtsgeschichte, Germanistische Abteilung, 114 (1997), p. 236, n. 1: "Auspäher der Christenheit... Spione, also, der Türchen". Della cosa non si parlerà più solo nel sec. XVIII: W. RÜTTEN, Zigeunerrecht im 18. Jahrhundert, in: 'Ins Wasser geworfen und Ozeane durchquert'. Festschrift für K.W. Nörr herausgegeben von M. Ascheri, F. Eibel, M. Eckel, A. Padoa Schioppa, W. Pöggeler, F. Ranieri und W. Rütten, Köln-Weimar-Wien, 2003, p. 849.

14 FRASER, The Gypsies (nt. 1), p. 93. Così anche in Svizzera e in Francia: WIERNICKI, Nomadi (nt. 8), p. 25, DE VAUX DE FOLETIER, Mille anni (nt. 1), pp. 54-56, 122. Nel 1494 e nel 1498 il duca di Savoia emette quattro pagamenti a "Saraceni sive Cingari" purché se ne stiano lontani dalle sue terre (FRASER, The Gypsies, p. 106). Proprio un piemontese, Gianfrancesco Leoni, si incaricherà di smentire questa favola. Si v. oltre, p. 304.

correligionari. Dicerie infondate, come quella che addossava agli zingari l'antropofagia[15], la diffusione della peste[16], il rapimento dei fanciulli[17].

Lo status giuridico degli zingari: vagabundi

Quanto s'è detto con principale riferimento all'Italia può valere, a titolo esemplificativo, anche per gli altri paesi europei. Chi si è occupato della materia ha già raccolto una buona mole di documenti (troppo spesso, però, riferiti tralatiziamente) che, certo, dovrà essere ulteriormente ampliata con una approfondita indagine su fonti archivistiche ancora inesplorate[18]. A giusta ragione Geremek ha rilevato che "l'état des recherches sur l'arrivée et l'implantation des Tsiganes en Europe reste insatisfaisant"[19]. Soprattutto, però, una "Rechtsgeschichte der Zigeneuer, verstanden als die Geschichte der auf Zigeneuer, sich beziehenden Gesetze, Verordnungen und Rechtsakte, haben wir nicht"[20].

Il presente contributo non può certo colmare la lacuna. Più semplicemente, vorrebbe avviare una riflessione, dal punto di vista storico-giuridico, su alcuni problemi che già scaturiscono dalla lettura delle cronache riferite in apertura. La prima questione riguarda la natura dei due privilegi che i nomadi sostenevano essere stati loro elargiti prima dall'imperatore Sigismondo e poi dal pontefice. Che si trattasse di falsi è ormai generalmente ammesso dalla moderna storiografia: ma della loro autenticità magistrati e giuristi cominciarono a dubitare fin dal declinare del '400, per poi impugnarla decisamente nel '700[21].

---

15 PREDARI, Origine (nt. 1), p. 79; KENRICK-PUXAN, Il destino (nt. 1), p. 36; DE VAUX DE FOLETIER, Mille anni (nt. 1), p. 81.

16 A. ARLATI, Gli zingari nello stato di Milano, in: Lacio Drom, 25.2 (1989), p. 5; WIERNICKI, Nomadi (nt. 8), p. 35; DE VAUX DE FOLETIER, Mille anni (nt. 1), p. 89.

17 Si v. il caso forlivese riportato sopra, p. 286 e KENRICK-PUXAN, Il destino (nt. 1), p. 37.

18 Si v., da ultimo, la rassegna bibliografica di K. HÄRTER, Bettler, Vaganten, Deviante. Ausgewählte Neuerscheinungen zu Armut, Randgruppen, und Kriminalität im frühneuzeitlichen Europa, in: Ius Commune. Zeitschrift für Europäische Rechtsgeschichte. Veröffentlichungen des Max-Planck-Institut für Europäische Rechtsgeschichte, Frankfurt am Main, XXIII (1996), pp. 281-99.

19 L'arrivée (nt. 1), p. 27.

20 RÜTTEN, Lustig (nt. 13), p. 235.

21 Cf. GEREMEK, L'arrivée (nt. 1), p. 33 (Carpi, 1485); A. CAMPIGOTTO, Bandi bolognesi contro gli zingari (sec- XVI-XVIII), in: Lacio Drom, 23.4 (1987), p. 17; DE VAUX DE FOLETIER, Mille anni (nt. 1), p. 76 (per l'Inghilterra). Decisa la posizione di Marcantonio Savelli: Pratica universale del dottor MARC'ANTONIO SAVELLI Auditore della Rota Criminale di Firenze compendiosamente estratta per alfabetto dalle principali Leggi, Bandi,

Da una parte, infatti, destava meraviglia che diverse comitive di zingari, in ordine sparso, esibissero documenti simili in ogni angolo d'Europa fin dal loro primo apparire. Parrebbe che l'operazione fosse concertata già dal momento in cui fu deciso l'esodo. Ma dove e quando, precisamente? A questa domanda, ritengo, non sarà mai possibile rispondere. Si può tuttavia tentare di intuire le ragioni che indussero quel popolo a proporsi come pellegrini privilegiati dalle due massime autorità, nello spirituale come nel secolare.

Entrando in Europa, gli zingari sono ben consapevoli del fatto di non appartenere, di diritto, ad alcun popolo allora noto. Di non sottostare ad alcun signore che possa certificarne la condizione di sudditi (*herrenlosen und heimatlosen*)[22]. Dicono di venire dal piccolo Egitto – o anche dall'India – ma non d'essere cittadini, appunto, di quelle lontane regioni. Non lo affermano, né in effetti, possono affermarlo.

Per uscire da questa *impasse* si aprono due vie: la prima è appunto quella di presentarsi come pellegrini tutelati, fin dal concilio laterano del 1123, nei confronti di chiunque osasse catturarli o spogliarli dei loro beni[23]. La seconda,

---

Statuti, Ordini e Consuetudini, massime Criminali, e miste, che si osservano nelli Stati del Serenissimo Gran Duca di Toscana. Con aggiunta di varie conclusioni di ragione comune, toccanti succintamente quasi tutte le Materie Criminali, ed altre più frequenti in Foro judiciale, e di coscienza incidentalmente; d'alcune Decisioni moderne della Rota Criminale, e del Magistrato degli Spettabili Signori Otto di Guardia, e Balìa della Città di Firenze ed una notabile prefazione di fabricare e risolvere li Processi Criminali, secondo lo stile di detti Stati. Opera utilissima, e necessaria ad ogni qualità di persone e particolarmente alli Professori, Rettori di Giustizia, Giudici, Notai, ed altri, che si vogliono esercitare ne' Governi, e Magistrati, tanto sudditi, che forastieri. In questa veneta impressione arricchita di molte aggiunte, e benigne Interpretazioni del medesimo Autore, e del cav. Guido Antonio Savelli suo Figliuolo... Venetia 1687, p. 40.

22 HÄRTER, Bettler (nt. 18), pp. 281, 294. KRANTZ, Saxonia (nt. 10), p. 780: "humanum genus... nullam agnoscens patriam".

23 V. PIERGIOVANNI, La *peregrinatio bona* dei mercanti medievali: a proposito di un commento di Baldo degli Ubaldi a X 1.34, in: Zeitschrift der Savigny-Stiftung für Rechtsgeschichte, Kanonistische Abteilung, LXXIV (1988), p. 348, ora in: Norma, scienza e pratica giuridica tra Genova e l'Occidente Medievale e Moderno, Genova 2012, p. 595. Il testo del concilio è riprodotto a C. 24, q. 3, c. 23. La tutela – soprattutto nei confronti dei pellegrini che si recano a Roma, dal papa – sarà ulteriormente estesa nel *Liber Extra* ed evidenziata dai relativi commenti. In più, al pellegrino è garantita l'ospitalità. Cf. ID., Il mercante e il diritto canonico medievale: 'mercatores in itinere dicuntur miserabiles personae', in: Proceedings of the Eigth International Congress of Medieval Canon Law, San Diego, 21-27 August 1988, cur. S. Chodorow, Città del Vaticano 1992 (Monumenta Iuris Canonici, Series C, Subsidia 9), ora in: Norma (*supra*), p. 621. Il pellegrino è *miserabilis persona*, ma per godere della protezione accordata all'*ordo peregrinorum* deve presentarsi e comportarsi in maniera distinta da quella dei semplici vagabondi: ID., Il pellegrino nella tradizione canonistica medievale, in: A Ennio Cortese. Scritti promossi da da D. Maffei e raccolti a cura di I.

esperibile in concorso alla precedente, consiste nel porsi sotto la diretta protezione delle due potestà universali, l'imperatore e il papa, la cui autorità poteva essere ben riconosciuta in tutto l'Occidente. Con questa decisione la questione dello *status* giuridico di ogni appartenente a quel popolo era posto su nuove basi. La condotta degli zingari, spesso (e talora oltre) al limite della legalità dovette porre, molto presto, la questione sulla competenza dei magistrati incaricati di giudicarne l'operato. Per il diritto romano, il giudice autorizzato a conoscere di un reato era quello della terra di origine del convenuto, ove si riteneva che questi avesse anche il proprio domicilio[24]. Ma che dire se "haec terra suae originis chasmate periit, vel capta est ut Troia... vel passa est aratrum ut Chartago?"[25]. In questi casi la condizione degli abitanti diveniva quella dei

---

Birocchi, M. Caravale, E. Conte, U. Petronio, Roma 2001, III, pp. 127-35, ora in Norma (*supra*), pp. 685-96. Sul punto si v. anche O. CONDORELLI, *Clerici peregrini*. Aspetti giuridici della mobilità clericale nei secoli XII-XIV, Roma 1995, pp. 16-8.

24 Gl. acc. *Domicilio* ad D. 50.1.27(26).2: "ratione originis quis habet domicilium". Ma avere un domicilio non significa necessariamente abitarvi. Cf. BARTOLI A SAXOFERRATO... Commentaria ... aureis adnotationibus Iacobi Anelli de Bottis, Regii Consiliarii Neapolitani et Petri Mangrellae Cavensis causarum patroni atque etiam aliquot Iacobi Menochii praestantissimi Iurisc. in aliis editionibus incuria omissis, ad titulum de verb. obligatio. illustrata... In II. Digesti Novi Partem, Venetiis 1602, fol. 220rb, nn. 1-2 ad D. 50.1.27(26).2: "Videtur hic tex. quod quis non possit esse sine domicilio. Nam saltem habet domicilium ratione originis quae mutari non potest... So. Dicunt quidam, aliud est habere domicilium, aliud originem, quod glo. non placet et dicit quod qui habet originem, habet et domicilium. Unde etiam infantes, statim cum nascantur, habent domicilium... Sol. Domicilium potest accipi duobus modis. Uno modo, pro habitatione et tunc, licet quis sortiatur originem, potest tamen non sortiri domicilium, hoc est habitationem non habere. Alio modo potest assumi domicilium pro quodam iure conveniendi et munera subeundi et isto modo verum dicit gl. quod qui habet originem habet domicilium et secundum hoc remanet contrarium, quia nullus videtur qui non habet domicilium ratione originis". Se a BARTOLI A SAXOFERRATO In Primam Digesti Novi Partem, fol. 24vb, n. 24 ad D. 39.2.4.5 è senz'altro confermata la dottrina di Accursio ("Dicitur hic in gl. ille vagabundus est qui non habet domicilium. Nos habemus glo. in l. eius qui, § Celsus (D. 50.1.27[26].2) in vers. Domicilio infra ad municip., ubi dicit, quod ille qui non habet ullum domicilium est vagabundus. Longa est differentia inter domicilium et habitationem, sed secundum illam gl. requiritur, quod civitas sua esset capta, vel esset destructa, quia alias haberet domicilium. Sed credo glos. bene dicere, quia vagabundus est, qui per mundum vagatur"), altrove (BARTOLI A SAXOFERRATO In tres posteriores Codicis Commentaria, Venetiis 1604, fol. 56ra, n. 2 ad C. 12.43(44).1: "Gl. male dicit, quod ille dicitur vagabundus, qui non habet proprium domicilium, ut l. eius, § Celsus, ff. ad mu. [D. 50.1.27(26).2]. Nam secundum hoc semper esset necesse, quod eius civitas aratrum pateretur, quod tamen est falsum, ut hic vides") il maestro marchigiano la ritiene almeno imprecisa.

25 Gl. acc. *Domicilio* ad D. 50.1.27(26).2. Giovanni Bertacchini (Repertorium do. IOANNIS BERTACHINI Firmani Iuris Utriusque Doctoris praestantissimi Do. Ioan. Thierry Lingonensis Iuris Interpretis celeberrimi nunc vero industria, diligentiaque Excellentiss. I.U.C. Aemilii Mariae Manolessi... expurgatum. Quinta pars, Venetiis 1570, fol. 268va, ad

vagabundi, privi di *certum domicilium* per i quali – esclusa ogni inutile ricerca intorno ad un giudice legittimo che più non esisteva – doveva valere la massima "ubicumque te invenero, ibi te iudicabo", che consegnava il colpevole al magistrato del luogo ov'era stato commesso il reato[26]. Nel caso degli zingari l'assenza di un domicilio *ratione originis* era determinata addirittura da due circostanze concorrenti: la provenienza da contrade ignote (Egitto? India? Altre regioni ancora?) e da una terra, di più recente insediamento, che essi però assumevano essere stata conquistata dall'imperatore. Per tutto questo essi potevano essere detti (e dirsi) *vagabundi*[27].

Così secondo il diritto civile: ma per la dottrina canonistica la definizione di vagabondo come di colui che non ha domicilio certo – dunque un luogo nel quale è posta la sede degli affari e degli interessi ("loc*us* in quo [quis] constituit summam fortunarum suarum"[28]) – risulta però riduttiva e inadeguata. Sulla scorta di Sinibaldo de' Fieschi Giovanni da Imola, nei primi anni del '400, parla ormai del *vagabundus* nei termini di colui che "non habet habitationem", dunque nemmeno un riparo ove ricoverarsi anche per poco tempo[29]. A questa conclusione aderirà,

---

Vagabundus) propone un esempio più recente: "Item, qui sunt de civitate ab hostibus capta, ut hodie sunt pauci miseri qui ab Hydrunto a Teucris occupato hoc anno evaserunt". Si può, almeno per quest'ultima parte, meglio precisare,. all'anno 1480, la datazione del *Repertorium* proposta da M. CARAVALE, Bertachini (Bertacchini), Giovanni (Fermo, 1448ca.-ivi sec. Exeunte/XVI sec. Ineunte), in DBGI, I, p. 233.

26 Gl. acc. *Reperiuntur* ad C. 3.15.1: "loquitur ibi de vagabundis, ut illi possint conveniri ... ubi te invenero, ibi te iudicabo"; gl. acc. *Debebit* ad D. 5.1.19: "Quid si debitor vagari coeperit per orbem terrarum nec alicubi habeat certum domicilium? Videtur quod ubicumque inveniatur, possit conveniri". Era così sottoposta a eccezione la regola secondo la quale è competente il giudice del luogo ove il reo ha domicilio: gl. acc. *Degit* ad C. 3.15.2; cf. gl.acc. *Domicilium* ad D. 5.1.19.2. Si v., sul punto, C. Storti, Motivi e forme di accoglienza dello straniero in età medievale, in Ai margini della civitas. Figure giuridiche dell'altro tra medioevo e futuro, a cura di A. A. Cassi, Soveria Mannelli 2003, pp. 71-2.

27 Anche se, almeno argomentando in base all'autorità di Bartolo, la conquista di un territorio da parte dell'imperatore non comportava la perdita del *domicilium ratione originis*: BARTOLI A SAXOFERRATO In II Digesti Novi Partem, fol. 220rb, n. 2 ad D. 50.1.27(26).2: "Sed in eo quod gl. dicit de civitate capta, intellige si est capta ab hostibus populi Romani, vel a Saracenis".

28 *Apparatus 'Animal est substantia'*, ad D. 71, c. 6 cit. da CONDORELLI, *Clerici* (nt. 23), p. 41. Cf. PETRI DE ANCHARANO Iurisconsulti Clariss. ac Pontificii Iuris interpretis celeberrimi Super Tertio Decretalium facundissima Commentaria a plerisque, a quibus in antiquis Codicibus, Typographorum illius tempestatis incuria, erant oppressa, nunc liberata, pristinoque suo, ac innato candori, qua fieri potuit diligentia, restituta... Bononiae 1581, p. 316A, n. 9 ad X 3.39.13: "dicitur.. quis habere domicilium, ubi habet maiorem partem fortunarum suarum".

29 IOAN. AB IMOLA commentaria prima in secundum Decretalium librum, Venetiis 1575, fol. 68ra, n. 15 ad X 2.15.4: "voluit hic Inno. quod vagabundus est qui non habet certam habitationem, licet habeat domicilium originis... et iste potest citari ubi reperitur, quia in eo

pur con qualche significativa eccezione[30], la dottrina prevalente. Sradicati e vagabondi senza fissa dimora – normalmente una eccezione alla regola del domicilio certo, infine una frazione trascurabile dell'umanità – non potranno pretendere di "locum eligere ubi convenia*ntur*" (come stabilito da D. 2.8.7.1, D. 2.8.8 e D. 5.1.19), perché ben potrebbero, astutamente, "eligere locum valde remotum, ad incommodum actoris"[31].

---

habet locum ubi te invenero, ibi te iudicabo"; IOHANNIS DE IMOLA iurisconsulti celeberrimi in primam Digesti Novi partem commentaria Iohannis Thierry Lyngonensis iurisc. adnotationibus illustrata. Hac in editione, quid praestiterimus, lector iudicet, vetustioribus exemplaribus conferendis, innumeris, variisque et quidem monstrosis, erroribus expurgandis. Quibus omnes aliae editiones scatebant, nonnullis reponendis, quae deerant et quaedam oportune auferendo, quod saltem § cum bonorum, l. non amplius, de legat. I. restitutus, abunde testari potest...Venetiis 1580, fol. 13va, n. 10 ad D. 39.2.4.5: "no. quod interdum quis non habet habitationem et iste dicitur vagabundus, ut est hic glos. interlinearis [gl. *Habitationem habet*: "Sed est vagabundus"] et sic non est necesse, quod non habeat domicilium ad hoc ut sit vagabundus, quia secundum illud pauci essent vagabundi, cum saltem unusquisque habeat domicilium originis, nisi terra originis casmate periit, ut alio anno fuit in quadam terra nobilium de Ricasulis, comitatus Florentiae, vel nisi passa esset aratrum ut Cartago, de quo etiam aliquid hic per Bart[olum], licet glos. aliter dicat in l. eius qui, § Celsus, infra ad municipa. (D. 50.1.27[26].2)". Cf. pure IOHANNIS AB IMOLA in primum Decretalium commentaria... Hac novissima vero omnium editione ab erroribus innumerabilibus quibus ubique depravata et passim mutila summi viri deprehendisse conquerebantur, habita ad vetustissimos Iohannis de Anania codices fide suo candori vindicata, atque integritati restituta. Accesserunt etiam huic nostrae editioni commentaria eiusdem auctoris in xiiii cap. sub tit. de renunciatione, nempe a cap. in praesentia usque ad finem, quae in aliis desiderantur codicibus, habita ex bibliotheca eiusdem Iohannis de Anania, Venetiis 1575, fol. 87vb-88ra ad X 1.3.29. Per il riferimento di Giovanni al pensiero di Sinibaldo de' Fieschi di cui *supra* ad X 2.15.4, si v. INNOCENTII QUARTI Pont. Maximi super libros quinque Decretalium... novisque insuper Summariis additis et Margarita Baldi de Ubaldis Perusini, Francofurti ad Moenum 1570, fol. 244vb, n. 6 ad X 2.15.4. Il terremoto ricordato nel Chianti è quello del 1414. Cf. A. PADOVANI, Dall'alba al crepuscolo del commento. Giovanni da Imola (1375 ca.-1436) e la giurisprudenza del suo tempo, Frankfurt am Main 2017 (Studien zur Europäische Rechtsgeschichte.Veröffentlichungen des Max-Planck-Instituts für Europäische Rechtsgeschichte, 303) p. 55. Alle posizioni del Nicoletti si allinea Giovanni Bertacchini, Repertorium (nt. 25), pars quinta, fol. 268va: "proprie dicitur quis vagabundus quando non habet habitationem firmam in aliquo loco" e con lui la maggioranza degli interpreti (si v., ad es., Commentariorum FELINI SANDEI Iuris Canonici Interpretis acutissimi et Rotae Auditoris celeberrimi ad quinque libros Decretalium pars secunda, Venetiis 1601, fol. 47va, n. 8 ad X 2.2.20).

30 Ad es., BALDI UBALDI Perusini Iurisconsulti omnium concessu doctissimi pariter et acutissimi consiliorum sive responsorum volumen quartum... Venetiis 1575, foll. 68ra-69ra, 69vb, conss. CCCXI e CCCXIII: si è giudicati dove si ha residenza e non dove si ha domicilio temporaneo.

31 ABBATIS PANORMITANI Commentaria Primae Partis in Secundum Decretalium librum quamplurium Iurisconsultorum, qui probe hucusque aliquid iis addidisse apparuerunt, adnotationibus illustrata... Quibus praeter eiusdem Panormitani Quaestionem quandam in

Perseguibili ovunque, a causa del loro stile di vita errabondo, gli zingari pertanto – se non fossero riusciti a difendersi con i pretesi privilegi loro concessi dall'imperatore o dal papa – rischiavano di finire come quei "multi ribaldi" che "suspenduntur in civitatibus et castris, cum non habeant alicubi forum"[32].

Di questo rischio – spesso più minacciato sulla carta, che reale – si parlerà più avanti. Qui preme notare che, secondo la dottrina del diritto comune, i *cingani* sono privi di un qualsiasi *status* giuridico definito: non esiste (o è impossibile rintracciare) un giudice competente nel paese d'origine; anche quando –

Parmensi Gymnasio disputatam, Repetitionem in c. Per tuas, De arbitris, in Alma Bononiensi Academia editam et interpretationem ad Clementinas epistolas, quae tamen omnes in veteribus codicibus reperiebantur... Venetiis 1578, fol. 113rb ad X 2.2.20. Conforme Antonio Corsetti in ABBATIS PANORMITANI Repertorium in luculentissimas praelectiones quas idem in quinque Decretalium libros... concinnavit... CORSETI etiam lucubrationes in nonnullis impressionibus omissas, ad posteritatis utilitatem praestitissimus, Venetiis 1578, a *Vagabundus*: "ille dicitur vagabundus qui per mundum vagatur, non habens certam habitationem". Sui punti qui trattati – con la pur notevole eccezione di Covarruvias (Practicarum quaestionum liber unus authore DIDACO COVARRUVIAS A LEYVA Archiepiscopo Sancti Dominici designat ad Philippum Magnum Hispaniarum Angliae, Franciae, Hiberniae, Neapolisque Regem... Venetiis 1568, p. 157: "Ipse vero hanc sententiam existimo falsam esse: et ideo iuris esse certissimi censeo, remittendum esse vagabundum ad delicti locum, ut in eo publice puniatur", purché non si tratti di reati lievi) – esiste una convergenza totale in dottrina: cf. almeno IULII CLARI Patritii Alexandrini iuris-consulti longe clarissimi et serenissimi Philippi Hispan. Regis Catholici in provincia Mediolanensi Supremi Consiliarii, ac Regentis dignissimi Receptarum sententiarum Opera omnia. His addita sunt notae et animadversiones Dn. Hieronymi Giacharii, Manfredi Goveani et Ioannis Guiatii Iurisconsultorum celeberrimorum doctissimae. Quibus novissime accesserunt additiones et annotationes insigniores Dn. Iohannis Harprecht I.C. Germani et Antecessoris in praelustri Tubingensi Academia eminentissimi nec non Dn. Iohannis Baptistae Bajardi IC Itali et Equitis Nobilissimi ac pro Serenissimo Duce Parmae et Placentiae in utroque Statu Aprutino Auditoris secundarum causarum et Generalis Gubernatoris meritissimi... Francofurti 1622, l. V, q. 39, 166A-B, nn. 7-8; PROSPERI FARINACII Iurisconsulti Romani Variarum Quaestionum et communium opinionum criminalium liber primus in quo, quae ad Inquisitionis, Accusationis, Delictorum et Poenarum, Carcerum et Carceratorum materiam spectant, per quatuor titulos... omnia miro ordine distributa reperiuntur... Venetiis 1589, fol. 43ra-43va, nn. 13-15; Practicarum conclusionum Iuris in omni Foro frequentiorum DOMINICI TIT. S. ONUPHRII S.R.E. PRESB. CARD. TUSCHI t. octavus et postremus, Romae 1608, concl. X, fol. 457B. Cf. W. ONCLIN, Le Statut des etrangers dans la doctrine canonique medievale, in: L'étranger, Bruxelles 1958 (Recueils de la société J. Bodin, IX.2), pp. 42-51.

32 BARTOLI A SAXOFERRATO In Primam Digesti Veteris Partem (ed. cit. n. 23), fol. 152va, n. 4 ad D. 5.1.19.2. Per *Ludovicus de Interamne*: "clarum est autem quod vagabundus ubique potest conveniri" e pertanto "omne privilegium perdit" (Criminalium consiliorum seu responsorum ex clariss. Iuriscon. tam veteribus quam modernis collectorum... nunc primum a IO. BAPTISTA ZILETTI Veneto I.U.D. in lucem emissorum... additis XII Decisionibus cri. Rotae Senensis per Petrum Calaphatum Iurisconsultum celeberrimum, et equitem editis, II, Venetiis 1560, cons. LX, fol. 130va, n. 17.

raramente – si stabiliscono in qualche regione, questo non vale ad equipararli ai cittadini[33]. Zingari sono e restano per sempre, quasi sospesi in un limbo dal quale non si evade. Se si ritengono liberi da ogni legge che non sia la loro (certo, consuetudinaria), sono, però, indifesi da qualunque altra, positiva, che di loro può disporre come vuole.

I bandi contro gli zingari. La situazione bolognese nel sec. XVI

Questo capitolo delle relazioni tra soggetti e comunità politiche (che sarà chiamato, in età contemporanea, 'diritto internazionale privato')[34] dev'essere, di nuovo, ancora più approfonditamente studiato. Chi si è occupato della condizione degli stranieri, con particolare riferimento alla legislazione statutaria italiana[35], ha analizzato soltanto – per il limite oggettivo costituito dal tenore delle fonti studiate – la posizione di soggetti ben qualificati, comunque di buon livello sociale ed economico, la cui provenienza – da questa o quella città d'Italia o d'Europa – non poneva alcun dubbio. Il trattamento da riservare a costoro poteva variare da luogo a luogo: ma ad ogni modo le maglie del diritto, proprio o comune, erano pur in grado di pervenire ad una soluzione dei problemi posti dalla presenza o dalla attività dei *forenses*.

Nel caso degli zingari le cose stavano in maniera assai diversa, perché qui non si trattava di singoli individui, abbienti e regolarmente inseriti nella comunità urbana, oppure di pochi, isolati ribaldi che tentavano di sopravvivere alla meno peggio, quasi sempre ai margini della legalità. Che ovunque i gitani fossero accusati di furto – o, in qualche caso, come a Forlì, di rapimenti a danno di minori – era voce diffusa e certo non priva di fondamento: ma, per quanto ne sappiamo,

---

33 Così, ad es., in base ai bandi bolognesi. Cf. oltre, p. 297.

34 E.M. MEIJERS, Études d'histoire du droit international privé. I. Contribution á l'histoire du droit international privé et pénal en France et dans les Pays-Bas aux XIIIe et XVIe siècles... Traduction publiée par P.-C. Timbal et J. Metman, Paris 1967, pp. 30-44. In via di principio, in Francia, l'incolpato doveva essere giudicato nella giurisdizione cui apparteneva, salvo che si trattasse di persone sotto la protezione del re.

35 Penso a M. ASCHERI, Lo straniero nella legislazione e nella letteratura giuridica del Tre-Quattrocento: un primo approccio, in: Rivista di Storia del Diritto Italiano, LX (1987), pp. 179-94; ID., Lo straniero: aspetti della problematica giuridica, in: Dentro la città. Stranieri e realtà urbane nell'Europa dei secoli XII-XVI, a cura di G. Rossetti, Napoli 1989 (Europa mediterranea, 2), pp. 33-46; C. STORTI STORCHI, Ricerche sulla condizione giuridica dello straniero in Italia dal tardo diritto comune all'età preunitaria, Milano 1980 (Università degli Studi di Milano, Facoltà di Giurisprudenza. Pubblicazioni dell'Istituto di Storia del Diritto Italiano, 14). Solo un accenno in P. COSTA, *Civitas*. Storia della cittadinanza in Europa. 1. Dalla civiltà comunale al Settecento, Roma-Bari, 199, p. 44.

la reazione delle autorità civili davanti a questi misfatti pare ondeggiare tra gli estremi di una tonitruante legislazione e una sonnacchiosa (o impotente) tolleranza. A Bologna, dove la scure o il laccio del boia si abbatte senza pietà su ogni reato ancorché, ai nostri occhi, minimo o scusabile[36], si registra la condanna a morte, per tutto il secolo XVI, di soli tre zingari. Il primo agosto 1541 tocca a "Zane M. zingaro, decapitato per aver deflorato diverse zitelle"; il 3 gennaio 1561 è la volta di "Giorgio M. zingaro, appiccato e squartato per aver ucciso due ebrei alla Samoggia"; il 5 giugno 1573, infine, "Annibale M. modenese, Giuseppe Mazzacurati, Alessandro Fassarini, Tonino M. zingaro e Lucio Mantovani furono appiccati"[37]. Rispetto ad un totale di almeno 373 esecuzioni capitali, la percentuale è senz'altro minima. Nel '600, a fronte di 496 condanne a morte non ho trovato alcuno zingaro. Eppure, lo ribadisco, i magistrati bolognesi non risparmiano la vita di borsaioli, miserabili, ladri di bestiame, truffatori e falsari d'ogni risma, sesso ed età[38]. Tutte categorie di delinquenti entro le quali, senza fatica, si sarebbe ben potuto includere ogni singolo zingaro sorpreso a violare la legge. Ciò che, come s'è appena visto, accade solo in rarissimi casi. E tuttavia, a Bologna esiste una legislazione tutt'altro che tenera nei confronti di questi nomadi. Il suo esame[39] può rivelarsi prezioso anche per intendere la linea politica adottata, in merito, dallo Stato della Chiesa: dunque da una istituzione che pur doveva tentare di conciliare le esigenze di governo con i principî dettati dalla religione e dal diritto canonico.

---

36 Cf. alcuni esempi che propongo in Le condanne a morte a Bologna nei secoli XIII-XV. Ipotesi di lavoro e di interpretazione, in *Sapiens, ut loquatur, multa prius considerat.* Studi di storia medievale offerti a L. Paolini, a cura di C. Bruschi e R. Parmeggiani, Spoleto 2019, p. 405.

37 Traggo le notizie dal ms. B. 2281 (*Raccolta di varie giustizie e altro nella città di Bologna*) della Biblioteca Comunale dell'Archiginnasio di Bologna (d'ora in poi BCA), ai nn. 538, 688, 778.

38 Sebbene corresse voce che i delitti più atroci fossero commessi da 'vagabondi sviati', in realtà la violenza era appannaggio, principalmente, dei nobili e dei banditi che infestavano la campagna: G. ANGELOZZI-C. CASANOVA, La giustizia criminale in una città di antico regime. Il Tribunale del Torrone di Bologna (secc. XVI-XVII), Bologna 2008, p. 185.

39 CAMPIGOTTO, Bandi bolognesi (nt. 21), ha condotto la sua ricerca fino al sec. XVIII riferendo sommariamente quelli relativi al Cinquecento, sui quali soltanto, qui, intendo fermare la mia attenzione giovandomi della preziosa guida offerta da Bologna manifesta. Catalogo dei bandi, editti, costituzioni e provvedimenti diversi stampati nel XVI secolo per Bologna e il suo territorio a cura di Z. ZANARDI, Firenze 1996 (Biblioteca di Bibliografia Italiana, CXLII) col Supplemento, Firenze 2004 (Biblioteca di Bibliografia Italiana, CXCVII).

Il primo bando bolognese contro gli zingari (12 maggio 1565) "volendo obviare ai robbamenti e insolentie" loro, li espelleva dalla città e contado nello spazio di otto giorni sotto pena, altrimenti, per gli uomini d'essere espropriati d'ogni avere, per le donne d'essere fustigate. A chiunque era data facoltà di inseguirli a stormo di campane – in caso di resistenza – e, in flagranza, di offenderli impunemente. Tutte le licenze, concessioni e grazie eventualmente esibite erano revocate: né gli zingari avrebbero potuto eccepire l'avere casa o domicilio in città o contado, anche se da molto tempo; né, ancora, sarebbe stato tollerato qualunque travestimento che tentasse di confonderli con la popolazione residente[40]. Trascorrono pochi mesi e alla fine d'ottobre dello stesso anno le magistrature cittadine sono a lamentarsi che "ne monitioni, ne cautioni, ne provisioni" sono state sufficienti a impedire "la temerità e insolenze de i cingani", dediti a derubare i poveri contadini. Revocate, nuovamente, tutte le patenti o licenze ottenute da qualsiasi autorità, per quanto altolocata, si impone il bando entro tre giorni: questa volta con la minaccia della galera per gli uomini[41].

A inizio gennaio del 1566 un altro provvedimento colpisce gli zingari assieme ai vagabondi forestieri, ai furfanti oziosi, ai commedianti e saltimbanchi che da almeno tre anni a quella parte si trattenevano in città senza alcun vantaggio per chiunque: togliendo, anzi, con la questua, il pane ai veri poveri. E per la prima volta la minaccia della frusta incombe anche sui bambini. Col divieto fatto ad ospedali ed osterie di accogliere tali persone si spera, finalmente, d'aver risolto il problema[42]. Vana illusione, perché il 20 e 24 luglio si torna daccapo, replicandosi il bando romano (10 luglio 1566) del cardinale Vitellozzo Vitelli che, per ordine espresso di papa Pio V, espelleva tutti gli 'zengari' dallo stato ecclesiastico con irrogazione della forca – da eseguirsi 'irremissibilmente' – contro i renitenti[43].

Come le precedenti, anche questa pur severissima 'grida' non ottenne l'effetto desiderato se l'11 e 12 febbraio 1567 e il 6 settembre seguente si deve replicare il bando dell'ottobre 1565. Nello stesso anno mons. Giambattista Doria si vede

---

40 *Bando contra li cingani*, in Biblioteca dell'Archivio di Stato, Bologna (=ASBo), *Assunteria di sanità. Bandi sopra la peste*, 22.

41 *Bando contro li cingani*, 30-31.10.1565 in ASBo, *Bandi, notificazioni*, vol. 4. Al più si tollera il passaggio degli ospiti indesiderati purché diretti altrove e comunque mai per più di una notte.

42 *Bando contra Forfanti, Vagabondi, Comedianti, Cingari e Giocatori* (8.1.1566), in ASBo, *Bandi, notificazioni*, vol. 4. Il provvedimento è reiterato il 17.1.1566 e ancora il 15.9.1580: *Bando sopra li vagabondi e forfanti tanto terrieri, quanto forastieri*, Biblioteca ASBo, *Assunteria di sanità. Bandi sopra la peste*, n. 127.

43 *Bando contra li Cingari*, in Biblioteca ASBo, *Assunteria di sanità. Bandi sopra la peste*, n. 24.

costretto ad emanare un bando generale contro i vagabondi, zingari compresi[44]. Parrebbe che, dopo questa iniziale raffica di provvedimenti, la situazione bolognese conosca una qualche 'normalizzazione', se solo a distanza di nove anni, il 4 giugno 1574, gli archivi ci restituiscono un *Bando contra li cingari* nel quale è rappresentata una problematica diversa. “Molti – si legge – sotto colore di essere Officiali e di avere lasciato la loro mala vita cingaresca si sono trattenuti e tolerati in questa città e suo contado”. Ma l'esperimento – destinato, come pare, ad integrare in qualche modo i nomadi nel tessuto cittadino e rurale – non ha dato i frutti sperati, dato che “sotto l'ombra loro si sono trattenuti altri cingari che continuamente hanno depredato” Bologna e il suo circondario. Si ritorna, perciò, all'antico, con l'espulsione entro quattro giorni, la minaccia della galera per gli uomini, della frusta per le donne e dello staffile per i ragazzi. Col permesso, dato a chiunque, di perseguitarli e svaligiarli[45].

Difficile dire se in forza di questi bandi Bologna venne a capo, almeno per qualche tempo, del problema posto dalla presenza degli zingari. Certo è che di costoro si torna a parlare solo negli anni 1583-96 quando, in sostanza, le autorità locali torneranno a proporre le vecchie misure di contenimento adottate a metà degli anni '60 del secolo, specificamente nei confronti dei soli zingari[46] oppure di questi insieme ad altri vagabondi e persone oziose[47], tutti colpevoli di furti, non ultimi quelli compiuti a danno dei veri bisognosi. Ma anche quando il bando sospinge i nomadi fuori della cerchia urbana, questi si riducono in campagna, ove continuano a danneggiare i contadini[48].

Così si chiude il secolo, a Bologna: e certo tanto clamore di 'gride' stride al confronto del silenzio osservato, in materia, dagli statuti del 1454, destinati a valere per più di tre secoli: a segno – almeno – che a metà '400 le prime visite degli zingari, in città, seppur moleste, non avevano ancora indotto i legislatori ad occuparsene come di un problema impellente; ancor più stupisce, però, che lo

---

44 ASBo, *Congregazione di Gabella Grossa*, B 380, ove pure figura il bando generale del Doria. Per il bando del 6.9.1567 si v. BCA (nt. 37), *Bandi Malvezzi*, 1500, II, p. 16v.

45 Biblioteca ASBo, *Assunteria di sanità. Bandi sopra la peste*, n. 62.

46 Il bando del 23.4.1585 è replicato l'8.6.1590 (BCA, *Merlani*, II, c. 120), il 2-3.9.1592 (ibid., II, c. 376), il 23-24.4.1596 (ibid., III, cc. 224-25).

47 BCA, *Merlani*, II, cc. 216, 221; 22-23.4.1593 (ibid., III, c. 27); 17-18.8.1594 (BCA, *Bandi Malvezzi*, 1500, I, p. 28).

48 BCA, *Merlani*, III, c. 32 (5-6.5.1593). I massari dei villaggi dovranno condurre gli zingari a Bologna, per la loro punizione.

iuris utriusque doctor Annibale Monterenzi, passata la metà del Cinquecento, nemmeno accenni agli zingari occupandosi del capitolo relativo a quanti

> "fingunt se esse analoghos [*sc.* caecos et orbos], vel qui se tingunt tibias, vel alia membra, vel qui se faciunt poenitentiales deferendo cerchios ad brachia, vel alibi deferendo matarellos imbollettatos, vel qui falso nomine per civitatem Bononie ducunt quaerendo elemosinas causa maritandi... habetatores, vel bursarum incisores, moncos manibus, vel pedibus, vel alio membro detruncatos, affaturatores, divinatores, vel alios consimiles qui falso mendicant"[49].

In altre parti d'Italia – non mi soffermo su quanto accade in alcune regioni d'Europa[50] – le sanzioni sono pressapoco le medesime, con punte particolarmente dure a Milano, ov'era prevista la pena di morte per chi, dalle vesti, non si fosse riconosciuto per zingaro; nella Savoia era consentita l'uccisione del ladro così come nei dominî veneti. Per una rassegna, seppur sommaria, delle punizioni inflitte a questi ospiti indesiderati si può consultare una bibliografia abbastanza estesa[51].

---

49 Cf. Statuta civilia et criminalia Civitatis Bononiae Rubricis non antea impressis, provisionibus, ac litteris apostolicis jam extravagantibus aucta... edidit comes PHIL. CAROLUS SACCUS... t. II continens Provisiones, Litteras Apostolicas et Diplomata Imperialia... Bononiae 1737; Statutorum Inclytae civitatis studiorumque matris Bononiae cum scholiis D. ANNIBALIS MONTERENTII iureconsulti bononiensis, t. I, Bononiae 1561; Sanctionum ad causas criminales spectantium Inclytae Civitatis Studiorumque matris Bononiae lib. omnium V cum doctissimis, accuratissimisque scholiis Excellentiss. D. ANNIBALIS MONTERENTIJ I.U.D. Bononiensis... Additaque insuper Bulla Pii V Pont. Max. contra homicidas, bannitos et alios facinorosos homines, Bononiae 1576, l. V, rub. LXVIII, p. 247. La disposizione figurava già negli Statuti di Bologna dell'anno 1288 a cura di G. FASOLI e P. SELLA, I, Città del Vaticano 1937 (Studi e testi, 73), l. IV. r. LXXI, p. 231.

50 Cf. HÄRTER, Bettler (nt. 18), pp. 281, 294-99; B. GEREMEK, Mendicanti e miserabili nell'Europa moderna. Introduzione di P. Procaccioli, Roma 1985, pp. 55, 64, 68; R. GIBERT, La condicion de los estranjeros en el antiguo derecho español, in: L'étranger, Bruxelles 1958 (Recueils de la société J. Bodin, IX.1), p. 173; J. LALINDE ABADIA, L'inserimento dello straniero nelle comunità della Spagna: un profilo giuridico, in: Dentro la città (nt. 35), pp. 51-2.

51 Cf. gli studi segnalati sopra, n. 1 e 16. Riguardo a Padova, compresa tra i dominî veneti, bisogna dire che sia nelle Raspe (libri dei malefici), sia nelle cronache (ancora inedite) non si trova alcuna menzione di esecuzioni capitali a carico di zingari, tra il 1579 e il 1797. Si v. l'accurato studio di L. Barbato, Pena di morte e rituali di giustizia a Padova nei secoli XVI-XVIII, tesi di laurea, relatore prof. Andrea Padovani, Università di Bologna, Facoltà di Giurisprudenza, Corso di laurea in Giurisprudenza, a.a.2001-02.

Giuristi e intellettuali: l'avversione agli zingari

Sebbene utile, il quadro repressivo accertabile dalle disposizioni, localmente adottate contro gli zingari, non può bastare. Perché la reazione delle magistrature secolari è certo sorretta, per un verso, dall'esasperazione dei loro sudditi[52]; dall'altro è confortata dall'autorità di giuristi e poligrafi: in un circolo vizioso, per la verità, perché quasi sempre le ragioni addotte da questi ultimi, sul piano giuridico e morale, sono rafforzate dall'esempio della legislazione principesca. La lettura degli scritti di alcuni autori, attivi tra i secoli XVI e XVII, potrà dunque offrirci un aiuto alla comprensione del fenomeno di cui si tratta.

L'avversione degli intellettuali nei confronti dei gitani è un dato costante che non conosce, per secoli, eccezioni. Nessuno di loro dubita che quelli siano ladri impenitenti, a cominciare da Agrippa von Nettesheim che li bolla come "mendicantium scelleratissimum genus minime miserandum", vilissimi gaglioffi, inutile canaglia dedita "latrociniis et scortis, deceptionibus et permutationibus"[53]. Per Jean Bodin sono "grassatores ac fures qui Aegyptiorum specie ac nomine

52 Cf. Resolutionum Criminalium PETRI CABALLI I.C. Pontremulensis pro Sereniss. Magno Duce Hetruriae dudum universarum Militarium legionum, et Magistratus Dominorum Octo Virorum Guardiae et Baliae Auditoris ac Sacrae Religionis Equitum divi Stephani Praesidentis nunc vero pro eodem Sereniss. Principe in civitate ac tota ditione Florentina Fiscalis Camerae Auditoris generalis, nec non in Signatura libellorum, Supplicum, et Iustitiae primi consiliarii centuria secunda... Francoforti 1613, casus CLXXVIII, 321 A, n. 1: "per varios orbis civitates et loca divagando discurrunt et oberrant, odio persequuntur"; Disputatio Philosophica de Cingaris, in Disputationem propositam Lipsiae M. JACOBO THOMASIO Lips. Philosoph. Facultat. t.t. Decano, respondente Johanne Christophoro Schmid Dresd. Bonar. Art. Baccalaureo anno MDCLIII III Idus Septembris H.L.Q.C. Nunc recusa anno MDCLXXI, Lipsiae 1677, n. 60: "ab omnibus bonis ob malefacta sua invisi".

53 HENRICI CORNELII AGRIPPA AB NETTESHEYM, De incertitudine et veritate omnium scientiarum et artium liber, lectu plane jucundus et elegans... Accedunt duo ejusdem Auctoris libelli; quorum unus est de Nobilitate et Praecellentia foeminini sexus, ejusdemque supra virilem eminentia; Alter de matrimonio seu coniugio, lectu etiam jucundissimi, Francofurti et Lipsiae 1693, c. LXV, pp. 319-21. Lo scritto (del 1527) viene presto divulgato in Italia: ARRIGO CORNELIO AGRIPPA, Della vanità delle scienze tradotto per M. Lodovico Dominichi, Venetia 1549, foll. 111v-112r. Ugualmente il contemporaneo ALBERT KRANTZ, Saxonia (nt. 10), p. 780: "furti imprimis acres, praesertim foeminae eius gentis" e ancora: "venaticos canes pro more nobilitatis alunt, sed ubi venentur, nisi furtim, non habent". Per l'Italia si v. IACOPO FILIPPO FORESTI, Supplementum (nt. 13), p. 94r ("Ex hac namque regione [Chaldea] zigari populi exierunt, qui tempestate nostra cum liberis et uxoribus omnem pene pervagantur europam. Qui cum fures subtilissimi sint in oppidis permanere nisi tres tantum dies permittuntur") e Baldo di TEOFILO FOLENGO, a cura di M. Chiesa, Torino 1997, l. IV, 81-129, pp. 206-10.

impune ubique grassantur"[54]; "ex rebus furtivis vivunt" sentenzia Gianfrancesco Leoni[55]; "furtaque plurima committendo" insiste Pietro Cavalli[56]. E si potrebbe continuare a lungo, di questo passo.

Per alcuni l'inclinazione al furto è insita nella loro stessa natura, come sostiene Antonio Maria Cospi, "discendendo da Cus figliuolo di Cam maledetto da Noé per aver bruttamente scoperto le vergogne ed empiamente deriso suo padre"[57]. Non è però necessario aggrapparsi all'autorità del solo Vecchio Testamento. Aulo Gellio (*Noctes Acticae*, XI, 18.16) disse lo stesso degli Egizi, cui "furta omnia fuisse

---

54 Io. BODINI Andegavensis de Republica libri sex latine ab auctore redditi... Parisiis 1586, l. 5. c. 2, p. 537.

55 Io. FRANCISCI LEONIS Ipporegiensis I.U.D. Episcopi Thelesini Thesaurus Fori Ecclesiastici Episcopis, ac eorum Vicariis omnibusque iudicibus Ecclesiasticis, etiam in foro poenitentiali versantibus perutilis et necessarius. Multis nuper additionibus, opera Octavii Leonis, ipsius Auctoris ex fratre nepotis I.U.D. ac Protonotarii Apostolici locupletatus... Romae 1616, pars I, c. XIII, fol. 100rb, n. 34.

56 Resolutionum Criminalium PETRI CABALLI (nt. 52), cent. II, casus CLXXVIII, 321B, n. 3. Sulla medesima linea, tra tanti altri, I.N.I. Tractatus Theologicus-Nomico-Politicus de mendicantibus validis in quo de officio Magistratuum circa pauperes, eorum cura et sustentatione; eleemosynarum distributione; exulantibus Lutheranis, vagantibus Scholaribus eorumque studiis et stipendiis; otio et mendicitate licita et illicita, Ordinibus mendicantium Religiosorum, Ziganis, erronibus aliisque impostoribus, variis illorum fraudibus ac technis. Item de modo coercendi, censura publica, operis publicis, Ergasteriis et de poenis falsariorum ac stellionum etc. disseritur, ex fontibus Sacrae Scripturae, gentium moribus, jure Justinianeo et Imperii Recessibus Principumque statutis depromptus opera et studio AHASRERI FRITSCH... Accessit in gratiam studiosae iuventutis D. Andreae Dinneri Jcti Altorphini commentariuncula de iusto rerum pretio etc., Ienae 1660, c. XII, p. 97.

57 Il giudice criminalista opera del Sig. ANTONIO MARIA COSPI Segretario del Sereniss. Gran Duca di Toscana distinta in tre volumi. Dove con Dottrina Teologica, Canonica, Civile, Filosofica, Medica, Storica e Poetica si discorre di tutte quelle cose, che al Giudice delle cause criminali possono avvenire, dato in luce dal Dottor Ottaviano Carlo Cospi Cavaliere dell'Illustrissima e Sacra Religione di S. Stefano suo nipote, Fiorenza 1643, l. III, c. XLVII, p. 551. L'episodio citato è in Gen. 9.20-27. Cf. Il libro dei vagabondi. Lo *Speculum cerretanorum* di Teseo Pini, Il vagabondo di Rafaele Frianoro e altri testi di furfanteria. A cura di P. Camporesi, Torino 1973, p. 374. Si v. anche Il Picariglio Castigliano, cioè la vita di Lazariglio di Tormes nell'Accademia Picaresca lo Ingegnoso Sfortunato, composta e hora accresciuta dallo stesso Lazariglio e trasportata dalla Spagnola all'Italiana favella da BAREZZO BAREZZI nella quale con vivaci Discorsi e gratiosi Trattenimenti si celebrano le virtù e si manifestano le di lui e le altrui miserie e infelicitadi: e leggiadramente si spiegano: Ammaestramenti saggi, Avenimenti mirabili, Capricci curiosi, Facetie singolari, Sententie gravi, Fatti egregi, Fatti piacevoli e Proverbi sentenziosi... dedicata al Molto Mag. Signor Pietro Zerbina, Venetia 1626, p. 130: "I Cingani e le Cingane non per altro sono nati al mondo, che per esser ladri, essendo immersi e sommersi nell'abisso di tutti i vitij. Eglino nascono di genitori ladri e finalmente riescono ladri forbiti, trincati e perfetti. E la voglia del rubare e il rubare sono in loro, come accidenti inseparabili, che non si levano se non con la morte".

licita et impunita"[58]. Alcuni zingari processati da Cospi avevano del resto ammesso, coerentemente, che "dalle loro leggi veniva ad essi permesso di rubare dodici lire al giorno"[59].

Se, a parere di Leoni e Thomasius, la propensione a delinquere è il risultato di una cattiva educazione, impartita fin da bambini[60], per altri il furto è l'ovvia conseguenza di una vita oziosa[61]: condotta, questa, non soltanto disapprovata dalle Sacre Scritture[62] ma dai filosofi antichi e dal diritto naturale "ex cuius praescripto non debent homines otiose vagari" giacché, se i sudditi non lavorassero, come e dove gli stati potrebbero trarre le imposte necessarie al loro sostentamento?[63].

Vivere di espedienti e nell'ozio accomuna gli zingari alle torme di vagabondi che, fin dalla metà del Cinquecento, sospinti da una crisi economica e sociale

---

58 Storia riferita anche in La piazza universale di tutte le professioni del mondo nuovamente ristampata, e posta in luce da THOMASO GARZONI da Bagnacavallo. Aggiuntovi in questa nuova impressione alcune bellissime annotazioni a discorso per discorso al serenissimo et invittissimo Alfonso Secondo da Este duca di Ferrara... Seravalla di Venetia 1605, discorso CXV, p. 803: anche se (p. 802), per Garzoni, "i Cingari in questa professione notabile paiono ladroncelli rispetto a' ladroni".

59 Il giudice criminalista (nt. 57), l. III, c. XLVII, p. 552.

60 LEONIS Thesaurus (nt. 55), pars I, c. XIII, fol. 100rb, n. 34, THOMASIUS, Disputatio (nt. 52), p. 67.

61 Chi non lavora, si può ben ritenere che rubi: IO. BAPTISTAE SCANAROLI Mutinensi Sidoniorum Episcopi De visitatione carceratorum libri tres. Quibus omnia ad visitationem, patrocinium et liberationem carceratorum singulares casus, Legum et Doctorum auctoritatibus maiori ex parte comprobata referuntur ad Decisionem causarum, tam Criminalium, quam Civilium profutura. Summorum Pontificum hac super re Constitutiones, Iura, Rotae Romanae Decisiones, passim toto opere allegatae in calce, Appendices loco, subiunguntur... Romae 1655, p. 238, n. 16. Sulla condanna degli *otiosi*, nel panorama europeo ed italiano si v. W. Decock, *Social Crisis and the Rule of the Law. Domingo de Soto on the Rights of the Deserving Poor*, in Rivista Internazionale di Diritto Comune, 28 (2017), pp. 163-75, e i saggi contenuti nella *Parte prima* de *Ai margini della civitas*, cit.

62 Cf. THOMASIUS, Disputatio (nt. 52), p. 59; Resolutionum Criminalium PETRI CABALLI (nt. 52), cent. II, casus CLXXVIII, p. 320B, n. 1 con riferimento a Gen., 3.17-9; Ps. 127.2; Eccl. 2,5, 7; Sap. 3.11; II Thess. 3.11-12.

63 SCANAROLI De visitatione (nt. 61), c. XIII, p. 240, nn. 1, 9 e 13; Syntagma Iuris Universi atque Legum pene omnium gentium et rerum publicarum praecipuarum in tres partes digestum in quo Divini et Humani Iuris totius naturali, ac nova methodo per gradus, ordineque, materia universalium et singularium simulque iudicia explicantur auctore PETRO GREGORIO THOLOSANO J.U. Doctore et olim in Academia Cadurcensi et Tholosana Professore, nunc vero in Lotharingica Pontimussana eorundem Iurium Professore et Decano... Francofurti ad Moenum 1599, l. XXXIX, c. 6, p. 782.

diffusa in tutta Europa, riempiono le strade e le piazze delle città[64]. La situazione rappresentata dai cronisti bolognesi è drammatica. Riferisco, qui, un brano estratto dai *Memoriali* di Andrea Mamelini, tra i molti documenti affini che pur si potrebbero citare. La lunghezza del passo è compensata dalla sua indubbia efficacia letteraria:

> "[Giugno] 1563. Memoria notabile et mirabile da scriversi in lettere d'oro et d'essere ditata et composta d'uno perfecto oratore, ché questa, cioè che Idio h'operato per mezo d'um grande suo servo, frate della Misericordia, predicatore in Sancto Petronio, che si sono ridocti circa mille poveri mendicanti in Sancto Gregorio fuori de strata Sancto Vitale. Et li se gli provede de elemosine, victo et vestito, essendosi tassati la magiore parte de' bolognesi a um tant'al mese per ciascuno.
> Dio sia lodato infinitamente, dil che si causa li infradicti bieni, cioè: imprima forfantava molti ciarlatani et fuorastieri inganando noi altri, chi si sono partiti et più non verano; molte fanciulle sono livate dal pericolo della perdita della soa pudicicia. Molte altre ch'l'haveano persa, ivi poi cusì ritirate se abstenerano et poi se maritarano. Molti et molti de tali poveri non se confessavano, né communicavano, vivendo come bestie et infideli, quali hora fano tutt'il contrario vivendo christianamente, et imparando fare exercitio schifarano la forcha como qui di sotto. Item quanti et quanti puti doventano furbi ladronzelli, quale poi erano scoperti et impichati per non avere governo et ridducto, che mo' non intraveneràcosì di questi, quali sono amaestrati de boni exempli, costumi et virtuti, et quali hora cantano et lodano Dio. Sono livati li st<r>epiti, gridi et romori che facevano per le ghiesie et messe, perché nui non odevamo le messe per tanti strepiti. Sono levate le puze et il bruto videre che facevano per le strade. Item il pericolo della peste et morbo in chi era questa cità per tale causa. Item il strepito et battere alle porte delle case di contino cerchando elemosine. Item si dava l'elemosine et non si sapea a cui, et mo' si dà al hospitale della Misericordia de decti mendicanti"[65].

Tra tolleranza e repressione. L'atteggiamento ondivago delle magistrature

La narrazione descrive bene lo stato di fatto, compresa la difficoltà di discernere i veri bisognosi da quei "ciarlatani et fuorastieri" tra i quali dovevano pur frammischiarsi quegli zingari che i bandi bolognesi assimilavano ai *validi mendicantes*. Per la dottrina coeva gli sciami dei gitani raccolgono gran numero

64 Cf. R. ROMANO, Tra due crisi: l'Italia nel Rinascimento, Torino 1971, p. 190; B. GEREMEK, Il pauperismo nell'età preindustriale (secoli XIV-XVIII), in: Storia d'Italia. V. I documenti, I, Torino 1973, p. 685 ss.; P. CAMPORESI, Il paese della fame, Bologna 1985, pp. 124-56.

65 C. FERRETTI, I Memoriali dei Mamelini, notai bolognesi (secc. XV-XVI): i legami familiari, la vita quotidiana, la realtà politica, Università degli Studi di Bologna. Dottorato di ricerca in Filologia romanza e cultura medievale, XV ciclo. Tesi di dottorato. Relatore: prof.ssa A.L. Trombetti. Coordinatore, prof. A. Fassò, a.a. 2003-04, p. 443. In altre occasioni si fecero processioni per raccogliere denaro a favore dei poveri, ma con risultati deludenti.

d'esseri inutili come i fuchi[66], dannosi come locuste su territori già fertili ed ora depredati[67]. Al pari dei falsi mendicanti e dei *cerretani* – che si avvalgono pur loro di falsi diplomi e si servono di un linguaggio segreto, a tutti incomprensibile – i *cingani* fingono malattie che non hanno, mentre sono ben forti e in salute. *Inutiles pondera terrae*[68], non meritano alcuna compassione; sono, anzi, "degni d'ogni gastigo"[69] perché tolgono il pane di bocca ai veri bisognosi[70]. Anche se il santo vescovo di Firenze Antonino Pierozzi aveva raccomandato che ai 'cerretani' e addirittura agli scomunicati, agli eretici, ai giudei e agli infedeli "semper subveniendum est"[71], vi è chi afferma, come il vescovo Scanaroli, che fare elemosina agli impostori (compresi gli zingari) è peccato grave[72].

Per liberarsi da questa indesiderata genìa, nemica dello Stato[73], esistono due vie: l'espulsione – raccomandata da quasi tutti gli scrittori, sull'esempio delle varie

---

66 Io. Bodini De Republica libri sex (nt. 54), l. V, c. 2, p. 537.

67 Il Governatore Politico e Christiano di Mesentio Carbonario da Terni Protonot. Apostolico nel quale si discorre del modo, che deve tener ciascun che governa tanto in stato pontificio quanto inquieto... distinto in sei libri... Fabriano 1617, l. V, c. XXXXX, p. 301.

68 Resolutionum Criminalium Petri Caballi (nt. 52), cent. II, casus CLXXVIII, p. 322A; Fritsch, Tractatus (nt. 61), c. II, p. 98: "tamquam catharmata et carcinomata e Republica eijcienda sunt".

69 Marc'Antonio Savelli, Pratica universale (nt. 21), p. 350, n. 5. Il passo riprende la gl. acc. *Inertibus* ad C. 11.26(25).1: "ita fingunt se debiles, cum sint fortes: quia nolunt laborare, sed mendicando sine labore vivere". Anche la descrizione degli imbrogli cui ricorrono questi vagabondi ha un precedente nella gl. acc. *Lenitudinem*, l. cit.,: "loquitur de hiis qui faciunt se videri aegros apponentes herbam vel aliud per quod tumescunt". La punizione prevista è la riduzione in servitù o colonato. Cf. Nov. 70=Coll. VI.8.

70 Cf., tra molti, Resolutionum Criminalium Petri Caballi (nt. 52), cent. II, casus CLXXVIII, p. 321A-B.

71 Summa maior, Lugduni 1506, l. II, t. I, c. XXIIII, §1 pur avvertendo che "fidelis preferendus est infideli".

72 Scanaroli De visitatione (nt. 61), c. XIII, 238, n. 19. Sulla radicata diffidenza nei confronti dei girovaghi, *validi mendicantes* e simili, si v. F. Demoulin-Azaury, *Pro sustentandis Christi pauperibus*. La naissance d'un droit de l'aumône aux XIIe et XIIIe siècles, in: Der Einfluss der Kanonistik auf die Europäische Rechtskultur. 5. Das Recht der Wirtschaft, herausgegeben von D. von Mayenburg, O. Condorelli, F. Roumy, M. Schmoekel, Köln-Weimar-Wien 2016 (Norm und Struktur. Studien zum Sozialen Wandel in Mittelalter und Früher Neuzeit in Verbindung mit G. Althoff, H. Duchhardt, P. Landau, G. Schwerhoff herausgegeben von G. Melville, 37/5), pp. 82-6, 87-9.

73 Io. Bodini De Republica libri sex (nt. 54), l. V, c. 2, p. 537. "in eversione Reipublicae spem omnem fortunarum suarum posuerunt".

legislazioni d'Italia e d'Europa[74] – o altrimenti la costrizione al lavoro: "puta ad purgandas plateas viasque publicas", "fossas et similia opera"[75].

I loro racconti, i privilegi vantati sono invenzioni, inganni per i creduloni, a cominciare dall'origine egiziana. Una favola, afferma con sicurezza il colto Jean Bodin, "cum moribus ac lingua Aegyptiorum dissimillimi semper fuerint"[76]. Quando li si interrogasse, oggi, dove sia l'Egitto – incalza Thomasius – non lo saprebbero di certo[77]. In realtà, ormai, le loro carovane sono un miscuglio (*colluvies*) di genti raccogliticce "e variis nationibus Mauris, Aegiptiis, Turcis, Dacis etc. collect*a*". Nella loro esistenza vagabonda "recipiunt passim et viros et feminas volentes in cunctis provinciis, qui se illorum miscent contubernio. Colluvies hominum mirabilis"[78].

Se anche qualcuno, come appunto Thomasius, ritiene sensatamente che disquisire intorno all'origine degli zingari sia del tutto inutile, dal momento che "hodierni omnium terrarum sunt indigenae", e Leoni li fa italiani – pertanto capaci di godere le immunità ordinarie "tam de iure communi et foro ecclesiastico"[79], si tratta di voci isolate, senza seguito. Per la maggioranza degli autori che si occupano del problema questi nomadi continuano ad essere un corpo estraneo alla società per lingua, costumi, aspetto, *status* giuridico indefinibile[80]. Di qui i sospetti, le accuse, le dicerie che in breve si fanno certezze,

---

74 Per la Toscana, diffusamente, Resolutionum Criminalium PETRI CABALLI (nt. 52), cent. II, casus CLXXVIII, p. 321A, n. 3-321B; in generale SCANAROLI De visitatione (nt. 61), c. XIII, p. 240, nn. 19-22. Per la Germania FRITSCH, Tractatus (nt. 61), c. XII, p. 99. Ma gli esempi potrebbero essere più numerosi.

75 Resolutionum Criminalium PETRI CABALLI (nt. 51), cent. II, casus CLXXVIII, 321B, n. 4; THOLOSANUS, Syntagma (nt. 63), l. XXXIX, c. 6, p. 783, n. 13. IOANNIS LUDOVICI VIVIS Valentini De subventione pauperum libri II. Prior de subventione privata, quid unumquemque facere oporteat. Alter, De subventione publica, quid civitatem deceat, Lugduni 1532. Nella seconda parte, dedicata ai compiti dei magistrati, si dice che loro compito è soccorrere i miserabili, guardandosi però dagli imbroglioni che, piuttosto, dovranno essere costretti a qualche lavoro utile. Ciò che si tenta di praticare in Francia: GEREMEK, Mendicanti (nt. 50), p. 64.

76 De Republica libri sex (nt. 54), l. V, c. 2, p. 537: "nec probabile sit ex uberrima fertilissimaque regione ad extremas Hispaniae infertilis oras emenso mari Mediterraneo advectos".

77 THOMASIUS, Disputatio (nt. 52), pp. 29-32.

78 KRANTZ, Saxonia (nt. 10), p. 780. Lo segue, al solito, FRITSCH, Tractatus (nt. 5), 6, c. XII, p. 97: "colluvies atque sentina variarum gentium".

79 LEONIS Thesaurus (nt. 55), pars I, c. XIII, fol. 100rb, n. 34. Ma cf. sopra, n. 14.

80 FRITSCH, Tractatus, c. XII (nt. 56), p. 96: "nigredine informes, excocti sole, immundi veste et usu rerum omnium foedi, furtis imprimis acres, praesertim foeminae" infine "proditores et exploratores hostium". Il passo dipende alla lettera da KRANTZ, Saxonia (nt. 10), p. 779-80.

come gli incendi appiccati in alcune città della Francia e a Treviri, l'avvelenamento dei pozzi e dei cibi[81], le segrete collusioni coi nemici, la diffusione della peste[82].

Cionostante, lamenta Fritsch – ma non è il solo – principi e magistrati (in Germania, poi![83]) non reagiscono con la dovuta durezza, sicché li accusa di negligenza, se non addirittura di connivenza. I bandi solennemente proclamati si susseguono, infatti, senza effetti durevoli. Una volta espulsi gli zingari tornano regolarmente. L'erudito Jean Bodin vorrebbe che contro di loro si applicasse l'antica *lex Aurelia*; per Fritsch basterebbe esaminare attentamente, una volta per tutte, i privilegi che esibiscono senza ritegno, solo per accumulare – annota Johann Brunnemann - "immensam pecuniae vim"[84]; prive di valore, tali carte dovrebbero "abzuthun und vernichten seyn"[85]. Per quale motivo, allora, i giudici non applicano la *lex Cornelia de falsis*? Allo stesso modo, quella della penitenza da scontare è solo una *gabella*. E Thomasius, sulla stessa linea: "quare, tam diu praeterlapso poenitentiae tempore, resistent nihilominus, neque cogitent aliquando de reditu?"[86].

---

81 Così CORNELIO AGRIPPA, Della vanità (nt. 53), fol. 112r.

82 Resolutionum Criminalium PETRI CABALLI (nt. 52), cent. II, casus CLXXVIII, 321A, n. 3. Ma per BODIN, Republica (nt. 54), l. V, c. 2, p. 537 sono '*pestis*' gli stessi zingari.

83 A quanto pare, più che il XVI, fu il XVII secolo, in Germania, a conoscere le punte di maggiore persecuzione verso gli zingari: RÜTTEN, Lustig (nt. 13), p. 239. Colà, allora, sono giustiziati "sine strepitu iudicii" (pp. 249-60). Anche nella *Oratio pro pauperibus, ut eis liceat mendicare*, Authore CHRISTIANO CELLARIO Furnensi, Antverpiae 1530, si leggono dure proteste contro la negligenza dei magistrati secolari che, nei confronti di soggetti "robusti et aetate florentes", ma oziosi e dediti ad attività illegali, si limitano ad infliggere solo la pena dell'esilio.

84 I.N.D.N.I.C. Dissertatio iuridica de iure peregrinorum quam consensu Magnifici Ictorum Ordinis in Electorali ad Viadrum Academia sub praesidio viri nobil. consultissimi et excellentissimi Dn. Johannis Brunnemanni Phil. et I.U.D. ac Decretalium Professoris in alma hac celeberrimi, ut et Ampliss. Facultatis Juridicae Ordinarii Patroni, Promotoris ac Praeceptoris sui aeternum advenerandi examinandam publice exhibet Friedericus Movius Stralaudensis Pomeranus ad diem 27 Novembr. in Auditorio Ictorum horis consuetis, Francofurti ad Oderam 1662, membr. I, § 10. Ma l'accusa è rivolta, in generale, ai *peregrini validi mendicantes*.

85 FRITSCH, Tractatus, c. XII (nt. 56), p. 100. Al di là della incerta validità di tali documenti doveva comunque valere il principio generale per cui "in quocumque privilegio... semper publica utilitas intelligitur excepta": Tractatus securitatis ac salviconductus D. GREGORII DE MAGALOTTIS Patritii Rom. Episcop. Clusini I.U. consultissimi, in: Tractatus Universi Iuris, XI.1, Venetiis 1584, fol. 239va, n. 4. Accadeva, però, che i *principes* concedessero salvacondotti – *de facto*, ma non convenientemente – anche a delinquenti (fol. 232va, nn. 18-19).

86 THOMASIUS, Disputatio (nt. 52), p. 57. Anche lui dubita della autenticità del privilegio di Sigismondo, p. 27. Che la storia del pellegrinaggio fosse solo una *fabella* lo aveva già sostenuto KRANTZ, Saxonia (nt. 10), p. 780.

Domande, tutte, che – non ottenendo risposta – alimentano i sospetti di quanti desidererebbero, da parte delle autorità, maggiore energia e risolutezza nella soluzione del problema. Si teme forse il loro numero?[87]. Oppure la loro coesione? Certo, inquieta la loro mobilità, il loro apparire e sparire nel giro di una notte che ne rende difficile la cattura e la punizione. Senza dire – sostiene Krantz – che la carovana dei gitani "post aliquot annorum intervalla redit, sed multas in partes scinditur, ut non iidem in eundem facile redeant, nisi per longa intervalla, locum"[88].

D'altra parte, chi protesta contro la presenza degli zingari non sembra guidato da motivazioni razziali. Inizialmente, l'accoglienza loro riservata non desta repulsione, piuttosto curiosità. Ovunque, a detta delle cronache coeve, sono trattati '*humaniter*'. L'atteggiamento delle popolazioni europee muta quando i nuovi arrivati si segnalano per la loro propensione al furto e all'ozio. Vizio dapprima tollerato ed anzi, in qualche caso, giustificato[89] ma che, col tempo, diviene insopportabile ed ingiustificabile al pari degli inganni perpetrati ai danni dei più sprovveduti – i contadini, specialmente[90]. Per chi viveva già miseramente in ambiente rurale la sottrazione di alcuni frutti della terra e molto più, di cavalli e vacche[91], costituiva certo un grave danno.

Eppure le autorità, che per analoghi reati, compiuti da altri soggetti, sapevano reagire con punizioni severissime, fino alla morte (come dimenticare la sorte

87 IO. BODINI, De Republica libri sex (nt. 54), l. V, c. 2, p. 537: "Nihil est autem in Republica tam perniciosorum, quam otiosorum ac tenuium hominum huc illuc errantium multitudo". Per FRITSCH, Tractatus (nt. 56), c. XII, p. 96 l'Europa deve misurarsi con una *incredibilis multitudo* di zingari. Anche THOMASIUS, Disputatio (nt. 52), p. 26, ne teme il numero, ma corregge la diceria che in Germania la presenza degli zingari assommasse a 14.000 persone. Sono, piuttosto, 1.400. Per CARBONARIO, Il Governatore (nt. 67), l. V, c. XXXXX-XXXXXI, pp. 302-03, i forestieri, quando numerosi e avidi della roba altrui, "non havendo che perdere, abbracciano sempre ogni minima occasione per veder se con la novità potessero mutar fortuna".

88 KRANTZ, Saxonia (nt. 10), p. 780. Cf. Di POLIDORO VIRGILIO da Urbino, Degli inventori delle cose libri otto tradotti per Francesco Baldelli... Brescia 1680, l. VII, c. VII, p. 350: gli zingari non sono soliti trattenersi in qualche luogo per più di tre giorni.

89 Si v. sopra, testo e nt. 6. Come già il quattrocentesco cronista forlivese, FRITSCH, Tractatus (nt. 56), c. XII, p. 97, osserva che i capi zingari vestivano con incomprensibile sfarzo.

90 COSPI, Il Giudice Criminalista (nt. 57), l. III, c. XLVII, pp. 552-53 con descrizione di un fatto occorsogli quando era giudice. FRITSCH, Tractatus (nt. 56), c. XII, pp. 96-7: la colpa è soprattutto delle loro donne, ma tutti di quella razza sono dediti ad ingannare "miseram plebem densissimis ignorantiae tenebris immersam atque obcoecatam et pia quadam credulitate ad commiserationem ipsorum adductam" dalla quale "pecuniam [cingani] emungebant". La *pia credulitas* non era evidentemente impedita da pregiudizi razziali.

91 COSPI, Il Giudice Criminalista (nt. 57), l. III, c. XLVII, p. 552. Gli animali erano poi rivenduti "anco con disvantaggio perché non sono lor le cose rubate".

tristissinma di "quei puti... furbi ladronzelli" che a Bologna, una volta scoperti, erano "impichati per non avere governo et ridducto"?[92]) moltiplicano, per lo più, solo i bandi di espulsione collettiva.

Cosa trattenne, allora, le mani dei giudici dal colpire *uti singuli* i colpevoli dei reati di volta in volta accertati? Alla responsabilità individuale pare sovrapporsi e sostituirsi una responsabilità di gruppo, collettiva che produce la cacciata degli zingari, allontanandoli da un luogo affinché si stabiliscano altrove, città o stato che sia. Là, a loro, penseranno altri: ma è un rituale infinito, mai risolutivo. A prima vista, la sorte dei gitani parrebbe simile a quella degli ebrei: come a questi (e alle prostitute) è vietato – a Bologna, per esempio, ma anche a Rostock[93] – nascondersi sotto altre vesti: ma se nel caso degli ebrei i motivi dell'espulsione sono essenzialmente religiosi (ed anche il risentimento per le attività usurarie da loro esercitate) per gli zingari questa ragione non esiste. È vero che la loro fede cattolica viene spesso messa in dubbio, ma è pur certo che l'Inquisizione si mostrò scarsamente interessata a indagare le loro credenze[94].

Il bando pronunciato nei confronti di questo popolo costituisce – agli inizi dell'età moderna – un caso unico (e ritengo, il primo) nei confronti di un gruppo sociale isolato e facilmente identificabile. I provvedimenti contemporaneamente adottati nei confronti dei vagabondi (cui gli zingari sono spesso associati)[95] riguardano infatti soggetti sparsi, non collegabili tra loro se non in piccoli numeri ed occasionalmente. Per gli zingari, invece, si parla di aggregati abbastanza consistenti, internamente coesi per lingua e costumi, recitanti sempre la stessa storia ed esibenti i medesimi privilegi, sospetti quanto alla loro autenticità ed ancor più per la loro uniformità.

La diffidenza nei loro confronti si somma, così, al timore: perché – anche qui, senza precedenti – gli zingari non intendono affatto integrarsi alle popolazioni che visitano di volta in volta. "Pauci communem, plurimi propriam sectari

---

92 V. sopra, testo e n. 65. Ma la lettura del catalogo dei suppliziati esibisce molti altri esempi di povera gente. Baldo di TEOFILO FOLENGO (nt. 53), IV, 103-06, pp. 206-10 fa, del suo abbietto Cingan, amico di Baldo, un personaggio abilissimo nello scampare la forca: "Tres voltas forcam praesus montaverat altam": ma era stato liberato, all'ultimo momento, dai suoi sodali.

93 Brunnemann, Dissertatio iuridica (nt. 84), membr. I, § 10.

94 B. FASSANELLI, Zingari, in: Dizionario storico dell'Inquisizione, III, diretto da A. Prosperi con la collaborazione di V. Lavenia e J. Tedeschi, Pisa 2010, p. 1720. Per il teologo KRANTZ, Saxonia (nt. 10), p. 780 gli zingari non hanno, in realtà, alcuna "religionis cura".

95 M. CHIESA, 'Cingar... sciebat zaratanare', in: Giornale Storico della Letteratura Italiana, CLII, XCII, 480 (1975), pp. 557-68.

felicitatem *videntur*"[96]. L'interna coesione, la loro mobilità ma soprattutto il rifiuto di inserirsi in qualche comunità civile già costituita, magari rivendicando al loro interno parità di diritti (peraltro di problematica identificazione) fecero sì che la loro presenza, per quanto sgradita sotto molti aspetti, non fosse tuttavia avvertita come una minaccia da eliminare con la spada: come, viceversa, accadde ai contadini tedeschi nel corso della Bauernkrieg. Una strage, come quella di Falkenhausen i gitani non la subirono mai, perché mai si raccolsero in un esercito; mai – soprattutto – concepirono un qualunque disegno riformatore o addirittura rivoluzionario.

Lo stato attuale delle conoscenze intorno alla effettiva consistenza della repressione penale nei confronti degli zingari (pur annunciata in un gran numero di 'gride' o bandi) non consente ancora di trarre conclusioni del tutto affidabili. Resta molto da indagare negli archivi di tutta Europa: ma si ha l'impressione che l'uso della forza o la licenza qua e là concessa a chiunque di ucciderli (quasi impresa meritoria) costituirono soltanto eventi occasionali ed intermittenti.

La Chiesa cattolica e gli zingari dopo il concilio di Trento

Se l'atteggiamento delle popolazioni europee, dei loro sovrani, degli intellettuali fu animato, a partire dal secolo XVI, da posizioni decisamente intolleranti, la posizione della Chiesa cattolica sembra, in qualche modo, duplice. Nei territori italiani sottoposti al suo controllo la linea adottata non pare divergere di molto da quella adottata a e a Roma[97]: i provvedimenti di espulsione sono seguiti dalla minaccia di pene gravissime, anche se assai raramente inflitte di fatto.

Su un altro versante, quello pastorale e dogmatico, l'atteggiamento non è altrettanto severo. Degli zingari, il concilio di Trento non si occupa: ad essi, però, si può applicare (come vedremo tra breve esaminando le delibere delle sinodi regionali) il c. VII della sessione XXIV, *Super reformatione circa matrimonium*:

---

96 FRITSCH, Tractatus (nt. 56), c. XII, p. 101.

97 Nell'Archivio di Stato di Roma, Arciconfraternita di S. Giovanni Decollato, Giustiziati e graziati, a. 1525, c. 222 s'è trovata notizia soltanto di un tale Francesco, zingaro, impiccato. I bandi contro i nomadi, nella sede del papato, sono al solito numerosi. Si v., nel medesimo archivio, Bandi, b. 3. Statuti. Bandi del governatore di Roma, aa. 1549-1747, c. 22, b. 276; Bandi. Collegio degli scrittori, aa. 1572-1805, b. 480. Traggo queste notizie dal sito www.https://it.wikipedia.org/wiki/Povertà_nella_Roma_del_XVI_secolo (consultazione in data 21.6.2017).

"Multi sunt, qui vagantur et incertas habent sedes, et, ut improbi sunt ingenii, prima uxore relicta, aliam, et plerumque plures, illa vivente, diversis in locis ducunt; cui morbo cupiens sancta synodus occurrere, omnes, ad quos spectat, paterne monet, ne hoc genus hominum vagantium ad matrimonium facile recipiant. Magistratus etiam saeculares hortantur, ut eos severe coerceant; parochis autem praecipit, ne illorum matrimoniis intersint, nisi prius diligentem inquisitionem faciant et, re ad ordinarium delata, ab eo licentiam id faciendi intersint"[98].

Il testo non mi pare, obiettivamente, chiaro: perché resta incerto se la *coercitio* dei *magistratus saeculares* debba esercitarsi su quanti "vagantur et incertas habent sedes" o solo su coloro che, profittando della loro incerta condizione, ardiscono contrarre più di un matrimonio.

Quanto resta indefinito nella deliberazione tridentina viene precisato nelle sinodi diocesane degli ultimi anni del secolo, pronte a utilizzarla nei confronti degli zingari in due direzioni distinte ma infine convergenti. La sinodo ravennate del 1568, convocata dal rigido Giulio della Rovere, dopo avere accusato i *cingani* d'essere "genus... omni impietate refertum", impone ai vescovi suffraganei di allontanarli dalle proprie diocesi "nisi Christiane vixerint et a superstitionibus ac impietatis vitae ritibus abstinuerint"[99]. L'invito a cacciare questo "vagum genus hominum" dedito al furto e all'inganno, è rivolto, a Napoli[100], come a Salerno[101] e a Milano[102], non soltanto ai vescovi, ma alle autorità civili, a meno che quanti vi appartengono non recedano dal loro vagabondare stabilendosi in luoghi certi, dimostrandosi cristiani, frequentando le chiese ed accostandosi all'Eucarestia almeno una volta all'anno. A Milano, san Carlo Borromeo chiede a vescovi e

---

98 Conciliorum Oecomenicorum Decreta curantibus J. Alberigo, J.A. Dossetti, P.P. Joannou, C. Leonardi, P. Prodi, consultante H. Jedin, Bologna 1973, p. 758.

99 Decreta Provincialis Synodi Ravennatis praesidente in ea Illustrissimo ac Reverendiss. Domino Julio de Ruvere tituli sancti Petri ad Vincula S.R.E. Presbytero Cardinali Urbin. Sanctae Ravenn. Ecclesiae archiepiscopo, in: Sacrorum Conciliorum nova et amplissima collectio cuius J.D. MANSI et post ipsius mortem florentinus et venetianus editores ab anno 1758 ad annum 1798 priores triginta unum tomos ediderunt nunc autem continuante et Deo favente absoluta, t. 35 ab anno MCDXIV ad annum MDCCXXIV, Parisiis 1902, col. 643, c. II.

100 Constitutiones et decreta provincialis Synodi Neapolitanae sub illustrissimo et reverendissimo domino D. Mario Caraffa [1570], in Sacrorum Conciliorum nova et amplissima collectio, t. 35 (nt. 97), col. 845, c. XLI; 976-77, c. VI.

101 Concilium Salernitanum sub Mario Bolognino archiepiscopo [1596], in Sacrorum Conciliorum nova et amplissima collectio, t. 35 (nt. 97), col. 976, c. VII.

102 Acta Ecclesiae Mediolanensis a Carolo Cardinali S. Praxedis Archiepiscopo condita Federici Card. Borromaei Archiepiscopi Mediolani iussu undique diligentius collecta et edita, Mediolani 1599, Primo sinodo. *Actorum pars I*, p. 45 [1565]; Conc. Prov. V. *Actorum pars I*, p. 208 [1579].

sacerdoti di controllare la condotta degli zingari sotto il profilo religioso, sia che si tratti di cattolici che di scismatici[103].

Al confronto l'arcivescovo di Palermo Cesare Marulli (1587) è più sbrigativo e ha meno incertezze: "experimento comperimus Aegyptios, quos Gyngaros vocant viticultores" di cristiano hanno solo il nome. Per le loro pratiche superstiziose, le false divinazioni, i furti, le rapine, gli inganni, sono da "refraen*are* ac compesc*ere*"[104]. L'anno seguente Antonio Lombardo, arcivescovo di Messina, rinnovata l'accusa, agli zingari, d'essere "gens vinosa" e dedita "superstitionibus, falsis divinationibus, furtis, rapinis, garrulis adulationibus, ludis fallacibus" a danno specialmente degli ignoranti, chiede ai magistrati di adottare gli opportuni rimedi contro tali oziosi individui. Di più: agli arcipreti e ai sacerdoti è dato l'incarico di accertare se quegli "irreligiose viventes" conoscano almeno l'Ave Maria, il *Paternoster*, il Credo. In caso contrario, si spalancheranno, per loro, le porte del carcere[105]. Sempre nel Regno, ma ad Amalfi, ci si preoccupa, più semplicemente, soltanto delle *cingarae* che sostengono di predire il futuro dalla lettura del palmo delle mani[106]

La sinodo di Urbino del 1565 non parla, espressamente, degli zingari, ma di "prestigiatores, circulatores, herbularii simulato habitu incedentes, divinatores, seu conjectores omnis generis, blasphemi, lusores": tutta una famiglia di sradicati tra i quali, per una dottrina consolidata e per diffuso pregiudizio, potevano essere inclusi, all'occorrenza, anche i gitani. Senza licenza dell'ordinario non potevano essere accolti, né potevano fermarsi per più di una notte[107]. Non molto diverse le

---

103 Acta Ecclesiae mediolanensis, Conc. Prov. V. *Actorum pars I*, p. 208 [1579] (nt. 100), controllando che "an quadragesimae tempore ieiunii diebus carne et cibis vetitis vescantur, an novis ritibus utantur". Se poi "heresis nomine suspecti esse possint" la colpa dev'essere perseguita *diligentissime*, sotto minaccia di deposizione del vescovo suffraganeo negligente. Precise disposizioni per la comunione pasquale a p. 62, decr. XII.

104 Constitutiones Ill.mi et Reveren.mi d. Caesaris Marulli archiepiscopi Panor.ni in dioecesana synodo promulgata die 13 Iunij anno 1586, Palermo 1587, p. 7.

105 Constitutiones Synodales Illustriss.mi et Rever.mi Domini D. Antonii Lombardo Archiepiscopi Messan. in Dioecesana Synodo promulgatae Die XVIJ Mensis Augusti MDLXXXVIIJ, Messanae 1591, pars IV, pp. 119-20, *De Aegyptiis sive Cingaris*. Ringrazio gli amici dott. Adolfo Longhitano e prof. Orazio Condorelli per avermi inviato la riproduzione di questo testo assai raro.

106 Constitutiones et Decreta Provincialis Synodi Amalphitanae anno 1597 celebrata sub reverendissimo Domino D. Julio Rossinio Dei et Apostolicae Sedis gratia archiepiscopo Amalphitano, in: Sacrorum Conciliorum nova et amplissima collectio, t. 35 (nt. 97), col. 1098, c. II.

107 Decreta Provincialis Concilii Urbini ab amplissimo archiepiscopo Felice Tyranno habiti anno Domini 1569, in: Sacrorum Conciliorum nova et amplissima collectio, t. 35 (nt. 97),

deliberazioni adottate ad Ascoli Piceno nel 1596: "In hospitalibus Pauperes tantum et vere aegeni recipiantur. Circulatores et alii id genus homines arceantur... validi mendicantes ultra primam noctem hospitio ne detinentur"[108].

Da questa serie di decisioni sinodali – con la pur notevole eccezione bolognese, ove di zingari non si parla nelle due assemblee del 1535 e 1557[109] – è agevole constatare come la generica dizione del canone tridentino fosse piegato a confermare, sul piano giuridico-canonico, la linea politica degli stati italiani e dello stesso stato pontificio. Con ciò aprendo una frattura, di cui è segnale eloquente una vicenda occorsa a Roma nel giugno 1570, quando il governatore di Roma decide di spedire al servizio sulle galere alcuni zingari accusati d'aver contravvenuto alla proibizione di trattenersi nel territorio della Chiesa. Il cappuccino Girolamo Finucci, teologo di buon nome per aver partecipato ai lavori del concilio di Trento, consigliere spirituale del papa e infine assistente spirituale delle truppe da inviare contro i Turchi, con due domenicani – Paolino Bernardini e Alessandro Franceschi – e Filippo Neri, fondatore dell'Oratorio, scrive al governatore implorando misericordia per quegli uomini[110]. Pio V, informato della cosa, sospende fra Girolamo dalla celebrazione della messa esonerandolo dall'incarico nella flotta "non parendo conveniente che questi ch'hanno cura delle cose spirituali vogliano ancora governare le temporali". Comunque finissero le cose[111], queste parole del papa rivelano la drammatica posizione di una Chiesa costantemente in bilico tra esigenze difficilmente conciliabili, quelle evangeliche e quelle politiche. Il profilo religioso – ma sarebbe

---

col. 667, c. VII. Al c. V si trovano disposizioni sostanzialmente simili a quelle adottate a Ravenna.

108 Constitutiones synodales Dioecesis Asculanae promulgatae anno Domini MDXCVI Illustrissimo ac Reverendissimo D.D. Fr. Hieronymo Bernerio Corrigiensis ex Ordine Praedicatorum miseratione Divina Tit. S. Mariae supra Minervam S.R.E. Presbytero Cardinali Episcopo et Principe Asculano, Asculi 1596, p. 66.

109 Constitutiones synodales Bononien., Bononiae 1535; Constitutiones synodales in compendium redactae et publicatae hoc anno MDLVII in Synodo Bononiensi additis non nullis aliis perquam necessariis, s.l. Ugualmente silenti, sull'argomento, gli Acta provincialis Concilii Capuani, celebrati a Nicolao Caetano S.R.E. Tit. S. Eustachii Presbit. Cardinalis de Sermoneta [1569], in: Sacrorum Conciliorum nova et amplissima collectio, t. 35 (nt. 97), coll. 707-22.

110 Perché "tali Cingari era stati tolerati dalla Chiesa, et non essendo banditi espressamente dallo stato ecclesiastico l'oppinione era secundum conscientiam": F. Calley, San Pio V e gli Zingari. Un episodio della spedizione contro i Turchi (1570), in: Lacio Drom (1966), pp. 25-6.

111 La faccenda, per la laboriosa mediazione di Marcantonio Colonna presso il papa, si risolse con la riammissione di Finucci nel suo ruolo: ma nulla si sa intorno al destino dei poveri condannati alle trireme.

meglio dire, disciplinare, di diritto canonico – riaffiora là ove si tratta della celebrazione dei matrimoni. In questo caso nessuna sinodo, tra quelle che ho potuto esaminare, si riferisce esplicitamente agli zingari. Le disposizioni adottate in quelle sedi contemplano l'eventualità che il sacramento sia richiesto da *vagantes, peregrini, advenae*, tra i quali di nuovo, con tutta evidenza, potevano essere compresi anche i gitani. La disciplina è ovunque la stessa, a norma del canone tridentino: i vescovi o, altrimenti, i parroci[112], dovranno pertanto accertare che si tratti di persone "a catholica communione non alienae"[113], soprattutto, poi, se gli sposi provengano da paesi infetti da eresia o ad essi prossimi[114]. Se, invece, i nubendi venivano da altre diocesi, era richiesto che essi portassero con sé lettere dalle quali risultava che all'atto "nullum interdicere impedimentum"[115]. Sul punto, la dottrina è conforme[116].

Nella Germania protestante non ho trovato, comprensibilmente, prescrizioni simili per il matrimonio ma piuttosto per il battesimo. Là, secondo quanto scrive Iustus Henning Böhmer, accadeva talvolta che i genitori zingari chiedessero che i loro figli "saepius baptizari". Il parroco, a norma dell'ordinanza di Magdeburgo,

---

112 Concilium Florentinum [1573, Antonius Altovita archiepiscopus], in Sacrorum Conciliorum nova et amplissima collectio, t. 35 (nt. 97), col. 767, l. V; Decreta Provincialis Concilii Urbini (nt. 105), col. 667, c. V: i vescovi accertino, quando si tratta di *vagabundi*, che dimostrino "authenticam fidem, tum quod solut*i* sint, tum quod a catholica fide non sint alien*i*", in base alle precise informazioni ricevute dal parroco. Ad Amalfi (Constitutiones et Decreta Provincialis Synodi Amalphitanae, [nt. 104], col. 1120, c. III) i parroci "exteros vagabundos et ignotos absque episcoporum licentia ad matrimonia non admittant".

113 Decreta Provincialis Synodi Ravennatis (nt. 97), col. 624, c. V.

114 Acta Ecclesiae mediolanensis (nt. 100), pars. III. *Instructiones matrimonii*, p. 550.

115 Constitutiones et decreta in provinciali synodo Senensi prima quam Franciscus Maria Taurusius tit. S. Bartholomaei in Insula Presbyter Cardinalis, illiusque Ecclesiae Archiepiscopus habuit anno MDLXXXXIX, Romae 1601, c. XIII, *De Sacramento matrimonii*, p. 77.

116 Cf. JOANNIS GUTIERREZ J.C. Hispani Celeberrimi Almae Ecclesiae Civitatensis Canonici Doctoralis et Advocati Placentini Operum tomus Quintus seu Canonicarum Quaestionum utriusque Fori tam exterioris quam interioris animae liber tertius et ultimus qui totus circa sponsalia de futuro et matrimonia versatur... Lugduni 1730, c. LXV, *De matrimonio vagorum*, p. 199, n. 1: "Vagi dicuntur, qui nullibi certam et constantem sedem et domicilium habent, sed hinc inde vagantur"; p. 200, n. 6: "ex decreto Concilii Tridentini... parochus non potest matrimonia vagorum interesse, nisi diligenti inquisitione praemissa et obtenta Ordinarii licentia". Cf. anche SCANAROLI, De visitatione (nt. 61), p. 241, n. 25.

c. III, § 25, doveva informarsi che il sacramento non fosse già stato amministrato altrove[117].

Gli zingari: il primo caso di apolidia in Europa

Al termine di questo lungo *excursus*, sono certo che il tema affrontato, riguardante la condizione giuridica degli zingari sul finire del medioevo e i primi secoli dell'età moderna, sia ben lontano dall'essere esaurito. Quanto ho fin qui tentato di esporre può solo costituire una traccia per altre e più documentate ricerche. L'interesse dell'argomento non risiede unicamente nella storia di un popolo che, a partire dai primi decenni del '400, s'è in qualche modo inserito nelle vicende del nostro continente subendo una persecuzione sistematica denunciata, a metà '700, da Joseph Anton Lumberger nella coraggiosa *disputatio* inaugurale di Tubinga:

> "excludimus personas sine domicilio quidem existentes, sed tamen nemini molestas, item alias, quae miseria, hoste, fame, religione, vel alia quoque causa rationabili coacti in exilio vagantur"[118].

Una più dettagliata indagine su questo versante (si levarono altre voci a supporto delle posizioni tenute da Lumberger? Dove e quando?) si rivelerà di indubbia utilità: ma non potrà trascurare di approfondire le ragioni per le quali i Rom ed altre genti affini si trovarono indifesi di fronte ai provvedimenti che ovunque li colpirono. A mio parere – l'ho già accennato in precedenza – la loro debolezza può essere spiegata dal fatto che ad essi fu negato uno *status* giuridico definito. Non poteva essere diversamente perché la scienza giuridica europea fu allora colta alla sprovvista dinanzi ad una situazione nuova: quella della apolidia[119]. L'uso del termine '*colluvies*', frequente[120] negli scritti redatti a partire dal secolo XVI per

---

117 Iusti Henning Boehmeri IC. Com. Palat. Caes. Potentiss. Regi Boruss. a consil. Aul. et Prof. Iur. Ordin. in Regia Frideric. Ius Ecclesiasticum protestantium usum modernum Iuris canonici iuxta seriem libri III Decretalium quo iura capitulorum traduntur ostendens... Halae 1718, l. III, tit. XLVI, § 10, p. 826.

118 Rütten, Zigeunerrecht (nt. 13), pp. 846-47. Camporesi, Il paese (nt. 64), p. 122 riferisce un canto degli zingari: "non aviam casa né tetto/ né villaggi, né contrade/ paglia e fieno è il nostro letto/ acqua e pan per povertade/... e per tutto siam scacciati".

119 P. Farci, Apolidia, Milano 2012, p. 3 rileva che "prima della grande guerra, il fenomeno della apolidia si riscontrava raramente, in quanto evento... inconciliabile con la vita di uno Stato". Stupisce che a questo fenomeno non abbia dedicato la dovuta attenzione chi, di recente, s'è pur occupato dei problemi legati alla cittadinanza in Europa,

120 A cominciare da Jean Bodin, Republica (nt. 54), l. V, c. 2, p. 537. Cf. pure Fritsch, Tractatus (nt. 56), c. XII, pp. 96, 98-99.

indicare i gruppi dei *cingani* che si spostano da un luogo all'altro del continente, è rivelatore di un punto di vista che esclude, a loro riguardo, una qualche forma di originaria unità nazionale. Si tratta, insomma, di una congerie di individui ai quali sembra mancare un dato oggettivamente unificante che non sia accidentale: come il colore della pelle, il nomadismo, la lingua (e quale poi? La medesima?). C'è però un dato – così si ritiene – che tutti li assimila per natura, essenzialmente[121]: la pulsione alla delinquenza, anzi più precisamente, al furto. Dunque, alla negazione della proprietà, ritenuta sostrato di una comunità ordinata. Gli zingari sono apolidi, non solo in quanto privi di una *polis* – e sul punto insiste Brunnemann[122] –, ma perché estranei alla condizione 'naturale' di ogni società che si pretende legata al possesso inalienabile dei beni: dunque ancorata ad un territorio[123], all'esercizio continuato e stabile di una professione, in campagna ma soprattutto in città[124]. Chi non entra (o non vuole entrare) a far parte delle *poleis*-città, preferendo la libertà di una esistenza nomade, sganciata da ogni istituzione[125], dev'essere per forza considerato un apolide. Anzi, nemmeno un uomo: "si non est civis – infatti – non est homo"[126].

---

121 Cf. sopra, testo e nt. 57.

122 Anche se, di loro, non tratta esplicitamente, accomunandoli ai *peregrini, advenae, hospites* "qui in loco non habent originem, seu non sunt cives originarii... qui ex ardua ac necessaria causa vel negotiorum causa vel pestis vel belli hostium metu alio confugiunt, ibique commorantur". Per la prima volta, per quanto ne so, il giurista tedesco usa, per indicare tutti costoro, la parola ἀπόλιδες: termine poi destinato a larga fortuna in età contemporanea. A fronte della questione "anxie agitata" dai politici se costoro debbano essere accolti "in civitatem", Brunnemann afferma che sarebbe "inhumanum et contra naturae legem... peregrinos indistincte a civitatibus removere", a meno che si tratti di banditi, scomunicati o malfattori: Brunnemann, Dissertatio iuridica (nt. 84), membr. I, §§ 3, 6, 7, 24.

123 Vanno attentamente meditate, a questo proposito, le parole di C. SCHMITT, Terra e mare. Una considerazione sulla storia del mondo, a cura di A. Bolaffi, Milano 1986, p. 63: "Ogni ordinamento fondamentale è un ordinamento spaziale. Si definisce una costituzione di un paese o di un continente come il suo ordinamento fondamentale, il suo *nomos*. Ora, il vero e proprio ordinamento fondamentale si basa, nel suo nucleo essenziale, su determinati limiti e delimitazioni spaziali". Chi rifiuta queste delimitazioni spaziali – come, appunto, gli zingari – è ovunque anomico.

124 Cf. J. LE GOFF, L'uomo medievale e B. GEREMEK, L'emarginato, entrambi in F. CARDINI, E. CASTELNUOVO, G. CHERUBINI, M. FUMAGALLI BEONIO BROCCHIERI, B. GEREMEK, A.JA. GUREVIC, CH. KLAPISCH-ZUBER, J. LE GOFF, G. MICCOLI, J. ROSSIAUD, A. VAUCHEZ, L'uomo medievale, a cura di J. Le Goff, Roma-Bari 1987, pp. 8, 394 e 399.

125 P. CAMPORESI, I mestieri degli erranti, in: Cultura popolare nell'Emilia Romagna. Mestieri della terra e delle acque, Milano 1982, p. 44.

126 Sulla forza di questo asserto, coniato da Remigio de' Girolami, insiste a varie riprese COSTA, *Civitas* (nt. 35), pp. 22, 24, 46.

Ora, il diritto comune non ha ancora gli strumenti per inquadrare questo singolare, anomalo dato di fatto[127]. Per il più antico diritto canonico chi non aveva o non intendeva fissare *domicilium* era escluso dai sacramenti[128] (ma le sinodi provinciali del tardo '500, sulla scorta del concilio di Trento, finirono per temperare il divieto, come s'è visto). Ad ogni modo, non mi pare certamente un caso che nessuno, tra i maggiori giuristi di fine Quattrocento e inizio Cinquecento, dedichi attenzione – anche quando, *ratione materiae*, si deve trattare dei *vagi* – agli urgenti problemi posti dalla presenza degli zingari nelle realtà urbane del loro tempo: e sì che su molte altre questioni[129] sono diffusi fino alla esasperazione del lettore.

A loro discolpa – ma è forse improprio usare questo termine – si potrebbe dire che, allora, il diritto internazionale privato muoveva i suoi primi, incerti passi[130]. Nella direzione che metteva a fuoco, però, solo la condizione giuridica di stranieri ben inseriti nelle dinamiche economiche e sociali del ricco mondo comunale. Per tutti gli altri – i diseredati, i marginali, gli esclusi, i senza-terra – si dovette ancora attendere. Non anni, ma secoli.

---

127 Osserva giustamente FRASER, The Gipsies (nt. 1), p. 125, che le autorità "could not come to term with rootless and masterless men" il cui "status was in itself an aberration" secondo i canoni del diritto comune. Cf. Anche RÜTTEN, Lustig (nt. 13), p. 238, sulla incertezza intorno alla identificazione degli zingari come popolo.

128 Uguccione cit. da CONDORELLI, *Clerici* (nt. 23), p. 38, n. 67: "non oportet proficisci ad recipienda sacramenta, scil. penitentiam, baptismum, crisma, ordinem et reliqua sacramenta, nisi velit mutare domicilium". Ma cf. anche prima, p. 37.

129 Porto, qui, ad esempio, Andrea Barbazza (del quale parlo in Dall'alba [nt. 29], pp. 154-55). Cf. Celeberrimi ac excellentissimi divini humanique iuris Monarche necnon immortali ingenii et memorie munere prefulgenti generosi Equitis Apostolici ac invictissimi Arragonum Regis consiliarii meritissimi D. ANDREAE BARBATIAE commentaria trutinatissime conscripta in titulum de foro competenti usque ad titulum de litis contestatione, Bononie, Iustinianus de Rubaria, 17.I. 1497 (ISTC ib00106320).

130 B. PARADISI, Osservazioni sul rapporto storico tra diritto internazionale pubblico e diritto internazionale privato, in: *Civitas maxima.* Studi di storia del diritto internazionale, II, Firenze 1974, pp. 719-808.

Cyrille Dounot

L'influence du droit canonique sur les précurseurs du droit international: Honorat Bovet, Francisco de Vitoria, Richard Zouche

Étudier l'influence du droit canonique sur les précurseurs du droit international nécessite de s'entendre sur le terme de précurseur. Il ne s'agit pas ici de savoir qui est le fondateur, le "père" du droit international, mais plutôt de s'intéresser à la pensée de certains auteurs réputés être les pionniers du droit international, et à la place qu'occupe chez eux le droit canonique[1]. Entre les glossateurs du XIIIe siècle et les internationalistes du XVIIIe siècle, plusieurs générations de canonistes ont contribué à transmettre ou augmenter les doctrines, à commencer, aux XIVe et XVe siècles, par les figures de Johannes Andreae et de Paulus Vladimiri (1370-1435)[2]. Pourtant, tous ces auteurs n'ont pas permis le même essor du droit international. Vanderpol, dans son ouvrage classique sur le droit de guerre, avait désigné "trois erreurs des canonistes" qui s'opposaient à l'émergence d'un véritable droit international. Il distinguait "l'erreur de ceux qui prétendaient que les infidèles ne pouvant rien 'posséder', la guerre était toujours permise contre

1 James Brown Scott est connu pour avoir détrôné Grotius au profit de Vitoria, cf. J. MULDOON, The Contribution of the Medieval Canon Lawyers to the Formation of International Law, dans: Traditio 28 (1943), p. 486-489. V. aussi Ch. LEBEN, Grotius: serait le père du droit international, dans: Dictionnaire des idées reçues en droit international, Paris 2017, p. 279-285. D'autres ont même plaidé pour Christine de Pizan, mère du droit international, cf. M. T. GUERRA MEDICI, The Mother of International Law: Christine de Pisan, in: Parliaments, Estates and Representation 19 (1999), p. 15-22. Un ouvrage collectif et novateur, A. PILLET, Les fondateurs du droit international, Paris 1904 (rééd. Les introuvables, Paris 2014), avait réuni des études sur Vitoria, Gentilis, Suarez, Grotius, Zouche, Pufendorf, Bynkershoek, Wolf, Vattel et Martens.

2 Sur l'importance de Vladimiri, cf. St. F. BELCH, Paulus Vladimíři and his Doctrine Concerning International Law and Politics, Londres/La Haye/Paris 1965, 2 vol., bien que l'auteur reconnaisse le caractère très hypothétique de l'emploi des travaux de Vladimiri par les auteurs du XVIe siècle. Sur la contribution de la Pologne à l'histoire du droit international, v. A. DUFOUR, Droit international et chrétienté: des origines espagnoles aux origines polonaises du droit international. Autour du sermon *de bellis justis* du canoniste polonais Stanislas de Skarbimierz (1360-1431), dans: The Roots of International Law / Les fondements du droit international. Liber amicorum Peter Haggenmacher, Leyde 2014, p 95-119.

eux", et la double erreur de croire le pape ou l'empereur maître du monde[3]. Aussi, nous nous proposons de voir si quelques-uns de ces précurseurs du droit international ont passé outre ces erreurs, et si oui, comment le droit canonique a été employé pour y obvier. Nous allons nous pencher sur trois figures, rattachées à trois pays et à trois siècles différents : Bovet, Vitoria et Zouche.

I. Honorat Bovet

Le premier de ces auteurs, pour une raison qui nous est inconnue, n'est pas passé à la postérité[4]. Il s'agit d'Honorat Bovet, prieur de Selonnet, en Provence. Ce moine bénédictin, docteur en décret, a laissé, aux alentours de 1386-87, un ouvrage dédié au roi Charles VI, l'*Arbre des batailles*[5]. Pour Ernest Nys, qui a édité le texte, cet ouvrage est "le monument doctrinal le plus ancien" du droit international[6]. Bovet, du point de vue qui nous occupe, semble avoir combattu les trois erreurs dénoncées par Vanderpol, mais non de manière frontale.

Concernant le premier point, celui des possessions des infidèles, Bovet semble se ranger à l'opinion favorable à l'existence d'un véritable *dominium* indépendamment de la foi. Dans un premier temps, il invoque l'autorité du droit canonique pour justifier la possibilité de guerroyer, contre ce que "penseroient aucuns hommes simples", en citant le canon *Noli existimare* (C. 23, q. 1, c. 3)[7]. Puis, s'interrogeant dans un second temps sur le fait de combattre les infidèles pour le seul motif d'infidélité, il prouve que la "guerre ne se doit faire contre les

---

3 A. VANDERPOL, Le droit de guerre d'après les théologiens et les canonistes du Moyen-Âge, Paris/Bruxelles 1911, p. 151 *sq*.

4 Sur le personnage et son œuvre, v. H. BIU, Honorat Bovet, dans: Histoire littéraire de la France 43/1 (2005), p. 83-128. Sur la diffusion de ce texte (plus de cent manuscrits français), et ses sept traductions en quatre langues (occitan, catalan, castillan, écossais), v. H. BIU, L'Arbre des batailles d'Honorat Bovet. Étude de l'œuvre et édition critique des textes français et occitan, 4 vol., thèse lettres, Paris IV 2004.

5 Les deux premières parties racontent l'histoire du monde, mais ne sont pas exemptes de considérations canoniques. Ainsi, quand il s'interroge sur la manière "dont vint premierement jurisdiction", il prouve que cela résulte de "l'ordonnance de Dieu", et fonde son opinion sur le canon *Qui resistit* (C. 11, q. 3, c. 97), H. BOVET, L'arbre des batailles, II, 18 (éd. E. NYS, Bruxelles 1883, p. 66).

6 H. BOVET, L'arbre des batailles (cf. n. 5), p. XXVIII. Pour l'éditeur, "c'est surtout dans la question de l'immunité des personnes paisibles et de leurs biens qu['il] fait preuve d'une raison supérieure", p. XXVI. V. aussi E. NYS, Honoré Bonet et Christine de Pisan, in: Revue de droit international et de législation comparée 14 (1882), p. 451-472.

7 H. BOVET, L'arbre des batailles, IV, 1 (éd. NYS [cf. n. 5], p. 83-84).

mescreans"[8]. Il s'aide ici du canon *De Judaeis* (D. 45, c. 5), pour démontrer que "si ne devons contredire ne efforcer ung mesçreant à recepvoir ne le saint baptême ne la sainte foy ainsi les devons laisser en leur franche volonté que Dieu leur a donnée". Il argumente à partir de l'obéissance due par les Chrétiens aux princes infidèles, excepté le cas où ceux-ci leur demanderaient de combattre "contre les Chrestiens". Il rejette donc le pouvoir pontifical d'indulgencier *simpliciter* les guerres contre les infidèles au nom de l'absence de tout pouvoir sur ceux qui demeurent hors de la foi. Il se fonde sur le canon *Multi* (non identifié), dans lequel le pape lui-même "dist qu'il ne doit faire jugement entre eulx"[9]. Ailleurs, il envisage la possibilité pour l'Église d'ordonner une guerre contre les Juifs et répond semblablement par la négative[10]. Il refuse que l'on puisse sans injustice enlever les biens ou les terres des infidèles, dès lors qu'ils en sont légitimes propriétaires[11].

Développant une argumentation très proche d'Innocent IV, Bovet pose comme principe que le pape ne saurait légitimer la guerre contre les Sarrasins, "pour les aultres terres ou royaulmes qu'ils tiennent, senon que icelles terres fussent deuement subgettes à l'Eglise ou à l'empire de Romme"[12]. Il restreint la

---

8 H. BONET, L'arbre des batailles, IV, 2: "Or veul je faire une telle question c'est à sçavoir par quel droit ne par quelle raison on peut mouvoir guerre contre les Sarrasins ou à aultres mescreans ou se ce est chose deue que le pape donne indulgences et pardons pour les guerroier. Et tout premièrement je veul prouyer comment guerre ne se doit faire contre les mescreans. La première raison si est telle. Nostre seigneur Dieu si a créé tous les biens de la terre pour la créature humaine, ainsi pour la mauvaise personne comme pour la bonne, car Dieu ne fait pas le soleil plus chaud ne plus vertueulx pour l'ung que pour l'aultre et le fait luire sur les bons et sur les mauvais. Aussi il fait porter bons blés et toutes aultres manières de bons fruits es terres des mescreans comme es terres des Chrestiens et aucunefois plus substantieulx et si leur donne science et sens naturel et discrétion pour eulx conduire en justice et si leur a donné royaulmes, duchiez, contez et empires et leur foy et leur testament. Et doncques puisque Dieu leur a donné tant de biens pourquoy les leur osteroient les Chrestiens. Item plus fort. Selon la sainte Esçripture nous ne pouvons et si ne devons contredire ne efforcer ung mesçreant à recepvoir ne le saint baptême ne la sainte foy ainsi les devons laisser en leur franche volonté que Dieu leur a donnée. C. *De Judaeis*" (éd. NYS [cf. n. 5], p. 85-86).

9 H. BOVET, L'arbre des batailles, IV, 2 (éd. NYS [cf. n. 5], p. 86).

10 H. BOVET, L'arbre des batailles, IV, 63 (éd. NYS [cf. n. 5], p. 164).

11 H. BOVET, L'arbre des batailles, éd. NYS (cf., n. 5), p. XXIV. Comme l'indique Nys, il "partage les idées d'Innocent IV et ses sentiments de modération se manifestent également quand il prêche la tolérance envers les Juifs".

12 H. BOVET, L'arbre des batailles, IV, 2 (éd. NYS [cf. n. 5], p. 88). Il ajoute: "Mais toutefois en icelles terres combien qu'elles ne soient deuement subgettes à l'empire le pape peut bien commander aux infidèles qu'ils ne griefvent les Chrestiens qui sont en leur jurisdiction. Car au cas que ils greveroient les Chrestiens, le pape par sentence définitive leur peut oster la

domination pontificale aux terres effectivement soumises à cette autorité, et a fortiori, il légitime le pouvoir des infidèles sur les terres qu'ils n'ont pas prises aux Chrétiens. Il admet cependant une exception en cas de crime contre nature, sans détailler ce qu'il entend par là: "Vraiment le pape ne se mettroit point à juger en tous cas les infidèles ou mescreans, mais se ung Sarasin ou ung Juif faisait contre la loy de nature, certes le pape si le pugniroit de icelui pechié"[13]. En revanche, cette posture ne le porte à aucun irénisme vis-à-vis des Sarrasins, et Bovet se fonde implicitement sur la règle *Quod omnes tangit* (VI°, 5, 13, 29), pour rejeter toute possibilité pour un roi chrétien de délivrer un sauf-conduit à un roi sarrasin[14].

Sa pensée par rapport à l'empereur est aussi nuancée, ce qui ne manque pas d'étonner chez un Français. Ainsi, en établissant le droit de l'empereur de faire la guerre, fut-ce contre le pape, il ne dit rien de la situation spécifique des rois. Il se contente de référer à la décrétale *Cum ad verum* (D. 96, c. 6), faisant du pape le chef du spirituel, et l'empereur, le chef du temporel: "ainsi que le pape doit avoir obéissance es choses espirituelles ainsi le doit avoir l'empereur es choses temporelles"[15]. L'obéissance à l'empereur est due même s'il est hérétique, en vertu du canon *Julianus* (C. 11, q. 3, c. 94). Enfin, il n'omet pas d'ajouter à sa démonstration la décrétale *Venerabilem* (X, 1, 6, 34), par laquelle l'empereur reste soumis au pape, de qui il reçoit son couronnement. Plus loin, il détaille les arguments canoniques d'une domination impériale: "Il fault octroyer que c'est l'empereur lequel selon droit est seigneur souverain de toutes les rois et de toutes les nations du siècle", dit-il en fondant son propos sur le canon *Adrianus* (D. 63, c. 22)[16] et sur la décrétale *Solitae* (X, 1, 33, 6) employant la comparaison des deux astres et de deux pouvoirs[17]. Le canon *Duo sunt* (D. 96, c. 10) vient compléter l'arsenal des arguments canoniques.

Ce n'est que postérieurement, dans un chapitre explicitement intitulé "Comment pourrons nous soustenir que le roy de France ne soit subget

---

jurisdiction et donner la conqueste contre eulx selon la opinion de nos maistres et docteurs".

13 H. BOVET, L'arbre des batailles, IV, 2 (éd. NYS [cf. n. 5], p. 87). Il y a là une reprise d'INNOCENTIUS IV, Com. ad X, 3, 34, 8, *Quod super his*, n° 4 (In quinque libros Decretalium [...] Commentaria, Venetiis 1578, fol. 176v).

14 H. BOVET, L'arbre des batailles, IV, 106: "nous disons en droit escript que une chose qui touche à tous, par tous doit estre conservée et approuvée, aultrement elle ne vault riens" (éd. NYS [cf. n. 5] , p. 215).

15 H. BOVET, L'arbre des batailles, IV, 5 (éd. NYS [cf. n. 5], p. 91-92).

16 H. BOVET, L'arbre des batailles, IV, 83 (éd. NYS [cf. n. 5], p. 184).

17 H. BOVET, L'arbre des batailles, IV, 83 (éd. NYS [cf. n. 5], p. 185).

à l'empereur", que Bovet invoque la décrétale *Per venerabilem* (X, 4, 17, 13) pour affirmer que "le pape tesmoigne en ses decretales que le roy de France n'est mie subget à la seignorie terrienne ne temporelle"[18]. Il invoque encore les commentaires sur cette décrétale pour tenir que "le pape Innocent qui glosa les decretales dist que le roy de France n'est mie subget à l'empereur selon droit escript, mais est homme du pape", position commune à Jean de Legnano[19]. Toutefois, il semble que Bovet voie dans la situation de la France la conséquence d'un privilège, remontant aux origines troyennes, et en cela semblable à la Donation de Constantin (D. 96, c. 14).

> Item, je dy que l'empereur peut très bien donner privilège, car aultrement il ne auroit guaires de pouvoir. Et ainsi l'on pourroit dire de la donation que l'empereur fist jadis à l'Eglise de Romme quant il lui donna le patrimoine de Romme et toutes les isles de mer. Et pour ce il me semble que c'est grant simplesse de dire que la donation ne soit bonne, car les loix mesmes dient que l'empereur est seigneur des choses patrimoniales et des choses fiscales de l'empire et que sur elles a plaine seignorie. Mais puisqu'il en est seigneur et qu'il a seignorie il est clere chose devant tous les entendans en droit civil que il peut bien aliéner et privilégier, car ainsi le veulent les loix. Ces choses considérées, qui dira que le pape ne soit justement seigneur du patrimoine de l'Eglise ne que le roy de France ne soit justement privilégié[20].

Enfin, il cite la décrétale *Super specula* (X, 5, 33, 28) pour affirmer que l'indépendance de la France se tire aussi de la faculté de son roi à légiférer, car "entre nous François n'avons cure de vos loix ne de l'empereur qui les a faictes"[21]. Cette indépendance fonde juridiquement le principe général du *ius ad bellum*: "Celui qui juge la guerre ne doit point avoir de souverain"[22]. Pour autant, ce privilège d'indépendance n'est pas reconnu à toutes les nations, loin de là. Bovet le rejette explicitement pour l'Angleterre, car "selon droit commun il fault octroier que tous les rois du monde soient subgets à l'empereur senon qu'ils

---

18 H. BOVET, L'arbre des batailles, IV, 83 (éd. NYS [cf. n. 5], p. 188). Bovet s'emploie à réfuter une prétendue naissance française d'Innocent III, qui l'aurait conduit au chauvinisme dans l'édiction de la règle.

19 Bovet ajoute un argument historique à l'indépendance du roi de France: "nous avons eu plusieurs scismes en l'Eglise qui est nostre mère et si ont desja esté vingt et ung antipapes et bien peu a esté de ceulx que l'empereur ne ait soustenu le scisme contre le vray pape et que tous les vrais papes ne s'en soient fuis en France à refuge et là le roy et le royaulme les a soustenus jusques à ce que ils fussent restablis en leur droit siege et estat deu" (H. BONET, L'arbre des batailles, éd. NYS [cf. n. 5], p. 188-189).

20 H. BOVET, L'arbre des batailles, IV, 83 (éd. NYS [cf. n. 5], p. 187).

21 H. BOVET, L'arbre des batailles, IV, 86 (éd. NYS [cf. n. 5], p. 193).

22 H. BOVET, L'arbre des batailles, IV, 82 (éd. NYS [cf. n. 5], p. 184).

soient exempts par privilège ou par autorité d'Église"[23]. Il combat "l'opinion d'aucune glose [d']ung canoniste" détachant l'Angleterre au motif que, "à parler proprement, droit de nature et prescription ne valent rien contre l'obéissance de son souverain selon la vérité de droit escript", cette assertion provenant de la décrétale *Quum non liceat* (X, 2, 26, 12)[24]. De même, il ne trouve aucun texte émancipant l'Espagne de sa sujétion à l'Empire, quoiqu'il admette que les rois, de fait, "ont occupé la jurisdiction de l'empereur en jugier guerre générale ou en donner marque et en défendant champ clos, ce qui ne appartient pas à jugier à homme qui soit subget à aultrui"[25].

Quant à l'*imperium mundi* du pape, Bovet n'est pas très clair. Il estime que le pape est certes supérieur à l'empereur, et qu'il peut même, dans certains cas, lui déclarer la guerre. Il invoque à ce titre l'exemple d'Alexandre III réfugié en France après avoir excommunié Frédéric Ier Barberousse[26]. S'il emploie le *Constitutum Constantini* pour justifier certaines prérogatives, il ne dit en revanche rien d'une suzeraineté totale de la papauté. Ses propos sur les infidèles et les Juifs paraissent exclure tout pouvoir direct, tout en admettant un pouvoir indirect, *ratione fidei.*

Il traite enfin d'une "belle question sur les faits des batailles", celle de savoir si un prince peut refuser à un autre le passage de son territoire. Bovet explique, en extrapolant l'action utile *aqua pluvia arcenda* que "selon droit escript celui qui va en armes et qui a bon droit et juste querelle doit avoir son chemin, sa voye et son passaige par tous pays et par tous royaulmes, mais qu'il passe ses gens courtoisement puisqu'il en a nécessité *ff., De aqua pluvia arcenda* [D., 39, 3]"[27]. La position de Bovet sur le *transitus innoxius* est d'autant plus novatrice qu'il ne se fonde pas sur le caractère public de la voie pour le justifier, mais sur un vrai caractère international[28]. Il dépasse ainsi la glose du Décret classant le passage

---

23 H. BOVET, L'arbre des batailles, IV, 84 (éd. NYS [cf. n. 5], p. 190).

24 H. BOVET, L'arbre des batailles, IV, 84 (éd. NYS [cf. n. 5], p. 190).

25 H. BOVET, L'arbre des batailles, IV, 84 (éd. NYS [cf. n. 5], p. 191).

26 H. BOVET, L'arbre des batailles, IV, 6: "Se le pape voioit estre l'empereur scismatique ou hérite ou qu'il voulsist occuper les biens ou le pays ou les privilèges de l'Eglise, vraiment le pape pourroit jugier et ordonner la guerre contre lui et tous bons Chrestiens seroient tenus de aidier au pape et pareillement tous ceulx de l'empire. Puis, comme il advint au temps du bon pape Alexandre le tiers en celui nom lequel l'empereur qui pour le temps estoit le fist fuyr en France, si ordonna le pape son procès contre l'empereur et le despointa par sentence de la dignité impériale et ordonna contre lui le noble roy de France lequel pas ne refusa la guerre contre l'empereur tant qu'en la fin le bon roy en vint à son dessus" (éd. NYS [cf. n. 5], p. 93).

27 H. BOVET, L'arbre des batailles, IV, 61 (éd. NYS [cf. n. 5], p. 163).

28 V., dans le présent volume, l'article de H.-G. Hermann au sujet de la différence de point de vue d'avec la glose ou Torquemada.

personnel – et non nuisible – sur le fonds d'autrui dans la catégorie de l'équité, en reconnaissant que *ius non dat civilem actionem* (D. 1, c. 1, V[is] *Fas est*). Outre l'utilisation forcée de l'action romaine pour détourner l'eau pluviale, Bovet renvoie à "ung décret duquel l'histoire recite comment quant le peuple d'Israël alloit contre ses ennemis, il lui falloit passer par le pays des Amorees [C. 23, q. 2, c. 3, *Notandum*]". Aussi peut-il en tirer ce principe essentiel que "tout passages sans commettre mal sont octroiez de droit et de amour naturelle", principe de libre circulation que le Décret érigeait en *ius humanae societatis* et qui sera confirmé partiellement pour les mers, les fleuves et les canaux internationaux.

Ainsi, les apports de Bovet au droit international sont réels, quoique mineurs, et fondés plus souvent sur le droit canonique que sur le droit romain. Il a manqué à Bovet de s'élever à une conception plus abstraite, notamment par l'impossibilité de penser l'existence de ce Nouveau Monde qui aura tant de répercussions sur la genèse du droit international.

II. Francisco de Vitoria

La pensée de Vitoria, à cet égard plus féconde, a donné lieu à d'innombrables travaux qui ont assurément reconnu sa qualité de père fondateur du droit international, en envisageant de manière innovatrice les rapports entre souverainetés et le droit servant à régler ces rapports. Un des aspects de la pensée de Vitoria a toutefois été presque négligé jusqu'ici, celui de la place du droit canonique dans l'expression de sa pensée[29]. Ceci se comprend aisément à la lecture de ses célèbres leçons sur les Indiens et sur le droit de guerre, prononcées en 1539, qui sont vraiment l'œuvre d'un théologien, raisonnant à partir de questions proprement théologiques et argumentant à partir d'autorités scripturaires. Cependant, les questions juridiques ne sont pas oubliées, et Vitoria fait appel à quelques textes mais aussi à certains grands noms de la science

---

29 À l'exception de J. MULDOON, A Canonistic Contribution to the Formation of International Law, dans: The Jurist 28 (1968), p. 265-279 (= Canon Law, the Expansion of Europe, and World Order (Variorum Collected studies Series 612), Aldershot 1998, n° II). Ce bref article, cependant, contient quelques généralités infondées. S'il reconnaît "the obvious importance which he place upon the canonists" (p. 278), il estime (pensons-nous à tort) que "VITTORIA [sic] tended to reject the opinions of the canonists, as for example in discussing the papal claim to universal lordship". Surtout, cet article trop rapide n'aborde pas, en fait, la question des répercussions de l'influence canonique sur le droit international, et fait impasse sur le droit humanitaire. Pour l'influence du droit canonique chez Suarez, v. A. GARCIA Y GARCIA, El Derecho Canónico en Francisco Suárez, dans: Cuadernos salmantinos de filosofía 7 (1980), p. 149-158.

juridique, tout en sachant récuser une interprétation ou un commentaire contraire à ses sentiments.

Le grand œuvre de Vitoria est de disserter sur les titres légitimes ou illégitimes de possession des Espagnols sur les terres et les biens des Indiens. Au premier rang des titres illégitimes, Vitoria place la question de l'infidélité ou de l'hérésie. Bien que théologien, de métier et d'expression, il fait appel au droit pour fonder ses positions. Son information juridique est assez solide, et il recourt majoritairement aux opinions des canonistes ou des moralistes qui ont envisagé les compilations canoniques comme lieu théologique. Le premier titre qu'il estime illégitime en vertu du droit canonique est celui de l'absence de tout pouvoir sous prétexte d'hérésie ou d'infidélité. Son argument clef, constamment développé, consiste à affirmer que le péché n'ôte pas le pouvoir. Le premier texte invoqué à l'appui est tiré du concile de Constance condamnant Wycliffe et Hus, qui estimaient la grâce nécessaire à la détention d'un *dominium*[30]. Dès lors, des Indiens infidèles peuvent avoir un *dominium* légitime, malgré leur péché.

Si le péché n'enlève pas le pouvoir, l'infidélité non plus. Pour établir ce point, il se réfère à l'histoire biblique, mais renvoie aussi à la décrétale *Cum secundum leges* (VI°, 5, 2, 19), appliquant à titre de peine complémentaire la perte de la propriété des biens. Vitoria se sert des commentaires donnés par Jean d'André, le Panormitain ou encore Konrad Summenhart. Il se range à l'avis de Silvestro Mazzolini (Sylvestre de Prierio), d'Adrien VI et de Cajetan, pour affirmer que "ni le péché d'infidélité, ni les autres péchés mortels n'empêchent les barbares de posséder un pouvoir véritable tant public que privé"[31].

Dans la décrétale de Boniface VIII, la question soulevée vise la confiscation des biens de l'hérétique, qui opère, en vertu du droit canonique, à partir de sa condamnation en justice (quoique de façon rétroactive au jour de commission du péché d'hérésie). Vitoria argumente en deux temps. D'abord, de ce que "la loi divine ne prévoit aucune peine dans ce cas", les Indiens ne pourraient être condamnés[32]. Ensuite, de l'inexistence de toute condamnation des Indiens, il est impossible de leur appliquer une telle peine : "Il serait contraire au droit divin et au droit naturel de faire subir la peine avant la condamnation"[33]. Il se sert ensuite

---

30 Cf. H. DENZINGER, Enchiridion symbolorum definitionum et declarationum de rebus fidei et morum, ed. XXXVIII, nos 1165, 1230.

31 F. DE VITORIA, Leçons sur les Indiens et sur le droit de guerre, I, 2, 2, 19, § 76 (éd. M. BARBIER, Genève 1966 p. 26).

32 F. DE VITORIA, Leçons sur les Indiens, I, 2, 2, 8, § 59 (éd. BARBIER [cf. n. 31], p. 21).

33 F. DE VITORIA, Leçons sur les Indiens, I, 2, 2, 11, § 64 (éd. BARBIER [cf. n. 31], p. 23-24).

d'autres textes tirés du droit romain ou du droit canonique pour établir un parallèle avec le ravisseur, l'inceste ou le vendeur de marchandises interdites aux Sarrasins, toutes personnes coupables mais qui demeurent légitimement propriétaires de leurs biens jusqu'à l'infliction de la peine.

Ce qui est intéressant, dans cette utilisation qu'il fait des arguments juridiques, est le passage proprement inédit de l'individu à la communauté, de la personne à l'État. Ces textes concernent des personnes prises individuellement, que Vitoria applique à la situation des Indiens en tant que peuple, pour affirmer qu'ils ont, de manière globale, un vrai pouvoir. Si l'hérétique est légitime propriétaire de son bien, à plus forte raison l'infidèle, et ce qui vaut pour un vaut pour la totalité. Ce faisant, Vitoria ouvre bien la voie au droit international public.

> De tout ce qui précède, on peut conclure que ni le péché d'infidélité, ni les autres péchés mortels n'empêchent les barbares de posséder un pouvoir véritable tant public que privé. Par conséquent, les Chrétiens ne peuvent s'appuyer sur cette raison pour s'emparer de leurs biens ou de leurs territoires, comme l'a longuement et admirablement montré Cajetan dans son commentaire de la Somme de théologie (II^{a} II^{ae}, q. 66, a. 8)[34].

Contrairement à ce qui est parfois écrit, Vitoria ne reprend pas directement les termes du conflit herméneutique opposant Innocent IV et Hostiensis sur la question de savoir si les infidèles ont un véritable *dominium*[35]. Il se range certes à l'avis d'Innocent IV, mais de manière implicite, en suivant explicitement l'opinion d'autres juristes (Nicolas Eymerich, Baptiste Trovamola) ou théologiens (Thomas Walden, saint Thomas d'Aquin, Cajetan) à l'encontre de certaines positions contraires (Richard d'Armagh).

Quand il s'agit de rejeter comme illégitime le titre né du caractère fou ou insensé des Indiens, Vitoria se sert d'un autre argument juridique, quoique non spécifiquement canonique. Ainsi reconnaît-il l'existence d'un véritable droit subjectif chez les Indiens, à l'inverse des animaux, "créatures irrationnelles" qui n'en possèdent pas[36].

Sur la question du pouvoir universel du pape, Vitoria se montre le plus novateur, ne se contentant pas de reprendre l'une ou l'autre théorie canonique déjà développée par ses prédécesseurs. Sur le problème de la valeur et de l'étendue de la bulle *Inter coetera* d'Alexandre VI (1493), la plupart des commentateurs y

---

34 F. DE VITORIA, Leçons sur les Indiens, I, 2, 2, 19, § 76 (éd. BARBIER [cf. n. 31], p. 26-27).

35 Sur cette querelle, v. E. NYS, Les origines du droit international, Bruxelles/Paris 1894, p. 143-145; J. MULDOON, Medieval Canon Law and the Formation of International Law, dans: ZRG, KA 81 (1995), p. 68 *sq.*

36 F. DE VITORIA, Leçons sur les Indiens, I, 2, 3, 20, § 80 (éd. BARBIER [cf. n. 31], p. 28).

voient un texte attributif de propriété[37]. D'autres, au contraire, n'y voient qu'une "répartition de deux zones d'influence", n'impliquant aucun *dominium mundi* pontifical[38]. Vitoria se range à cette opinion. Son raisonnement se construit par étapes, dont la première consiste à refuser au pape la qualité de maître temporel du monde : "Si l'on parle proprement de la souveraineté et du pouvoir civils, le pape n'est pas le maître civil ou temporel du monde entier"[39]. Il s'appuie sur l'autorité d'Huguccio, de Jean d'André et de Torquemada, au sujet du chapitre *Cum ad verum* (D. 96, c. 6), mais aussi, directement, sur la décrétale *Per venerabilem* d'Innocent III rejetant positivement toute autorité temporelle sur le royaume de France (X, 4, 17, 13), ou encore sur l'autorité de saint Bernard au *De consideratione*.

Ensuite, Vitoria limite le pouvoir temporel du pontife par mode de dépendance au pouvoir spirituel, en s'appuyant sur la décrétale *Solitae* (X, 1, 33, 6) pour justifier la subordination du temporel au spirituel[40], et sur la décrétale *Sedes apostolica* (Extra. comm., 1, 6, 1) pour assurer l'existence d'un pouvoir temporel propre au pape nécessaire l'accomplissement de de son office[41]. Enfin, il exclut l'application de ce pouvoir temporel restreint sur les Indiens ou les autres infidèles : "Il s'ensuit que, même si les barbares ne veulent pas reconnaître de pouvoir au pape, on ne peut pas pour autant leur faire la guerre ni s'emparer de leurs biens. Car le pape n'a aucun pouvoir semblable sur eux (*qui nullum tale dominium habet*)"[42].

Il rejette encore, comme titre invalide de domination, le refus de la foi chrétienne, en insistant sur plusieurs points. D'abord, les Indiens ne péchaient pas en ne croyant pas au Christ avant l'évangélisation ; ensuite, les Indiens ne sont pas tenus de croire sur la simple annonce de l'Évangile, faute notamment de miracles ou d'autres signes suffisants[43]. De ce fait, les Indiens n'ayant commis

---

37 J. BAUMEL, Les problèmes de la colonisation et de la guerre dans l'œuvre de Francisco de Vitoria, Paris 1936, p. 188-189.

38 Y. DE LA BRIERE, La conception du droit international chez les théologiens catholiques (Centre européen de la Dotation Carnegie pour la paix internationale. Conférences janvier-avril 1929), Paris 1930, 4e leçon, p. 16.

39 F. DE VITORIA, Leçons sur les Indiens, II, 2, 1, 3, § 138 (éd. BARBIER [cf. n. 31], p. 49).

40 F. DE VITORIA, Leçons sur les Indiens, II, 2, 3, 5, § 146 (éd. BARBIER [cf. n. 31], p. 54).

41 F. DE VITORIA, Leçons sur les Indiens, II, 2, 3, 5, § 147 (éd. BARBIER [cf. n. 31], p. 54). Ce texte ne concerne que le principe selon lequel "lorsque la charge d'un office est confiée à quelqu'un, tout ce qui est nécessaire à l'accomplissement correct de cet office est censé lui être accordé".

42 F. DE VITORIA, Leçons sur les Indiens, II, 2, 3, 5, § 153 (éd. BARBIER [cf. n. 31], p. 56).

43 Sur ces questions, v. Ph.-M. MARGELIDON (éd.), Le miracle et la foi. Actes du colloque des 21-22 octobre 2016, Rocamadour, Perpignan/Paris 2017.

aucune injustice, il manque une juste cause permettant de leur faire la guerre (*nulla est causa justi belli*). "Telle est l'opinion commune de tous les docteurs, non seulement des théologiens mais aussi des juristes, comme Henri de Suse, Innocent IV et d'autres"[44].

Là où Vitoria va plus loin, en s'aidant toujours des sources canoniques, c'est en affirmant que les Indiens, même s'ils refusent la foi, ne peuvent subir la guerre des Espagnols et se voir privés de leurs terres : "Quantumcumque fides annuntiata sit barbaris et probabiliter et sufficienter, et noluerint eam recipere, non tamen hac ratione licet eos persequi bello et expoliare bonis suis". L'argumentation est tirée du canon *Judaeis* (D. 45, c. 5) ordonnant que personne ne recoure à la violence pour amener les Juifs à la foi, "car Dieu donne sa miséricorde à qui il veut et il endurcit qui il veut", ainsi que du canon *Qui sincera* (D. 45, c. 3), prescrivant la douceur et non la dureté[45].

Les vices des peuples ne sont pas plus une raison suffisante de faire la guerre. Le premier argument que Vitoria oppose vient de l'incapacité juridique du pape sur ces populations: "Il est étonnant que le pape ne puisse légiférer pour les infidèles et qu'il puisse porter à leur égard des jugements et des peines"[46]. Le second argument est tiré *a contrario* du commentaire d'Innocent IV sur la décrétale *Quod super his* (X, 3, 34, 8) d'Innocent III. Pour Sinibaldo de Fieschi, le pape peut punir les païens pour raison de leurs vices (s'inspirant de l'exemple de Sodome, Gn., 19, 24-24, *cum autem Dei judicia sint nobis exemplaria*). Si Vitoria renvoie à ce commentaire autorisé, c'est pour mieux faire ressortir la différence de traitement: "Ceux qui ne sont pas chrétiens ne peuvent accepter le jugement du pape. Celui-ci en effet, ne peut juridiquement les condamner ou punir que parce qu'il est le vicaire du Christ. Or, nos adversaires l'admettent, aussi bien Innocent IV qu'Augustin d'Ancône ou même Antonin ou Sylvestre, on ne peut les punir sous le prétexte qu'ils n'acceptent pas le Christ. Donc pas davantage sous ce prétexte qu'ils n'acceptent pas le jugement du pape, car ceci présuppose cela"[47].

Enfin, Vitoria pose les prémices de la notion de crime contre l'humanité, dès sa leçon sur la tempérance de 1537. S'il rejette l'intervention des princes chrétiens contre des infidèles à raison de leurs fautes contre nature, même munis de l'autorisation du pape, il l'admet dans un cas limite, les fautes mettant en danger

---

44 F. DE VITORIA, Leçons sur les Indiens, II, 2, 4, 2, 10, § 187 (éd. BARBIER [cf. n. 31], p. 68).

45 F. DE VITORIA, Leçons sur les Indiens, II, 2, 4, 6, 15, § 194 et 197 (éd. BARBIER [cf. n. 31], p. 70).

46 F. DE VITORIA, Leçons sur les Indiens, II, 5, 16, § 214 (éd. BARBIER [cf. n. 31], p. 74).

47 F. DE VITORIA, Leçons sur les Indiens, II, 5, 16, § 216 (éd. BARBIER [cf. n. 31], p. 75).

l'humanité même dans la personne de ses membres. Ainsi, en cas d'anthropophagie ou de sacrifices humains, il permet l'intervention des princes. Il s'agit là de protéger l'humanité tout entière en protégeant des vies innocentes[48]. Dans sa leçon sur les Indiens, il reprend partiellement cette distinction, en affirmant "qu'il n'est pas permis au pape de faire la guerre à des chrétiens sous prétexte qu'ils sont fornicateurs, voleurs ou même sodomites. Par conséquent, il ne peut pas confisquer leurs territoires ni les donner à d'autres princes"[49]. L'argument vaut *a fortiori* pour les infidèles, dont les péchés sont moins graves, faute de connaissance suffisante.

Cet argument d'humanité contre les sacrifices humains est repris plus loin, quand il détaille les titres légitimes d'intervention des Espagnols, dont fait partie la "tyrannie des chefs barbares" qui opprime injustement des innocents en prescrivant, "par exemple, de sacrifier des hommes innocents ou même de mettre à mort des hommes non coupables pour les manger"[50]. C'est à ce titre seulement qu'il fait sienne l'opinion d'Innocent IV et de saint Antonin selon laquelle on peut punir des barbares à cause de leurs péchés contre nature : "Si on ne peut supprimer autrement ces coutumes abominables, on peut changer les chefs et établir un nouveau gouvernement"[51]. Ici, le consentement des peuples barbares à de telles pratiques, et le refus d'en être délivrés par les Espagnols ne sont pas des obstacles, car "dans ce domaine, ils ne sont pas libres au point de pouvoir se livrer à la mort, eux ou leurs enfants"[52].

L'on trouve encore des développements faisant appel à des sources canoniques dans ses leçons sur le droit de la guerre. Ainsi fonde-t-il la justesse de la guerre défensive sur le principe *vim vi repellere licet*, qu'il attribue à une loi *Vim vi* (il s'agit du § *Vim vi*, D., 43, 16, 1, 27, que l'on retrouve aussi dans la décrétale *Significasti*, X, 5, 12, 18). Quant à la guerre offensive, il la justifie directement par l'autorité de saint Augustin, puisée au Décret (C. 23, q. 2, c. 2). De façon générale, le *jus in bello* est présenté par Vitoria comme devant se soumettre au bien commun. Il s'autorise du canon *Erit autem lex* (D. 4, c. 2) pour indiquer que "les lois ne doivent pas être faites dans un intérêt privé, mais dans l'intérêt commun des citoyens [...]

48 *De temperentia*, concl. 12, cité in F. DE VITORIA, Leçons sur les Indiens, éd. BARBIER (cf. n. 31), p. XXXI.

49 F. DE VITORIA, Leçons sur les Indiens, II, 5, 16, § 212 (éd. BARBIER [cf. n. 31], p. 74).

50 F. DE VITORIA, Leçons sur les Indiens, III, 5, 15, § 290 (éd. BARBIER [cf. n. 31], p. 97).

51 F. DE VITORIA, Leçons sur les Indiens, III, 5, 15, § 292 (éd. BARBIER [cf. n. 31], p. 98).

52 F. DE VITORIA, Leçons sur les Indiens, III, 5, 15, § 293 (éd. BARBIER [cf. n. 31], p. 98).

par conséquent, les lois de la guerre doivent également être faites dans l'intérêt commun et non dans l'intérêt personnel du prince"[53].

Vitoria se sert à d'autres reprises du droit canonique, sans toutefois y puiser des principes qui intéressent le droit international naissant. Ainsi au sujet de la fuite devant une agression, il s'inspire du commentaire du Panormitain sur la décrétale *Olim* (X, 2, 13, 12) pour permettre une fuite lorsque "la réputation ou l'honneur n'est pas atteint"[54]. Il en va de même pour le principe de la légitime défense, tiré notamment de cette décrétale et de la décrétale *Dilecto* (VI°, 5, 11, 6) Quant aux sujets, Vitoria estime qu'ils doivent obéir à leur prince, quand bien même ils douteraient de la légitimité de la guerre entreprise. Il fonde son opinion sur saint Augustin (*Contra Faustum*, XXII, 75) rapporté par Gratien (C. 23, q. 1, c. 4)[55]. Examinant le sort des biens enlevés pendant une guerre, Vitoria entend le résoudre selon les principes juridiques, tels que puisés dans le Décret. Pour assurer que "les biens meubles deviennent la propriété de celui qui s'en est emparé, même s'ils dépassent ce qui est exigé pour compenser les dommages", il invoque les canons *Ius gentium* (D. 1, c. 9), *Dicat* (C. 23, q. 5, c. 25), *Si de rebus* (C. 23, q. 7, c. 2) ou encore *Dominus Deus noster* (C. 23, q. 2, c. 2), ce dernier à travers le *Rosarium* de Guy de Baisio.

Enfin, il est possible de rattacher quelques-uns de ses développements à des *regulae iuris* issues du droit canonique. La règle *Quod omnes tangit* (VI°, 5, 13, 29) semble inspirer Vitoria au sujet des devoirs des sujets vis-à-vis du prince : "Il ne suffit pas que le roi examine seul les causes de la guerre, car il est vraisemblable qu'il puisse se tromper. Bien plus, son erreur entraînera le malheur et la perte de beaucoup d'hommes. On ne doit donc pas entreprendre la guerre sur le seul avis du roi, ni même de quelques-uns, mais sur l'avis de nombreux citoyens sages et honnêtes"[56]. Il en va de même pour la règle privilégiant le possesseur (*Spoliatus ante omnia restituendus*), devenue sous la plume de Vitoria : "En cas de doute, c'est la situation du possesseur qui prévaut. Il n'est donc pas permis de spolier un possesseur, en cas de doute"[57]. Il tire un parallèle d'avec le droit matrimonial, où,

---

53 F. DE VITORIA, Leçons sur les Indiens, I, 2, § 34 (éd. BARBIER [cf. n. 31], p. 121).

54 F. DE VITORIA, Leçons sur les Indiens, I, 1, § 19 (éd. BARBIER [cf. n. 31], p. 116).

55 Ordinairement, Vitoria cite saint Augustin à travers Gratien, essentiellement la Cause 23.

56 F. DE VITORIA, Leçons sur les Indiens, II, 2, § 68 (éd. BARBIER [cf. n. 31], p. 130). Traduction modifiée.

57 F. DE VITORIA, Leçons sur les Indiens, II, 3, § 78 (éd. BARBIER [cf. n. 31], p. 132).

en cas d'incertitude, "on n'est pas tenu de renoncer à son droit"[58]. Cette règle trouve à s'appliquer entre souverains, pour traiter les conflits : "Le prince qui revendique le droit de possession ne peut être spolié tant que subsiste un doute"[59]. Vitoria cite librement la décrétale *Quum omnes* (X, 1, 2, 6) comme objection à faire aux princes: "soumettez-vous à la loi que vous avez-vous-mêmes portée. Car chacun doit utiliser pour soi le droit qu'il a établi pour les autres"[60].

III. Richard Zouche

Au siècle suivant, l'anglais Richard Zouche se détache de ces principes et se démarque par un emploi très parcellaire du droit canonique[61]. Sa *Juris et judicii fecialis sive juris inter gentes explicatio*, parue en 1650, doit beaucoup à ses coreligionnaires Gentili et Grotius, qu'il cite abondamment. Son information est étendue, et les faits passés, puisés dans l'histoire des Grecs, des Romains ou des autres peuples de l'Antiquité forment un premier ensemble de sources directement exploitées. L'histoire médiévale est aussi l'occasion pour lui d'établir des axes directeurs du droit international, partant du principe assez clair que ce qui s'est fait a vocation à se reproduire[62]. Le fait engendre le droit dans la pensée de Zouche, ce qui le conduit à avaliser à peu près toutes les exactions qui se peuvent commettre durant une guerre. La guerre peut être faite sans être déclarée, et il est loisible de recourir à la fraude durant une guerre[63]. Le "bon dol" autorise

---

58 F. DE VITORIA, Leçons sur les Indiens, II, 3, § 88 (éd. BARBIER [cf. n. 31], p. 133). Il renvoie aux décrétales *Inquisitioni* (X, 5, 39, 44) et *Dominus* (X, 4, 21, 2). Il assure sa lecture d'un commentaire d'Adrien VI (*Quaest. quodlib.* XII, q. 2).

59 F. DE VITORIA, Leçons sur les Indiens, II, 3, § 79 (éd. BARBIER [cf. n. 31], p. 132).

60 F. DE VITORIA, Leçons sur les Indiens, II, 3, § 80 (éd. BARBIER [cf. n. 31], p. 132).

61 V. en dernier lieu, R. HELMHOLZ, Richard Zouche (1590-1661), dans: Ecclesiastical Law Journal 15/2 (2013), p. 204-207, ainsi que sa contribution au présent volume.

62 Ce type de raisonnement ne lui est pas propre, et la doctrine internationaliste du XVIe siècle, notamment pour les questions liées aux ambassades, fait une large part aux sources historiques, cf. A. WIJFELS, Le statut juridique des ambassadeurs d'après la doctrine du XVIe siècle, dans: Rencontres de Montbéliard, 26 au 29 septembre 1991 (Publications du Centre Européen d'Études Bourguignonnes 32), Neufchâtel 1992, p. 131-132: "Les références à l'histoire tiennent une place plus importante que celles aux sources juridiques, même lorsque les auteurs sont des juristes professionnels [...] Chez certains auteurs, la tradition historique sert plus spécifiquement à fournir la justification de principes, même de règles de droit".

63 R. ZOUCHE, Juris et judicii fecialis sive juris inter gentes et quaestionum de eodem explicatio, II, 10, 1: "in bello denuntiatio aliquando ex justa causa omitti potest" (éd. Lugduni 1651, p. 361).

l'emploi de symboles, insignes ou vêtements de l'ennemi pour le tromper[64]. De toute façon, le mensonge est licite[65], tout comme l'usage de poison pour intoxiquer l'eau de l'ennemi ou le détournement des rivières et des sources[66]. Il est permis de tuer les otages, "bien qu'ils ne soient en rien en faute", car il est juste de les punir[67]. Le viol des femmes vaincues n'est point répréhensible, car il s'agit "d'une injure sur le seul corps d'autrui"[68]. Enfin, sont aussi permises la dévastation des temples et objets sacrés[69].

Présentée de la sorte, la méthode positiviste de Zouche le détourne assez radicalement du droit canonique, qui n'est presque pas invoqué. Zouche admet qu'il puisse être appliqué, "là où le droit propre fait défaut". Ainsi, "bien que Luther ait publiqument brûlé les livres du droit pontifical, cependant, dans ces régions de l'Allemagne qui ont embrassé la confession d'Augsbourg, les causes ecclésiastiques qui ne concernent pas la religion se décident, même maintenant, selon le droit canonique"[70].

Les rares occurrences canoniques touchant au droit international font montre d'une opposition systématique. En s'interrogeant sur la dépendance de la dignité impériale au couronnement par le pape, il renvoie, pour la réfuter, à la décrétale *Venerabilem* d'Innocent III (X, 1, 6, 34), ainsi qu'à la lettre adressée par Hadrien à Frédéric, "multo elatius"[71]. Il questionne "le droit sur l'empire d'Occident" pour savoir s'il a été transmis par Constantin au pontife romain, et emporte en conséquence le *dominium mundi*. Il le conteste au nom des arguments de Nicolas de Cuses et de Lorenzo Valla, afin de mieux rejeter l'authenticité de ce texte

---

64 R. ZOUCHE, Explicatio, II, 10, 3: "Jurisconsulti bonum dolum vocant, quem adversus hostem quis machinatur [...] Grotius huc etiam refert actus eorum qui hostium armis, signis, vestibus, velis utuntur. Haec enim omnia ejus generis sunt, ut a quo vis pro arbitrio usurpari possunt" (éd. cit. [cf. n. 63], p. 364-365).

65 R. ZOUCHE, Explicatio, II, 10, 4 (éd. cit. [cf. n. 63], p. 365-366).

66 R. ZOUCHE, Explicatio, II, 10, 5: "Id enim perinde habetur ac si avertatur flumen, aut fontis venae intercepiantur, quod et natura et consensu gentium licitum est" (éd. cit. [cf. n. 63], p. 367).

67 R. ZOUCHE, Explicatio, II, 10, 14: "Etsi nihil peccarint, justum est et expedit, ut Obsides puniantur" (éd. cit. [cf. n. 63], p. 377).

68 R. ZOUCHE, Explicatio, II, 10, 17: "stupra in foeminas alii permiserunt, spectantes injuriam solum in alienum corpus" (éd. cit. [cf. n. 63], p. 380).

69 R. ZOUCHE, Explicatio, II, 10, 19: "in casibus quibusdam, nec templis parcere" (éd. cit. [cf. n. 63], p. 383).

70 R. ZOUCHE, Explicatio, II, 2, 14 (éd. cit. [cf. n. 63], p. 127). Nous reprenons, en la modifiant légèrement, la traduction de R. Zouche, Explication du droit entre les nations, trad. D. GAURIER (Cahiers de l'Institut d'Anthropologie Juridique 21), Limoges 2009, p. 140.

71 R. ZOUCHE, Explicatio, II, 2, 2 (éd. cit. [cf. n. 63], p. 120-121).

contenu dans le Décret de Gratien (D. 96, c. 14)[72]. De la même manière, il réfute les prétentions du roi d'Espagne de détenir les Indes, "ex pontificis Romani donatione", en attribuant à la bulle *Inter coetera* un sens maximaliste qui ne fait pas l'unanimité[73]. Enfin, il opère un simple renvoi linguistique à la glose ordinaire des décrétales, pour appuyer la liberté des sujets des Pays-Bas consentie par le roi d'Espagne[74].

**
*

En définitive, ces trois auteurs, par leurs points de vue très différents, font un usage variable du droit canonique dans leur construction doctrinale du droit international. Le point le plus révélateur est peut-être la faible présence de la 23e cause du Décret de Gratien, pourtant consacrée exclusivement aux questions internationales sous l'angle du droit de la guerre. Bovet apparaît comme trop canoniste, trop dépendant des opinions de ses prédécesseurs, quoiqu'il présente quelques hardiesses soutenues par des arguments canoniques, qui porteront des fruits. Vitoria fait un usage typiquement argumentatif du droit canonique, au service de sa démonstration théologique, sachant employer à sa réflexion *nova et vetera.* Zouche enfin, ne porte aucun intérêt au droit canonique, dont les solutions ont déjà été intégrées au droit international embryonnaire par ses prédécesseurs et ses maîtres. Ces auteurs font tous trois mentir Vanderpol, puisqu'aucun d'eux ne soutient les "erreurs" des glossateurs empêchant l'éclosion d'un véritable droit international. Ainsi, le droit canonique a servi aux premiers penseurs internationalistes, surtout Bovet et Vitoria, à se dégager des conceptions impérialistes ou théocratiques. Il eut bien, en définitive, une influence notable sur la culture juridique européenne.

---

72 R. ZOUCHE, Explicatio, II, 3, 9 (éd. cit. [cf. n. 63], p. 158-160).

73 R. ZOUCHE, Explicatio, II, 3, 10 (éd. cit. [cf. n. 63], p. 160-161).

74 R. ZOUCHE, Explicatio, II, 7, 7 (éd. cit. [cf. n. 63], p. 248). Il s'agit pour Zouche de rappeler que "le mot 'en tant que' reçoit le sens de similitude plutôt que de vérité", en s'inspirant de la glose sur le mot *Tanquam*: "Quod quandoque similitudinem potius quam veritatem notat".

Maria Gigliola di Renzo Villata

Alle origini del diritto internazionale: l'utilizzo delle fonti canonistiche medievali nei primi 'artigiani' cinquecenteschi. Vitoria e … gli altri

1. Una piccola premessa.

Ancora di recente Anthony Pagden, nell'Introduzione scritta per il volume collettaneo della collana Springer *Studies in the History of Law and Justice,* dal titolo ricco di significato *At the origins of Modernity. Francisco de Vitoria and the Discovery of International Law*, inserendosi nel solco in parte tracciato da Carl Schmitt nel 1950[1], ha ribadito che il risultato, pur sempre straordinario, dell'operazione culturale compiuta da Francisco de Vitoria e, in senso più ampio, dai teologi della Scuola di Salamanca era stato di adattare un vocabolario già a lui e a loro familiare. Ciò aveva come presupposto gli studi e le esperienze intellettuali vissute da questi uomini di cultura, tratte dall'interpretazione scolastica convenzionale del diritto naturale e dall'intelaiatura (*frame* è il termine usato da Pagden) giuridica romana del *civil law*. Avveniva così una sorta di 'riciclaggio' o, con termine più ricercato, reimpiego di una cava di materiali che si prestava, anche per la sua tendenziale elasticità acquisita nel corso dei secoli precedenti, a descrivere, in quel crogiuolo di suggestioni, le relazioni tra Europa e un gruppo di popoli, visti da Vittoria come previamente sconosciuti al nostro mondo. Schmitt poneva il tradizionale ordine eurocentrico del diritto internazionale quale *old nomos of the earth*, come sorto dalla conquista del nuovo mondo, con il contributo dei pionieri [2].

---

1 C. SCHMITT, The Nomos of The Earth in the International Law of the Jus Publicum Europaeum, translated and annotated by G. L. ULMEN, Telos Press Publishing, 2003, on line: p. 39, 69.

2 A. PAGDEN, Introduction: Francisco de Vitoria and the Origins of the Modern Global Order, in J. M. BENEITO, J. CORTI VARELA, At the Origins of Modernity. Francisco de Vitoria and the Discovery of International Law, Cham 2017, pp. 1-17, spec. p. 2; v. anche ID., The Burdens of Empire: 1539 to the present, Cambridge 2015, spec. pp. 45-74, spec. p. 49; già ID., Gentili, Vitoria and the Fabrication of a 'Natural Law of Nations', in B. KINGSBURY and B. STRAUMANN eds., The Roman Foundations of the Law of Nations: Alberico Gentili and the Justice of Empire, Oxford 2010, pp. 340–61. V. anche C. FOCARELLI, Introduzione storica al diritto internazionale, Milano 2012, già ID., Lezioni di

Si cita solo il diritto romano e non si considera l'apporto di un'altra fonte, di indubbia rilevanza, quale fu il diritto canonico. Il mio compito, in questa sede, è di mettere in rilievo l'apporto della componente canonistica del diritto comune nello sviluppo del pensiero che portò, nel Cinquecento, a valorizzare alcune concezioni di avvio alla costruzione, alla scoperta di un patrimonio di principi di un diritto internazionale *in progress*[3]. Altri, prima di me nel presente volume, si sono dedicati a peculiari tematiche, coinvolgenti, che segnano una tappa, un punto di una linea per usare espressioni di Paolo Grossi[4], per giungere al risultato della 'scoperta' di una nuova creatura nel mondo del diritto, il diritto internazionale.

Devo, d'altro canto, già premettere subito due mie constatazioni.

La prima, al termine provvisorio delle ricerche intraprese intorno al tema al cuore di queste mie pagine, è che Pagden non ha torto, *prima facie*, nel fare cenno al rilievo del diritto romano nelle costruzioni sistematiche o monografiche dei teologi-giuristi salmantini: questo è, solo facendo una valutazione di tipo comparativo, senza dubbio molto più citato a confronto con le fonti giuridiche canonistiche medievali che tuttavia, a mio avviso, non vanno trascurate[5].

Nè si può tuttavia sottovalutare, a mio avviso, il contributo del pensiero teologico precedente: come è stato affermato da più parti, il teologo subisce, nella sua formazione, anche l'impatto delle sue necessarie conoscenze in punto di diritto; il diritto, inevitabilmente anche nella sua componente canonistica, fa parte della sua *forma mentis* e perciò, quasi in maniera subliminale, certe concezioni si trasmettono, per via indiretta, ai successori. Lo stesso pensiero teologico, nelle sue architravi apprezzate attraverso i secoli, da S. Agostino a Cipriano, almeno in parte si 'recupera' tramite il *Decretum Gratiani*, considerato come una sorta di

---

storia del diritto internazionale (rist ed. 2002 rivista e ampliata), Perugia 2007, spec. pp. 50-54.

3 Cfr., per un primo e significativo approccio alla tematica, A. GARCÍA Y GARCÍA, El derecho canónico en Salamanca en los siglos XV-XVII, in: Zeitschrift der Savigny Stiftung für Rechtsgeschichte, Kan. Abt. 118 (2001), pp. 386-441.

4 Cfr. P. GROSSI, Il punto e la linea. Storia del diritto positivo nella attuale crisi delle fonti, in: Rivista di storia del diritto italiano, 84 (2011), pp. 69-79.

5 A. NUSSBAUM, The Significance of Roman Law in the History of International Law, in: University of Pennsylvania Law Review (UPLR), 100 (1952), pp. 678-687. Ma v. anche J. MULDOON, The Contribution of Medieval Canon lawyers to the formation of international Law (Traditio, 28 (1972), pp. 483-497, ora in ID., Canon law, the expansion of Europe and world order, III, Aldershot 1998; R. LESAFFER, The influence of the Medieval Canon Law of contract on early modern treaty law, in: Proceedings of the Eleventh International Congress of Medieval Canon Law, Catania 30 July-6 August 2000, Città del Vaticano 2006, pp. 449-470.

collectio authoritatum[6], o rivive e viene citato direttamente dalla fonte originaria. Così è per un passo del *Liber quaestionum* di S. Agostino, asse portante della teoria dello *iustum bellum*, laddove richiama la necessità di una giusta causa, integrata da un torto subito, non a caso 'sfruttato' da Vitoria laddove afferma: «Iusta bella solent diffiniri, quae ulciscuntur iniurias, si gens vel civitas plectenda est, quae vel vindicare neglexerit, quod a suis improbe factum est, vel reddere quod per iniurias ablatum est». Il c. 2 della q. 2 della Causa 23, fondamentale *locus materiae* per la nostra tematica, lo recepisce quasi letteralmente [7]. Non si può non rilevare il profondo, inestricabile intreccio tra teologia e morale, che conduce, nel tempo, a riversare nel giuridico l'impostazione morale del problema.

Né poco conto e spazio è riservato nelle grandi trattazioni cinquecentesche, non solo della Seconda Scolastica, agli autori di *Summae confessorum*, in particolare alla *Summa Angelica*, il testo esecrato da Lutero e da lui dato alle fiamme insieme ai testi del diritto canonico, ma soprattutto alla *Sylvestrina* (e all' ampio lemma *bellum*), vera *authoritas* quest'ultima continuamente citata per accoglierne le idee ma anche per rifiutarle, ma entrambe impregnate di giuridicità e generose nel citare il diritto canonico e i suoi interpreti più eminenti, dall'Arcidiacono a Giovanni d'Andrea e, soprattutto, all'*Abbas Panormitanus*.

La seconda attiene ai limiti delle mie ricerche. La consultazione delle fonti nelle quali mi addentravo faceva maturare sempre più in me un'impressione quasi di sgomento per l'impossibilità di dominarle nella loro interezza e complessità: impressione condivisa da altri che, prima di me, hanno affrontato con un forte impegno il *mare magnum* della produzione della seconda scolastica (e non solo), da ultimo da Wim Decock, ma già da Karl Friedrich Stäudlin circa due secoli fa[8].

---

6 Cfr. in proposito CH. MUNIER, À propos des textes patristiques du Décret de Gratien, in: S. Kuttner (cur.), Proceedings of the Third International Congress of Medieval Canon Law, Strasbourg 3-6 September 1968, Città del Vaticano 1971, pp. 43-50 ; ma v. già ID., Les sources patristiques du droit de l'Église du VIIIe au XIIIe siècle, thèse de droit canonique, Mullhouse 1957, spec. p. 208. Utili riflessioni anche in P. GHERRI, Note metodologiche sui rapporti tra Teologia e Diritto canonico nell'Alta Scolastica e i loro riflessi sull'attuale Teologia del Diritto Canonico, in: Ius canonicum, 44 (2004), pp. 539-589, spec. p. 555 ss., dedicate in particolare al ruolo dell'*authoritas*.

7 C.23 q.2 c.2: «*Item Augustinus in libro quaestionum* [VI., quest. 10]...Iusta autem bella solent diffiniri, quae ulciscuntur iniurias, sic gens vel civitas petenda est, quae vel vindicare neglexerit, quod a suis improbe factum est, vel reddere quod per iniurias ablatum est».

8 W. DECOCK, Theologians and Contract Law. The Moral Transformation of the Ius Commune (ca. 1500-1650), Leiden-Boston, 2016, spec. p. 16; già K. F. STÄUDLIN, Geschichte der christliche Moral seit dem Wieraufleben der Wissenschaften [Geschichte der Kunste und Wissenschaften, 2], Göttingen 1808, p. 441.

Fatte queste doverose premesse, non rimane che soffermarsi su alcune fonti che i 'pionieri' del diritto internazionale, a partire da Francisco Vitoria, ormai da molta storiografia indicato come uno dei 'padri' dello stesso diritto internazionale, utilizzano nelle loro opere.

2. Francisco de Vitoria e il diritto canonico

Francisco de Vitoria (il primo grande autore fortemente interessato a questo 'angolo d'osservazione' della condotta umana nei rapporti con il proprio prossimo, integrato in particolare dai *barbari* d'oltreoceano) dedica alla tematica, come si è appena accennato, la *Relectio De Indis,* tenuta intorno al 1° gennaio del 1539 a Salamanca e, a distanza di pochi mesi, il 19 giugno, la *De iure belli*, pronunciata dalla stessa cattedra di *Prima Theologia*, entrambe poi confluite nelle sue tredici *Relectiones theologicae*, destinate comunque ad avere in autonomia un successo (non senza qualche difficoltà) e una fortuna che giunge fino ai giorni nostri[9]. La categoria della guerra giusta, già dibattuta in età medievale, ora

[9] Cfr. da ultimo A. WAGNER, Francisco de Vitoria, in: Great Christian Jurists in Spanish History (Cambridge Studies in Law and Christianity), ed. R. DOMINGO, J. MARTÍNEZ-TORRÓN, Cambridge 2018, pp. 84-97; indi i saggi raccolti in BENEITO, CORTI VARELA (nt. 2), At the Origins of Modernity. Francisco de Vitoria and the Discovery of International Law, in part. v. S. LANGELLA, The Sovereignty of Law in the Works of Francisco de Vitoria, pp. 45-61; già EAD., Le fonti teologiche della dottrina de bello in Francisco de Vitoria tra medioevo e età moderna, in A.A. CASSI (cur.), Guerra e diritto. Il problema della guerra nella esperienza giuridica occidentale tra medioevo e età contemporanea, Soveria Mannelli 2009, pp. 25-37; nonché EAD., Teología y ley natural: Estudio sobre las lecciones de Francisco de Vitoria, Madrid, 2011; inoltre M. KOSKENNIEMI, Empire and International Law: the Real Spanish Contribution, in: University of Toronto Law Journal, 61/1 (2011), pp. 1-36; P. E. VAUTHIER BORGES DE MACEDO, Catholic and Reformed Traditions in International Law. A Comparaison Between the Suarezian and the Grotian Concept of Ius gentium, Cham 2017, spec. pp. 43-54 e N. MATSUMORI, The School of Salamanca in the Affairs of the Indies. Barbarism and Political Order, London 2018, *passim*; ; ma v. già Vitoria Relectio De Indis o libertad de los Indios, ed. crit. bilingue L. PEREÑA, J.M. PEREZ-PRENDES y estudios de introduccion por V. BELTRÁN DE HEREDIA, R. AGOSTINO IANNARONE, T. URDANOZ, A. TRUYOL y, L. PEREÑA, Madrid 1967: v. spec. la *Introduccion*, pp. XIII-CXCII (a questa ed. si farà riferimento anche nelle pagine che seguono). V. inoltre, sul versante della storiografia italiana, A. LAMACCHIA, Francisco de Vitoria e l'innovazione moderna del 'Diritto delle genti'. Introduzione a F. DE VITORIA, Relectio de Indis. La questione degli Indios, Bari 1996, pp. IX-XCIV (con l'ed. ugualmente utilizzata *supra*); C. GALLI, Introduzione a FRANCISCO DE VITORIA, De iure belli, Roma-Bari, 2005, pp. V-LIX. Ma le due *Relectiones* hanno suscitato un interesse storiografico a livello globale: cfr. U. HORST, Leben und Werke Francisco de Vitorias, in F. DE VITORIA, Vorlesungen, Völkerrecht, Politik, Kirche, a c. di U. HORST, H.-G. JUSTENHOVEN, J. STÜBEN, Stuttgart-Berlin-Köln 1997, I, pp. 13-99.

innervata nella questione della conquista del Nuovo Mondo, diventa uno dei punti focali attorno a cui si sviluppa un dibattito e una polemica che non è solo scientifica ma coinvolge questioni sociali, economiche, politiche, in una prospettiva che man mano si allarga in dimensioni di globalità: non solo storici ma intellettuali di diverse competenze scientifiche, politici, ne hanno negli ultimi decenni ripercorso l'itinerario e studiato le coordinate di attualità, anche in contrapposizione alla guerra santa[10].

In esse sono affrontati alcuni temi 'scottanti' in quel momento storico, legati soprattutto alla ricerca di una legittimazione della occupazione spagnola dei territori americani, ad una giustificazione della guerra come strumento di conquista e, dunque, all'elaborazione di una nozione di guerra giusta, tale da rispondere alle istanze di ordine morale, pur sempre emergenti in una società come quella cinquecentesca.

Tuttavia lo sguardo di chi si vuole spingere a ritrovare le radici, le intuizioni di una costruzione che rimanda a un diritto internazionale a portata universalistica, non può limitarsi a quelle due pur fondamentali *Relectiones*.

In quelle che le precedono, in particolare nella *Relectio de potestate civili*, Vitoria, introducendo la questione se le leggi civili obblighino i legislatori e in particolare i re, pone le basi per una caratterizzazione sul piano giuridico di un Diritto delle Nazioni: in un noto passo egli afferma infatti che lo *ius gentium* « non solum habet vim ex pacto et condicto inter homines, sed etiam habet vim legis. Habet enim totus orbis, qui aliquo modo est una respublica, potestatem ferendi leges aequas et convenientes omnibus, quales sunt in iure gentium»[11]. Nelle Lezioni ordinarie condotte a Salamanca a partire dal 1527, sulla base dei Commentari alla *Summa theologiae* tommasiana, aveva già in parte modificato l'identificazione formulata da S. Tommaso tra *ius gentium* e diritto naturale e considerato il diritto delle genti come diritto positivo, vicino sì al diritto naturale in un rapporto tale che «non

10 Cfr. anche sugli 'eventuali' pericoli del suo riproporsi di continuo M. WALZER, Il trionfo della teoria della guerra giusta (e i pericoli del suo successo) (trad. it)., in: ID., Sulla guerra, Roma-Bari 2004, pp. 5-24; già ID., The Triumph of Just War Theory (and the Dangers of Success), in: Social Resarch, 69 (2002), pp. 3-22.

11 VITORIA, Relectio III De potestate civili, n. 21, in: ID., Relectiones theologicae tredecim partibus per varias sectiones divisae, Lugduni, expensis Petri Landry, 1586, p. 120 (è quella che verrà indicata anche nelle pagine che seguono; accessibile anche online, oltre l'ed. del 1586, anche l'ed. VITORIA, Relectiones theologicae XII in duos tomos divisae, Lugduni, apud Iacobum Boyerium, 1557: ivi, nel tom. I, pp. 207-208 la *Relectio de potestate civili*, n. 21. V. ora FRANCISCO DE VITORIA, Relectio de potestate civili. Estudios sobre su filosofia politica. edicion critica por J. CORDERO PANDO (Corpus Hispanorum de Pace, secunda serie; 15; Consejo Superior de Investigaciones Cientificas), Madrid 2008, p.62.

possit servari jus naturale sine hoc jure gentium» ,ma 'riempito di contenuti' quanto alle *conclusiones*, non del tutto necessariamente deducibili dal diritto naturale ma *quasi necessario*. L'origine dello *ius gentium* veniva posta nel *consensus*, «ex condicto hominum»[12].

Nella *De Indis* la definizione che egli dà dello *ius gentium*, attinta alle Istituzioni gaiane e ripresa da quelle giustinianee («quod naturalis ratio inter omnes gentes constituit, vocatur ius gentium»), si discosta dal 'precedente' romano per l'uso del termine *gentes* sostituito agli *homines* delle fonti romane, con il risultato di enfatizzare la natura dello *ius gentium* quale diritto regolante rapporti interstatali piuttosto che interindividuali[13], pure se vi è chi dubita dell'intenzionalità della modifica e opta per un possibile «errore di memoria» del nostro Autore[14].

Non è da meno, riguardo una definizione di un ordine globale, quanto Vitoria stesso afferma, nello stesso *De Indis*, in termini pressoché rivoluzionari, riguardo ad una 'revisione' dei poteri delle due massime autorità universali, che sono ridotti, in questa prospettiva, quanto al Papa, *non dominus totius orbis* nel temporale, all'esercizio di poteri nel temporale solo per la realizzazione del fine della redenzione delle anime, quindi non in grado di legittimare il dominio politico di un principe su terre vecchie e nuove; quanto all'Imperatore, anch'egli *non dominus totius orbis*, così qualificato in forza di argomentazioni 'autoritative', limitato ad una sfera territoriale e soggettiva necessariamente più circoscritta: la decretale *Venerabilem* di Innocenzo III serviva ad avvalorare la tesi di un potere circoscritto dell'Imperatore alla sua giurisdizione: tra gli *argumenta* a favore compare il canone *In apibus* C. C. 7.q.1. 41 che sarà poi più volte ripreso da altri esponenti della scuola spagnola [15].

---

12 VITORIA, Comentarios à la Secunda Secundae de Santo Tomas, t. III. *de iustitia*, q. 57-66: q.57 art. 3 ad 4 e 2, ed. V. BELTRAN DE HEREDIA, Salamanca 1934, pp. 14-16. Cfr. le considerazioni di A. LAMACCHIA, Francisco de Vitoria e l'innovazione moderna del *diritto delle genti*. Introduzione storico-filosofica (nt. 9), spec. pp. LXXXII ss.

13 VITORIA, Relectio V De Indis, sectio III, in ID., Relectiones theologicae (nt. 11), p. 208. Cfr. in questo senso A. NUSSBAUM, A Concise History of the Law of Nations, New York 1954, p. 81.

14 VITORIA, Relectio V De Indis, sectio III, in ID., Relectiones theologicae (nt. 11), p. 208 (v. anche ed. PEREÑA-PEREZ-PRENDES, p. 78; PEREÑA- LAMACCHIA (nt. 9), p. 78. Cfr. Gai Inst. 1.1 : «...quod vero naturalis ratio inter omnes homines constituit, id apud omnes populos peraeque custoditur vocaturque ius gentium, quasi quo iure omnes gentes utuntur »; D. 1.1.9 : «quod vero naturalis ratio inter omnes homines constituit, id apud omnes populos peraeque custoditur vocaturque ius gentium, quasi quo iure omnes gentes utuntur ».

15 VITORIA, Relectio V De Indis, sectio I (nt. 13), pp. 182-188, spec. pp. 188-193 (v. anche ed. PEREÑA-PEREZ-PRENDES, pp. 33-42, spec. p. 35 per il c. *In apibus* («et probant primo,

La tesi favorevole a limitare il campo d'azione del Pontefice era stata sostenuta in termini molto netti fin dal 1532 nella *Relectio de potestate ecclesiae*. Erano addotti svariati argomenti tratti dalle fonti bibliche e da due canoni del *Decretum* di Graziano, il C. 12 q. 1. c. 15 e D. 96 c. 6, l'uno tratto dalle epistole gregoriane sulla donazione di Costantino, l'altro, da un testo di Niccolò Papa sulla distinzione dei due poteri, spirituale e temporale[16]; seguiva l'affermazione recisa che «Papa non habet dominium in terris infidelium, quia non habet potestatem, nisi intra ecclesiam; de his quae foris sunt nihil ad eum», nonché la successiva proposizione sugli infedeli *vere domini*, che si sviluppava poi contestando la tesi 'avversaria'.

Se ne deduceva l'errore di alcuni giuristi e teologi, dall'*Abbas Panormitanus* a S. Antonino, dagli autori della *Summa Angelica* e della *Sylvestrina*[17] a molti altri non nominati specificamente, che reputavano il Papa *dominus orbis proprie dominio temporali*, dotato di autorità e giurisdizione temporale sopra tutti i principi della terra, posizione questa dettata, a suo avviso, da uno spirito di adulazione e

---

8, quaest., can. *in apibus*, ubi Hyeronimus dicit quod in apibus unus est rex et in mundo unus est Imperator»), 43-53; PEREÑA- LAMACCHIA (nt. 9), pp. 33-42, spec. p. 35 per il c. *In apibus*, 43-53. Si riporta il C.7.q.1.c.41 nell'ed. Friedberg: «In apibus princeps unus est; grues unam secuntur ordine litterato; inperator unus, iudex unus provinciae…»). Cfr. quanto scrive E. CORTESE, Il tramonto dell'Impero universale. Un parere di Oldrado e la sua fortuna in Spagna tra Tre e Quattrocento (da Jacobus Ciionis a Petrus Belluga e Rodericus Sancius de Arévalo, in: "Panta rei". Studi dedicati a Manlio Bellomo, a c. di O. CONDORELLI, II, Roma 2004, pp. 23-67, ora in ID., Scritti, a c. di A. e F. CORTESE, III, Roma 2013, 254-301.

16 D. 96. c. 6: «*Nec Inperator iura Pontificis, nec Pontifex iura regia usurpet*».

17 V. ANGELUS DE CLAVASIO, Summa Angelica de casibus conscientiae,secunda pars, lemma Papa, Venetiis, apud Iacopum Sansovinumn Venetum, 1569, fol. 104r; SYLVESTER MAZOLINUS PRIERIATES, Sylvestrina Summa, quae Summa Summarum merito nuncupatur, pars secunda, lemma *Papa*, nrr. 1-2, Lugduni, apud Mauricium Roy et Ludovicum Pesnot sub insigni Salamandrae, 1555, p. 272-273: su questo A. cfr. M. TURRINI, Mazzolini, Silvestro, in: Dizionario Biografico dei Giuristi Italiani, Bologna 2013 (d'ora in poi DBGI), pp. 1313-1314 (già EAD., La coscienza e le leggi. Morale e diritto nei testi per la confessione della prima Età moderna, Bologna 1991, *ad ind.)*; indi S. FECI, Mazzolini, Silvestro, in: Dizionario Biografico degli Italiani (d'ora in poi DBI), 72, Roma 2008, pp. 678-681; inoltre sempre utile la consultazione di P. MICHAUD-QUANTIN, Sommes de casuistique et manuels de confession au moyen âge (XIIe- XVIe siècles), Louvain–Lille-Montréal 1962 (Analecta Mediaevalia Namurcensia, 13), pp. 101-103; M. TAVUZZI, Capréolus dans les écrits de Silvestro da Prierio, in: Jean Capréolus en son temps (1380-1444). Colloque de Rodez… (Mémoire dominicaine, n. spécial, n. 1) 1994, a cura di G. BEDOUELLE - R. CESSARIO - K. WHITE, Paris 1997, pp. 239-258; ID., Prierias. The life and works of Silvestro Mazzolini da Prierio (1456-1527), Durham-London 1997; ID., Renaissance Inquisitors. Dominican Inquisitors and Inquisitorial Districts in Northern Italy, 1474-1527, Leiden-Boston 2007, *a.i.*

desiderio di consenso presso i Pontefici. Se ne salvavano alcuni *cordatiores* giureconsulti come Giovanni d'Andrea.

Non solo: si denunciava la falsità della donazione costantiniana[18], mentre si respingevano altre tesi di segno analogo e ci si appoggiava invece al 'dottissimo' papa Innocenzo III, che espressamente, nella decretale *Per venerabilem*[19], aveva negato di avere potere temporale sopra il Re di Francia. Ancora si respingeva la convinzione diffusa che dal Papa dipendesse l'istituzione di ogni potere temporale, bollando i giuristi di povertà intellettuale («sed glossatores iuris hoc dominium dederunt Papae cum ipsi essent pauperes rebus et doctrina»[20]).

L'altra massima autorità universale secondo l'ordinamento medievale, l'Imperatore, è reputato parimenti *non dominus totius orbis* (se lo fosse, lo sarebbe anche dei *barbari*, ma così non è in forza del ragionamento condotto di seguito), anzi *nunquam Imperator fuit dominus totius mundi* [21], mentre si riconosce la sovranità di ciascuna *Respublica* nell'indire guerre giuste[22].

Nella *Relectio De Indis* il rinvio alla decretale *Per venerabilem*, nella linea già individuata, serve a sottolineare la 'sovranità' dei Re di Francia e di Spagna, pure se non si tralascia di ricordare la glossa alla decretale ora menzionata, che la ritiene «non de iure sed de facto»[23].

Nella *Relectio De temperantia* risalente al 1537 Vitoria discute della liceità della pratica dell'antropofagia e del sacrificio di esseri umani: concludendo per la illiceità si chiede tuttavia (si tratta, come specifica, di una *quaestio moralis*) *an possint principes Christiani sua authoritate ista ratione bellum illis inferre, et quatenus liceat: et si hoc*

---

18 Cfr. al riguardo, per una prima ricostruzione storiografica, D. MAFFEI, La donazione di Costantino nei giuristi medievali, Milano 1964; da ultimo v. A. CADILI, Il veleno di Costantino. La donazione di Costantino tra spunti riformatori ed ecclesiologia ereticale in: Costantino I., Enciclopedia Costantiniana sulla figura e l'immagine dell'Imperatore del cosiddetto Editto di Milano 313-2013, II, Roma 2013, pp. 621-643..

19 Cfr. di INNOCENZO III la dettagliata decr. *Per venerabilem* X.4.17.13 di cui qui riporto un passo: «Rationibus igitur his inducti regi gratiam fecimus requisiti, causam tam ex veteri quam ex novo testamento trahentes, quod non solum in ecclesiae patrimonio, super quo plenam in temporalibus gerimus potestatem, verum etiam in aliis regionibus, certis causis inspectis, temporalem iurisdictionem casualiter exercemus, non quod alieno ìuri praeiudicare velimus, *vel potestatem nobis indebitam usurpare, quum non ignoremus, Christum in evangelio respondisse: „Reddite quae sunt Caesaris Caesari, et quae sunt Dei Deo"*...».

20 VITORIA, Relectio De potestate ecclesiae, in: ID., Relectiones theologicae (nt. 11), p. 36.

21 VITORIA, De Indis, sectio II (nt. 11), pp. 181-188 (a p. 187 «nunquam ... dominus totius mundi»): v. anche ed. PEREÑA- PEREZ-PRENDES, p. 42; PEREÑA- LAMACCHIA (nt. 9), p. 42.

22 VITORIA, Relectio De potestate civili, in: ID., Relectiones theologicae (nt. 11), p. 112 (ed. CORDERO-PANDO (nt 11), p. 114.

23 VITORIA, De Indis, sectio II (nt. 113), p. 187 (v. anche ed. PEREÑA-PEREZ-PRENDES, p. 41; PEREÑA- LAMACCHIA (nt. 9), p.41. V. X 4.17.13.

non possunt, an saltem ex authoritate, mandato, vel commissione summi pontificis hoc possint. I destinatari della guerra sono coloro che hanno questa sacrilega consuetudine, o di mangiare carni umane, o di fare sacrifici *tam nefanda*, «ut sunt barbari isti inventi in provincia Yucatam, id est in nova Hispania». La risposta, formulata attingendo a S. Agostino, all'Arcidiacono e alla *Summa Sylvestrina*, è negativa (con la deroga volta a impedire che si uccidano innnocenti) perché, se pure ci sono nazioni che peccano contro il diritto divino soprannaturale e il rivelato, queste non possono né devono essere coartate ad astenersi da siffatte violazioni, né possono essere 'convinte manifestamente' (*convinci manifeste quod male faciant)*, vale a dire, secondo una plausibile interpretazione, persuase in modo manifesto che commettono il male, e, per conseguenza, *damnari iuridice non possunt*: dunque non è possibile ricorrere alla guerra o altra forma di persecuzione, per quei motivi, per distoglierle da tali peccati. Rimane tuttavia qualche dubbio su questa posizione, attestato dal frammento ritrovato posteriormente e ora edito in più sedi, sì che non si esclude una liceità della guerra al fine di salvare degli innocenti [24].

Ma veniamo alle due *Relectiones*, nelle quali le fonti di riferimento sono variegate: un quasi scontato ricorso frequente alle fonti bibliche si accompagna al pensiero filosofico di Aristotele e teologico di S. Agostino soprattutto, oltre che – è scontato - di S. Tommaso, a sua volta – è cosa nota – largamente tributario del diritto canonico, particolarmente evidente nell'utilizzo del *Decretum* (sarebbero circa duecento le citazioni della sola *Concordia discordantium canonum*)[25].

---

24 Cfr. VITORIA, Relectio IX De temperantia, in ID., Relectiones theologicae (nt. 11), pp. 319-348, spec. 341 , ma v. anche V. BELTRAN DE HEREDIA, Ideas del Maestro Fray Fr. De Vitoria anteriores a las Relecciones «De Indis», a cerca de la colonización de America según los documentos inéditos, in: La Ciencia Tomista, 41 (1930), pp. 145-165 (già in: Anuario Asociación Francisco de Vitoria, 2 (1929-1930), pp. 23-68) V. poi l'ed. a c. di L. PEREÑA, Francisco de Vitoria, Relectio de Indis. La questione degli Indios (nt. 9), p. 101 ss. Cfr. A.A. CASSI, *Ius commune* tra vecchio e nuovo mondo. Mari, terre, oro nel diritto della Conquista (1492-1680), Milano 2004, pp. 54, 379 ss., spec. nota 29 con la trascrizione della *Quinta Conclusio* della *Relectio*; ID., Santa giusta umanitaria. La guerra nella civiltà occidentale, Roma 2015, spec. pp. 74-75. V. in part. su tale profilo da ultimo N. CAPDEVILA, Il sacrificio umano nel dibattito sulla conquista dell'America, in M. GEUNA (ed.), Guerra giusta e schiavitù naturale. Juan Ginés de Sepúlveda ed il dibattito sulla Conquista, Milano 2014, pp. 247-268. Per l'edizione del frammento ritrovato v. FRANCISCO DE VITORIA, Comentarios à la Secunda Secundae de Santo Tomas, q. 141-170, vol. VI, De virtute temperantiae...Appendix II, Salamanca 1952, pp. 500-511, e anche FRANCISCO DE VITORIA, Relectio de Indis, ed. PEREÑA-PEREZ-PRENDES (nt. 11), pp. 101-117; PEREÑA-LAMACCHIA (nt. 9), pp. 101-117.

25 V. C. MOLARI, Teologia e Diritto canonico in S. Tommaso d'Aquino: contesto storico e analisi dottrinale delle opere polemiche sulla vita religiosa, in: Lateranum, nova series, 27 (1961); G. OLIVERO, Fonti grazianee nella dottrina "de statu religionis" in Tommaso

Il diritto romano, pure attraverso alcuni interpreti medievali di peso, vi fa la sua comparsa, come accade per il diritto canonico medievale[26], nutrito, in questo caso, dell'impostazione agostiniana, e talora integrato dai suoi interpreti; non di rado si ricorre alla *Summa Sylvestrina* e all'opera, discussa, di Alessandro VI; alla *Summa Baptistina*, anche se Vitoria sembra prediligere la *Summa Sylvestrina*, come è già emerso (ma altri esempi si potrebbero portare), al punto tale che Carlo Galli può affermare che «la produzione dei canonisti e dei legisti sulla guerra giusta (Raimondo di Peñafort, Bartolo di Sassoferrato, Giovanni da Legnano), abbondante e articolata ma non innovativa, è poi nota a Vitoria attraverso la *Summa* di Silvestro Mazzolini da Priero»[27]. Ancora S. Antonino, l'*Archiepiscopus* (florentinus), quale è rievocato, con la *Summa theologica*, nella *Relectio* (nel 1521 aveva curato l'edizione in quattro volumi della *Summa Aurea*), Agostino d'Ancona, con la *Summa de ecclesiastica potestate*, insieme a Juan de Torquemada, con la *Summa de ecclesia*, sono altri referenti non rari da incontrare, i primi due per esaltare la potestà papale *in temporalibus*, l'altro per negare, *loquendo proprie*, con l'autorevolezza che scaturisce dalla indubbia fama del cardinale spagnolo, il potere temporale del Papa su tutto l'orbe cristiano[28] , nel solco dell'affermazione decisa

---

d'Aquino, in: Studia Gratiana, 3 (1955), p. 433-450. Cfr., tra gli altri, V. LAVENIA, Guerre in età moderna. Antiche e nuove legittimazioni dei conflitti, in: L. Baldissara (ed.), La guerra giusta. Concetti e forme storiche di legittimazione dei conflitti, pp. 27-38, spec. pp. 27-31; nonchè G. PIROLA, La teologia della guerra di Tommaso d'Aquino, in M. CATTOLA (ed.), Figure della guerra. La riflessione su pace, conflitto e giustizia tra medioevo e prima età moderna, Milano 2003, pp. 43-62.

26 Cfr. A. GARCIA Y GARCIA, El derecho canónico medieval y los problemas del Nuevo Mundo, in: Rivista Internazionale di Diritto Comune, 1 (1990), pp. 121-154; v. anche O. CONDORELLI, Il "Decretum Gratiani" e il suo uso (secoli XII-XV)', in: Medieval Canon Law Collections and European Ius Commune, cur. SZ.A. SZUROMI (Bibliotheca Instituti Postgradualis Iuris Canonici Universitatis Catholicae de Petro Pázmány nominatae III/8; Budapest 2006), pp. 170-206; ID., 'Il diritto canonico nel tardo Medioevo (secoli XIV-XV). Appunti per una discussione', in: Rivista Internazionale di Diritto Comune, 19 (2008), pp. 263-267.

27 GALLI, Introduzione a Francisco de Vitoria, De iure belli (nt. 9), p. XXV.

28 VITORIA, De Indis, sectio II, nr. 3 (nt. 11), pp. 188-189 (v. anche ed. PEREÑA-PEREZ-PRENDES, p. 43; PEREÑA- LAMACCHIA (nt. 9), p. 43: AUGUSTINUS DE ANCONA, Summa de ecclesiastica potestate, Paulus De Bergamo, Paulus Lulmius, 1484, per totum; B. ANTONINUS ARCHIEPISCOPUS FLORENTINUS, Summa Sacrae Theologiae, pars tertia, tit. 22, Cap. 5, § 8, Venetiis, apud Bernardum Iuntam et socios, 1571. fol. 397r; SYLVESTER MAZOLINUS PRIERIATES, Sylvestrina Summa (nt. 17), pars secunda, Lugduni, apud Mauricium Roy et Ludovicum Pesnot sub insigni Salamandrae, 1555, lemmi *infidelitas*, nr. 8, p. 37 ; *Papa*, nrr. 7, 10, 11 e 14, pp. 275-276; *Legitimus*, nr. 9, p. 125; Joannis Turrecremata, Summa de ecclesia, lib. II, c. 113 De iurisdictione quam Romanus Pontifex habet in temporalibus, Venetiis, apud Michaelem Tramezinum, 1561, ff. 262v- 265v.

del *doctissimus* Innocenzo III, netta, nella decretale *Per venerabilem*, nell'escludere un potere papale temporale sul regno di Francia. Lo stesso Innocenzo III era invocato nella decretale *Solitae* per affermare la sottomissione della potestà temporale al Papa a finalità spirituali[29], o nella decretale *Quia quaesitum est* di Alessandro III del titolo *De officio delegati* per confermare la potestà temporale del papa *in temporalibus*[30], o nella decretale *Quod super his*, nell'interpretazione data da Innocenzo IV, per escludere un'occupazione 'legittima' da parte dei Cristiani delle terre che erano degli infedeli [31].

Un esempio delle 'preferenze' privilegiate appena accennate è offerto da un passo agostiniano, ripreso nel *Decretum Gratiani* (C.23.q. 1. c. 4) nella Causa 23, punto di riferimento, nelle diverse *quaestiones*, di altri autori dello stesso ambiente. Si tratta del dovere del suddito di partecipare alla guerra indetta dall'autorità superiore, anche se sussiste il dubbio sulle finalità per cui è mossa , diverse rispetto a quelle legittime di un *iustum bellum* (Graziano affronta nella C. 23 una molteplicità di profili in tema di guerra giusta[32]): «Item aperte videtur hoc dicere Augustinus (*Contra Manicheos*): *Iustus si forte etiam sub rege sacrilego militet, recte poteste eo iubente bellare, si quod ei iubetur vel non esse contra Dei praeceptum <certum est vel utrum sit certum non est>* (23, q. 1, c. *Quid culpatur*)[33].

---

29 X. 1.33.6. V. VITORIA, De Indis, sectio II, nr. 3 (nt. 11), pp. 190-191 (v. anche ed. PEREÑA-PEREZ-PRENDES, pp. 49-50; PEREÑA- LAMACCHIA (nt. 9), p. 49-50.

30 X. 1. 29.1. VITORIA, De Indis, sectio II, nr. 3 (nt. 11), p. 192 (v. anche ed. PEREÑA-PEREZ-PRENDES, p. 52; PEREÑA- LAMACCHIA (nt. 9), p. 52.

31 V. VITORIA, De Indis, sectio II, nr. 3 (nt. 11), p. 192 (v. anche ed. PEREÑA-PEREZ-PRENDES, p. 52; PEREÑA- LAMACCHIA (nt. 9), p. 52. Cfr. X.4.17.13; (non X.1.33.6, come scrittto in nota 129 da Lamacchia, p. 52) nonché, sulla stessa linea, INNOCENTIUS IV, Super quinque libros Decretalium, Francofurti ad Moenum, Sigismundus Feyerabendt, 1570, ad X.4.17.13 *Qui filii sint legitimi* c. *Per venerabilem*, fol. 481rv: «Temporalia et spiritualia diversa sunt et diversos iudices habent...»; ma v. anche *ibidem*, ad X. 3.34.8 *De voto* c. *Quod super his*, fol. 429v-430r v. anche ID., Apparatus quinque librorum Decretalium, ad X.4.17.13, in inclita Argentinensi civitate, 1478, n.n. V. sul ruolo del diritto canonico in Vitoria MULDOON, A Canonistic Contribution to the Formation of International Law, in The Jurist, 28/3 (1968), pp. 265-279, in ora in ID., Canon law, the expansion of Europe and world order (nt. 5), II.

32 Cfr. E.-D. HEHL, Kirche und Krieg im XII Jahrhundert: Studien zum kanonische Recht und politische Wirklichkeit, Stuttgart 1980, spec. pp. 57-108; inoltre già G. HUBRECHT, La «juste guerre» dans le Décret de Gratien, in: Studia Gratiana, 3 (1955), pp. 159-177.

33 FRANCISCO DE VITORIA, De iure belli, q. IV, I pars, ed. Galli (nt. 9), pp. 56-57; ma v. anche ID., De iure belli, in ID., Relectiones theologicae (nt. 11), p. 239: «Item hoc argumentum videtur defendere August. Contra Manic. *Iustus si forte etiam sub rege homine sacrilego militet, recte poteste eo iubente bellare: si, quod sibi iubetur vel non esse contra* DEI *praeceptum certum est vel utrum sit certum non est. 23*, q. 1 *quid culpatur*».V. inoltre C. 23 q. 1 c. 4: «*Item eiusdem contra Manicheos* [id est libro XII contra Faustum, c. 74 et 75].... Ergo vir iustus, si forte etiam sub rege, homine

Il frammento estrapolato, parte di una più corposa trattazione sullo *ius in bello* (*Quae sint in bello iure reprehendenda*), si inserisce nell'intelaiatura di un ragionamento sviluppato da Vitoria coinvolgendo nella sua argomentazione diverse *authoritates*. Una è Adriano VI, il papa educatore di Carlo V autore di una raccolta di *quodlibet*, le *Quaestiones quotlibeticae* pubblicate intorno al 1515, propenso ad escludere nel suddito 'perplesso' sulla causa della guerra, se cioè sussista una giusta causa o se questa sia sufficiente, il dovere di partecipare all'azione bellica per la contrarietà della sua condotta alla propria *fides*[34]; un'altra, Silvestre Mazzolini da Priero, la cui reputata *Summa Sylvestrina*, nella corposa voce *bellum*, viene non di rado rievocata (non solo da Vitoria ma da numerosi altri teologi della scuola salmantina) [35], è qui utilizzata per appoggiare la tesi del Pontefice profilando un possibile peccato mortale per chi combatte in una situazione del genere[36]. Il rinvio ad altri luoghi delle opere agostiniane segue poco dopo nello stesso *De iure belli*; altrettanto vale per il *Decretum* nella Causa 23, integrato in gran parte da passi delle stesse: si pensi, ad esempio, a C. 23 q. 1 c. 5 (*Militare non est peccatum*), tratto da Agostino *in libro de verbis domini*, espressamente richiamato tra i rinvii di Vitoria[37]. O a C. 23 q.7 c. 2, tratto da Agostino *contra Petilianum*, indirettamente citato nel *De iure belli* per il tramite della *Summa Sylvestrina* per affermare, riguardo allo *ius in bello*, che chi combatte una guerra giusta – si dice nel testo giustamente – non è tenuto a restituire la preda[38]. Un altro rinvio a C. 23 q. 5 c. 25, di simile contenuto riguardo

sacrilego, militet, recte poteste eo iubente bellare: si, vice pacis ordinem servans, quod sibi iubetur vel non esse contra Dei praeceptum, certum est, vel utrum sit, certum non est, ita, ut fortasse, reum faciat regem iniquitas imperandi, innocentem autem militem ostendat ordo serviendi». Si deve comunque consultare anche l'ed.: FRANCISCO DE VITORIA, Relectio de iure belli o paz dinamica. Escuela Española de la Paz. Primera generación, ed. L. PEREÑA VICENTE, V. ABRIL, L.BACIERO, A. GARCIA, F. MASEDA (Corpus Hispanorum de Pace 6; Consejo Superior DE Investigaciones Cientificas), Madrid 1981, pp. 95-207.

34 Cfr. ADRIANUS VI, Questiones quotlibetice rursus recognitae, Quodlibetis, q. 2, Theod. Martini, 1518, ff. XIIIr-XXIIIIr.

35 Cfr. un esempio tra i tanti nelle pagine di LOUIS DE MOLINA, De iustitia, tom.I, Tract. II, disp. 114, Venetiis, apud Sessas, 1614, col. 406. Ma gli esempi si potrebbero proprio moltiplicare.

36 SYLVESTER MAZOLINUS PRIERIATES, Sylvestrina Summa, quae Summa Summarum merito nuncupatur (nt. 17), pars prima, lemma *bellum I*, n. 10, Lugduni, apud Mauricium Roy et Ludovicum Pesnot, 1553, pp. 88-89.

37 VITORIA, Relectio VI De iure belli, q. I, in ID., Relectiones theologicae (nt. 11), p. 226: «Licet Christianis militare et bella gerere. Haec conclusio est Augustini in multis locis: nam contra Faustum et libro 83 questionum, et de verbis Domini, in sermone de puero centurionis, et ad Bonifatium epistola diserte astruit»; v., con varianti non sostanziali, FRANCISCO DE VITORIA, De iure belli, q. IV, ed. GALLI (nt. 9), pp. 88-89.

38 VITORIA, Relectio VI De iure belli, q. IV *Quantum liceat in bello iusto*, in ID., Relectiones theologicae (nt. 11), p. 248 (v. SYLVESTER MAZOLINUS PRIERIATES, Sylvestrina (supra nt.

al diritto di preda del vincitore, in particolare delle cose mobili, tratto a sua volta da S. Ambrogio e dal suo *De patriarchis*, si accompagna a un richiamo al c. *Ius gentium* della D. 1, derivato da Isidoro («Ius gentium est sedium occupatio, edificatio, munitio, bella, captivitates, servitutes, postliminia, federa pacis, induciae, legatorum non violandorum religio, connubia inter alienigenas prohibita. Hoc inde ius gentium appellatur, quia eo iure omnes gentes utuntur»), integrata a sua volta dalle Istituzioni giustinianee nel titolo *De rerum divisione*, e preceduto da due citazioni del Digesto [39].

Già, nell'avvio della *Questio Prima* del *De iure belli*, destinata ad affrontare il delicato problema *An omnino Christianis sit licitum bella gerere*, riecheggiano i moniti evangelici, trasmessi in età medievale nell'avvio della Causa XXIII del *Decretum*: «Non vos defendentes, carissimi, sed date locum irae» (dalle lettere di S. Paolo ai Romani, 12, 19), oltre che le parole 'classiche' tratte dal Vangelo di Matteo *Si quis te percusserit in unam maxillam, prebe illi alteram* (Mt. 5,39). A questi si contrappone, subito in termini morbidi, un diverso orientamento, più prammatico, volto a considerare le parole dei Vangeli «in consilio, non autem in praecepto», nel solco delle idee appena accennate e ribadite da Agostino[40]. È l'occasione per 'giustificare' la liceità della guerra combattuta dai Cristiani contro i Turchi e per contestare subito Lutero, «qui nihil reliquit incontaminatum», tutto orientato a

---

36), lemma *bellum*, n. 1 e 10, p. 85, 88-89); FRANCISCO DE VITORIA, De iure belli, q. IV, ed. GALLI(nt. 9), pp. 86-87.

39 VITORIA, Relectio VI De iure belli, q. IV *Quantum liceat in bello iusto*, in ID., Relectiones theologicae (nt. 1), p. 248; FRANCISCO DE VITORIA, De iure belli, q. I, ed. GALLI (nt. 9), pp. 86-87. Cfr. D.1.c.9; Inst. 2.1.17: « Item ea quae ex hostibus capimus iure gentium statim nostra fiunt: adeo quidem, ut et liberi homines in servitutem nostram deducantur, qui tamen, si evaserint nostram potestatem et ad suos reversi fuerint, pristinum statum recipiunt»; inoltre D. 49.15. 28: «Si quid bello captum est, in praeda est, non postliminio redit…» e 24: «Hostes sunt, quibus bellum publice populus Romanus decrevit vel ipse populo Romano: ceteri latrunculi vel praedones appellantur. Et ideo qui a latronibus captus est, servus latronum non est, nec postliminium illi necessarium est: ab hostibus autem captus, ut puta a Germanis et Parthis, et servus est hostium et postliminio statum pristinum recuperat.».

40 VITORIA, Relectio VI De iure belli, q. I, in ID., Relectiones theologicae (nt. 11), p. 226: «Quantum ad primum, posset videri quod omnino bella sint interdicta Christianis. Prohibitum enim videtur eis defendere, iuxta illud: Non vos defendentes, karissimi, sed date locum irae. Rom. 12 et Dominus in Evangelio: *Si quis te percusserit in unam maxillam, prebe illi alteram…* ad hoc satis videtur responderi, quod omnia haec sunt in consilio, non autem in praecepto»; v. anche FRANCISCO DE VITORIA, *De iure belli*, q. I, ed. GALLI (nt. 9), p. 6. Inoltre C. 23 q. 1 (ed. E. Friedberg, p. 889-890), ove i frammenti evangelici ora riportati sono frammischiati ad altri passi evangelici.

negarne la liceità. Gentili, come si vedrà, mostrerà analoga posizione per così dire 'eterodossa'[41]

Una linea morbida, più flessibile, si manifesta nel discutere di guerra difensiva, ammessa con più larga messe di giustificazioni. L'approccio con il quale la si affronta è giuridico: il frammento di partenza, con il suo noto contenuto *vim vi repellere licet*, è del Digesto (D. 1.1.3) ma, nel corso del ragionamento, è ben presente la normativa canonistica.

Argumentum ex auctoritate legis, posto in parallelo alla legislazione civilistica, è appunto una decretale di Innocenzo III in tema di legittima difesa, indirizzata al vescovo e al capitolo di Tortona, città lombarda, esplicitamente indicata nella stessa decretale, già presente nella *Compilatio tertia* (3 Com. 2.6.2), poi ripresa nel *Liber Extra* (è la decretale *Olim causa:* X 2.13.12), che si pone come testo di riferimento in De Vitoria per dedurne la liceità/illiceità della guerra difensiva. Si parte dall'analisi della condizione del privato, al quale è riconosciuto il diritto ad una 'legittima difesa' della sua persona e dei suoi beni.

Fino a qual punto possa egli giungere è materia di discussione, che vedrà coinvolti civilisti e canonisti, gli uni più restrittivi nel giustificare la legittima difesa se vi è la possibilità di fuga, gli altri più 'generosi, come Bartolo da Sassoferrato, menzionato espressamente, più proclivi a considerare aspetti più 'mondani' provocati dalla fuga, quali il disonore, e perciò più aperti a dedurre la legittimità di un comportamento di autodifesa.

---

41 Lutero aveva nel 1518, nel 1521 e nel 1529 preso posizione al riguardo: cfr. MARTIN LUTHER, Resolutiones disputationum de indulgentiarum virtute, (Werke, vol. I, ed. critica Weimar 1883, p. 535): «... Licet plurimi nunc et iidem magni in Ecclesia nihil aliud somnient quam bella adversus Turcam, scilicet non contra iniquitates sed contra virgam iniquitatis bellaturi Deoque repugnaturi, qui per eam virgam sese visitari dicit iniquitates nostras, eo quod nos non visitamus eas». Sono proposizioni che saranno poco dopo condannate dalla bolla di Leone X *Exsurge, Domine* (del 5 giugno 1520), che, nell'art. 34, condanna appunto le parole di Lutero nella parte in cui affermava che «proeliari adversus Turcas est repugnare Deo visitanti iniquitates nostras per illos» (Bullarium Romanum, vol. V., Augustae Taurinorum, 1860, p. 751. Sul pensiero di Gentili v. *infra*. V. comunque sulle posizioni di Lutero in materia di diritto J. WITTE JR., Law and Protestantism. The Legal Teachings of the Lutheran Reformation, Cambridge 2012 (trad. it.: Diritto e protestantesimo. La dottrina giuridica della Riforma luterana, a cura di A. PIN, trad.di E. FRONTALONI, Introduzione di B.E.FERME, Macerrta 2012, spec. pp. 73 ss. , oltre a H.J. BERMAN, Law and Revolution II. The Impact of the Protestant Reformation on the Western Legal Tradition, Cambridge (Mass.), London 2003, trad. it. : Diritto e rivoluzione. II. L'impatto delle riforme protestanti sulla tradizione giuridica occidentale, a cura di D. QUAGLIONI, Bologna 2010, *passim*; inoltre ora, nei suoi diversi contributi: Reformation und Recht. Ein Beitrag zur Kontroverse und die Kulturwirkungen der Reformation, hrsg. von C. STROHM, Tübingen 2017.

Dall'ambito privato si passa a quello pubblico, non solo in questo caso ma in un altro, a cui accennerò di seguito: non vi è distinzione/frattura /contrapposizione tra diritto privato e diritto pubblico, come del resto – mi sembra opportuno aggiungere – non esiste una vera cesura nel discorso di Vitoria, tra morale, diritto, politica, guerra [42]. Succede pure nel campo delle istituzioni pubbliche medievali: il diritto romano soprattutto ma anche il diritto canonico, che si occupa della sfera privata degli individui, può servire a 'inventare', a configurare una disciplina da utilizzare in un ambito pubblicistico, quale è quello della guerra, attraverso un uso abile di categorie consolidate nel grande fermento dottrinale.

L'altro esempio che mi corre alla mente è l'utilizzo delle istituzioni tutelari romane per escogitare una soluzione razionale/ragionevole per sottoporre gli Indios a un regime di incapacità parziale, usate, nel caso di specie, per affermare comunque che gli Indios possono essere proprietari: il *dominium*, tema assai caro al pensiero non solo giuridico medievale, diventa una sorta sdi 'chiavistello' per sfruttarne le peculiarità in rapporto ad un'eventuale' regime di incapacità per determinate categorie di soggetti [43].

La condizione di proprietario di costoro è trattata non superficialmente nella *Relectio De indis* sfruttando l'analogia subito accolta tra eretici e infedeli/Indios: «Sed restat utrum saltem ratione infidelitatis perdatur dominium. Et videtur quod sic: quia heretici non habent dominium: ergo nec alii infideles, quia non videntur esse melioris conditionis». Le fonti utilizzate per discutere queste affermazioni sono diverse. Il testo normativo di partenza è una decretale di Bonifacio VIII, la *Quum secundum leges*[44], richiamata più volte per giustificare/legittimare la confisca

---

42 Uso il temine 'ambiti', già utilizzato da Carlo Galli in maniera convincente (v. GALLI, Introduzione a FRANCISCO DE VITORIA, De iure belli (nt. 9), spec. pp. XXXIX-XL, per sottolineare una mancanza frequente di cesura nel modo di interpretare il diritto nell'età medievale tanto presso i giuristi quanto presso i filosofi-teologi. Cfr. L. NUZZO, Il linguaggio giuridico della conquista. Strategie di controllo nelle Indie spagnole, Napoli 2004, spec. p. 138, in cui, tra l'altro, afferma: «Attraverso il filtro di categorie giusprivatistiche si potevano proiettare le pulsioni totalizzanti della *Respublica christiana* anche sulle immense distense dell'Oceano».

43 Cfr. VITORIA, De Indis (nt. 11), pp.171-179 (v. anche ed. PEREÑA-PEREZ PRENDES, p. 24; PEREÑA-LAMACCHIA, p. 24) : v. CASSI, Santa giusta umanitaria (nt. 24), p. 76.

44 VI.5.2.19: «Quum, secundum leges civiles, nefarias, naturae contrarias, incestas nuptias contrahentes eo ipso suarum rerum dominium perdant, et mulier, humanam legem transgrediens et, praesertim parentibus suis non consentientibus, raptoris nuptias eligens, bona omnia quae per legem sibi obvenerant a raptore ac aliis consortibus raptus, ipso iure amittat, certoque casu deferantur in fiscum, ac etiam illicitas species transvehens, aut rerum vectarum professionem omittens earundem specierum et rerum proprietate hoc ipso

dei beni degli eretici, indicati esplicitamente nella decretale papale e assimilati, non senza che l'assimilazione non risulti problematica, agli infedeli. Infatti Vitoria porta subito validi argomenti, fonti bibliche e S. Tommaso, in senso contrario, fino ad arrivare ad affermare che l'impossessarsi di beni di Saraceni, di Ebrei e di altri infedeli equivale a un furto o a una rapina, allo stesso modo che lo sarebbe se commesso ai danni di Cristiani. Nei *Comentarios à la Secunda Secundae* aveva affermato che gli infedeli non perdono il *dominium* a causa della loro infedeltà.

Con questa posizione 'liberale' confliggono tuttavia molte voci: Bonifacio con la sua decretale, che prevede per alcuni crimini, compresa l'eresia, la perdita della proprietà, Giovanni d'Andrea, Konrad Summenhart nel noto *De contractibus*, tributario di una vasta letteratura in argomento (la stessa utilizzata da Vitoria)[45].

Si tratta comunque di stabilire il *terminus a quo* della confisca, con la conclusione che, in tutti i casi, deve concretizzarsi la condanna, a cui seguirà la retroattività della confisca stessa, con la correlata invalidità delle donazioni e vendite compiute dopo il crimine. Francisco Peña e il suo *Directorium*, la *Summa Baptistina* di Angelo Carletti, al lemma *Haeresis*, la stessa decretale e la parallela costituzione giustinianea 'giustificano' siffatta conseguenza: l'*Abbas Panormitanus*, quale *authoritas* di peso, corrobora la complessiva disciplina sulla condizione dell'eretico. Il *Sextus*, qui citato per la decretale di Bonifacio VIII, può essere anche parafrasato, senza una diretta citazione, per affermare che «poenae sunt restringendae et favores ampliandi, quae non solum est regula iuris humani sed etiam naturalis et divini», nel solco della *regula iuris* tramandata dal *Sextus* «odia restringi, et favores convenit ampliari»[46].

Si ricorre ancora al D. 45. c. 5 del *Decretum*, tratto da un canone del Concilio Toletano quarto presieduto da Isidoro di Siviglia (a. 633), per dedurne l'esclusione

---

privetur, et fisco rerum et specierum dictarum proprietas acquiratur: bona haereticorum, qui gravius, horribilius ac detestabilius quam praedicti delinquunt, ipso iure de fratrum nostrorum consilio decernimus confiscata. Confiscationis tamen huiusmodi exsecutio vel bonorum ipsorum occupatio fieri non debet per principes aut alios dominos temporales iuxta Gregorii Papae praedecessoris nostri declarationem, antequam per episcopum loci, vel aliam personam ecclesiasticam, quae super hoc habeat potestatem, sententia super eodem crimine fuerit promulgata».

45 V. VITORIA, Comentarios à la Secunda Secundae de Santo Tomas, t. I, q. ed. V. BELTRAN DE HEREDIA, Salamanca GIOVANNI D'ANDREA, In sextum Decretalium Librum Novella, ad VI.5.2.19 (ma 17 nell'ed. 1612) De haereticis c. *Cum secundum*, ed. Venetiis, apud Haeredem Hieronymi Scoti, 1612, f. 141rv; KONRAD SUMMENHART, Septipartitum opus de contractibus, lib. I, q. 7, concl. 2-3, Hagenau, per Heinricum Gran, impensis et sumptibus providi Ioannis Rynman, 1500, ff. [63v-63r].

46 VITORIA, Relectio VI De iure belli, q. IV, II, in ID., Relectiones theologicae (nt. 11), p. 250: v. per la *regula* del *De regulis iuris*, VI.5.12.15.

di una giusta causa di conquista per costringere gli Indi alla conversione: sarà canone invocato sempre più di frequente dagli altri maestri che si occuperanno della questione[47].

Dunque titoli illegittimi di conquista elencati e sviscerati nelle loro multiformi sfaccettature, appoggiandosi, a sostegno delle proprie posizioni, a una folta dottrina teologica e giuridica. Ma anche titoli legittimi di conquista, nei quali non è difficile scorgere la formulazione di un fascio di diritti individuali, via via riconosciuti a livello dottrinale e poi legislativo: [48].

Così è per lo *ius naturalis societatis et communicationis* e lo *ius peregrinandi*, purchè esercitati senza danno alcuno dei 'barbari' che non possono vietarlo, pure se questi diritti, declinati in modo piuttosto unidirezionale, potrebbero apparire come una sorta di lasciapassare all'imperialismo e al colonialismo[49]: ad avallarli è lo *ius gentium*, definito nei termini della *Relectio De indis* («quod naturalis ratio inter omnes gentes constituit, vocatur ius gentium»), secondo un intreccio e una 'fusione' tra diritto romano e canonico, con il diritto romano più volte invocato riguardo alla comunione dei beni, accanto ad una legge 'umana' che, se fosse proibitiva, sarebbe *irrationabilis*, e ad Agostino, cinghia di trasmissione del detto evangelico *Diliges proximum tuum,* integrato da *manifestum est omnem hominem proximum esse* [50].

---

47 VITORIA, De Indis, sectio III (nt. 11), p. 200 (v. anche ed. PEREÑA-PEREZ PRENDES, p. 66 ; ed. PEREÑA- LAMACCHIA (nt. 9), p.66). D. 45 c. 5: «De Iudeis autem precepit sancta sinodus nemini deinceps vim ad credendum inferre. Cui enim vult Deus miseretur, et quem vult indurat. Non enim tale inviti salvandi sunt, sed volentes, ut integra sit forma iusticiae…».

48 Cfr. tra la vasta storiografia A. GUZMAN BRITO, *El derecho como facultad en la neoescolástica espánola del siglo XVI*, Madrid 2009.

49 Cfr. A. ANGHIE, Imperialism, Sovereignty and the Making of International Law, Cambridge 2002, spec. pp. 13-31, in un'interpretazione che comunque appare un po' eccessiva se confrontata con altre posizioni presenti in Vitoria, come, ad es., nella *Relectio de temperantia* (*supra*, testo corrispondente alla nt 24).

50 VITORIA, De Indis, sectio III (nt. 11), pp. 208-209, spec. 209 (v. anche ed. PEREÑA-PEREZ PRENDES, pp. 78-79; PEREÑA- LAMACCHIA (nt. 9), pp. 78-79) : «Decimo, iure natuali communia sunt omnium, et aqua profluens et mare, item flumina et portus , atque naves iure gentium undecunque licet applicare. Institu. De rerum divisione». Si riporta il passo delle Istituzioni giustinianee (Inst. 2.1.1-4), trascritto da Vitoria in alcune sue parti: «1. Et quidem naturali iure communia sunt omnium haec: aer et aqua profluens et mare et per hoc litora maris. nemo igitur ad litus maris accedere prohibetur, dum tamen villis et monumentis et aedificiis abstineat, quia non sunt iuris gentium, sicut et mare. 2. Flumina autem omnia et portus publica sunt: ideoque ius piscandi omnibus commune est in portibus fluminibusque. 3. Est autem litus maris, quatenus hibernus fluctus maximus excurrit. 4. Riparum quoque usus publicus est iuris gentium sicut ipsius fluminis: itaque navem ad eas appellere… ».

Si aggiunge lo *ius commercii*, compreso nella fascia dei diritti dello *ius gentium*, configurato con caratteri di reciprocità e specificato come diritto di 'importazione', per così dire, delle proprie merci, carenti nei paesi di importazione, e di esportazione delle merci dei 'barbari', concretizzate in «aurum, vel argentum, vel alia, quibus illi abundant»: le *authoritates* di rinvio in questo caso sono evangeliche, un frammento del Digesto (la l. *ut vim*) che afferma un vincolo di *cognatio* tra tutti gli uomini e ... Ovidio («Contra ius naturale est, ut homo hominem sine aliqua causa aversetur. *Non enim homini homo lupus est*, ut ait Ovidius, *sed homo*») con il monito alla fratellanza nei confronti dei propri simili, in termini che siamo abituati a considerare piuttosto hobbesiani, di origine invece plautina secondo la genesi avallata da Erasmo negli *Adagia*[51].

Ancora *lo ius praedicandi et annuntiandi evangelium in provinciis barbarorum... caussa religionis Christianae propagandae*, fondato sulla ben nota esortazione del Vangelo di Marco, che promuove una vocazione della chiesa missionaria «Euntes in mundum universum, praedicate evangelium omni creaturae»: la missione di evangelizzazione – argomenta Vitoria – potè essere demandata dal Papa agli Spagnoli vietando agli altri di provvedere. Ma anche questo titolo 'legittimo' non giustifica una guerra, né l'occupazione delle terre da evangelizzare se la propagazione della fede avviene con il 'permesso' dei *barbari*; se non c'è *iniuria*, la guerra non ha ragion d'essere; altro è se i barbari commettono atti ostili contro chi giunge nella loro terra con finalità missionaria. Altro titolo può essere se *bona pars barbarorum* è già convertita ma rimane un principe 'infedele'; allora Vitoria, utilizzando ancora una volta l'*argumentum a simili*, giustifica un'azione violenta sì da consentire l'insediamento di un principe cristiano facendo leva sullo scioglimento del vincolo matrimoniale in caso di conversione della moglie a fronte di un marito non convertito: il *favor fidei*, alla base della decretale *Quanto* del titolo *De divortiis* del *Liber Extra* (X.4.19.7) offre un valido appiglio per trarre un 'valido motivo a suffragio della tesi accolta[52]. Un ulteriore titolo legittimo si

[51] *Ibidem*, pp. 209-210. V. Erasmus Rotterodami, Adagiorum, chiliades, centuria prima, 70, Basileae, ex officina *Joannis Alberti Widmistadii* (a mano, con indicazione a stampa del tipografo cancellata nell'ed. presente nella Bayerische National Bibliothek), 1541/42, fol. XIVv: « Homo homini lupus... Lupus est homo homini non homo, qui qualis sit non novit».

[52] VITORIA, De Indis, sectio III (nt. 11), p. 213 e 216 (v. anche ed. PEREÑA-PEREZ PRENDES, p. 87, 89. 92-93; PEREÑA- LAMACCHIA (nt. 9), p. 87, 92-93), per il rinvio a X. 3.34.8 e X.4.19.7): v. Marc. 16.15. Su questo 'titolo legittimo' di conquista cfr. da ultimo D.S. ALLEMANN, Empire and the Right to Preach the Gospel in the School of Salamanca, 1535-1560, in: The Historical Journal, 62, 1 (2019), pp. 35-55 (online: https://www.cambridge.org/core/terms. https://doi.org/10.1017/S0018246X18000079.

identifica nella scelta veramente libera dei barbari, « ipsi intelligentes» la prudente amministrazione degli spagnoli e la loro umanità, di accogliere il re di Spagna come sovrano: basterebbe a sostenere simile opzione il consenso della maggior parte, dove il principio maggioritario, alimentato da una solida tradizione canonistica, rivela la sua valenza. É l'occasione per riportare alla memoria un episodio della storia franca legato alla deposizione di Childerico e all'ascesa al trono di Pipino, che il Papa Zaccaria approvò: sotto traccia si può scorgere un canone del *Decretum*, il C. 15.q.6.c.3 sull'operare di quel papa «omnesque Francigenas a iuramento fidelitatis absolvit»[53].

Al di là dei titoli legittimi a giustificazione della guerra, occorre comunque avere sempre di mira la pace e la sicurezza tra i popoli belligeranti perché, riecheggiando le parole di Agostino, «finis belli est pax et securitas, uti dicit Aug. Ad Bonifacium». È il principio affermato nel *Decretum* (C. 23.q.1.c.3): sono le stesse parole del *De indis* e del *De iure belli*, nel solco della dottrina agostiniana, a chiosa della liceità condivisa, tanto della guerra difensiva quanto della offensiva, sotto determinate condizioni [54].

---

53 VITORIA, De Indis, sectio III (nt. 11), p. 217-218 (v. anche ed. PEREÑA-PEREZ PRENDES, p. 95; PEREÑA- LAMACCHIA (nt. 9), p. 95). Sul principio maggioritario e le sue origini esiste una vasta storiografia: v. ad es. E. RUFFINI, Il principio maggioritario nella storia del diritto canonico (1925), ora in ID., La ragione dei più. Ricerche sulla storia del principio maggioritario, Bologna 1977; ID., Il principio maggioritario, profilo storico, Milano 1977; A. ESMEIN, L'unanimité et la majorité dans les élections canoniques, in: Mélanges Fitting, Montpellier 1907-1908, rist. Frankfurt am Main 1969, vol. I, pp. 355-382; P. GROSSI, Unanimitas. Alle origini del concetto di persona giuridica nel diritto canonico, in: Annali di storia del diritto, 2 (1958), pp. 229-331; J. GAUDEMET, Unanimité et majorité. Observations sur quelques études récentes (1960), ora in ID., La société ecclésiastique dans l'Occident médiéval, London 1980, n.11 ; O. CONDORELLI, Principio elettivo, consenso, rappresentanza. Itinerari canonistici su elezioni episcopali, provvisioni papali e dottrine sulla potestà sacra da Graziano al tempo della crisi conciliare (secoli XII-XV), Roma 2003 ; A. GLOMB, Sententia plurimorum. Das Mehrzeitprinzip in den Quellen des canonischen Rechts und im Schriftum der klassischen Kanonistik, Köln- Weimar-Wien 2008 ; A. Padoa Schioppa, Note sul principio maggioritario nel diritto canonico classico, in: Studi in ricordo di Pier Giusto Jaeger, Milano 2012, pp. 145-158, ora in ID., Studi sul diritto canonico medievale, Spoleto 2017, pp. [229]-[240].

54 VITORIA, De Indis, sectio III (nt. 11), p. 212 (v. anche ed. ed. PEREÑA-PEREZ-PRENDES, p. 85; PEREÑA- LAMACCHIA (nt. 9), p. 85, ma anche ID., De iure belli, in ID., Relectiones theologicae (nt. 11), p. 227, ed. Galli (nt. 9), p. 12, di cui si segue la trascrizione condotta sulla ed. PEREÑA VICENTE ET ALII: FRANCISCO DE VITORIA, Relectio de iure belli o paz dinamica (nt. 33), p. 106 .«quia finis belli est pax et securitas Reipublicae, et (*ut: ed. 1586*) <Augustinus inquit de verbis Domini et ad Bonifacium. Sed non potest esse securitas in Republica> nisi hostes coerceantur metu belli ab iniuria…». Le parole tra parentesi acute

3. Alle origini del dirittto internazionale, il diritto canonico e … gli altri.

Si è cercato, nelle pagine che precedono, di tracciare una sorta di bilancio delle fonti canonistiche utilizzate da Vitoria per corroborare le sue posizioni su punti cruciali del dibattito internazionalistico agli albori. Nel prosieguo, come ho già in parte rilevato, non sarà possibile volgere lo sguardo, con pretese di completezza, dalla prospettiva qui abbozzata, alla cospicua letteratura accumulatasi nel Cinquecento. Ci si limiterà perciò a qualche assaggio, nella convinzione, nutrita nel corso delle ricerche, che le fonti fondamentali a cui ricorrrono i *doctores* e teologi, protagonisti e comprimari della *duda indiana*, siano, per lo più, ricorrenti, anche se, qua e là, si rende, a mio avviso, evidente la volontà di giungere ad una sorta di *vulgata* condivisa, volta alla regolarizzazione dei rapporti tra Spagnoli (ed europei) e Amerindi… nel segno della pace e di un superamento di una conflittualità dannosa.

Il domenicano Domingo de Soto, nel trattare *utrum Imperator sit dominus orbis*, riprende i consueti argomenti sviluppati nel corso dei secoli a favore e contro («de hac quaestione bipartiti sunt utriusque iuris doctores…») appoggiandosi alle tradizionali *authoritates* normative e dottrinali: così succede, ad esempio, per il c. *In apibus*, interpretato secondo una precisa linea tesa a sottolineare la coesistenza, a livello globale, di una pluralità di comunità politiche («Quia inter apes unicus est dux omnium , quae sunt in orbe, sed cuiuslibet alvearis unus»)[55]. Domingo de

---

potrebbero essere integrazioni dei discepoli autorizzate da Vitoria, divergenze tra i testi originali o integrazioni dei curatori (v. GALLI, Introduzione (nt. 9), p. LIX).

55 DOMINICUS SOTO SEGOBIENSIS, De iustitia et iure libri decem, l. IV: De dominio in genere, q. IV, de peculiari quorundam dominio, art. 2 utrum imperator sit dominus orbis, Venetiis, apud Minimam Societatem, 1568, fol. 86v-87v, spec 87v, in me: («Illud autem Hieronymi can. in apibus hoc tantum docet quod sit unus Imperator unius reipublicae; haud tamen affirmat universum orbem sub uno Imperatore degere in temporalibus; sed quod in toto Christianismo est unus ad qum Imperia Turcarum et Saracenorum, quae Christiani iuris fuerunt, attinent. Quia neque inter apes unicus est dux omnium, quae sunt in orbe, sed cuiuslibet alvearis unus» (il C.7.q.1.c.41 a nt. 14); v. anche ID., Relectio de dominio (1534), in: ID., Relecciones y Opúsculos, I, Introducción, edición y traducción de J. BRUFAU PRATS, Salamanca 1995, p. 176: v. G. ROSSI, La «Relectio de dominio di Domingo de Soto: una riflessione tra teologia e diritto, in: I beni di questo mondo. Teorie etico-economiche nel laboratorio dell'Europa medievale: Atti del Convegno della Società Italiana per lo Studio del Pensiero Medievale (S.I.S.P.M.), Roma, 19-21 settembre 2005, Porto 2010, pp. 305-326, volto alla ricostruzione del concetto di dominio in questo autore, sulle tracce del pensiero 'protomoderno' di Gerson e Summenhart (online: https://www.brepolsonline.net/doi/abs/10.1484/M.TEMA-EB.4.00871; D. TARANTO,

Soto dunque da una parte contesta la posizione dell'Imperatore *totius mundi dominus*, dall'altra afferma, nel 1534, nella *Relectio de dominio*, di non conoscere il diritto in base al quale la Spagna occupava il dominio d'Ultramar.

Ma le citazioni a proposito dei temi qui affrontati sono numerose. Nella *quaestio 40 de bello*, conservata in un manoscritto della Biblioteca Universitaria di Coimbra, si discute di *bellum iustum* da diverse angolazioni, da una più generale alla liceità di un ricorso alle armi per vescovi ed ecclesiastici, nonchè all'uso di *insidiae* nelle operazioni belliche, o del guerreggiare nei gioni festivi in quattro articoli. I richiami alla C. 23 in più canoni e a decretali, compresa la *Quid culpatur* del *Liber Extra*, oltre che alle *Clementinae*, puntellano le argomentazioni in una prospettiva di 'giustificazione' della guerra condotta sotto determinate condizioni. Riguardo alla liceità di un combattimento nei giorni festivi la decretale *Licet* del *Liber Extra*, che autorizza la pesca e la caccia nelle festività per procurarsi il cibo in condizione quindi di necessità, serve a Soto, in forza dell'*argumentum a simili*, ad un'applicazione in punto di guerra *pro bono pacis*: «Secundo respondeo quod parare necessaria pro bono pacis est aliqua ratio boni publici, et pro bono publico sine dubio licet bellare etiam in diebus festis»[56].

Ricorrre a testuali richiami del diritto canonico anche nel *Sumario*, che egli scrisse nel 1550 in occasione dei lavori della Giunta di Valladolid: l'intenzione era di offrire una diligente sintesi delle posizioni emerse nel dibatttito in seno alla Giunta tra Sépulveda e Bartolomé de las Casas, incentrato sulle forme e la modalità conformi a diritto, di evangelizzazione nel Nuovo Mondo e sulla liceità di sottomissione delle popolazioni d'Ultramar, non senza che aleggiasse sullo

---

La "Bolla Alessandrina" e la guerra giusta. Note sul rapporto tra l'ecclesiastico, il politico e il religioso in Sepúlveda, in: GEUNA (ed.), Guerra giusta e schiavitù naturale (nt. 24), pp. 31-52, spec. pp. 34-35; v. già BELTRAN de HEREDIA O.P., Domingo de Soto.Estudio biográfico documentado, Salamanca, s.n., 1960; B. HILL, Domingo de Soto, in: Great Christian Jurists in Spanish History (nt. 9), pp. 134-156; inoltre cfr. A. BRETT, Il territorio e lo ius peregrinandi: la In causa pauperum deliberatio di Domingo de Soto, in M. FERRONATO-L. BIANCHIN (eds.), Silete theologi in munere alieno, Alberico Gentili e la seconda scolastica, Padova 2011, pp. 293-310; da ultimo W. DECOCK, Social Crisis and Rule of Law. Domingo de Soto on the Rights of the Deserving Poor, in: Rivista Internazionale di Diritto Comune 28 (2017), pp. 301-319, spec. p. 315 ss.

56 DOMINGO DE SOTO, Questio 40 de bello, in: FRANCISCO DE VITORIA, Relectio de iure belli o paz dinamica (nt. 33), pp. 299-322. Oltre al rinvio alla C. 23 q. 1. c. 4 *quid culpatur* (v. testo corrispondente alla nt. 33), vi sono rinvii alla C. 23 q. 8. C. 15 *Si nulla* (non *Si multa*, come si legge nell'ed. cit. p. 322), a X. 5.39.34 e a Clem. 5.4 *de homicidio* riguardo ai clerici che uccidono e non vengono colpiti da *irregularitas* purchè si difendano «cum moderamine inculpatae tutelae».

sfondo la questione della legittimità di una guerra contro gli Amerindi per scopi di evangelizzazione[57].

Non era stato da meno, nel rinvio al diritto canonico, nella contesa che lo coinvolge quale 'difensore' di una guerra giusta condotta dagli Spagnoli nelle Indie, Juan Ginés de Sepúlveda nel suo *Democrates segundo o de la iustas causas de la guerra contra les Indios*, opera tribolata già pronta intorno al 1544/45, al tempo al centro di pareri divergenti da parte di organi autorevoli. Il *Democrates segundo* e le argomentazioni che ne sono la sostanza sarà poi ripreso nell'*Apologia*, scritta dallo stesso Sepúlveda nel 1550, in occasione dei lavori della Giunta di Valladolid e dell'acceso dibattito che ne seguì, soprattutto tra il primo e Bartolomé de Las Casas, che scrisse per l'occasione la sua *Apologia*, a noi nota in latino, anche contrastando Vitoria riguardo i titoli addotti dal teologo, in particolare sulla legittimità di una guerra per difendere gli nnocenti ed escludendo l'uso della forza pure in caso di sacrifici umani, compiuti per 'ignoranza scusabile [58].

Sepúlveda si pone su posizioni nettamente contrapposte a quelle di Vitoria e di Bartolomé de Las Casas, ma non esita a ricorrere agli stessi capisaldi del pensiero di Vitoria: un esempio è S. Agostino, citato con grande frequenza, addirittura quasi in esordio, per un passo di una sua epistola *ad Bonifacium*, poi

---

57 Cfr- DOMINGO DE SOTO, Prologo, in BARTOLOME DE LAS CASAS, Obras, Sevilla, en casa Sebastián de Truguillo, 1552, pp. 63-78.

58 Cfr. da ultimo i saggi in M. GEUNA (ed.), Guerra giusta e schiavitù naturale. Juan Ginés de Sepúlveda ed il dibattito sulla Conquista (nt. 24), spec. M. SCATTOLA, La risposta di Diego de Covarrubias a Juan Ginés de Sepúlveda sulla guerra giusta e sulla schiavitù, , spec. pp. 169-191; S. DI LISO, Sepúlveda, Las Casas e il dibattito di Valladolid, pp. 137-155 (già ID., Introduzione. La controversia sugli Indios e la Giunta di Valladolid, in B. DE LAS CASAS, J. GINES DE SEPULVEDA, La controversia sugli Indios, a c. e con un'introduzione di S. DI LISO, Bari 2007, pp. 3-67); S. PIETROPAOLI, Las Casas e Sepúlveda: due modelli del diritto internazionale moderno, pp. 157-168; I. BIROCCHI, Juan Ginés de Sepúlveda internazionalista moderno? Una discussione sulle origini della scienza moderna del diritto internazionale, in: A Ennio Cortese, Roma 2001, pp. 105 ss.; già M. MAHN-LOT, Bartolomeo de las Casas e i diritti degli Indiani, trad. it. Milano 1985, ried. 1998, *passim*, spec. pp. 163 ss. V. poi JUAN GINES DE SEPULVEDA, Democrates segundo o de la iustas causas de la guerra contra les Indios, Edición y Traducción de A. LOSADA, Madrid 1984 (riprod. ed. 1951), spec. p. XIV-XVI (per le vicende complesse dell'opera nell'iter di approvazione della stampa), G. TOSI, La teoria della schiavitù naturale nel dibattito sul Nuovo Mondo (1510-1573). "Veri domini" o "servi a natura"?, in: Divus Thomas, 33, 105 (2002), pp. 35-37. Le due *Apologie* si possono leggere, l'una di Sepúlveda, in W. GHIA, Tra Spagna, Italia e Nuovo mondo: il pensiero politico di Juan Ginés de Sepúlveda, con in appendice una sezione antologica di testi tradotti da F.A. Preziosi, Napoli 2008, pp. 91-123; il *Sumario* di Domingo de Soto in: DOMINGO DE SOTO, Relecciones y Opúscolos, I, Salamanca 1995, pp. 199-233, ed. crit. a c. di J. BRUFAU PRATS (in trad. italiana in B. DE LAS CASAS, J. GINÉS DE SEPÚLVEDA, La controversia sugli Indios, pp. 74-137).

trasmesso al Medioevo anche per il tramite di Graziano (C. 23 q. 1 c. 3): «Non enim pax quaeritur, ut bellum exerceatur, sed bellum geritur, ut pax acquiratur»[59]. Ma compare anche lo stesso *auctor gravissimus Gratianus* (D. 9 c. 5) per ricordare, utilizzando S. Agostino e il *De civitate Dei*, che il diritto naturale « nihil aliud praecipitur quam quod Deus vult fieri, nihil aliud vetatur quam quod Deus prohibet fieri» (D. 9.c. 11) [60], o per trasmettere un frammento di Isidoro sulle finalità delle leggi che sono finalizzate «ut earum metu coerceatur audacia, tutaque sit inter improbos innocentia et in ipsis improbis formidato supplicio refrenetur audacia, et nocendi facultas» (D. 4.c.1)[61], o per riportare alla memoria il monito di Papa Giovanni VIII «facientis proculdubio culpam habet, qui quod potest corrigere negligit emendare» (D.86.c.3) e del Papa Damaso (e pure di Anastasio) del medesimo contenuto («qui potest obviare, et perturbare perversos, et non facit, nichil est aliud quam favere impietati (eorum)» e stigmatizzare la condotta di coloro che si sono comportati nelle colonie americane nei confronti degli 'infedeli' 'loro affidati', sì da tormentarli «exactionibus intolerandis, vel iniquissima servitute, et assiduis nec ferendis laboribus...», qualificati, sulla scorta di S. Paolo, «infideli deterior, quanto is nequior», [62] o per riportare alla memoria le parole di Papa Nicolò rivolte ai Bulgari, che giustificano la guerra se necessaria « pro defensione tam sua quam patriae» (C. 23. q. 8.c. 15)[63], o per riprendere le tre *iustae causae* sviluppate dalle dottrine cristiane della guerra giusta, *vim vi repellere licet*, *rerum repetitio* e *iniuriarum ultio*. O per trasmettere l'esortazione, presente nell' ottavo Concilio Toletano e nella dottrina di Gregorio Magno, condivisa pure da Beda e da Gerson, a preferire il male minore a fronte di uno peggiore se ricorre «publica, et magna commoditas», al punto tale da far considerare il male un bene, secondo le affermazioni di S. Paolo, nel solco di una tradizione medievale del *bellum iustum*, o l'invito, contenuto nel quarto concilio toletano, a promuovere da

---

59 JUAN GINÉS DE SEPÚLVEDA, Democrates segundo, ed. A. LOSADA (*supra*, nt. 58), p. 5. (sull'A. cfr. la nota precedente).

60 *Ibidem*, p. 10.

61 *Ibidem*, p. 94.

62 *Ibidem*, p. 124: v. D.86 c.3 (non D.18 c. *facientis*, come in nota 318, ed. LOSADA, secondo i mss A,B,D, dell'opera) e C.23. q.3 («eorum», tra parentesi nel testo, si ritrova nel testo del canone grazianeo; a Papa Anastasio, come pure a Damaso è attribuito il canone nell'edizione Richter del *Decretum*). Di S. Paolo è menzionata la 1 Timot.5 [8].

63 *Ibidem*, p. 68.

parte di probi Spagnoli il progresso, l'educazione, l'istruzione e l'evangelizzazione dei popoli soggetti[64].

Bartolomé de las Casas d'altro canto, l'indomito avversario di Sepúlveda, straordinariamente erudito quale si dimostra nelle sue opere, è un fruitore a piene mani del diritto canonico: basta, per averne una significativa dimostrazione, scorrere il *Tratado comprobatorio del Imperio soberano*, risposta argomentata alle critiche di alcuni membri del Consejo Superior de las Indias sul diritto dei re Spagnoli sulle terre indiane, a supporto della diciassettesima e diciottesima proposizione (delle trenta che aveva formulato) ruotanti intorno alla nevralgica questione. Dal *Decretum* al *Liber Extra*, dal *Sextus* alle *Clementinae*, è tutto un susseguirsi di riferimenti normativi, che sostanziano il suo argomentare, di continuo sorretto dall'autorevolezza delle fonti a supporto, con l'intento di rafforzare sul versante giuridico le sue *proposiciones* più delicate su quello per così dire politico [65]. Ma sono un'altra prova eloquente i suoi *Aviso y reglas para los confessores que oyeren confesiones de los españoles que son o han sido en cargo a los indios de las Indias del mar Océano*, vale a dire il suo *Confesionario*, risalente al 1546, nei quali si fissavano regole per i confessori impegnati a confessare soggetti variamente coinvolti nella conquista, dai *conquistadores* agli *encomenderos* ai mercanti di armi utilizzate nelle operazioni belliche. Tra queste regole alcune si 'giustificavano' proprio ricorrendo a capitoli delle decretali del *Liber Extra* e del *Sextus*: il c. *Super eo de raptoribus* (X.5.17.2) e il c. *Quamquam, De usuris* (VI.5.5.2) che, rispettivamente,

---

64 DE SEPULVEDA, Democrates segundo (nt. 58), p. 77: v. D. 13 c. 1 e 2, rispettivamente tratti da Concilio Toletano VIII, c. 2 e da Gregorio Magno, In moralibus, parte VI, lib. 35, c. 14[in c. 40 Io b. l. 32. c. 17,18, 19 e 20]; p. 122: tratto da Concilio Toletano IV c. 56. Sull'A.

65 Cfr. BARTOLOME DE LAS CASAS, Aquí se contienen Avisos y reglas para los confessores que oyeren confesiones de los españoles que son o han sido en cargo a los indios de las Indias del mar Océano, ff. 1-16, e Tratado comprobatorio del Imperio soberano y principado universal que los reyes de Castilla y Leôn tienen sopre Las Indias, compuesto par el obispo fray Bartolomé de Las Casas o Casaus, de la orden de Sancto Domingo. Año de 1552, en casa de Sebastián Trugillo, 1552, fol. 1v-46v (da me consultati anche nell'ed. online del 1646, riproduzione di quella del 1552), entrambi riediti in: BARTOLOME DE LAS CASAS, Obras completas, 10.Tratado de 1552, rispettivamente ed. L. GALMES E ed. R. Hernández Madrid 1992, pp. 367-388, 395-543, *passim*. Qualche esempio a pp. 414, 415, 438 (la C.7.q.1. c.41 *In apibus*, già qui ricordato (nt. 14), accanto alla D.25.c.3), ma sono veramente numerosissimi i rinvii a testi del *Corpus iuris canonici* . Da ultimo sull'autore, sul quale esiste una ricca bibliografia, K. PENNINGTON, Bartolomé de las Casas, in: Great Christian Jurists in Spanish History (nt. 9), pp. 98-115 (v. già ID., Bartolomé de las Casas and the Tradition of Medieval Law, in: Church History, 39 (1970), pp. 149-171); ma v. anche L. BACCELLI, Bartolomé de las Casas. La conquista senza fondamento, Milano 2016; già ID., Ritorno a Vitoria ? La parabola della guerra giusta. In: 900. Per una storia del tempo presente, n.s., 2009, 2, pp. 39-59, spec. pp. 44-45.

imponevano ai *raptores* di prestare una garanzia (*securitas*) e agli usurai manifesti di fornire una *cautio de restitutione facienda*. Si voleva avviare a 'soluzione' il grosso nodo della restituzione dei beni *male ablata* escogitando un sistema, quello della cauzione davanti a notaio per atto pubblico, per assicurare l'adempimento degli obblighi risarcitori [66]. O la sua *Apologia* , veramente prodiga di citazioni del *Decretum*, delle decretali gregoriane, del *Liber Sextus,* oltre che delle bolle *Inter Caetera* di Alessandro VI: l'*Indice Juridico* a cura dell'editore, Angel Losada, dà una plastica rappresentazione di questo larghissimo uso delle fonti, secondo uno 'stile' che appare nutrirsi, anche reggersi sulla rassicurante *authoritas* delle innumerevoli fonti non solo normative (parecchi anche i referenti della dottrina canonistica senza tralasciare la civilistica) [67].

Il *De regia potestate*, scrittto intorno al 1559 ma pubblicato nel 1571, promotore in modo convinto e appassionato di un diritto all'autoderminazione dei popoli, ricorre parimenti a un'ampia messe di opere di diritto canonico tanto a carattere normativo quanto dottrinale: l'edizione critica condotta nel 1969 pone in piena luce la quantità dei rinvii: dal *Decretum* al *Liber Extra*, al *Sextus*, assai spesso utilizzati per sottolineare il valore della libertà e del consenso dei popoli , come succede per il rinvio alla D. 1 e la definizione di *ius naturale* che include l'*omnium una libertas* tra i punti cardine[68].

O scorriamo le pagine della *Relectio* al c. *Novit* del *De iudiciis* del *Liber Extra*, tenuta nel 1548 da Martín de Azpilcueta: il grande teologo-giurista-filosofo-economista è su posizioni condivise da molti in quegli anni, anche se «errare innumeros»: prendendo spunto dal c. *In apibus*, in un frammento tratto dal *Decretum*, derivato dall'epistola di S. Gerolamo *ad Rustichum monachum*, di cui contesta la 'trascrizione' («In apibus unus est rex, et grues unam sequuntur»)

---

66 BARTOLOME DE LAS CASAS, Aquí se contien unos avisos y reglas para los confessores que oyeren confesiones de los españoles que son o han sido en cargo a los indios de las Indias del mar Océano, colegidas par el Obispo de Chapa don Fray Bartolomé de las Casas… Sevilla, en casa de Sebastián Trujllo, 1552, fol. 51r-60v, ora in ID., Obras completas, 10. (nt. 58), pp. 359-388.

67 BARTOLOME DE LAS CASAS, Apologia, in: ID., Obras completas.9. ed. A. LOSADA, Madrid 1988 (altra ed. A. LOSADA, FRAY BARTOLOME DE LAS CASAS, Apologia, Madrid 1975): a p. 725 l'*Indice Juridico*. Si ipotizza l'esistenza di due testi, in latino e in castigliano: in proposito cfr. I. PEREZ FERNANDEZ, Dos apologias de Las Casas contra Sepúlveda: la «Apologia en romance» et la «Apologia en latin», in : Studium, 17 (1977), pp. 137-160.

68 BARTOLOME DE LAS CASAS, De regia potestate o derecho de autodeterminacion, ed. crit. bilingue L. PEREÑA, J.M. PEREZ-PRENDES, V. ABRIL y J. AZCARRAGA (CHP, 8), Madrid 1969, pp. 1-115.: v. pp. CXXXIX-CXL, CXLIII-CXLVI, 295-304, *passim*, con l'indice de fuentes e le singole voci delle opere del *Corpus iuris canonici* e della dottrina canonistica utilizzata da Bartolomé de las Casas.

proponendo quella, a suo avviso più filologicamente corretta, «In apibus principes sunt», e deducendo che quelle parole al massimo provano «uni civitati, vel genti unum debere praesse», ridimensiona la tradizione dell'*Imperator dominus mundi* [69].

E, in questa necessariamente incompleta 'carrellata, merita una segnalazione di tutto rilievo Diego Covarrubias y Leyva, che si occupa a più riprese, sulla scia degli orientamenti di Bartolomé de las Casas, della tematica della conquista delle Indie: Orazio Condorelli ha approfondito il suo pensiero in densi saggi. Qui mi limiterò a qualche piccolo cenno, necessario dall'angolo di osservazione da me prescelto. Covarrubias, grande giurista ma uguamente competente in materia teologica, autore celebrato della Seconda Scolastica, *maestro de derecho internacional* quale è stato qualificato da Luciano Pereña Vicente, scrive la nota *Relectio super regula "Peccatum"*, che rappresenta un'ottima sede per la trattazione del *bellum iustum* [70] e offre un punto di vista privilegiato ad affrontare il delicato punto della 'restituzione' dell'illecitamente sottratto («peccatum non dimittitur nisi restituatur

---

69 MARTINUS AZPILCUETAE, Relectio in cap. Novit de iudiciis (X.2.1.13), spec. n. 150, in ID., *Opera*, tom. II, Lugduni, apud haeredes Gulielmi Rovillii, 1589, spec. pp. 151-153. Sull'A. cfr. almeno M. ARIGITA Y LASA, El doctor navarro don Martin de Azpilcueta y sus obras: estudio histórico crítico, Pamplona 1998 e ora W. DECOCK, Martín de Azpilcueta, in: Great Christian Jurists in Spanish History (nt. 9), pp. 116-133.

70 L. PEREÑA VICENTE, Diego de Covarrubias y Leyva, maestro de derecho internacional, Madrid 1957. Cfr. DIDACUS COVARRUVIAS, Relectio super regula "Peccatum", spec. § nonus, decimus I, II, III, pars, in: ID., Opera omnia, I, Francofurti ad Moenum, apud Ioannem Saurium, Impensis Rulandiorum & Francisci Nicolai Ruthii, 1608, rispettivamente p. 462-470 (I pars), 470-513 (II pars), spec. 499-505 (§ nonus, n. 5), 505-513 (§ decimus), 513-518 (III pars). Vedi R. H. HELMHOLZ, Diego de Covarrubias y Leyva, in: Great Christian Jurists in Spanish History (nt. 9), pp. 174-189; L.E. RODRIGUEZ-SAN PEDRO BEZARES, El canonista Diego de Covarrubias y Leyva (1512-1577) y la Universidad de Salamanca, in: Revista española de Derecho Canonico, 70 (2013), pp. 41-65; O. CONDORELLI, Diego de Covarrubias e i diritti degli Indiani, in: Rivista Internazionale di Diritto Comune, 15 (2014), pp. 207-67, spec. 210-214 e già ID, Norma giuridica e norma morale, giustizia e *salus animarum* secondo Diego de Covarrubias. Riflessioni a margine della *Relectio super regula "Peccatum"* ', in: Rivista Internazionale di Diritto Comune, 19 (2008), pp. 163-202, anche, con il titolo: Norma jurídica y norma moral, justicia y *salus animarum* según Diego de Covarrubias. Reflexiones al margen de la *Relectio super regula "Peccatum"*, in : 'Razón práctica y derecho. Cuestiones filosófico-jurídicas en el Siglo de Oro español, ed. Juan Cruz Cruz (Colección de Pensamiento Medieval y Renacientista 123; Eunsa), Pamplona 2011), pp. 49-86. Sull'A. cfr. L. PEREÑA VICENTE, Covarrubias y Leiva, Diego de, in: Diccionario biográfico español, XV, Madrid 2010, coll. 106-112; già J. ALVARADO, Diego de Covarrubias y Leiva (1512-1577), in: Juristas universales, II, ed. R. DOMINGO, Madrid 2004, pp. 202-206; A. MARIN LOPEZ, El concepto de derecho de gentes en Diego Covarrubias y Leyva, in: Revista española de derecho internacionale, 7 (1954), pp .505-528; inoltre A. GARCIA Y GARCIA, El derecho canónico en Salamanca en los siglos XV-XVII, in: Salamanca Revista de Estudios – Monográfico Salamanca y los juristas, 47 (2001), spec. pp. 15-39.

ablatum»: VI.[5.13].4), *regula* a sua volta legata a un canone del *Decretum Gratiani* (C. 14, q. 6 c. 1[71]) derivato da un frammento di S. Agostino. I suoi richiami alle fonti del diritto canonico, alla dottrina accumulatasi su di esso, dalla canonistica alla civilistica, laddove occorre, e... alle opere dei teologi sono, del resto, numerosi: un altro esempio è l'agostiniano C. 23. q. 7. c. 2, addotto a riprova di un *iustum bellum* contro gli infedeli, o, all'opposto, il C. 23. q. 8 c. 1, nel quale Graziano respinge la legittimità di una guerra giusta per la sola causa dell'*infidelitas* dei saraceni, canone impiegato poi per argomentare contro la guerre di conquista; o la Distinctio 45, nei canoni 5, tratto dallo stesso concilio toletano quarto, già qui ricordato, e 3 , unitamente a una decretale del *Liber Extra* per affermare l'illiceità di una conversione coatta tramite le armi degli stessi infedeli; o ancora il c. *In apibus*, proponendo quella, a suo avviso più filologicamente corretta, «In apibus principes sunt» (una simile argomentazione è presente anche in altri teologi-giuristi di peso, dell'autorevolezza di Domingo de Soto o di Martín de Azpilcueta, come abbiamo or ora visto, ma il c. *In apibus* è ricordato anche da Vitoria), con la conseguenza ricavata riguardo ai poteri dell'Imperatore, circoscritto nei suoi poteri, nella posizione condivisa da Covarrubias «quantum ad iurisdictionem et protectionem»[72].

Interesse marcato a impegnarsi su profili analoghi mostra nel *De iustitia belli adversus Indos*, scritto intorno agli anni 1547/48, proprio i mesi in cui Covarrubias faceva parte della Commissione di teologi e giuristi preposti ad esaminare, su incarico del Consiglio Reale di Castiglia, il *Democrates alter* di Juan de Sepúlveda. Nella *Relectio* è sviscerata in termini espliciti la sua posizione: così è, per esempio, sulla nota opinione di Aristotele di una schiavitù per natura, dalla quale conseguiva che gli uomini inferiori, 'imprudenti', «ad parendum nati», dovessero

---

71 C.14 .q.6.c.1: «Si res aliena, propter quam peccatum est, reddi possit, et non redditur, penitencia non agitur, sed simulatur. Si autem veraciter agitur, non remittetur peccatum, nisi restituatur ablatum; si, ut dixi, restitui potest...».

72 C. 23. q.7. c.2: «Si de rebus vel locis ecclesiasticis, que, non tenetis, querimini, possunt Iudei se iustos dicere et iniquitatem nobis obicere...» (p. 505 § IX dell'ed. 1608); C. 23 q.4 c.49: «Si non ex fidei merito... (p. 505 § IX dell'ed. 1608); C.23 q.8 c.11: « Item Alexander Papa [II] omnibus Episcopis Hispaniae. Dispar nimirum est Iudeorum et Sarraccenorum causa. In illos enim, qui Christianos persecuntur, et ex urbibus et propriis sedibus pellunt, pugnatur; hii ubique servire parati sunt» (p. 506 § IX dell'ed. 1608); D. 45. c.5 (nt. 47); D. 45. c.3: «Qui sincera intentione extraneos a Christiana religione ad fidem cupiunt rectam adducere, blandimentis debent, non asperitatibus studere, ne quorum mentem reddita a plano ratio poterat provocare, pellat procul diversitas...» (p. 505 § IX dell'ed. 1608); X.5. 6. 9: «... Statuimus *enim* ut nullus *Christianus* invitos vel nolentes Iudaeos ad baptismum [*per violentiam*] venire compellat...»; C.7. q.1. c.41 (nt. 15) (p. 501 dell'ed. 1608).

essere sottoposti «ad optimum regimen... esorumque imprudentia male institutas respublicas ad cultiorum utiliorem vivendi rationem dirigere», sì che, a tal fine, era configurabile uno *iustum* bellum. Premesso questo 'omaggio' all'autorità aristotelica, Covarrubias tuttavia prende le distanze da una interpretazione, per così dire *tranchant*, sulla condizione degli indios per precisare, dopo avere *a latere* chiosato che i servi considerati da Aristotele erano, a suo avviso, quelli «a natura ita creatis ut errent per agros dispalati ac sine iure sine aliquo regimine...nati... ad parendum... ut bestiae et animalia fera quibus eos similes sunt», ed espresso dubbi circa l'inquadramento degli indi in questa categoria per il loro livello di 'civilizzazione', che: «Nec tamen ex eo solo iustum bellum infertur a christianis infidelibus quod non ita civiliter nec politice nec utiliter proprias eorum respublicas administrent»[73]. Il corredo di fonti *ad adiuvandum* è composito, secondo l'uso di allora: non manca il C. 23 q. 8 c. 1 (*Dispar*) contro l'*infidelitas* come motivo di *bellum iustum*, in contrapposizione al C. 23 q. 7 c. 2 (*Si de rebus*) a favore della legittimità della condizione 'proprietaria' dei Cristiani nei confronti degli ebrei («Auferetur a vobis regnum Dei, et dabitur genti facenti iustitiam»); sempre riguardo all'*infidelitas* soccorrono altri due canoni della C. 23, il C. 23 q. 4 c. 49 (*Si non ex fidei merito*) e il C. 23 q. 7 c. 2 (*Si de rebus*) qui appena citato[74].

---

73 Cfr. l'ed. L. PEREÑA VICENTE in: FRANCISCO DE VITORIA, Relectio de iure belli o paz dinamica (nt. 33), pp. 343-363, spec. 351 (per il c. *Dispar* v. nt. 72, del c. *Si de rebus* si trascrive l'*incipit*: «Si de rebus vel locis ecclesiasticis, que, non tenetis, querimini, possunt et Iudaei se iustos dicere et iniquitatem obicere, quia locum, in quo inpii regnaverunt, modo Christiani possident...») su cui v. CONDORELLI, Diego de Covarrubias e i diritti degli Indiani (nt. 70). pp. 251-267, spec. p. 255; su posizione interpretativa differente, tale che Covarrubias diventa, *tout court*, «paladino dell'*opinio* che, a sequela dell'*auctoritas* aritstotelica riformulata alla luce della *lex Christi*, giustificava la guerra indetta per assoggettare un popolo di *natura servi*, incapaci di autogernarsi», A. A. CASSI, *Ius commune* tra vecchio e nuovo mondo (nt. 4), p. 387 s.; ID., Ultramar. L'invenzione europea del Nuovo Mondo (Storia e Società) Bari 2007, p. 102, 150; ID., Diritto e guerra nell'esperienza giuridica europea, in: A. SCIUME (ed.), Il diritto come forza. La forza del diritto. Le fonti in azione nel diritto europeo tra medioevo ed età contemporanea, Torino 2012, 20 s.

74 COVARRUBIAS, De iustitia belli adversus Indos, ed. L. PEREÑA VICENTE (nt. 73), p. 352: v. C. 23 q. 4 c. 49 (*Si non ex fidei merito*) di cui si trascrive qualche frammento: « Si non ex fidei merito et Christianae religionis gratia tanta excellentiae vestrae bellicorum actuum prosperitas eveniret, non miranda fuerant, cum sciamus, hec etiam antiquis bellorum ducibus fuisse concessa. Sed cum futuras, Deo largiente, victorias non carnali providentia sed magis orationibus praevenitis fit, ut hoc in stuporem veniat, quod gloria vestra non terreno consilio, sed Deo desuper largiente descendat...que bella vos frequenter appetere non desiderio fundendi sanguinis, sed dilatandae causa Reipublicae in qua Deum coli conspicimus loquitur, quatinus Christi nomen per subditas gentes fidei predicatione circumquaque discurreret...»; C. 23 q. 7 c. 2 (*Si de rebus*: nt. 72)

Di spicco senza dubbio minore il domenicano Pedro de Sotomayor, cattedratico di Salamanca, vicino a Bartolomé de las Casas, e successore di Domingo de Soto sulla *prima* di teologia, che ricorre largamente alle fonti bibliche, canonistiche, normative e dottrinali per sostenere la incoercibilità degli infedeli al cristianesimo, a partire da due canoni del *Decretum* e da una decretale del *Liber Extra*, o dal *Liber Sextus*, o sul divieto generalizzato di usura, ricadente anche sugli amerindi che la praticano, «ut nec collegium, nec alia universitas vel singularis persona, cuiuscumque sit dignitatis, conditionis aut status, alienigenas et alias non oriundos de terris ipsorum...», nella prospettiva di difendere gli innocenti conterranei dalle loro angherie, o citando un altro canone del *Decretum* a proposito degli «infideles blasphemantes», *authoritas* controbattuta per concludere poi che non è causa di guerra giusta la loro condotta blasfema verso Cristo, i Santi, o se inducono i Cristiani a seguire la loro 'setta' [75].

Ancora mi piace ricordare Luis de Molina, al centro di tante polemiche in alcuni momenti della sua vita, che, nel suo *De iustitia et iure,* scritto verso il finire del Cinquecento (al 1596 risale la prima edizione), affronta da par suo, da grande teologo (e anche economista) quale è, molte delle questioni dibattute in un coro a più voci da coloro che lo hanno preceduto: così è per il ruolo di Papa e Imperatore nella comunità internazionale, non *domini totius orbis* ma circoscritti nell'esercizio dei loro poteri e competenze, per il primo di carattere soprattutto spirituale, per il secondo in ispecie dalla presenza di «omnes universim nationes, praesertim cum nostris temporibus plurimae sunt repertae, quae antea omnino fuerint incognitae et multae aliae sint etiam adhic incognitae»[76]. Quando si occupa

---

75 PEDRO DE SOTOMAYOR, An sola causa augendi religionem et fidem liceat contra infideles bellare qui non possident terras nostras nec intulerunt nobis aliquid malum, in: JUAN DE LA PEÑA, De bello contra insulanos. Intervencion de España en America. Escuela Española de la Paz Segunda Generation 1560-1585 Posicion de la Corona, ed. L. PEREÑA, V. ABRIL. C. BACIERO, A. GARCIA, P. BORGES, J. BARRIENTOS Y F. MASEDA (Corpus hispanorum de pace X, dir. L. PEREÑA), Madrid 1982, pp. 175-212, spec. p. 176, 178. Le fonti menzionate nel testo sono X.3.42.3; D. 45. c.5 (vedi nt. 47); D.45. c.1: « Quid autem de episcopis, qui verberibus volunt timeri, canones dicant bene fraternitas vestra novit. Pastores enim facti sumus, non percussores...»; VI.5.5.1.; C.23. q.4. c.41. Su Pedro de Sotomayor (1511-1564), maestro di seconda generazione della scuola di Salamanca v. il breve ma puntuale profilo biografico online: http://dbe.rah.es/biografias/33974/pedro-de-sotomayor.

76 LUDOVICUS DE MOLINA, De iustitia et iure libri sex, tom.I, disp. 29 e 30, Venetiis, apud Sessas , 1611, coll. 124-138. Cfr. sull'A. (1535-1600) M. FRAGA IRIBARNE, Luis de Molina y el derecho de la guerra, Madrid 1947; M. KAUFMANN, A. AICHELE (eds.), A Companion to Luis de Molina, Leiden 2014; K. MACGREGOR, Luis de Molina: The Life and Theology of the Founder of Middle Knowledge, Grand Rapids, Zondervan 2015, nonché ID., Luis

della questione del *bellum iustum*, lo fa respingendo subito i 'pacifisti', dai Manichei ad Erasmo, da Lutero a Johannes Heusgen (Oecolampadius), a Cornelio Agrippa, apportando subito a favore della liceità della guerra *servatis conditionibus* una quantità di *authoritates*, dai testi biblici a S. Agostino, a Isidoro e Gregorio Magno, non esclusa una messe di canoni di derivazione agostiniana o gregoriana, tratti dalla Causa 23 (ma anche dalla Causa 22) del *Decretum*: una guerra difensiva, senza eccessi, «cum moderamine inculpatae tutelae», per vendicare le ingiurie subite e otttenere quanto ingiustamente sottratto, è lecita e *militare non est peccatum*, come è lecita una guerra contro i Turchi «cum quibus tot et tam iustas causas belli habent», sì che meritatamente Lutero fu condannato da Leone X per quello ed altri errori[77]; riguardo alla questione indiana, nonché ai titoli legittimi e illegittimi ventilati fino a quel momento, ne ritrova uno, quello dell'idolatria e dei *peccata contra naturam*, tra i più validi a sostenere la legittimità di una guerra, ma solo nel caso che simili condotte si risolvano in una *innocentium iniuria*, esemplata di seguito nel sacrificio di innocenti, nel cannibalismo o in comportamenti similari, nel solco di Vitoria *et alii* [78].

Solo un breve cenno da parte mia in questa sede a Francisco Suarez e al suo celebrato *De legibus*. Iinteressa in particolare il libro II *De legibus ac Deo legislatore*. Come succede per le altre opere suareziane qui prese in considerazione, è evidente che il grande autore, filosofo, teologo e giurista, fa suo il complesso dell'iter interpretativo sviluppatosi nei secoli, ma soprattutto nel corso del Cinquecento. Il debito nei confronti del diritto romano e della scienza giuridica china sui suoi testi ormai da lungo tempo è di tutta rilevanza: le citazioni si susseguono non senza che qua e là compaia qualche frammento presente nel *Decretum*, ricavato da Isidoro, utile per delineare una nozione di *ius gentium* aperta e dinamica, valida a individuare un nocciolo di regole applicabili a *omnes fere omnes gentes... bene institutae*. Non vi è- aggiunge – una necesssità intrinseca e naturale di osservarle ma basta solo che *fere omnes gentes... bene institutae* le seguano [79].

---

de Molina, in: Great Christian Jurists in Spanish History (nt. 9), pp. 191-208 (con bibliografia aggiornata,).

77 LUDOVICUS DE MOLINA, De iustitia et iure libri sex, tom.I (nt. 76), disp. 98-124, coll. 404-473, spec. 404-407. Cfr. C.23. q.1. c.4 (nt. 25), c. 3: «Noli existimare, neminem Deo placere posse, qui armis bellicis ministrat»; c. 5 : «Militare non est delictum...»; c. 7, tratto da un'epistola gregoriana, che si conclude con un *dictum* grazianeo che suona «militare non est peccatum».

78 LUDOVICUS DE MOLINA, De iustitia et iure (nt. 76), col. 388-389.

79 L. PEREÑA ET ALII, Francisco Suárez. De legibus, II. 13-20, in : Corpus hispanorum de pace, Madrid 1973 (gli 8 volumi del CHP si susseguono tra il 1971 e il 1981.), spec. p. 132 (II.XIX.6): D.1. c.6, 7, 9, sulla distinzione tra *ius naturale, civile* e *gentium*. Sulla definizione di

Nel trattato *De charitate* la Disputatio *de bello*, espressione delle *lectiones* tenute a Roma tra il 1583 e il 1584, ripercorre la problematica della guerra giusta rievocando, per chi ascolta e... chi leggerà, i referenti autorevoli della ormai intensissima discussione. Le fonti normative, dal *Decretum* al *Liber Extra*, al *Sextus*, alle *Clementinae*, citati in un certo numero, e soprattutto gli autori ricordati sono quelli che hanno catalizzato l'attenzione dei predecessori, da Vitoria a Soto a Covarrubias, a Sepulveda, al padre della *Sylvestrina*, spesso citata - come si è visto - d'abitudine. Ormai molte questioni affrontate da diverse posizioni dalla dottrina «sunt vana et conflicta ut in materia de dominio et de legibus tractatur»: dal diritto di proprietà degli infedeli, negato da alcuni ma ormai indiscusso, al diretto potere temporale dell'Imperatore o del Papa. Vale la pena allora di svolgere una sintesi che mostri il cammino compiuto e la necessità di teorizzare ormai alcuni principi da seguire: così è per la legittimità di una guerra per difendere gli innocenti, con larga messe di rinvii normativi, o per la illegittimità, discussa, di una guerra legittima da ambo le parti contendenti[80].

Ius naturale e di *ius gentium*; 157: D.1.c.2 e 5, rispettivamente sulla definizione di *ius* e di *consuetudo*. Sull'A. e la sua opera v. M. BASTIT, Naissance de la loi moderne. La pensée de la loi de Saint Thomas à Suárez, Paris 1990, spec. pp. 307-359 ; già R. DE SCORRAILLE, François Suárez de la Compagnie de Jesus, 2 voll., Paris 1912-1913 ; L. PEREÑA VICENTE, Teoria de la guerra en Francisco Suárez, in 2 voll., Madrid 1954, il secondo con l'ed. crit. della *Disputatio XIII de bello*, condotta sull'ed. Lugduni 1621, pp. 61-267, pp. 348-349, con l' 'Indice juridico' con 18 citazioni del *Decretum*, 12 del *Liber Extra*, 3 del *Sextus*, 1 delle *Clementinae*; ID., Francisco Suárez, sistematizador de los internacionalistas clásicos españoles, in: Revista Española de Derecho Internacional, VII (1954), pp. 59-107; A.A. CASSI, Francisco Suárez e il "nuovo" diritto inter nationes dell'Europa moderna, in: Francisco Suárez, Sulla guerra, IX-XXXIII (ed. A.A.Cassi), Macerata 2014; v. anche FOCARELLI, Introduzione storica al diritto internazionale (nt. 2), pp. 207-213; già ID., Lezioni di storia del diritto internazionale (nt. 2), pp. 54-58.

80 FRANCISCO SUAREZ, De bello, in: ID., Opera Omnia, vol. XII, Parisiis 1858, 737-763, spec. 747 (per le parole virgolettate nel testo), 751 e 754 (per la presenza di più citazioni del *Corpus iuris canonici*: rispettivamente VI. 5.12.19, sulla *regula* «non est sine culpa, qui rei, quae ad eum non pertinet, se immiscet», e 38, sulla *regula* «ex eo non debet quis fructum consequi, quod nisus exstitit impugnare; C.14. q.5. c.10, sul rispetto della regola «cum alterius detrimento alteri subvenire non licet», sulla traccia del *De officiis* di Ambrogio; D.1. c.9 e10 per la definizione di *ius gentium* e *ius militare*, X.1.34.2 sulla *plena securitas* in tempo di tregua e di pace per presbiteri, [chierici], *peregrini* ecc., C.23. q.4. c. *Illi qui*, ma C.24.q.3.c.25 *Illi qui peregrinos* sull'immunità per gli 'innocenti' (v. anche PEREÑA VICENTE, Teoria de la guerra en Francisco Suárez (nt. 79), II, p. 154, per le parole virgolettate nel testo, indi p. 70, 78, 82, 84, 90, 92, 110, 112, 120, 125, 127, 150, 178,194, 200, 202, 206, 208, 214, 220, 230 ecc. (v. comunque pp. 348-349 per l'elenco completo). Cfr. F. TODESCAN, «Nolite silere theologi in munere alieno». Il perchè di una ricerca sulla seconda scolastica, in : M. FERRONATO, L. BIANCHIN (a cura di), Silete theologi in munere alieno. Alberigo Gentili e la Seconda Scolastica. Atti del Convegno internazionale (Padova, 20-22 novembre 2008),

O leggiamo il suo *De opere sex dierum*, nel quale c'è posto per una pluralità di regni, diversi e 'sovrani', operanti anche «extra Paradisum», sì che «tunc maior etiam multiplicatio civitatum vel etiam regnorum forte fuisset»[81].

4. Dagli 'Spagnoli' ad Alberico Gentili il diritto canonico non scompare…

Non solo nell'ambiente cattolico, pur in alcuni casi, quello di Luis de Molina per le sue idee in campo soprattutto economico, tacciato di eresia, il diritto canonico appare uno degli strumenti di largo uso per puntellare una prospettiva ad ampi orizzonti dell'ordine globale. Un afflato simile si trova anche tra i riformisti e un esempio luminoso è offerto da Alberico Gentili, riconosciuto ormai da tempo tra i padri fondatori del diritto internazionale.

Allontanatosi dall'Italia per motivi religiosi, poi giunto, dopo vario peregrinare, anche attraverso la Germania, in Inghilterra, fino a divenire *Regius Professor* a Oxford[82], Gentili dedica all'approfondimento di molti profili di diritto

---

Padova 2011, pp. 185-217, spec. 214; da ultimo v. M. MANTOVANI, Algunas notas sobre la teoria de la "guerra justa" en Francisco Suárez, in: Sophia. Colección de Filosopia de la educación, 23 (2017), pp. 239-263; G.L. D'ERRICO, «Un'anatomia dell'anima come esigenza del nuovo individuo». La Scuola di Salamanca e il dibattito teologico-giuridico scaturito dalla Riforma protestante tra XVI e XVII secolo, in: Le università e la riforma protestante. Studi e ricerche nel quinto centenario delle tesi luterane, a c. di S. NEGRUZZO, Bologna 2018, pp. 305-320.

81 FRANCISCO SUAREZ, De opere sex dierum, in: ID., Opera omnia, vol. III, Parisiis 1858, pp. 380-447, spec. p. 415a-b: v. Sull'opera F. MIGLIORINO, Rileggendo Francisco Suarez, in: Amicitiae pignus. Studi in ricordo di Adriano Cavanna, Milano 2003, pp. 1453-1475, spec. 1471 ss.

82 Cfr. da ultimo G. MINNUCCI, Diritto e teologia nell'inghilterra elisabettiana. La polemica oxoniense tra Alberico Gentili e John Rainolds sulle competenze del giurista e del teologo", in: Proceeedings of XV International Congress of Medieval Canon Law, in corso di stampa, Città del Vaticano, 2019, accessibile online nella versione consegnata per gli Atti:https://www.academia.edu/30681855/PARIGI._22_luglio_2016_._Diritto_e_teologia_nell_Inghilterra_elisabettiana._La_polemica_oxoniense_fra_Alberico_Gentili_e_John_Rainolds_sulle_competenze_del_giurista_e_del_teologo_ICMCL_Paris_2016; ID., Alberici Gentilis De papatu Romano Antichristo recognovit e codice autographo bodleiano Orville 607 (Archivio per la Storia del Diritto Medievale e Moderno-Studi e testi, Miscellanee raccolti da Filippo Liotta 17), Milano 2018; ID., Le sine nomine di Francesco Petrarca e gli Epigrammata di Iacopo Sannazzaro nel De Papatu Romano Antichristo di Alberico Gentili, in: Rivista di storia del diritto italiano, 91/1 (2018), pp. 13-30; ID., "Bella religionis causa movenda non sunt". La libertas religionis nel pensiero di Alberico Gentili, in: Nuova Rivista Storica, 102-3 (2018), pp. 993-1018; ID., Giuristi, teologi, libertas religionis nel pensiero di Alberico Gentili, in: Teoria e História do Direito. Revista, 2

internazionale due opere della sua maturità scientifica, il *De iure belli* e il *De legationibus*[83]. Egli porta in esse il bagaglio di suggestioni culturali che ha man mano

(2017), pp. 17-36: già ID., Alberico Gentili tra mos italicus e mos gallicus. L'inedito Commentario "Ad legem Iuliam de adulteriis", Bologna 2002; ID., Alberico Gentili iuris interpres della prima età moderna, Bologna, 2011; ID., Foro della coscienza e foro esterno nel pensiero giuridico della prima età moderna, in: Gli inizi del diritto pubblico. 3. Verso la costruzione del diritto pubblico tra medioevo e modernità – Die Anfänge des öffentilichen Rechts. 3. Auf dem Wege zur Etablierung des öffentilichen Rechts zwischen Mittelalter und Moderne, a cura di/hrsg. von G. DILCHER-D. QUAGLIONI (Annali dell'Istituto storico italo-germanico in Trento. Jahrbuchs des Italienisch-Deutschen historischen Instituts in Trient. Contributi/Beiträge 25), Bologna-Berlin 2011, pp. 55-86; ID., Gentili, Alberico, in: DBGI, Bologna 2013; pp. 967-969; ID.,"Silete theologi in munere alieno". Alberico Gentili tra diritto teologia e religione, Bologna, 2016; ID., Le probabili ragioni della mancata pubblicazione del "De Papatu Romano Antichristo" di Alberico Gentili, in: Interpretatio prudentium, 1 (2016), 2, pp. 119-168; ID., De iure belli libri tres. Three Books on the Law of War. 1598. Alberico Gentili (Albericus Gentilis) (1552-1608), in S. DAUCHY-G. MARTYN-A. MUSSON-H. PIHLAHIAMÄKI-A. WIFFELS (eds.), The Formation and Transmission of Western Legal Culture. 150 Books that Made the Law in the Age of Printing, Cham 2017, pp. 149-152. Tra gli storici del diritto sono del resto numerosi i contributi di D. QUAGLIONI: Appunti per un'edizione italiana del «De iure belli» di Alberico Gentili, in: Alberico Gentili. L'ordine internazionale in un mondo a più civiltà, Atti del Convegno. Decima giornata gentiliana. San Ginesio 20-21 settembre 2002, Milano 2004, pp. 241-249; Introduzione *a* Il diritto di guerra (De iure belli libri III, 1598), trad. di P. NENCINI, apparato critico di G. MARCHETTO e C. ZENDRI, Milano 2008, pp. IX-XXXIII; Per l'edizione del De iure belli di Alberico Gentili, in: Alberico Gentili (San Ginesio 1552-Londra 1608). Atti dei Convegni nel quarto centenario della morte di Alberico Gentili (1552-1608), vol. II, San Ginesio, 11-12-13 settembre 2008, Oxford e Londra, 5-6 giugno 2008, Napoli L'Orientale, 6 novembre 2007, Milano 2010, pp. 47-57; Inoltre ID., Alberico Gentili: il papato romano e il "potere totale", in: ID., Machiavelli e la lingua della giurisprudenza. Una letteratura della crisi, Bologna 2011, spec. pp. 199-210; I. BIROCCHI, Il de iure belli e l'"invenzione' del diritto internazionale, in: Ius gentium, ius communicationis, ius belli: Alberico Gentili e gli orizzonti della modernità, in: Atti dei Convegni nel quarto centenario della morte di Alberico Gentili (1552-1608) (Macerata 6-7 dicembre 2007, ed. L. LACCHE, Milano 2009, pp. 101-138; da ultimo S. COLAVECCHIA, Alberico Gentili e l'Europa. Storia ed eredità di un esule italiano nella prima età moderna, Macerata 2018 (già ID., Gentili, Alberico, in: . Ma la bibliografia accumulatasi sull'Autore è assai vasta: v. ad es. D. Panizza, Alberico Gentili, giurista ideologo nell'Inghilterra elisabettiana, Padova, 1981; Inoltre PAGDEN, The Burdens of Empire (nt. 2), pp. 75-96, nel capitolo dedicato a: 'Making Barbarians into Gentile Peoples': Alberico Gentili on the Legitimacy of Empire'. v. anche FOCARELLI, Introduzione storica al diritto internazionale (nt. 2), pp. 201-207: ID., Lezioni di storia del diritto internazionale (nt. 2), pp. 58-61.

83 Cfr., tra i numerosi contributi che si sono susseguiti negli ultimi decenni, oltre a quelli già segnalati alla nota 82, P. HAGGENMACHER, Il diritto della guerra e della pace di Gentili. Considerazioni sparse di un «Groziano», in: Il diritto della guerra e della pace di Alberico Gentili. Atti del Convegno, Quarta Giornata Gentiliana, 21 settembre 1991, Milano 1995, pp. 9-54; ID., Osservazioni sul concetto di diritto internazionale di Gentili, in: Alberico Gentili nel quarto centenario del De iure belli. Atti del Convegno, Ottava Giornata Gentiliana, 26-28 novembre 1998, Milano, 2000, pp. 131-143; P. HAGGENMACHER, V.

raccolto nel corso del suo 'vagabondare', come, per esempio, l'influenza del pensiero di Melantone, citato esplicitamente per una definizione di menzogna ma presente, sullo sfondo, nell'impostazione concettuale che, a proposito del Decalogo, distingue precetti che riguardano i rapporti tra Dio e gli uomini, compresi nelle prima *tabula* (i primi quattro), di competenza dei teologi, e gli altri, della *secunda Tabula*, che toccano le relazioni tra gli uomini, 'spettanti' ai giuristi [84].

MAINETTI, D. CAMPANELLI (eds.), Alberico Gentili and International Law/ Alberico Gentili et le droit International, Leiden-Boston, 2012, in part. C. FOCARELLI, Le ius gentium dans la pensée d'Alberico Gentili (non reperito); Ius gentium, ius communicationis, ius belli: Alberico Gentili e gli orizzonti della modernità, Atti del Convegno di Macerata in occasione delle celebrazioni del quarto centenario della morte di Alberico Gentili (1552-1608), 6-7 dicembre 2007, a cura di L. Lacchè, Milano, 2009: V. LAVENIA, Alberico Gentili: i processi, le fedi, la guerra, pp. 165 ss.; ID., Intorno ad Alberico Gentili. La formazione, i processi, l'esilio, in: L. FELICI (ed.),Ripensare la Riforma protestante . Nuove prospettive degli studi italiani, Torino 2016, pp. 255-268; B. KINGSBURY-B. STRAUMANN, The Roman Foundations of the Law of Nations. Alberico Gentili and the Justice of Empire, Oxford, 2010: A.A. CASSI, Alle origini del diritto internazionale: Alberico Gentili, in: Il contributo italiano alla storia del pensiero-Diritto, Roma, 2012, pp. 181-188. V. VADI, At the Dawn of International Law: Alberico Gentili, in: 40 North Carolina Journal of International Law and Commercial Regulation 135 (2014).online: http://scholarship.law.unc.edu/ncilj/vol40/iss1/2; C. ZENDRI, Transfughi e fuorusciti nei De iure belli libri tres di Alberico Gentili, in: Laboratoire italien 14 (2014), pp. 77-91, (online: https://journals.openedition.org/laboratoireitalien/768).

84 A. GENTILI, De iure belli, lib. II, cap. V(ed. ALBERICO GENTILI, Il diritto di guerra (De iure belli libri III, 1598). Introduzione di D. QUAGLIONI. Traduzione di P. NENCINI. Apparato critico e note a cura di G. MARCHETTO e C. ZENDRI, p. 222). Cfr. MELANTONE, Definitiones theologicae, da me consult. nell'ed. H. ENGELLAND, Melanchtons Werke, II.2: Definitiones multarum appellationum, quarum in Ecclesia usus est, Güterslohe 1953, p. 804. Nel suo *De nuptiis* (ed. Hanoviae 1601) Gentili rinvia più volte esplicitamente al pensiero di Melantone (p. 40, 44, 51, nelle allegazioni marginali, 52): ringrazio Giovanni Minnucci, 'padrone' come pochi della produzione gentiliana, per queste ultime segnalazioni: v. da ultimo G. Minnucci, La Riforma, il diritto canonico e i giuristi protestanti: qualche spunto di riflessione, in: «Historia et ius», accessibile on line: www.historiaetius.eu -15/2019 – paper 1, p. 7 ss., 10, 12, spec. p. 16, in cui la distinzione tra *prima* e *secunda tabula* del Decalogo per riorganizzare secondo i principi evangeelici la legge, la società , la politica viene inquadrata nell'ambito di una riemersione del diritto canonico ridimensionato, ma non scomparso, come fonte di riferimento nelle chiese evangeliche in Germania); nonché WITTE JR., Law and Protestantism (nt. 41), pp. 26-27. Sulla figura, il ruolo e l'opera di Melantone tra i grandi riformatori cinquecenteschi si è accumulata una ricca storiografia: v. ad es. già A.H. NIEMEYER, Philipp Melanchton als Praeceptor Germaniae, Halle-Berlin 1817; K. HARTFELDER, Philipp Melanchton als Praeceptor Germaniae, Berlin 1889, rist. anast. Nieuwkoop 1964; Philip Melanchton, Humanist, Reformator, Praeceptor Germaniae, 1498-1560, ed. MELANCHTON DER DDR, Berlin Est 1963; J. BOISSET, Melanchton, éducateur de l'Allemagne, Paris 1967; R. STUPPERICH, Phlipp Melanchton. Gelehrter und Politiker, Göttingen 1996; M. BEYER-G. WARTENBERG (dir.), Humanismus und Wittenberger Reformation. Festgabe anlässlich des

Nella prima, più nota e celebrata, accanto alla 'abituale' commistione e intreccio tra erudizione classica, nutrita di una varietà di opere, che l'edizione con traduzione italiana del 2008, condotta da Pietro Nencini (con l'introduzione di Diego Quaglioni e l'apparato critico a cura di Giuliano Marchetto e Christian Zendri) mette in piena evidenza, il diritto canonico si ritaglia un suo spazio, non così modesto come, a prima vista, si potrebbe dedurre dalla religione professata da Gentili e dall'ambiente, quello inglese, in cui opera (dopo la Riforma protestante il diritto canonico, pure nelle fonti del *Corpus iuris canonici*, continua a svolgere in quei territori un suo ruolo, pur ridimensionato)[85].

---

500. Geburtstages des Praeceptor Germaniae. Philipp Melanchton am 16. Februar 1997, Leipzig 1996; H.F. RUPP, Philipp Melanchton (1497-1560), in: Perspectives : revue trimestrielle d'éducation comparée, 26, 3 (settembre 1996), pp. 651-661(online : http://www.ibe.unesco.org/sites/default/files/melanchf.pdf); H. SCHEIBLE, Melanchton, Vermittler der Reformation. Eine Biographie, München 1997 (trad. it. Filippo Melantone, Torino 2000) ; H.-TH. KOCH, Melanchton und die Vesal-Rezeption in Wittenberg, in : G. FRANK-S. RHEIN (dir.), Melanchton und die Naturwissenschaften seiner Zeit, Sigmaringen 1998, pp .183-202; G. FRANK (dir.), Melanchton und die Neuzeit, Stuttgart-Bad Cannstatt 2003; ID., (dir.), Melanchtons Wirkung in der europäischen Bildungsgeschichte. Fragmenta Melanchtoniana 3, Heidelberg 2007; A. GEBHARDT, Philipp Melanchton - Praeceptor Germaniae: Studie, Marburg 2008; M. GRESCHAT, Philipp Melanchton. Zur populären Rezeption des Reformators, Leipzig 2016 ; già ID., Philipp Melanchton : théologien, pédagogue et humaniste (1497-1560), Gütersloh 2010, trad. M. ARNOLD, Paris 2011; A.J. Beck (hrsg.) Melanchton und die Reformierte Tradition, Gőttingen 2016 ; S. RHEIN-M. TREU (hrsg.), Philipp Melanchton J.-L. LE CAM, La réforme des enseignements à l'Université de Wittenberg (1508-1536): une relecture, in: Le università e la Riforma protestante. Studi e ricerche nel quinto centenario delle tesi luterane, pp. 55-117, spec. p. 60 ss.; nonché il classico lavoro di H.J. BERMAN, Diritto e rivoluzione. II (nt. 41)., spec. p. 142 ss.; inoltre vedi i numerosi contributi sul pensiero del teologo di M. SCHMOECKEL, Erkenntnis durch ratio und conscientia: Die Begrundung einer modernen Wissenschaftslichkeit des Rechts durch Melanchtons Naturrechtslehre, in: G.K. HASSELHOFF-M. MEYER-M. BLANCK (hrsg.), Religion und Rationalität. Studien des Bonner Zentrums für Religion und Gesellschaft, IV, Würzburg 2008, pp. 179-220; ID., Die Reformation als Grundlage des modernen Völkerrechts, 2015, pp. 1-31, spec. pp. 12-15 (online: https://papers.ssrn.com/sol3/papers.cfm?aspec. bstract_id=2639024), anche, con titolo 'Ius belli ac pacis protestantium. Die Reformation als Grundlage des modernen Völkerrechts', in : M. GERMANN-W. DECOCK (eds), Das Gewissen in den Rechtslehren der protestantischen und katholischen Reformationen, Leipzig 2017, spec. pp. 241-246 (v. anche ID., Leges et in carmina redigendae sunt. Die Erfindung der Kodifikation als Konzept durch Melanchton und deren Rezeption in katholischen Staaten bis 1811, in: ZSS.SS, KA, 95 (2009), pp. 397-436.

85 Cfr. R.H. HELMHOLZ, Canon Law in Post-Reformation England, in: R.H. HELMHOLZ (ed.), Canon Law in Protestant Lands, Berlin 1992, pp. 203-221. V. per la 'combinazione' di fonti canonistiche, civilistiche e feudistiche nell'elaborazione di un 'paradigma' di guerra giusta, D. QUAGLIONI, Le ragioni della guerra e della pace, in: Pace e guerra nel Basso Medioevo. Atti del XL Convegno storico internazionale del Centro italiano di Studi sul

Serve, ad esempio, per deprecare l' 'ingiustizia' della guerra, in una contrapposizione tra fonti 'sanguinarie' e il messaggio di pace di Cristo attraverso il richiamo a un passo *pro pace* di Gregorio Magno, autore assai sfruttato nel *Decretum Gratiani* («Nisi bella ista carnalia figuram bellorum spiritualium gererent, numquam, opinor, Iudaicarum historiarum libri discipulis Christi, qui venit pascem docere, legendi in ecclesiis fuissent ab Apostolis traditi»), pure per mostrarne l'approvazione verso una guerra (in particolari circostanze), con la 'deroga', ad opera di Papa Niccolò I nei confronti dei chierici, o di Cipriano, per i quali è 'male' uccidere tanto un pagano quanto un nemico, e reimpiegati da Gentili attraverso l'intermediazione grazianea, a cui segue immediatamente, nell'invito gregoriano a favore della pace, un rinvio agli *Adagia* di Erasmo «qui per longissimam digressionem iniustitiam belli exagitat» (è il proverbio *Dulce bellum inexpertis*), non certo parco nell'enfatizzare le implicazioni di una guerra ingiusta, fatto oggetto di un'ampia riflessione.

Per valutare invece la 'giustizia' della guerra si collocano, accanto a Papa Gregorio, altri autori favorevoli, o per lo meno non contrari, come Teofilatto, con l'eccezione nei confronti dei *milites Christi* [86]. Nello stesso gruppo di argomentazioni, una citazione, a margine delle q.1 e 2 della Causa 23 del *Decretum*, è utilizzata a corroborare, con un'*authoritas* pertinente, la giustificazione della guerra giusta[87]. Né ci si meravigli di questo utilizzo 'spregiudicato' di *authoritates* favorevoli e contrarie perché fa parte della metodologia scolastica che la fonte contraria alle proprie intime convinzioni possa servire da confronto con altre posizioni più gradite e condivise nel complesso gioco dialettico delle argomentazioni.

Basso Medioevo (Todi, 12-14 ottobre 2003), Spoleto 2004, pp. 113-129, inoltre ID., Introduzione a GENTILI, Il diritto di guerra, ed. QUAGLIONI-NENCINI-MARCHETTO-ZENDRI, spec. pp. XIX-XX; ancora MINNUCCI, La Riforma, il diritto canonico e i giuristi protestanti (nt. 84), spec. pp. 7 ss.

86 GENTILI, De iure belli libri III, Hanoviae, apud Haeredes Guilielmi Antonii, 1612, p. 41, 44-45 (ed. QUAGLIONI-NENCINI-MARCHETTO-ZENDRI, p. 40, 43): C.23. Q.1. c.20.; c.17 e 18 C.23. Q.8. c.5 e36; D.50. ERASMO DA ROTTERDAM, *Elegans … adagium Dulce Bellum inexpertis*, Moguntiae, ex aedibus Ioannis Schoeffr, 1521: l'adagio, poi fatto oggetto di ampie riflessioni da Erasmo, era già presente nell'edizione degli *Adagia* curata da Aldo Manuzio: ho consultato l'ed. degli *Adagia*, chiliades quarta centuria I, Basileae, in aedibus Ioannis Frobenii, 1523, pp. 723-737. Sul testo erasmiano si può consultare online la tesi di E. S. LOW, A Study of Erasmus' "Dulce bellum inexpertis". Introduction, Translation and Critical Commentary. Thesis Presented to the Department of Classical Languages University of South California, 1956, online: http://digitallibrary.usc.edu/cdm/ref/collection/p15799coll39/id/310951.

87 GENTILI, De iure belli, p. 42 (ed. QUAGLIONI-NENCINI-MARCHETTO-ZENDRI, p. 41).

Sempre il *Decretum* fa da fonte 'secondaria', non esplicitata nell'edizione del 1612, per affermare in maniera risoluta che conta più la verità che l'antichità («Nihil enim leve in divinis est, ne iota quidem. Nihil est ibi antiquitas, sed veritas. Etiam in bello defensionis, quod primum tracto»; nella versione agostiniano-grazianea la contrapposizione è tra *veritas* e consuetudine)[88]; o che la tregua è «una specie di pace: («Pax vero illa, quam treugam dicimus»), ricorrendo alle affermazioni di Papa Niccolò I[89], o per ricordare un episodio dell'antica tradizione ebraica riguardo ad Abramo gettato nel fuoco insieme ad Aran per non aver voluto adorare la divinità dei Caldei[90].

Accanto al *Decretum*, che predica la moderazione, evitando i modi violenti, nell'indurre i 'recalcitranti' a seguire la religione cattolica, il *Liber Extra*, per contro, con la decretale di Innocenzo III *Excommunicamus* (X.5. 7.13), che sanziona con severissime regole l'eresia, si inserisce nel coro di voci favorevoli a ammettere una guerra per motivi di religione, contro l'opinione di altri, compreso Vitoria e... Gentili, che la ritengono ingiustificata: «Sed hanc sententiam, de bello propter religionem non movendo, probatam est omnibus, nemine excepto, testatur doctissimus a Vitoria, et caussam istam non iustam fuisse Hispanis suis contra Indos» (l'italiano aveva già espresso la sua avversione nel *De legationibus*). A rafforzare questo orientamento 'maggioritario' è chiamato in soccorso anche Covarrubias[91]. Compare tra le fonti il *Liber Sextus*, che serve a richiamare il dovere di 'solidarietà' tra vicini e, dunque, di aiuto al vicino offeso, sanzionato con una responsabilità per colpa[92], o a ricordare una *regula iuris*, raccolta nel *De regulis iuris*

---

88 GENTILI, De iure belli, p. 55 (ed. QUAGLIONI-NENCINI-MARCHETTO-ZENDRI, pp. 50-51). V. D.8 C.6.

89 GENTILI, De iure belli, p. 302 (ed. QUAGLIONI-NENCINI-MARCHETTO-ZENDRI, p. 275).

90 GENTILI, De iure belli, p. 67 (ed. QUAGLIONI-NENCINI-MARCHETTO-ZENDRI, p. 61): V. dictum post c. un.C.35. Q.1.

91 GENTILI, De iure belli, lib. I cap. IX An bellum iustum sit pro religione, p. 59-62 (ed. QUAGLIONI-NENCINI-MARCHETTOZENDRI, pp. 56-57): il rinvio è a c.1 e3 D.45, c.35. C.23. Q.5, nonché a X.5.7.13, oltre a COVARRUBIAS, Relectio super regula "Peccatum" (nt. 70), II pars, spec. § decimus, pp. 505-513; già ID., De legationibus libri tres, lib. II, cap. XI De legationibus criminosorum, Londini, excudebat Thomas Vautrollerius, 1585, p. 64 («Bella religionis causa movenda non sunt»). V. in proposito MINNUCCI, "Bella religionis causa movenda non sunt" (nt. 82), spec. p. 999 ss.; nonché ID., Giuristi, teologi, libertas religionis nel pensiero di Alberico Gentili; indi CONDORELLI, Diego de Covarrubias e i diritti degli Indiani (nt. 70), pp. 210-214.

92 GENTILI, De iure belli, p. 118 (ed. QUAGLIONI-NENCINI-MARCHETTO-ZENDRI, pp. 106-107): V VI. 5.11.6: «...Et quidem, quum liceat cuilibet suo vicino vel proximo pro repellenda ipsius iniuria suum impertiri auxilium, immo, si potest et negligit, videatur iniuriam fovere, ac esse particeps eius culpae, licuit profecto ipsi decano suo proprio sibimet subvenire subsidium, et suammet temporalem iniuriam sua propria spirituali defensione tueri, sicque

del *Sextus*, sulla responsabilità del mandante, assimilata a quella del mandatario, non citata esplicitamente[93]

La seconda opera, *De legatis*, scritta anni prima, intorno alla metà degli Anni Ottanta del Cinquecento (è pubblicata nel 1585[94]: la precedono altri trattati come l'*Ambaxiatorum brevilogus* di Bernard de Rosier, o il di poco successivo *De legatis* di Martino Garati da Lodi, o *Les cinq livres sur les ambassades à destination de ceux qui sont totalement appliqués à la chose publique*, di Conrad Braun, edito nel 1548, il *De legato* di Ottaviano Maggi, a stampa nel 1566[95]) secondo uno *stylus* che riecheggia un modo gentiliano di fare diritto «tra bartolisti e umanisti», è assorbita, nel suo complesso, da citazioni per così dire archeologiche, tratte in gran prevalenza da Tito Livio e dai grandi autori dell'antichità classica, da Omero e l'Iliade, da

utrumque quodammodo gladium, et temporalem et ecclesiasticum, alterum videlicet altero adiuvare, maxime quia hi duo gladii consueverunt exigente necessitate sibi ad invicem suffragari, et in iuvamen alterius subventione mutua frequentius exerceri».

93 GENTILI, De iure belli, p. 286 (ed. QUAGLIONI-NENCINI-MARCHETTO-ZENDRI, pp.257-258): «Nobis illud est semper in ore, *quis per alium facit*, & c.». V.VI.5. 12, reg. 72: «Qui facit per alium, est perinde, ac si faciat per se ipsum».

94 A. GENTILI, De legationibus libri tres, lib. II, cap. I De iure legatorum (nt. 91). Negli ultimi anni il diritto diplomatico nel suo divenire è stato fatto oggetto di un intenso sforzo storiografico: cfr. ad es. la raccolta di scritti: S. ANDRETTA, S. PEQUIGNOT, J.-C. WAQUET (eds.), De l'ambassadeur. Les Ecrits relatifs à l'ambassadeur et à l'art de négocier du Moyen Age au début du XIXe siècle (École française de Rome 504), Rome 2015: in part., per la pertinenza all'opera sopra menzionata, F. Cantù, Alberico Gentili e lo 'ius legationis', pp. 313-335; indi L. BELY, L'art de la paix en Europe : naissance de la diplomatie moderne (XVIe-XVIIIe siècle), Paris 2007; già R. FUBINI, L'ambasciatore nel XV secolo : due trattati e una biografia (Bernard de Rosier, Ermolao Barbaro, Vespasiano da Bisticci), in: Mélanges de l' École française de Rome. Moyen Âge, 108, 2 (1996), pp. 645-665. D. FEDELE, Naissance de la diplomatie moderne (XIIIe- XVIIe siècle). L'ambassadeur au croisement de l'éthique et de la politique, Baden-Baden 2017, *passim* e a.i. per la considerazione in molteplici punti dell'opera di Gentili; C. STORTI, L'officium legationis in età moderna, in: Alberico e Scipione Gentili nell'Europa di ieri e di oggi. Reti di relazioni e cultura politica. Atti della Giornata Gentiliana in occasione del IV centenario della morte di Scipione Gentili (1563-1616), Macerata 2018, pp. 129-152.

95 Cfr. sull'*Ambaxiatorum brevilogus* di Bernard de Rosier da ultmo P. GILLI, Bernard de Rosier et les débuts de la réflexion théorique sur les missions d'ambassade, in : ANDRETTA, PEQUIGNOT, WAQUET (eds.), De l'ambassadeur (nt. 94), pp. 187-197. Sul *De legatis* di Martino Garati da Lodi P. GILLI, La fonction d'ambassadeurs dans les traités juridiques italiens du XVe siècle: l'impossible représentation, in: Mélanges de l' École française de Rome. Moyen Âge, 191 (2009), pp. 173-187, spec. pp. 181-185; su *Les cinq livres sur les ambassades* di Conrad Braun G. Braun, «Les cinq livres sur les ambassades» di Conrad Braun, in: S. ANDRETTA, S. PEQUIGNOT, J.-C. WAQUET (eds.), De l'ambassadeur (nt. 89), pp. 269-290 ; sull'opera di Ottaviano Maggi S. ANDRETTA, Ottaviano Maggi e il *De legato (1566), ibidem*, pp. 291-311. Ma v. anche D. E. QUELLER, The Office of Ambassador in the Middle Ages, Princeton 1967, *passim*

Tucidide a Tacito, ad Appiano, a Procopio, a Varrone, a Polibio, da Aristotele a Cicerone, da Orazio a Virgilio a Lucrezio, persino a Galeno; l'età medievale e moderna che si va svolgendo sotto i suoi occhi è rappresentata, sul versante intellettuale, soprattutto dagli esponenti dell'umanesimo giuridico e della scuola culta, da Alessandro d'Alessandro con i suoi *Dies geniales*, all' Andrea Alciato dei *Parerga* e degli *Emblemata*, a Jacques Cujas o a Guillaume Budé, senza trascurare Baldo, o Giasone del Maino, e Guicciardini. Il diritto romano, nel Digesto, nel Codice, è qua e là menzionato, oltre che i *Libri feudorum*. E tuttavia, proprio nel libro secondo cap. I *De iure legatorum* si può vedere il rinvio al c. *Ius gentium* (c. 9) della Distinctio I del *Decretum Gratiani* [96], che enumera i principi e gli istituti dello *ius gentium* come diritto «quo iure omnes gentes utuntur», tra i quali è ricompresa l'immunità degli ambasciatori, la *legatorum non violandorum religio*: è una fonte spesso richiamata dai 'pionieri' del diritto internazionale, mentre l'interesse per la funzione degli ambasciatori prende avvio, nella dottrina giuridica medievale, da un titolo del *Liber Extra*, il *De officio legati* (X. 1.30) su cui Guglielmo Durante si esercita nello *Speculum legatorum* confluito nello *Speculum iudiciale* [97].

Il diritto diplomatico, quale *work in progress*, si costruisce, per questa via, su un insieme di tasselli, di *exempla* tratti in gran parte dall'esperienza del passato, memorizzata dalla letteratura classica, come avviene in altri settori disciplinari da me indagati nei loro primordi: la medicina legale appartiene, a mio avviso, a pieno titolo, a questa tipologia di processo formativo della modernità[98].

Il diritto canonico è dunque non così raramente richiamato, in linea con l'importanza ad esso attribuita: è un dato facile da riscontrare pure se si scorre l'edizione recentissima del *De papatu Romano Antichristo*, nella quale compaiono - le ha contate il curatore dell'opera – ben 34 citazioni del *Decretum Gratiani*, oltre che delle altre parti del *Corpus iuris canonici*, nonché, talora, della glossa ordinaria allo stesso *Decretum*, al *Liber Extra*, al *Sextus*[99]. Questa sorta di 'predilezione' è attestata nella sua *Disputatio de libris iuris canonici*, nella quale discute ampiamente,

---

96 GENTILI, De legationibus libri tres, lib. II, cap. I De iure legatorum (nt. 94), p. 41.

97 V., con riguardo al ruolo del diritto canonico in aspetti dello status di ambasciatore, D. FEDELE, The Status of Ambassadors in Lucas de Penna's Commentary on the Tres Libri, in: Tijdschrift voor Rechtsgeschiedenis, 84 (2016), pp. 165-192; MULDOON, ora in ID., Canon law, the expansion of Europe and world order (nt. 5) .Cfr. *supra* testo corrispondente alla nt. 39 con il testo di D.1. c.9.

98 Mi sia consentito di richiamare un mio saggio: Paolo Zacchia, la medicina come sapere globale e la 'sfida' al diritto, in: Paolo Zacchia. Alle origini della medicina legale 1584-1659, a cura di A. PASTORE e G. ROSSI, Milano 2008, pp. 9-49.

99 MINNUCCI, De papatu Romano Antichristo, spec. p. CIV.

oltre che della *historia fontium*, pur con qualche 'perdonabile' errore (viste le antiche fonti da lui utilizzate per la ricostruzione), dell'autorevolezza dei testi compresi nel *Corpus iuris canonici* ponendosi il problema, affrontato con approccio filologico di stampo umanistico, della loro valenza a dispetto di un'eventuale diversità tra testo tradito e la fonte originaria[100] .

5. Di nuovo tra gli 'Spagnoli' … e una conclusione.

Al termine di queste mie ricerche non è fuor d'opera un breve richiamo a Juan Solórzano de Pereira e al suo *De indiarum iure*, pubblicato tra il 1629 e il 1639 (sarà seguito nel 1647 da *Politica indiana*, grosso modo traduzione in spagnolo del *De indiarum iure*[101]), legato agli orientamenti di Sepulveda. L' «autor del barocco», specchio della «literatura juridica del Barroco europeo» come è stato definito, finanziato per la pubblicazione del primo libro di *De indiarum iure* da Filippo IV, mette a frutto, senza dubbio con una certa farraginosità e confusione, la sua immensa erudizione, che lo conduce a stilare un elenco di *authoritates* degne dei più consumati autori del diritto comune: questo non significa rinunciare all'eredità culturale dell'antichità classica, ma la sua propensione è, in campo giuridico, da uomo conservatore, è per la letteratura medievale e per il *mos italicus* sebbene faccia capolino qualche richiamo a maestri umanisti come Rebuffe e Budé. Sul versante del diritto canonico l'indice puntuale, compilato da Ana María Barrero García, autrice pure di un'introduzione dedicata alle *fuentes literarias*, offre già una guida sicura a testimoniare il ricchissimo uso del *Corpus iuris canonici*, del *Decretum* e delle Decretali, oltre che dei canonisti più reputati, da Guido da Baisio a Enrico da Susa, da Innocenzo IV a Giovanni d'Andrea e a Niccolò de Tedeschi, per citare solo alcuni dei nomi che si susseguono[102].

---

100 Cfr. al riguardo G. MINNUCCI, Alberico Gentili: un protestante alle prese con il corpus iuris canonici, in: Alberico Gentili. La salvaguardia dei beni culturali nel diritto internazionale. Atti del Convegno Dodicesima Giornata Gentiliana San Ginesio, 22-23 settembre 2006, Milano 2008, pp. 185-211, anche in: Ius Ecclesiae, 19 (2007), pp. 347-368.

101 In *Politica indiana* vi sono aggiunte alcune riflessioni in materia finanziaria non presenti nel testo latino.

102 A. M. BARRERO GARCÍA, Les fuentes literarias, in: J. DE SOLÓRZANO PEREIRA, *De Indiarum iure*, lib. II: De Acquisitione Indiarum), cap. 16-25, ed. C. BARCERO ET ALII (Corpus hispanorum de pace 2, vol. VII), Madrid 2000, pp. 15-28, ma spec. 'Indice de fuentes, pp. 499-554. V. anche l'edizione critica delle altre parti nel CHP: De indiarum iure : Liber 1.: De inquisitione Indiarum), ed. C. BARCERO ET ALII, Madrid 2001; Liber 2.: De acquisitione Indiarum (cap. 1-15), ed. C. BARCERO ET ALII, Madrid 1999; Liber 3.: De retentione

Per concludere.

Di tutta evidenza appare negli autori qui citati (la ricerca è stata condotta a campione e mi scuso già adesso delle mnumerose omissioni) il reimpiego del pensiero medievale: operano indubbiamente – a mio avviso - con lo sguardo volto al presente e al futuro, attenti alla normativa canonistica (senza dimenticare la civilistica) sviluppatasi nei secoli precedenti, 'resa matura', aggiornata e ampliata nel *Corpus iuris canonici* , nonché al pensiero e all'interpretazione accumulatasi nel passato. La tipica articolazione dell'argomentazione è condotta prevalentemente secondo metodologia scolastica dagli esiti evolutivi, nel segno dell'*Harmony from Dissonance*, con la volontà di far prevalere, quando possibile, soluzioni volte all' 'ordine' e, non di rado, a una pacifica composizione di rapporti *inter gentes* conflittuali. Entrambe queste caratteristiche sono 'tecniche' che accomunano molti degli autori al centro di queste pagine, aperti al nuovo ma legati al passato.

Uomini del loro tempo, impegnati a destreggiarsi tra teologia, diritto, morale e le esigenze della politica, uso degli *exempla* tratti da un antichità lontana o anche a loro più vicina , a loro volta fucina di svolte produttive di effetti a poco a poco tradotti sul versante giuridico, a mio avviso sempre più rilevante e di peso nel corso del secolo, riescono a dar voce ad una società sotto i loro occhi in continua trasformazione, che ha ormai alle spalle gli orizzonti e le gerarchie del mondo medievale e si costruisce come una comunità *inter gentes*. Li contraddistingue pure un embrionale riconoscimento dei diritti umani, un impegno generoso verso la persona umana e i suoi diritti, al di là della visione eurocentrica pur propria di alcuni di essi, e 'sfidano' i tempi con gli strumenti a loro disposizione[103].

Indiarum), ed. C. BARCERO ET ALII, Madrid 1994. Cfr. M. Milagros del Vas Mingo y M. Luque Talaván, Juan de Solórzano Pereyra y la cuestión de los Justos Títulos: Fuentes del libro I (capítulos IX-XII) de la *Política* indiana, in M. GUTIERREZ ESCUDERO, Y M. L. LAVIANA CUETOS (coords.), Estudios sobre América: siglos XVI-XX. Sevilla, 2005, ma anche CASSI, *Ius commune* tra vecchio e nuovo mondo (nt. 24), *a.i*, ma spec. pp. 217 ss. per la larga attenzione riservata nell'opera di Solorzano all'*encomienda.* Sul largo impiego della letteratura di *ius commune* già MULDOON, Solórzano's *De indiarum iure*: Applying a Medieval Theory of World Order in the Seventeenth Century, in: Journal of World History, 2/1 (1991), pp. 29-45, ora in ID., Canon law, the expansion of Europe and world order (nt. 5), IX.; e G.A. BARRERO, La literatura juridica del Barroco europeo a travès de la obra de Solorzano de Pereira, in : Revista Chilena de Historia del Derecho, 15 (1989), pp. 65-85.

103 Cfr. M. VILLEY, Le droit et les droits de l'homme, Paris 1990 ; B. TIERNEY, L'idea dei diritti naturali. Diritti naturali, legge naturale e diritto canonico. 1150-1625, Bologna 2002, spec. p. 92 (ed. orig.: The Idea of Natural Rights: Studies on Natural Rights Natural Law, and Church Law. 1150-1625, Grand Rapids [Michigan]- Cambridge 1997) ; V. FERRONE, Storia

Se la loro 'lettura' della realtà coeva sarà destinata ad un graduale superamento nei secoli successivi anche grazie a a svolte epocali, le loro intuizioni e costruzioni concettuali indicano una strada da percorrere. In questo il diritto canonico svolge senza dubbio un ruolo di spicco, pure se forse più marginale rispetto al diritto romano: l'*utrumque ius* e le categorie giuridiche da esso forgiate nei calchi dello *ius commune*, nel parallelo frequente tra testi canonistici e civilistici, si presta ad essere plasmato dando ulteriori prove della sua vitalità costruttiva e innovativa.

dei diritti dell'uomo, Roma-Bari 2014. L'illuminismo e la costruzione del linguaggio politico dei moderni, spec. p. 40 ss.

Giovanni Chiodi, Prof. Dr., Dipartimento di Giurisprudenza, Università di Milano Bicocca

Orazio Condorelli, Prof. Dr., Dipartimento di Giurisprudenza, Università di Catania

Florence Demoulin-Auzary, Professeur à l'université Paris-Saclay

Olivier Descamps, Professeur à l'université Paris II Panthéon-Assas

Cyrille Dounot, Professeur à l'université de Clermont-Auvergne

Maria Gigliola di Renzo Villata, Prof. Dr., Facoltà di Giurisprudenza, Università Statale di Milano

Richard H. Helmholz, Ruth Wyatt Rosenson Distinguished Service Professor of Law, University of Chicago Law School

Nicolas Laurent-Bonne, Professeur à l'université de Clermont-Auvergne

David von Mayenburg MA, Prof. Dr. Jur, Institut für Rechtsgeschichte, Goethe-Universität Frankfurt a.M.

Andrea Padovani, Prof. Dr., Dipartimento di Giurisprudenza, Università di Bologna

Franck Roumy, Professeur à l'université Paris II Panthéon-Assas

Mathias Schmoeckel, Prof. Dr. jur., Institut für Deutsche und Rheinische Rechtsgeschichte der Rheinischen Friedrich-Wilhelms Universität Bonn

Rosalba Sorice, Prof. Dr., Dipartimento di Giurisprudenza, Università di Catania

Index rerum

Index personarum

Index canonum et legum

I. Biblia Sacra

II. Fontes primi millennii

Gai Institutiones

Concilium Carthaginense (348)

Lex Visigothorum

Corpus Iuris Civilis

Institutiones Justiniani

Digesta

Codex Iustinianus

III. Fontes medii aevi

Regino Prumiensis: De synodalibus causis

Buchardus Wormaciensis: Decretum

Ivo Carnotensis: Decretum

Ivo Carnotensis: Panormia

Ivo Carnotensis: Tripartita

Concilia

Corpus Iuris Canonici

Decretum Gratiani

Liber Extra/Decretales Gregorii IX

IV. Fontes moderni